KB200817

칼뱅은 시편을 영혼의 해부도라고 말했다. 시편을 통해 인간 내면을 들여다볼 수 있다는 뜻일 것이다. 이런 관점에서 시편의 역사, 장르, 평행법을 연구하는 일 못지않게 시편에 대한 '렉시오 디비나', 곧 성찰적 읽기는 매우 중요하다. 『시편 렉시오 디비나 1』은 구약학자가 시편 본문을 직접 번역하고 묵상한 내용을 담고 있으며, 시각적(그림), 청각적(기도문)으로 시편의 메시지를 강화해준다. 이 책에서 김정훈 교수는 자신의 "마음속에 똬리 틀고 있었던 것들"을 하나님 앞에서 성찰하는 경험을 했다고 고백한다. 기쁨, 실망, 좌절, 슬픔, 억울함, 분노, 저주, 탐욕, 위선 등을 시편의 언어들로 성찰했을 때 자신을 "그분의 무한한 세계에서 오는 충만함"으로 채우게 되었다고 말한다. 이 책을 통해 시편을 묵상하는 독자들도 저자와 동일한 경험을 하리라 확신한다.

김구원 | 서양고대문화사학회 연구 이사

본서의 저자는 탁월한 구약학자로서 성경 본문을 살피고 풀이하는 일을 계속해왔다. 더불어 예술작품에 반영된 구약 본문에 대한 관심사 역시 다양한 방식으로 표현해왔다. 본서는 저자의 이런 두 관심사를 결합한 결과물이며, 하나님 앞에서 저자 자신을 성찰하는 글이기도 하다. 저자의 시편 사역과 설명, 묵상도 무척 유익하거니와, 중세에 형성된 슈투트가르트 시편 채색필사본에 실린 삽화를 함께 소개하는 내용 역시 이채로우면서도 흥미롭다. 삽화들이 시편 본문의 의미와 중요성에 대한 나름의 관찰과 시각을 보여준다는 점에서, 이를 다룬 본서는 오랜 시간에 걸쳐 시편이 신앙인의 삶에서 어떻게 이해되었는지를 드러내는 중요한 자료이기도 하다. 지나치게 학문적인 논의로 번거로워질 필요 없이, 렉시오 디비나라는 오랜 전통을 따라 이끄는 저자와 함께 시편 사이로 난 오솔길을 걸으며 하나님 앞에서 나 자신을 돌아볼 일이다.

김근주 | 기독연구원 느헤미야 연구위원

시편은 기도와 찬양의 책이다. 마르틴 루터(Martin Luther)와 마르틴 부처(Martin Bucer)는 시편을 찬송으로 부르기 시작했고, 장 칼뱅(Jean Calvin)은 시편 150편에 곡조를 붙여 시편 찬송가를 완성했다. 현재 프랑스 찬송가의 첫머리에는 시편 150편의 찬송가가 있다. 사람이 땅에서 부른 희로애락의 노래와 기도가 하나님의 말씀이 되었다는 점은 놀라운 은총이다. 『시편 렉시오 디비나 1』은 시편을 문학 양식에 따라 이해하기 쉽게 설명해줄 뿐만 아니라, 시편을 좀 더 거룩하게 읽기 위한 시편 본문 묵상과 기도 방법도 친절하게 알려준다. 주지주의적인 성경 읽기에 머무르고 있는 이때, 9세기의 시편 필사본인 슈투트가르트 시편 채색필사본(Cod. Bibl. Fol. 23)에 들어 있는 308장의 삽화를 소개하는 점이 특히 돋보인다. 본래 초기 그리스도교 역사에서 성경은 단지 읽기만 하는 것이 아니라 듣고 보도록 만들어졌다. 이러한 점에서 이 책은 시편 말씀을 전통적으로 충실하게 읽을 수 있도록 독자들을 초청한다.

김선종 | 정읍중앙교회 담임목사

시편을 고전적인 거룩한 성경 독법(렉시오 디비나) 방식으로 해석하는 이 책은 렉시오 디비나의 실제 세계로 안내한다. 저자의 사역과 번역 해설, 그림과 함께 하는 묵상으로 구성된 이 책은 개신교가 가톨릭의 전통으로 간과해온 렉시오 디비나의 풍요로운 세계를 잘 복원시킨다. 아름다운 우리말로 번역된 시편 사역은 훨씬 더 생동감 있게 읽힌다. 독자들이 이 책을 한꺼번에 읽어버리려고 하는 조급함만 잠시 누를 수 있다면 이 책은 시편을 애송하고 시편의 각 구절에 담긴 하나님의 마음, 시인의 마음을 살갑게 되새김하는 데 큰 도움을 준다. 1부에 나오는 히브리어 성경 시편, 역본, 그리고 표제어 등 개론적 해설도 시편을 애독하는 독자들에게는 유익한 길라잡이가 될 것이다. 이 책은 성급한 정보 취득용 독서보다는 시편의 숨결에 공감하는 거룩한 독서를 장려하고 일깨운다. 시편은 야훼의 토라를 감미롭게 읊조리는 것을 체질화시키는 영성고전 중 최고의 책이다.

김회권 | 숭실대학교 기독교학과 구약학 교수

옛 이스라엘의 기도와 찬양이었던 시편은 우리의 주님과 사도들, 어머니와 아버지, 신앙의 선배들과 공동체의 형제자매들이 애송하고 읊조리며 묵상해온 영혼의 양식이다. 오경이 위에서 아래로 주어지는 하나님의 권위 있는 말씀이라면, 시편은 아래에서 위로 올라가는 우리의 기도와 찬양이다. 다양한 환경과 처지에서 하나님께 부르짖고 탄식하며 간청하거나, 노래하고 찬양하며 기뻐했던 공동체의 신앙이 담긴 시 모음이다. 귀와 눈과 머리로, 손과 발로, 가슴과 심장으로 반응하는 음률이다. 시편을 어떻게 이해하고 읽으면 좋을까? 물론 다양한 방법이 있겠지만, 이번에 독특하고 유익한 영적(거룩한) 독서를 제안하는 안내서가 나왔다. 이름하여 『시편 렉시오 디비나 1』이다. 해박한 시편 연구자이자 구도자적 영혼의 소유인 김정훈 교수가 친절한 영적 독서를 원용하여 시편 전체를 조곤조곤 풀어간다. 먼저 상당한 분량을 할애하여 시편에 관한 학문적 논의를 소개하고, 곧이어 각 시편을 "거룩한 독서"(*Lectio Divina*) 방법(독서→묵상→기도→관상)에 따라 해설한다. 이 책의 독특한 공헌은 거룩한 독서를 더욱 풍요롭게 하려고 저자가 그림 묵상(*visio*)을 덧붙였다는 것이다. 저자는 이렇게 말한다. "말씀을 읽어라. 읽은 말씀을 지성을 사용하여 곰곰이 생각하고 공부하고 되새김하라. 이것이 묵상이다. 첨부한 그림도 함께 묵상하라. 묵상한 내용으로 기도하라. 기도하면서 하나님 앞에서 자신을 들여다보라. 이것이 관조다." 이런 원칙에 따라 저자는 시편 전체를 주석하고 해설하며 묵상하고 관상한다. 저자의 시편 사역이 돋보이고, 각 시편 안에 독자의 이해를 돕기 위해 소제목을 붙인 것이 이채롭고 유익하다. 독자들이 그림 묵상을 지나치지 않고 잠시 머물러 자세히 보았으면 좋겠다. 한국인 학자의 손에서 나온 시편 읽기의 값진 시도다. 학문성과 경건성을 두루 갖춘 수작으로 평가하고 싶다. 목회자의 서재에 안착하기를 바란다.

류호준 | 백석대학교 신학대학원 구약학 교수(은퇴)

단단한 음식이 있고 부드러운 음식이 있듯이 딱딱한 책도 있고 부드러운 책도 있다. 이 책은 후자에 속한다. 저자가 오랫동안 탐구하고 묵상해온 알갱이를 무겁고 딱딱한 학술용어로 풀어내지 않고 미술작품과 함께 묵상의 언어로 풀어낸다(1부는 시편의 서론적인 내용과 렉시오 디비나 개념을 설명하고 있기에 시편을 처음 접하는 독자들에게는 다소 생소할 수 있다). 이는 기존에 나와 있는 시편 관련 서적들과 분명 구별되는 지점이다. 독자들은 1부를 계단 오르듯 통과하고 나면 고요한 호숫가에 앉아 눈을 지그시 감고 시편을 묵상하고 있는 자신을 발견하게 될 것이다.

방정열 | 안양대학교 구약학 교수

심오한 신학과 놀라운 그림 언어로 가득한 시편의 세계는 깊고 넓어서 해석자의 역량을 시험한다. 시편을 사랑하는 독자라면 그 광활한 지평 어디쯤에서 길을 잃어본 경험이 있으리라. 이 책에서 자신이 가는 길을 알고 독자를 바르게 인도해줄 훌륭한 안내자를 만났다. 저자의 묵상은 담백하면서도 단단해서 바탕에 있는 본문 이해가 견실함을 짐작게 한다. 묵상에 더해진 간략한 주해에 이어서 별권으로 출판 예정인 본격 주석편이 기대되는 이유다. 각각의 시편마다 더해진 원색 도판은 그 자체가 시각적 주해이면서 독자의 상상과 해석을 자극해 묵상을 더 풍성하게 해준다. 렉시오 디비나라는 라틴어 제목에 화답해 아우구스티누스의 회개를 이끌었다는 라틴어 경구로 추천의 말을 삼는다. 톨레 레게. 집어 들어 읽으라.

유선명 | 백석대학교 신학대학원 구약학 교수

일반 독서와 구분하여 성경의 독서를 "렉시오 디비나"(*lectio divina*, 거룩한 독서)라고 한다. "성경의 독서(*lectio*)는 음식을 입에 넣는 것이고, 묵상(*meditatio*)은 그것을 씹어 분해하며, 기도(*oratio*)는 그것의 맛을 느끼고, 관상(*contemplatio*)은 그것으로 인해 기쁘고 새롭게 되는 감미로움 그 자체다." 이 책은 개신교용 "시편 렉시오 디비나"다. 랍비들은 기도보다 말씀 공부(독서와 묵상)가 가장 높은 형태의 예배라고 생각한다. 기도할 때에는 우리가 하나님께 말하지만, 성경을 공부할 때에는 하나님이 우리에게 말씀하신다는 것이다. 말씀의 읽기와 묵상은 하나님의 계시를 마음에 새기는 작업이다. 이 책은 시편의 말씀 묵상을 견인하는 최적의 안내서이자 시편 백과사전이다. 이와 더불어 시편 150편 전체를 히브리어 원문의 순서에 따라 쉬운 우리말로 번역한 점도 높이 살 만하다. 특히 슈투트가르트 라틴어 시편 채색필사본 308개의 그림을 소개하고 설명하는 것은 이콘(icon)의 문화에 철저하게 소외된 개신교인들에게는 매우 참신하고 놀라운 경험이 될 것이다.

차준희 | 한세대학교 구약학 교수, 한국구약학회 회장 역임, 한국구약학연구소 소장

이 책은 단순한 시편 해설서가 아니다. '렉시오 디비나'(*lectio divina*) 시편 읽기를 위한 안내서다. 저자는 이러한 목적을 이루기 위해 '본문 읽기'(*lectio*), '본문과 함께 하는 그림 묵상'(*meditatio et visio*), '기도와 관상'(*oratio et contemplatio*)의 세 단계로 나누어 시편을 설명한다. 이 책의 독자는 첫 번째 단계인 '본문 읽기'에서부터 감동할 것이다. 원문의 깊은 의미를 드러내면서도 하나님과 나누는 대화의 분위기를 생생하게 보여주는 맛깔나는 표현들이 독자를 사로잡는다. 두 번째 단계인 '본문과 함께 하는 그림 묵상'은 슈투트가르트 라틴어 시편 채색필사본(Cod. Bibl. Fol. 23)의 삽화와 함께 본문이 의미하는 바를 저자의 눈을 통해 경험하는 저자의 시편 해설이다. 본문을 알아듣기 쉽게 설명하면서도 그 안에 담긴 깊은 의미를 되살려내는 저자의 예리한 통찰을 곳곳에서 만날 수 있다. 세 번째 단계인 '기도와 관상'은 저자의 기도문이다. 저자가 시편을 읽고 묵상하면서 드린 기도를 기록한 것이다. 이러한 의미에서 이 책은 단순히 '렉시오 디비나' 시편 읽기를 위한 안내서가 아니라 '렉시오 디비나' 체험기이며 예시서다. 부디 많은 독자들이 저자와 함께 시편 말씀 가운데 계시는 하나님을 만나는 '렉시오 디비나'의 기쁨과 감동을 누리기를 바란다.

하경택 | 장로회신학대학교 구약학 교수

시편
렉시오
디비나

1

L E C T I O

슈투트가르트 라틴어
시편 채색필사본
(Cod. Bibl. Fol. 23)

삽화와 함께 하는
본문과
그림 묵상

시편 렉시오 디비나

1

김정훈 지음

D I V I N A

새물결플러스

머리말 / 18

제1부 _ 시편은 어떤 책이며, 어떻게 읽을까?

01

시편은 어떤 책인가? / 24

1. 시편의 짜임새와 형성 / 26

2. 시편의 고대 본문들 / 34

3. 시편의 장르 / 37

4. 시편의 문학적 특징 / 44

5. 시편의 표제 / 47

6. 시편의 하나님, 시편의 인간 / 53

02

시편을 어떻게 읽을까? / 60

1. 렉시오 디비나(*Lectio Divina*) / 61

2. 렉시오 디비나 방법 / 63

3. 그림 묵상(*visio*)과 렉시오 디비나 / 69

제2부 _ 시편 렉시오 디비나(Lectio Divina)

01

시편 1권(1-41편) 읽기 / 78

행복하여라, 그 사람!(시편 1편) / 79

너는 내 아들이다(시편 2편) / 83

야훼께 구원이 있습니다(시편 3편) / 89

오로지 야훼만(시편 4편) / 94

아침에(시편 5편) / 98

밤마다 침상에 잠겨(시편 6편) / 104

저의 방패는 하나님께 있습니다(시편 7편) / 109

사람이 무엇이라고(시편 8편) / 116

재판관이신 야훼께(시편 9/10편) / 121

야훼는 성전에 계십니다(시편 11편) / 136

사악한 세대에 도움인 말씀(시편 12편) / 140

제 눈을 밝혀주십시오!(시편 13편) / 144

하나님이 없다?(시편 14편) / 148

자격(시편 15편) / 152

오직 주님만이(시편 16편) / 156

주님, 들어주십시오(시편 17편) / 161

반석이신 하나님(시편 18편) / 167

피조세계와 말씀(시편 19편) / 182

야훼의 이름으로 구원받는 임금(시편 20편) / 187

야훼를 의지하는 임금(시편 21편) / 191

나의 하나님, 왜 나를 버리셨습니까?(시편 22편) / 196

야훼의 좋으심과 인자하심(시편 23편) / 207

영광의 임금이 들어가십니다(시편 24편) / 211

주님을 우러러봅니다(시편 25편) / 216

하늘 법정 소송(시편 26편) / 223

야훼를 바라십시오(시편 27편) / 227

성전에서(시편 28편) / 234

야훼의 소리(시편 29편) / 239

통곡 대신 춤, 베옷 대신 기쁨(시편 30편) / 244

당신의 인자하심 때문에(시편 31편) / 249

감사의 지혜(시편 32편) / 257

하나님을 향한 마땅한 찬양(시편 33편) / 262

의인들을 돌보시는 야훼(시편 34편) / 267

저를 도우러 일어나십시오(시편 35편) / 272

악인들을 보며(시편 36편) / 281

의인들의 구원은 야훼에게서(시편 37편) / 285

제 몸에는 성한 데가 없습니다(시편 38편) / 294

사람들은 헛됩니다(시편 39편) / 300

저를 구원하신 하나님, 망설이지 마십시오(시편 40편) / 306

병상에서 드리는 기도(시편 41편) / 313

02

시편 2권(42-72편) 읽기 / 318

내 영혼아, 하나님을 바라라(시편 42/43편) / 319

저희를 속량해주십시오(시편 44편) / 326

임금의 결혼식(시편 45편) / 332

하나님이 우리와 함께하십니다(시편 46편) / 339

임금 하나님을 찬양하십시오(시편 47편) / 344

시온에 계시는 하나님(시편 48편) / 348

동물 같아지지 않으려면(시편 49편) / 353

감사로 드리는 제사(시편 50편) / 359

제 죄를 지워주십시오(시편 51편) / 368

나는 푸른 올리브나무처럼(시편 52편) / 374

하나님이 없다?(시편 53편) / 379

낯선 이의 포악함에서(시편 54편) / 383

친구가 대적하는 앞에서(시편 55편) / 387

내가 하나님을 의지합니다(시편 56편) / 394

주님은 하늘 위에(시편 57편) / 400

말 안 듣는 독사(시편 58편) / 405

요새이신 하나님(시편 59편) / 411

사람의 구원은 헛됩니다(시편 60편) / 417

임금과 함께 드리는 기도(시편 61편) / 423

나의 영혼이 잠잠히(시편 62편) / 428

성소에서, 침상에서(시편 63편) / 433

그러나 하나님이(시편 64편) / 438

하나님의 은택(시편 65편) / 443

와서 보십시오!(시편 66편) / 448

당신의 얼굴을 우리에게(시편 67편) / 456

임금이신 하나님의 다스리심(시편 68편) / 460

깊은 수렁에서(시편 69편) / 473

서둘러 건져주십시오!(시편 70편) / 485

평생토록 제가 찬송합니다(시편 71편) / 489

공정함과 정의에서 나오는 평화(시편 72편) / 497

03

시편 3권(73-89편) 읽기 / 504

그러나 저는!(시편 73편) / 505

기억해주십시오(시편 74편) / 513

당신의 이름이 가깝습니다(시편 75편) / 520

구원을 위한 심판의 주님(시편 76편) / 525

출애굽을 기억하며(시편 77편) / 529

역사에서 배우십시오!(시편 78편) / 536

저희가 원수의 조롱거리가 되었습니다(시편 79편) / 558

저희를 돌이켜주십시오!(시편 80편) / 563

내가 알지 못하던 말씀(시편 81편) / 571

불의를 향한 하나님의 재판(시편 82편) / 576

주여, 사사 시대처럼 오십시오!(시편 83편) / 580

성전에서 경험하는 행복(시편 84편) / 585

당신의 구원을 저희에게!(시편 85편) / 590

당신 같은 분은 없습니다(시편 86편) / 594

야훼가 사랑하시는 시온(시편 87편) / 598

당신을 향해 제 두 손을 듭니다(시편 88편) / 602

다윗 언약을 기억하며(시편 89편) / 608

04

시편 4권(90-106편) 읽기 / 622

하나님을 향한 덧없는 인생의 고백(시편 90편) / 623

사랑으로 경험하는 구원(시편 91편) / 629

야훼가 의인을 높이심 찬양(시편 92편) / 635

야훼가 임금이십니다!(시편 93편) / 640

공동체의 고난 극복(시편 94편) / 643

창조주께 무릎 꿇읍시다!(시편 95편) / 649

새 노래로 야훼께 노래하십시오!(시편 96편) / 653

시온의 기쁨(시편 97편) / 657

야훼의 오른손과 거룩한 팔(시편 98편) / 661

임금이신 야훼는 거룩하십니다(시편 99편) / 665

감사와 찬양으로(시편 100편) / 669

어느 때 당신은 제게 오시겠습니까?(시편 101편) / 673

괴로운 날, 부르짖는 날(시편 102편) / 677

야훼를 송축하십시오!(시편 103편) / 684

초월하시는 창조주 야훼(시편 104편) / 690

역사를 통해 함께하신 야훼(시편 105편) / 699

역사를 통한 성찰의 신앙(시편 106편) / 710

05

시편 5권(107-150편) 읽기 / 722

감사와 찬송(시편 107편) / 723

하나님, 제 마음은 굳건합니다(시편 108편) / 734

하나님, 잠잠하지 마십시오(시편 109편) / 738

임금을 향한 신탁과 기원(시편 110편) / 747

야훼를 향한 감사(시편 111편) / 751

야훼 경외의 행복(시편 112편) / 754

높은 데서 낮은 곳을 보시는 야훼(시편 113편) / 757

야곱의 하나님 앞에서 춤추어라(시편 114편) / 760

전능하신 야훼를 향한 탄원(시편 115편) / 763

구원의 잔을 들고(시편 116편) / 768

야훼를 찬양하십시오(시편 117편) / 774

야훼께 감사하십시오!(시편 118편) / 776

말씀으로 행복한 삶(시편 119편) / 784

속마음 들여다보기(시편 120편) / 837

뜻하지 않은 소중한 만남(시편 121편) / 842

내가 가는 그곳, 기억과 기대(시편 122편) / 846

저희에게 은혜 베푸실 때까지(시편 123편) / 851

하마터면(시편 124편) / 854

산속에서(시편 125편) / 858

회복을 꿈꾸며(시편 126편) / 861

고향 생각(시편 127편) / 865

행복-복-평화(시편 128편) / 869

지붕에 난 풀(시편 129편) / 872

당신께 용서함이 있기에(시편 130편) / 875

젖 뗀 아이(시편 131편) / 879

마침내 시온에서(시편 132편) / 881

한데 어울려 사는 것(시편 133편) / 886

이제 다시 삶 속으로(시편 134편) / 889

야훼를 송축하십시오!(시편 135편) / 891

야훼께 감사하십시오!(시편 136편) / 897

잊을 수 없는 예루살렘(시편 137편) / 902

높이 계셔도 낮은 이를 굽어보십니다(시편 138편) / 906

사람의 생각, 하나님의 생각(시편 139편) / 910

당신 앞에서 살겠습니다(시편 140편) / 916

겸허하게 받아들이는 지혜 간구(시편 141편) / 921

사고무친(四顧無親)(시편 142편) / 926

주님을 향해 손을 펴고(시편 143편) / 930

승전의 용사 야훼(시편 144편) / 935

붙들어 일으키시고 지키시는 야훼(시편 145편) / 941

야훼 하나님을 도움과 소망으로(시편 146편) / 947

고치시고 싸매시는 하나님(시편 147편) / 951

홀로 높으시며, 백성을 높이시는 창조주 야훼(시편 148편) / 957

승리하신 임금 야훼(시편 149편) / 961

할렐루야!(시편 150편) / 965

참고문헌 / 970

머리말

시편은 신앙인이자 성서학자인 내 삶의 여정에 매우 중요한 구실을 하는 책이다. 나는 청년 시절 시편 찬양을 즐겨 부르던 때부터 신학을 공부하는 동안에도 늘 시편을 곁에 두고 살아왔다.

무엇보다 나는 구약학 전공으로 석사과정을 밟던 중에 지금은 은퇴하신 박동현 교수님의 시편 세미나를 수강했던 경험을 잊을 수가 없다. 막연한 학문 세계에 들어가고자 꿈꾸면서도 모든 것이 서투르기 그지없었던 내게 그분은 공부하는 맛과 멋을 심어주셨다. 그리고 엄격하면서도 꼼꼼한 그분의 가르침 덕분에 나는 시편의 세계에 한 걸음 더 가까이 들어설 수 있었다.

그 뒤로 나는 독일로 유학을 떠나 박사학위 논문을 쓰는 중에 내 지도 교수로서 지금은 은퇴하신 지크프리트 크로이처(Prof. em. Dr. Siegfried Kreuzer) 교수님의 시편 강의에 참여했다. 그때 나는 지도 교수님의 연구 조교로 일하면서 그분의 연구 활동을 도와드리고 있었는데, 교수님께서 무슨 마음이셨는지 시편 강의의 투토리움(Tutorium)을 내게 맡기셨다. 독일 대학에서 투토리움은 교수의 강의와 관련한 여러 본문을 읽고 서로 토론하는 수업을 말한다. 사실 이것은 강의 조교가 해야 하는 일이었는데, 어쨌거나 내가 맡게 되었다. 나는 독일 학부 학생들을 대상으로 시편과 관련한 여러 참고문헌을 함께 읽고 토론하며, 시편 히브리어 원문의 강독도 해주어야 했다. 첫 번째 강의 시간에 독일 학생들 앞에 섰을 때 나는 지금 생각해도 식은땀이 날 정도로 말할 수 없이 긴장했었다. 그래도 착한 학생들은 고맙게도 서투른 나의 독일어를 잘 참아주고 존중해주었다. 나로서는 매

시간 토론할 자료를 읽기조차 벅찬데도 독일어 강의 준비까지 해야 했기에 무척 힘들었지만, 한 학기 내내 그들과 재미있게 시편을 공부했던 기억이 있다. 마지막 시간에 학생들이 잘 끝냈다며 손수 구워온 케이크를 함께 나누어 먹을 때는 감동해서 하마터면 눈물을 흘릴 뻔했다. 그렇게 독일 학생들의 시편 공부를 도와주면서 나는 시편의 학문적 세계에 깊이 빠져들었다. 내 주 전공은 역사서를 중심으로 한 본문비평이지만, 내 마음속에 시편이 깊숙이 자리 잡은 것도 바로 그때다.

귀국한 뒤에 신학교에서 학생들을 가르칠 수 있게 되자, 나는 시편 강의에 몰두하기 시작했다. 그리하여 처음 몇 년 동안 강의했던 시편 강의안을 정리해서 책 두 권을 펴냈다. 첫 책에서는 장르별로 열두 시편(시 80; 123; 13; 22; 23; 73; 30; 113; 118; 46; 1; [부록: 119]편)을 골라서 주석했는데, 그림, 음악, 문학, 영화 가운데서 해당 시편의 메시지를 잘 드러낼 수 있는 작품을 골라 함께 풀이했다. 그렇게 해서 나온 책이 『시편 묵상: 예술·문화와 함께 하는 열두 시편 풀이』(서울: 기독교문서선교회, 2012)였다. 두 번째로 나는 순례 시편(시 120-134편) 주석 과목을 열어 학생들과 함께 본문을 읽었다. 이 강의안을 바탕으로 나와 같은 학교에 근무하는 특수교육과 이경면 교수님의 사진 이야기를 곁들여 『순례, 사진 이야기와 함께 하는 순례 시편 풀이』(서울: 기독교문서선교회, 2014)를 펴냈다.

그 뒤로 나는 두란노 출판사의 큐티 잡지인 『생명의 삶』에서 시편 12-33편의 본문 묵상을(2016. 11, 12), 목회자용 월간지인 『생명의 삶 플러스』에서 시편 50-150편을 주석했다(2017. 10, 12; 2018. 2, 5, 10; 2019. 7, 9; 2020. 6, 7). 이로써 나는 앞부분 몇 편을 제외하고는 시편 본문을 모두 주석한 셈이다. 독자들에게 내놓는 이 책의 내용은 기본적으로 지금까지 내가 쓴 시편 주석들을 바탕으로 발전시킨 것임을 밝힌다.

그런데 시편 공부 여정을 매듭지으면서 나는 그간 마음속에 품고 있던 또 한 가지 바람을 녹이고 싶었다. 나는 앞서 미술 작품과 함께 성경 읽기를 고민하여, 부족하기 그지없지만, 창세기의 본문들을 그림과 함께 읽은 책을 펴냈다(『미술관에서 읽는 창세기』[서울: 기독교문서선교회, 2014]). 더불어 나는 기독교의 오랜 성경 읽기 전통인 '거룩한 독서'(Lectio Divina) 방법론(독서[lectio]-묵상[meditatio]-기도[oratio]-관상[contemplatio])이 여전히 중요하다고 생각하며, 이에 덧붙여서 개신교에서는 잊힌 '그림 묵상'(visio) 역시 '독서'(lectio)만큼이나 중요하다고 여긴다. 다만 독서(lectio)와 묵상(meditatio)이 전제된 그림 묵상이라야 본문의 뜻을 새겨 기도하며 관상하는 데(oratio et contemplatio) 올바르게 제 몫을 다할 수 있다고 생각한다. 이런 순서가 바뀌면 자칫 그림이 본문을 보는 선입견으로서 부정적인 영향을 미칠 수 있기 때문이다. 이런 뜻에서 이 책에서는 그간 나의 시편 주석 여정에서 다루지 않았던 그림 묵상을 추가해보았다. 즉 기원후 9세기의 시편 필사본인 『슈투트가르트 시편 채색필사본』(Cod. Bibl. fol. 23)에 들어 있는 308장의 삽화 묵상을 본문 묵상에 곁들인 것이다.

이렇게 책을 쓰면서 나는 두 권으로 나누는 것이 효율적이라는 생각을 하게 되었다. 먼저 1권에서는 시편 본문을 되도록 히브리어 어순과 낱말의 차이 등을 살려 쉬운 우리말로 옮기고, 본문 묵상 글을 그림 묵상과 함께 실었다. 그래서 1권은 누구나 읽고 함께 묵상할 수 있을 것이다. 하지만 본문비평의 관점에서 문제가 되는 본문은 '번역 해설'로 풀이해두어서 원문을 바탕으로 본문을 공부하는 이들에게도 도움을 주고자 했다. 또한 개별 시편의 제목, 번역 본문의 단락 나누기와 소제목, 본문 묵상에는 내가 노력한 본문 주석의 결과가 스며들어 있다. 바로 이 본문 주석을 2권에 담았다. 굳이 본문 주석을 2권으로 뺀 것은 본문 주석에 히브리어 원문의 언급이 많을 뿐만 아니라 학술적인 논의 등이 담겨 있어서 성서학과 관련한 전문 지식이 없이는 읽기에 수월하지 않은 부분이 더러 있기 때문이다. 따라서 2권은 좀 더 전문적인 본문 주석을 바라는 이들을 위한 것이다. 물론 두 권을 따로 읽어도 된다. 다만 두 권 모두 주석의 과정을 반영하므로 제 각각 따로 존재할 수는 없음을 분명히 해둔다.

독자들이 이 책을 읽을 때 한 가지만 기억해주면 좋겠다. 나는 시편을 한 구절 한 구절 주석해가면서 그동안 내 마음속에 깊이 똬리 틀고 있었던 것들을 하나님 앞에 꺼내놓고 성찰하는 경험을 했다. 그 속에는 실망, 좌절, 슬픔, 억울함, 분노, 저주, 탐욕 등 가시적이고 유한한 가치 세계에서는 완전히 풀 수 없는 문제들이 많이 있었다. 이런 모든 것을 하나님 앞에 꺼내놓았을 때 그분은 시편 말씀을 통해 그 자리를 그분의 무한한 세계에서 오는 충만함으로 가득 채워주셨다. 그런 의미에서 이 책은 시편을 읽으면서 내가 직접 경험한 성찰의 과정을 담고 있다고 말해도 지나치지 않다. 그래서 나는 이 책을 읽는 독자들이 시편을 '성찰의 책'으로 함께 읽어주기를 바란다.

이런 내 뜻에 선뜻 동의해 출판을 허락해준 새물결플러스의 김요한 목사님께 마음 깊이 우러나오는 감사를 드린다. 주님의 확고한 부르심에 응답하여 꿋꿋이 출판 사역을 이어나가는 김 목사님과 출판사의 모든 분들께 주님의 한없는 은총과 돌보심이 가득하길 기도한다.

이 책의 바탕이 되는 앞선 시편 여정에서부터 함께 시편 본문을 공부하고, 또 초고가 완성될 때까지 여러모로 도움을 준 나의 제자 김승혁 목사, 박성현 목사, 이선영 목사(이상 부산장신대 구약학 박사과정), 최윤철 목사(부산장신대 신약학 석사과정)에게 고맙다는 말을 전한다.

이 책은 나의 삶과 사역 및 학문 여정에 늘 함께하며 한결같이 곁에서 힘이 되어준 사랑하는 아내 유정현 씨에게 바친다.

김해에서
김정훈

슈투트가르트

라틴어 시편

채색필사본(Cod. Bibl. Fol. 23)

삽화와 함께 하는

본문과 그림 묵상

제1부

시편은

어떤 책이며,

어떻게 읽을까?

01

시편은

어떤

책인가?

시편은 어떤 책이며, 어떻게 읽으면 좋을까? 시편이 과학적이고 논리적인 사고 체계로 읽는 책이 아니라는 점은 누구나 동의할 것이다. 그렇다면 우리가 묵상하려는 시편은 어떤 책일까? 우선 생각나는 몇 가지를 적어보면 이렇다(이하 내용 참조. 김정훈, 『시편 묵상』, 11-32). 시편은 응답이다. 하나님이 이스라엘 백성에게, 지난 교회 역사의 순간마다, 그리고 오늘 우리에게 주신 말씀에 대한 응답이다. 시편은 고백이다. 신앙을 가진 모든 이들이 기쁠 때나 슬플 때나 견디기 어려울 정도로 고통스러울 때나 오로지 하나님만을 바라보며 올려드린 생생한 신앙의 고백이다. 시편은 노래다. 시편은 하나님을 향한 감사의 노래요, 사랑의 노래요, 한이 어린 노래다. 시편은 기도다. 모세, 다윗, 솔로몬을 비롯하여 이름 모를 이들까지 모두가 하나님께 드리는 절절한 기도다. 그리고 시편은 시다. 시편은 신학 논문도, 신문 기사도, 더욱이 논설도 아니다. 이스라엘 백성이 신앙의 가슴으로 쓴 시다. 그러니 시편을 읽을 때도 응답으로, 고백으로, 노래로, 기도로, 그리고 시로 읽어야 할 것이다. 무엇보다 시편은 성찰의 책이다. 시편에서 기도하는 이들은 모두 하나님 앞에서 자신을 들여다본다. 그분 앞에서 겸손하고 솔직하게 모든 것을 내어놓고 그분의 은총에 온전히 기댄다. 그리고 그분의 무한한 인자하심을 경험하고 감사한다. 그러니 시편을 읽는 이도 시편에서 기도하는 이들과 함께 자신을 성찰해야 할 것이다.

　　시편 본문으로 들어가는 길은 참 다양하다. 개별 시편들을 기도문이나 찬양으로 여기고 따로따로 읽을 수도 있다. 또는 서로 인접한 시편들의 연관성을 생각하며 차례대로 읽을 수도 있다. 구약성경의 시편 연구 역사를 훑어보더라도 다양한 방법론이 연구에 사용되었음을 알 수 있다. 루터는 독일어로 성경을 번역할 때(1534년) 시편 서문에서 시편을 몇 종류로 나누었다. 즉 탄원 시편(Klagepsalmen), 감사 시편(Dankpsalmen), 찬양 시편(Hymnen)이다. 이는 분명히 장르(Gattung)에 따른 구분이며, 루터의 이런 구분은 이후 시편 장르 연구에 거듭 인용되며 영향을 미쳤다.

1. 시편의 짜임새와 형성

우리가 지금 읽는 시편을 살펴보면 알 수 있듯이, 우리가 가진 성경에서 시편은 150편으로 이루어져 있으며, 다음과 같이 다섯 권으로 나뉜다.

> 제1권: 1-41편
> 제2권: 42-72편
> 제3권: 73-89편
> 제4권: 90-106편
> 제5권: 107-150편

이런 구분이 어떻게 이루어졌는지는 명확하지 않다. 다만 오경이 다섯 권으로 나뉘어 있어서 그것에 맞추었다고 추측할 뿐이다(참조. Seybold, *Die Psalmen*, 2-3). 다시 말해 다섯 권으로 이루어진 모세 오경이 인간을 향한 하나님의 말씀이라면, 하나님의 말씀에 대한 인간의 응답으로서의 시편 역시 모세 오경에 맞추어 다섯 권으로 이루어졌다고 추측된다는 것이다. 그러나 우리가 시편에 들어 있는 다양한 모음집에 눈길을 돌리면, 시편은 오경과는 직접적인 상관이 없다는 사실을 깨달을 수 있다. 그런 구분은 인위적이다. 시편 72편의 마지막인 20절은 "이새의 아들 다윗의 기도들이 끝났다"(כָּלּוּ תְפִלּוֹת דָּוִד בֶּן־יִשָׁי, 칼루 트필로트 다비드 벤-이샤이)라는 구절로 끝맺는다. 이는 "다윗의 기도"와 연관된 오래된 시편 모음집이 있었으리라는 추측에 대한 증거가 될 수 있다. 한편 시편 41:13, 72:19, 89:52, 106:48 등에는 다섯 권의 분류에 맞추기 위해 인위적으로 삽입한 송영(doxology)의 형태가 있다. 특히 72편에는 송영과 모음집 맺음말이 동시에 나오는데, 이는 지금 우리가 가지고 있는 다섯 권의 분류와 충돌을 일으키는 다른 모음집이 있었음을 짐작게 한다. 이제 그와 같은 오래된 모음집들을 하나하나 살펴보면서 시편의 형성 과정을 재구성해보고자 한다.

시편의 형성을 재구성하려는 사람은 가장 먼저 시편에 부분 모음집들이 존재한다는 사실을 알게 될 것이다. 이런 부분 모음집들이 연속적인 과정을 거쳐서 오늘 우리가 가진 시편으로 발전했을 것이다.

시편의 짜임새					히브리어	70인역
1	I	율법, 행복			1-8	1-8
2				제왕 시편		
3-41		I. 다윗			9/10 11-113	9 10-112
42-49	II		고라	엘로힘-시편		
50			아삽			
51-72		II. 다윗				
73-83	III		아삽			
84			고라			
-88(86)						
89			에단	제왕 시편		
90	IV		모세			
91						
92						
93-99		야훼 제왕 시편				
100						
101-103		III. 다윗				
104						
105,106		역사 시편				
107	V					

108-110	IV. 다윗		
111, 112		114/115	113
113-118	할렐 시편(*Passah*)	116:1-9	114
		116:10-19	115
119	율법, 행복	117-146	116-145
120-134	순례 시편		
135,136	역사 시편		
137			
138-145	V. 다윗		
146-150	찬송 시편		
		147:1-11	146
		147:12-20	147
		148-150	148-150
			151

〈표1〉 시편의 형성 과정에 따른 짜임새

1) 시편에서 찾아볼 수 있는 부분 모음집들

가장 먼저 시편 3-41편에서 눈에 띄는 점은 거의 매번 표제에서 "다윗"
의 이름을 볼 수 있다는 것이다. 여기에는 예외가 두 번 있는데, 먼저 시편
10편은 표제가 없다. 이것은 9편과 10편이 합쳐서 22절로, 매 구절의 첫
자음이 히브리어 22개의 자음 순서를 따르는 이른바 알파벳 시편(acrostic
psalms; 이에 대해서는 아래 장르 논의 참조)을 이루고 있는 데서 비롯한다. 이는
곧 9편과 10편이 원래 하나의 시편이었다는 말이다. 이것은 헬레니즘 시
대 구약성경의 그리스어 번역인 70인역(Septuagint; LXX; 참조. 김정훈, 『칠십인
역 입문』)에서도 확인된다. 70인역에서 이 두 시편은 실제로 한 편으로 묶
여 있다. 그리고 또 다른 예외가 33편이다. 이 시편에 대해서는 두 가지 가
능성이 있다. 하나는 원래 본문에 "다윗의"를 뜻하는 "르다비드"(לְדָוִד)가
있었을 가능성이다. 이것은 70인역에 바탕을 둔 추측이다. 70인역에는
"르다비드"의 번역으로 쓰이는 "토 다위드"(τῷ Δαυιδ)가 있기 때문이다. 두

번째 가능성은 9-10편과 마찬가지로 32편과 33편이 하나의 시편이었을 수 있다는 것이다. 실제로 시편의 중세 히브리어 필사본들 중 일부는 두 시편을 하나로 묶고 있다. 여하튼 시편 3-41편은 "다윗의"라는 표제가 주된 특징을 이룬다. 이런 이유로 이 시편들을 "다윗 시편"이라고 일컫는다.

또 다른 관점에서, 이어지는 시편 42-84편은 이른바 "엘로힘 시편 모음집"으로 분류할 수 있다. 이 관점을 확인하려면 우리말 성경을 우선 비교해보아도 된다. 가령, 시편 14편과 53편을 비교해보면, 이 두 시편은 분명히 같은 시편이고 본문에서 사소한 차이점들만 발견될 뿐이다(자세한 내용은 참조. 2권 14편 본문 해설). 두 시편에서 가장 주목할 만한 차이점은 14편이 "야훼"라는 명칭을 쓰는 데 비해, 53편은 한 번도 이 명칭을 쓰지 않는다는 사실이다. 그러니까 53편은 "하나님"(אֱלֹהִים, 엘로힘)으로 통일시켰다는 말이다. 이렇게 보면, 시편 42편부터는 몇몇 예외가 있지만, "야훼"라는 명칭이 거의 쓰이지 않고 "엘로힘"이라는 신명이 주를 이룬다는 사실을 알 수 있다. 그래서 시편 42-84편 역시 공통된 신명을 중심으로 한 하나의 모음집이었을 것으로 추측할 수 있다. "야훼"라는 명칭을 직접 부르기를 꺼리던 이런 경향은 후대에도 또 다른 맥락에서 찾아볼 수 있다. 이는 초기 유대주의, 그러니까 헬레니즘 시대 이후에 "야훼"를 일컫는 자음 본문(יהוה)의 발음을 꺼리던 경향이다. 이들은 이 명칭을 직접 발음하는 대신 "주님"을 뜻하는 "아도나이"(אֲדֹנָי)로 읽었고, 후대의 마소라 학자들은 이 자음 본문(Tetragrammaton; 이른바 '신성4문자')에 "아도나이"의 모음을 표시했다. 아마도 엘로힘 시편 역시 그런 경향에서 "야훼"를 "엘로힘"으로 바꾸지 않았을까 생각해볼 수 있다.

시편 모음집 가운데서 가장 눈에 띄는 부분 모음집으로는 시편 120-134편에 모여 있는 "순례 시편들"(Wallfahrtspsalmen)이다. 이 시편들에는 공통된 표제가 있는데, 우리말 성경에서는 "성전에 올라가는 노래"라고 번역되어 있다. 히브리어에서는 "שִׁיר הַמַּעֲלוֹת"(쉬르 하마알로트)로 쓰인다. 초창기 우리말 번역 성경 가운데 게일역에서도 마찬가지로 "聖殿에 올나가는 노래"라고 하여 같은 번역 전통을 볼 수 있다. 한편 피터스는 『시편촬요』에서 "우흐로 올나갈 째에 흐는 노래라"고 옮겨서 히브리어를 직역했다. 그런가 하면 영어 번역 KJV는 "Song of degrees", NRSV는 "Song of Ascents"로 옮겨서 히브리어 본문의 직역에 바탕을 두고 있다. 그런데 독일어 번역의 전통은 "Wallfahrtslied"(순례의 노래)로 옮김으로써 이 시편의 전통과 관련지었다. 이 전통은 직접적인 언급은 없지만, 시편 15편과 관련이 있다. 여하튼 이 시편들은 분명히 노래 모음집으로 수집되었을 것이다. 어쩌면 실제로 예루살렘 성전을 향한 순례 여정에서 불렀던 노래책이었을 수도 있다. 앞으로 살펴보겠지만, 이 시편들은 어떤 형태로든 순례와 상관이 있었을 것이다. 분명히 기도책이나 노래책으로 쓰려고 모았던 모음집의 형태였는데, 지금은 119편 뒤에 배치되었다.

2) 시편 모음집의 형성

시편 72편의 마지막에는 앞서 언급한 것처럼 "이새의 아들 다윗의 기도들이 끝났다"라는 구절이 있다. 분명히 시편 72편은 한때 시편 부분 모음집의 끝이었을 것이다. 그러므로 첫째 다윗 시편 모음집은 3-41편이었고, 둘째 다윗 시편 모음집은 72편까지였을 것으로 추측할 수 있다. 따라서 시편을 자세히 들여다보면 작은 단위의 부분 모음집들이 형성된 실제 모습을 찾아볼 수 있다.

72편의 마지막 구절의 히브리어에 대해 보충 설명을 할 필요가 있겠다. 여기에 "다윗의 기도"라고 하여 "기도"에 해당하는 히브리어 "תְּפִלּוֹת"(트필로트)가 있다. 이 낱말은 "간구하다, 기도하다"라는 뜻의 동사 "פָּלַל"(팔랄)에서 파생했는데, "탄원 기도, 간구"의 뜻으로 쓰인다. 그리고 시편에서 이 낱말은 "찬송시"를 뜻하는 "תְּהִלִּים"(트힐림)과 구분되어야 한다. 이 "트힐림"은 "찬양, 찬송하다"라는 뜻의 "הָלַל"(할랄)에서 파생했다.

여기서 좀 더 큰 시편 모음집의 형성사를 추측할 수 있다. 시편 72편까지 시편 모음집의 첫 번째 부분에는 "탄원 기도, 간구"를 뜻하는 "트필로트"라는 제목이 있다. 이것은 실제로 이 시편 모음집을 묶어주는 구실을 한다. 그래서 다 그런 것은 아니지만 첫 번째 모음집에는 상당 부분 탄원 시편들과 간구가 들어 있다. 반면에 시편 73편부터 시작하는 시편 모음집의 두 번째 부분에서는 찬송 시편이나 그와 비슷한 시편들을 좀 더 많이 볼 수 있고, 급기야 시편 146-150편에는 찬송 시편들이 한데 모여 마지막을 장식한다. 이 사실은 분명 시편 모음집의 형성사에서 한 부분을 차지했을 것이다. 이렇게 시편 모음집을 편집한 사람은 시편 모음집 전체가 간구와 탄원에서 찬양으로 나아가는 것을 염두에 두었던 게 분명하다.

다음으로 시편 형성사에서 주목할 것은 두 편의 제왕 시편 (Königspsalm; royal psalm)이다. 즉 다윗 제왕 시편으로 시편 2편과 89편에 배치되어 있다. 아마도 이렇게 배치한 것은 앞서 이야기한 고대 시편의 부분 모음집을 묶어주는 구실을 하려는 데서 비롯했을 것이다. 따라서 시편 2-89편은 다윗 제왕 시편으로 시작해서 다윗 제왕 시편으로 마무리된다. 이는 이 모음집이 언제 형성되었을지를 추측게 하는 단서 구실을 할 수 있다. 곧 다윗 왕정과 이 시편 모음집의 형성이 무관하지 않았을 것이라는 말이다.

시편 2-89편의 모음집에 이어, 지금 시편 4권으로 부르는 완결된 시편 모음집이 있다. 이 모음집의 핵심은 시편 93-99편에 모여 있는 야훼 제왕 시편이다. 그리고 이 모음집에서도 시편 101-103편은 다윗의 찬송을 배치했다. 시편 90편 "하나님의 사람 모세의 기도"는 이 모음집의 머리말 구실을 하고, 역사 시편인 105편과 106편이 맺음말 구실을 한다.

그 뒤로 우리가 가진 성경에서는 시편 5권이 이어진다. 형성사의 관점에서 우선 눈에 띄는 것은 시편 113-118편에서 "할렐루야"가 자주 되풀이된다는 점이다. 이 시편들은 보통 "할렐루야"가 자주 되풀이된다고 하여 "할렐 시편"이라고 부르기도 하고, 유대 전통에서 유월절 축제와 관련이 있다고 하여 "파사흐-할렐"(Passah-Hallel)이라고 부르기도 한다. 그 사이에 시편 107-112편의 개별 시편들이 삽입되었다. 여기서도 다윗의 찬송이 108-110편에 배치되어 있음을 눈여겨볼 필요가 있겠다. 이는 시편 모음집을 마지막으로 손본 사람이 매번 부분 모음집에 다윗의 시를 배치하려고 애쓴 흔적이기 때문이다.

다음으로 두 번째 큰 모음집의 흔적을 찾아볼 수 있다. 시편 1편을 보자. 이것은 지혜문학의 영향을 받은 이른바 "토라 시편"이다. 이 시편에서는 의인의 길과 악인의 길이 지혜문학적 경고로서 대조되고 있음을 알 수 있다. 이런 대조는 단순히 중립적 입장에서 이루어진 것이 아니라 분명한 교육적 목적, 곧 의인의 옳은 길을 따르기를 바라는 의도에서 이루어진 것이다. 의인의 옳은 길에는 야훼의 율법을 "밤낮으로" 묵상하는("잠잠히 생각하는") 것도 포함된다. 시편 1편은 바로 그런 사람이 복이 있다고, 곧 "행복하다"고 선포한다. 바로 이 율법과 행복의 주제가 시편 119편에서 이어진다. 시편 119편 1절과 2절만 보아도 그 사실을 대번에 알 수 있다.

1 행복하여라, 그 길이 완전한 이들! 그들은 야훼의 율법에 따라 걷습니다. 2 행복하여라, 그분의 증거들을 간직하는 이들! 그들은 온 마음으로 그것을 구합니다.

율법, 곧 토라와 행복, 히브리어로 "אַשְׁרֵי"(아쉬레)가 두 시편(1편과 119편)을 이어주는 결정적 역할을 한다. 시편 119편은 시편 모음집 가운데서도 가장 긴 시편으로 176절로 구성되어 있다. 이 176절은 의도적으로 구성된 이 시편의 특징에서 비롯되었다. 이 시편 역시 알파벳 시편으로, 한 자음마다 8절씩 되풀이되어 총 176절이 된 것이다. 이렇게 완성된 짜임새 자체에서 이미 이 시편이 다루는 주제의 완결성을 짐작할 수 있다. 시편에서 가장 긴 119편은 분명히 시편 1편과 짝을 이루어 이 부분 모음집의 테두리 구실을 한다. 그러니까 고대 시편의 부분 모음집이었을 2-89편에 시편 1편이 덧붙여졌고, 마지막에 다시 같은 주제의 시편 119편으로 테두리가 완성되었다는 말이다.

시편 119편이 이처럼 시편에서 부분 모음집의 분명한 테두리 구실을 한다면 이어지는 시편들은 새로운 부분 모음집이라는 말이 된다. 그다음 앞서 언급한 순례 시편 모음집이 덧붙여졌다. 이 순례 시편은 120-134편까지 이어진다. 그리고 4권이 역사 시편으로 끝났듯이 순례 시편 역시 두 편의 역사 시편인 135편과 136편으로 이어진다. 이 두 시편은 출애굽과 가나안 정복의 역사를 다양한 각도에서 조명한다.

그런 후에 시편 모음집을 마지막으로 구성한 이는 바빌로니아 포로 시절을 배경으로 하는 137편을 배치한 다음에, 여기서도 138-145편을 다윗의 시로 채웠다. 마지막으로 우리는 또 하나의 부분 시편 모음집을 볼 수 있는데, 시편 146-150편의 찬양 시편이다. 이것은 시편 모음집 전체의 송영(doxology) 구실을 한다.

이상으로 시편의 짜임새와 그것이 형성된 역사를 살펴보았다. 여기서 알 수 있는 중요한 사실은 시편이 그저 순서대로 모여서 이루어진 것이 아니라는 점이다. 즉 시편은 다양한 부분 모음집이 복잡한 성장 과정을 거쳐 오늘의 모습이 되었다.

2. 시편의 고대 본문들

1) 히브리어 본문(마소라 본문, Masoretic Text; MT)

우리가 보는 시편의 히브리어 본문을 일컬어 "마소라 본문"(Masoretic Text; 줄여서 MT)이라고 한다. 이는 기원후 2세기 무렵에 고정된 자음 본문에다가 "마소라 학자"(Masoretes)라고 불리는 기원후 5-10세기의 유대주의 본문 연구자들이 모음 체계를 확립하여 표시한 중세 이후의 본문 전통을 말한다. 특히 우리가 읽는 히브리어 성경 편집본(*Biblia Hebraica Stuttgartensia; BHS*)은 이 마소라 학자들의 전통에서 1008년에 필사된 레닌그라드 사본(Codex Leningradensis)에 바탕을 둔다. 이 필사본이 신뢰도가 높은 본문이기는 하지만, 후대의 필사본이라는 사실 역시 부정할 수 없다. 더욱이 앞서 언급한 시편의 성장 과정이 과연 언제 마무리되었는지도 여전히 미지수다. 이 궁금증을 해결하려면 이 중세 필사본과 고대의 단편적인 본문 증거들을 비교해보아야 한다. 가장 대표적인 것이 쿰란 성경 본문과 70인역이다.

2) 쿰란 시편 본문

1947년 사해 북서쪽 근처 "쿰란"(Qumran)이라고 불리던 와디(Wadi)의 한 동굴에서 목동들이 우연히 고대 성경 필사본을 발견한 이래 십여 년 동안 모두 11개의 동굴이 발견되었고, 사해를 중심으로 한 유대 광야에서 다양한 문헌이 잇달아 발견되었다. 그래서 이들을 쿰란 문헌, 또는 넓게 보아 사해 사본(Dead Sea Scrolls)이라고 일컫는다. 이 필사본들은 보통 2천여 년 전, 그러니까 예수 시대 무렵에 필사된 것들이었다. 더욱이 히브리어 성경은 에스더서를 제외한 모든 본문이 쿰란 문헌에서 발견되었다. 비록 본문들이 부식되어 대부분 조각들로 발견되기는 했지만, 쿰란 성경 본문은 본문의 역사에서 매우 중요한 가치가 있다.

그 가운데서 지금까지 쿰란에서 발견된 시편 본문으로는 모두 36개의 단편이 있는데, 첫 번째 쿰란 동굴에서 세 개(1Q10, 11, 12), 두 번째 동굴에서 하나(2Q14), 세 번째 동굴에서 하나(3Q2), 네 번째 동굴에서 스물세 개(4Q83-98, 98a-g), 다섯 번째 동굴에서 하나(5Q5), 여섯 번째 동굴에서 하나(6Q5), 열한 번째 동굴에서 다섯 개(11Q5-9)가 나왔다.

그중에서 가장 잘 보존된 쿰란 시편 필사본(11Q5)에는 무엇보다 세 번째 부분(대략 시편 100-150[151]편)의 본문이 남아 있는데, 이것을 마소라 본문과 비교해보면 순서가 다르다(101-103; 109; 118; 104; 147; 105; 146; 148; 121-132; 119; 135; 136; 118; 145; 139; 137; 138; 93; 141; 133; 144; 142; 143; 150; 140; 134; 151; 151편에 대해서는 아래 70인역 설명을 보라). 또 몇몇 쿰란에서 발견된 시편 중에는 마소라 본문에는 없는 것들이 있다. 여하튼 이것은 오늘날 우리가 가진 시편이 얼마나 오랜 세월 동안 발전한 결과인지를 알 수 있게 해준다.

3) 70인역(Septuagint; LXX)

시편 모음집이 오랫동안 수집되었고 다양한 발전의 결과라는 사실은 히브리어 구약성경의 그리스어 번역인 70인역에서도 잘 드러난다. 일반적으로 히브리어 구약성경의 그리스어 번역은 기원전 3세기에 시작되었다고 알려진다. 이는 알렉산드로스 이후 전 세계가 헬레니즘의 영향 아래 놓이면서 일어난 유대주의의 결과라고 할 수 있다(참조. 김정훈, 『칠십인역 입문』). 70인역의 주된 목적은 히브리어를 잊어버린 디아스포라 유대인들의 회당

예전(liturgy)의 실제적 필요를 채워주기 위함이었을 것이다. 그러나 헬레니즘 세계에서 유대인들의 입지를 위한 선전(propaganda)의 목적도 배제할 수 없다. 여하튼 헬레니즘 시대에 히브리어 구약성경은 모두 그리스어로 번역되었고, 몇몇 작품은 처음부터 그리스어로 저작되었다. 더욱이 신약 시대에 들어와서 신약성경 저자들이 구약성경을 읽거나 인용할 때, 70인역을 주로 사용했다는 사실은 70인역이 오늘날에도 여전히 중요하다는 점을 역설한다.

70인역 시편에서 우선 눈에 띄는 점은 우리가 가지고 있는 히브리어 본문에는 없는 시편인 151편이 있다는 사실이다. 많은 주석자가 이 시편의 히브리어 본문을 재구성하고자 노력했다. 하지만 그 일이 그리 쉽지는 않았다. 그런데 위에서 언급한 쿰란 시편 필사본 가운데서도(11Q5) 70인역 시편인 151편과 거의 같은 시편이 발견되었다. 이로써 70인역의 시편 151편이 분명히 히브리어의 번역이며 굉장히 오래된 전통이라는 사실이 입증되었다. 여기서 모두 일곱 절로 된 이 시편의 처음 두 구절을 살펴보자.

11Q5	LXX
할렐루야, 이새의 아들 다윗의 시.	이는 다윗[이] 직접 쓴 시편이다. 그러나 시편의 계수에는 들지 않는다. 다윗이 골리앗을 이겼을 때 [지은 시]
나는 내 형제들보다도 더 작았다. 그리고 내 아버지의 아들들보다 어렸다. 그가 나를 그의 양 떼를 치는 목동으로 그의 염소를 이끄는 이로 삼았을 때, 내 손은 피리를 만들고, 내 손가락은 수금을 [그리하였다].	나는 내 형제들 가운데서 작았다. 그리고 내 아버지의 집에서 가장 어렸다. 나는 내 아버지의 양을 치곤 했다. 내 손은 피리를 만들고, 내 손가락은 수금을 조율하였다.

〈표2〉 70인역 시편 151편과 11Q5 시편 본문의 첫 부분 비교

시편 151편 말고도 70인역은 시편을 매기는 방식이 다르다는 점도 주목할

만하다. 마소라 본문과 70인역의 시편 계수만 비교해보면 다음과 같다.

MT	LXX
1-8	1-8
9-10	9
11-113	10-112
114-115	113
116, 1-9	114
116, 10-19	115
117-146	116-145
147, 1-11	146
147, 12-20	147
148-150	148-150
-	151

〈표3〉 마소라 본문과 70인역 시편 비교

이 차이점 역시 시편 형성사가 얼마나 오랜 세월 동안 이어져왔는지를 가늠하게 해주는 아주 중요한 요소다.

3. 시편의 장르

이미 루터의 성경 번역 서문에서 탄원 시편, 감사 시편, 찬양 시편 등의 개념을 찾아볼 수 있다는 사실은 첫머리에 언급했다. 루터는 이 구분을 매우 자연스럽게 사용하고 있어서 이 개념들을 새로운 것이 아니라 익히 아는 것으로 여길 정도였다. 이렇게 시편에 접근하는 것은 시편의 주제를 고려한 것이다. 이는 지금까지 논의한 형성사, 짜임새와는 다른 시편 접근 방법, 곧 장르(Gattung)에 따른 접근 방법이다. 장르의 관점에서 볼 때 시편에는 특정한 "삶의 자리"가 있다. 시편에서 가장 두드러지는 "삶의 자리"는 성전과 관련이 있다. 즉 시편은 예배 시 사용되었거나 예배와 연관된다는 말이다. 이는 좀 더 폭넓게 생각해보면 시편이 반드시 예배에서 사용된 것이 아니라고 하더라도 그와 같은 상황으로 여겨졌던 일상적인 삶의 영역에서 사용되었다는 말이다.

장르와 더불어 발견되는 시편의 또 다른 양상은 양식(Form)과 분위기(Stimmung)에서 찾을 수 있는 공통 요소다. 이런 관점에서 시편을 관찰하면 장르에 따른 구분의 문제와 맞닥뜨리게 된다. 여기서는 일반적으로 분류하는 장르들을 간단히 살펴보고 자세한 내용은 개별 시편을 풀이하면서 다룰 것이다.

1) 탄원 시편(Klagepsalmen), 간구(Bittgebet)

이 시편 그룹에서는 개인이 자신의 위기 상황을 하나님 앞에 가지고 나왔는지, 혹은 민족 공동체가 탄원 예배에 모였는지, 아니면 성전에 모인 무리와 같은 공동체가 애도 예식이나 예배, 또는 그와 비슷한 곳에 자신들의 간구를 하나님 앞에 가지고 나왔는지를 구분해야 한다. 그 구분에 따라 각각 공동체 탄원 시편(시 44; 74; 79; 80; 83; 89 등)과 개인 탄원 시편(시 6; 13; 22; 51; 77; 102; 130 등)으로 나눌 수 있다. 탄원 시편은 보통 하나님의 부재 상황을 호소하는 "하나님" 탄원, 대적들의 모습을 역설적으로 강조하는 "원수" 탄원, 그리고 기도자 자신의 절박한 상황을 묘사하는 "나" 탄원으로 시작한다. 그리고 대부분의 탄원 시편에서 눈에 띄는 점은 성찰의 과정 가운데 기도자의 가치가 유한한 세상에서 무한한 하나님께로 옮겨지면서, 분위기가 감사와 찬양, 서원, 공동체를 향한 권고 등으로 바뀐다는 것이다. 그러므로 탄원 시편의 탄원은 단순한 한탄이 아니라 하나님 앞에서의 성찰 과정을 보여준다고 할 수 있다.

2) 신뢰 시편

탄원 시편에는 탄원만 있는 것이 아니라 신뢰의 표현도 있다. 그런 표현들은 "당신께서 저를 구원하셨습니다. 당신께서 저를 구원하심을 믿습니다" 또는 "당신께서 저희의 조상들을 구원하셨으니 저희도 구원하실 것입니다" 등이다. 이런 표현들을 "신뢰 표현"이라고 말한다. 그리고 탄원 시편에 등장하는 이 신뢰의 주제는 감사 시편에도 등장한다. 감사 시편에서는 회고의 형식으로 자주 등장하는데, "제가 당신을 신뢰하였더니 당신께서 저를 구원해주셨습니다"라는 식이다. 이런 종류의 신뢰 주제는 회고 시편의 형태로 존재한다.

시편 23편의 예를 들어보자. 이 시편은 대표적인 개인 신뢰 시편이다. 이 시편에서는 기도자가 지난날의 경험을 바탕으로 "여호와는 나의 목자시니 내게 부족함이 없으리로다"라며 하나님께 신뢰의 표현을 명확히 하고 있다.

사실 탄원이나 감사 또는 찬송을 주된 분위기로 하는 시편 장르 구분을 따르면 신뢰 시편이라는 장르가 뚜렷이 구분되지는 않는다. 이는 탄원 시편이나 감사 시편에 있는 신뢰의 표현 정도로 여겨질 수도 있다. 하지만 신뢰의 주제가 다른 분위기보다 더 강조된 주제로 여겨질 때 우리는 이를 신뢰 시편으로 구분할 수 있다. 신뢰 시편도 개인의 차원(시 4; 23; 27:1-6; 62; 73; 90 등)과 공동체의 차원(시 123; 124; 126)으로 구분할 수 있다.

3) 감사 시편

탄원과 감사는 상응 관계에 있다. 감사는 도움이나 구원의 경험에 대한 것이다. 전통적으로 이 감사 시편은 개인 감사 시편과 민족 공동체 감사 시편으로 나눌 수 있다. 특히 개인 감사 시편은 고백 찬송 시편으로 분류되기도 한다(시 30; 31:8-9, 20-25; 40:1-12; 66:13-20; 116; 138 등).

4) 찬송 시편

여기에 들어 있는 시편들은 하나님을 향한 찬송으로 여겨진다(시 8; 19; 29; 33; 66:1-12; 103; 104; 113; 145; 148 등). 여기에는 노래, 신앙고백, 기도가 포함된다. 이 시편들의 삶의 자리는 아마도 성전 예배나 그와 비슷한 예식이었을 것이다. 찬송 시편은 여러 가지 내용을 노래한다. 한편으로는 역사 속에서 하나님께서 하신 일들을 찬송하기도 하는데, 이는 주로 역사 시편들에서 이루어진다. 다른 한편으로는 창조 때 하나님께서 행하신 일들을 찬송하는데, 이 시편들을 일컬어 창조 시편이라고 한다. 아니면 하나님이 왕이심을 찬송하기도 하는데, 여기에는 우리가 앞서 살펴본 야훼 제왕 시편들이 속한다.

5) 제의 시편

보통 말과 행동의 결합에서 제의 과정을 인식할 수 있는 시편들을 제의 시편의 범주로 분류한다(참조. Westermann, *Ausgewählte Psalmen*, 190). 제의 시편에 드는 시편들(시 24; 118; 122 등)에서는 종종 매기고 받는 소리를 찾아볼 수 있는데, 이는 제의 의식에 참여한 두 집단을 전제한다. 그 밖에 어찌어찌하라는 요청과 그렇게 하겠다는 응답이 나온다. 여기에는 가끔 특정한 행동이 나타나기도 한다. 그런 행동은 엎드리거나 앞으로 나아가거나 제단 둘레를 돌거나 성소에 오르거나 제사 의식을 행하는 등 매우 다양하게 나타난다. 이것은 신명기 26장과 견주어볼 만하다.

6) 시온의 노래

시온의 노래들(가령, 시 46; 48; 76; 84; 87; 122 등)은 아마도 순례 시편들과 관련이 있을 것으로 보인다. 이 시편들은 하나님께서 성전과 성도 예루살렘이 있는 시온을 하나님의 산으로 선택하셨다는 사상이 전제되어 있다. 이 모티프는 아마도 다윗 왕조와 그 이전 여부스족의 성소 개념까지 거슬러 올라갈 것이다.

시온의 노래로 분류되는 시편들이 공유하는 특징은 세 가지를 들 수 있다(참조. Kraus, *Psalmen 1-59*, 496). 먼저, 시편의 첫머리에 명사 문장으로 하나님이 시온에 계셔서 보호자가 되신다고 고백하거나, 시온이 하나님께서 막아주시는 요새라고 고백한다. 둘째로, 완료형의 동사 문장으로 하나님이 이민족의 침입을 막아주셨기 때문에 그분이 시온의 보호자가 되신다고 고백한다. 셋째로, 명령형의 문장으로 회중을 향해 시온의 보호자이신 하나님의 업적을 기리라고 요청한다.

7) 지혜 시편

사실 "지혜 시편"이라는 말은 오해의 여지가 있다. "시편"은 그 기원이 성전 제의다. 그런데 "지혜"의 전통은 일상생활에서 비롯되었지, 결코 예배의 자리와는 상관이 없다. 그러니 엄격한 의미에서는 "지혜 시편"이라는 말이 존재할 수 없다.

그런데도 우리가 몇몇 시편을 지혜 시편으로 분류할 수 있는 근거로서 다음의 두 가지를 들 수 있다. 첫째, 순례 시편 모음집에는 몇몇 지혜 잠언이 수용되어 있다(시 127:1-2, 3-5; 128:1-3, 4-6; 133:1-3). 그 이유는 알려지지 않았다. 이 구절들은 지혜문학에 있어도 어울릴 정도로 시편과는 상관없는 지혜 잠언들이다. 그러나 이 구절들이 시편 모음집에 수용되었다는 사실은 시편 형성사의 후대에 경건을 추구하는 지혜문학의 경향이 있었으며, 그것이 시편의 경건 사상과 접촉점을 찾았을 것이라는 추측을 가능케 한다. 둘째, 지혜문학에서는 경건한 지혜자와 하나님을 경외하지 않는 대적자들이 대조를 이루는데, 이것이 개인 탄원 시편에서 하나님을 경외하는 기도자가 행악자들에게 괴롭힘을 당하는 주제로 확장되었으리라는 것이다.

여하튼 지혜문학과 시편은 이런 점에서 접촉점을 찾았고, 지혜 시편이라는 새로운 장르로 발전했을 것이다. 지혜 시편으로는 1, 32, 37, 49, 112, 119, 127, 128, 133, 145편 등을 들 수 있다.

8) 저주 시편

시편에서는 이른바 저주 시편으로 분류되거나 짙은 저주의 요소가 있는 것들이 있다(예. 58; 64; 69; 71; 109; 137; 140편 등). 그런데 시편의 저주가 뜻하는 바에 대해서는 견해가 엇갈린다. 전통적으로는 저주로 여겨서 고대 사회의 배경에서 저주를 합법화하는 것으로 설명하기도 하고, 더러는 법정 다툼을 전제한다고 여기기도 한다. 하지만 우리는 시편을 성찰의 책으로 보아서, 하나님 앞에서 자신의 내면을 솔직하게 내어놓는 과정이라고 여긴다. 그렇지 않고서는 이런 시편에서 종종 등장하는 회개의 분위기를 설명하기 어렵다(자세히는 해당 시편 본문 해설 참조). 이런 저주 시편들을 읽으면서 독자들은 자신의 마음속에 도사리고 있는 적개심 및 공격성과 마주하고, 심판의 전권을 가지신 하나님께 모든 결과를 내어놓는 영적 성숙을 경험하는 기회가 될 것이다.

9) 그 밖의 시편 장르

많은 수는 아니지만, 시편의 장르를 말할 때 언급되는 몇몇 장르가 더 있다. 그 가운데서 먼저 역사 시편을 들 수 있겠다. 앞서 언급한 대로 역사 시편은 이스라엘의 역사를 다양한 각도에서 시편의 언어로 조명한다. 흥미롭게도 시편 모음집에서 이 역사 시편들은 짝을 이루는 것이 보통이다. 77-78편, 105-106편, 135-136편 등이 그러한 예다.

그다음으로는 제왕 시편을 언급할 만하다. 2, 89, 110편 등이 여기에 포함되는데, 특징적인 양식으로는 "하나님께서 임금을 도우신다, 하나님께서 임금에게 승리를 주셨다" 등의 표현이 있다. 이 시편들은 임금이나 왕국을 위한 간구나 왕국의 몰락에 대한 탄식 등을 담고 있다.

특히 기독교 전통에서 6, 32, 38, 51, 102, 130, 143편은 "회개 시편"(Bußpsalmen; penitential psalms)으로 묶여 쓰였다(참조. 김정훈, 『시편 묵상』, 32; CBL, 216). 시편 모음집에서 죄와 회개를 다루는 이 일곱 편의 시편은 6세기 로마 공의회 의원이자 신학자였던 카시오도르(Cassiodor; 485-580년)가 쓴 「시편 주석」(Expositio in Psalterium)에서부터 처음으로 한데 묶여 사용되었음을 찾아볼 수 있다. 하지만 그보다 훨씬 이전에 오리게네스(Origen; 기원후 185-254년)가 벌써 이 시편들을 죄인이 용서에 이르는 일곱 가지 방법으로 이해했다(세례, 순교자로 죽음, 자선, 다른 이를 용서함, 잘못을 돌이킴, 넘치는 사랑과 회개). 한편 루터 역시 1517년에 이 회개 시편들을 따로 독일어로 번역하여 주석했다. 가톨릭교회의 전례에서는 회개 시편을 자주 사용하는 데 비해, 개신교의 예배 때 이 시편들을 따로 사용하는 일은 거의 없다.

4. 시편의 문학적 특징

시편은 히브리 시문학의 고유한 정수를 보여준다. 이는 시편을 우리말로 번역하면 있는 그대로 재구성할 수 없는 것들이 많으며, 독자의 관점에서 번역 성경을 읽어서는 다 파악할 수 없는 특징들도 있다는 뜻이다. 따라서 원문을 보지 않는 이상 이런 특징을 자세히 알고 있는 것이 큰 의미가 없는 때도 있다. 하지만 히브리 시문학의 몇몇 특징에 대한 개괄적인 지식은 본문 독서와 의미 파악에 도움이 되는 때도 있으므로 여기서 그런 것들을 중심으로 간단히 살펴보려고 한다(참조. 김정훈, 『구약주석 어떻게 할 것인가?』, 248-251).

1) 평행법(*parallelismus membrorum*)

히브리 문학의 가장 대표적인 수사기법으로 널리 알려진 평행법은 서로 연관된 문장 요소가 연이은 두 문장에서 같은 자리에 위치하는 것을 일컫는다. 히브리어 시문은 우리말 시조처럼 주로 짝수로 이루어진 시행으로 이루어져 있어서, 평행법은 평행을 이루는 낱말이나 표현들의 의미 체계를 상호 보완해주거나 대조해주기 때문에 구절의 의미를 파악하는 데 중요한 단서를 제공해줄 수 있다. 여기에는 같은 뜻을 지니는 표현을 나열하는 동의적 평행법(synonymous parallelism)과 서로 대비되거나 반대되는 뜻을 지니는 표현을 나열하는 반의(대조)적 평행법(antithetic parallelism)으로 나눌 수 있다. 하지만 우리말과 히브리어의 문장 순서가 달라서 번역에서는 그대로 재현하기 어려운 경우가 많다.

가령 시편 96:1을 히브리어 본문 어순대로 옮기면, "노래하십시오/야훼께/새 노래로//노래하십시오/야훼께/온 땅이여"다. 전반절의 세 요소와 후반절의 세 요소가 서로 짝을 이루며(ABC//A´B´C´) 변형하는 "새 노래"
와 "온 땅이여"가 제각각 본문의 문장 구조를 완성해주어 입체적인 절 구
성을 이룬다.

2) 교차대구법(*chiasmus*)

연이은 두 문장의 구성 요소의 순서가 뒤바뀌어 나오는 형태의 수사기법
을 가리킨다. 앞뒤 문장을 두 행으로 나눠서 서로 연관된 요소를 이어보면
그리스어 자음 '키'(X, chi) 모양이 된다고 해서 붙여진 이름이다. 평행법과
마찬가지로 교차대구법도 서로 상응하는 낱말이나 표현들을 찾아내면 뜻
을 파악하는 데 도움을 받을 수 있다. 하지만 이 역시 우리말 번역에서는
거의 재현하기 어렵다.

　　예를 들면 시편 19:1은 히브리어 본문 어순이 "하늘이/선포합니다/하
나님의 영광을//그리고 그분 손이 하신 일을/전합니다/궁창이"다. 서로 짝
을 이루는 낱말들을 연결하면 ABC//C´B´A´가 되며, 그 효과는 평행법과
같지만, 형태가 다르다.

3) 인클루시오(*inclusio*; 수미상관법)

시문의 첫 구절과 마지막 구절이 서로 연관되어 시문의 완결된 구조를 형
성하는 경우를 말한다. 이런 기법은 앞서 언급한 교차대구법이나 중앙집
중형 구조와 연계되기도 한다. 가령 시편 8편의 2[1]절과 10[9]절에서 쓰
인 "여호와 우리 주여, 주의 이름이 온 땅에 어찌 그리 아름다운지요"를 들
수 있다(예. 시 101:2-3, 7; 118:1, 29; 145-150의 '할렐루야' 등).

4) 후렴구(refrain)

여러 연으로 구성된 시문의 경우 마지막 구절을 반복하는 경우를 일컫는다(예. 시 42:1, 11; 43:5; 46:7, 11; 49:12, 20; 57:5, 11; 136 등). 시편에서 후렴구는 특히 두 가지 구실을 하는 것으로 여겨진다. 먼저 짜임새 구분의 기준이 될 수 있다. 둘째로는 제의문으로 쓰여서 매기는 소리에 대한 받는 소리 구실을 한다.

5) 알파벳 시편(acrostic psalms)

히브리 시문학의 고유한 수사기법으로 히브리어 22자음이 차례로 매 구절의 첫 자음으로 쓰이는 형태다. 그래서 알파벳 시형을 이루는 시문은 22의 배수로 구절이 이루어진다. 시편에서는 시편 9-10, 25, 34, 37, 111, 112, 119, 145편 등에서 찾아볼 수 있다(그 밖에 구약성경에서는 나 1:2-8[א-כ]; 잠 31:10-31; 애 1-4 참조). 가령 시편 119편의 경우에는 한 자음을 8번씩 완벽하게 써서 모두 176절이 되었다. 하지만 9-10편 등에서 보듯이 우리에게 전해진 히브리어 시편 본문에서는 알파벳 시형이 완전하지 않은 예도 있다. 이 책에서는 이런 경우에 되도록 알파벳 시형을 완성해서 번역하려고 노력했다.

5. 시편의 표제

1) 표제의 특징과 종류

시편은 히브리 문학의 대표적인 운문 형식을 보여준다. 그런데 시편의 고유한 특징을 들자면, 무엇보다 히브리어 본문의 대다수 시편 앞에 표제(heading; Überschrift)가 있다는 점이다. 이 표제가 우리말 개역성경 전통에서는 절의 수에 들지 않지만, 히브리어 성경에서는 보통 1절 전체나 일부를 차지한다. 그래서 시편에서는 히브리어 성경의 절의 수와 우리말 성경의 절의 수가 차이가 나기도 한다. 시편의 이 표제가 전해주는 정보는 크게 세 가지로 나뉜다.

첫째, 사람의 이름이다. 시편 표제에 나오는 인물들과 해당 시편은 다음과 같다. 다윗(3-41; 51-72; 101-103; 108-110; 138-145), 모세(90), 솔로몬(72; 127), 아삽(50; 73-83), 고라 자손(42; 44-49; 84-85; 87-88), 헤만(88), 에단(89) 등.

여기서 사람의 이름과 함께 쓰인 전치사 "ל"(르)의 의미에 대해 전통적으로는 시편의 저작권을 나타내는 것으로 보았다(ל-auctoris; GK §129c). 특히 이 문제는 "다윗"과 함께 쓰인 경우가 논란의 중심에 있었다. 이 견해에 따르면 표제에 "르다비드"가 붙은 73편의 시들은 구약성경의 여러 전승대로(삼상 16:17 이하; 삼하 1:17 이하; 22:1-2; 23:1-2; 암 6:5) 다윗이 직접 지은 것으로 보아야 한다. 특히 역대기에서 이 전승이 강조된 점은 눈여겨볼 일이다. 그러나 실제로 이 시편들을 다윗이 직접 지은 것인지는 끊임없는 논란의 대상이 되었다. 이 표현은 다윗 왕가의 왕들에게로 그 의미를 확장하여, 시편 저작을 명령하고 실제적인 승인의 권한을 가진 "왕을 위하여"로 이해되기도 한다(참조. Kraus, *Psalmen 1-59*, 16-17). 그 밖에 이 표현을 "다윗에게 속한", "다윗에게 바쳐진", "다윗에 관하여", "다윗의 날을 위하여" 등으로 다양하게 이해할 가능성도 있다(참조. 김정우, 『시편주석 I』, 79-83). 우리는 여기서 이 표현들이 시편 모음집에서 다윗 시편의 모음집을 형성하며, 이 부분 모음집이 의도적으로 시편 최종 모음집에 골고루 분포하고 있음에 주목하여 시편 모음집에서의 기능에 초점을 맞추어 이해한다. 이것이 저작권과 관련이 있을 수도 있지만, 더 나아가서 다윗 왕조와 관련된 시편 모음집에 포함되는 시라는 표시로 이해한다.

결국 어떤 경우에서든 독자들은 해당 인물들과 시편을 함께 고려하여 읽게 된다. 따라서 표제에서 사람 이름이 특히 다윗과 함께 언급되는 때는 굳이 다윗을 저자로 보지 않더라도, 역사서에서 다윗의 생애 가운데 해당 시편과 관련해서 읽을 수 있는 이야기와 더불어 의미를 새긴다면 더욱 생생한 성경 읽기가 될 것이다.

둘째, 문학적 성격과 관련이 있는 표제들이다. 가장 대표적으로는 "מִזְמוֹר"(미즈모르)를 들 수 있다. 이 낱말의 어근을 이루는 동사 "זָמַר"(자마르)는 어원을 따져보면 현악기 연주와 관련이 있다(참조. 게제니우스, 『히브리어 아람어 사전』, 201). 그래서 시편 표제에 쓰인 이 낱말은 음악 용어로 기악 반주에 맞추어 부르는 노래를 뜻할 수 있다(참조. Kraus, Psalmen 1-59, 15). 시편 표제에서 이 낱말은 57번 나온다. 개역개정이나 새번역에서는 "시", 가톨릭 성경에서는 "시편"이라고 번역했지만, 우리는 이 낱말의 어원이나 쓰임새를 고려해서 "찬송"이라고 번역한다.

또한 "תְּפִלָּה"(트필라; 기도; 시 86; 90; 102; 142), "שִׁיר"(쉬르; 노래; 30개 시편)도 있고, 뜻이나 쓰임새를 구체적으로 알 수 없는 "마스킬", "쉬가욘", "미크탐" 등을 찾아볼 수 있다.

셋째, 음악적 지시사항으로 여겨지는 요소들로 보이는 말들이다. 여기에는 "알 아옐레트 하샤하르"(새벽 암사슴 가락?; 22편), "알 쇼샤님"(나리꽃 가락?; 45, 69편), "알 타쉬헤트"(멸망시키지 마소서?; 57-59, 75편) 등이 있다. 이런 표제의 요소들은 정확한 뜻이나 쓰임새를 재구성하기 어려우며, 다만 이런 말로 시작하는 가락을 제안하는 표시일 것이라는 정도로 추정할 뿐이다.

2) 히브리어 본문과 70인역의 표제

70인역은 히브리어 본문과 다르게 거의 모든 시편에 표제를 붙여둔 점이 두드러지는데, 이것이 왜 그런지는 여전히 확정되어 있지 않다. 70인역에서는 1편과 2편을 제외한 148(151편을 포함하면 149)개의 시편 모두에 표제가 있다. 반면에 히브리어 본문에는 126개의 시편에만 표제가 있다. 그러니까 시편 1, 2, 10(9편과 알파벳 시편임), 33, 43, 71, 91, 93, 94, 95, 96, 97, 99, 104, 105, 107, 114, 115, 116, 117, 118, 119, 136, 137편에서 히브리어 본문에는 표제가 없다.

앞서 언급한 대로, 시편 표제 가운데는 그 뜻이 알려지지 않은 경우가 많다. 히브리어 본문은 모음을 표기했지만, 그 뜻은 문학적 성격이나 음악적 지시사항을 나타내는 것으로 추정할 뿐이다. 그런데 70인역은 이런 경우에도 어떻게 해서든 뜻을 새겨서 번역하려고 시도했다. 70인역의 이런 경향성에 유일한 예외는 "עַל־מָחֲלַת//ὑπὲρ μαελεθ"(알-마할라트)의 경우다 (53[52]; 88[87]). 일반적으로 이 시편을 노래하는 곡조라고 추정할 뿐인 이 표제는 70인역의 번역자가 음역했는데, 이는 번역자가 풀 수 없었던 말이었거나, 음역만 해도 알 정도로 잘 알려져 있었을 수 있다. 나머지 경우에 70인역은 거의 모든 표제의 요소들의 그리스어 번역을 시도했다.

(1) לַמְנַצֵּחַ(라므나체아흐; '예배 음악을 위하여')//εἰς τῷ τέλος(에이스 토 텔로스; '끝을 위하여')

히브리어 본문의 이 표제는 시편에서 55번, 하박국에서 한 번 쓰이는데, 구체적으로 무슨 뜻인지는 알려지지 않았다. 우리말 개역성경의 전통에서 "므나체아흐"(מְנַצֵּחַ)는 "영장"(伶長)으로 옮겼는데, 이는 중국의 문화혁명 이전에 "지휘자"를 뜻하는 말로 쓰이던 중국어를 그대로 가져왔다. 이에 따라 개역개정에서는 "인도자"(새번역/가톨릭: "지휘자")로 옮겼다. 이렇게 옮긴 것은 이 낱말의 어근인 동사의 뜻 가운데 하나가 "이끌다, 지휘하다, 감독하다"이기 때문이다(예. 대하 34:12). 하지만 게제니우스(『히브리어 아람어 사전』, 520)는 역대상 15:21에서 쓰인 이 낱말의 문맥적 뜻에 바탕을 두고 "예배 음악을 위하여"라고 제안했는데, 우리는 이 의견에 따라 본문을 번역했다. 한편 70인역은 이 표현을 "영원"을 뜻하는 명사 "נֶצַח"(네차흐)와 연관 있는 것으로 보고 본문을 "끝을 위하여"로 옮겼는데, 이 번역이 70인역의 종말론적 이해를 드러내는지는 의문이다.

(2) מַשְׂכִּיל(마스킬; '교훈')//σύνεσις(쉰에시스; '지적 능력, 분별력')

히브리어 명사로 쓰인 이 낱말은 정확하게 그 뜻이 알려지지 않았다(게제니우스, 『히브리어 아람어 사전』, 468). 70인역에서는 대부분 이 낱말을 "지적 능력이나 분별력"을 뜻하는 낱말로 옮겼다(참조. 시 32[31]; 42[41]; 52[51]; 53[52]; 54[53]; 55[54]; 74[73]; 78[77]; 88[87]; 89[88]; 142[141]). 이 번역은 히브리어 자음 본문을 "지혜가 있다, 분별력이 있다"는 뜻으로 구약성경에서 주로 쓰이는 동사의 사역형(Hiphil) 남성 분사로 새긴 것으로 보인다.

(3) מִכְתָּם(미크탐; '믹담')//στηλογραφία(석비[石碑])

이 표제는 16[15], 56[55], 57[56], 58[57], 59[58], 60[59]편에서 쓰인다.

히브리어 본문에서 무슨 뜻인지 알기 어려운 이 낱말을 70인역은 고대 시대에 문자를 기록하던 석비(石碑)를 뜻하는 "[εἰς] στηλογραφία[ν]"로 옮겼다. 아마도 70인역 번역자는 자음 본문을 발음이 비슷한 "מִכְתָּב"(미크타브; '글'; 참조. 신 10:4)로 읽었을 수 있다.

(4) בִּנְגִינוֹת(비느기노트; '느기노트에 맞추어')//ἐν ὕμνοις(엔 휨노이스; '찬양하며')
이 표제는 4, 6, 54[53], 55[54], 61[60](עַל נְגִינֹת, 알 느기노트), 67[66], 76[75]편에서 쓰인다. 70인역은 4편에서 "ἐν ψαλμοῖς"(엔 프살모이스)로 옮긴 것 말고는 모두 "ἐν ὕμνοις"(엔 휨노이스)로 옮긴다. 그러나 그 뜻은 "찬양하며"로 같다. 다만 그리스어 번역 "ψαλμός"(프살모스)는 일반적으로 "מִזְמוֹר"(미즈모르)를 번역하는 데 쓰였다는 점에서 70인역 4편의 번역은 의외다. 그러나 여성 복수형 명사 앞에 전치사가 붙어 있는 히브리어 표제의 낱말인 명사 "נְגִינָה"(느기나)는 "현악"(사 38:20; 합 3:19; 시 77:7[6]; 애 3:14; 5:14 등)을 뜻한다. 이런 점에서 시편 4편의 표제는 어원을 고려한 번역으로 볼 수 있다. 반면에 "ὕμνος"(휨노스)는 어원적 의미로 보았을 때 "תְּהִלָּה"(트힐라; '[목소리] 찬양')의 번역어로 쓰이는 것이 더 적합하다(참조. HR, 1405b-c. 느 12:46; 시 40[39]:3; 65[64]:2; 100[99]:4; 119[118]:171; 148:14). 이 표제가 쓰인 곳이 본문비평의 문제가 없는 것으로 볼 때, 70인역은 이 표제를 의역했을 것이다.

(5) עַל־הַגִּתִּית(알-하기티트; '기티트에 맞추어')//ὑπὲρ τῶν ληνῶν(휘페르 톤 레논; '포도즙 틀을 위해')
이 표제는 시편에서 세 번(8; 81[80]; 84[83]) 쓰인다. 히브리어의 표제는 무슨 뜻인지 사실상 알려지지 않았다. 그래서 일반적으로는 이 표제가 음악과 연관이 있어서 악기나 음률을 뜻하는 것으로 추정한다(Seybold, *Die*

Psalmen, 50; Kraus, *Die Psalmen 1-59*, 27). 그런데 고대 역본들은 이 낱말이 히브리어 "נַּת"(가트)와 연관이 있다고 보았다. 이 낱말은 먼저 지리적으로 "가드"를 뜻한다. 타르굼의 경우 이렇게 이해했는데(게제니우스, 『히브리어 아람어 사전』, 146), 이는 가드 족속의 악기나 음률을 뜻할 수 있다. 또는 다윗이 가드 사람 오벧에돔의 집에서 법궤를 예루살렘으로 옮긴 일(삼하 6:10 이하)과 연관 짓기도 한다(HALAT, 198). 한편 70인역은 같은 자음을 가진 낱말이 "포도주를 짜는 틀"을 뜻하는 것으로 읽고 자음 "י"(요드)가 아니라 "ו"(바브)로 쓰이는 그 복수형(נתות)으로 새겼다. 이럴 경우, 이 표제가 있는 시편은 포도 수확과 연관되는 절기(수장절?)와 연관될 수 있다(참조. Delekat, *Probleme der Psalmenüberschriften*, 293-294).

(6) אַל־תַּשְׁחֵת(알-타쉬헤트; '알 다스헷')//μὴ διαφθείρῃς(메 디아프테이레스)
이 표제는 네 번 등장한다(57[56]; 58[57]; 59[58]; 75[74]). 히브리어의 표제는 "부패하지 말라"라는 부정 명령문 형태다. 이 시편을 부르는 곡조로 여겨지는(Kraus, *Psalmen 1-59*, 26) 이 표제를 70인역 역시 직역했다. 결국 70인역에서도 이 동사 문장은 전혀 이해할 수 없게 되어버렸다. 아마도 번역자는 이 표현의 용도를 전혀 고려하지 않고 맹목적으로 직역한 듯하다.

(7) 그 밖의 표제들
이 밖에 몇몇 용례로 70인역이 히브리어 본문과 같은 자음 본문의 뜻이 불분명한 표제를 번역한 경우는 다음과 같다.

	MT	LXX	LXX의 이해
5	אל־הנחילות	ὑπερ τῆς κληρονομούσης (상속자에 대해)	"상속받다"(어근. נחל)
7	שגיון	ψαλμός	?

9; 46[45]	עַל־עֲלָמוֹת	ὑπὲρ τῶν κρυφίων (감추인 것들에 대해)	"감추다"(어근. עלם)
6; 12[11]	עַל־הַשְּׁמִינִית	ὑπὲρ τῆς ὀγδόης (여덟째에 대해)	"여덟째"(어근. שְׁמִינִי)
22[21]	עַל־אַיֶּלֶת הַשַּׁחַר	ὑπὲρ τῆς ἀντιλήμψεως τῆς ἑωθινῆς (아침의 도움에 대해)	"힘"(어근. אילות), 참조. 20[19]절
45[44]; 69[68]	עַל־שֹׁשַׁנִּים	ὑπὲρ τῶν ἀλλοιωθησομένων (/τοῖς ἀλλοιωθησομένοις) (μαρτύριον)	관계사(שׁ)+"바뀌다"(어근. שׁנה)
60[59]; 80[79]	עַל־שׁוֹשַׁנִּ[ים] עֵדוּת		
56[55]	עַל־יוֹנַת אֵלֶם רְחֹקִים	ὑπὲρ τοῦ λαοῦ ἀπὸ τῶν ἁγίων μεμακρυμμένου (거룩한 이들에게서 멀리 떨어진 백성에 대해)	יוֹנַת אֵלֶם → גּוֹי מֵאֵלִים (?)

6. 시편의 하나님, 시편의 인간

첫머리에서 언급한 것처럼 시편은 하나님을 향한 이스라엘의 응답, 기도, 찬양이다. 따라서 시편을 올바르게 읽으려면, 시편에서 그리는 하나님과 인간의 모습을 제대로 파악할 필요가 있다.

1) 시편의 하나님

시편에서 그리는 하나님은 인간과 세상을 말씀으로(시 50:1) 직접 지으신 창조주시다(참조. 시 115:15; 121:2; 124:8; 134:3; 136:4-9; 145:9; 146:6; 148:5-6 등). 그에 걸맞게 시편에서는 창조 전통이 배경이 되는 본문을 어렵지 않게 찾아볼 수 있다(시 8:6-8; 33:4-9; 74:16-17; 89:9-13; 100:3; 119:89-91; 135:5-7; 136:4-9; 148:5-6 등).

하나님이 지으셨기에 세상에 있는 모든 것은 그분의 소유다(시 24:1-

2). 그래서 그분은 고대 사회에서 신격화해온 모든 자연 현상과 세력을 제압하실 뿐 아니라(시 89:5-13; 96:4-6; 104), 온 땅의 풍요를 주관하실 수 있다(시 65:9-13). 그래서 창조주이신 하나님은 온 땅의 임금이시다(시 95:3-5). 창조주이신 하나님은 눈에 보이는 것뿐만 아니라 사람들의 마음도 지으셨다(시 33:13). 그래서 그분은 사람들의 훈육과 징계를 직접 하실 수 있다(시 94:8-11; 119:73-76). 하지만 창조주 하나님의 목적은 좋으심이며, 그래서 피조물에 자비를 베푸신다(시 145:9, 16-19).

하나님은 세상을 직접 지으셨기 때문에 시온에서 임금으로서 직접 다스리신다(참조. 시 45; 47; 95; 96; 97; 98; 99편 등). 하지만 그분은 고대 신화의 이야기들처럼 인간들의 세상에 관심이 없는 하늘의 존재가 아니시다. 이스라엘 백성 전체뿐 아니라 개인의 삶을 골고루 이끌고 다스리시는 그분의 자리는 하늘보다 더 높지만, 그분의 눈은 세상에서 가장 낮은 곳에 있는 사람들, 권리를 빼앗긴 사람들까지도 골고루 보신다(시 33:13; 113:4-9). 그리고 그분의 다스리심은 그분의 본성에 따른다. 시편은 그분의 본성에 대해 "정의로우심"(צְדָקָה, 츠다카), "공정하심"(מִשְׁפָּט, 미쉬파트), "인자하심"(חֶסֶד, 헤세드), "미쁘심"(אֱמוּנָה, 에무나), "한결같으심"(אֱמֶת, 에메트), "불쌍히 여기심"(רַחֲמִים, 라하밈), "성실하심"(תֹּם, 톰) 등으로 말한다(참조. 시 36:5-9; 89:14-18; 99:4-5; 100:5; 103:6-9; 106:1-3 등). 이런 하나님의 본성으로 다스려지는 세상은 모든 약자가 권리를 찾고, 악인들이 값을 치르는 현실이 된다(참조. 시 68). 그뿐 아니라 하나님의 다스리심은 사람뿐 아니라 창조세계 전체를 아우른다(시 65:5-8). 그러므로 임금이신 하나님을 향한 찬양은 온 세상이 모두 드려야 한다.

세상을 지으시고 다스리시는 임금이신 하나님은 세상을 심판하시는 분이다(시 96-98편). 그분은 마치 재판관처럼 세상을 정의롭게 심판하실 것이다(예. 시 1:4-5; 7:10-16; 37:12-15; 75:2-5; 96:13; 135:15-18; 149:7-9). 이 심판은 하나님의 백성에게는 구원이지만, 하나님을 부정하는 악인들에게는 행한 대로 갚으시는 파멸이다. 그분은 우상숭배도 마찬가지로 심판하신다. 우상은 하나님을 부정하는 것이기 때문이다.

이 사상은 시편 전반에 걸쳐서 기도자들의 신앙에 대원칙 구실을 한다. 시편의 기도자들은 거듭 하나님 앞에서 창조주, 통치자, 심판주이신 하나님을 고백하며 그분의 임재를 경험하려는 목적을 갖고서 기도하고 찬양한다.

2) 시편의 인간

시편에서 그리는 인간은 기본적으로 하나님 앞에 선 인간이다. 그것이 시편의 출발점이다. 그래서 거의 모든 시편 본문의 일차적 대상은 하나님이다. 그러므로 우리는 하나님을 향해 드리는 기도와 찬양 가운데서 시편에서 가르치는 인간의 모습이 어떤지, 무엇이 인간을 인간답게 하거나 인간답지 못하게 하는지, 또 문제는 무엇이며 해결점은 어떻게 찾아가야 하는지를 배울 수 있다.

창조주요, 통치자이며, 심판주이신 하나님을 고백하고 섬기는 인간이라면 아무런 문제를 호소하지 않는 것이 마땅하다. 하지만 우리가 잘 알고 있는 것처럼 시편에는 수많은 탄원 시편이 있다. 그리고 그 탄원 시편들은 처절한 절규에서 시작한다. 이런 절규는 대체로 "무엇 때문에?"(לָמָה, 라마/ לְמָה, 람마; עַד־מָה, 아드-마), "언제까지?"(עַד־מָה, 아드-마; עַד־מָתַי, 아드-마타이; עַד־אָנָה, 아드-아나) 등의 의문사로 시작한다. 이렇게 시작한 의문문들은 앞서 말한 탄원 시편의 3요소, 곧 "하나님" 탄원, "나" 탄원, "원수" 탄원을 이끈다. 특히 하나님과 관련해서는 하나님의 본성과 모순이 되는 역설적인 질문을 하는데, 하나님이 멀리 계시거나 숨어 계시고, 자신을 버리신 것 같다고 하소연한다(시 10:1; 13:1; 22:1; 88:14). 그리고 심지어 자신은 하나님의 진노하심 아래 있다고 말한다(시 6:1-3; 74:1; 79:5; 80:4). 반면에 대적들은 하나님을 부정하고 탄압하는 상황임을 강조한다(시 2:1; 10:12; 13:2; 49:5; 94:3; 115:2).

이런 탄원의 요점은 기도자가 사는 가시적이고 유한한 가치 세계에서 하나님의 무한하심이 드러나지 않는 것 같다는 인식에 있다. 즉 하나님을 의지하고 그분의 말씀대로 살아가는 이들이 오히려 억눌리고 비참하게 살아가는 반면에, 하나님의 무한하심이 가시적으로 드러나지 않는다고 해서 그분을 의지하지 않고 불법을 저지르며 살아가는 악인들이 득세하는 현실에 부닥치는 것이다. 심지어 그런 악인들은 하나님의 백성을 대적하고, 조롱하며, 탄압하고, 공격하기까지 한다. 이는 인간 존재 자체의 유한성에서 오는 인식이다.

종종 시편의 기도자들은 무한하신 하나님을 섬기는 자신들이 가지고 있는 신앙의 대원칙을 선포하는 것으로 시작한다. 이 원칙에 따르면 하나님은 기도자의 하나님으로서 개인적이고 인격적이며 좋은 관계를 맺고 은혜와 자비를 베푸시는 분이다(시 63:1; 73:1; 116:5). 그래서 기도자가 그분께 호소하면 당연히 들어주시고 응답하신다(시 77:1). 그런 응답에 대한 기도자의 기대는 의인의 구원과 악인의 마땅한 징벌이다(시 1:6; 33:9-10).

시편의 신앙인들은 이런 하나님을 향한 신앙의 대원칙을 믿고 살아가는 사람들이다. 비록 현실이 녹록지 않아도 이들은 자신이 믿는 신앙의 대원칙에서 벗어나지 않으려고 안간힘을 쓴다. 하지만 앞서 말한 대로 시편의 신앙인들이 맞닥뜨리는 유한한 세상의 현실은 그렇지 않다. 오히려 기도자의 기대와는 반대로 아무리 안간힘을 써도 가시적 가치 세상에서는 점점 소외되며, 그에 따라 상대적으로 기도자의 눈에 악인으로 보이는 사람들은 점점 더 세력을 늘려간다. 더구나 자신과 같은 사람들은 점점 줄어

들고 가시적 가치 세계를 좇는 사람들은 더욱 늘어가는 모습을 본다. 시편에서는 그런 현실을 보는 기도자들이 내뱉는 상대적 상실감의 목소리를 뚜렷하게 들을 수 있다(73:3-12). 이런 상실감은 가시적이기도 하지만 내면적이기도 하다. 신앙인을 더욱 힘겹게 하는 것은 그런 가시적 가치를 부조리와 부정과 악을 통해 얻는 이들이 자신은 물론 하나님을 향해서까지 하는 조롱이다(시 74:10, 18; 79:4; 102:8-9; 109:25; 115:2; 119:51-52; 137:3 등). 이런 상황은 기도자에게 씻을 수 없는 상처가 된다(시 55:4; 71:10-11; 109:1-5; 120:2; 129:3-4; 비교. 147:3). 그는 심지어 대적들을 향해 날카로운 저주를 쏟아내기까지 한다(예. 시 12:3; 31:17-18; 58; 64; 69; 71; 109; 137; 140편 등).

우리는 여기서 과연 시편의 기도자들이 왜 이런 속내를 드러내는지를 본문을 읽으며 곰곰이 생각해보아야 한다. 결론부터 말하자면, 이런 모든 과정은 하나님 앞에서 홀로 하는 자기 성찰이다. 하나님 앞에서 참된 자신의 모습을 모두 보지 못한다면, 결코 하나님의 무한하심을 경험할 수 없다. 마치 더러운 물로 가득 찬 양동이에는 신선한 물을 더 이상 담을 수 없는 것과 마찬가지다. 양동이에 신선한 물을 담기 위해서는 더러운 물을 비우고 양동이를 깨끗이 씻어야 한다. 시편의 기도자들은 "하나님 앞에서"(Coram Deo) 아무에게도 털어놓을 수 없고, 또 자신의 내면에 존재하는지도 깨닫지 못했던 자신의 모습을 하나하나 끄집어내고 마주한다. 그러면서 자신의 내면을 조금씩 비우고 씻어낸다. 이것을 다름 아닌 성찰이라고 말할 수 있으며, 그런 뜻에서 시편의 인간은 성찰하는, 또 성찰해야 하는 유한한 인간이다.

성찰의 과정에서 가장 먼저 깨닫는 것은 모든 가시적 가치 세계의 유한성이다. 이 유한성에는 기도자 자신도 포함된다. 가시적 가치 세계의 유한성에 가장 뚜렷한 종착지는 죽음이다(예. 시 49:6-11, 13-19; 73:17-20 등). 아무리 많은 재산이라도, 아무리 엄청난 세력이라도, 죽음 너머로 이어지지는 않는다. 가시적인 가치들은 모두 죽음이라는 유한성을 넘어서지 못한다. 그러니 기도자가 악한 이들의 세력이 득세하는 것을 보고 힘겨워할 까닭이 없다(시 49:16).

문제는 자신이 왜 그토록 견딜 수 없이 힘겨워하는지를 돌아보는 일이다. 이 세상에는 유한성을 극복할 수 있는 존재가 없다. 그리고 죄악을 심판할 권한을 가진 사람도 없다. 그런데도 신앙인이 괴로워하는 것은 심판이 가시적 세상에서 드러나지 않았기 때문이다. 그것은 자기 뜻대로 심판을 좌우하고자 하는 교만이다. 성찰의 결과는 교만을 깨닫는 데 있었다(참조. 시 25; 38편). 하나님 앞에서는 누구나 유한하며, 하나님이 죄를 보신다면 설 수 있는 존재가 없다. 그런데도 신앙인은 종종 자신을 돌아보기보다는 다른 이들에게로 눈을 돌리고 그들을 통제하려고 한다.

그러므로 시편은 하나님 앞에서 참된 성찰을 하는 인간은 겸손으로 나아간다고 가르친다(참조. 시 130-131편). 그런 뒤에 그는 피조물로서 다시금 하나님의 말씀 앞으로 나아간다. 모든 심판은 심판주이신 하나님이 행하심을 깨닫는다. 자신은 그저 하나님과 맺는 관계에 집중해야 함도 깨닫는다. 그때야 비로소 하나님의 말씀의 참된 깊이와 맛을 경험하며(시 119:103), 하나님의 무한하심 앞에 서게 된다. 더불어 창조주요 통치자이신 하나님이 지으신 피조세계의 모든 것에 눈길을 돌리고 하나님의 임재를 언제나 깨닫는다(참조. 시 19; 33:4-9; 65:5-8; 97:2-6; 순례 시편).

이런 성찰의 결과는 영적인 풍성함에 이르는 것이다. 먼저 하나님의 계시와 임재로 인해 무한한 기쁨을 누린다(시 1:2; 4:6-8; 16:9-11; 31:7; 119:24, 77, 143, 174 등). 그리고 가시적이고 유한한 세계의 모든 가치를 상대화하고 내려놓은 그 자리를 무한한 하나님의 가치로 채워간다. 그런 가치는 시편에서 앞서 말한 하나님의 본성, 곧 "정의로우심", "공정하심", "인자하심", "미쁘심", "한결같으심", "불쌍히 여기심", "성실하심" 등이다. 이런 가치들은 비록 당장은 가시적이지 않을 수 있지만, 무한한 하나님의 임재와 다스리심, 그분의 능력, 그분의 나라를 삶 가운데서 경험하는 비결이 된다. 많은 탄원 시편에서 상황의 변화 없이도 시편의 기도자들이 기뻐하고 찬양하는 데는 이런 성찰의 깨달음이 있다.

인간이라는 존재를 하나님 앞에서 성찰해가는 과정에서 이런 하나님의 본성을 채워가는 것이 진정한 영적 성숙이며, 시편 찬양의 깊은 세계다. 그것이 유한한 세상에서 무한을 지향해야 하는 존재로서 인간의 본분이다.

02

시편을

어떻게

읽을까?

1. 렉시오 디비나(*Lectio Divina*)

일반적인 독서와 구분되는 성경의 독서를 '거룩한 읽기'(*lectio divina*; 렉시오 디비나)라고 일컫는다. 이처럼 방법론과 마음가짐, 실천을 고민한 것은 교부에서부터 은둔 수도자들을 거쳐서 중세 수도회에 이르기까지 오래도록 이어온 전통이다(참조. 허성준, 『렉시오 디비나 I』, 31-48). 이는 기독교의 본질이 정경을 통해 계시되는 것이 원칙이기 때문이다. 그만큼 기독교의 전통은 말씀 묵상과 그것을 바탕으로 한 기도와 깨달음, 실천을 중요하게 여겼다.

   그러던 것이 12세기에 활동한 귀고 2세(Guigo II, ?-1188년)가 정리한 4단계(*lectio-meditatio-oratio-contemplatio*)로 귀결되어 오늘에 이르렀다(참조. 엔조 비앙키, 『말씀에서 샘솟는 기도』, 159-160). 귀고 2세는 프랑스 그르노블 근처에서 1084년에 창설된 카르투시오(Grand Charteuse) 수도회의 초기 회원 가운데 한 사람이었다. 이 수도회는 오늘날까지 대단히 엄격한 침묵과 수행 생활로 널리 알려져 있다. 자신에 대해서 침묵하는 카르투시오 영성의 특성 때문에 귀고 2세의 생애에 대해 알려진 것은 거의 없다. 그는 1173년에 공동체의 책임자 자리에 있었고, 아마도 같은 해 또는 다음 해 카르투시오 수도회의 제9대 총원장으로 선출되었다. 그리고 1180년에 이 직무를 끝낸 뒤 1188년에 죽었다. 우리가 말하는 렉시오 디비나의 기본이 되는 원칙은 귀고 2세가 제르바제(Gervase)에게 쓴 「관상생활에 대해 쓴 편지」(*Epistola de vita contemplativa*)가 기본이 된다(참조. 허성준, 『렉시오 디비나 I』, 165-183; 엔조 비앙키, 『말씀에서 샘솟는 기도』, 139-159). 이것은 흔히 「수도승들의 계단」으로도 불렸다. 이른바 '네 단계의 영적 사다리'라고 불리는 렉시오 디비나 원칙에 대해 귀고 2세는 다음과 같이 말한다.

> 어느 날 바쁘게 손노동을 하다가, 나는 영적인 일에 대해 생각했습니다. 갑자기 영적 수행의 네 단계가 떠올랐습니다. 독서, 묵상, 기도, 관상입니다. 이것들은 수도자들이 지상에서 하늘로 올라가는 사다리가 됩니다. 이 사다리의 계단은 얼마 되지 않지만, 그 길이는 엄청 깁니다. 왜냐하면 그 사다리의 아래쪽은 땅에, 꼭대기는 구름을 뚫고 천상의 신비에 닿아 있기 때문입니다(창 28:12 참조).⋯독서는 온 힘을 집중하여 성경을 주의 깊게 연구하는 것입니다. 묵상은 이성의 도움으로 숨겨진 진리를 알려는 정신의 능동적인 작용입니다. 기도는 선을 얻게 하고 악을 멀리하시는 하나님께 바치는 마음의 봉헌입니다. 관상은 정신이 하나님께 들어 올려져 거기에 머무르는 단계로, 이때 한없이 감미로운 환희를 맛봅니다(허성준, 『렉시오 디비나 I』, 165-166).

이어서 이 네 단계의 역할을 다음과 같이 설명한다.

> 독서는 복된 삶의 감미로움을 추구합니다. 묵상은 그것을 깨닫고, 기도는 그것을 청하며, 관상은 그것을 맛보는 것입니다. 달리 말하면, 독서는 음식을 입에 넣는 것이고(고전 3:2; 히 5:12 참조), 묵상은 그것을 씹어 분해하며, 기도는 그것의 맛을 느끼고, 관상은 그것으로 인해 기쁘고 새롭게 되는 감미로움 그 자체입니다. 독서는 외부에서, 묵상은 중심에서 작용합니다. 기도는 우리가 갈망하는 바를 청하고, 관상은 우리가 발견한 감미로운 환희를 줍니다(허성준, 『렉시오 디비나 I』, 166).

귀고 2세는 나머지 편지에서 이 네 단계를 구체적으로 설명하는데, 마무리

부분에서 이 네 부분의 필연적인 연관성에 대해 다음과 같이 역설한다.

> 묵상 없는 독서는 메마르며, 독서 없는 묵상은 오류에 빠지기 쉽습니다. 묵상 없는 기도는 냉담하고, 기도 없는 묵상은 열매를 맺지 못합니다. 기도가 열정적일 때 관상에 이르는 것이지, 기도 없이 관상에 이르는 경우는 거의 없으니, 그것은 기적에 가깝습니다(허성준, 『렉시오 디비나 I』, 179).

귀고 2세의 이 방법론은 이후 렉시오 디비나의 표준이 되었다. 어쨌거나 이 방법론은 가톨릭교회와 개신교회를 아우르는 귀중한 성경 묵상 방법론의 유산이다. 그러니 오늘 우리가 다시금 시편 본문 해설을 위한 방법론으로 렉시오 디비나를 되살펴볼 의미가 있다.

2. 렉시오 디비나 방법

렉시오 디비나는 여러 사람에게서 다양한 방법으로 파생하여 제안되었다. 아래에서 좀 더 구체적으로 제시하겠지만, 우리는 이 가운데, "기도"(*oratio*)와 "관상"(*contemplatio*)의 단계를 과연 구분할 수 있을까 하는 생각에서 시작한다. 또한 영성 신학의 접근과 구분되게 "묵상"(*meditatio*)의 단계를 세분해서 "본문 살펴보기"(*cogitatio*)와 "본문 공부하기"(*studium*)로 나누는데, 이는 본문에 대한 주관적·임의적인 접근을 가능한 한 지양하고자 함이다. 더불어 오랜 교회 전통에서 이어온 이른바 "이콘"(icon) 묵상도 함께 고려하여 묵상의 단계 "이콘 읽기"(*visio*)도 덧붙인다. 참고로 우리는 "본문 살펴보기"(*cogitatio*)와 "본문 공부하기"(*studium*)를 2권으로 따로 묶어 펴낸다.

그러니 체계적인 렉시오 디비나를 위해서는 2권을 순서에 따라 사용하기 바란다.

1) 본문 읽기(*lectio*)

일반적인 독서와 달리 성경 본문에 대한 렉시오 디비나는 말씀 가운데서 하나님을 만나는 것이므로, 우리의 지성과 영성을 조명해주시는 성령의 도우심을 구하는 것이 기본이다. 렉시오 디비나를 위해 본문을 읽을 때는 주의를 기울여, 천천히, 여러 번 읽는다. 또한 말씀 앞에서 경건한 마음으로 임하는 마음가짐을 갖는 것이 중요하다. 본문 주해나 설교 준비를 위한 본문 독서나 개인 성경 묵상에 모두 해당되는 대원칙은 자신이 바라는 내용을 주관적으로 본문에 집어넣으려는 이른바 "에이스에게시스"(εἰςήγησις)를 지양하고, 본문에서부터 의미를 끌어내려는 "엑스에게시스"(ἐξήγησις=exegesis)를 지향하는 것이다. 곧 성경 말씀에서 내 생각을 지지받으려는 것이 아니라, 성경 본문을 통해서 주시는 하나님의 음성을 경청하려는 겸허한 마음가짐이 중요하다.

2) 묵상하기(*meditatio*)

(1) 하나님의 빛으로 밝혀진 지성으로 곰곰이 생각하고(*cogitatio*) 공부하기 (*studium*)

① 본문 살피기(*cogitatio*)

시편에는 찬양, 탄원, 감사 등 여러 분위기가 드러나며, 때로는 여러 분위기가 한 시편에 나오기도 한다. 그래서 본문을 읽은 뒤에 조용히 본문을 읽으며 시편의 분위기를 파악할 필요가 있다. 성경 본문의 이해와 해석의 첫걸음은 본문과 나누는 대화다. 이 대화는 독자가 본문을 읽으면서 드는 질문들을 해결하는 일이다. 이런 질문은 문맥 파악의 문제이기도 하지만, 성경 본문의 언어와 시간과 공간에서 떨어져 있는 독자의 거리감에서 나오기도 한다. 본문을 단락별로 읽으면서 직관적으로 드는 질문들을 모아보라. 성경 읽기는 이 질문들을 해결해가는 과정이다.

② 본문 해설(*studium*)

이 책의 2권은 이 단계의 본문 읽기를 돕기 위해서 썼다. 그러니 아래의 내용을 중심으로 2권을 사용할 수 있다. 시편 렉시오 디비나의 본문 공부를 위해서는 다음과 같은 점을 유의할 필요가 있다.

첫째, 시편에는 특별히 저자와 관련된 표제나 역사서의 사건과 관련된 표제가 붙은 경우가 있다. 이는 독자들을 향한 독서 지침으로 볼 수 있다. 그래서 그런 표제가 있는 시편은 왜 그 인물의 저작으로 돌려져 있을까, 그리고 역사서의 사건과 시편 본문을 어떻게 관련지어 읽을 수 있을까를 고민하며 읽을 필요가 있다. 이 경우 이 책의 2권에서 설명하는 내용을 참조할 수 있다.

둘째, 주요 낱말의 뜻을 파악해야 한다. 이를 위해서는 단락별 주제에 중요한 역할을 하는 개념이나 표현과, 그 낱말이나 개념이 본문의 주제에 어떻게 이바지하는지를 생각해보아야 한다. 이 책 2권의 본문 해설에서는 그런 관점에서 낱말들이 문맥에서, 또 시편과 구약성경에서 어떤 쓰임새가 있는지를 설명하는 데 주안점을 두었다.

셋째, 객관적으로 검증되지 않은 견해는 자칫 본문에 대한 오해를 불러일으킬 수 있다. 이것은 개인 묵상이든, 설교든, 학문적 주석이든 모두 해당한다. 그래서 직관적으로 알 수 있는 뜻이 아니라면, 충분히 본문을 살피고 숙고하며 묵상한 뒤에는 과연 다른 이들은 그 문제에 대해 어떤 생각을 하는지를 참조할 필요가 있다. 이를 위해 이 책의 2권에서는 되도록 본문의 의미에 대해 전통적인 견해들을 담으려고 노력했다. 이 과정을 통해 본인의 묵상 내용을 강화할 수도 있고, 수정할 수도 있다.

(2) 되새김, 반추(*ruminatio*)와 그림 묵상(*visio*)

전통적으로 이 단계에서는 "성경을 끊임없이 읽고, 듣고, 기억하며, 그것을 반복적으로 되풀이하고 되씹음으로써 말씀으로부터 영적 자양분을 얻"는다(허성준, 『렉시오 디비나 I』, 104). 이 과정은 일반적으로 소나 낙타의 되새김질과 견주어진다. 지금까지 살피고, 묵상하고, 공부한 내용을 바탕으로 다시금 본문의 세계로 깊이 들어간다. 여기서 주의할 점은 나 자신의 진정한 모습을 하나님 앞에서 드러내는 과정을 병행해야 한다는 점이다. 하나님의 말씀에 비춘 자신의 모습을 말씀 되새김질을 통해 하나씩 하나씩 바라본다. 긍정적인 모습과 부정적인 모습 모두를 솔직하게 바라본다. 이 책에서는 이 과정을 시편 전체를 바라보는 눈으로 삼았다. 곧 시편은 성찰을 위한 책이라는 말이다. 하나님의 말씀 앞에서 시편의 기도자들이 그러했듯, 개별 본문을 읽으면서 독자들도 자기 내면에 도사리고 있는 모든 것을 하나하나 꺼내놓고 객체화하여 들여다볼 수 있어야 한다. 그리고 다음과 같은 질문들을 해볼 수 있어야 한다(참조. 서인석, 『말씀으로 기도하기』, 74-75).

① 본문은 나에게 무엇을 원하는가?
② 읽고 있는 이 단락에서 어떤 말씀이 구체적으로 살아 계신 하나님의 말씀으로 제안되는가?
③ 행동, 말씀, 주제 안에 표현된 신앙을 통해 나는 어떻게 자극을 받고 있는가?
④ 본문은 어떤 면에서 그리스도인의 믿음과 연결되는가?

⑤ 본문을 쓴 분들의 신앙적 발걸음은 오늘날 믿는 이들의 신앙적 발걸음과 어떻게 서로 만나고 있는가?

본문 되새김을 마무리하기 위해 이 책에서는 그림 묵상(*visio*)을 도구로 쓴다. 이에 대해서는 아래 "3. 그림 묵상(*visio*)과 렉시오 디비나"를 보라.

3) 기도(*oratio*)를 통해 관상하기(*contemplatio*)

전통적으로는 두 단계로 나누어 진행되었다. 그러나 사실 기도와 관상은 엄밀하게 두 단계로 구분하기가 쉽지 않다. 먼저 다소 낯선 개념인 관상(觀想, *contemplatio*)을 정의해볼 필요가 있다. 이 낱말은 '함께, 아주, 대단히'라는 뜻이 있는 접두사 '*con-*'과 '경계를 둘러친 공간, 제한된 구역, 신전, 성전' 등을 뜻하는 '*templatio*'가 합쳐진 말로, 단순히 장소를 의미하는 것이 아니라 사물의 내면을 실제적으로 아주 자세하게 직시하는 것을 말하는데, 사물의 실제와 원천을 자세히 볼수록 우리는 그 안에서 하나님을 발견하게 된다는 뜻에서 사용하는 말이다(허성준, 『렉시오 디비나 II』, 137).

그러니 시편의 렉시오 디비나에서 이 말은 말씀 묵상과 그것을 바탕으로 기도하며 경험하는 변화를 뜻한다고 볼 수 있겠다. 시편 자체에서도 이런 변화는 어렵지 않게 찾아볼 수 있다. 특히 탄원 시편에서 기도자들은 고난의 상황에서 끊임없이 하나님을 향해 질문하고, 창조주요 통치자인 하나님을 세심하게 발견해가면서, 어느 순간 가치관의 변화를 경험한다. 곧 유한한 고난의 상황을 보며 절망하던 데서, 그 너머의 무한하신 하나님의 가치 세계로 시선을 바꾸는 것이다. 그 순간 유한한 상황은 기도자에게 아무런 위협이 되지 못하고, 고난 가운데서도 함께하시는 무한하신 하나님을 찬양하는 것으로 변화한다. 시선의 변화를 통한 존재와 가치의 변화가 관상의 핵심이라고 할 수 있다. 이것은 'contemplatio'가 그리스어 '봄'(θεωρία)으로 거슬러 올라가는 것과 일맥상통한다. 이스라엘의 기도책인 시편의 기도와 관상을 위해서는 다음의 세 단계를 권한다. 기도와 관조는 반드시 조용하고 방해받지 않는 장소에서 주변을 정갈하게 정리한 뒤, 홀로 집중하는 것이 좋다.

(1) 하나님 앞에서(*Coram Deo*) 나 – 들여다보기
- 시편 기도자의 눈과 내 눈을 맞춘다.
- 내 삶 가운데서 시편 기도자의 상황과 비슷한 예가 있는지 생각해본다.
- 기도자의 시선에서 내 마음속에 떠오르는 것들을 여과 없이 붙잡는다.
- 이 과정을 깊이 할수록 마음속 깊이 들러붙어 있던 생채기나 가시를 발견하게 될 것이다.
- 그 모든 것을 하나님 앞에 찬찬히 내어놓는다.
- 과연 내가 옳기만 한지를 다시금 되새겨본다.

(2) 변화에 주목하기
- 본문을 묵상하면서 내 가운데서 발견한 변화요소가 무엇인지 생각해본다.
- 본문을 묵상하기 전 나를 지배하던 유한성은 무엇이었는가?
- 유한한 내 안에 들어오신 무한하신 하나님의 본성은 무엇인가?

(3) 시편 기도문 작성하기
- 위의 두 단계를 바탕으로 시편 본문이 녹아 있는 기도문을 작성해본다.
- 이 기도문은 시편 읽기-묵상하기-기도와 관조하기를 통해 깨달은 것을 토대로 변화된 삶을 사는 바탕이 된다.

– 이 책에서는 매 시편 마지막에 기도와 관상을 돕기 위한 짤막한 기도문을 제공한다.

3. 그림 묵상(*visio*)과 렉시오 디비나

1) 개신교와 기독교 미술의 거리감

성경을 주제로 한 미술 작품 가운데 특히 신앙생활에 중요한 역할을 하는 이콘(icon)에 대한 거부감이 없는 정교회나 가톨릭교회와는 달리, 개신교에서 미술은 그리 가깝게 느껴지지 않는다. 물론 개신교 예배당의 외벽에 크게 성화를 새기거나 예배당 창문의 스테인드글라스에 부분적으로 성화가 있는 예는 있다. 그럼에도 우리는 개신교와 기독교 미술의 거리감을 여전히 인정할 수밖에 없다. 개신교 예배당에서나 개신교의 전통에서 그림이, 다른 말로 하자면 성화가 왜 다소 부정적인 이미지를 가지게 되었을까? 이 문제는 교회 역사에서 말 그대로 해묵은 논쟁의 주된 소재였다.

교회에서 성경의 내용이나 성인들을 그린 전통은 교회의 역사와 거의 맥을 같이한다. 기독교가 로마 시대 극심히 박해받던 시절에 그리스도인들은 지하로 내려가 카타콤 문화를 낳았다. 그리고 그들은 카타콤의 지하 벽에 그림을 그리기 시작했다. 그들로서는 박해받는 현실에 대한 희망의 절규로 벽화를 그렸을 것이다. 그런가 하면 유대인들에게서 드물지만 3세기 초반의 시리아 지역 회당인 두라-에우로포스(Dura-Europos)의 세례당에는 구약성경의 다양한 장면이 벽화의 형태로 남아 있다.

기독교가 공인되고 국교가 되면서 지하의 카타콤은 지상으로 올라와서 "temple" 문화를 시작했다. 그리스와 로마 신전을 기억하는 이들에게 기독교 예배당에는 빈 벽을 채울 무언가가 필요했다. 거기에 이른바 성화들, 곧 이콘(icon)이 그려지기 시작했다. 더욱이 590-604년 교황에 재위했던 그레고리우스 1세가 "문맹자들은 책을 읽을 수 없으니 성당 벽면을 통하여 읽도록 하라"(*Quod legentibus, scriptura, hoc idiotis praestat pictura cernentibus, ut hi qui litteras nesciunt salten in parientibus videndo legant quae legere in codicibus non valent*)는 지시를 내리면서 기독교 미술은 본격적으로 이콘 제작으로 시작되었다(임영방, 『중세 미술과 도상』, 184, 226에서 다시 끌어 씀). 9세기의 사제이자 시인인 스트라보(Walhafried Strabo)는 "그림은 글을 읽지 못하는 사람에게는 글과 같은 것이라"(*Pictura est quaedam litteratura illiterato*)고 말하기까지 했다.

그러나 무엇이든 강조하다 보면 부정적인 효과가 나타나게 마련이다. 곧 마치 마법적인 효력이라도 있는 듯 일반 신자들이 이콘을 숭배하기 시작한 것이다. 그리하여 8세기에 들어서면서 이른바 "성상 파괴 논쟁"(iconclasm)이 격렬하게 진행된다. 이 논쟁의 핵심에는 기독론에 대한 교리적 문제와 교황과 황제 사이의 정치적 논리도 복잡하게 얽혀 있었다. 어쨌든 성상 파괴론자들이 주장하는 핵심은 이콘은 그리스도의 인성만 반영할 뿐 신성을 표현하지 못하므로 지양해야 한다는 것이었다. 반면에 옹호론자들은 그리스도의 성육신이 곧 성상을 가능케 한다고 주장했다. 하지만 결국 787년 제2차 니케아 공의회에서 격론 끝에 성상 옹호론자들이 승리했다. 니케아 공의회에서 내린 결론의 핵심은 "하나님을 향한 흠숭"(λατρεία τοῦ θεοῦ)과 "이콘을 향한 공경"(δουλεία τῆς εἰκόνος)의 구분이었다. 곧 본질적인 숭배는 하나님께만 드리는 것이고, 이콘은 공경의 대상으로 제한한다는 것이었다. 그리하여 이콘을 둘러싼 논쟁은 일단락되었고, 비잔틴 교회와 서방 교회에서 이콘은 중세 시대를 거쳐 종교개혁 때까지 꽃을 피우게 되었다.

1517년 10월 31일 마르틴 루터가 비텐베르크 성당 정문에 95개 논제를 게시하면서 불씨가 당겨진 종교개혁으로 이콘을 둘러싼 논쟁의 불길도 다시 지펴졌다. 이는 특히 로마 가톨릭교회가 고해성사를 시행하며 판매하던 면죄부(indulgentia; 은혜, 호의)와 관련하여 이콘 숭배가 함께 얽혀 있었기 때문이었다. 곧 고해성사를 한 사람이 성당에 이콘을 기부한다거나 이콘 앞에서 기도문을 외운다거나 하는 행위 등이 나타났던 것이다. 특히 안드레아스 보덴슈타인(Andreas Rudolph Bodenstein von Karstadt; 1486-1541년)을 중심으로 격렬한 성상 파괴 논쟁이 이어졌다. 보덴슈타인은 니케아 공의회에서 결정한 "흠숭"과 "경배"의 구분이 실제로 지켜지지 않았다는 것을 핵심 쟁점으로 공격했다. 그에 대항하여 가톨릭교회는 1545-1563년에 진행된 트리엔트 공의회에서 근본적으로 니케아 공의회와 같은 결정으로 다시 한번 이콘을 옹호하게 되었다. 그리고 더욱 조직적이고 공격적인 선교 정책을 확정했다.

　　이런 논쟁의 결과 개신교는 이콘과 영원한 결별을 하게 되었고, 특히 미국의 부흥 운동에 영향을 받은 우리나라 개신교에서는 이콘은 고사하고, 기독교 미술 자체마저 찾아보기 힘든 지경에까지 이르렀다. 과연 우리는 성경을 형상화한 그림을 멀리해야 할까? 성경을 그린 작품들에 무관심한 것이 옳기만 할까?

2) 그림 묵상과 렉시오 디비나

(1) 이콘과 기독교 미술의 필요성

이콘 문화와 관련해서 종교개혁의 귀중한 전통 위에 서 있는 개신교가 다시 이전의 이콘 문화로 돌아갈 필요는 없다. 그렇다면 그토록 오랜 전통을 가진 이콘과 기독교 미술을 개신교가 계속 외면하는 것이 옳을까? 그렇지는 않을 것이다. 우리는 이콘을 비롯한 기독교 미술이 대부분 성경 본문을 "구체화"했다는 점을 깊이 생각해볼 필요가 있다.

그런 뜻에서 거꾸로 성경 본문을 읽는 데 그림이 어떤 도움을 줄 수 있을지에 대해 다음의 네 가지 질문을 해볼 수 있겠다. 첫째, 과연 성경 본문 읽기, 우리가 말하는 렉시오 디비나에 미술이 필요한가? 둘째, 필요하다면 어떤 뜻에서 필요한가? 셋째, 어떤 자세와 방법으로 본문과 미술 작품을 대해야 하는가? 넷째, 그 결과 우리가 얻을 수 있는 것은 무엇인가?

먼저 이콘과 기독교 미술은 성경 본문 이해의 폭을 넓혀줄 수 있다. 화가는 성경 본문을 그림으로 표현할 때, 시간의 변화와 공간의 이동이 있는 본문을 어떤 형태로든 이차원적 평면에 "구체화"해야 한다. 성경을 읽는 이는 화가의 그 "구체화"를 통해 본문 세계를 더 폭넓게 이해할 수 있다. 둘째로, 이콘과 기독교 미술은 성경 본문의 행간 읽기를 도와줄 수 있다. 화가의 그림을 통한 성경 본문의 "구체화"가 실제로 본문의 행간을 읽은 경우가 있다. 그런 그림들은 성경 독자가 본문을 새기고 본문 사이의 틈에서 그 뜻을 새기는 데 도움을 줄 수 있다.

그러므로 우리는 렉시오 디비나를 통해 시편 본문의 세계로 들어가 말씀의 깊은 곳에서 하나님의 임재를 체험하고, 그 뜻을 새기는 데 이콘과 기독교 미술을 적극적으로 활용할 필요가 있다.

(2) 되새김, 반추(*ruminatio*)와 그림 묵상(*visio*)

위에서 언급한 것처럼 이콘과 기독교 미술은 오늘날 성경 본문을 읽는 데도 귀중한 도움을 주고, 성경 본문의 세계로 들어가는 요긴한 통로 구실을 할 수 있다. 그렇다면 렉시오 디비나의 어느 지점에서 그림 묵상이 가장 효과적일까?

이 문제에서 무엇보다 염두에 두어야 할 것은 성경 본문을 본격적으로 읽기 전에 이콘을 보는 것은 지양해야 한다는 점이다. 왜냐하면 주석과 마찬가지로 이콘이 자칫 성경 본문을 자유롭게 읽고 묵상하는 데 선입견으로 작용하여 방해 요소가 될 수 있기 때문이다. 그렇다고 가톨릭교회나 정교회에서 하는 것처럼 이콘을 두고 기도하는 것도 권장할 만하지 않다. 종교개혁의 귀중한 전통은 말씀을 자유로이 읽고 그 뜻을 새기는 것이 중요한 표어였으며, 개신교회는 그 전통에 서 있기 때문이다.

우리는 이 책에서 본문 묵상(*meditatio*)과 기도(*oratio*) 사이, 그러니까 위에서 언급한 대로 본문 되새김과 반추(*ruminatio*)의 단계에 그림이 한몫을 할 수 있다고 여겨서 그렇게 배치했다. 위에서 언급한 것처럼, 그림은 본문 구체화의 한 양상을 보여주어 본문을 더 깊고 넓게 이해하도록 해줄 뿐만 아니라 독자가 성경 본문의 세계를 더욱 생생하게 경험하도록 도와줄 수 있다. 이는 그림이 본문에 비추어 자신의 모습을 들여다보도록 본문의 빈자리를 구체화해서 보여주기 때문이다.

이런 본문의 되새김을 통해 성경 본문을 읽는 독자는 본문 앞에 선, 곧 하나님의 현존 앞에 선 자신의 모습을 생생하게 들여다보며 성찰하고, 그분께 내어놓을 기도를 눈으로 직접 볼 수 있게 된다. 이런 기도의 과정에서 어느 순간 새로운 하나님의 임재를 경험하고 그분의 무한하심 속으로 들어가는 관상(*contemplatio*)을 경험할 수 있을 것이다.

3) 슈투트가르트 라틴어 시편 채색필사본(Cod. Bibl. Fol. 23)

우리는 이 책에서 시편 본문을 묵상하고 그 뜻을 되새기는 데 도움을 주기 위해 슈투트가르트 라틴어 시편 채색필사본(Cod. Bibl. Fol. 23)의 삽화를 묵상하려고 한다. 이 필사본에는 각각의 시편마다 한 개 이상의 삽화가 그려져 있다. 이 삽화들은 해당 시편의 본문 가운데서 삽화가, 혹은 삽화가에게 그림을 주문한 사람이 가장 중요하다고 여긴 특정 본문이나 본문 전체의 이야기 또는 심상 등을 매우 직관적으로 표현했다. 따라서 이 책에서는 해당 그림이 어떤 본문을 어떻게 형상화했으며, 그것을 통해 어떤 의미를 더 깊이 새길 수 있을지를 짧게 글로 적어두었다.

이 필사본을 대강 설명하기 전에, 이콘의 역사에서 채색필사본이 언제 어떤 계기로 등장했는지를 훑어볼 필요가 있겠다. 기원후 8세기 중반 이후 게르만족을 주축으로 한 프랑크 왕국이 들어서면서 이콘 문화는 이전과 다른 새로운 판세를 맞이했다. 프랑크 왕국의 둘째 왕조인 카롤링 왕조를 세운 샤를마뉴(Charlemagne, 768-814년 제위)는 아헨(Aachen)을 신성 로마 제국의 수도로 정하면서 왕권을 강화하는 동시에 종교적 지도자로서 자신의 지위도 강화했다. 왕권 강화를 통해 정치와 종교를 잇는 매개 가운데 하나로 채색필사본이 전면에 등장했다. 비싼 양피지에 필사자와 삽화가가 공을 들여 만드는 채색필사본은 왕족과 귀족들이 주된 고객이 될 수밖에 없었다(참조. 임영방,『중세 미술과 도상』, 217-224). 그러니 이 시기의 채색필사본을 통해 우리는 사실상 이콘의 전통과 더불어 종교에 대한 정치 세력의 영향력을 엿볼 수 있다.

슈투트가르트 라틴어 시편 채색필사본은 바로 이 시대에 만들어졌다. 이 필사본은 825/30년 무렵에 카롤링 왕조의 주된 수도원 가운데 하나였던 생-제르맹-데-프레(Saint-Germain-des-Prés; 오늘날 파리 근교)에서 필사된 것으로 여겨진다. 현재 소장지인 뷔르템베르크 도서관에 들어온 것은 200년이 넘은 것으로 알려져 있다(wikipedia "Stuttgarter Psalter" 항목 참조. 현재 이 시편은 온라인에서 자유롭게 열람할 수 있다. 아래 참고문헌 목록의 누리집 주소 참조).

17×26.5센티미터 크기의 양피지 앞뒤로 필사된 166매의 이 필사본에는 본문과 관련한 작은 그림들 309개가 라틴어 시편 본문을 꾸미고

있다(이 책에서는 308개의 그림을 설명함. 309번째 그림은 히브리어 본문에는 없는 151편 그림). 또 매 시편의 첫 글자는 장식글자로 채색하여 크게 쓰고 있다. 이 필사본의 본문은 히에로니무스(Hieronymus)가 번역한 라틴어 역본인 "불가타"(Vulgata)인데, 오늘날 남아 있는 불가타 본문 가운데 상태가 매우 좋은 본문으로 유명하다.

이 필사본을 장식하는 삽화는 중세 그림의 경향에 따른 원근법 (perspective) 혹은 그에 따라 사물을 투시하여 감축되어 보이게 하는 단축 법(foreshortening)을 적용하지 않는다(참조. 곰브리치, 『서양미술사』, 79-81, 164). 그 대신 대상의 중요도에 따라 크기를 달리하는 이른바 "역원근법"을 쓴다. 그리고 초록, 보라, 빨강, 주황, 파랑 등 화려한 원색을 주로 쓰는데, 이는 라틴어 성경 본문을 읽는 이들의 주의를 끄는 데 매우 효과적인 역할 을 한다. 이것은 매 시편의 첫 장식글자에서도 마찬가지다.

이 필사본 삽화의 중요한 몇 가지 특징을 주목할 필요가 있다.

첫째, 이 필사본의 삽화는 아무래도 교회의 전통에서 그림을 그렸으 므로, 예수 그리스도의 모형론(typology) 관점에서 형상화한 그림들이 종 종 눈에 띈다. 전통적으로 신약성경과 연관 지어 해석되는 그림들은 물론 이고, 이 필사본 삽화의 독특한 신약 관점의 해석에서 그린 그림들도 눈에 띈다. 더불어 성모 마리아 등 가톨릭교회의 전통을 배경으로 한 그림들도 적잖이 찾아볼 수 있다.

둘째, 더러 히브리어 본문에서는 전혀 찾아볼 수 없는 장면이 그려지 곤 한다. 그런 경우 대부분은 삽화가 보고 그린 라틴어 본문이 히브리어 본문 전통과 다르기 때문이다. 이런 용례들은 라틴어 불가타 본문이 왜 히 브리어와 다른지를 따져 물어봐야 한다. 따라서 이 책에서는 그런 그림이 나올 때마다 그림 설명에서 본문의 차이에 관해 설명해두었다.

셋째, 그림의 등장인물들은 대부분 9세기를 배경으로 한 복장과 도구를 사용한다. 더불어 이 필사본이 만들어지던 당시의 세계관이나 신화 세계 등을 배경으로 그려진 삽화들도 제법 있다. 따라서 이런 삽화들은 9세기의 복식이나 무기, 악기, 건축은 물론 생활방식, 세계관 등을 이해하는 데 도움이 된다. 다만 성경에서 중요한 인물들, 예컨대 모세, 다윗, 예수 그리스도, 성모 마리아 등은 전통적인 유대 복장으로 묘사하는 것이 보통이다.

넷째, 삽화가는 본문을 매우 직설적으로 표현하는 경향이 있다. 시편은 장르의 특성에 따라 상징적 표현들이 많다. 삽화가는 그런 상징적 표현과 맞닥뜨렸을 때 고민하지 않고 그대로 그림으로 형상화하는 경우가 많다. 이를테면 대적이 사자와 같다고 표현하는 시어가 있다면, 삽화가는 실제로 사자를 그린다. 이로써 삽화들은 본문의 시적 심상을 시각적으로 다시 한번 되새기도록 도와주는 구실을 한다.

제2부

시편

렉시오

디비나

(*Lectio Divina*)

01

시편 1권

(1-41편)

읽기

행복하여라, 그 사람!(시편 1편)

1. 본문 읽기(*lectio*)

말씀으로 행복한 사람

1   행복하여라, 그 사람, 악인들의 꾐을 따라가지 않고
　　죄인들의 길에 서지 않고, 오만한 이들의 모임에 앉지 않습니다.

2   오로지 야훼의 율법"에 그의 기쁨이 있고,
　　그분의 율법"을 밤낮으로 읊조립니다.

3   그래서 그는 개울물가에 심어진 나무와 같아서
　　제 열매를 제때에 내고 그 잎사귀가 시들지 않을 것입니다.
　　그래서 그가 하는 모든 것은 형통할 것입니다.'

악인들의 운명

4   그렇지 않습니다, 악인들은!
　　오로지 겨와 같아서 바람이 그것을 흩어버릴 것입니다.'

5   그러므로 악인들이 공정한 재판에,'
　　죄인들이 의인들의 회중에 서지 못합니다.

길

6   참으로 야훼께서 의인들의 길을 알아주시지만,
　　악인들의 길은 멸망할 것입니다.

2절ㄱ. 히. "תּוֹרָה"(토라). 여기서 "율법"이라고 번역했지만, 이 번역은 낱말의 뜻을 다 보여주지 못한다. '가리키다, 가르치다'라는 뜻의 동사 "יָרָה"(야라)에서 비롯한 이 낱말은 '길잡이, 가르침' 등을 뜻할 수 있다.

3절ㄴ. 비교. 여호수아 1:8.

4절ㄷ. 70인역에는 여기에 "땅에서부터"가 덧붙어 있다.

5절ㄹ. 히브리어는 여기서 "בְּמִשְׁפָּט"(브미쉬파트)가 쓰였다. 히브리어 "מִשְׁפָּט"(미쉬파트)는 동사 "שָׁפַט"(샤파트, 판결을 내리다)에서 온 말로, '재판, 판결, 심판, 공의, 법' 등을 뜻한다. 여기서는 후반절에 나오는 "의인들의 회중"과 평행을 이루는 말로 쓰였다. 그래서 '재판, 심판'보다는 그런 재판에서 마땅히 기대되는 '공정함'을 뜻한다고 본다.

2. 본문과 함께 그림 묵상(*meditatio et visio*)

삶은 결국 길이다. 누구나 태어나서 죽음에 이르기까지 삶이라는 길을 걸어간다. 때로는 넓고 평탄한 길을 가기도 하고, 때로는 험하고 좁은 길을 맞닥뜨리기도 한다. 그렇지만 누구도 이 길에서 벗어나 멈출 수는 없다. 그것이 인생의 운명이다. 다만 어떤 목적지를 가리키는 이정표를 따르느냐의 문제일 뿐이다. 대부분은 유한하고 가시적인 가치의 이정표를 따르려고 한다. 하지만 이 시편은 첫머리에서부터 그런 가치에 멈추지 말라고 조언한다. 그리고 하나님의 토라(율법)를 따라 거기서 나오는 자양분으로 모든 삶의 척박함을 이겨내라고 가르친다. 그것이 결국 바람에 날려 흩어지는 겨가 아니라 뿌리 깊은 나무가 되는 길이라고 말한다.

그림 1 Cod. Bibl. Fol. 23, 2 recto

첫 시편의 삽화에서 먼저 눈여겨볼 것은 첫 구절(*Beatus vir*)의 장식글자 한 부분을 이루는 사람이다. 이 사람은 순례자로 묘사되어 있는데, 아마도 첫 구절 "행복하여라, 그 사람"에서 일컫는 인물을 형상화했을 것이다. 이는 더불어 시편 독서로 들어서는 모든 사람으로 확장될 수 있다. 그의 앞, 그러니까 그림 아래쪽은 두 부분으로 나뉜다. 왼쪽에는 예수 그리스도의 십자가가 있고, 오른쪽에는 두 사람이 있다. 오른쪽의 두 사람은 서로 음흉한 표정으로 이야기를 나누는데, 본문에서 말하는 "악인들", "죄인들", "오만한 이들"을 형상화할 것이다. 시편의 세계, 그리고 시편이 그리는 신앙인의 삶의 길에 들어서는 이는 험하고 고난이 따르더라도 생명의 길 곧 예수 그리스도의 십자가를 뒤따르는 길을 걸을 것인지, 아니면 가시적이고 유한한 가치를 따르는 악인들의 길을 따를 것인지의 갈림길에서 선택해야 함을 깨닫게 된다.

우리 역시 시편의 시인이 걸어갔고 우리를 초대하는 바로 이 여정의 끝자락에 서 있다. 우리의 치열한 삶에서 시편 신앙의 선배들이 걸어간 그 의인의 길을 따라 걸어야 하지 않겠는가? 시편의 세계에 들어선 이는 올곧은 의인의 길을 향한 이정표로 초대받는다. 다수인 악인들, 죄인들, 오만한 이들이 잡아끌어 주저앉히려는 이 세상에서 독야청청 의인의 길을 걸어가도록 요청받는다. 이를 위해서는 창조주, 통치자, 심판주이신 하나님을 향한 신앙의 대원칙을 굳게 붙잡아야 한다. 그래서 시편의 첫머리에서 만나는 그 행복, 하나님 안에서 맛보는 그 흥겨움을 만끽하는 삶을 지향하라는 교훈을 듣는다.

3. 기도와 관상(*oratio et contemplatio*)

주님, 삶은 길입니다. 태어나서 죽음에 이르기까지 인생은 쉬지 않고 삶의 길을 걸어갑니다. 당신의 말씀을 따름으로써 삶의 참된 기쁨을 위한 이정표를 발견하도록 저를 깨우쳐주십시오. 한 걸음 한 걸음씩 당신이 인정하는 길을 걸어가도록 저와 동행해주십시오.

너는 내 아들이다 (시편 2편)

1. 본문 읽기 (*lectio*)

민족들의 헛된 도전

1 무엇 때문에 민족들이 소란하고,
  무리가 쓸데없이 중얼거립니까?

2 땅의 임금들이 나서고,
  우두머리들이 함께 꾀를 냅니다,
  야훼께 맞서, 그리고 그분의 기름 부음 받은 이에 맞서!"

3 "우리가 그분의 굴레를 벗어버리고,
  우리에게서 그분의 줄을 떨쳐내 버립시다!"

야훼의 비웃음

4 하늘에 앉으신 분이 웃으십니다.
  주님이 그들을 비웃으십니다.

5 그때 그분이 그들을 향해 그분의 분노 가운데 말씀하시고,
  그분의 노여움 가운데 그들을 깜짝 놀라게 하십니다.

6 "나는 내 임금을 세웠다.
  시온, 내 거룩한 산 위에!"

야훼의 아들인 임금

7 "내가 명령을 전하겠다!"
  야훼가 제게 말씀하셨습니다.

"너는 내 아들이다!

내가 오늘 너를 낳았다.

8   내게 구하여라!

그러면 내가 민족들을 네 몫으로 주겠고,

네 소유는 땅끝까지 이를 것이다.

9   네가 그들을 쇠몽둥이로 깨뜨릴 것이다.

질그릇처럼 네가 그들을 깨부술 것이다."

민족들을 향한 선포

10 그러니 이제 임금들이여, 깨달으시오!

땅의 재판관들이여, 교훈을 얻으시오!

11 야훼를 경외함으로 섬기고,

떨면서 즐거워하시오!

12 아들에게 입 맞추시오!ᵉ

그렇지 않으면 그분이 분노하여

그대들은 길에서 멸망할 것입니다.

이는 그분의 분노는 빠르게 지나칠 것이기 때문입니다.

행복하여라, 그분께 피하는 모든 이!

번역 해설

2절ㄱ. 70인역에는 2절 뒤에 "διάψαλμα"(디아프살마)가 있는데, 이는 시편에서 자주 찾아볼 수 있는 "סֶלָה"(셀라)의 번역어다. 이 용어의 뜻과 쓰임새에 관한 논의는 아래 3편의 번역 해설을 보라.

6절ㄴ. 직역. "그리고 나는." 여기서 쓰인 접속사는 앞에 연결할 수 있는 문장이 없어서, 감정을 드러내기 위해 앞선 문장이 문학적으로 생략된 것으로 볼 수 있다(GK §154 b). 곧 "너희가 그렇게 말하지만"을 보충해서 새길 수 있겠다.

7절ㄷ. 히브리어 본문에는 "명령을 향해"(חֹק אֶל, 엘 호크)로 되어 있다. 이 것은 "חֹק-את"(에트-호크)의 필사 오류로 여겨진다.

12절ㄹ. 이 부분의 히브리어 본문은 이해하기 어렵다. "아들"에 해당하는 낱말이 7절의 히브리어 "בֵּן"(벤)과 달리 아람어 "בַּר"(바르)가 쓰였기 때문 이다. 그래서 이 본문과 관련해서는 매우 많은 제안이 나왔다. 어떤 제안 은 "바르"를 히브리어로 보아서 "순수한, 깨끗" 등으로 옮기려고 했고, 다른 제안은 "בְּרַגְלָיו"(브라글라브)가 훼손된 본문이라고 여기기도 했다(이 에 대한 논의는 참조. Tate, *Psalms 1-50*, 64). 하지만 우리는 이 시편이 어떤 형태 로든 본문의 전승 과정에서 아람어와 접촉했을 것으로 여긴다. 그것이 형 성 단계에 고대 근동에 널리 퍼져 있던 아람어 전통이었는지, 본문 전승의 과정에서 후대 페르시아 시대의 손길이었는지는 밝히기 어려운 것으로 보 인다.

2. 본문과 함께 그림 묵상(*meditatio et visio*)

옛 이스라엘 임금의 대관식 제의를 전제하는 이 시편 본문에서 우선 이방 의 임금을 비롯한 지도자들이 눈에 들어온다. 이들은 하나님의 무한한 통 치권을 인정하지 않는다. 그분의 인도하심을 상징하는 굴레와 줄을 속박 으로 여긴다. 우리는 그들을 유한한 가시적 세계의 가치관을 대변하는 인 물들로 생각해볼 수 있다. 하나님의 가치관은 오로지 그분께 모든 것을 맡 기고 그분과 맺는 관계에만 집중하기를 요구한다. 그러나 하나님의 현존 을 깨닫지 못하는 사람들은 그런 관계를 자기네 결정권을 제한하는 것으로 여기고 거부한다.

그림 2 Cod. Bibl. Fol. 23, 2 verso

이 삽화는 본문 2절을 형상화한다. 그림 왼쪽에 이방의 임금과 지도자들이 무리 지어 서 있다. 그들은 오른쪽에 있는 두 인물을 향해 따지듯 말하고 있다. 그림 한가운데는 예수 그리스도가 있고, 그 옆에는 또 다른 인물이 있다. 아마도 이 시편에서 대관식을 치르는 임금을 뜻할 것이다. 그러면 본문의 '기름 부음 받은 이', 곧 메시아를 그림에서는 중의 적으로 해석했다고 볼 수 있다. 본문에서 이 낱말은 대관식을 치르는 임금을 가리키는 데, 신약 시대에 오면서 이 낱말은 예수 그리스도에게 적용되었다. 그러므로 이 그림에 서 메시아는 임금과 예수 그리스도로 이어지는 전통을 한데 아울러 표현한다. 임금이 예 수 그리스도의 옷깃에 손을 대는 장면에서 그 단서를 볼 수 있다.

반면에 대관식을 치르는 임금은 원래부터 대단한 존재가 아니다. 그는 하 나님이 임금으로 임명하고 "너는 내 아들이다"라고 하시는 순간, 하나님의 무한한 가치 세계로 들어가게 된다. 그리고 하나님 나라의 통치권을 이 땅 에서 대신 행사할 수 있다. 객관적으로 볼 때, 이스라엘은 그리 대단한 나 라는 아니었다. 그래서 그 땅의 임금도 고대 사회에서 대단한 존재가 아 니었다. 그런데도 하나님 나라의 복음은 오늘까지 이어지고, 옛 이스라엘에서 임금을 향해 "너는 내 아들이다"라고 하셨던 하나님이 오늘은 우리에게 같은 말씀을 하신다(참조. 벧전 2:9). 우리는 옛 이스라엘에서 임금을 일컬었던 "메시아" 예수 그리스도를 통해 그분의 자녀, 그분의 백성이 되었다.

그림 3 Cod. Bibl. Fol. 23, 3 recto

이 그림에서는 7절의 장면이 뚜렷이 드러난다. 새 임금이 대관식을 치르고 있다. 그리고 사람들은 그의 발아래 엎드린다. 무엇보다 하늘에서 그를 향해 음성이 들린다. 하늘에서 나온 손은 그 말씀을 형상화한다. 곧 7절의 말씀이다.

진정한 가치는 하나님의 굴레와 줄을 인도하심으로 여기고 그분께 피하여 얻는 행복이다.

3. 기도와 관상(*oratio et contemplatio*)

주님, 당신은 옛 이스라엘의 임금을 아들로 삼으셨습니다. 당신의 외아들 예수 그리스도의 십자가를 통해 오늘의 저 역시 당신의 아들이 됩니다. 그리고 당신은 이 세상의 가치를 모두 비웃으시며, 당신의 나라의 무한한 가치 세계로 저를 초대하십니다. 기꺼이 그 세계를 보고 떨며 즐거워하겠습니다.

야훼께 구원이 있습니다 (시편 3편)

1. 본문 읽기(*lectio*)

[다윗의 찬송.' 그가 자기 아들 압살롬에게서 피했을 때.]

탄원

1   야훼여, 왜 제 대적들이 많습니까?

    많은 이들이 일어나 제게 맞섭니다.

2   많은 이들이 제 목숨을 두고 말합니다.

    "하나님께는 그를 위한 구원이 없다." [셀라]'

신뢰

3   그렇지만 당신, 야훼는 저의 방패이십니다!

    저의 영광이시고, 제 머리를 들게 해주시는 분입니다!

4   제 목소리로 야훼께 부르짖으니,

    그분이 자기 거룩한 산에서부터 응답하셨습니다. [셀라]'

5   저는 누워 잠자고 깨어납니다.

    이는 야훼가 저를 떠받치시기 때문입니다.

6   저는 수만 명의 백성이 제게 맞서 에워싸도

    두려워하지 않을 것입니다.

간구

7   일어나십시오, 야훼여!

저를 구원해주십시오, 제 하나님이여!

참으로 당신이 제 모든 원수의 뺨을 치셨고,

악인의 이를 부러뜨리셨습니다.

8 야훼께 구원이 있습니다!

당신의 백성 위에 당신의 복이 있습니다! [셀라]ˇ

번역 해설

표제ㄱ. 히브리어. "מִזְמוֹר"(미즈모르). 자세한 설명은 위의 1부를 보라.

2, 4, 8절ㄴ. 히브리어 시편에서 "셀라"(סֶלָה)가 무슨 뜻인지, 어떤 역할을 하는지는 논란거리다(비교. Kraus, *Psalmen 1-59*, 22-24; 게제니우스, 『히브리어 아람어 사전』, 547). 이 말은 주로 시편(서른 아홉 편에서 71번; 그 밖에는 합 3:3, 9, 13)에서 일반적으로 한 구절의 끝에(예외. 시 55:20; 57:4; 합 3:3, 9) 또는 시의 끝에(시 3:9; 24:10) 쓰였다. 그 어원으로 아시리아어 "기도"(*sullu*)를 종종 연관 지었다. 그러면 그 뜻은 "아멘"과 비슷해진다. 그런가 하면 히브리어 "들어 올리다"(סֶלֶל, 살랄)와 연관 지어 손을 들거나 위를 향하는 행동, 또는 소리를 높이거나 크게 하라는 표시로 이해하기도 한다. 더 나아가서 이 표시를 반주 소리를 높이라는 뜻으로 보면 노래를 잠시 쉬라는 뜻으로 이해할 수도 있다. 어떤 어원으로 이 낱말을 이해하든지 공통적인 것은 어떤 형태로든 노래의 진행을 구분하는 음악적 표시로 여길 수 있다는 것이다. 한편 이 낱말은 그 의미가 고대의 성경 주석자들에게도 알려지지 않았음이 분명하다. 그리스어 역본 전통에서는 "디아프살마"(διάψαλμα)로 옮겼는데, 이 그리스어 번역은 히브리어 "셀라"와 마찬가지로 그 뜻이 잘 알려지지 않았다. 정확한 의미를 알 수는 없지만, 시편의 내용과 형식이 이 낱말에서 구분되는 것은 확실해 보인다.

2. 본문과 함께 그림 묵상(*meditatio et visio*)

느닷없이 닥치는 고난과 씨름하는 때가 우리 삶 가운데는 즐비하다. 그럴 때 가장 먼저 느끼는 감정은 고독이다. 유한한 가치 세계를 좇아가는 이들은 경건하게 살다 고난을 겪는 이들을 조롱한다. 홀로 오롯이 그런 조롱을 감당하기에 인간 존재는 너무 나약하다.

그림 4 Cod. Bibl. Fol. 23, 3 verso

이 시편은 표제에서 다윗 임금이 아들 압살롬의 반란을 피해 왕궁을 버리고 도망치던 때를 연관 짓는다. 그에 걸맞게 이 삽화에서는 중무장한 기병들과 비무장의 기도자가 대조를 이룬다. 기도자는 거친 황무지로 도망친다. 누가 보아도 기도자는 중대한 위기에 부닥쳤다. 여기서 우리는 느닷없이 닥치는 고난 앞에서 사람이 얼마나 보잘것없고 나약한 존재인지를 되돌아보게 된다.

그래서 방패가 필요하다. 이는 시선을 인간 세계의 유한성에서 옮겨 하나님의 무한하심을 바라보는 것이다. 물론 그것은 쉽지 않다. 이 시편 첫머리에서, 그리고 시편 모음집의 수많은 탄원 시편에서 그러하듯, 처절한 절규가 있어야 한다. 그 과정에서 모든 두려움과 분노, 슬픔과 좌절에 직면해야 한다. 하지만 그 모든 것의 끝이 있음을 깨달아야 한다. 그 비결을 이 시편은 간구 밑바탕에 깊숙이 깔린 신뢰의 경험으로 든다.

그런 깊은 신뢰의 경험을 간직하려면, 이 시편에서 보여주듯이 성소와 일상이 구분되지 않아야 한다. 이 시편의 기도자는 성소에서 하나님의 응답을 경험하고, 일상에서 그 경험을 이어가는 훈련을 거듭했다. 그제야 아직 이루어지지 않은 하나님의 구원을 눈에 보듯 완료형으로 고백할 수 있을 것이다.

그림 5 Cod. Bibl. Fol. 23, 3 verso

이 그림은 본문 4절과 5절을 직관적으로 표현한다. 오른쪽 그림에서 기도자는 거룩한 산에 엎드려 간절하게 기도한다. 이로써 기도자의 경건 생활을 엿볼 수 있다. 그리고 왼쪽에서 기도자는 아주 편안한 표정으로 깊은 잠에 빠져 있다. 5절의 본문을 그린 것이다. 그런데 기도자 위쪽을 보면 그리 녹록지 않은 상황임을 대번에 알 수 있다. 수많은 사람이 사나운 표정으로 기도자를 해칠 모의를 한다. 혼자인 기도자와 다수인 대적들이 매우 분명하게 대조된다. 유한한 가치 세계의 관점으로 보면, 기도자는 위험에 부닥쳐 있지만, 기도자의 표정은 일상생활 어느 한 순간에서도 그런 위험 앞에서 흔들리지 않는 신앙의 모습을 보여준다.

구원의 권한은 내게 있지 않은데도 그것을 잡으려 안간힘을 쓰다 보면 지치고 절망에 빠져버릴 것이다. 구원은 분명 하나님께 있다. 그것을 인정하고 그분께 무릎 꿇을 때, 그분이 주시는 한없는 복을 누릴 것이다.

3. 기도와 관상 (*oratio et contemplatio*)

주님, 제 둘레에는 이루 헤아릴 수 없을 정도로 많은 위험과 고난이 도사리고 있습니다. 저는 혼자서라도 당신을 향한 신앙을 지키고 싶은데, 저를 조롱하는 이들이 너무도 많습니다. 제가 언제 어디서나 당신만을 향하고, 당신과 맺는 관계를 끊지 않도록 붙잡아주십시오!

오로지 야훼만(시편 4편)

1. 본문 읽기(*lectio*)

[예배 음악을 위하여.˙ 느기노트에 맞추어.˙ 다윗의 찬송.ᵈ]

탄원

1 제가 부르짖을 때 응답해주십시오, 제 정의의 하나님이여!
   당신은 고난 가운데서도 저를 위해 너른 자리를 만들어주셨습니다.
   저를 살려주시고, 제 기도를 들어주십시오!

대적들을 향한 권고

2 사람의 아들들이여, 언제까지 내 영광을 굴욕으로 만들고,
   쓸데없는 것을 사랑하려 합니까?
   거짓을 구하려 합니까? [셀라]ᵉ

3 그러니 그대들은 알아두시오!
   야훼는 그분께 경건한 이를 구분하심을,
   야훼는 그분께 내가 부르짖을 때 들으심을 말이오.

4 그대들은 떨며 죄짓지 마시오!
   그대들의 침상에서 마음속으로만 말하고, 잠잠하시오! [셀라]ᵉ

5 정의로운 희생제물을 드리고, 야훼를 의지하시오!

신뢰 표현

6 많은 이들이 말합니다.

"누가 저희에게 좋은 것을 보여주겠습니까?

저희에게서 당신 얼굴의 빛이 달아나버렸습니다." 야훼여!"

7 당신은 제 마음에 기쁨을 주셨습니다.

그들의 곡식과 그들의 새 포도주 때보다 더 풍성합니다.

8 평화롭게 제가 눕기도 하고 자기도 하겠습니다!

이는 오로지 당신 야훼만

제가 안전하게 살도록 하시기 때문입니다.

번역 해설

표제ㄱ. 히브리어. "לַמְנַצֵּחַ"(라므나체아흐). 자세한 설명은 위의 1부를 보라.

표제ㄴ. 히브리어. "בִּנְגִינוֹת"(비느기노트). 자세한 설명은 위의 1부를 보라.

표제ㄷ. 히브리어. "מִזְמוֹר"(미즈모르). 자세한 설명은 위의 1부를 보라.

2, 4절ㄹ. "셀라"에 대해서는 3편 번역 해설을 보라.

6절ㅁ. 이 구절은 동사가 직관적으로 이해되지 않기 때문에 어렵기로 유명하다. 여기서 쓰인 동사의 형태는 "נְסָה"(느사)인데, 중세 시대에 모음이 표기된 이 히브리어 본문은 히브리어 성경에서 찾아볼 수 없는 변화형이다. 그래서 히브리어 성경을 편집한 이는 "들다"라는 뜻의 동사 "נָשָׂא"(나사)와 비슷한 발음이며, 민수기 6:24-26의 제사장 축복과 연관 있는 것으로 보아, 동일시하는 것이 좋겠다는 의견을 낸다(또한 Tate, *Psalms 1-50*, 78; 롱맨 3세, 『시편 I·II』, 94-95 등). 그러나 그런 용례가 없어서 수긍하기 어렵다. 70인역은 이 동사를 "표시하다, 기록하다"를 뜻하는 동사의 직설법 수동 단순과거 형태인 "ἐσημειώθη"(에세메이오테)로 옮겼는데, 이런 형태의 번역은 여기서만 쓰여서 70인역의 번역자 역시 이 본문에서 어려움을 겪은 것으로 보인다. 본문을 "나아가다"라는 뜻의 동사 "נָסַע"(나사)로 수정하려는 시도도 있지만(Kraus, *Psalmen 1-59*, 166), 그리 명쾌하지 않다. 자음 본문에서는 "도망치다"라는 뜻의 동사 "נוס"(누스)도 생각할 수 있는데, 이 경우에는 이어지는 전치사구 "עָלֵינוּ"(알레누: '우리 위에')가 "מֵעָלֵינוּ"(메알레누: '우리 위에서부터')였던 것으로 생각해야 한다고 여긴다(비교. Seybold, *Psalmen*, 37). 우리는 본문을 기도자와 대조되는 무리의 부정적인 발언의 연속으로 보아 이렇게 읽는다.

2. 본문과 함께 그림 묵상(*meditatio et visio*)

신앙의 경험은 삶을 경건하게 살아가는 가장 중요한 밑바탕을 이룬다. 그 경험은 개인적일 수도 있지만, 말씀 가운데서 드러난 수많은 신앙인의 고백을 통한 간접 경험일 수도 있다. 어쨌거나 하나님의 임재를 인격적으로 경험한 사람들은 말 그대로 "사면초가"의 상황에서도 절망에 빠져들지 않는다. 하나님이 너른 자리를 마련해주실 것임을 믿기 때문이다.

그러나 이 시편에서 기도자와 대조되는 "사람의 아들들", "많은 이들"은 지극히 가시적이고 유한한 가치 세계를 추구하는 인물들이다. 그들은 오로지 하나님만 의지하는 기도자를 사방에서 압박하고 조롱한다. 그뿐 아니라 하나님을 향해서도 조롱 섞인 기도를 해댄다. 그렇지만 그들은 결국 유한한 가치 세계에 얽매여 있어서 거기에 목숨을 건다. 그것들이 없어지면, 그들이 누리는 세력, 그들이 생각하는 평화도 모두 사라져버린다.

하지만 기도자는 그런 유한한 가치 세계를 초월하려고 무던히 노력하는 인물이다. 그리하여 하나님의 구분하심과 그분이 주시는 참된 평화를 맛보려고 노력한다. 모진 고난과 고통 가운데서도 중심을 지킨다. 기도자의 이런 모습은 오늘날에도 여전히 유한한 가치 세계에서 고난을 겪는 신앙인에게 모범이 된다.

그림 6 Cod. Bibl. Fol. 23, 4 verso

이 삽화는 시편의 본문을 신약성경의 모형론 관점에서 해석하여 표현한다. 그림 한가운
데는 성찬상과 예수 그리스도가 그려져 있다. 그 좌우에는 다양한 인물이 그려져 있는
데, 한결같이 예수 그리스도와 그분의 살과 피에는 관심이 없다. 서로 싸우는가 하면, 왼
쪽의 인물은 거부한다. 그리고 오른쪽에 있는 인물은 예수 그리스도에게 등을 돌리고 다
른 것을 찾는다. 이 모든 인물은 결국 유한한 가치 세계를 추구하고, 서로 다투며, 하나
님을 향해서도 조롱을 서슴지 않는 본문의 "사람의 아들들"과 "많은 이들"이 아니겠는
가. 그러고 보면 이 그림에서는 기도자를 찾아보기 어렵다. 결국 이 그림은 기도자의 시
선이다. 그러면서 본문의 독자와 그림을 보는 이들을 기도자의 시선에서 그의 신앙 관점
으로 초대한다.

3. 기도와 관상(*oratio et contemplatio*)

주님, 당신의 임재가 제 눈에 보이지 않습니다. 당신의 구원도 쉽사리 드러
나지 않습니다. 그래서 사람들은 당신만 바라보는 저를 종종 업신여기고
조롱합니다. 하지만 저는 당신만을 바라보겠습니다. 썩어 없어질 것들에
목숨을 걸고 서로 다투며 좌절의 늪에 빠지는 저 사람들보다 당신을 바라
보고 당신 안에서 당신의 말씀과 함께 걸어가는 삶이 훨씬 더 기쁩니다.

아침에 (시편 5편)

1. 본문 읽기(*lectio*)

[예배 음악을 위하여.¹⁾ 느힐로트에 맞추어.² 다윗의 찬송.³⁾]

아침에

1   제 말에 귀 기울여주십시오, 야훼여!
        제 한숨을 헤아려주십시오!

2   저의 부르짖는 소리를 들어주십시오,
        나의 임금, 그리고 나의 하나님이여!
        이는 제가 당신을 향해 기도하기 때문입니다.

3   야훼여, 아침에 당신이 제 목소리를 들으십니다.
        아침에 제가 당신을 위해 준비하고, 기다립니다.

성전에서

4   참으로 당신은 사악함을 기뻐하는 신이 아니시고,
        악이 당신 곁에 머무르지 못하며,

5   어리석은 이들이 당신 눈앞에 서지 못하고,
        당신은 죄짓는 이들은 모두 미워하시며,

6   당신은 거짓말하는 이들을 없애버리실 것입니다.
        야훼는 피 흘리고 속임수 쓰는 사람들을 역겨워하십니다.

7   그러나 저는 당신의 인자하심의 풍성함 때문에
        당신 집에 들어가겠습니다!

제가 당신의 성전을 향하여 당신을 경외함으로 경배하겠습니다!

정의를 향한 간구

8 야훼여, 저의 대적들 때문에라도
당신의 정의로 저를 이끌어주십시오!
당신 앞에서 제 길을 바르게 해주십시오!

심판과 구원 간구

9 참으로 그들의 입에는 참됨이 없고,
그들의 속은 타락이 있으며,
그들의 목구멍은 열린 무덤이고,
그들의 혀로는 아첨합니다.

10 하나님이여, 그들을 정죄해주십시오!
그들은 자기네 꾀 때문에 넘어지기 바랍니다!
그들의 많은 죄 때문에 그들을 내쫓아주십시오!
이는 그들이 당신을 배신하였기 때문입니다.

11 그러나 당신께 피하는 모든 이는 기뻐하고
영원토록 환호하기 바랍니다!
그러면 당신이 그들을 감싸주시겠지요.
그리하여 당신의 이름을 사랑하는 이들은
당신 때문에 기뻐 뛰기 바랍니다!

야훼의 강복

12 참으로 야훼여, 당신은 의인에게 복을 주시고,
큰 방패처럼 은총으로 그들을 에워싸실 것입니다.

표제 ㄱ. 히브리어. "לַמְנַצֵּחַ"(라므나체아흐). 자세한 설명은 위의 1부를 보라.

표제 ㄴ. 히브리어. "בִּנְחִילוֹת"(비느힐로트). 시편 표제에서 이 낱말은 여기에서만 쓰인다. 일반적으로 "피리를 불다"라는 뜻으로 새기는 동사 "חָלַל"(할랄; 왕상 1:40)과 연관된 명사로 보아서 "피리의 연주에 맞추어"로 새긴다. 하지만 용례가 더 없어서 명확하지는 않다. 반면에 70인역은 이 낱말을 "유산"을 뜻하는 "נַחֲלָה"(나할라)의 복수형으로 읽어서 "ὑπὲρ τῆς κληρονομούσης"로 번역했지만, 아마도 70인역 번역자도 이 낱말의 쓰임새를 정확히 알지 못했던 것으로 보인다.

표제 ㄷ. 히브리어. "מִזְמוֹר"(미즈모르). 자세한 설명은 위의 1부를 보라.

2. 본문과 함께 그림 묵상(*meditatio et visio*)

이 시편에서 기도자는 대적들의 말 때문에 죄 없이 고통을 겪는다. 그래서 하나님이 제발 자신의 말에 귀 기울여주시기를 간구한다. 그리고 자신의 경건 생활에 걸맞은 판결을 내려달라고 간청한다. 그는 밤새도록 한숨도 자지 못한 채 하나님이 판결을 내리실 아침만 기다린다. 해가 떠오르듯 하나님의 은총이 가득히 자신에게 임재하여 기도의 응답을 받을 아침을 말이다. 그는 밤이 맞도록 고통 가운데 울부짖는다. 이는 우리의 삶에서도 흔히 겪는 일일 것이다.

그림 7 Cod. Bibl. Fol. 23, 5 recto

이 그림에서 표현된 기도자는 쫓기고 있다. 권력자들이 온갖 수단으로 기도자를 핍박하고 심지어 죽이려고까지 한다. 그런 급박한 상황에서 기도자는 두 손을 들고 전통적인 기도의 자세인 "오란테"(orante) 자세로 오로지 하나님의 응답하심에 기댄다.

해가 뜨자마자 기도자는 성전으로 간다. 거기서 마음속 깊숙이 똬리 틀고 있던 억울함과 분노, 적개심을 하나님 앞에 털어놓는다. 그러고 나니 비로소 자신이 보인다. 자신이 토해낸 그 모든 더러운 것을 하나님께서 풍성한 인자하심으로 받아들이셨기에 성전에서 제의를 지낼 수 있음을 깨달았다. 이것이 기도의 본질이라고 할 수 있다. 우리나라에서 흔히들 하는 통성기도는 토해내는 단계에 머무는 경우가 많다. 하지만 그 토해낸 기도들을 곱씹으며 하나님 앞에서 자신을 들여다보고, 하나님의 무한하심을 경험하는 것, 그분 앞에서 자신이 피조물임을 깨닫는 것, 그것이 반드시 이어져야 할 기도의 단계다.

그림 8 Cod. Bibl. Fol. 23, 5 verso

이 그림에서 기도자는 성전으로 들어가고 있다. 성전은 하나님이 계신 곳이다. 그리고 그분 앞에서 우리의 모든 것을 내어놓을 수 있는 곳이다. 하지만 그 모든 것이 받아들여지고 말고는 우리 손에 있지 않다. 이는 오로지 하나님의 인자하심이 우리를 덮을 때 가능하다. 그 전제는 우리가 하나님 앞에서 얼마나 겸손하고 솔직한지의 여부에 달려 있다.

기도자는 자신이 하나님께서 정의롭게 이끄시고 길을 바르게 해주셔야 비로소 그분의 뜻대로 살 수 있는 존재임을 고백한다. 그 길에서 그는 비로소 영적인 하나님의 방패로 늘 보호하시는 그분의 은총을 깨달을 수 있다. 우리는 하나님 앞에서 한없이 솔직해지고 겸손해지는 것이 우리의 기도 영성의 목적지임을 배운다.

그림 9 Cod. Bibl. Fol. 23, 5 verso

이 그림에서 기도자는 하나님의 손에 이끌려 삶의 길을 걸어간다. 그가 걷는 길은 절대
평탄하지 않다. 곳곳에서 대적들이 그의 생명을 노린다. 거짓과 속임수로 그를 쓰러뜨
리려고 한다. 게다가 언제 어디서 기도자 앞에 걸림돌이 나타날지 모른다. 그런데도 기
도자는 오로지 하나님만 바라보며 나아간다. 사람들에게는 눈에 보이는 방패가 있지만,
기도자에게는 하나님의 은총의 방패라는 복이 있다.

3. 기도와 관상(*oratio et contemplatio*)

주님, 오늘도 저의 삶에는 억울함이 넘칩니다. 사람들은 어찌 그렇게 터무
니없는 말로 저를 비참하게 만드는지요? 그들의 거짓과 교만, 속임수를 바
라보노라면, 제가 절망의 구렁텅이로 빠져드는 것 같습니다. 하지만 저는
당신만 바라봅니다. 그리고 오늘도 기도하며 당신의 말씀으로 제 마음속
을 채우며 삶의 길을 걸어갑니다.

밤마다 침상에 잠겨(시편 6편)

1. 본문 읽기(*lectio*)

[예배 음악을 위하여.ᵃ 느기노트에 맞추어.ᵇ 여덟째.ᶜ 다윗의 찬송.ᵈ]

탄원

1 야훼여, 당신의 분노로 저를 꾸짖지 마시고,

   당신의 진노로 저를 징계하지 마십시오!

2 저를 불쌍히 여겨주십시오, 야훼여!

   이는 제가 야위었기 때문입니다.

   저를 고쳐주십시오, 야훼여!

   이는 제 뼈들이 깜짝 놀랐기ᵉ 때문입니다.

3 그리고 제 영혼도 매우 놀랐습니다.

   그런데 당신, 야훼여, 어느 때까지입니까?

간구

4 돌아오십시오, 야훼여! 제 영혼을 구해주십시오!

   당신의 인자하심을 위해서 저를 구원해주십시오!

5 참으로 죽음 가운데는 당신을 기억함이 없습니다.

   스올에서 누가 당신께 감사하겠습니까?

6 제가 한숨으로 고단합니다.

   제가 밤마다 침상에 잠겨 제 눈물로 침대를 녹입니다.

7 근심 때문에 제 눈이 흐려집니다.

제 모든 대적 때문에 쇠약해집니다.

신뢰 고백

8 나에게서부터 되돌아가시오, 죄짓는 모든 이들이여!

이는 야훼가 내 울음소리를 들으셨기 때문입니다.

9 야훼가 제 간청을 들으셨습니다.

야훼가 제 기도를 받으십니다.

10 제 모든 원수가 부끄러워지고, 매우 놀라기 바랍니다!

그들이 돌이켜 한순간에 부끄러워지기 바랍니다!

번역 해설

표제ㄱ. 히브리어. "לַמְנַצֵּחַ"(라므나체아흐). 자세한 설명은 위의 1부를 보라.

표제ㄴ. 히브리어. "בִּנְגִינוֹת"(비느기노트). 자세한 설명은 위의 1부를 보라.

표제ㄷ. 히브리어 본문에서 서수를 써서 "여덟째에 맞추어"(עַל־הַשְּׁמִינִית, 알-하쉬미니트)로 되어 있는데, 이 뜻은 분명하지 않다. 어떤 이들은 히브리 전통의 음악 용어로 "옥타브"를 뜻한다고 본다(참조. Tate, *Psalms 1-50*, 90). 그런 전통에서 우리말 개역개정에서는 "(현악) 여덟째 줄"로 옮겼다.

표제ㄹ. 히브리어. "מִזְמוֹר"(미즈모르). 자세한 설명은 위의 1부를 보라.

2절ㅁ. 여기서 쓰인 "נִבְהֲלוּ"(니브할루)를 직역하면 "깜짝 놀랐습니다"이다. 개역개정에서는 "떨리오니"로 번역했지만, 이보다는 뼈들이 고통에 깜짝깜짝 놀라는 모습을 묘사하는 시적 표현으로 보는 것이 낫겠다.

2. 본문과 함께 그림 묵상(*meditatio et visio*)

전통적으로 이 시편은 질병을 앓고 있는 사람이 드리는 기도로 여겨졌다.
그리고 교회의 전통에서는 일곱 편의 회개 시편 중 한 편으로서(6; 32; 38;
51; 102; 130; 143편; 위의 1부 참조), 그리스도인들의 회개 전통에 쓰였다. 그렇
지만 기도자가 표현하는 자신의 상태는 상징적 요소가 있어서 몸에 든 질
병 이상의 차원으로 확장될 수 있다. 이에 따라 본문을 읽는 이는 몸의 질
병뿐 아니라 마음속 깊이 뿌리내린 죄의 병도 함께 묵상할 수 있다. 이런
상황에서 기도자는 하나님을 향해 자신에게 돌아와달라고 간절히 외친다.

그림 10 Cod. Bibl. Fol. 23, 6 recto

본문에 대한 전통적 견해에 따라 삽화가는 병상에 누워 있는 기도자를 그린다. 기도자는
한 손을 펴 하나님을 향해 간구한다. 그러나 그의 모습은 자신의 상황에 대해 매우 놀란
듯하다. 본문 그대로다. 침상 아래쪽에 한 사람이 기도자를 등지고 걸어가고 있다. 아마
도 삽화가는 본문에 등장하는 대적을 실제로 병든 기도자를 해치려는 세력으로 해석한
듯하다. 비록 기도자가 보기에는 자신이 하나님의 진노로 설상가상의 지경에 이른 듯하
지만, 하나님과 맺는 관계를 놓지 않으려는 그의 간절함을 그림에서 읽어낼 수 있다.

어쩌면 몸의 질병은 마음에서 비롯될 수 있다. 현대인은 성경 시대의 사람

들보다 훨씬 더 많은 스트레스를 겪으며 살아간다. 스트레스가 많은 질병을 일으킨다는 사실은 잘 알려져 있다. 왜 사람들은 스트레스로 괴로워하는가? 이는 아마도 문제를 스스로 해결해보려는 데서 기인할 것이다. 특히 억울함과 분노는 더욱 그런 원인에서 비롯되는 감정이다. 본문에서 우리는 시인이 자신의 울음소리와 기도를 "야훼께서 들으셨다"고 거듭 강조하며, 그분이 대적들을 심판하실 것이라는 믿음으로 마무리하는 데 주목해야 한다. 하나님 앞에 모든 억울함과 분노를 쏟아내고 그분께 심판의 전권을 내맡기는 것, 그것이 마음의 병을 고치고 그분의 한없는 평화를 맛보는 첫걸음이다. 이는 우리가 바라는 때와 방법이 아니라 심판주이신 그분의 때와 방법에 문제의 해결을 내맡기는 것이다.

그림 11 Cod. Bibl. Fol. 23, 6 verso

본문만 생각하면 이 삽화는 직관적으로 이해되지 않는다. 예수 그리스도가 한가운데 계시고, 그 양쪽에 짐승이 두 마리 있다. 흥미롭게도 이 그림은 본문 8-10절에 나오는 하나님의 심판 모티프를 신약성경 마태복음 25:31-46에 나오는 최후의 심판 비유의 원형으로 해석한다. 따라서 심판주 예수 그리스도의 오른쪽에 있는 짐승은 목에 십자가가 새겨진 것으로 보아 구원받은 양이고, 왼쪽은 심판받은 염소일 것이다. 그것을 강조하듯 염소 위에는 마귀가 그려져 있다(마 25:41).

3. 기도와 관상(*oratio et contemplatio*)

주님, 제 마음이 몹시 아픕니다. 당신이 저를 벌하시는 것 같아 아픕니다.
대적들이 모두 저만 괴롭히는 것 같아 아픕니다. 주님, 저를 불쌍히 여겨주
십시오. 제 죄를 다 알고 있습니다. 아무것도 당신 앞에서 숨기지 않겠습
니다. 제 죄를 용서해주십시오. 그리하여 당신의 구원, 당신의 평화를 경험
하게 해주십시오.

저의 방패는 하나님께 있습니다 (시편 7편)

1. 본문 읽기(*lectio*)

[야훼께 노래한 다윗의 쉬가욘.' 베냐민 사람 구시의 말에 따라.]

구원 간구

1 야훼, 나의 하나님이여, 당신께 제가 피합니다.
   저를 뒤쫓는 모든 이에게서 저를 구원해주시고,
   저를 구해주십시오!

2 그렇지 않으면 사자처럼 제 목숨을 물어뜯어 찢어버릴 것입니다.
   그런데 구원자가 없습니다.

무죄 항변

3 야훼, 나의 하나님이여, 제가 이런 짓을 했거나,
   제 손에 부정이 있다면,

4 제가 악으로 보답을 했거나,
   제 대적에게서 까닭 없이 빼앗았다면,

5 원수가 제 목숨을 뒤쫓아 잡아서,
   제 생명을 땅바닥에 짓밟아버리기 바랍니다!
   그리고 제 영광을 먼지 속에 살도록 하기 바랍니다! [셀라]'

판결 호소

6 일어나십시오, 야훼여, 당신의 분노로!

제 대적들의 노여움 때문에 일어서주십시오!

그리고 저를 위해 깨어나십시오!

당신이 심판을 명령하셨습니다.

7   그리고 민족들의 모임이 당신을 둘러서게 하시고,

그 위 높은 자리로 돌아오십시오!

8   야훼는 백성들에게 판결을 내리십니다.

저를 재판해주십시오, 야훼여!

저의 정의에 따라,

그리고 저의 성실함에 따라!^ㄷ

9   악인들의 악은 제발 끝장나기 바랍니다!

그러면 당신이 의인을 든든하게 해주실 것입니다.

심장과 장기를 시험하시는 분, 정의로우신 하나님이여!

대적들을 향한 경고

10   저의 방패는 하나님께 있습니다.

마음이 올곧은 이들을 구원하시는 분!

11   하나님은 정의로운 재판장이시고,

매일 분노하시는 신이십니다.

12   만약 사람들이 돌이키지 않는다면,

그분은 자기 칼을 벼리십니다.

자기 활을 당겨^ㄹ 준비하십니다.

13   또한 그런 사람을 위해 사형 도구를 준비하십니다.

자기 화살에 불을 붙여놓으십니다.

14   보십시오! 그런 사람은 죄를 저지르고,

수고를 배었으며, 거짓을 낳았습니다.

15 그가 웅덩이를 파고, 그것을 파헤쳐서는
    자기가 만든 구덩이에 빠지고 맙니다.

16 그의 수고는 자기 머리로 되돌아가고,
    그의 정수리 위로 자기 폭력이 내려옵니다.

서원

17 저는 야훼께 그분의 정의로우심에 따라 감사하고,
    야훼의 이름, 지존하신 분께 찬양하렵니다!

번역 해설

표제ㄱ. 히브리어. "שִׁגָּיוֹן"(쉬가욘). 표제의 이 낱말은 구약성경에서 여기서
만 쓰여서 무슨 뜻인지 알려지지 않았다. 70인역도 그저 "מִזְמוֹר"(미즈모르)
의 번역어인 "찬송"(Ψαλμός, 프살모스)으로만 옮길 뿐이다. 그래서 이 낱말
은 "(술 등에) 미혹되다"는 뜻의 동사 "שָׁנָה"(샤가)와 연관 지어 "격렬한 시"
또는 "술의 신 찬미"로 이해하기도 하고, 아라비아어와 연결하여 "운율적
인 말"로 보기도 하며, 아시리아어와 비슷한 점을 찾아 "애가"로 보기도
한다(참조. 게제니우스, 『히브리어 아람어 사전』, 809). 하지만 이 모든 추측은 분
명하지 않다.

5절ㄴ. "셀라"에 대해서는 위의 3편 번역 해설을 보라.

8절ㄷ. 직역. "그리고 제 위에 있는 저의 성실함에 따라"(וּכְתֻמִּי עָלָי, 우크투
미 알라이).

12절ㄹ. 직역. "자기 활을 밟으셨습니다"(קַשְׁתּוֹ דָרַךְ, 카쉬토 다라크). 이것은
장력이 센 활 한쪽을 땅에 놓고 발로 밟아서 시위를 당기는 모습에서 비롯
한 표현이다(참조. Craigie/Tate, *Psalms 1-50*, 98).

2. 본문과 함께 그림 묵상(*meditatio et visio*)

이 시편의 시인은 매우 다급한 상황에서 절규하듯 하나님께 부르짖는다. 아무런 잘못을 저지르지 않았는데도 대적들은 시인을 모함하고 해치려고 덤벼든다. 그는 2절에서 하나님이 개입하시지 않으면 그들이 자기를 사자가 먹잇감에 달려들어 찢어버리듯 할 것이라고 절규한다. 이런 심리적 압박감은 오늘날 빠르게 돌아가는 사회에서 사는 현대인들에게는 더욱 실감 나게 다가올 것이다. 이럴 때 많은 이가 스스로 모든 압박감을 짊어지고 정신적으로 피폐한 삶을 살아간다. 우리는 기도자에게서 그 모든 것을 하나님 앞에 털어놓는 데서 시작해야 함을 배운다.

그림 12 Cod. Bibl. Fol. 23, 7 recto

이 삽화는 2절을 매우 직설적으로 표현한다. 기도자는 실제로 사자에게 물리기 직전이다. 이런 직설적인 그림을 감상하는 이들은 기도자가 얼마나 절박하고 다급한지를 훨씬 실감 나게 읽을 수 있다. 이 그림의 압권은 기도자의 두 손이다. 그는 왼손으로 자기를 물어뜯으려고 하는 사자를 가리킨다. 그리고 오른손으로는 하나님을 향해 도움을 호소한다. 그림 테두리 밖으로 나가 있는 기도자의 오른손을 한참 들여다보노라면, 그의 기도가 생생하게 전달된다.

기도자는 하나님의 재판정으로 들어간다. 그리고 하나님 앞에서 자신의 무고함, 곧 억울함을 토해놓는다. 그리고 정의로운 재판장이신 하나님께 모든 결정권을 내맡긴다. 사실 우리가 가시적이고 유한한 세상에서 할 수 있는 일은 그리 많지 않다. 가까운 사람들 사이에서 생긴 사소한 오해에서부터 목숨이 오가는 일에 이르기까지 우리가 무언가를 바꾸려고 하면 도리어 꼬이는 경우를 수없이 경험한다. 그 까닭 가운데 하나는 서로 자기가 옳다고 우기기 때문이다. 하지만 그 전에 무한하신 하나님 앞에서 모든 것을 털어놓다 보면, 다른 이들의 잘못은 물론 자신의 잘못도 더불어 들여다보는 경험을 하게 될 것이다. 그제야 진정한 변화와 올바른 심판이 시작될 것이다.

그림 13 Cod. Bibl. Fol. 23, 7 verso

그림에서 기도자는 자신을 해치려는 이들에게 둘러싸여 있다. 하지만 그는 그들에게 시선을 두지 않고, 자신의 무고함을 두루마리에 써서 하나님께 아뢴다. 그러자 하늘에서 그를 향한 보호의 손길, 곧 하나님의 손길이 내려온다.

기도하면서 거듭 드는 의문이 있다. 아무리 기도를 간절하게 해도 세상이 바뀌지 않는다. 분명히 악인은 하나님의 심판을 받아야 하는데도 세상은 전혀 바뀌지 않으며 악인들도 심판받지 않는다. 그때 우리는 쉽사리 좌절한다. 하지만 본문은 분명히 하나님이 악인을 심판하실 것이라고 확신한다. 그리고 기도자는 그 확신으로 하나님을 향해 감사와 찬송을 올린다. 아무것도 바뀌지 않았는데도 말이다. 심판의 응답과 상관없이 확신만으로 감사와 찬송을 하는 일은 절대 쉽지 않다. 또한 이를 위해서는 매우 깊은 기도와 영성의 훈련이 필요하다. 여기서 우리는 너무 쉽사리 응답을 눈으로 보려는 우리의 얄팍한 영성을 되돌아보고 반성하게 된다.

그림 14 Cod. Bibl. Fol. 23, 8 recto

10-16절의 문단을 형상화한 이 그림은 매우 흥미롭다. 그림은 신약 모형론으로 예수를 판 가룟 유다의 입맞춤과 그의 자살에 초점을 맞춘다. 가룟 유다는 자신이 기대한 메시아의 모습과 어긋난다는 이유로 예수를 은 30에 판다. 그림에서 예수께 입 맞추는 가룟 유다는 자기 앞에 계신 분이 심판주임을 모른다. 그림은 이콘에서 전통적으로 심판주 예수 그리스도를 그릴 때 쓰는 기법으로 이 점을 강조한다. 결국 가룟 유다의 죽음은 본문에서 말하는 제 꾀에 넘어가는 악인들의 유한성을 선명하게 보여준다. 이 삽화를 통해 시편 본문은 더욱 생생하게 이해된다.

3. 기도와 관상(*oratio et contemplatio*)

주님, 저의 억울함을 주님 앞에 털어놓다 보니 그제야 제 모습이 보입니다. 저를 잡아먹으려는 사자로 보이던 대적들, 죄를 저지르고 거짓을 낳는 것으로 보이던 악인들, 예수님을 팔던 가룟 유다의 입맞춤, 그 안에 제 모습도 있었습니다. 섬찟하고 두려워 당신 앞에 무릎을 꿇습니다. 이런 저를 받아주시는 당신께 감사하며 당신을 찬송합니다.

사람이 무엇이라고 (시편 8편)

1. 본문 읽기 (*lectio*)

[예배 음악을 위하여.ˀ 기티트에 맞추어.ˉ 다윗의 찬송.ᴱ]

송영

1   야훼, 우리 주님이시여!
     얼마나 위엄 있는지요, 당신의 이름 온 땅에!

높으신 하나님 찬양

     그래서 당신의 존귀함이 하늘 위로 올려졌습니다.ᴿ

2   어린이들과 젖먹이들의 입을 통해서 당신은 찬양ᴴ을 명령하셨습니다.
     당신의 대적들 때문입니다.
     원수들과 복수자들을 잠잠케 하시기 위해서입니다.

창조주 하나님과 사람

3   참으로 제가 당신의 하늘, 당신의 손가락이 만드신 것들,
     당신이 마련하신 달과 별들을 봅니다.

4   사람이 무엇이라고 당신은 그를 그토록 기억하시고,
     사람의 아들은 무엇이라고 당신이 그를 그토록 돌보십니까?

5   그렇지만 당신은 그를 하나님보다ᴴ 조금만 모자라게 만드셨고,
     영광과 위엄으로 그에게 관 씌우셨습니다.

6   당신은 당신 손이 만드신 것들을 그가 다스리게 하십니다.

당신은 모든 것을 그의 발아래 두셨습니다.

7   양과 소 모두와 또한 들판의 짐승들,

8   하늘의 새와 바닷길을 지나다니는 물고기들입니다.

송영

9   야훼, 우리 주님이시여!

     얼마나 위엄 있는지요, 당신의 이름 온 땅에!

번역 해설

표제ㄱ. 히브리어. "לַמְנַצֵּחַ"(라므나체아흐). 자세한 설명은 위의 1부를 보라.

표제ㄴ. 히브리어. "עַל־הַגִּתִּית"(알-하기티트). 자세한 설명은 위의 1부를 보라.

표제ㄷ. 히브리어. "מִזְמוֹר"(미즈모르). 자세한 설명은 위의 1부를 보라.

1절ㄹ. 히브리어 본문의 동사 형태(תְּנָה, 트나)는 2인칭 남성 단수 명령형으로 그대로 두고 본문을 이해하려는 시도가 있지만(Seybold, *Die Psalmen*, 48-49) 이해하기 어렵다. 그래서 주어를 기도자로 수정하거나(נָתַתִּי, 나타티; 참조. Craigie/Tate, *Psalms 1-50*, 104-105), 완료형으로 수정하는 등(נָתַתָּה, 나타타; 참조. Kraus, *Psalmen 1-59*, 203; deClassé-Walford, *The Book of Psalms*, 121 등) 다양한 제안이 있었다. 어쨌거나 우리에게 전해진 히브리어 본문의 의미가 분명하지 않아서, 어쩌면 본문이 훼손된 채 전해졌을 수도 있다. 우리는 70인역이 이어지는 "당신의 존귀함"을 주어로 보고 동사를 3인칭 수동형으로 이해하여 옮긴 점(ἐπήρθη, 에프에르테; '올려졌습니다')에 주목한다. 그래서 본문을 니팔형 "נִתְּנָה"(니타나)로 읽는다. 그렇게 보면 히브리어 본문은 첫머리의 자음이 빠진 셈이 된다.

2절ㅁ. 히브리어 "עֹז"(오즈)를 70인역(αἶνος, 아이노스)에서 이렇게 이해했다.

이 히브리어 낱말이 "찬양"의 뜻으로 쓰인 보기는 출애굽기 15:2, 이사야 12:2, 시편 29:1, 68:35, 96:7, 118:14, 역대상 16:28 등을 보라(참조. 게제니우스, 『히브리어 아람어 사전』, 578). 마태복음 21:16에서도 70인역의 번역이 인용되었다.

5절ㅂ. 70인역은 여기서 주어가 하나님인데, 비교급에 또 하나님이 3인칭으로 등장한다는 까닭에 "천사들보다"(παρ' ἀγγέλους; 파르 앙겔루스)로 의역했다.

2. 본문과 함께 그림 묵상(*meditatio et visio*)

이 시편은 기도자의 시선이 하늘 위의 하나님께로 올라갔다가, 그분이 만드신 피조세계, 그리고 그분을 대신해서 피조물을 다스리는 사람, 피조물 순서로 이동한다(참조. 2권 본문 해설). 그런데 여기서 기도자가 창조주요 통치자이신 하나님을 찬양하는 계기는 2절의 대적에 있다. 문맥상 그 대적은 하나님을 부정하는 교만을 가리킬 것이다. 하나님은 그런 교만을 입 다물게 하시고, 어린이와 젖먹이처럼 겸손하게 온전히 하나님을 의지하는 이들의 찬송을 받으신다. 그리고 그들이 이 땅의 피조물을 다스리게 하신다. 그런 이들이 이 땅을 다스릴 자격이 있다.

그림 15 Cod. Bibl. Fol. 23, 8 verso

이 그림은 마태복음 21:16에서 인용하는 70인역(또한 라틴어) 2절 본문의 장면을 그린다. 즉 예수가 예루살렘에 입성하시는 장면이다. 예루살렘의 대제사장들은 어린이들이 예수를 향해 성전에서 "호산나 다윗의 자손이여"라고 외치자 그들을 향해 화를 낸다. 이런 대제사장들을 향해 예수는 70인역 2절의 본문 전통을 인용하신다. 이 시편과 마태복음의 장면을 겹쳐보면, 유한한 세상의 권위 때문에 무한하신 하나님의 권세를 무시하는 사람들에 대한 경고를 깨달을 수 있다.

하나님이 지으신 사람이란 그런 존재다. 한없이 존귀하지만, 하나님 앞에서는 한없이 겸손해야 한다. 스스로 존귀한 체하는 사람들은 장차 세상을 심판하실 주님 앞에서 할 말이 없을 것이다. 또한 하나님은 사람을 존귀하게 만드셔서 하나님 대신 피조물을 다스리도록 사람에게 권한과 의무를 주셨다. 그래서 사람들은 반드시 온 땅에 가득한 하나님의 창조 질서의 위엄을 잘 가꾸고 지켜야 한다(참조. 창 2:15). 자신이 주인인 양 착각하고 피조물들을 향해 폭군 행세를 하며 착취하고 파괴한다면, 결국 2절에서 말하는 하나님의 대적으로 추락하고 말 것이다.

그림 16 Cod. Bibl. Fol. 23, 9 recto

이 그림에서도 예수 그리스도께서 창조주요 통치자이며 사람들에게 피조물을 다스릴
권한을 주시는 분으로서 형상화되었다. 이 그림에서 실제로 피조물을 다스리는 분은 예
수 그리스도시다. 사람은 다만 그분 대신에 새의 모이를 주는 것으로 표현된다. 이것이
사람이 피조물을 다스리는 방법이다. 창세기 2:15이 분명히 말하듯, 종의 자세로 피조
물을 섬기고, 파수꾼이 되어 파괴로부터 피조물을 지키는 것이 진정한 다스림이다.

3. 기도와 관상(*oratio et contemplatio*)

주님, 밤하늘을 올려다봅니다. 당신은 오늘 밤도 내일 밤도 변함없이 모
든 피조물의 질서를 이어가실 것입니다. 변하고 유한한 사람이 무엇이라
고 당신은 창조 질서를 이어가도록 우리를 선택하셨는지요? 그 임무가 얼
마나 무거운지를 밤하늘에 반짝이는 별빛과 산새 소리에서 다시금 깨닫습
니다.

재판관이신 야훼께(시편 9/10편)

1. 본문 읽기(*lectio*)

1) 재판관이신 야훼께 감사(9편)

[예배 음악을 위하여.ʳ 알무트 라벤.ᵇ 다윗의 찬송.ᶜ]

송영

1   [알레프] 제가 감사합니다, 야훼여, 제 온 마음으로!
      제가 당신의 모든 놀라운 일들을 전하겠습니다!

2   제가 당신 때문에 기뻐하고 즐거워하겠습니다!
      제가 지존한 당신의 이름을 찬송하겠습니다!

악인을 재판하시는 야훼

3   [베트] 제 원수들이 뒤로 돌이킬 때,
      그들은 당신 앞에서 엎어지고 멸망해버릴 것입니다.

4   이는 당신이 제 사건을 맡아 판결을 내리셨기 때문입니다.
      당신이 정의로운 재판관으로 보좌에 앉으셨기 때문입니다.

5   [김멜] 당신은 민족들을 꾸짖으셨습니다.
      당신은 악인을 멸망시키셨습니다.
      그들의 이름을 영원히 지워버리셨습니다.

6   그 원수들은ᵈ 끝장나버렸습니다.
      영원한 황무지가 되었고,

성읍들은 당신이 뿌리 뽑아버리셨습니다.

그들에 대한 기억도 없어져버렸습니다.

백성들을 올곧게 재판하시는 야훼

[헤] 그들을 보십시오!"

7 그러나 야훼는 영원토록 앉아 계십니다.

자기 보좌에서 재판을 준비하시는 분!

8 그리하여 그분은 세상을 정의로 재판하실 것입니다.

그분은 백성들을 위해 올곧게 판결 내리실 것입니다.

9 [바브] 그리고 야훼는 억눌린 이들에게 요새,

환난 때의 요새가 되실 것입니다.

10 그러니 당신의 이름을 아는 이들은 당신께 의지할 것입니다.

이는 야훼여, 당신은 당신을 찾는 이들을

저버리지 않으시기 때문입니다.

시온의 야훼

11 [자인] 야훼, 시온에 앉으신 분께 찬송하십시오!

백성들에게 그분이 하신 일을 말해주십시오!

12 참으로 피를 찾아내는 이가 그들을 기억하셨습니다.

그분은 가난한 이들의 부르짖음을 잊지 않으십니다.

탄원과 서원

13 [헤트] 저를 불쌍히 여겨주십시오, 야훼여!

저를 미워하는 이들 때문에 생긴 제 고통을 봐주십시오,

죽음의 문에서부터 저를 높여주는 분이시여!

14 그리하시면 제가 당신을 향한 모든 찬송을 전하겠습니다!
딸 시온의 문에서,
제가 당신의 구원을 기뻐하겠습니다!

재판받은 악인들의 운명

15 [테트] 민족들은 자기네가 만든 구덩이에 빠져버렸습니다.
자기네가 숨겨둔 그물에 자기네 발이 걸렸습니다.

16 야훼는 스스로 알리셔서, 심판을 실행하셨습니다.
악인은 자기 손으로 저지른 일에 스스로 걸려들었습니다.
[히가욘." 셀라.^]

17 [요드] 악인들은 스올로 되돌아갈 것입니다.
하나님을 잊어버린 모든 민족도 그럴 것입니다.

일어나십시오, 야훼여!

18 [카프] 참으로 영원토록 궁핍한 이는 잊히지 않을 것입니다.
가난한 이들의 바람이 언제까지나 없어지지 않을 것입니다.

19 일어나십시오, 야훼여!
사람이 힘쓰지 않기 바랍니다!
민족들이 당신 앞에서 심판받기 바랍니다!

20 야훼여, 그들에게 두려움을 주십시오!
민족들이 알기 바랍니다, 그들은 사람일 뿐임을. [셀라^]

2) 재판관이신 야훼께 탄원(10편)

탄원

1 [라메드] 어째서, 야훼여, 당신은 멀리 서 계십니까?
환난 때에 숨으십니까?

2 교만함으로 악인은 가난한 이를 괴롭힙니다.°
그들이 자기네가 낸 꾀에 되잡히기 바랍니다!

교만한 악인

3 [멤]ᶻ 악인은 제 영혼의 바람을 자랑하고,ˣ
사기꾼이 축복합니다.
[눈]ᵃ 그는 야훼를 무시합니다.

4 악인은 콧대를 높이며,
"그분은 찾지 않으신다. 하나님은 없다"고 합니다.
그의 모든 생각이 그렇습니다.

5 그의 길은 언제나 견고하기만 합니다.
[사메크]ᵃ 당신의 심판이 그의 앞에서부터 물러갑니다.ˣ
그는 자기 모든 대적을 복종시킵니다.

6 그는 자기 마음속으로 말합니다.
"나는 흔들리지 않을 것이다.
대대로 그럴 것이다. 그래서 나는 재앙에 빠지지 않을 것이다."ᵀ

악인의 폭력

7 [페] 그의 입은 저주와 거짓과 억누름이,
그의 혀 아래에는 번뇌와 죄가 들어찼습니다.

8   그는 마을에 숨어서 앉아 있다가,

　　　보이지 않는 곳에서 죄 없는 사람을 죽입니다.

　　　[아인] 그의 눈은 가련한 이를 숨어서 노립니다.

9   그는 사자처럼 은밀한 곳에 숨어 기다립니다.

　　　수풀에서 그는 가난한 이를 잡으려고 숨어 기다립니다.

　　　그는 자기 그물을 끌어당겨서 가난한 이를 잡습니다.

10ᵗ [차데?] 의인이 학대받아 구부러지고,

　　　그의 힘에 가련한 이들이 쓰러집니다.

11   그는 마음속으로 말하였습니다.

　　　"하나님은 잊으셨다. 그분은 그의 얼굴을 숨기셨다.

　　　영원토록 보지 않으신다."

일어나십시오, 야훼여!

12   [코프] 일어나십시오, 야훼여!

　　　하나님이여, 당신의 손을 드십시오!

　　　가난한 이들을 잊지 마십시오!

13   무엇 때문에 악인이 하나님을 무시합니까?

　　　그는 마음속으로 말합니다.

　　　"당신은 찾지 않으십니다."

14   [레쉬] 당신은 보셨습니다.

　　　참으로 당신은 수고와 분노를 지켜보십니다.

　　　당신의 손을 내밀려고 그리하십니다.

　　　당신께 가련한 이가 내맡깁니다.

　　　고아에게 당신은 돕는 이가 되십니다.

임금이신 야훼

15 [쉰] 악인과 나쁜 이의 팔을 꺾어주십시오!

    당신이 그의 악을 찾고 찾아서, 찾아내지 못하시기 바랍니다!

16 야훼는 영원토록 임금이십니다.

    민족들이 그분의 땅에서부터 멸망해버렸습니다.

17 [타브] 당신이 겸손한 이들의 바람을 들으셨습니다, 야훼여!

    그들의 마음을 굳건하게 하시고,

    당신 귀를 기울이십니다.

18 그래서 고아와 억눌린 이들에게 판결을 내리셔서

    다시는 땅에서 사람이 두렵게 하지 않도록 하십니다.

번역 해설

[9편]

표제ㄱ. 히브리어. "לַמְנַצֵּחַ"(라므나체아흐). 자세한 설명은 위의 1부를 보라.

표제ㄴ. 히브리어 표제 "עַלְמוּת לַבֵּן"(알무트 라벤; 그 아들의 숨겨진 것들 [?]=70인역)은 이해하기 어렵다(비교. 시 46편 표제). 앞의 두 자음을 전치사로 보더라도 "그 아들의 죽음에 대해"가 되는데, 개역개정은 이런 읽기를 바탕으로 "뭇랍벤에 맞추어"라고 옮겼다.

표제ㄷ. 히브리어. "מִזְמוֹר"(미즈모르). 자세한 설명은 위의 1부를 보라.

6절ㄹ. 히브리어 본문에서는 "הָאוֹיֵב"(하오예브)로 단수형이 쓰였지만, 복수형 동사를 받아서 집합 개념으로 쓰인 것으로 보아야 한다(참조. deClassé-Walford, *The Book of Psalms*, 131).

6절ㅁ. 히브리어 본문에서 6절 끝머리에 있는 "그들"(הֵמָּה, 헴마)은 앞선 문장과 이어지지 않는다. 그래서 일반적으로 이 낱말이 "헤"(ה) 구절을 시작하는 것으로 본다. 그에 따라 이 앞자리에 있었을 "달레트"(ד) 구절은 무슨 까닭에서인지 사라져버린 것으로 여겨진다(참조. Goldingay, *Psalms 1*, 163).

16절ㅂ. 히브리어 "הִגָּיוֹן"(히가욘)은 무슨 뜻인지 알려지지 않았다. 70인역은 이 낱말을 "ᾠδή"(오데: '노래')로 옮겼는데, 아마도 이 낱말이 "הָגָה"(하가; '찬양하다'; 참조. 시 35:28; 71:24)에서 온 것으로 새긴 듯하다(참조. 시 92:4).

16, 20절ㅅ. "셀라"에 대해서는 위의 3편 번역 해설을 보라.

[10편]

2절ㅇ. 직역. "불태웁니다"(יַדְלִק, 이들라크).

3절ㅈ. 히브리어 본문에서 빠져 있는 "מ"(멤) 단락은 "כִּי-הִלֵּל"(키-힐렐; '참으로 자랑합니다')이 원래 분사형 "מְהַלֵּל"(므할렐; '자랑합니다')이었던 것으로 추정하면 해결될 수 있다(참조. *BHS* 비평장치; Seybold, *Die Psalmen*, 54). 만약 그렇다면 이 이형은 어떤 필사자가 불변화사 "כִּי"(키)와 자음 "מ"(멤) 사이의 모양을 혼동한 결과로 여길 수 있다.

3절ㅊ. 이 구절의 마지막 두 낱말(נִאֵץ יהוה, 니에츠 야훼; '그는 야훼를 무시한다')에서 "눈"(נ) 단락이 시작한다고 보는 것이 일반적이다(Kraus, *Psalmen 1-59*, 217; Goldingay, *Psalms 1*, 164 등). 70인역도 이 두 낱말에서 새로운 구절을 시작한다.

5절ㅋ. 히브리어 본문. "당신의 심판은 그의 앞에서부터 높습니다"(מָרוֹם, 마롬). 70인역 "당신의 심판이 그의 앞에서부터 물러갔다"(ἀνταναιρεῖται, 안트안아이레이타이=סָרוּ, 사루). 우리는 70인역을 바탕으로 "ס"(사메크) 단락을 재구성한다. 그리고 히브리어 본문의 첫 자음은 자음 혼동이며, 마지막 자음 "מ"(멤)은 이어지는 낱말의 첫 자음을 중복오사(dittography)한 결과로 여긴다.

6절ㅌ. 히브리어 본문은 "אֲשֶׁר לֹא בְרָע: אָלָה"(아쉐르 로 브라, 알라; '그리하여 재앙에 있지 않을 것이다.' 저주![?])로 마지막 낱말이 7절의 첫 낱말로 여겨진다. 하지만 우리는 히브리어 성경 편집자가 본문비평 각주에서 제안한 것처럼 원래 "אֲשֶׁר לֹא בְרַע אֵלֵךְ:"(아쉐르 로 브라 엘레크; 직역. '그리하여 내가 재앙 속에 걷지 않을 것이다')가 본문이었던 것으로 여긴다. 이로써 이어지는 "פִּיהוּ"(피후; '그의 입')에서 비록 "ע"(아인) 단락이 이 자리에 없지만, "פ"(페) 단락이 시작하는 것으로 여길 수 있다.

10절ㅍ. (1) 우리에게 전해진 히브리어 본문에는 "차데"(צ) 단락이 없는데, 전통적으로 문맥을 바탕으로 "צַדִּיק"(차디크; '의인')가 빠진 것으로 본다(참조. Craigie/Tate, *Psalms 1-50*, 122). (2) "학대받아"는 히브리어 본문의 쓰기 전통(Ketib; וּדכה)이 아니라 읽기 전통(Qere; יִדְכֶּה)을 바탕으로 수정한 본문(יִדְכָּא)이다. (3) "가련한 이들"은 히브리어 본문의 쓰기 전통(Ketib)에 따랐다.

2. 본문과 함께 그림 묵상(*meditatio et visio*)

1) 공정하게 심판하시는 하나님

이 시편은 전반적으로 악인들에게 고난을 겪는 의로운 약자들의 상황이 전제되어 있다. 유한하고 가시적인 이 세상에서 이런 모순된 상황은 잘 변하지 않는다. 신앙은 이런 모순을 극복하는 데 그 성장의 비결이 있다. 모순을 극복하는 것은 유한성과 가시성을 넘어서는 데서 가능하다. 곧 하나님은 무한하시고, 악인을 분명히 심판하시며, 의인을 구원하신다는 신앙의 대원칙을 붙잡는 것이다. 물론 이것이 하루아침에 가능한 일은 아니다. 그래서 시편의 기도자들이 그러하듯, 끊임없이 영적 성숙을 위해 하나님 앞에서 성찰하며 단련해야 한다.

그림 17 Cod. Bibl. Fol. 23, 9 verso

이 그림은 본문 9:3-4에서 서술되는 재판관 하나님을 심판주 그리스도로서 형상화한다. 심판주 그리스도는 최후의 심판에 임하는 사람들의 생명책에 따라 저울로 사람들을 심판하신다. 이 저울은 그리스도의 심판의 공정성을 상징할 것이다. 당연하다고 알고 있는 이 장면이 과연 일상의 삶에서 얼마나 깊이 자리 잡고 있는지를 돌아보게 된다. 혹시 우리도 악인들과 다를 바 없는 유한하고 가시적인 가치에 매여 사는 것은 아닐까?

그림 18 Cod. Bibl. Fol. 23, 10 recto

이 삽화는 본문 9:5-10을 형상화한다. 기도자는 미처 옷도 제대로 입지 못하고 다급하게 재판관이신 그리스도께로 달려가 피한다. 그분이 기도자의 요새가 되어주신다. 그를 공격하려고 하는 사람은 손에 무기를 들고 있는데, 이는 본문 전통에서 흥미롭다. 히브리어 본문 전통에서 "황무지"(חָרְבוֹת, 호라보트)로 쓰인 낱말을 70인역은 "칼들"(αἱ ῥομφαῖαι, 하이 롬파이아이 = חֲרָבוֹת, 하르보트)로 읽었고, 불가타 본문(frameae)은 이 70인역 전통을 수용했다. 이 그림에서 대적의 손에 들린 무기는 그 장면을 표현한다. 그리스도 뒤에 있는 존재는 명확하지 않다. 하지만 상징적 존재로 보이는 것만은 틀림없다. 이 존재는 낯선 모습이어서 이방 민족을 상징하는 것으로 보이며, 그의 머리가 화염에 휩싸인 것으로 보아 본문에서 이들의 이름이 지워지고 기억이 사라진다고 한 표현을 그린 것으로 보인다.

2) 위기 가운데 부르짖음

본문 9:13에서 기도자는 자신이 죽음의 문 앞에까지 간 것으로 여겨지는 위기를 경험했다고 고백한다. 그리고 하나님은 아버지 혹은 어머니처럼 기도자와 그 공동체를 구원해서 딸 같은 시온의 문에 세우셨다. 기도자는 그 경험을 기억하며 찬양한다. 그러나 그런 경험은 한 번으로 끝나지 않고, 삶 가운데 거듭된다. 매번 죽을 듯한 극한의 고통과 고난을 경험한다. 그런데도 시편의 기도자들은 한 번도 하나님을 저버리지 않는다. 기억은 기대를 낳기 때문이다.

그림 19 Cod. Bibl. Fol. 23, 10 verso

그림은 본문 9:13을 직설적으로 표현한다. 기도자는 마귀로 형상화된 대적들의 손에 이끌려 죽음의 문 앞에 이르렀다. 상상을 초월하는 고통의 불과 이글거리는 죽음이 기도자의 눈앞에 있다. 그런데도 정작 기도자의 표정은 담담하다. 물론 죽음의 문 앞에서 두렵지 않은 사람은 없을 것이다. 그렇지만 구원의 기억이 있는 사람은 또 한 번 경험할 구원을 기대하며 유한한 고난을 상대화할 수 있다.

3) 하나님의 부재

10편 본문에서 기도자는 절절한 탄원을 부르짖는다. 탄원 시편에서 으레 그렇듯 기도자는 하나님이 멀리 서서 지켜보시는 듯하고, 숨어 계시는 듯하다고 하소연한다. 그만큼 자신의 상황이 절박하다는 말이다. 악인들은 힘없는 사람들을 괴롭힌다. 하지만 괴롭힘을 겪는 이들은 어찌할 도리가 없다. 더구나 4절과 6절에서 보듯 악인들은 보란 듯이 신앙을 비웃으며 자기 세력을 과시한다. 그렇더라도 언뜻 생각하기에 기도자의 탄원이 신앙인으로서 할 말은 아니다. 하나님의 부재란 신앙과 모순되기 때문이다. 그러므로 이 탄원에는 역설적으로 하나님을 향한 깊은 신뢰가 전제되어 있다. 하나님을 신뢰하지 않고서는 고통의 극한에서 하나님을 향해 부르짖을 까닭이 없기 때문이다.

그림 20 Cod. Bibl. Fol. 23, 11 recto

이 그림에서 한 사람이 화형을 당하고 있다. 그를 화형에 처하는 불을 든 이가 시커멓게 표현된 데서 악인을 상징한다는 사실을 알 수 있다. 화형의 고통 가운데 있는 사람의 표정에서 우리는 억울함과 슬픔을 여실히 느낄 수 있다. 하늘에서 내려온 손은 하나님의 말씀을 상징한다. 그 말씀은 고난 가운데 있는 사람을 향한다. 하지만 화형을 막지는 않으신다. 여기서 신앙의 본질에 대해 근본적인 고민을 하게 된다. 기도의 응답, 하나님의 임재, 그것은 어떤 차원인가? 인간의 유한성을 극복하는 첫걸음은 그 고민에서 시작한다.

그림은 본문 10:7-11을 표현해준다. 그림 왼쪽에서 두 사람이 은밀하게 기도자를 해칠 궁리를 한다. 그리고 오른쪽에는 상징적 표현을 쓴 9-10절이 직설적으로 형상화되어 있다. 사자로 표현된 악인의 공격을 받아 "의인", "가련한 이"가 쓰러진다. 이렇게 위태롭고 부조리한 상황에 둘러싸인 기도자는 하늘을 향해 손을 뻗고 간절한 기도를 쏟아낸다. 이 그림에는 심지어 하나님의 임재가 전혀 보이지 않는다. 삶은 이토록 절망스러운 상황의 끝까지 가기도 한다.

4) 하나님의 심판

과연 악인은 언제 심판을 받는가? 하나님은 어떻게 그들을 심판하시는가? 부당한 고난을 겪는 신앙인이라면 이런 질문을 계속해서 제기할 것이다. 그런 질문들 가운데서 아주 중요한 사실을 깨달을 수 있다. 심판은 하나님이 하시는 일이다. 그러니 본문 10:14의 말씀대로 정의로운 심판자이신 하나님께 의지해야 한다. 그분은 우리의 뜻대로 움직이는 존재가 아니시다. 그것이 하나님의 무한하심의 기본이다. 다만 하나님은 이 세상에서 아무리 부당한 대우를 받더라도 올곧게 신앙을 지키는 이들의 편이시며, 반드시 악을 심판하시는 분이라는 사실은 분명하다.

그림 22 Cod. Bibl. Fol. 23, 12 recto

그림에는 본문 10:15-18의 장면이 그려져 있다. 그림의 왼쪽 후경에서 시작해보자. 바위 너머에 성채가 보인다. 어쩌면 이 성채는 악인들이 그동안 세력을 과시하던 유한하고 가시적인 가치 세계를 상징할 것이다. 그 성채는 이제 악인들에게 아무런 도움도 되지 못하고, 그들을 보호해주지도 못한다. 예수 그리스도는 본문 15절의 간구 그대로 악인의 팔을 꺾으신다. 그 뒤에는 하나님의 말씀이 하늘에서 내려오는 두루마리로 상징되어 있다. 말씀이 심판의 근거임을 표현한 것이다. 예수 그리스도의 뒤에는 연약해 보이는 사람들이 피해 있다. 주님이 그들의 편이심을 분명히 알 수 있는 대목이다.

3. 기도와 관상(*oratio et contemplatio*)

주님, 제가 사는 이 세상은 부조리투성이입니다. 당신의 말씀은 어쩌면 이 세상에는 적용되지 않는 듯합니다. 그런데 곰곰이 당신의 말씀을 묵상하고 당신의 역사하심을 살피니, 당신의 말씀이 적용되지 않는 것이 아니라

제가 그것을 깨닫기에는 아직도 유한함의 시선을 넘어서지 못하고 있음을
깨닫게 됩니다. 당신을 찬양합니다.

야훼는 성전에 계십니다(시편 11편)

1. 본문 읽기(*lectio*)

[예배 음악을 위하여.' 다윗.]

고난을 겪을 때 할 수 있는 일

1   야훼께 내가 피하였습니다.

    그런데 어떻게 당신들은 내게' 말하기를,

    "새처럼 산으로 도망이나 치시지?"'라고 합니까?

2   참으로 보십시오!

    악인들이 활을 당겨' 활시위 위에 화살을 준비하였습니다.

    마음이 올곧은 이를 향해서 어두운 데서 쏘려 합니다.

3   참으로 기초가 무너지면,

    의인이 무엇을 할 수 있겠습니까?

야훼는 성전에 계십니다

4   야훼는 그분의 성전에 계십니다.

    야훼, 그분의 보좌는 하늘에 있습니다.

    그분의 눈이 살펴보십니다.

    그분의 눈매가 사람의 아들들을 세심히 살피십니다.

5   야훼가 의인을 세심히 살피시고,

    악인과 폭력을 사랑하는 이를 그분이" 미워하십니다.

6   그분이 악인들 위에 숯불"과 유황과 뜨거운 바람을 비처럼 내리십

니다.

그들 잔의 몫입니다.

7   참으로 야훼는 정의로우십니다.

그분은 정의로운 일들을 사랑하십니다.

올곧은 이가 그분의 얼굴을 보게 될 것입니다.

번역 해설

표제ㄱ. 히브리어. "לַמְנַצֵּחַ"(라므나체아흐). 자세한 설명은 위의 1부를 보라.

1절ㄴ. 직역. "내 영혼에게"(לְנַפְשִׁי, 르나프쉬).

1절ㄷ. 히브리어 본문은 "נוּדוּ הַרְכֶם צִפּוֹר"(누두 하르켐 치포르; '그대들은 그대들의 산으로 도망치시오, 새[처럼?]!')이지만, 70인역을 바탕으로 자음 본문을 "נוּדִי הַר כְּמוֹ צִפּוֹר"(누디 하르 크모 치포르)로 읽는다(참조. Kraus, *Psalmen 1-59*, 228; Craigie/Tate, *Psalms 1-50*, 131 등).

2절ㄹ. 이 번역에 대해서는 7편 12절ㄹ의 번역 해설을 보라.

5절ㅁ. 직역. "그분의 영혼이"(נַפְשׁוֹ, 나프쇼).

2. 본문과 함께 그림 묵상(*meditatio et visio*)

현대 사회를 피로 사회로 규정하곤 한다. 사회 구성원들이 성과주의에 빠져 자발적으로 자신을 착취하다 보니 결국 모두가 소진하여 피로감과 무력감에 빠지게 되는 현상을 두고 하는 말이다. 이런 자발적 착취 가운데는 끊임없는 불안이 드리운다. 멈추면 누군가에게 뒤지거나, 누군가 그런 자신을 밟고 더 높은 지위에 오를 것이라는 불안이다. 본문을 보면 어두운 데서 겨냥하는 강력한 대적의 화살이 떠오른다. 이럴 때 기도자는 정의로운 사람이라고 무엇을 할 수 있겠냐고 반문한다. 그리고 자신은 하나님께 피한다고 선포한다. 그런 태도는 가시적이고 유한한 가치 세계에서 무력한 도피로서 조롱당할 수 있다. 하지만 이 태도는 결국 유한함을 깨달은 기도자의 놀라운 신뢰를 보여준다.

그림 23 Cod. Bibl. Fol. 23, 12 verso

그림은 본문 1–3절을 직설적으로 형상화한다. 대적은 기도자를 향해 활을 겨누고 죽이려고 한다. 기도자는 그 앞에서 아무런 행동도 하지 않고 오로지 두 손을 들고 있다. 이 자세가 항복인가? 그렇지 않아 보인다. 그의 자신감에 찬 눈빛 때문이다. 기도자의 왼손 가락은 산으로 달아나는 새 한 마리를 가리키는데, 이것은 대적이 조롱하는 말이었다. 하지만 역설적으로 그처럼 무력해 보이는 도피는 무한하신 하나님께 존재 자체를 내맡기는 초월적인 신앙이다.

오늘날 피로 사회에서는 기도자의 이런 식견이 필요하다. 어디로 달리는지도 모르면서 전력 질주하기보다는 무한하신 하나님을 바라보며 그분의 시선으로 세상을 다시 보는 것이다. 그제야 가시적이고 유한한 가치를 좇으며 저지르는 악과 폭력이 보일 것이다. 그때 비로소 하나님의 정의가 무엇인지 깨달을 수 있다. 마음이 올곧은 이는 피로 사회에 자신을 내몰기보다는 무한하신 하나님 앞에서 자신을 끊임없이 성찰하며 시선을 확장하는 사람이다.

그림 24 Cod. Bibl. Fol. 23, 13 recto

이 그림은 시편의 후반부인 4-7절의 모습을 보여준다. 심판주 예수 그리스도 앞에 두 사람이 있다. 한 사람은 겸손히 그분과 눈을 맞춘다. 반면에 다른 사람은 옷이 벗겨진 채로 심판의 칼날에 쓰러졌다. 이것은 신뢰의 바탕을 이루는 신앙의 대원칙이다. 이 원칙을 붙들고 유한한 세상에서 시선을 확장하는 것이 신앙이다.

3. 기도와 관상(*oratio et contemplatio*)

주님, 그들은 보이지 않습니다. 하지만 사방에서 저를 향해 활을 겨누고 있습니다. 그리고 저의 신앙을 조롱합니다. 그래도 주님, 저는 오로지 전능하신 당신만을 바라봅니다.

사악한 세대에 도움인 말씀(시편 12편)

1. 본문 읽기(*lectio*)

[예배 음악을 위하여.˙ 여덟째.˙ 다윗의 찬송.˙]

구원해주십시오

1   저를 구원해주십시오, 야훼여!

이는 경건한 이가 끝장나버렸기 때문입니다.

이는 미쁜 이들이 사람의 아들들에게서부터 사라졌기 때문입니다.

2   제각각 제 이웃에게 아첨하는 입술로 쓸데없는 것을 말합니다.

그들은 이런저런 마음으로˙ 말합니다.

3   야훼가 아첨하는 입술과 교만한 말하는˙ 혀를 끊으시기 바랍니다!

4   왜냐하면 그들이 말하기를,

"우리 혀로 우리 힘을 보여줄 것입니다. 우리 입술은 우리 것이니까요.

누가 우리 주인이 되겠습니까?"라고 하기 때문입니다.

말씀을 통한 하나님의 도우심

5   "가난한 이들의 억압 때문에, 가련한 이들의 신음 때문에

이제 내가 일어설 것이다."

야훼가 말씀하십니다.

"그가 갈망하는 구원을 이룰 것이다."

6   야훼의 말씀은 깨끗한 말씀입니다.

흙 도가니에서 정련한 은입니다.

일곱 번 거른 것입니다.

7 당신 야훼가 그들을 지키십니다.

당신이 저희를 이 세대에서부터 영원토록 살피십니다.

8 사방에서 악인들이 돌아다닙니다.

야비함이 사람의 아들들에게 높여지는 때입니다.

번역 해설

표제ㄱ. 히브리어. "לַמְנַצֵּחַ"(라므나체아흐). 자세한 설명은 위의 1부를 보라.

표제ㄴ. 이 표제에 대해서는 6편 표제ㄷ의 번역 해설을 보라.

표제ㄷ. 히브리어. "מִזְמוֹר"(미즈모르). 자세한 설명은 위의 1부를 보라.

2절ㄹ. 직역. "마음과 마음으로"(בְּלֵב וָלֵב, 브레브 바레브).

3절ㅁ. 직역. "큰 것을 말하는"(מְדַבֶּרֶת גְּדֹלוֹת, 므다베레트 그돌로트).

2. 본문과 함께 그림 묵상(*meditatio et visio*)

외상보다 마음에 입은 상처는 훨씬 더 치유하기 어려울 것이다. 신앙생활을 하는 이들은 누구나 하나님 앞에서 경건하고 충실한 삶을 살려고 노력한다. 그래서 삶이 늘 기쁘고 풍성해진다면 얼마나 좋겠는가? 그러나 현실에서는 하나님께 경건하고 충실한 이가 아무도 없는 것처럼 절망적인 순간이 너무 자주 닥쳐온다. 이웃에게 거짓을 전하는 말, 아첨하는 입술, 겉과 속이 다른 마음을 내보이는 이들 때문에 우리는 얼마나 많은 상처를 받는가? 하나님께서 그들의 혀를 끊어버리셨으면 좋겠다는 생각마저 들 정도다. 아무도 그들의 교만한 언행을 막을 수 없을 듯하다. 이런 부조화는 때로 우리의 신앙을 바닥에서부터 뒤흔들곤 한다. 이럴 때 우리는 무엇을 해야 할까? 본문의 기도자처럼 절망적 상황을 바라보기보다는 먼저 "구원해주십시오!"라며 우리의 시선을 주님께로 돌려야 할 것이다.

그림 25 Cod. Bibl. Fol. 23, 13 verso

본문은 전반부에서 기도자를 향해 쓸데없는 거짓을 말하는 이들에 대한 탄원의 간구를 하는데, 이 삽화는 그 장면을 묘사한다. 기도자의 등 뒤에 있는 이들은 기도자를 향해 손짓을 통해 무언가 말을 하는데, 본문을 바탕으로 볼 때, 그것이 무엇이든 거짓이다. 게다가 그들은 서로 숙덕이며 기도자에게는 속마음을 숨긴다. 그들의 모습과 하나님을 향해 간절한 표정으로 기도하는 기도자의 모습이 잘 대조된다.

마음에 상처를 입은 사람에게 가장 필요한 것은 평안을 되찾는 일이다. 하나님은 "말씀"을 통해서 시편 기도자에게는 물론 오늘 우리에게도 "이제 내가 일어설 것이다"라고 선포하신다. 이 말씀은 주관적이지도 않고, 일시적이지도 않다. 이는 수많은 성경의 선조들과 교회 역사에서 셀 수 없는 신앙인들이 경험하고 고백하며 이어온 진리다. 그래서 그 말씀은 한 점 흠도 없이 완전한 은과 같다. 하나님께서는 우리가 부르짖는 도움의 간구 그 어느 것 하나도 허투루 보시지 않는다. 그리고 지금 여기까지 우리를 지켜주신 하나님께서는 앞으로도 영원토록 우리를 지켜주실 것이다. 그분은 우리의 고통과 고민에 늘 동행하며 공감해주신다. 그리고 영원한 나라로 우리를 이끄신다. 아무리 교만하고 악한 사람이 많더라도, 그 역경과 고난 가운데서 하나님의 보호와 구원의 말씀은 오롯이 서 있을 것이다.

3. 기도와 관상(*oratio et contemplatio*)

주님, 말이 제게 힘이 될 때도 있지만, 대개는 저를 힘겹게 합니다. 종종 사람들은 저에게 듣기 좋은 말을 하지만, 그들의 속마음이 그렇지 않음을 저는 압니다. 하지만 주님, 당신의 말씀은 순은보다 더 정결한 진리입니다. 당신의 말씀에 오늘도 제 모든 존재를 기댑니다.

제 눈을 밝혀주십시오!(시편 13편)

1. 본문 읽기(*lectio*)

[예배 음악을 위하여." 다윗의 찬송.`]

탄원

1 언제까지입니까, 야훼여, 저를 끝내 잊고 계시렵니까?
   언제까지 당신 얼굴을 제게서 숨기고 계시렵니까?
2 언제까지 제가 속다짐`을 제 영혼에 품어야 하며,
   걱정을 제 마음에 날마다` 품어야 합니까?
   언제까지 제 원수들이 제 위에서 거들먹거려야 합니까?

간구

3 살펴보십시오, 제게 응답해주십시오, 야훼 나의 하나님이시여!
   제 눈을 밝혀주십시오!
   그렇지 않으면 제가 죽음의 잠을 잘까 합니다.
4 그렇지 않으면 제 원수가 말하기를 "내가 그를 이겼다" 할까,
   제가 비틀거릴 때 제 적들이 기뻐할까 합니다.

신뢰 표현

5 그렇지만 저는 당신의 인자하심을 의지합니다.
   제 마음은 당신의 구원을 기뻐합니다.

찬양 서원

6 나는 야훼를 찬송할 것이니 이는 그분께서 나를 선대하셨음이라네.

번역 해설

표제ㄱ. 히브리어. "לַמְנַצֵּחַ"(라므나체아흐). 자세한 설명은 위의 1부를 보라.

표제ㄴ. 히브리어. "מִזְמוֹר"(미즈모르). 자세한 설명은 위의 1부를 보라.

2절ㄷ. 여기서 쓰인 히브리어 "에초트"(עֵצוֹת)는 원래 "조언"을 뜻하는 "에차"(עֵצָה)의 복수형이다. 보통 문맥에 이 뜻은 잘 들어맞지 않는다고 보아서, 이 낱말과 평행을 이루는 전하반절의 "슬픔"(יָגוֹן; 야곤)과 짝이 맞게 "고통, 아픔"을 뜻하는 "아체베트"(עַצֶּבֶת)를 제안하기도 한다(참조. 히브리어 성경 본문비평 장치). 하지만 70인역은 히브리어 본문의 읽기와 같은 자음 본문을 번역한다(βουλὰς, 불라스). 이에 따라 우리는 마소라 본문의 뜻을 고려하여 번역한다. 3전반절은 결국 원수들의 위협 앞에서 어쩔 줄 몰라 하며 이리저리 궁리하는 기도자의 모습을 드러내는 것으로 이해해야 할 것이다.

2절ㄹ. 히브리어 "요맘"(יוֹמָם)의 뜻은 "한낮마다"이다(출 13:21; 40:38 등). 하지만 이 구절에서는 "한낮마다"라는 일차적 의미보다는 "날마다"의 뜻으로 보아야 한다. 그런 의미로 더 익숙한 표현은 "그리고 밤에"(וְלַיְלָה, 브라일라)가 덧붙은 형태로(시 1:2; 22:3; 32:4; 42:4, 9) "밤낮으로"다. 70인역의 일부 필사본은 이 표현에 따라 본문에 "그리고 밤에"(καὶ νυκτός, 카이 뉘크토스)를 덧붙였다. 그러나 이는 일반적인 표현을 되살리려고 했던 번역자의 손길로 보이며, 마소라 본문은 운율에 맞추기 위해 "그리고 밤에"를 생략한 것으로 볼 수 있다.

2. 본문과 함께 그림 묵상(*meditatio et visio*)

하루하루 삶을 살아가면서 참으로 열심히 신앙을 지키려고 노력하지만, 뜻하지 않은 고난이나 예기치 않은 고통이 언제든 우리 앞에 닥쳐올 수 있다. 억울하기도 하고 이해할 수도 없는 이런 상황에서 우리는 어떻게 하는가? 시편의 기도자는 하나님께서 자신을 잊으신 것은 아닌지, 숨어 계신 것은 아닌지 역설적인 의심을 한다. 하나님 앞에서 아무런 자기 검열도 없는 진솔한 외침이다. 아마도 기도자는 원수의 공격으로 고통을 당하는 듯하지만, 놀랍게도 그의 핵심 간구는 그 원수를 멸해달라는 것이 아니라 자신의 눈을 밝혀달라는 것이었다. 이것은 문제 해결보다 근본적인 하나님의 임재 체험을 간구하는 것이다. 그때 상황과 무관하게 하나님을 찬양할 힘이 생기게 됨을 배울 수 있다.

그림 26 Cod. Bibl. Fol. 23, 14 verso

이 삽화는 가시적이고 유한한 세상에서 피할 곳도 없고 의지할 데도 없는 기도자의 처지를 형상화한다. 대적은 기도자를 향해 돌진해오면서 창을 겨눈다. 언제 죽음이 들이닥칠지 모르는 상황에서 기도자는 오란테(*orante*) 자세로 기도한다. 어리석고 한심해 보인다. 어서 피하거나 맞서라고 조언해주고 싶다. 하지만 여기서 기도자처럼 무한하신 하나님의 구원을 보는 눈이 과연 우리에게 열려 있는지 되돌아보게 된다.

3. 기도와 관상(*oratio et contemplatio*)

주님, 혹시 저를 잊고 계십니까? 설마 무력하게 숨어 계십니까? 저는 당신이 그런 분이 아님을 압니다. 그렇다면 이 고난에서 문제는 제게 있을 것입니다. 제가 당신을 보지 못하는 것입니다. 당신을 볼 수 있도록 제 눈을 열어주십시오.

하나님이 없다?(시편 14편)

1. 본문 읽기(*lectio*)

[예배 음악을 위하여.' 다윗.]

어리석은 자

1 어리석은 자는 마음속으로 말하기를 "하나님은 없다"고 합니다.
   그들은 몹쓸 짓을 하며, 파렴치한 짓을 저지릅니다.
   선을 행하는 자는 없습니다.
2 야훼'가 하늘에서부터 사람의 아들들을 내려다보십니다.
   지각이 있는 자와 하나님을 찾는 자가 있는지 보시려 함입니다.
3 그들 모두 돌이켜서' 함께 썩어버리고,
   선을 행하는 자는 없습니다. 단 한 명도 없습니다.

악인들의 심판

4 죄짓는 사람들이 알지 못합니까? 그들은 내 백성을 떡으로 먹는 자들
   입니다.
   야훼'를 그들은 부르지 않습니다.
5 그럴 때 그들은 두려움에 휩싸입니다.'
   [이는 하나님이 의인의 세대에 계시기 때문입니다.
6 가난한 이의 조언을 당신들이 부끄럽게 하지만,
   참으로 야훼는 그의 피난처이십니다.]"

시온의 구원

7   누가 시온에서부터 이스라엘의 구원을 안겨주겠습니까?
     야훼ʿ가 그분 백성의 사로잡힘을 돌이키실 때,
     야곱이 즐거워할 것이며, 이스라엘이 기뻐할 것입니다.

번역 해설

표제ㄱ. 히브리어. "לַמְנַצֵּחַ"(라므나체아흐). 자세한 설명은 위의 1부를 보라.

2, 4, 7절ㄴ. 시편 53편에는 "하나님"(אֱלֹהִים, 엘로힘).

3절ㄷ. 히브리어. "סָר"(사르). 비교. 시편 53:3 "물러나서"(סָג, 사그).

5절ㄹ. 직역. "그들이 두려움을 두려워합니다."

6절ㅁ. 비교. 시편 53:5.

2. 본문과 함께 그림 묵상(*meditatio et visio*)

모든 사람은 제각각 삶에서 의미와 지혜를 추구하며 산다. 그런데 그 의미와 지혜의 잣대가 다른 것이 늘 문제다. 어떤 이에게는 의미 있고 지혜로워 보이는 것이 다른 이들에게는 그렇지 않을 수 있다는 말이다. 하나님께 대한 신앙이 없는 사람들, 곧 "하나님이 어디 있느냐? 증거를 대보라!"며 목소리를 높이는 이들을 시편 저자는 "어리석다"고, 곧 "지혜가 없다"고 평가한다. 게다가 그들의 삶에서는 "선"을 찾아볼 수도 없다고 선언한다. 신앙인은 비록 당장 눈에 보이지 않지만, 지혜와 선이 창조주요 통치자이신 하나님께 있다고 고백하는 사람들이다. 지혜와 선의 근원을 정말 하나님으로 고백하고 인정하며 그에 걸맞게 살고 있는지를 돌아보아야 할 대목이다. 만약 이 문제에 대한 확신이 없다면 그런 신앙인이야말로 정말 어리석은 인생이 될 것이기 때문이다.

그림 27 Cod. Bibl. Fol. 23, 15 recto

가시적이고 유한한 가치 세계의 틀 안에서 무한하신 하나님의 임재를 깨닫지 못하는 어리석은 사람들이 삽화에서는 잠들어 있거나 다른 곳을 보는 것으로 형상화되었다. 그들 위에는 참된 것을 보지 못하도록 거짓을 말하는 어둠의 세력이 지배하고 있다. 반면에 그림 왼쪽에 있는 기도자는 분명히 하늘에서 굽어보며 말씀을 전하는 하나님의 천사를 똑똑히 바라본다. 이 경험은 가시적이고 유한한 가치 세계의 틀을 벗어날 때라야 비로소 가능하다. 이는 그들의 끝이 죽음일 뿐임을 늘 기억하고 그림에서 후경으로 표현되는 피조세계의 질서 가운데서 무한하신 창조주 하나님의 다스리심을 끊임없이 되새길 때 비로소 얻을 수 있는 지혜다.

과연 하나님은 어디 계십니까? 하나님이 없다고 말하는 어리석은 사람들도 부조리하고 부정으로 가득한 세상에 살면서 "두려움"을 떨쳐버리지 못한다. 시편 저자는 선언하듯 "하나님이 의인의 세대에 계신다"고 말한다. 보이지 않고 계시지 않는 듯한 하나님의 임재는 하나님을 찾는 이들의 삶 가운데 있다. 세상은 우연으로 지배되고 돌아가는 듯하지만 그 가운데에는 하나님의 세심한 돌보심과 계획이 있다. 비록 보잘것없는 사람의 계획이 아무렇게나 짓밟히는 듯하지만, 하나님은 그런 이들의 피난처가 되어주신다. 끝내는 그들의 인생을 역전시켜 영화롭게 해주신다. 그것을 보지 못하는 이의 삶은 결국 두려움과 불안에 사로잡혀 전전긍긍하다 죽음에 이르지만, 하나님을 찾으며 그분께 존재를 내맡기는 이의 삶은 어떤 상황에서도 기쁨과 희망이 사라지지 않는다.

그림 28 Cod. Bibl. Fol. 23, 15 recto

이 그림은 이 시편이 시편 53편과 다른 본문을 전하는 4-6절을 표현한다. 무한하신 하나님의 존재를 보지 못하는 대적들은 기도자를 죽이려고 한다. 그러나 기도자는 주저함 없이 피난처를 향해 나아간다. 그 피난처는 그림에서 드러나지 않는데, 이는 가시적이고 유한한 가치 세계에서는 찾을 수 없는 무한하신 하나님의 가치임을 되새기게 해준다.

3. 기도와 관상(*oratio et contemplatio*)

주님, "하나님이 없다"고 조롱하는 이들의 목소리가 귀에 쟁쟁합니다. 가시적인 세상이 돌아가는 것을 보면 한편에 그런 것 같다는 마음이 들어서 서글프기까지 합니다. 유한한 저의 시야를 벗어나게 도와주십시오. 유한한 세상의 가시적인 가치가 아니라 무한하신 하나님의 다스리심으로 시선을 돌리게 해주십시오.

자격(시편 15편)

1. 본문 읽기(*lectio*)

[다윗의 찬송.^ᄀ]

누구입니까?

1 야훼여, 누가 당신의 장막에 머무를 수 있습니까?
   누가 당신의 거룩한 산에 살 수 있습니까?

해야 할 것들과 삼가야 할 것들

2 흠 없이 살아가고,^ᄂ 정의를 실천하고,
   자기 마음속으로도 한결같게 말하는 사람.

3 그는 자기 혀로 함부로 말하지 않습니다.
   자기 이웃에게 악을 저지르지 않고,
   자기와 가까운 이를 조롱하지 않습니다.

4 그의 눈에는 비천하고 버림받을 거리입니다.^ᄃ
   그러나 야훼를 경외하는 이들을 그는 존중합니다.
   이웃에게^ᄅ 서원하였으면, 바꾸지 않습니다.

5 그는 자기 돈을 이자 받고 내주지 않고,
   죄 없는 이에 맞서 뇌물을 받지 않습니다.
   이런 일을 행하는 사람!
   그는 영원토록 흔들리지 않을 것입니다.

표제ㄱ. 히브리어. "מִזְמוֹר"(미즈모르). 자세한 설명은 위의 1부를 보라.

2절ㄴ. 직역. "걸어가고"(הוֹלֵךְ, 홀레크).

4절ㄷ. 히브리어 문장의 어순은 "비천함(니팔형 분사), 그의 눈에는, 버림받음"(니팔형 분사)이다. 본문은 외기 쉽도록 분사를 양쪽에 둔 구조로 구성되었다. 이 분사들의 주어는 앞선 3절에서 경계하는 사람들이 될 것이다(이런 본문 이해는 참조. deClassé-Walford, *The Book of Psalms*, 171).

4절ㄹ. 히브리어는 "나쁜 짓을 하려고"(לְהָרַע, 르하라)로 선뜻 이해하기 어렵다. 70인역은 여기서 "그의 이웃에게"(τῷ πλησίον αὐτοῦ, 토 플레시온 아우투)로 옮기는데, 이는 같은 자음 본문을 "לְהָרֵעַ"(르하레아)로 읽은 것이다. 이 읽기에서 정관사가 전치사에 동화되지 않아서 지금의 읽기가 나온 듯하지만, 동화되지 않는 경우도 찾아볼 수 있다(용례들은 참조. GK §35 n). 따라서 우리는 70인역의 읽기에 따라 번역한다.

2. 본문과 함께 그림 묵상(*meditatio et visio*)

본문은 독자로 하여금 예루살렘 성전 입구에서 나이 지긋한 제사장이 순례자들을 맞으며 성전에 들어갈 사람의 자격에 대해 문답하는 장면을 그리게 해준다. 순례자는 먼 길을 걸어 오로지 성전에서 하나님의 임재를 경험하기 위해 여기까지 왔을 터인데, 그런 순례자에게 "당신은 과연 하나님께서 계시는 성전에 들어갈 자격이 있습니까?"라고 묻는 듯하다. 이것은 옛 이스라엘에만 해당하는 그림이 아니다. 오늘날의 그리스도인들도 마찬가지다. 무엇이 진정한 신앙생활의 표지인가? 누가 주일에 교회에 가서 주님과 교제할 자격이 있는가? 이 질문은 성전이나 교회에 들어가려는 그 순간뿐 아니라 거기에 이르기까지 걸어온 순례의 길, 삶의 길 전체를 포함하는 것이기도 하다.

성전에 들어갈 사람의 자격은 여기서 열 가지로 나열된다. 그것은 꼭 해야 할 것들인 정직, 공의, 진실(2절), 존중, 신의(4절)고, 절대로 해서는 안 되는 것들인 헐뜯기, 악행, 조롱(3절), 고리대금, 뇌물 수수(5절)로 나눌 수 있다. 성전에 들어갈 자격이라면 하나님과의 관계를 먼저 언급할 듯한데, 흥미롭게도 일상의 삶에서 이웃들과 맺는 관계를 먼저 언급한다. 사실 눈에 보이게 신앙생활을 하는 것은 어렵지 않다. 오히려 익명의 장소에서 신앙인으로서 올곧은 삶을 사는 것이 훨씬 더 어렵다. 본문은 바로 이 점을 강조한다. 흔히들 하는 말로 삶으로 드리는 예배의 중요성을 말하는 것이다. 하나님은 우리 삶의 순간 모두를 살펴보신다. 그 삶이 흔들리지 않는 신앙의 비결이다.

이 그림은 본문의 전통적 이해대로 성전 문 앞에서 진행되는 의식을 표현한다. 다만 성전 문 앞에서 예배자 또는 순례자를 맞이하는 분을 예수 그리스도로 그린다. 이는 말씀이 육신이 되셨다는 고백(요 1:14)과 그분이 보여주신 공생애의 삶과 선포한 말씀을 본문에서 언급하는 자격을 예표하는 것으로서 해석했다. 본문을 묵상한 뒤 눈여겨볼 것은 예배자 또는 순례자가 예수 그리스도께 내미는 예물이다. 바구니 안에 든 것이 무엇인지 정확히 규명할 수는 없다. 본문을 읽은 이는 이 예물을 보면서 본문에서 말하는 일상의 삶을 성찰하게 된다.

3. 기도와 관상(*oratio et contemplatio*)

주님, 저는 당신 앞에서 제가 무척이나 경건한 줄 알았습니다. 하지만 제 삶 가운데서 좌절하고 분노하는 모습, 더구나 마음속 깊이에서 솟아오르는 죄악을 보면서 저는 당신 앞에서 전혀 정결하지 않음을 고백합니다. 당신 앞에 나아가기 위해 매 순간을 소중히 여기겠습니다.

오직 주님만이(시편 16편)

1. 본문 읽기(*lectio*)

[다윗의 미크탐.⁷]

신뢰 표현 1

1 저를 지켜주십시오, 하나님이여!
   이는 제가 당신께 피하였기 때문입니다.
2 제가 야훼께 말하였습니다.ᵇ
   "당신은 제 주님이십니다.
   제게 좋은 것은 당신 말고는 없습니다."

신앙 호소

3 땅에 있는 성도들에게
   그분이 저의 모든 기쁨을 칭찬하시기 바랍니다!ᶜ
4 다른 데 서두르는ᵈ 사람들은 그 고통이 더해지기 바랍니다!
   저는 피에서 비롯한 그들의 전제를 드리지 않고,
   그들의 이름을 제 입술에 올리지 않을 것입니다.

확신과 찬양

5 야훼는 제가 받을 몫이고, 제 잔이십니다.
   당신은 제가 뽑은 제비를 붙들어주시는 분이십니다.
6 줄로 재어 제게 떨어진 곳은 아름다운 데 있습니다.ᵉ

정말로 저의 소유는" 제 마음에 듭니다.

7 제게 조언해주신 야훼를 송축합니다.

　정말로 밤마다 제 속마음이 저를 가르쳤습니다.

8 제가 야훼를 늘 제 앞에 모셨습니다.

　그분이 참으로 제 오른쪽에 계셔서

　저는 흔들리지 않을 것입니다.

신뢰 표현 2

9 그러므로 제 마음이 즐거워하고,

　제 영광이 기뻐할 것입니다.

　정말로 제 육체가 안전하게 살 것입니다.

10 이는 당신이 제 영혼을 스올에 버려두지 않으시고,

　당신께 신실한 이가 무덤을 보도록 내어주지 않으실 것이기 때문입니다.

11 당신이 제게 생명 길을 알려주실 것입니다.

　당신 앞에는 기쁨이 가득하고,

　당신의 오른쪽에는 즐거움이 영원히 있습니다.

번역 해설

표제ㄱ. 히브리어. "מִכְתָּם"(미크탐: '믹담'). 자세한 설명은 위의 1부를 보라.

2절ㄴ. 히브리어 본문은 "אָמַרְתְּ"(아마르트)로 2인칭 여성 단수 주어로 읽는다. 하지만 이는 본문의 맥락에 맞지 않는 잘못된 전통이다. 70인역(εἶπα, 에이파)의 읽기대로 1인칭 단수 주어인 "אָמַרְתִּי"(아마르티)로 읽는 것이 맞겠다.

3절ㄷ. 히브리어 본문(וְאַדִּירֵי, 브아디레: '그리고 고관들'?)은 분명히 잘못 전승된 것 같다. 70인역이 단순과거 3인칭 단수형인 "ἐθαυμάστωσεν"(에타우마

스토센: '그가 놀라게 하였다')으로 읽은 것을 참조하여 본문을 3인칭 지시형인 "יָאדִיר"(야아디르)로 복원한다(참조. 히브리어 성경 비평 장치).

4절ㄹ. 히브리어 본문의 동사 "מָהֲרוּ"(마하루) 형태는 이곳 말고는 출애굽기 22:15에서만 쓰이는데, "여인을 아내로 사다"는 뜻이다(참조. 게제니우스, 『히브리어 아람어 사전』, 404). 이 뜻이 본문의 문맥과 맞지 않아서 논란거리다. 우리는 70인역의 번역(ἐτάχυναν, 에타휘난; '그들이 서둘렀다')을 바탕으로 피엘형의 "מִהֲרוּ"(미하루)로 읽는다.

6절ㅁ. 직역. "줄들이 제게 아름다운 데로 떨어졌습니다."

6절ㅂ. 불완전한 연계형인 히브리어 본문(נַחֲלָת, 나할라트)에는 1인칭 대명접미어가 없지만, 70인역(ἡ κληρονομία μου, 헤 클레로노미아 무)을 바탕으로 본문을 "נַחֲלָתִי"(나할라티)로 재구성했다.

2. 본문과 함께 그림 묵상(*meditatio et visio*)

어린아이들은 엄마에게 혼이 나면서도 엄마를 부르며 운다. 비록 혼이 나더라도 엄마만큼 자신을 사랑하는 이가 없음을 본능적으로 알기 때문일 것이다. 본문의 기도자도 자신에게 "좋은 것"은 오직 주님뿐임을 알고 있기에 그 주님께서 자신을 지켜주시기를 간구하며 그분께 피한다. 그런 기도자를 하나님은 누구보다 존귀하게 여기고 기뻐하신다는 응답을 주신다. 피할 곳이 있는 삶은 참 든든하다. 어린아이들이 이해타산에 얽매이지 않고 해맑게 세상을 바라보는 것도 엄마의 보호에 대한 절대적 신뢰가 있기 때문일 것이다. 신앙인에게도 피난처와 보호자이신 하나님께 대한 이런 순수한 신뢰가 절대적으로 필요하다. 그렇지 않다면 언제나 모든 일과 모든 관계에 손익을 계산하며 불안한 괴로움을 겪어야 할 것이다.

그림 30 Cod. Bibl. Fol. 23, 16 verso

이 그림은 성전으로 피하는 기도자의 절박한 모습을 직설적으로 표현한다. 사실 이 그림은 15편의 삽화에 이어지는 것으로 보이도록 구성했다. 15편의 삽화에서는 성전 문 앞, 예수 그리스도 앞에서 자신의 삶을 성찰하도록 했다면, 이 그림에서는 성전 문을 넘어 하나님께 피했을 때 경험하는 은총을 표현한다. 옷도 입지 못하고 성전에 피한 사람들을 예수 그리스도께서 사랑스럽게 어루만지며 위로하신다. 성전 문 너머에는 온갖 위험과 악이 득실거리지만, 성전 문턱을 넘지 못하는 모습이 인상 깊게 그려져 있다.

본문 5-8절에서 기도자는 앞 단락에서 한 고백을 다시금 확장해서 전해 준다. 하나님께 지켜달라고 간구한 자기 삶의 여러 영역, 곧 소득과 토지로 대표되는 것들 모두가 하나님의 보호 아래 있으며, 그래서 그 모든 것이 "아름답다"고, 곧 즐거움으로 가득하다고 고백한다. 하나님의 훈계, 곧 말씀을 통한 조언은 흔들리지 않는 신앙의 바탕이다. 이어서 9-11절에서는 하나님 안에서 그분의 즐거움이 되는 성도(3-4절)로서 자신의 삶이 누릴 기쁨과 즐거움에 대한 기대를 숨기지 않는다. 엄마의 품에 안겨 있을 때 어린아이가 가장 행복하듯, 오직 주님만이 보호자요 피난처이심을 고백하는 성도의 삶은 어떤 상황에서도 주님 안에서 경험하는 "생명"으로 이어지기에 기쁨과 즐거움을 잃지 않을 것이다.

그림 31 Cod. Bibl. Fol. 23, 17 recto

이 그림은 시편의 후반부 본문을 묵상하게 한다. 기도자는 척박한 땅을 걸어간다. 사람들이 보기에는 그렇다. 하지만 본문을 읽고 이 그림을 보면 기도자의 얼굴에서 기쁨을 찾아볼 수 있다. 왜냐하면 하나님이 하늘에서 기도자를 생명 길로 이끄시기 때문이다. 당장은 척박한 황토이지만, 하나님이 가리키는 방향으로 걸어가면 곧 오아시스가 나올 것이다. 오른쪽에 그려진 오아시스가 하나님의 약속을 형상화한다.

3. 기도와 관상(*oratio et contemplatio*)

주님, 온갖 위험과 고난, 부조리, 불평등 가운데서 저는 당신께 피합니다. 당신 안에서, 당신 앞에서, 당신과 더불어 저는 기쁘게 생명 길을 걸어갑니다.

주님, 들어주십시오(시편 17편)

1. 본문 읽기(*lectio*)

[다윗의 기도.]

탄원 1

1   정의롭게˚ 들어주십시오, 야훼여!

　　저의 부르짖음에 주목해주십시오!

　　저의 기도에 귀 기울여주십시오!

　　거짓된 입술로 하지 않기 때문입니다.

2   당신에게서부터 제 판결이 나오기 바랍니다!

　　당신의 눈은 올곧게 보기 바랍니다!

무죄 호소

3   당신은 제 마음을 시험하셨습니다.

　　밤에 저를 찾아오셔서 살피셨지만,

　　아무것도 찾아내지 못하십니다.

　　제가 마음먹고 제 입을 거스르지 않을 것입니다.

4   사람의 일들을 위해서 당신 입술의 말씀에 따라

　　제가 강도의 길들을 삼갔습니다.

5   당신의 좁은 길˚에 따라 제 발걸음을 굳게 지키고,

　　제 발자국이 흔들리지 않았습니다.

탄원 2

6 제가 당신께 부르짖었습니다.

이는 당신이 제게 응답하실 것이기 때문입니다, 하나님이여!

제게 당신 귀를 기울여, 제 말을 들어주십시오!

7 당신의 인자하심을 놀랍게 드러내주십시오,

피하는 이들의 구원자시여!

맞서 일어난 이들에게서 당신의 오른손으로 말입니다.

8 저를 눈동자처럼 지켜주십시오!

당신 날개 그늘에 저를 숨겨주십시오!

9 저를 짓밟는 악인들에게서,

제 목숨을 노리고 저를 에워싼 제 원수들에게서 말입니다.

원수들의 폭력

10 그들은 아무런 감정이 없습니다.[ㄷ]

그들의 입은 교만하게 말합니다.

11 그들이 저를 덮쳤습니다. 이제 그들이 저를 에워쌌습니다.

그들은 자기네 눈을 땅바닥에 내리깔고 있습니다.[ㄹ]

12 그는 마치 사자처럼 찢어버리고 싶어 하고,

숨어 앉은 젊은 사자 같습니다.

탄원 3

13 일어나십시오, 야훼여!

그에게 맞서 그를 엎드러뜨려주십시오!

제 목숨을 당신 칼로 악인에게서 구해주십시오!

14 당신 손에 죽을 사람들에게서,[ㅁ]

자기네가 사는 동안만" 자기네 몫인 세상으로부터

죽을 사람들에게서^ 말입니다.

그러나 당신의 보물로 그들의 배가 채워지고,

아들들이 만족하며,

그들이 남긴 것은 자기네 어린아이들에게 남겨줍니다.

신앙고백

15 저는 정의롭게 당신 얼굴을 볼 것입니다.

깨어날 때 당신의 모습으로 만족하겠습니다.

번역 해설

1절ㄱ. 히브리어 본문에는 명사 "정의로움"(צֶדֶק, 체데크)만 있어서 직관적으로 이해하기 쉽지 않다. 그래서 70인역은 "저의 정의로움을"(τῆς δικαιοσύνης μου, 테스 디카이오쉬네스 무)로 옮겼다. 하지만 히브리어 본문의 명사를 부사적으로 이해한다면 그대로도 문제가 없다(이런 번역으로는 참조. Goldingay, *Psalms 1*, 235; 'in faithfulness'). 또는 아퀼라역의 "δίκαιον"(디카이온; '정의롭게')에 따라 본문을 "צַדִּיק"(차디크)로 고쳐 읽을 수도 있다(참조. 히브리어 성경 비평 장치).

5절ㄴ. 직역. "수레바퀴 자국들."

10절ㄷ. 직역. "그들의 기름 덩이는 잠겼습니다." 참조. 2권 본문 해설.

11절ㄹ. 직역. "그들은 자기네 눈을 땅에 던지려고 둡니다." 참조. 2권 본문 해설.

14절ㅁ. 히브리어 성경 편집자가 비평 장치에서 언급하듯 히브리어 본문 "מִמְתִים יָדְךָ יהוה"(미므팀 야드카 야훼; '당신 손의 병정들에게서부터, 야훼여!'[?])는 전승 상태가 의문시된다. 이 부분은 쿰란 성경 본문(11Q7 f8:4) "[כה]

ם מִיד [ים מִמוֹת]" (미무팀 미야드카)에 따라 옮긴다.

14절ㅂ. 히브리어 본문(בַּחַיִּים, 바하임: '사는 동안')이 아니라 **쿰란 성경 본문** (11Q7 f8:5) "ם הַיֵּיה]ב" (바하예헴)에 따른다.

14절ㅅ. 이 부분에 쿰란 성경 본문이 남아 있지는 않지만 위의 14절ㅁ 유비로 본문을 고쳐 읽는다.

2. 본문과 함께 그림 묵상(*meditatio et visio*)

재판정에서 변호사는 피고의 무죄를 가정하고 그것을 밝혀내며 증명하는 데 온 힘을 다한다. 그런데 만약 그 변호사가 변호하는 피고가 죄를 지었다면, 변호사는 참 힘겨운 변론을 해야 할 것이다. 하나님께 도우심을 토해내는 기도자는 하나님께서 자신의 변호사라고 여기는 듯 자신의 무죄를 강하게 주장한다. 한마디로 하나님의 말씀에 따라서 스스로 삼가며 올곧은 삶의 길을 걸어왔다는 것이다. 그래서 자신은 어떤 하나님의 시험에도 통과할 자신이 있으니 하나님께서 충분히 간구를 듣고 도와주실 가치가 있다고 역설한다. 하나님 앞에서 이렇게 당당하게 자신의 올곧음을 주장하기란 여간 어려운 일이 아니다. 그러고 보면 이 시편 저자는 정말 애써서 신앙생활을 한 듯하다. 본문처럼 하나님 앞에서 우리도 자신감을 가질 수 있는지 돌아볼 필요가 있다.

그림 32 Cod. Bibl. Fol. 23, 17 verso

앞선 시편 삽화의 연작인 듯, 이제 성전 안에 심판주 예수 그리스도가 계신다. 그분의 심판이 합법적이고 공정하다는 사실은 하늘에서 내려온 저울로 상징된다. 그림은 기도자의 시선이다. 따라서 그림을 보는 이들은 기도자의 심정에 감정을 이입하여 자기 자신의 상황도 함께 재판장인 하나님 앞에 내어놓을 수 있다.

숲속에서 먹잇감을 노리는 맹수 같은 대적들이 시편 저자를 에워싸고 있다. 이런 상황에서 시편 저자는 자신감 넘치게 하나님께서 응답하실 것을 기대하며 그분께 간구한다. 그리고 가장 약하지만 웬만해서는 손상되지 않고 중요한 역할을 해내는 눈동자처럼 자신을 지켜달라고 간구한다. 하나님과의 관계를 저버린 악인들에게서 자신을 하나님의 날개 그늘에 두십사고 기도한다. 그런데 마지막 구절에서 시편 저자는 자신이 이어온 의로운 삶 가운데서 하나님을 보는 것과, 잠자리에서 일어나는 때, 곧 눈을 뜨는 때에 하나님의 형상인 피조세계를 보는 데서 만족함을 찾는 것을 기도의 마무리로 고백한다. 이것은 대적을 물리쳐달라는 기도보다 더 근원적인 간구라고 할 수 있다. 더불어 기도자가 원수들을 향해 내쏟았던 분노와 적개심, 시기와 질투를 보면서 우리 내면에 자리 잡은 교만의 죄도 함께 성찰하게 된다.

그림 33 Cod. Bibl. Fol. 23, 18 recto

이 그림은 본문에서 기도자가 자신의 무죄를 항변하고 대적들을 고소하는 장면을 형상
화했다. 대적들의 손가락과 무기는 기도자를 향한다. 언제든 틈만 보이면 공격하려고
한다. 기도자는 증인석으로 보이는 연단에서 하나님을 향해 탄원의 기도를 드린다. 오
로지 하나님만 바라보는 기도자의 눈빛에서 15절의 결단을 읽을 수 있다.

3. 기도와 관상(*oratio et contemplatio*)

주님, 저는 무죄하다고 여기며 살아왔습니다. 그러다 보니 다른 이들이 늘
문젯거리로 보였습니다. 주님, 하지만 정작 제 문제는 보지 못했습니다.
제가 완벽하고 늘 정답인 듯 다른 사람을 판단하던 제 모습이 이제야 보입
니다. 저는 고난 가운데서 비로소 제 문제를 깨달았습니다. 그런 저를 받아
주시는 당신의 은총이 무한합니다.

반석이신 하나님 (시편 18편)

1. 본문 읽기 (*lectio*)

[예배 음악을 위하여.˼ 이 노래의 말로 야훼께 말씀드린 야훼의 종, 다윗.
야훼가 그의 모든 원수의 손아귀와 사울의 손˹에서 그를 구원하셨을 때.]

1) 하나님 임재의 경험 (1-19절)

성전에서 들으시는 하나님

1 그가 말하였습니다.

  제가 당신을 사랑합니다, 야훼, 저의 힘이시여!˹

2 야훼는 제 반석이시고, 제 요새이시며,

  저를 건지시는 분이십니다.

  제 하나님, 제가 피할 바위이십니다.˼

  제 방패이시고, 제 구원의 뿔이십니다.

  제 산성이십니다.

3 찬양받으실 분!

  야훼께 제가 외칩니다.

  그러면 제 원수들에게서 제가 구원받습니다.

4 죽음의 줄들이˼ 저를 에워싸고,

  사악한 강물이 저를 두렵게 합니다.

5 스올의 줄들이 저를 둘러쌌습니다.

  죽음의 덫이 제게 들이닥쳤습니다.

6 고난 가운데서 제가 야훼께 외치고,

제 하나님께 부르짖었더니,

그 성전에서 그분이 제 목소리를 들으십니다.

그리고 제가 그분 앞에서 부르짖었더니,

그분의 귀에 이르렀습니다.

하나님의 임재하심

7 그랬더니 땅이 흔들리고 들썩이고,

산들의" 터가 떨리고 흔들립니다.

이는 그분이 진노하시기 때문입니다.

8 연기가 그분의 코에서 올라오고,

그분의 입에서 나오는 불이 삼킵니다.

그것 때문에 숯이 불타오릅니다.

9 그리고 그분은 하늘을 뒤덮어 내려오시니,

짙은 어둠이 그분의 발아래 드리웁니다.

10 그분은 그룹을 타고 날아다니시며,

바람 날개 위에 떠 있으십니다.^

11 그분은 어둠을 자기 덮개로,

그분 둘레에 장막으로 삼으십니다.

시커먼 물과 빽빽한 구름으로 그리하십니다.

12 그분 앞에 있는 밝은 빛 때문에 그분의 구름이 걷힙니다.°

우박과 숯불이 내립니다.

13 그리고 하늘에서 야훼가 천둥 치게 하시고,

지존하신 분이 그 목소리를 내십니다.

우박과 숯불이 내립니다.

14 그분은 자기 화살을^ㅈ 날리셔서 그들을 흩으시며,

　　숱한 번개로 그들을 어지럽히셨습니다.

15 그러자 강물 바닥이 드러났고,

　　세상의 터가 나타났습니다.

　　야훼, 당신의^ㅊ 꾸지람 때문에,

　　당신^ㅋ이 분노한 영의 숨결 때문에!

하나님의 구원

16 그분이 높은 데서 뻗어 저를 붙잡으십니다.

　　많은 물에서 저를 건져내셨습니다.

17 그분이 저의 힘센 원수들과 저를 미워하는 자에게서 구원하셨습니다.

　　참으로 그들은 저보다 강했습니다.

18 제 재앙의 날에 그들이 저를 덮쳤지만,

　　야훼는 제 지지대가 되어주셨습니다.

19 그리고 저를 넓은 데로 이끄셨습니다.

　　그분이 저를 구해주셨습니다.

　　이는 그분이 저를 기뻐하시기 때문입니다.

2) 하나님과 맺는 관계(20-30절)

깨끗한 삶

20 야훼가 제 정의에 따라서 갚아주실 것입니다.

　　제 손의 깨끗함에 따라 그분이 제게 되돌려주실 것입니다.

21 참으로 저는 야훼의 길들을 지켰고,

　　제 하나님께 어긋나게 나쁜 짓을 하지 않았습니다.

22 참으로 그분의 모든 규례를 제 앞에 두고,

저는 그분의 율례들을 제게서 물리치지 않습니다.

23 그리고 저는 온전히 그분과 함께 있고,

제 죄악에서 스스로 지켰습니다.

24 그래서 야훼가 제 정의에 따라,

그분 눈앞에서 제 손의 깨끗함에 따라[ㅌ] 제게 되돌려주셨습니다.

말씀 방패

25 당신은 경건한 이에게 경건을 보이십니다.

온전한 사람에게 온전함을 보이십니다.

26 깨끗해진 이에게 깨끗함을 보이시지만,

비뚤어진 이에게는 엉클어짐을 보이십니다.

27 참으로 당신은 가난한 백성을 구원하시지만,

높이 치뜬 눈은 낮추십니다.

28 참으로 당신은 제 등불을 빛나게 하십니다.

야훼, 제 하나님이 제 어둠을 밝히십니다.

29 참으로 당신 안에서 제가 적군에게 달려가고,

제 하나님 안에서 벽에 뛰어오릅니다.

30 그 하나님!

그분의 길은 온전합니다.

야훼의 말씀은 순전합니다.

그것은 피하는 모든 이에게 방패입니다.

3) 반석이신 하나님(31-50절)

승리를 이끄시는 하나님

31 참으로 누가 야훼 말고 하나님이겠습니까?

그리고 누가 우리 하나님 외에[ᵃ] 반석이겠습니까?

32 그 하나님은 제게 힘으로 띠를 채우시는 분![ᵇ]

그래서 제 길을 온전하게 하십니다.

33 제 발을 암사슴 같게 하시는 분!

그래서 저의 높은 곳에 서게 해주십니다.

34 전쟁을 위해 제 손을 가르치시는 분!

그래서 제 팔이 놋 활을 당깁니다.

35 그리고 당신은 제게 당신 구원의 방패를 주시고,

당신 오른손으로 저를 떠받쳐주십니다.[ᶜ]

그래서 당신의 낮추심이 저를 크게 하였습니다.

36 당신은 제가 내딛는 발걸음을 넓히셔서,

제 발목이 미끄러지지 않았습니다.

37 저는 제 원수를 뒤쫓아 그들을 따라잡을 것입니다.[ᵈ]

그래서 그들을 끝장낼 때까지 돌아서지 않을 것입니다.

38 [ᵉ]제가 그들을 쳐부수어서 그들은 일어날 수 없을 것입니다.

그들은 제 발아래에 엎드러질 것입니다.

39 당신은 제게 전쟁을 위해 힘으로 띠를 채워주셨습니다.

당신은 제게 맞서 일어난 이들을 제 아래 굴복시키셨습니다.

40 그리고 당신이 제 원수들의 뒷덜미를 제게 내주셔서,

저를 미워하는 이들을 제가 없애버립니다.

41 그들이 부르짖겠지만, 구원자는 없습니다.

야훼께 그리해도, 그분은 그들에게 응답하지 않으셨습니다.

42 저는 그들을 바람 앞에 먼지처럼^ᵖ 으깨버렸습니다.

골목의 진흙처럼 제가 그들을 쏟아버렸습니다."

43 당신이 백성들의^ᵖ 다툼에서 저를 벗어나게 하십니다.

저를 민족들의 우두머리로 삼으셨습니다.ᶺ

제가 알지 못하던 백성들이 저를 섬깁니다.

44 그들이 귀로 듣고서는 제게 순종합니다.

이방 사람들이 제게 비굴하게 복종합니다.

45 이방 사람들이 허물어지고,

자기네 요새에서 나와 벌벌 떱니다.

반석이신 하나님

46 야훼는 살아 계십니다.

제 반석이시여 송축 받으소서!

그리고 제 구원의° 하나님은 높아지시기 바랍니다!

47 그 하나님은 저를 위해 복수를 베푸시는 분!

그래서 그분은 백성들이 제 아래 있도록 말씀하셨습니다.ᶻ

48 제 원수들에게서 저를 구하시는 분!ᶜ

정말로ᵈ 당신이 제게 맞선 이들보다 저를 더 높이셨습니다.

포악한 사람에게서 당신이 저를 건지십니다.

49 그러므로 제가 민족들 가운데서 당신께 감사합니다, 야훼여!

그리고 당신의 이름을 제가 찬송하겠습니다!

50 자기 임금의 구원을 크게 하시는 분!

자기의 기름 부음 받은 이에게 인자하심을 베푸시는 분!

다윗과 그의 자손에게 영원토록!

표제ㄱ. 히브리어. "לַמְנַצֵּחַ"(라므나체아흐). 자세한 설명은 위의 1부를 보라.

표제ㄴ. 히브리어. "וּמִיַּד"(우미야드). 비교. 사무엘하 22:1 "וּמִכַּף"(우미카프; '그리고 손아귀에서').

1절ㄷ. 사무엘하 22:2에는 이 문장이 없다.

2절ㄹ. 비교. 사무엘하 22:3 "제가 피할 반석이신 하나님."

4절ㅁ. 비교. 사무엘하 22:5 "죽음의 파도가."

7절ㅂ. 비교. 사무엘하 22:8 "하늘의."

10절ㅅ. 히브리어. "וַיֵּדֶא"(바예데). 비교. 사무엘하 22:11 "וַיֵּרָא"(바예라; '그리고 그분이 보십니다').

12절ㅇ. 히브리어. "עָבְרוּ"(아브루; '지나갔습니다'). 비교. 사무엘하 22:13 "בָּעֲרוּ"(바아루; '타오릅니다').

14절ㅈ. 비교. 사무엘하 22:15 "화살들."

15절ㅊ. 비교. 사무엘하 22:16 인칭 대명접미어가 없다.

15절ㅋ. 비교. 사무엘하 22:16 "그분의."

24절ㅌ. 히브리어. "כְּבֹר יָדַי"(크보르 야다이). 비교. 사무엘하 22:25 "כְּבֹרִי"(크보리; '제 깨끗함에 따라').

31절ㅍ. 히브리어. "זוּלָתִי"(줄라티). 비교. 사무엘하 22:32 "מִבַּלְעֲדֵי"(미발르아데; 뜻은 같음).

32절ㅎ. 히브리어. "הַמְאַזְּרֵנִי"(하므아즈레니). 비교. 사무엘하 22:33 "מָעוּזִּי"(마우지; '저의 요새').

35절ㄱ. 사무엘하 22:36에는 이 문장이 없다.

37절ㄴ. 히브리어. "וָאֲשִׂיגֵם"(브아시겜). 비교. 사무엘하 22:38 "וָאַשְׁמִידֵם"(브아쉬미뎀; '제가 그들을 뿌리 뽑아버릴 것입니다').

38절ㄷ. 사무엘하 22:39에는 문장 첫머리에 "וָאֲכַלֵּם"(바아칼렘; '그리고 제가 그들을 끝장냈습니다')이 더 있다.

42절ㄹ. 히브리어. "כְּעָפָר עַל־פְּנֵי־רוּחַ"(크아파르 알-프네-루아흐). 비교. 사무
엘하 22:43 "כְּעָפָר־אָרֶץ"(크아파르-아레츠: '땅의 먼지처럼').

42절ㅁ. 히브리어. "אֲרִיקֵם"(아리켐). 비교. 사무엘하 22:43 "אֲדִקֵּם"(아디켐:
'제가 그들을 부서뜨릴 것입니다').

43절ㅂ. 사무엘하 22:44 "내 백성."

43절ㅅ 히브리어. "תְּשִׂימֵנִי"(트시메니). 비교. 사무엘하 22:44 "תִּשְׁמְרֵנִי"(티쉬
므레니: '당신이 저를 지키셨습니다').

45절ㅇ. 사무엘하 22:47에는 "반석"이 더 있다.

47절ㅈ. 히브리어. "וַיַּדְבֵּר"(바야드베르). 비교. 사무엘하 22:48 "וּמוֹרִיד"(우모
리드: '그리고 끌어내리시는 분').

48절ㅊ. 히브리어. "מְפַלְטִי"(므팔르티). 비교. 사무엘하 22:49 "וּמוֹצִיאִי"(우모
치이: '그리고 나오게 하시는 분').

48절ㅋ. 사무엘하 22:49에는 이 말이 없다.

2. 본문과 함께 그림 묵상(*meditatio et visio*)

1) 하나님의 임재 경험

이 시편은 사무엘하 22장의 다윗의 승전가와 평행한다. 이를 염두에 둔
듯 표제에서도 다윗이 모든 대적의 손에서 벗어났을 때 드린 기도임을 밝
힌다. 그래서 이 시편을 읽는 이는 자연스럽게 다윗의 생애를 이 시편에
투영하게 된다. 온갖 전투를 경험한 용사 다윗을 뚜렷이 보여주는 듯 시편
의 첫 부분에서는 하나님이 전쟁에서 이기게 해주는 여러 보호 장치들을

묘사한다. 그래서 아무리 고난이 많고 수많은 대적에 둘러싸이더라도 하나님을 향한 신뢰를 저버리지 않겠노라고 거듭 다짐한다. 그런데 6절에서는 그렇게 미쁘신 하나님의 응답이 "성전"에서 이루어짐을 강조한다. 여기서 우리는 하나님의 임재 경험에서 예배가 얼마나 중요한지를 깨닫는다. 우리의 삶은 언제나 다시금 예배를 통한 하나님의 임재 경험에서 시작해야 할 것이다.

그림 34 Cod. Bibl. Fol. 23, 19 recto

이 삽화는 본문 1-6절을 형상화한다. 삽화의 주인공은 다윗으로 보이며, 그를 뒤따르는 이들은 표제에 나오는 사울을 비롯한 여러 대적이다. 대적들은 말을 타고 빠르게 다윗을 뒤쫓지만, 다윗은 하나님이 인도하시는 곳으로 안전하게 피한다. 매우 급한 장면이지만, 정적으로 표현되어 불안보다는 안도감을 느끼게 해준다. 여기에는 하늘에서 내려와 다윗을 인도하는 하나님의 손이 한몫한다.

하나님이 임재하시는 모습은 어떨까? 옛 이스라엘 사람들은 제어하기 어려운 자연 현상들을 보면서 하나님의 임재를 상상했다. 그래서 환난 가운데 도움이 되어주시고, 대적에 둘러싸였을 때 구원자가 되시는 하나님의 임재하심을 본문 7절부터 15절에서는 화산이 폭발하는 모습에 빗대어 그려준다. 그렇다고 그런 자연 현상이 곧 하나님의 임재를 뜻하는 것은 아니다. 이는 하나님이 그만큼 위엄과 능력이 있는 분이라는 사실을 눈에 보이게 그려주는 것이다. 그렇게 위대하신 분께서 손을 펴시고 삶의 무게로 고통스러워하는 우리를 붙들어주신다. 그리고 옥죄어오는 고난의 상황에서 벗어나 넓은 곳에서 평안을 누리게 해주신다. 하나님의 구원은 그만큼 감격스러운 것이며 우리는 하나님께 그만큼 소중한 존재들이다.

그림 35 Cod. Bibl. Fol. 23, 19 verso

본문 7-15절의 신화적 심상으로 가득한 하나님의 임재를 그린 이 그림은 천사와 그룹에 둘러싸인 전능자 예수 그리스도(Jesus Pantocrator)를 이콘으로 형상화했다. 이는 어떤 화려한 심상으로 표현하고 비유하든지 간에 가시적이고 유한한 가치 세계를 넘어선다. 무한한 능력으로 창조하시고, 통치하시며, 심판하시는 하나님의 전능하심을 기억하는 일이 본질이다.

2) 관계

이 세상에 실수하지 않는 사람은 없다. 이 시편의 배경으로 언급되는 다윗의 삶 가운데서도 수많은 실수와 잘못을 찾아볼 수 있다. 그런데도 다윗은 늘 다시금 하나님께 자신의 잘못을 고백하고 용서받았으며, 하나님 앞에서 깨끗한 삶을 이어가려고 안간힘을 썼다. 본문에서도 그런 점이 계속 강조된다. 기도자는 하나님 앞에서 한결같음을 유지하기 위해 죄악에서 자신을 지켰다고 고백한다. 그래서 하나님은 시편 기도자의 깨끗함 그대로 갚아주신다는 것이다. 우리네 삶이 하나님 앞에서 완벽하게 깨끗할 수 있겠는가? 우리는 거듭 죄악으로 더럽혀진다. 우리는 그 더러움을 거듭 하나님 앞에서 고백하고, 하나님께서 문질러 닦아 깨끗게 해주시는 경험을 해야 한다. 그것이 하나님 앞에서 깨끗한 삶의 비결이다.

히브리적 사고의 핵심은 관계성이다. 25-26절 본문에서는 그 관계성이 아주 잘 드러난다. 사람들 사이에서 내보이는 경건, 온전함, 깨끗함에 따라 하나님께서도 그 사람에게 갚아주신다. 이것이 공로주의를 뜻한다고 이해하면 잘못이다. 히브리식 관계성의 사고를 알지 못하는 것이기 때문이다. 경건, 온전함, 깨끗함은 사람들 사이에서뿐만 아니라 하나님과 맺는 관계에서도 모두 이루어질 때 그 개념이 온전해진다는 뜻이다. 더불어 28절에서 시인은 하나님의 구원은 빛과 같다고 고백한다. 세상 사람들에게 소외된다고 하더라도 이 관계성을 유지하려는 사람들에게는 하나님께서 구원의 빛을 밝게 비추실 것이다. 이렇게 관계성에 충실한 삶의 길은 그분의 말씀에서 깨달을 수 있으며, 그 말씀이 삶의 길에 구원을 보증하는 방패가 될 것이다.

그림 36 Cod. Bibl. Fol. 23, 20 verso

이 그림은 본문 25-30절을 표현한다. 아마도 이 그림은 사무엘이 다윗에게 기름을 붓는 장면이 모티브가 되었을 것이다(삼상 16:13). 그렇다면 오른쪽에 후광이 있는 사람은 사무엘일 것이다. 그리고 그에게 안수받는 인물은 다윗이고, 왼쪽에 고민스러운 표정으로 그 모습을 거부하는 손짓을 하는 이는 사울일 것이다. 본문 28절에서 하나님의 구원을 "제 등불"을 밝히신다고 한 표현에서 삽화가는 아마도 다윗 왕조의 등불(시 132:17)을 떠올린 듯하다. 안수받는 다윗의 엎드린 모습에서 본문에서 말하는 경건함, 온전함, 깨끗함, 그리고 하나님 앞에서 겸손을 뜻하는 가난함을 읽을 수 있다.

3) 반석이신 하나님

그림 37 Cod. Bibl. Fol. 23, 21 recto

이 그림은 본문 33-34절을 매우 직관적으로 묘사한다. 본문에서는 하나님이 전쟁의 용사인 임금의 발을 암사슴처럼 재빠르게 해주시고, 놋 활이라도 당길 수 있도록 해주신다고 표현한다. 삽화가는 이 본문을 용사가 활로 암사슴을 사냥하는 장면으로 그린다. 그리하여 본문과는 다소 다른 장면이 되었지만, 용맹스럽고 재빠른 용사의 심상은 더욱 강조되는 효과를 본다.

시인은 장편 서사시인 본문 말씀의 처음(2절), 가운데(31절), 그리고 마지막 부분(46절)에서 하나님을 반석이라고 고백한다. 그리고 반석이라는 상징이 하나님의 어떤 속성을 가리키는지를 제각각 상술한다. 시편의 기도자는 하나님이 대적들을 상대할 능력을 키워주시고 그들을 굴복시키도록 도와주시는 분임을 말하기도 하고, 한 걸음 더 나아가서 온 세상이 그분의 이름을 높이며 찬송케 해주시는 분임을 고백하며 그분을 찬송하라고 권고한다. 여기서 반석이라는 상징어는 견고함과 영원함을 뜻한다고 볼 수 있다. 더불어 대적의 공격을 막아주는 방어선이라는 뜻도 있다. 우리가 다윗의 삶이 성공적이었다고 평가하는 궁극적 기준도 다윗이 하나님을 반석으로 삼고 그분께 모든 것을 내맡기며 모든 일의 결정을 그분에게서 찾았다는 데 있지 않겠는가? 이는 오늘 우리에게도 마찬가지로 적용되는 원리다.

그림 38 Cod. Bibl. Fol. 23, 21 verso

이 그림은 37-42절에서 묘사하는 승전의 장면을 그린다. 중요도에 따라 그림의 크기를 정하는 역원근법(reversspective)을 바탕으로 가운데 승전하는 임금을 가장 크게 그리고, 패전한 대적들은 작게 그린다. 그리고 왼쪽 산 뒤에 숨어서 승전하는 임금을 엿보는 사람들의 표정에는 본문에도 나오듯 두려움이 드러난다.

그림 39 Cod. Bibl. Fol. 23, 22 recto

삽화가는 본문 49-50절의 찬송을 기독교 전통에 따라 부활하신 예수 그리스도의 승천 장면으로 그렸다. 예수의 제자들이 승천하시는 예수 그리스도를 향해 올려드리는 찬송이 본문 마지막에서 전하는 감사와 찬송의 궁극적인 목적임을 되새겨준다.

3. 기도와 관상(*oratio et contemplatio*)

주님, 당신은 이 세상의 모든 것을 초월하시는 분입니다. 그런 당신이 내려오셔서 제 손을 잡아주십니다. 그리고 세상의 쓸모없고 유한한 가치들에서 건져주셔서 이 세상 무엇보다 귀한, 임금보다도 귀한 존재로 삼아주셨습니다. 당신께 감사와 찬송을 올려드립니다.

피조세계와 말씀(시편 19편)

1. 본문 읽기(*lectio*)

[예배 음악을 위하여.' 다윗의 찬송.]

온 누리에 드러난 하나님의 영광

1   하늘이 선포합니다, 하나님의 영광.
    그리고 그분 손이 하신 일을 궁창이 전합니다.

2   낮은 낮에게 말을 알려주고,
    밤은 밤에게 지식을 이야기합니다.

3   말도 없고 언어도 없고,
    그것들에서 들리는 소리도 없지만,

4   온 땅에서 소리가,`
    세상 끝에서 그 이야기가 나옵니다.
    해를 위해서 그분이 그 가운데 장막을 두셨습니다.

5   그런데 그것은 자기 신방에서 나오는 신랑 같아서,
    용사처럼 길 달리기를 즐거워합니다.

6   하늘 한끝 자기 출구에서 나오고,
    그것의 돌아가는 길은 다른 끝으로 이어집니다.
    그러니 그것의 열기에서 피하는 이가 없습니다.

말씀의 능력

7   야훼의 토라는 완전하여 영혼을 소생시킵니다.

야훼의 증거는 미뻐서 어리석은 이를 지혜롭게 합니다.

8 야훼의 법도들은 올곧아서 마음을 기쁘게 합니다.

야훼의 계명은 순결해서 눈을 밝힙니다.

9 야훼 경외는 정결하여 언제까지나 이어집니다.

야훼의 규례들은 한결같아서 모두 다 정의롭습니다.

10 그것은 금보다, 그리고 많은 순금보다 더 탐스럽고,

꿀보다, 그리고 벌집에서 흘러내리는 꿀보다 더 답니다.

11 또한 당신의 종도 그 안에서 조심합니다.

그것들을 지키는 데에 많은 대가가 있습니다.

12 잘못을 누가 깨닫겠습니까?

숨겨진 것들에서부터 제게 무죄를 선고해주십시오!

13 또한 거만한 이들에게서 당신의 종을 보호해주십시오!

그들이 저를 다스리지 못하기 바랍니다!

그러면 저는 흠 없을 것이고,

많은 범죄에서부터 무죄하게 될 것입니다.

14 제 입의 말들과 제 마음의 묵상이

당신 마음에 들기를 바랍니다,

야훼, 제 반석이시고 저를 되찾으시는 분이여!

번역 해설

표제ㄱ. 히브리어. "לַמְנַצֵּחַ"(라므나체아흐). 자세한 설명은 위의 1부를 보라.

4절ㄴ. 히브리어 본문의 "קַוָּם"(카밤; '그것들의 줄'[?])은 사실상 이해할 수 없다. 그래서 우리는 70인역(ὁ φθόγγος αὐτοῦ, 호 프통고스 아우투)을 바탕으로 "קוֹלָם"(콜람; 비교. 3절)으로 본문을 복원한다.

2. 본문과 함께 그림 묵상(*meditatio et visio*)

하나님의 영광, 하나님의 임재를 어떻게 경험할 수 있을까? 시편 기도자의
1절 고백에서 놀라운 진리를 찾아볼 수 있다. 이 구절에서 "하나님의 영
광"은 "그분 손이 하신 일"과 평행을 이룬다. 곧 온 누리에 하나님의 영광
이 드러나 있다는 고백이다. 그리고 이어서 고대 사회에서 신성시했던 해
의 운행마저 하나님의 섭리 안에 있다고 선포한다. 이를 두고 영적 감수성
이라고 할 만하다. 이는 하나님의 영광과 임재를 특별한 경험으로 구분하
기보다 일상의 삶, 즉 자연스러운 피조세계의 질서에서 볼 수 있는 눈이
열리는 것이다. 하나님의 영광과 임재는 이렇게 우리의 일상 곳곳에 드러
나 있다. 하나님의 말씀이 실현된 곳이 피조세계이기 때문이다. 그것을 볼
수 있는 영적 감수성이 신앙의 풍성함을 보증해줄 것이다.

그림 40 Cod. Bibl. Fol. 23, 22 verso

이 그림은 1-4전반절을 형상화한다. 피조세계는 말도 소리도 없이 하나님의 영광과 그
분의 손이 하신 일을 언제 어디서나 전한다. 이 그림에서 피조세계는 후경으로 조금만
드러난다. 실제로 언제 어디서나 하나님을 전하는 것은 이 그림에서 정작 사람들로 드
러난다. 그러고 보면 이 그림은 본문 후반부에서 말씀을 통해 창조주이자 통치자이신
하나님의 위대하심을 깨닫고 "말"과 "삶"으로 그분의 영광과 그분의 손이 하신 일을 전

하는 사람들까지 함께 표현하는 듯하다. 그렇다면 이 그림은 피조세계와 사람들이 하나가 되어 그림 한가운데 있는 사람이 들고 있는 두루마리로 표현된 하나님과 그분의 말씀을 높이는 모습을 표현한 것으로 보인다.

이 시편의 전반부에서 피조세계를 통해 영적 감수성으로 말씀하시는 하나님을 경험했다면, 후반부에서는 바로 그 하나님의 말씀을 찬양한다. 먼저 시편 기도자는 하나님의 말씀이 어떤지 그 속성을 고백한다. 하나님의 말씀은 한결같이 변함없고 믿을 만하며, 올곧고 순수해서 삶의 지침이 되기에 충분하다. 그래서 이 말씀은 우리 삶과 영혼에 가장 좋은 맛이라고 여길 수 있는 꿀보다 더 달다. 이 맛을 아는 사람의 삶은 깨달음의 세계에 이르러 올곧고 지혜롭게 된다. 기도자는 그런 말씀을 주신 하나님께 올바른 삶을 살도록 도와주십사고 기도하는 것으로 마무리한다. 말씀은 단순한 문자가 아니다. 말씀은 피조세계의 기원과 종말을 알려줄 뿐 아니라 그 말씀의 맛을 아는 이의 삶에 원동력이 된다.

그림 41 Cod. Bibl. Fol. 23, 23 recto

이 그림은 7절부터 시작하는 말씀 찬양 부분을 그려준다. 왜냐하면 하늘에서 내민 하나님의 손에 들린 성경책이 7절 본문으로 시작하기 때문이다. 하나님은 다른 한 손으로 예수 그리스도를 잡고 계신데, 7절에서 삽화가는 아마도 예수 그리스도의 부활을 이 구절의 성취로 해석한 듯하다. 이 부활과 반대로 말씀이 없는 오른쪽 아랫부분은 사람이나 짐승이나 죽음의 기운만 감돈다. 말씀 안에서 누리는 생명이 10절에서 말하는 참된 가치와 참된 맛이 아니겠는가?

3. 기도와 관상(*oratio et contemplatio*)

주님, 오늘도 저는 당신을 봅니다. 하늘과 땅에 가득한 모든 것이 당신의 창조 질서를 저에게 전해줍니다. 저도 그 대열에 섭니다. 당신의 말씀 가운데서 만난 당신의 참생명을 저 피조물처럼 외쳐 전합니다.

야훼의 이름으로 구원받는 임금(시편 20편)

1. 본문 읽기(*lectio*)

[예배 음악을 위하여." 다윗의 찬송.]

임금을 위한 기도 1

1 당신에게 야훼가 환난 날에 응답하시기 바랍니다!
  당신을 야곱 하나님의 이름이 보호해주시기 바랍니다!

2 그분이 성소에서 당신의 도움을 보내주시고,
  시온에서 당신을 떠받쳐주시기 바랍니다!

3 그분이 당신의 모든 소제를 기억하시고,
  당신의 번제들을 흡족히 여기시기 바랍니다!"

4 그분이 당신 마음에 있는 대로 당신에게 주시고,
  당신의 모든 계획을 이루어주시기 바랍니다!

5 우리는 당신의 구원에 환호하고,
  우리 하나님의 이름을 드높이겠습니다!"
  야훼가 당신의 모든 바람을 채워주시기 바랍니다!

구원의 확신

6 "이제, 야훼가 자기의 기름 부음 받은 이를 구원하신 것을 제가 압
  니다.
  그분이 자기의 거룩한 하늘에서 그에게 응답하실 것입니다,
  그분 오른손 구원의 힘으로!"

7　어떤 사람들은 병거를, 어떤 사람들은 말들을,

　　하지만 우리는 야훼, 우리 하나님의 이름을 기리겠습니다!

8　그들은 엎드려져 쓰러졌지만,

　　우리는 일어나 똑바로 설 것입니다.

임금을 위한 기도 2

9　야훼여, 임금을 구원해주십시오!

　　저희가 외치는 날에 저희에게 응답해주십시오!

번역 해설

표제ㄱ. 히브리어. "לַמְנַצֵּחַ"(라므나체아흐). 자세한 설명은 위의 1부를 보라.

3절ㄴ. 직역. "기름지게 하시기 바랍니다."

5절ㄷ. 히브리어 본문은 "우리가 깃발을 세우겠습니다"(נִדְגֹּל, 니드골)이다. 그런데 이 낱말은 이 형태로는 여기서밖에 쓰이지 않는다. 나머지 3번의 용례는 모두 아가에 등장한다(아 5:10; 6:4, 10). 문맥으로 보나 용례로 보나 히브리어 본문의 이 낱말은 전승 상태가 의문스럽다. 그래서 여러 수정 제안이 있는데, 우리는 70인역(μεγαλυνθησόμεθα, 메갈륀테소메타)을 바탕으로 자음의 위치가 바뀐 형태(נִגְדַּל, 느가델)의 본문으로 재구성하여 읽는다.

2. 본문과 함께 그림 묵상(*meditatio et visio*)

하나님의 임재를 뜻하는 성소와 시온에서 오는 도움을 주제로 하는 본 시편은 전통적으로 임금을 위한 노래로 여겨졌다(9절 참조). 이스라엘에서는 임금을 하나님께서 택하셨다고 생각해왔기 때문이다. 하지만 굳이 임금에게만 제한할 필요는 없다. 중요한 것은 다른 이를 위해 하나님의 도우심을 대신 기원하고 있다는 점이다. 대상이 지도자여도 좋고, 그렇지 않아도 된다. 대신 하나님의 도우심을 기원하는 이들이 백성이어도 되고, 개인이어도 된다. 핵심은 공동체의 구성원들이 서로를 위해 하나님의 도우심을 기원하는 관계라는 데 있다. 아름다운 교회, 하나님의 공동체는 이런 관계가 이루어지는 곳이다. 즉 환난이 닥치더라도 서로를 탓하기보다는 회복을 위해 서로 하나 되어 중보하는 곳이다.

그림 42 Cod. Bibl. Fol. 23, 24 recto

이 시편은 다윗에게 돌려진 표제와 더불어 제왕 시편으로 분류된다. 이 그림은 그런 전통에 따라 다윗이 기름 부음 받는 장면을 형상화했다. 가시적으로는 사무엘에게 기름 부음을 받지만, 결국 그것은 하나님의 기름 부음임을 직설적으로 표현해준다.

이름은 그 이름을 가진 대상의 존재 전체를 아우른다. 우리가 어떤 이와 그 이름을 함께 알 때, 이름만 들어도 그 사람과의 모든 관계가 다 떠오르는 이유가 여기에 있다. 시편 저자는 하나님께서 기름 부어 택하신 임금을 위한 신탁의 형태로 고백하는 이 단락에서 오로지 하나님의 이름만을 자랑한다고 선언한다. 이것을 병거나 말들이 상징하는 가시적이고 유한한 세상의 가치와 대조한다. 비록 병거도 부족하고 말들이 없어도 마지막 승리를 확신하는 것은 무한하신 하나님께서 반드시 응답하신다는 믿음이 있기 때문이다. 눈에 보이는 이 세상만을 본다면 우리는 절대로 이런 믿음에 이르지 못할 것이다. 그러나 하나님의 이름이 아우르고 있는 창조와 통치, 최후 심판과 영원한 그분의 나라를 알 때 이 믿음에 이를 수 있다. 하나님의 응답은 영원에 대한 약속이다.

3. 기도와 관상(*oratio et contemplatio*)

주님, 세상에서 권력을 얻은 이들과 그것을 좇는 이들은 그 옛날처럼 여전히 병거와 말들을 의지합니다. 그리고 그런 병거와 말들이 없는 사람들은 상대적 박탈감에 시달립니다. 제가 그들 가운데 있지 않기를 바랍니다. 그들은 결국 당신의 날에 엎드려져 쓰러질 것을 분명히 알도록 오늘도 저를 일깨워주십시오!

야훼를 의지하는 임금(시편 21편)

1. 본문 읽기(*lectio*)

[예배 음악을 위하여.ˀ 다윗의 찬송.]

공동체 찬송 1

1   야훼여, 당신의 능력을 임금이 기뻐합니다.
    그리고 당신의 구원으로 얼마나 그가 아주 즐거워하는지요!

임금을 위한 기도

2   그의 마음에 있는 소원을 당신이 그에게 주셨고,
    그의 입술에 있는 바람을 당신이 거절하지 않으셨습니다. [셀라]ᵇ

3   참으로 당신은 아름다운 복으로 그를 맞이해주십니다.
    당신은 그의 머리에 순금 관을 씌우십니다.

4   그가 생명을 당신에게서 구하여, 당신이 그에게 주셨습니다.
    날들이 영원토록 길어지는 것입니다.

5   그의 영광이 당신의 구원으로 커졌습니다.
    존귀와 위엄을 당신이 그에게 두셨습니다.

6   참으로 당신은 그에게 복을 언제까지나 두셨습니다.
    당신 앞에 있는 기쁨으로 그를 흥겹게 하십니다.

공동체 찬송 2

7   참으로 그 임금은 야훼를 의지하고,

지존하신 분의 인자하심 때문에 그는 흔들리지 않습니다.

임금을 향한 기원

8 당신의 손이 당신의 모든 원수를 찾을 것입니다.

당신의 오른손이 당신을 미워하는 이들을 찾을 것입니다.

9 당신이 나타날 때ᄃ 당신은 그들을 불타는 가마처럼 만들 것입니다.

야훼는 그분의 분노로 그들을 삼키실 것입니다.

그래서 불이 그들을 집어삼킬 것입니다.

10 당신은 그들의 열매를 땅에서,

그들의 씨앗을 사람의 아들에게서 없애버릴 것입니다.

11 참으로 그들은 당신에게 맞서 나쁜 뜻을 품었습니다.ᄅ

그들이 음모를 꾸몄지만 이루지 못할 것입니다.

12 참으로 당신은 그들이 등을 보이게 할 것입니다.

당신의 활시위를 그들의 얼굴을 향해 당길 것입니다.

공동체의 찬송 3

13 야훼여, 당신의 능력으로 높아지십시오!

저희는 당신의 힘을 노래하고 찬송하겠습니다!

번역 해설

표제ㄱ. 히브리어. "לַמְנַצֵּחַ"(라므나체아흐). 자세한 설명은 위의 1부를 보라.

2절ㄴ. "셀라"에 대해서는 3편 번역 해설을 보라.

9절ㄷ. 직역. "당신 얼굴의 때에."

11절ㄹ. 직역. "악을 뻗쳤습니다."

2. 본문과 함께 그림 묵상(*meditatio et visio*)

앞선 20편과 마찬가지로 21편도 이스라엘의 임금을 위한 기원이 주제다. 먼저 이 시편은 임금이 경험한 하나님의 구원과 복을 기린다. 이 복은 하나님과 맺는 올바른 관계를 전제하는 말이다. 곧 임금이 하나님을 의지했기 때문에 하나님께서도 임금에게 미쁘신 모습을 보이셨다는 것이다. 사람들은 복 받기를 바란다. 하지만 물질적이든 정신적이든 우리가 복이라고 말할 수 있는 것들은 절대 본질일 수 없다. 히브리어에서 복(브라카)이라는 것이 원래 올바른 관계를 뜻하기 때문이다. 하나님과 사람 사이의 관계에서는 사람의 순종과 하나님의 인정, 보호를 뜻한다. 7절의 말로 하자면 의지와 인자함이라고 할 수 있다. 하나님의 인자하심에 따르는 복을 바란다면 먼저 그분께 온전히 의지하는 것을 선행해야 할 것이다.

그림 43 Cod. Bibl. Fol. 23, 24 verso

이 그림은 앞선 시편 20편의 삽화와 연작처럼 보인다. 20편의 삽화에서 사무엘에게 기름 부음을 받았던 다윗이 이번에는 오른쪽에 서 있다. 그리고 왼쪽의 기름 부음을 받는 이는 아마도 솔로몬일 것이다(참조. 아래 72편의 삽화; Cod. Bibl. Fol. 23, 83 verso).

이 시편 2-6절에서 20편 기도가 이루어진 과거로 서술된다는 점에 비추어 삽화가는
21편을 솔로몬에게 적용한 듯하다.

임금은 더러 정변의 위기에 부닥친다. 본문도 그런 정변을 배경으로 하는
듯하다. 이 정변의 위기는 실제로 경험한 정변(政變)의 위기와 반정(反正)의
경험을 반영할 수도 있고, 임금을 높이기 위해 으레 말하는 일반적 진술일
수도 있다. 어쨌거나 이 위기에서의 탈출 소재는 마지막 구절의 송축을 더
돋보이게 한다. 임금이 대적을 물리친 이 경험은 결국 임금이 자축할 일이
아니라 하나님의 능력과 권능이 높임과 찬송을 받을 일이라는 것이다. 사
람들은 위기에서 벗어나거나 성공하면 우쭐해지기 쉽다. 위기에 맞닥뜨렸
을 때보다 성공했을 때 겸허하게 신앙을 지키기가 훨씬 더 어렵다. 임금을
높이면서도 겸허한 신앙을 권면하는 이 시편에서 우리가 배워야 할 점이
바로 이것이다.

그림 44 Cod. Bibl. Fol. 23, 25 recto

그림은 본문 8-10절을 형상화한다. 이 그림은 임금이 대적들을 모두 본문 그대로 직설
적으로 불태우는 것으로 표현한다. 대적들을 불태우는 가마 아랫부분에는 8후반절 "당

신의 오른손이 당신을 미워하는 이들을 찾을 것입니다"(*dextera tua inveniat omnes; qui te oderunt*)라는 글귀가 기록되어 있다. 그림도 대적에 대한 심판을 하나님의 손이 직접 하는 것으로 표현하고 있는데, 이는 9절의 "야훼는 그분의 분노로 그들을 삼키실 것입니다"라는 구절을 떠올리게 한다.

3. 기도와 관상(*oratio et contemplatio*)

주님, 당신이 주시는 아름다운 복을 경험하고 싶습니다. 언제 어디서나 제 마음속 깊이에서부터 그 복을 누리고 싶습니다. 그 비결이 오로지 당신만을 의지하는 것임을 가르쳐주시니 감사합니다.

나의 하나님, 왜 나를 버리셨습니까?(시편 22편)

1. 본문 읽기(*lectio*)

[예배 음악을 위하여.'아엘레트 하샤하르'에 맞춘 다윗의 찬송.]

하나님 탄원

1 나의 하나님, 나의 하나님, 왜 나를 버리셨습니까?

왜 저의 구원으로부터 멀리 계십니까?

저의 울부짖음의 말만 있습니다.

2 나의 하나님, 제가 날마다 외치지만 당신께서는 대답하지 않으십니다.

또 밤에도 그리하십니다.

그렇지만 제게 침묵이란 있을 수 없습니다.

선조를 향한 하나님의 행동 회상

3 그런데도 당신은 거룩하십니다,

이스라엘의 찬송들에 앉으시는 분이시여!

4 당신을 우리 조상들이 의지하였습니다.

그들이 의지하여서 당신께서는 그들을 구하셨습니다.

5 당신께 그들이 부르짖어서 그들은 구원되었습니다.

당신을 의지하여서 그들은 부끄럼을 겪지 않았습니다.

나/원수 탄원 1

6 그러나 저는 벌레이지 인간이 아닙니다.

사람의 조롱거리이고 백성의 경멸거리입니다.

7 저를 보는 모든 이들이 저를 비웃습니다.

　그들은 입술을 삐죽입니다. 머리를 흔듭니다.

8 "야훼께 넘기시지,ᵈ 그분께서 그를 구원하시겠지.

　그분이 그를 구원하시겠지, 그분이 그를 기뻐하시니까."

기도자를 향한 하나님의 행동 회상과 간구

9 참으로 당신은 저를 모태에서 꺼내신 분,

　제 어머니의 젖가슴에서도 제가 의지하도록 하신 분이십니다.

10 당신께, 저는 자궁에서부터 던져졌습니다.

　제 어머니의 뱃속에서부터 나의 하나님이십니다, 당신은!

11 제게서 멀리 계시지 마십시오.

　이는 곤경이 가깝기 때문입니다.

　이는 돕는 이가 없기 때문입니다.

나/원수 탄원 2

12 저를 수많은 황소가 에워쌌습니다.

　바산의 힘센 것들이 저를 둘러섰습니다.

13 그것들이 저를 향해 그 입을 벌렸습니다.

　사자가 잡아 뜯고 울부짖고 있습니다.

14 물처럼 저는 쏟아졌고 제 모든 뼈는 어그러져 버렸습니다.

　제 심장은 밀랍 같아져 제 창자 속에서 녹아버렸습니다.

15 옹기 조각처럼 제 목구멍이ᵉ 말라버렸고,

　제 혀가 제 입천장에 달라붙어버렸습니다.

　그리하여 당신은 죽음의 티끌에 저를 내버려두셨습니다.

16 정말로 개들이 저를 에워쌌습니다.

악한 짓 하는 무리가 저를 둘러쌌습니다.

그들은 제 손과 발을 후벼 팠습니다."

17 제가 제 모든 뼈를 셀 수 있겠습니다.

그들이 바라보고 있습니다. 저를 들여다보고 있습니다.

18 그들이 제 겉옷을 서로 나누고

제 속옷을 두고 제비를 뽑습니다.

간구

19 그러니 당신은, 야훼여, 멀리 계시지 마십시오!

저의 힘이시여, 저를 돕는 데 서둘러주십시오!

20 칼에서 제 목숨을,

개의 손에서 제 하나뿐인 것을 건져주십시오.

21 저를 사자의 입에서 구원해주십시오.

그리하여 당신은 들소들의 뿔에서…

제게 응답하셨습니다.

기도자의 찬양

22 저는 당신의 이름을 제 형제들에게 선포하겠습니다!

회중 가운데서 제가 당신을 찬양하겠습니다!

23 야훼를 경외하는 이들이여, 그분을 찬양하십시오!

야곱의 모든 후손이여, 그분을 영화롭게 하십시오!

이스라엘의 모든 후손이여, 그분을 공경하십시오!

24 이는 그분이 가난한 이의 곤경을 업신여기지도 물리치지도 않으시고,

그 얼굴을 그에게서 숨기지도 않으시며,

그가 호소할 때 그에게 귀 기울이시기 때문입니다.

25　당신에게입니다, 큰 회중 가운데서 저의 찬송은.

　　제 서원을 제가 그분을 경외하는 이들 앞에서 갚겠습니다!

26　가난한 이들이 먹고 배부를 것입니다.

　　야훼를, 그분을 찾는 이들이 찬송할 것입니다.

　　여러분의 심장이 길이길이 있기를 바랍니다!

공동체의 경배

27　땅의 모든 끝이 기억하여 야훼께 돌아오고

　　당신 앞에서 모든 이방의 족속들이 경배할 것입니다.

28　이는 야훼께 왕권이 있기 때문입니다.

　　그리고 이방 민족들도 다스리시는 분!

29　땅의 모든 살진 이들이 먹고 경배할 것입니다.

　　그분 앞에서 티끌에 내려가는 모든 이들도 무릎 꿇을 것입니다.

　　그런데 그의 목숨을 그분께서 살리지 않으신다 하더라도

30　후손이 그분을 섬길 것입니다.

　　주님께 대대로 아뢸 것입니다.

31　그들이 와서 그분의 의로우심을 전할 것입니다,

　　태어날 백성에게! "그분께서 이루셨다!"

번역 해설

표제 ㄱ. 히브리어. "לַמְנַצֵּחַ"(라므나체아흐). 자세한 설명은 위의 1부를 보라.

표제 ㄴ. 히브리어 본문의 "אַיֶּלֶת הַשַּׁחַר"(아옐레트 하샤하르)는 그 뜻이 분명히 밝혀지지 않았다. 앞에 쓰인 "아옐레트"는 사슴이나 노루를 가리키는 "아얄"(אַיִל)의 여성형 "아얄라"(אַיָּלָה)의 연계형이다. 그러니 "암사슴"이라는 뜻이다. 그리고 뒤에 쓰인 "샤하르"(שַׁחַר)는 뜻이 분명하지 않지만, "아침놀", "새벽", "여명", "동틀 녘"으로 새길 수 있다. 그러니 이 표제 구문의 문자적 뜻은 "새벽 암사슴"이다. 그러나 이것은 표제로 별 의미가 없다. 그래서 어떤 이들은 "샤하르"의 의미를 부각해서 아침에 부르는 노래라고 주장하기도 하고, 다른 이들은 새벽에 바치는 사슴을 뜻한다고 보기도 하는데, 이는 모두 무리가 있다. 따라서 "새벽 암사슴"을 노래한 곡조가 있었는데, 이 시편을 그 곡조에 맞추어 부르면 된다는 음악 기호로 여기는 것이 타당해 보인다. 한편 70인역은 이 구절을 "아침의 도움에 대해"(ὑπέρ τῆς ἀντιλήμψεως τῆς ἑωθινῆς, 휘페르 테스 안틸렘프세오스 테스 헤오티네스)로 옮겼는데, 이 번역은 우리가 보는 히브리어 성경 편집자도 제안했듯이, 개역성경에서 "힘"으로 옮긴 19절의 "에얄루트"(אֱיָלוּת)를 생각한 듯하다.

8절ㄷ. 직역. "야훼께 굴려라."

15절ㄹ. 히브리어 본문에는 "כֹּחִי"(코히; '제 힘이')로 되어 있다. 그러나 이것은 심상이 동사와 적절하게 어우러지지 않는다. 이 구절의 첫 문장과 둘째 문장이 평행을 이룬다는 점에서 "חִכִּי"(히키; '제 목구멍이')로 보는 것이 나아 보인다(이런 견해는 참조. Kraus, *Psalmen 1-59*, 323).

16절ㅁ. 히브리어 본문은 여기서 "כָּאֲרִי"(카아리; '사자처럼')로 읽는다. 그러나 문맥상 이 읽기가 무슨 의미인지를 알아내기가 어렵다. 70인역은 여기서 "그들이 파헤쳤습니다"(ὤρυξαν, 오뤼크산)로 옮겼는데, 이는 몇몇 중세 히브리어 필사본에서도 발견할 수 있듯 "כָּרוּ"(어근. כרה; 비교. 창 26:25; 50:5; 대하 16:14; 시 7:15[16]; 57:6[7]; 잠 26:27)를 전제하는 것으로 보인다. 따라서 70인역의 이 읽기를 선호할 수 있겠다. 마소라 본문의 자음 '알레프'(א)는 이 동사의 오래된 형태에서 비롯한 것으로 보인다.

2. 본문과 함께 그림 묵상(*meditatio et visio*)

예수는 십자가에 달려 이루 말할 수 없는 고통을 이 시편의 첫 구절로 내뱉으셨다. "나의 하나님이여, 나의 하나님이여, 어찌 나를 버리셨나이까?" 그만큼 시편 저자의 상황은 절박하다. 하나님은 그를 버린 듯하고 소리조차 들리지 않을 정도로 멀리 계셔서 아무런 응답이 없다(1-2절). 그는 사람이 아니라 벌레처럼 느껴질 정도로 비참하게 조롱거리가 되었고(6절), 심지어 대적들은 "어디 한번 그분께서 너를 구해보라지"라며 비웃는다(7-8절). 어디 한 곳 의지할 데도 없고 소망도 없어 보이는 절대적 고립의 상황이다. 그런데도 시편 저자는 놀랍게도 그 와중에 역사를 되돌아보며 하나님을 찬송한다(3-4절). 선조들의 역사를 되돌아보아도 이런 때가 있었고, 그들은 하나님께서 그들을 구원하셨다고 고백했다. 역사를 통한 기억은 희망의 불씨를 지펴주는 귀한 구원의 간접 경험이다.

그림 45 Cod. Bibl. Fol. 23, 25 verso

1절의 신약 수용사에 걸맞게 삽화는 예수 그리스도의 십자가 수난 장면을 그린다. 다만 십자가를 바라보는 사람들이 조롱하는 모습을 그려서, 그림을 보는 이들이 시편 본문에서 그리는 고난의 현실과 예수 그리스도의 수난을 투영하여 본문에 자신의 감정을 생생하게 이입할 수 있도록 해준다.

이 시편에서 기도자의 고통은 생생하게 묘사된다. 기도자에게 대적들은 씩씩거리며 공격해오는 황소나 먹잇감을 향해 달려드는 사자 같다(12-13절). 그런 대적들의 공격은 마치 맹수의 공격 뒤에 달려드는 들개들처럼 처절하고 철저하다. 그래서 그 고통은 갈기갈기 찢어진 옷 사이의 모든 뼈마디에 전해져서 그것들 하나하나를 셀 수 있을 정도다(16-18절). 그런 원수들에게 둘러싸여 죽어가는 시편 저자는 물처럼 피를 쏟았고, 뼈는 다 어그러졌으며, 입은 마르고 죽음의 문턱에 이르렀다(14-15절). 이런 생생한 비유의 고통 가운데서 기도자는 어릴 적부터 자신이 경험한 하나님의 돌보심의 기억에 기댄다(9-11절). 멀리 계시지 말고 도와주십사고 그분께 간절히 호소한다. 이것은 구원에 대한 확신에서 비롯된 간구다. 신앙의 기억은 때때로 상상하기 어려운 고통을 이기게 해주는 능력이 있다.

그림 46 Cod. Bibl. Fol. 23, 26 recto

이 시편에서 들소는 기도자를 공격하는 세력을 상징한다. 그래서 그들의 힘과 폭력이 강조되어 있다. 그런데 이 삽화를 보면 들소들이 예수 그리스도를 향해 달려들고 있지만, 공격하고 있다는 느낌을 받을 수 없다. 오히려 예수 그리스도에게 어린아이나 반려동물처럼 안기고 있다는 느낌을 받는다. 이는 성자 예수 그리스도로 형상화된 창조주 하나님의 다스리심 아래 그 어떤 세력도 위협이 되지 않음을 분명히 한다. 그래서 처절한 고난 가운데 부르짖는 이 탄원 시편에서도 독자들은 좌절을 읽지 않는다. 다만 끝없는 신뢰만을 읽을 수 있을 뿐이다.

기도자는 극한의 고난 가운데서 하나님을 향해 절규하듯 도움을 호소한다(19절). 생명을 위협하는 칼(헤레브)과 죽일 듯 달려드는 개(켈레브)가 이를 위해 상징어로 쓰였다(20절; 참조. 2권 본문 해설). 그런데 놀라운 일이 벌어진다(21절). 기도자는 셋째 구원 호소의 비유로 사자의 입을 든다. 그리고 넷째 들소의 뿔에서 구원해달라는 간구를 하려는 순간, "주께서 응답하셨습니다"(아니타니)라고 고백한다. 이것은 상황이 바뀌어서 응답과 구원의 경험을 고백하는 것이 아니다. 그는 여태껏 고난의 상황만 보던 시선을 그 너머에 계신 하나님께 옮겼다. 왜냐하면 유한한 이 세상 너머에 무한한 능력의 하나님이 계심을 알았기 때문이다. 비록 고난의 상황은 그대로더라도, 하나님의 응답과 구원 및 회복을 찬양할 수 있다(22-26절).

　이 시편의 마지막 부분에서 여태껏 자신의 고난을 묘사하고, 응답과 구원의 경험을 고백했던 기도자는 이제 놀랍게도 혼자 있지 않다. 그의 둘레에는 한 명 두 명 그의 고백에 공감하는 이들이 모인다. 어느새 그들은 시편 저자의 고백을 바탕으로 하나님께 감사와 경배의 예배를 드린다. 시편 저자의 경험은 이제 확장되어야 한다. "땅의 모든 끝"과 "모든 나라의 모든 족속"이 인간의 유한성을 초월하시는 무한하신 하나님의 능력을 알아야 한다(27절). 온 땅은 하나님의 것이므로 하나님께 모든 것을 내맡기는 것만이 길이다. 더 나아가서 "후손 대대로" 바로 이 주님을 전해야 한다. 그러니까 창조주 하나님의 무한한 능력은 공간적 차원뿐 아니라 시간적 차원에서 후대로 이어져야 한다. 고통 가운데서 경험하는 구원은 그것을 경험한 이에게 감사과 경배의 조건일 뿐 아니라 경험의 확장을 위한 사명이기도 하다.

그림 47 Cod. Bibl. Fol. 23, 26 verso

셋째 삽화에서 드디어 기도자가 등장한다. 그림은 20절을 직설적으로 표현하여 기도자의 온몸을 개들이 물고 있다. 이런 직설적인 표현을 통해 기도자의 고통을 생생하게 공감하게 된다. 그렇지만 앞서 예수 그리스도가 등장하는 삽화를 본 덕분에 독자들은 이 기도자가 끝장나버릴 것이라고 염려하지 않는다. 기도자의 시선은 분명히 무한한 하나님의 세계를 보고 있다. 그의 표정에서 두려움은 느껴지지 않는다.

그림 48 Cod. Bibl. Fol. 23, 27 recto

이 삽화는 이 시편이 예수 그리스도의 수난과 관련해서 신약성경에서 종종 인용된다는 점을 다시금 되새겨준다(1절: 마 27:46; 막 15:34/7절: 마 27:39; 막 15:29/8절: 마 27:43/15절: 요 19:28(?)/19절: 마 27:35; 요 19:23-24). 십자가에 달린 예수를 향해 비웃는 군인들, 물과 피를 쏟으시는 예수, 그분의 옷을 제비 뽑는 사람들. 이 그림은 이런 신약의 인용 구절들을 다시 생각해보며 구세주 예수 그리스도가 대속의 수난을 겪으신 점을 되새기게 해주고, 그분의 무한한 사랑의 세계로 독자들을 초대한다.

그림 49 Cod. Bibl. Fol. 23, 28 recto

이 시편의 마지막 삽화는 본문 27-31절의 모습을 종말론적 관점에서 그려준다. 심판주이신 예수 그리스도 앞에 모든 민족이 나아온다. 그들은 그분을 향해 경배하며 찬양한다. 그 가운데서 예수 그리스도는 심판을 베푸신다. 가시적이고 유한한 세상에서 고난을 겪는 이들이 바라는 하나님의 무한하심은 부활과 심판을 통한 그분의 영원한 다스리심을 되새기게 한다.

3. 기도와 관상(*oratio et contemplatio*)

주님, 저는 가끔 벌레가 된 듯한 기분이 듭니다. 모든 이에게 소외되어 침대 아래 틀어박혔던 그레고르 잠자(Gregor Samsa; 프란츠 카프카, 『변신』에서 벌레로 변한 주인공의 이름)처럼 느껴집니다. 제가 하는 일도, 제가 아는 사람들도 모두 저와 아무런 소통을 하지 못하고, 저는 세상에서 홀로 떨어진 존재처럼 여겨집니다. 그럴 정도로 제 삶은 피로와 압박이 가득합니다. 그래서 저는 더욱 당신께 부르짖습니다. 저를 도와주십시오. 시편의 기도자가 경험한 그 응답을 오늘 저도 경험하고 싶습니다.

야훼의 좋으심과 인자하심(시편 23편)

1. 본문 읽기(*lectio*)

[다윗의 찬송.]

목자이신 야훼

1 야훼는 제 목자이십니다. 저는 부족하지 않습니다.

2 푸르른 목초지에 그분이 저를 누이십니다.

   쉴 만한 물가로 그분께서 저를 데려가십니다.

3 제 생명을 그분이 되살리십니다.

   그분은 저를 의의 길로 이끄십니다,

   그분의 이름을 위하여.

4 제가 캄캄한' 골짜기를 걸어가더라도

   저는 해코지를 두려워하지 않습니다.

   이는 당신이 저와 함께하시기 때문입니다.

   당신의 막대기와 지팡이, 그것들이 제게 용기를 주기 때문입니다.

주인이신 야훼

5 당신은 제게 밥상을 차려주십니다,

   제 적들 앞에서.

   당신은 기름으로 제 머리를 바르셨습니다.

   제 잔은 넘쳐납니다.

6 참으로 좋으심과 인자하심이 제가 사는 모든 날 동안 저를 뒤따를 것

입니다.

그러니 저는 야훼의 집에서 평생 머무르겠습니다.

번역 해설

4절ㄱ. 히브리어 본문에 나오는 형태 "צַלְמָוֶת"(찰마베트)는 여기에만 나온다. 보통 "어둠"이라고 이해하나 이해하기 쉽지 않다. 70인역은 이 부분을 "σκιᾶς θανάτου"(스키아스 타나투: '죽음의 그늘')로 옮기는데, 이는 이 낱말을 하나로 본 것이 아니라 둘로 보았음을 뜻한다. 곧 "그늘"을 뜻하는 "צֵל"(첼)과 죽음을 뜻하는 "מָוֶת"(마베트)로 나누어서 이해했다는 말이다. 하지만 구약성경의 전통에서 "그늘"이 부정적으로 쓰이지 않고 "보호"의 뜻이 강하다는 점(예. 욘 4:6)에서 70인역의 낱말 나누기는 인위적이라는 사실이 드러난다. 구약성경의 다른 용례들의 문맥에 근거해서 일반적으로 칠흑 같은 어두움, 캄캄함을 뜻한다고 여겨진다.

2. 본문과 함께 그림 묵상(*meditatio et visio*)

야훼께서 내 목자가 되신다. 사람들은 종종 이 말씀을 잘못 이해하곤 한다. 곧 야훼는 내 목자만 되셔야 한다고 생각하는 것이다. 이는 이기적인 신앙의 산물이다. 그것이 아니라 "내 목자는 다름 아닌 야훼시다"라는 고백이 필요하다. 야훼를 내 삶의 영역에 제한하는 것이 아니라 내 삶의 영역에 야훼께서 개입하시는 것이다. 그리하여 나의 목자는 그 누구도 아닌 오직 야훼라는 고백이 된다. 야훼는 그런 분이시기에 갈피를 잡지 못하는 양 같은 우리를 목초지로, 물가로 이끄신다. 캄캄한 골짜기에서도 막대기와 지팡이로 보호하고 인도해주신다. 종종 우리는 삶을 살아가면서 혹시라도 야훼 하나님을 "내 목자"로 "부리고" 싶어 하지 않는가? 그분만이 내 목자 이심을 겸손히 고백해야 한다.

주인은 대적들을 피해 손님으로 찾아온 이를 정성스럽게 대접한다. 문밖에서 대적들이 그 손님을 내어놓으라고 다그쳐도 옛 이스라엘의 전통은 손님을 끝까지 책임지는 것이었다. 따뜻한 음식을 대접하고, 먼 길을 걸어온 손님의 머리에 기름을 발라 씻어주고 잔을 채워준다. 본문에서는 야훼 하나님께서 바로 그렇다고 고백한다. 언제 어디서나 하나님은 우리의 피난처가 되어주신다. 아무리 대적의 세력이 드세다 하더라도 하나님은 언제나 우리 편이시다. 그리고 그분의 좋으심(토브)과 인자하심(헤세드)은 언제 어디서나 우리의 곁에 있다. 이는 우리가 그것을 보는 눈이 있느냐 없느냐에 달려 있을 뿐이다. 이런 야훼 하나님의 동행과 보호, 인도하심을 경험한 이라면 누구나 그분과 늘 함께 있고자 서원하게 될 것이다.

그림 50 Cod. Bibl. Fol. 23, 28 verso

목자이신 야훼의 심상은 신약성경에서 예수 그리스도로 이어졌다(요 10:14). 이런 관점에서 이 삽화는 기독교의 전통에서 선한 목자이신 예수 그리스도를 그렸다. 흥미로운 점은 시냇가 나무 곁에 뱀이 한 마리 있는데, 예수께서 그 뱀을 잡으려고 하신다는 것이다. 이것은 이레나이우스 이래 창세기 3:15을 원-복음(Protoevangelium)으로 여겼던 전통을 반영한다(참조. Westermann, *Genesis 1-3*, 354-356). 따라서 삽화가는 본문에서 말하는 "캄캄한 골짜기"를 창세기에서 말한 원죄의 유혹으로 이해하여 해석했다.

3. 기도와 관상(*oratio et contemplatio*)

주님, 제 삶은 목마르고 배고픕니다. 물을 마셔도, 밥을 먹어도 영혼 깊은 곳에서 솟아오르는 제 갈증과 허기는 해결되지 않습니다. 오로지 당신의 무한하심만이 그것을 채울 수 있습니다.

영광의 임금이 들어가십니다(시편 24편)

1. 본문 읽기(*lectio*)

[다윗의 찬송.]

세상의 주인이신 하나님

1 야훼의 것입니다.

   땅과 거기 가득한 것,

   세상과 그 안에 사는 모든 이!

2 참으로 그분이 바다 위에 그것을 세우셨고,

   강 위에 그것을 마련하셨습니다.

누구입니까?

3 누가 야훼의 산에 올라가겠습니까?

   그리고 누가 그분의 거룩한 곳에 일어서겠습니까?

4 손에 죄가 없고, 마음이 깨끗하여

   자기 영혼을ᵃ 헛된 것을 향해 들지 않고,

   거짓으로 맹세하지 않습니다.

5 그는 야훼에게서 복을,

   자기 구원의 하나님에게서 정의를 받습니다.

6 이 사람은 그분을 찾는 이들의 세대입니다.

   야곱 하나님의 얼굴을ᵇ 구하는 사람들입니다. [셀라]ᶜ

영광의 임금이 들어가십니다

7 문들이여, 그대들의 머리를 드십시오!

　　그리고 영원한 입구여, 들려지십시오!

　　그러면 영광의 임금이 들어가실 것입니다.

8 누구십니까?

　　이분은 영광의 임금이십니다.

　　강하고 힘센 야훼이십니다.

　　전쟁의 용사 야훼이십니다.

9 문들이여, 그대들의 머리를 드십시오!

　　그리고 영원한 입구여, 들려지십시오!

　　그러면 영광의 임금이 들어가실 것입니다.

10 그분이 누구십니까?

　　이분은 영광의 임금이십니다.

　　만군의 야훼이십니다.

　　그분이 영광의 임금이십니다. [셀라]ᴸ

번역 해설

4절ᄀ. 히브리어 편집본의 바탕이 되는 레닌그라드 사본(Codex
Leningradensis; 기원후 1008년 필사)에는 "나의 영혼"(נַפְשִׁי, 나프쉬)으로 필사되
어 있다. 하지만 70인역(τὴν ψυχὴν αὐτοῦ, 텐 프쉬켄 아우투)은 물론, 많은 중세
히브리어 필사본에도 "그의 영혼"(נַפְשׁוֹ, 나프쇼)으로 전승되었다. 아마도 레
닌그라드 사본에는 자음이 혼동된 본문이 전해진 듯하다.

6절ᄂ. 히브리어 본문을 있는 그대로 옮기자면 "당신의 얼굴을, 야곱"(עֲקֹב
נֶיךָ פָּ, 파네카 야아코브)으로 이해하기 어렵다. 이는 본문이 전해지는 과정
에서 누군가 잘못 필사했을 가능성이 있다. 한편 70인역은 "τὸ πρόσωπον

τοῦ θεοῦ Ιακωβ"(토 프로스오폰 투 테우 야코브)로 옮기는데, 아마도 **עֲקֹב**
ﬞי אֱלֹהֵי פְנֵי"(프네 엘로헤 야아코브)를 대본으로 전제하는 듯하다. 전반절과
평행법의 관점에서도 이 본문이 잘못 필사되기 전의 전통을 반영했을 수
있다.

6절ㄷ. "셀라"에 대해서는 위의 3편 번역 해설을 보라.

2. 본문과 함께 그림 묵상(*meditatio et visio*)

이 시편은 일반적으로 7-10절을 바탕으로 제의 행렬이 성전으로 들어갈
때 부르는 노래라고 여겨진다. 이 제의 시편은 성전에 좌정하신 영광의 하
나님을 기린다. 영광의 하나님은 강하고 능력이 있으시며, 모든 이방을 제
압하시는 전쟁에 능한 야훼이시다. 1-6절에서는 그런 하나님께 올려드리
는 제의에 참여하는 이들의 자세를 가르쳐준다. 오늘 예배드리는 우리가
묵상함 직한 내용이다. 먼저 제의에 참여하는 이들은 피조물을 바라보며
창조주 하나님을 고백해야 한다(1-2절). 달리 말하자면, 피조세계가 영광
의 하나님의 임재를 깨닫는 통로임을 고백해야 한다. 둘째, 하나님 앞에 나
아가는 이는 이웃과의 관계를 올바르게 해야 한다(3-4절; 참조. 시 15편). 바
로 그것이 하나님을 찾고, 하나님의 복과 의로움을 경험하는 비결이다(5-
6절).

그림 51 Cod. Bibl. Fol. 23, 29 recto

이 그림은 본문 3절을 형상화한다. 기도자는 자신의 손을 포함한 존재가 하나님 앞에서 정결함을 고백하며, 하나님의 산에 오른다. 흥미로운 것은 그림 왼쪽에 표현된 경당이 다. 앞에는 제대가 있고, 그 아래 성경책이 놓여 있다. 예전과 말씀의 조화를 읽어낼 수 있을까? 그리고 기도자의 걸음을 일상의 올바른 삶의 모습으로 읽어낸다면 어떨까?

그림 52 Cod. Bibl. Fol. 23, 29 verso

이 그림은 본문 7-10절의 모습을 형상화했는데, 히브리어 본문과 조금 다른 본문 이해 를 보여준다. 히브리어 본문은 7, 9절 첫머리에서 "문들이여, 그대들의 머리를 드십시오!"라고 되어 있어서 성전의 문들이 의인화된 것으로 이해할 수 있다. 그런데 70인역의 전통을 이어받은 라틴어 역본은 "여러분의 왕자들이여, 문들을 여십시오!"(adtollite portas principes vestras)로 옮긴다. 이는 "머리"를 관리를 가리키는 "우두머리"로 이해하여 옮긴 데서 비롯되었다. 따라서 이 그림은 하나님께서 들어가시도록 천사의 보호를 받는 지도자가 악으로 가득한 세상을 선제공격하는 장면으로 그렸다.

3. 기도와 관상(*oratio et contemplatio*)

주님, 제 존재가 당신 앞에서 깨끗해지기를 바랍니다. 창조주이자 통치자이신 당신이 제 안에 들어오셔서 제 주인이 되실 수 있도록 제 삶이 준비되기를 바랍니다.

주님을 우러러봅니다 (시편 25편)

1. 본문 읽기(*lectio*)

[다윗의 찬송.]

가. 탄원 1

1 [알레프] 당신을 향해, 야훼여, 제 영혼을 듭니다, 나의 하나님이여!'

2 [베트] 당신께 제가 의지합니다.

저를 부끄럽게 하지 마십시오!

제 원수들이 제게 대해서 날뛰지 않기 바랍니다!

3 [김멜] 또한 당신을 바라는 모든 이들이 부끄러워지지 않기 바랍니다!

그들을 까닭 없이 속이는 이들은 부끄러워지기 바랍니다!

나. 간구 1

4 [달레트] 당신의 도를, 야훼여, 제게 알게 해주십시오!

당신의 길을 제게 가르쳐주십시오!

5 [헤] 제가 당신의 한결같으심에 따라 걸어가게 해주시고,

[바브] 당신이 제 구원의 하나님이심을 제게 가르쳐주십시오!

당신을 제가 온종일 바랍니다.

6 [자인] 야훼여, 당신의 긍휼하심을,

당신의 인자하심을 기억해주십시오!

이는 그것이 영원부터 있었기 때문입니다.

7 [헤트] 제 젊을 때의 죄와 제 잘못을 기억하지 마십시오!
당신의 인자하심에 따라 당신이 저를 기억해주십시오!
당신의 좋으심을 위해서, 야훼여!

다. 신뢰 표현 1

8 [테트] 야훼는 좋으시고 올곧으십니다.
그러므로 죄인들을 길 가운데로 가르치시는 분입니다.

9 [요드] 그분은 겸손한 이들이 공의 가운데로 걷게 하시고,
겸손한 이들에게 그분의 길을 가르치십니다.

10 [카프] 야훼의 모든 길은 인자와 한결같음입니다,
그분의 언약과 그분의 증거들을 지키는 이들에게!

라. 회개

11 [라메드] 당신의 이름을 위해서, 야훼여,
제 죄를 용서해주십시오!
이는 그것이 크기 때문입니다.

다ʹ. 신뢰 표현 2

12 [멤] 이 사람은 누구입니까?
그는 야훼를 경외하는 사람입니다.
그분이 그에게 선택해야 할 길을 가르치실 것입니다.

13 [눈] 그의 영혼은 행복하게 머무르고,
그의 자손은 땅을 차지할 것입니다.

14 [사메크] 야훼의 친밀한 교제는
그분을 경외하는 이들에게 있고,

그들을 깨우치기 위한 그분의 언약도 그렇습니다.

나´. 간구 2

15   [아인] 제 눈은 언제까지나 야훼를 향합니다.

      이는 그분이 제 발을 그물에서 꺼내주실 것이기 때문입니다.

16   [페] 저를 돌아보셔서 제게 은혜를 베풀어주십시오!

      이는 제가 외롭고 불쌍하기 때문입니다.

17   [차데] 제 마음이 근심들을 늘려갑니다.

      제 환난에서 저를 꺼내주십시오!

18   [레쉬] 제 불쌍함과 제 고단함을 봐주시고,

      제 모든 죄악을 용서해주십시오!

가´. 탄원 2

19   저의 원수들을 보십시오!

      이는 그들이 많으며,

      부당한 미움으로 저를 미워하기 때문입니다.

20   [쉰] 제 영혼을 지켜주시고, 저를 구원해주십시오!

      제가 부끄러워지지 않게 해주십시오!

      이는 제가 당신께 피했기 때문입니다.

21   [타브] 성실함과 올곧음이 저를 지켜보고 있습니다.

      이는 제가 당신을 바라기 때문입니다.

공동체의 간구

22   하나님이여, 이스라엘을 속량해주십시오,

      그의 모든 환난에서부터!

1절ㄱ. 히브리어 성경 편집본의 바탕이 되는 레닌그라드 사본(Codex Leningradensis)에는 이 부분이 2절에 들어간다. 하지만 알파벳 시편인 이 시편의 특징에서 볼 때, 이어지는 "당신께"(בְּךָ, 브카)가 둘째 자음 "베트"(ב)로 시작해서 구절 나누기가 달라져야 할 것으로 보인다.

2. 본문과 함께 그림 묵상(*meditatio et visio*)

본문에는 세 가지 간구와 세 가지 신앙 진술이 묻고 답하듯 번갈아 나온다. 첫째 간구는 대적들에 둘러싸인 기도자가 하나님을 향해 부끄러움을 겪지 않게 해달라는 것이다(1-2절). 그에 대해서 주를 바라는 이들은 부끄러움을 겪지 않을 것이라는 신뢰를 고백한다(3절). 둘째로 기도자는 하나님께서 올바른 길을 가르쳐주시며 자신을 기억해달라고 간구하고(4-7절), 자신의 간구를 들어주실 하나님께 대한 신뢰를 고백한다(8-10절).

그림 53 Cod. Bibl. Fol. 23, 30 recto

그림은 본문 1-7절의 탄원과 간구를 형상화한다. 기도자는 황량한 들판에서 간절한 표
정으로 한 곳을 향해 걷고 있다. 배경은 기도자의 고난의 상황을 상징할 것이다. 그리고
기도자의 시선과 손이 향하는 곳에는 하늘에서 손이 내려와 있는데, 이 손은 말씀을 통
해 갈 길을 이끄시는 하나님의 임재를 뜻한다.

셋째로 기도자는 자신을 돌아보면서 자신의 죄를 용서해달라고 빈다
(11절). 그리고 그는 하나님이 그렇게 죄를 고백하는 이들에게 올바른 길을
가르쳐주시고 그들과 함께해주시는 분임을 고백한다(12-14절). 기도자는
이렇게 기도와 묵상을 통한 깨달음을 함께 보여준다.

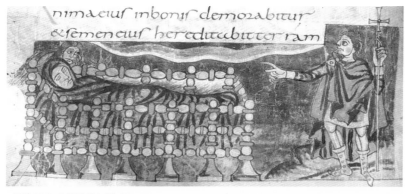

그림 54 Cod. Bibl. Fol. 23, 30 verso

이 삽화는 12-14절 단락 뒤에 그려져 있다. 아마도 "이 사람은 누구입니까?"라는 질문
에 삽화가는 이렇게 죽은 이 앞에 있는 기도자의 모습을 떠올린 듯하다. 죽음은 누구에
게나 가시적 가치의 한계를 되새기게 한다. 아무도 죽음을 피해갈 수는 없다. 죽음을 넘
어서는 무한한 가치가 그 사람이 정말 누구인지를 말해준다. 본문은 그런 가치가 무한
하신 하나님을 경외하는 이를 향한 하나님의 친밀한 교제라고 말해준다.

15절에서 기도자는 먼저 신앙의 대원칙을 서술한다. 그가 고난 가운데서
도 하나님께 눈을 드는 것은 그분이 덫에 걸린 새 같은 자신을 구해주시는
분이라는 확신이 있기 때문이다. 사실 16절부터 20절의 내용을 보면 시편

저자의 상황은 매우 심각해 보인다. 그는 고독하고, 근심이 많으며, 곤고와 환난 가운데 있고, 대적들에 둘러싸여 수치를 당하는 듯하다. 어디 한 군데 기댈 곳이 없어 보인다. 그런데도 기도자는 그런 상황 가운데서도 다시금 하나님을 바라보며 자신을 보호해달라는 간구를 잊지 않는다(21절). 비참해 보이기까지 하는 고난 가운데서 시편 저자는 한 걸음 더 나아간다. 자신의 상황이 매우 급박한데도 "이스라엘의 환난"을 속량해달라며 공동체의 고난으로 눈을 돌린다(22절). 이는 참으로 기도와 신앙이 어떻게 성숙해져야 하는지를 가르쳐주는 모범이라 할 만하다.

그림 55 Cod. Bibl. Fol. 23, 31 recto

이 그림은 본문 19-22절을 그린다. 고난 가운데 있는 기도자는 하나님께 피한다. 그의 시선은 자신을 해치려는 사람들에게 가 있지 않다. 이는 하나님께 원수들의 처분을 내 맡긴다는 뜻이 있을 것이다.

3. 기도와 관상 (*oratio et contemplatio*)

주님, 오늘도 저는 온갖 일들을 겪었습니다. 그 가운데 저는 자주 부당함을 느끼고 억울했습니다. 그것이 저에게 무거운 고난으로 여겨집니다. 그런데 주님, 당신 앞에서 저를 더 깊이 들여다보니 제 안에는 여전히 교만이 자리 잡고 있었습니다. 용서해주십시오.

하늘 법정 소송(시편 26편)

1. 본문 읽기(*lectio*)

[다윗.]

하늘 법정 소송

1 저를 재판해주십시오, 야훼여!

이는 제가 제 온전함 가운데 걸어갔고,

야훼를 의지하였고, 흔들리지 않기 때문입니다.

무죄 항변

2 저를 살펴보십시오, 야훼여! 저를 시험해보십시오!

제 속과 제 마음을 정련해주십시오!

3 참으로 당신의 인자하심이 제 눈앞에 있으며,

저는 당신의 한결같으심 안에서 살아왔습니다.

4 저는 거짓된 사람들과 함께 앉지 않았고,

음모 꾸미는 이들'과 함께 오지도 않았습니다.

5 저는 나쁜 짓 하는 이들의 모임을 미워했고,

악인들과 함께 앉지도 않을 것입니다.

6 저는 결백하므로 제 손을 씻고,

당신의 제단을 돌아다니겠습니다, 야훼여!

7 감사의 목소리를 들려주고,

당신의 놀라운 일들을 전해주기 위해서입니다.

8   야훼여, 제가 당신의 성전이 있는 곳을,

    당신의 영광이 머무는 장소를 사랑합니다.

판결 호소

9   죄인들과 함께 제 영혼을,

    피 흘린 사람들과 함께 제 목숨을 거두지 마십시오!

10 그들의 손에는 추행이,

    그들의 오른손에는 뇌물이 가득합니다.

11 그러나 저는 제 온전함 가운데 살 것입니다.

    저를 속량해주시고 제게 은혜 베풀어주십시오!

서원

12 제 발이 평지에 서 있습니다.

    모임 가운데서 제가 야훼를 송축하겠습니다!

번역 해설

4절ㄱ. 직역. "숨어 있는 이들."

2. 본문과 함께 그림 묵상(*meditatio et visio*)

이 시편에서 무고한 기도자는 자신의 상황을 하늘 법정의 재판관이신 하나님께 내어놓고 무죄를 호소하고 있다. 그에 걸맞게 기도자는 시편의 첫머리에서 하나님께 자신을 판결해달라고 아뢴다(1-2절). 이어서 자신이 악인들과 야합하거나 영합한 것이 없음을 분명히 한다(3-5절). 곧 자신은 하나님이 보여주신 인자하심(헤세드)에 걸맞게 믿음직한 삶을 살았으며, 주님의 한결같으심(에메트)을 따라 올곧은 삶의 길을 걸어왔다고 분명하게 말한다. 그만큼 하나님 앞에서 경건한 삶을 사는 데 힘써왔다는 말이다. 하나님 앞에서 믿음직하고 한결같은 삶은 시편 저자가 자신의 무고함을 입증하기 위해 하늘 법정에 내놓는 가장 중요한 증거다.

기도자는 직설적으로 자신은 무죄하다고 주장한다. 그리고 그 표시로 손을 씻는다고 표현하며, 제단 곧 하나님 앞에 자신 있게 나설 수 있다고 단언한다(6-8절). 그리고 죄인들과 분명한 거리를 둔다(9-10절). 곧 그들은 죄를 짓는 사람들이고 피를 흘리게 하는 사람들이라고 말한다. 10절에서 이를 다시 설명하는데, 그들은 나쁜 의도(사악함)를 가진 사람들, 즉 뇌물을 비롯한 물질적 대가에 다른 이의 생명을 가벼이 여기는 사람들이라는 것이다. 그런데 기도자는 아마도 지금 그런 이들 때문에 고난을 겪고 있는 듯하다. 왜냐하면 그는 자신이 그런 이들과 달리 온전하므로, 하나님께서 그 고난에서 건져주시고(속량), 불쌍히 여겨주시기를 간구하고 있기 때문이다(11절). 마지막으로 시편 저자는 하나님 앞에 당당히 서서 그분을 송축하리라는 서원도 잊지 않는다.

그림 56 Cod. Bibl. Fol. 23, 31 verso

이 그림은 본문 6-8절을 그린다. 기도자는 성전에서 손을 씻고 예전을 행한다. 이런 기도자의 모습을 삽화가는 평온한 모습으로 그린다. 그에게서 고난이나 부당한 대우에서 오는 억울함을 읽을 수 없다. 여기서 우리는 가시적이고 유한한 가치 세계의 그 무엇도 신앙의 근본을 흔들어서는 안 된다는 점을 되새길 수 있다.

3. 기도와 관상(*oratio et contemplatio*)

주님, 제게서 욕심을 거두어주십시오. 많은 이들이 욕심을 부립니다. 더 가지려고, 더 누리려고 합니다. 그런 사람들은 제 주위에 절대다수입니다. 혹시라도 그들을 따르려는 마음을 먹지 않도록 저를 다스려주십시오.

야훼를 바라십시오(시편 27편)

1. 본문 읽기(*lectio*)

[다윗.]

감사

1   야훼는 저의 빛이시고, 제 구원이십니다.

      제가 누구 때문에 두려워하겠습니까?

      야훼는 제 생명의 피난처이십니다.

      제가 누구 때문에 무서워하겠습니까?

2   나쁜 짓 하는 사람들이 제게로 와서

      제 살을 먹으려 할 때,

      저의 대적들, 저의 원수들이 제게로 왔을 때,

      그들은 엎어지고 넘어졌습니다.

3   제게 맞서 군대가 진을 치더라도,

      제 마음은 두려워하지 않을 것입니다.

      제게 맞서 전쟁이 다가오더라도,

      그 가운데서도 저는 안전합니다.

4   한 가지 제가 야훼께 구하였던 것,

      그것을 제가 찾습니다.

      제가 사는 날 내내 야훼의 집에 사는 것입니다.

      야훼의 은총을 바라보고,

      그분의 성전을 살펴보는 것입니다.

5   참으로 그분은 재난의 날에 저를 그분의 초막에 감추십니다.
     그분의 장막 숨겨진 곳에 저를 숨겨주십니다.
     바위에 저를 올려두십니다.
6   그러니 이제 제 머리가
     저를 둘러싼 원수들 위로 들려질 것입니다.
     그러면 제가 그분의 장막에서
     즐거움의 희생제사를 드리겠습니다!
     제가 야훼께 노래하고 찬송하겠습니다!

간구

7   야훼여, 제 목소리를 들어주십시오!
     제가 부르짖으니
     저를 불쌍히 여기셔서 제게 응답해주십시오!
8   당신께 제 마음이 말하였습니다.
     "제 얼굴이 당신의 얼굴을 찾았습니다.'
     야훼여, 제가 당신을 찾을 것입니다."
9   당신 얼굴을 제게서 숨기지 마십시오!
     당신 종에게 분노를 내뿜지 마십시오!
     당신은 저의 도움이십니다.
     저를 내팽개치지 마시고, 저를 저버리지 마십시오,
     제 구원의 하나님이여!
10   참으로 제 아버지와 제 어머니는 저를 저버렸지만,
     야훼는 저를 거두실 것입니다.
11   야훼여, 당신의 길을 제게 가르쳐주시고,
     평탄한 길로 저를 이끌어주십시오.

제 적수들 때문입니다.

12 저를 제 대적의 뜻¹에 내주지 마십시오!

이는 제게 맞서서

거짓 증인들과 폭력을 내쉬는 이들이 일어났기 때문입니다.

13 만약 제가 야훼의 좋으심을 살아 있는 이들의 땅에서

볼 것이라고 믿지 않았더라면 어쩔 뻔했습니까?

신탁

14 "야훼를 바라십시오!

강해지십시오!

그리고 당신의 마음이 담대해지기 바랍니다!

그리고 야훼를 바라십시오!"

번역 해설

8절ㄱ. 히브리어 본문은 2인칭 남성 복수형 "בַּקְּשׁוּ"(바크슈)로 전한다. 하지만 이 본문은 문맥에 맞지 않을 뿐 아니라, 70인역은 "ἐζήτησεν"(에제테센)으로 단순과거형으로 옮겼으므로, 그 대본은 마소라 본문의 명령형 읽기가 아닌 완료형 동사(בִּקְּשׁוּ, 비크슈)를 전제하여 또 다른 본문 전통을 생각하게 한다. 두 본문 전통이 자음은 다르지 않기 때문에, 우리는 70인역의 읽기에 따라 번역한다.

12절ㄴ. 직역. "제 대적의 영혼."

2. 본문과 함께 그림 묵상(*meditatio et visio*)

그림 57 Cod. Bibl. Fol. 23, 32 verso

이 시편의 첫머리에서 삽화가는 보좌에 앉아 있는 다윗 임금의 모습을 그려두었다. 이로써 독자들은 온갖 역경을 넘어 하나님의 임재하심을 여러모로 경험한 뒤 마침내 왕위에 오른 다윗의 심정으로 이 시편을 읽을 수 있다. 이것이 시편 모음집의 표제가 담당하는 중요한 구실 가운데 하나다.

이 시편에서 기도자는 야훼 하나님을 향한 강한 신뢰를 고백한다. 하나님은 사망의 어둠을 밝히는 빛이시고, 구원이시며, 삶을 보증하는 피난처(능력)시다(1절). 이 고백은 물론 이어지는 신뢰 고백의 심상 역시 전쟁이다. 기도자는 전쟁을 생각나게 할 정도로 위협적인 대적들에 둘러싸여 있으면서도 담담하게 하나님의 구원을 고백한다. 그는 대적들이 쓰러질 것이기 때문에(2절) 자신은 두려워하지 않고 태연할 것이라고 말한다(3절). 이는 하나님이 환난 날에 초막에 숨겨주시고, 아무도 닿을 수 없는 높은 바위 위에 두시기 때문이다(5절). 이런 신뢰의 바탕에 깔려 있는 것은 오로지 하나님만을 바라보며 그분의 임재를 사모하는 기도자의 마음이다(4절). 그러니 그는 대적들에 둘러싸여서도 감사의 제사를 드리겠다고 고백할 수 있다(6절).

그림 58 Cod. Bibl. Fol. 23, 32 verso

본문 1-6절은 전쟁의 심상이 짙게 깔려 있다. 그래서 삽화가는 이 단락에 치열한 전투 장면을 그려두었다. 하지만 오른쪽에 그려진 기도자, 곧 젊은 시절 다윗의 표정에는 아무런 위기감을 느낄 수 없다. 본문대로 그는 지금 하나님께 피해 있어서 그지없는 안전함을 누리고 있기 때문이다.

또한 기도자는 하나님을 향한 깊은 신뢰를 바탕으로(1-6, 10, 13절) 대적들에 둘러싸인 자신의 상황을 하나님께 내놓는다. 자신의 위급한 상황(12절)을 보면 하나님께서 숨어 계시고 자신을 버리신 듯하다(9절). 그렇지만 기도자의 간구는 한결같다. 기도자의 간구에서 참된 기도의 모습을 볼 수 있다. 그는 하나님께서 듣고 응답해달라는 간구로 시작한다(7절). 그리고 자신을 버리지 말고 떠나지 말아달라고 기도한다(8절). 그런 뒤 자신의 상황에서 본격적인 간구가 이어지는데, 흥미롭게도 그는 대적들을 없애달라고 기도하지 않고 자신을 가르쳐주시며 평탄한 길로 인도해달라고 간구한다(11절). 대적의 심판은 하나님의 몫이다. 그러니 자신의 깨달음을 향한 이 간구는 당연하지 않겠는가? 마지막으로 시편 저자는 공동체를 향해 구원의 하나님을 기다리라는 권면도 잊지 않는다(14절).

그림 59 Cod. Bibl. Fol. 23, 33 verso

그림은 본문 후반부의 탄원 가운데서도 11-12절의 모습을 형상화한다. 이는 어떤 사람이 여성을 데리고 와서 오른쪽에 있는 기도자에게 거짓 증인을 서도록 한 모습이다. 기도자의 표정에 억울함이 잔뜩 묻어 있다. 그런데 하늘에서 내려온 하나님의 손은 11절의 말씀대로 대적들과 기도자 사이의 문제에 개입하기보다는 기도자의 손을 잡고 이끄신다. 기도자는 여전히 유한한 세상의 가치 가운데서 힘겨워하지만, 하나님의 이끄심을 통해 그분의 무한하심으로 시선을 돌려야 함을 깨닫게 된다.

그림 60 Cod. Bibl. Fol. 23, 33 verso

이 그림은 14절의 모습을 그렸다. 시편 첫머리 삽화에 그려져 있던 다윗이 다시 등장한다. 이 그림은 다윗이 다른 이들을 향해 자신과 마찬가지로 하나님의 보호하심으로 피하라고 권고하는 모습을 그린 것으로 보인다. 다윗과 그의 신탁을 받는 이들 사이에는 예수 그리스도가 계신다. 이로써 독자들은 본문 14절의 신탁에서 전하는 지향점이 신약의 복음을 통해 자신에게도 이어짐을 느낄 수 있다.

3. 기도와 관상(*oratio et contemplatio*)

주님, 제가 당신께 피합니다. 당신은 칠흑 같은 제 고난의 삶에 구원의 빛을 비춰주십니다. 그리고 당신의 영원한 가치를 좇으며 즐겁게 살아가는 길을 열어주십니다. 당신을 찬양합니다.

성전에서(시편 28편)

1. 본문 읽기(*lectio*)

[다윗.]

'나' 탄원

1 당신께, 야훼여, 제가 외칩니다!
   저의 반석이시여, 제게서 귀를 막지 마십시오!
   혹시라도 당신이 제게 침묵하셔서
   제가 무덤에 내려가는 이들과 같아지지 않도록 말입니다.
2 제 탄원의 목소리를 들어주십시오!
   제가 당신께 부르짖을 때,
   제가 제 손을 당신의 지성소로 들 때 말입니다.

'원수' 탄원

3 저를 악인들과 함께,
   그리고 죄짓는 이들과 함께 끌어내지 마십시오!
   그들은 제 이웃들에게 평화를 말하지만,
   그들의 마음속에는 재앙이 있습니다.
4 그들의 손바닥이 저지른 대로 그들에게 주십시오!
   그리고 그들의 행실의 악함대로,
   그들의 손의 행위대로 그들에게 주십시오!
   그들이 마땅히 받을 것을 그들에게 되돌려주십시오!

5 참으로 그들은 야훼가 행하신 것과

그분의 손이 하신 일을 깨닫지 못합니다.

그분이 그들을 무너뜨리실 것입니다.

그러면 그들은 세우지 못할 것입니다.

감사

6 송축 받으실 분, 야훼!

이는 그분이 제 탄원의 목소리를 들으셨기 때문입니다.

7 야훼는 저의 요새이시고, 저의 방패이십니다.

그분을 제 마음이 의지하여, 제가 도움을 받았습니다.

그래서 제 마음이 환호하고,

제 노래로 제가 그분을 찬송합니다.

공동체의 고백과 간구

8 야훼는 자기 백성의 요새이고,ᄀ

그것은 그분의 기름 부음 받은 이의 구원의 산성입니다.

9 당신의 백성을 구원해주시고,

당신의 소유에 복 주십시오!

그리고 그들을 돌봐주시고,ᄂ

그들을 영원토록 도와주십시오!ᄃ

번역 해설

8절ᄀ. 히브리어 본문에는 "עֹז־לָמוֹ"(오즈-라모; '그들의 요새')로 되어 있다. 그런데 70인역은 여기서 "κραταίωμα τοῦ λαοῦ αὐτοῦ"(크라타이오마 투 라우 아우투; '자기 백성의 힘')로 옮겨서 "עֹז לְעַמּוֹ"(오즈 르암모)를 번역 대본으로 여기게 해준다. 아마도 우리에게 전해진 히브리어 본문은 자음 "ע"(아인)이 필사 과정에서 빠졌을 것이다.

9절ㄴ. 직역. "그들을 방목해주십시오!"

9절ㄷ. 직역. "그들을 걸머져주십시오!"

2. 본문과 함께 그림 묵상(*meditatio et visio*)

기도자는 창조주요 통치자이신 하나님을 인정하지 않은 악인들(5절) 앞에서 의로움을 이어가려고 애쓰는 사람이다. 그런 기도자가 하나님께서 자신의 기도를 들어주지 않으시면 자신은 무덤에 내려가는 죽은 이와 같아질 것이라고 애타게 간구한다(1-2절). 그런데 시편 저자는 악인들과 거리를 두면서 그들을 향한 저주까지 내뱉는다(3-5절). 과연 이것이 옳은가? 과연 우리는 악한 이들에 대해 심판의 저주를 해도 되는가? 눈여겨볼 것은 이 심판 탄원이 누구를 향하고 있느냐다. 바로 하나님이다. 하나님 앞에서 시편 저자는 자신의 마음속에 이런 저주까지 있음을 진술하게 내어놓는다. 하나님 앞에서 내어놓지 못할 것이 무엇이 있겠는가? 그 반대이니 문제다. 하나님 앞에서 자신의 치부를 내어놓고 반성하는 것이 숨겨두고 그 치부를 혼자서 키우는 것보다 훨씬 옳은 일이다.

그림 61 Cod. Bibl. Fol. 23, 34 recto

이 그림은 본문 1-5절의 탄원을 형상화한다. 그림 오른쪽에 기도자가 앉아 있다. 그는 건너편에 있는 사람들을 보면서 애절한 손짓으로 기도한다. 그의 시선이 머무는 왼쪽에는 세 사람이 있는데 창과 칼로 무장한 사람이 앞서고 그 뒤에 한 사람이 서 있다. 아마도 그 사람을 향해 기도자가 탄원 기도를 하는 듯하다. 그 사람은 정작 공격에 나서지는 않는다. 하지만 기도자를 공격하려는 사람들에게 기도자에 대한 악담이나 거짓을 전하는 듯하다. 이 모습이 3후반절에서 평화를 말하지만 재앙을 속마음에 품었다는 말씀을 표현한 것이 아니겠는가?

기도자는 본문 후반부에서 하나님을 찬송하는데, 그분께서 자신의 탄원을 "들으셨기" 때문이라고 선포한다(10절). 그리고 이어지는 구절에서는 힘과 방패이신 하나님을 의지했기 때문에 도움을 "얻었다"고 고백한다(11절). 그래서 기쁘게 그분을 찬송한다고 말한다. 앞 단락과 이 단락 사이 어디를 살펴보아도 대적들이 사라졌다는 언급이 없다. 그 말은 하나님의 응답과 도우심을 향한 기도의 본질은 대적이 있고 없음에 있지 않다는 뜻이다. 그렇다면 대적으로 인해 까닭 없이 고난을 겪는 상황에서 기도의 응답과 도우심은 무엇이겠는가? 기도자는 공동체를 향해 권면하는 마지막두 구절에서 그 해답을 알려준다(8-9절). 특히 마지막 구절에서 보듯, 하나님께서 목자가 되셔서 영원토록 자기 백성을 인도하신다는 것, 곧 하나님의 임재를 보고 아는 것이 기도의 응답과 도우심이다.

3. 기도와 관상(*oratio et contemplatio*)

주님, 저는 당신의 소유입니다. 그런 제가 나쁜 짓을 하는 이들에게 공격받고 있습니다. 도와주십시오. 더불어 당신 앞에서 그들을 향한 날카로운 저주의 가시를 품고 있는 저를 용서해주십시오.

야훼의 소리 (시편 29편)

1. 본문 읽기(*lectio*)

[다윗의 찬송.]

야훼의 영광

1   야훼께 돌리십시오, 하나님의 자손들이여!⌐

     야훼께 돌리십시오, 영광과 능력을!

2   야훼께 돌리십시오, 그분 이름의 영광을!

     야훼께 경배하십시오, 그분의 거룩한 아름다움 가운데서!⌐

야훼의 소리

3   야훼의 소리가 물 위에 있습니다.

     영광의 하나님이 우렛소리를 내십니다.

     야훼는 많은 물 위에 계십니다.

4   야훼의 소리는 힘 있습니다.

     야훼의 소리는 위엄 있습니다.

5   야훼의 소리가 백향목을 꺾으니,

     야훼가 레바논의 백향목을 꺾어버리셨습니다.

6   그리고 그분이 그것들을 송아지처럼,

     레바논과 시룐을 들짐승처럼 튀어오르게 하셨습니다.

7   야훼의 소리가 화염을 가릅니다.

8   야훼의 소리가 광야를 떨게 합니다.

야훼가 가데스 광야를 떨게 하십니다.

9 야훼의 소리는 암사슴들이 새끼 낳게 하고,

수풀을 벗겨냅니다.

그리하여 그분의 성전에서 모두가 말합니다.

"영광!"

야훼의 평화

10 야훼는 홍수 위에 앉으셨습니다.

그리고 야훼는 영원토록 임금으로 앉으셨습니다.

11 야훼는 힘을 자기 백성에게 주십니다.

야훼는 자기 백성에게 평화로 복 주십니다.

번역 해설

1절ㄱ. 히브리어 본문을 직역하면 "신들의 자손들"(בְּנֵי אֵלִים, 브네 엘림)이다. 이는 이스라엘 신앙과 맞지 않는 표현이다. 이 표현은 70인역은 물론(υἱοὶ θεοῦ, 휘오이 테우) 쿰란 성경 필사본에서도 찾아볼 수 있는데(5/6 Ḥev1b f13i:4), 아마도 "하나님의 아들"(בֶּן אֵל, 벤 엘)의 복수형의 한 형태로 옛 우가리트어의 영향을 받았을 수 있다(참조. Craigie/Tate, *Psalms 1-50*, 242). 따라서 이 표현은 고대 이웃 나라에서 들어온 표현을 빌려 쓰던 전통을 반영한다고 볼 수 있다. 70인역에는 이 표현 뒤에 "주님께 돌려드리십시오. 어린 숫양들을"(υἱοὺς κριῶν, 휘우스 크리온)이라는 구절이 더 있다. 이는 아마도 첫 문장을 한 번 더 써서 문제가 되는 "신들의 자손들"을 달리 읽은 결과일 것이다. 왜냐하면 숫양을 뜻하는 "אַיִל"(아일)의 복수는 원래 "אֵילִים"(엘림)이지만, "אֵילִם"이나 "אֵלִים"으로도 쓰기 때문이다(참조. 게제니우스, 『히브리어 아람어 사전』, 27).

2절ㄴ. 히브리어 본문은 "그분의"에 해당하는 3인칭 대명접미어가 없다. 우리는 70인역(ἐν αὐλῇ ἁγίᾳ αὐτοῦ, 엔 아울레 하기아 아우투)에서 이를 보충하여 읽는다.

2. 본문과 함께 그림 묵상(*meditatio et visio*)

이 시편은 처음(1-2절)과 마지막 부분(10-11절)에서 직설적인 표현을 사용하고, 그 가운데서 야훼의 임재에 대한 상징을 써서 묘사한다. 앞부분(1-2절)에서는 하나님의 영광(카보드)을 선포한다. 영광이라는 말은 어원상 무겁다는 뜻과 통한다. 이 무게는 창조주요 통치자이신 하나님의 속성을 말해준다. 그러므로 피조물인 우리는 그분께 예배드리는 것이 마땅하다. 그 예배는 거룩함, 곧 구별된 삶이 전제된다. 뒷부분(10-11절)에서는 그런 영광의 하나님께서 왕이 되시는 현실, 곧 사람들이 창조주요 통치자이신 그분께 영광을 돌려드리는 올바른 관계가 형성될 때 이 땅에서 이루어질 현실을 선포한다. 이는 곧 평강(샬롬)의 복이다. 이는 모든 것이 제자리에서 저마다의 올바른 관계를 이루는 현실을 말한다. 본문은 하나님과 맺는 올바른 관계가 이 세상의 올바른 관계로 이어진다고 말하며, 그것이 복이라고 선포한다.

그림 62 Cod. Bibl. Fol. 23, 34 verso

이 삽화는 본문 앞에 그려져 있다. 그래서 본문 전체를 형상화했다고 볼 수 있다. 가운데 앉으신 예수 그리스도 좌우에 해와 달이 있고, 그 아래 사람들이 엎드린다. 이는 본문에서 피조세계와 사람들 모두가 하나님께 영광을 돌리는 모습을 표현한다.

그림 63 Cod. Bibl. Fol. 23, 35 recto

이 그림은 본문 역사의 관점에서 흥미롭다. 사람들이 성전에 있는 예수 그리스도 앞으로 어린 숫양을 데리고 온다. 또 사람들은 어깨에 기둥을 짊어지고 있다. 먼저 왼쪽 두 사람이 어깨에 짊어진 기둥은 70인역에서 비롯한 표제에 "초막절 끝에"(*in consummatione tabernaculi*)를 반영한다(참조. 2권 본문 살피기). 따라서 이는 초막을 지지하던 기둥일 수 있다. 그리고 어린양 역시 히브리어 본문에서는 찾아볼 수 없는 그림인데, 이는 1절 첫 문장을 두 번 쓰고 달리 읽은 70인역 전통에서 비롯한 본문 이해를 반영한다(*adferte Domino filios arietum*; 참조. 위의 번역 해설).

우리는 영광을 돌려드려야 할 하나님의 임재를 어디서 경험할 수 있는가? 물론 2절에서 말하듯 예배가 주된 통로다. 그러나 이 시편은 거기서 멈추지 않는다. 3-9절에서 "야훼의 소리"로 거듭 되풀이되는 표현은 하나님의 임재를 상징한다. 그런데 여기서 그 소리는 피조세계 곳곳에서 경험할 수 있다고 선포된다. 본문에서 이런 경험은 고대 사회의 전통대로 홍수의 위력과 화산 같은 자연 현상으로 대표되지만, 이 또한 피조세계를 상징한다. 따라서 하나님의 임재는 성전에 제한되지 않고 모든 피조세계로 확장된다. 그런 뜻에서 "그리하여 그분의 성전에서 모두가 말합니다. '영광!'"(9절)이라는 고백이 가능하다. 우리는 일상의 삶에서 하나님의 임재의 소중한 순간들을 깨닫게 된다.

3. 기도와 관상(*oratio et contemplatio*)

주님, 오늘도 당신의 음성을 듣습니다. 당신이 계시하신 말씀에서, 그리고 해가 뜨면 하루가 시작되고 해가 지면 밤이 오는 모든 피조세계에 어려 있는 당신의 창조 질서에서 당신의 음성을 듣습니다. 당신의 피조물로서 저는 오늘도 당신이 주시는 평화를 맛봅니다.

통곡 대신 춤, 베옷 대신 기쁨(시편 30편)

1. 본문 읽기(*lectio*)

[찬송. 성전 봉헌식 노래.⁷ 다윗.]

감사 고백

1   제가 야훼를 높여드리겠습니다!
    이는 당신이 저를 끌어올리시고,
    제 원수들이 저 때문에 기뻐하지 않도록 하셨기 때문입니다.

2   야훼 나의 하나님!
    제가 당신께 외쳤더니, 당신이 저를 고쳐주셨습니다.

3   야훼여, 당신은 스올에서 제 영혼을 끌어내셨습니다.
    당신은 저를 무덤에 내려간 이들 가운데서 살리셨습니다.

공동체 찬양

4   야훼를 찬송하십시오, 그분의 경건한 이들이여!
    찬양하십시오, 그분의 거룩한 이름을!

5   참으로 그분은 잠깐은 노여워하시지만,
    그분의 은혜는 생명에 있습니다.
    밤에는 울음이 깃들이지만,
    아침이 되면 환호성이 있을 것입니다.

고난 회상

6 그런데 저는 평온할 때 말하기를,
 "나는 영원히 흔들리지 않을 것이다" 했습니다.

7 야훼여, 당신의 은혜 가운데 제 명예를 위해 힘을 세워주셨습니다.'
 하지만 당신이 당신의 얼굴을 숨기시자 저는 깜짝 놀랐습니다.

8 당신께, 야훼여, 제가 부르짖고
 제 주인께 불쌍히 여기시기를 구합니다.

9 무덤에 내려갈 때 제 피가 무슨 유익이 있겠습니까?
 먼지가 당신을 찬양하겠습니까?
 당신의 미쁘심을 전하겠습니까?

10 들어주십시오, 야훼여, 그리고 저를 불쌍히 여겨주십시오!
 야훼여, 제게 돕는 이가 되어주십시오!

감사와 서원

11 당신은 제 통곡을 춤으로 뒤바꾸셨습니다.
 당신은 제 베옷을 끄르시고
 기쁨으로 제게 두르셨습니다.

12 그리하여 사람들은 영광으로 당신을 찬미하고
 잠잠하지 않을 것입니다.
 야훼 나의 하나님을 영원히 제가 찬송하겠습니다!

번역 해설

표제ㄱ. 여기서 쓰인 "חֲנֻכַּת הַבַּיִת"(하누카트 하바이트)는 일반적으로 "다윗
의 찬송"이라는 원래의 본문에 추가된 후대의 삽입으로 여겨진다(참조.
Psalmen 1-59, 287). 이렇게 보면 이 찬송은 기원전 165년 마카비 혁명이 성

공한 뒤에 행한 성전 봉헌식과 여드레 동안 벌어진 "하누카"(חֲנֻכָּה) 축제와 관련되어 불렸을 것으로 생각할 수 있다(참조. 마카베오상 4:52 이하; 마카베오하 10:5 이하; 요 10:22).

7절ㄴ. 히브리어 자음 본문 "בִּרְצוֹנְךָ הֶעֱמַדְתָּה לְהַרְרִי עֹז"(당신의 은혜 가운데, 당신이 세우셨습니다, 내 산을 위해, 힘을)은 이해하기 쉽지 않다. 그래서 개역개정 성경에서는 "주의 은혜로 나를 산 같이 굳게 세우셨더니"로, 가톨릭 성경에서는 "당신 호의로 저를 튼튼한 산성에 세워주셨습니다"로 옮긴다. 우리는 여기서 70인역의 번역자가 "לְהַרְרִי"(르하르리; '내 산을 위해')를 "τῷ κάλλει μου"(토 칼레이 무, '제 영예로움를 위해서')로 옮긴 것을 눈여겨볼 필요가 있다. 히브리어 성경(BHS) 편집자가 제안하듯, 이 번역은 마소라 본문과는 다른 본문의 전통 "לְהֲדָרִי"(르하다리)를 전제하는 것으로 보인다(참조. 신 33:17). 우리는 70인역의 전통을 존중하여 우리말로 옮긴다.

2. 본문과 함께 그림 묵상(*meditatio et visio*)

하나님이 사람들에게 가지고 계시는 진정한 목적은 심판이 아니라 구원이다(요 3:17). 이는 마치 어린아이를 양육하는 부모의 마음과 같을 것이다. 잘못된 길을 가는 자녀를 두고 볼 부모가 어디 있겠는가? 그렇다고 제 자식이 망하기를 바라는 부모가 어디 있겠는가? 그런 부모의 마음이 하나님의 노여움일 것이다. 기도자는 자신이 겪은 노여움의 경험을 풀어놓는다. 그러면서 하나님의 노여움으로 인해 스올과 같은 고통을 겪으면서 하나님께 회개하고 부르짖어 하나님의 은혜를 다시 경험했다고 기쁨으로 고백한다. 더 중요한 것은 그 노여움은 잠깐이지만, 하나님은 생명을 기뻐하신다는 사실이다. 즉 하나님의 목적은 노여움을 통한 죽음이 아니라 생명이다.

아마도 기도자는 평소에 자기 신앙에 자신이 있었던 듯하다. 왜냐하면 그는 아무 일이 없을 때 "나는 영원히 흔들리지 않을 것이라"고 말했기 때문이다(6-7전반절). 그러나 그는 하나님의 돌보심이 눈에 보이지 않는 고난의 때가 닥치자 이내 근심에 시달린다(7후반절). 기도자가 스스로 자부하던 신앙의 한계가 드러난 것이다. 그제서야 기도자는 자신의 신앙이 가지는 한계를 깨닫고 겸손하게 하나님께 도우심을 간구한다(9-11절). 시편의 탄원 기도에서 늘 볼 수 있듯이, 이번에도 상황의 변화는 언급되지 않는다. 그 대신 하나님은 죽음 같은 통곡을 춤이라는 신체적 반응으로 뒤바꾸셨다. 그리고 죽음을 슬퍼하는 베옷을 끄르시고 기쁨이라는 정신적 반응으로 만드셨다. 즉 기도자는 하나님 앞에서 겸손히 자신의 모습을 볼 때라야 삶의 겉모습과 자세가 바뀌며, 그것이 구원이라고 고백하는 것이다.

그림 64 Cod. Bibl. Fol. 23, 36 recto

이 삽화는 시편의 표제를 표현한다. 표제대로 임금으로 보이는 사람이 성전을 봉헌하면서 1절과 같이 "제가 야훼를 높여드리겠습니다!"(*exaltabo te Dne*[=*Domine*])라고 고백한다. 그런데 이 임금이 누구인가? 당연히 솔로몬이어야 한다. 그런데 표제는 "다윗의 찬송"이다. 그러므로 비록 연대기 착오가 있더라도 임금은 표제대로 다윗일 것이다. 그렇다면 이 그림을 보는 독자들은 다윗의 환상으로 여길 수 있다. 여기서 아직 이루어지지 않은 응답, 또는 살아 있는 동안 보지 못할 일에 대한 믿음을 묵상해볼 여지가 새롭게 생긴다.

3. 기도와 관상(*oratio et contemplatio*)

주님, 제 삶은 통곡과 베옷투성이입니다. 그만큼 슬퍼할 일, 좌절할 일이 많습니다. 하지만 당신이 행하신 놀라운 일들을 기록한 말씀을 보고 당신이 제 삶에서 베푸실 춤과 기쁨을 기대하며 다시금 감사합니다.

당신의 인자하심 때문에(시편 31편)

1. 본문 읽기(*lectio*)

[예배 음악을 위하여.˙ 다윗의 찬송.]

탄원 1

1   당신께, 야훼여, 제가 피하였습니다.

제가 영원토록 부끄러워지지 않기를 바랍니다!

당신의 정의로 저를 건져주십시오!

2   제게 당신 귀를 뻗어서, 어서 저를 구해주십시오!

제게 견고한 바위가, 저를 구원하는 요새 성이 되어주십시오!

신뢰 표현 1

3   참으로 제 반석이시고, 제 요새이십니다, 당신은!

그러니 당신의 이름을 위해서 저를 이끌어주시고,

저를 돌봐주십시오!

4   저를 노리고 숨겨둔 그물에서 저를 꺼내주십시오!

이는 당신이 제 산성이시기 때문입니다.

5   제가 당신 손에 제 영혼을 맡깁니다.

당신이 저를 속량하셨습니다, 야훼, 한결같은 하나님이여!

6   제가 쓸데없는 헛것들을 지키는 이들을 미워하고,

저는 야훼를 의지하였습니다.

감사 1

7 제가 당신의 인자하심 때문에 기뻐하고 즐거워합니다.

그것은 당신이 저의 고난을 보시고,

제 영혼이 환난 가운데 있음을 아셨기 때문입니다.

8 그리고 당신이 저를 원수의 손에 가두어두지 않으셨고,

제 발을 너른 데 세우셨기 때문입니다.

탄원 2

9 제게 은혜 베풀어주십시오, 야훼여!

이는 제게 환난이 있기 때문입니다.

분함으로 제 눈과 제 영혼과 제 속이 쇠약해졌습니다.

10 참으로 슬픔으로 제 삶이,

한숨으로 제 연수가, 끝장나버렸습니다.

제 죄 때문에 저의 힘이 지쳐버렸습니다.

그리고 제 뼈들은 쇠약해졌습니다.

11 제 모든 대적 때문에 제가 조롱거리가 되었고,

제 이웃들에게 심하고,

길에서 저를 보고 알아보는 이들에게 끔찍하게 되었습니다.

그들이 제 앞에서 피합니다.

12 제가 마음에서 멀어진 죽은 사람처럼 잊혔습니다.

저는 깨져가는 그릇 같아졌습니다.

13 참으로 제가 많은 이들의 험담을 들었습니다.

사방에 두려움이 있습니다.

그들이 제게 맞서 함께 모의할 때,

그들은 제 목숨을 앗으려고 마음먹었습니다.

신뢰 표현 2

14 그러나 저는 당신께 의지했습니다, 야훼여!

제가 말하였습니다.

"제 하나님이십니다, 당신은!"

15 당신 손에 저의 시간이 있습니다.

제 원수들과 저를 뒤쫓는 이들의 손에서 저를 건져주십시오!

16 당신의 얼굴을 당신 종에게 비춰주십시오!

당신의 인자하심으로 저를 구원해주십시오!

17 야훼여, 제가 부끄러워지지 않기를 바랍니다!

이는 제가 당신께 외쳤기 때문입니다.

악인들이 부끄러워지고, 스올에서 잠잠해지기 바랍니다!

18 거짓된 입술들이 뻣뻣해지기 바랍니다!

그들은 의인에게 맞서 으스대고 비웃으며 교만하게 말합니다.

19 당신의 좋으심이 얼마나 큰지요?

그것은 당신을 경외하는 이들을 위해 간직해두시고,

당신께 피하는 이들을 위해 마련해두셨습니다.

사람의 아들들 앞에서 말입니다.

20 당신은 그들을 당신 앞 은신처에 숨기십니다.

사람들 패거리에서부터 그들을 장막에 간직하십니다.

말다툼을 피하도록 말입니다.

감사 2

21 송축 받으실 분, 야훼!

이는 요새 성에서 그분의 인자하심이 저를 위해

놀라운 일을 보이셨기 때문입니다.

22 그러나 저는 놀라서 말하였습니다.

"저는 당신 눈앞에서부터 끊어져버렸습니다."

분명히 당신은 제가 당신을 향해 부르짖을 때

제 탄원의 목소리를 들으셨습니다.

23 야훼를 사랑하십시오, 그분의 모든 경건한 이여!

미쁜 이들을 야훼가 지키시고,

으스대며 저지르는 이는 충분히 갚으십니다.

24 당신들의 마음이 강하고 담대해지기를 바랍니다,

야훼를 바라는 모든 이여!

번역 해설

표제ㄱ. 히브리어. "לַמְנַצֵּחַ"(라므나체아흐). 자세한 설명은 위의 1부를 보라.

2. 본문과 함께 그림 묵상(*meditatio et visio*)

시편에서 배울 수 있는 중요한 신앙의 모습을 꼽자면 하나님께 먼저 간구하는 신앙, 오로지 하나님만을 의지하는 신앙, 하나님께 감사하는 신앙을 들 수 있다. 이 시편에서도 이 세 요소를 잘 찾아볼 수 있다. 먼저 시편 저자는 사람들에게 수치를 당하여 그물에 갇힌 듯한 위기에서 하나님께 건져달라고 간구한다(1-4절). 그런 뒤 오로지 하나님만을 의지하겠다고 고백한다(5-6절).

그림 65 Cod. Bibl. Fol. 23, 37 recto

본문 5절은 신약 전통에서 예수 그리스도의 가상 칠언 가운데 한 말씀으로 인용되었고 (눅 23:46), 스데반의 순교 장면에서도 인용되었다(행 7:59). 이 삽화는 흥미롭게 1-6 절 단락 뒤에 들어가 있는데도 본문의 인용 전통이 아니라 그 전날 예수 그리스도의 겟 세마네 기도 장면을 그렸다. 아마도 삽화가는 5절을 절정으로 두고 그 앞 구절들의 탄원 을 읽으며 예수의 겟세마네 기도를 떠올린 듯하다.

시편을 읽으면서 늘 깨닫는 점이지만, 이런 간구와 고백의 과정은 기도하 는 이의 시선을 맞닥뜨린 고난의 상황으로부터 그 너머에 계시는 하나님 께로 옮기도록 만든다. 본문에서도 기도자는 간구와 의지의 고백에 이어 하나님의 인자하심을 보고 기뻐한다. 그리고 그는 자신의 고난은 유한하 지만 하나님은 무한하심을 깨닫는다(7-8절).

또한 기도자는 본문에서 간구와 의지 및 감사를 좀 더 확장해서 전 해준다. 먼저 기도자는 자신이 처한 힘겨운 상황에서 드리는 간구를 확대 한다. 그는 대적들로 인해 몸이 쇠약해질 정도로 힘겨운 고통 가운데 있다 (9-10절). 하나님의 은혜가 절실한 상황이다. 반면에 대적들은 시편 저자를 욕보이고, 비방하며, 생명을 해치려고 모의한다(11-13절). 그래서 기도자는 모든 이들에게 잊혔고, 마치 깨진 그릇처럼 쓸모없어진 듯하다. 그런데도 하나님만이 의지할 곳임을 아는 기도자는 처절한 구원의 호소를 하나님께 올려드린다(14-16절). 심지어 자신의 대적들을 향한 복수심도 감추지 않으며 하나님께 내어놓는 솔직함까지 보인다(17-18절). 이는 모든 일의 심판과 갚음은 하나님께 있음을 인정하는 태도가 반영된 것이다.

그림 66 Cod. Bibl. Fol. 23, 37 verso

이 삽화는 본문 13절과 14절 사이, 곧 탄원과 신뢰 표현 사이에 그려져 있다. 가운데 있는 기도자의 위치를 보면 본문의 구조를 반영하는 듯하다. 기도자 뒤로 예수 그리스도가 성전에 계신다. 이는 기도자의 신뢰를 표현한다고 볼 수 있다. 그리고 기도자 앞에는 한 사람이 하늘을 바라보며 간절하게 간구하고 있다. 이는 기도자의 탄원을 반영할 것이다. 결국 신앙이란 이렇게 신뢰와 탄원 사이에 거듭 자리 잡게 된다. 예수 그리스도께서 기도자의 뒤에 계신다는 데서 탄원의 배경에는 신뢰가 있음을 새길 수 있다.

그림 67 Cod. Bibl. Fol. 23, 38 recto

우리는 이 그림이 직관적으로 17후-18절의 저주를 표현함을 알아볼 수 있다. 험담과 조롱을 지어내던 대적들은 입이 뻣뻣해지고, 스올을 표현하는 불구덩이로 끌려간다. 여기서 삽화가는 역원근법을 써서 기도자를 크게 그리는 한편 대적들은 작게 그려서 "부끄러움"이 대적들에게 임했음을 표현한다. 이 그림을 보면서 본문의 독자들 역시 자기 내면에 도사리고 있는 저주의 마음을 하나님 앞에 내어놓고 다시금 겸허해지는 계기를 삼을 수 있다.

시편 저자의 눈에 갑자기 하나님이 베풀어주신 한없는 은혜가 보인다(19-20절). 자신의 둘레에는 여전히 대적들이 진을 치고 있다. 그런데 혼자인 줄 알고 있던 이 상황에 자신을 품에 꼭 품고 계시는 하나님의 은혜가 보인다. 이것은 하나님께 간구를 올려드리기 전에는 상상할 수 없었던 변화다. 이는 기도의 능력이다. 이제 상황은 아무런 문제가 되지 않는다. 그리하여 기도자는 하나님께 감사의 찬송을 올려드린다. 여기서 한 걸음 더 나아가서 시선을 공동체로 돌려 함께 하나님을 찬송하기를 권면한다(21-24절). 그리고 보면 지금까지의 고백은 독백이 아니었다. 우리는 자신이 경험한 은혜를 공동체로 흘려보내는 기도자를 보면서 귀한 교훈을 얻게 된다. 기도자는 자신과 같은 처지에 있을 공동체의 구성원을 향해 강하고 담대해지라는 격려로 마무리한다.

3. 기도와 관상(*oratio et contemplatio*)

주님, 저는 당신을 신뢰합니다. 당신은 저에게 썩어 없어질 가치가 아니라 영원히 없어지지 않는 당신의 인자하심을 보는 눈을 열어주셨습니다. 그래서 어떤 일이 닥쳐도 저는 당신의 인자하심을 향한 저의 사랑을 놓지 않을 것입니다.

감사의 지혜(시편 32편)

1. 본문 읽기(*lectio*)

[다윗의 마스킬.⁷]

행복 선언

1   행복하여라, 죄 용서함을 받은 이들,

　　죄가 가려진 이들!

2   행복하여라,

　　야훼가 그에 대해 부당하다고 여기지 않고,

　　그 영혼에 거짓이 없는 사람!

탄원과 응답 회상

3   제가 입 다물고 있을 때,

　　온종일 저의 신음으로 제 뼈들이 쇠약해졌습니다.

4   참으로 낮이나 밤이나 당신 손이 저를 짓누르십니다.

　　제 혀가ᵇ 여름 더위 때처럼ᶜ 뒤집어졌습니다. [셀라]ᵈ

5   제 죄를 제가 당신께 알려드립니다.

　　그리고 제 죄악을 숨기지 않았습니다.

　　제가 말하기를,

　　"제가 제 잘못을 야훼께 고백하겠습니다"라고 했습니다.

　　그러자 당신은 제 죄악을 용서해주셨습니다. [셀라]ᵈ

감사 기도

6　이러므로 모든 경건한 이는 때를 만나면 당신께 기도하기 바랍니다!

　　"많은 물이 넘쳐흐르더라도, 당신께는 다다르지 못할 것입니다.

7　당신은 제게 은신처이십니다.

　　환난에서 당신이 저를 보호하십니다.

　　구원의 노래들로 당신이 저를 에워싸십니다." [셀라]ᴿ

지혜의 신탁

8　"내가 너를 지혜롭게 하고,

　　당신이 갈 길을 당신에게 가르쳐주겠다!

　　내가 네게 내 눈으로 조언해주겠다!

9　너희는 지각없는 말처럼, 노새처럼 되지 말아라!

　　길들이려면 재갈과 고삐로 그것을 채워야 한다."

　　그렇지 않으면 네게로 다가오지 않는다."

공동체를 향한 권면

10　악인에게는 괴로움이 많습니다.

　　그러나 야훼를 신뢰하는 이,

　　인자하심이 그를 에워쌀 것입니다.

11　야훼 때문에 기뻐하고 즐거워하십시오, 의인들이여!

　　그리고 환호하십시오, 마음이 올곧은 모든 이여!

번역 해설

표제ㄱ. 직역. "교훈."

4절ㄴ. 히브리어 본문의 "제 진액"(לְשַׁדִּי, 르샤디)은 이 문장의 문맥에서 이해하기 어렵다. 3절과 평행하는 내용에서 봤을 때, 비슷한 자음의 "제혀"(לְשׁנִי, 르쇼니)가 원래 본문이었을 것으로 추정할 수 있다. 아마도 앞 문장에서 짓누른다는 표현 때문에 본문이 바뀐 듯하다.

4절ㄷ. 히브리어 본문의 "여름 더위 때문에"(בְּחַרְבֹנֵי קַיִץ, 브하르보네 카이츠)는 문맥에 어울리지 않는다. 여기서는 전치사를 "כְּ"(크)로 읽는다.

4, 5, 7절ㄹ. "셀라"에 대해서는 위의 3편 번역 해설을 보라.

9절ㅁ. 직역. "길들이려면 재갈과 고삐로 그것의 장식품(을 삼아야 한다)."

2. 본문과 함께 그림 묵상(*meditatio et visio*)

죄짓지 않는 사람은 없다. 죄는 신앙생활에서 해결해야 할 매우 중대한 문제다. 기도자는 이 죄의 문제를 행복과 연관 짓는다(1-2절). 자신이 저지른 잘못을 마음속에만 묻어두면 절대 해결되지 않는다. 그렇게 하면 기도자가 매우 잘 묘사하듯 뼈를 다 녹여버릴 듯한 고통으로 몰아갈 뿐이다(3절). 그때는 하나님 앞에서 죄책감에 몸에서 진액이 다 빠져나가 여름 가뭄의 마름처럼 피폐해질 뿐이다(4절). 하나님은 우리가 우리의 죄를 하나님 앞에 다 내어놓기를 기다리신다(5절). 그분은 용서할 준비를 하고 계신다. 그러나 우리가 하나님 앞에 우리 죄를 다 내어놓지 못하는 까닭은 어쩌면 우리도 모르게 우리 안에서 일어나는 자기 합리화 때문일 수 있다. 용서를 위한 첫걸음은 하나님 앞에서 자기 자신을 끝까지 들여다보고 교만하게 숨어 있는 죄를 하나님 앞에 끄집어내는 것이다.

그림 68 Cod. Bibl. Fol. 23, 39 recto

이 시편은 1-2절의 모습을 보여준다. 기도자는 하나님 앞에 두 손을 펴고 회개한다. 그의 망토가 휘날리는 모습은 그가 얼마나 다급하게 달려와서 하나님 앞에 엎드렸는지를 느끼게 해준다. 그는 죄를 깨닫는 순간, 합리화하려 들지 않고 곧바로 자신을 성찰하여 회개한다. 그때 하나님은 그에게 용서의 말씀을 들려주시고, 마음을 짓누르던 죄책감과 점점 더 커지고 있는 그의 잘못을 감싸주신다.

6-11절은 세 가지로 이루어져 있다. 먼저 기도자는 공동체를 향해 행복의 첫걸음인 회개의 기도를 드리라고 권면하며(6전반절), 기도문을 소개한다(6후-7절). 이 기도문은 하나님을 향한 신뢰가 바탕이 된 신앙고백문이다. 그다음에 하나님의 신탁이 직접 1인칭으로 전해진다(8-9절). 기도의 응답인 셈이다. 이는 자기 합리화를 하면서 죄를 가리려는 어리석은 말을 함부로 하지 말고, 하나님의 가르침에 귀를 기울이라는 내용이다. 죄 용서의 복은 하나님 앞에서 죄를 끄집어내고 말씀 앞에서 그분의 가르치심을 기다리는 것으로 이어진다. 여기서 기도자는 세 번째로 그 결과와 그에 따른 마땅한 반응을 보여준다(10-11절). 곧 하나님께서는 그런 사람들을 한결같은 사랑(인자하심)으로 용서하신다는 것과, 그런 경험을 한 사람은 기쁨 곧 행복이 회복되고, 그것이 하나님을 향한 신앙의 성숙으로 나아가게 해준다는 것이다.

그림 69 Cod. Bibl. Fol. 23, 39 verso

이 삽화는 8-9절의 신탁을 직관적으로 보여준다. 한 사람이 양손으로 말과 노새를 재갈 물리고 고삐를 잡아 겨우 제어하고 있다. 본문에서는 죄짓는 사람들, 그리고 그 죄를 하나님 앞에서 능동적으로 성찰하거나 회개하지 않는 이들을 지각없는 말과 노새에 견준다. 그리고 그런 수동적인 신앙이 아니라 능동적인 신앙의 지각을 가지라고 가르쳐준다.

3. 기도와 관상(*oratio et contemplatio*)

주님, 당신은 저의 모든 죄와 잘못을 용서해주시는 분입니다. 제 마음속 깊이 그것을 깨닫고 늘 다시금 당신 앞에서 겸허하게 제 죄와 잘못을 내어놓게 해주십시오. 제 자아가 저를 방어하고 합리화하기 전에 당신을 향한 제 신앙의 지각을 깨워주십시오.

하나님을 향한 마땅한 찬양(시편 33편)

1. 본문 읽기(*lectio*)

공동체 찬양 1

1   의인들이여, 야훼 때문에 환호하십시오!
     올곧은 이들에게는 찬양이 어울립니다.

2   야훼께 수금으로 감사하십시오!
     열 줄 비파로 그분께 찬송하십시오!

3   그분께 새 노래로 노래하십시오!
     관악기 소리로 현악 연주를 아름답게 하십시오!

야훼의 말씀

4   이는 야훼의 말씀이 올곧고,
     그분의 모든 업적은 미쁘기 때문입니다.

5   그는 정의와 공정을 사랑하시는 분!
     야훼의 인자하심이 땅에 가득합니다.

6   야훼의 말씀으로 하늘이,
     그분의 입김으로 거기 있는 모든 별˹이 만들어졌습니다.

7   그분은 바닷물을 둑처럼 쌓아올리시는 분!
     깊은 물을 곳간에 두시는 분!

8   온 땅은 야훼를 경외하기 바랍니다!
     세상의 모든 거주민은 그분을 두려워하기 바랍니다!

9   참으로 그분이 말씀하시니 그것이 그대로 되었습니다.

그분이 명령하시니 그것이 일어섰습니다.

사람의 계획, 야훼의 계획

10 야훼가 민족들의 계획을 꺾으셨습니다.

그분이 백성들의 생각을 좌절시키셨습니다.

11 야훼의 계획은 영원토록,

그분 마음의 생각은 대대로 서 있을 것입니다.

12 행복하여라, 야훼가 자기 하나님이신 그 민족,

그분이 소유로 선택하신 그 백성!

보시는 야훼

13 하늘에서 야훼가 굽어보셨습니다.

그분이 모든 사람의 아들을 보셨습니다.

14 그분이 사시는 곳에서 땅에 사는 모든 이를 지켜보셨습니다.

15 그분은 그들의 마음을 함께 지으신 분!

그들이 하는 모든 일을 분간하시는 분!

구원자 야훼

16 많은 군대로 저 스스로 구원한 임금이 없습니다.

용사도 센 힘으로 자신을 건져내지 못합니다.

17 말은 구원을 위해서는 헛되고,

자기 군대가 많다고 빠져나오지는 못합니다.

18 보십시오! 야훼의 눈은 그분을 경외하는 이들에게,

그분의 인자하심을 바라는 이들에게 있습니다.

19 그들의 영혼을 죽음에서부터 건지시고,

굶주릴 때 그들을 살리시기 위해서입니다.

공동체 찬양 2

20 우리의 영혼은 야훼를 기다립니다.

우리의 도움이시고, 우리의 방패이십니다, 그분은!

21 참으로 그분 때문에 우리 마음이 기뻐합니다.

이는 그분의 거룩한 이름에 우리가 의지하였기 때문입니다.

22 야훼여, 당신의 인자하심이 저희 위에 있기를 바랍니다!

저희가 당신을 바라는 대로 말입니다!

번역 해설

6절ㄱ. 직역. "군대." 이런 뜻으로 쓰인 용례는 참조. 이사야 34:4, 40:26, 45:12, 예레미야 33:22, 느헤미야 9:6, 게제니우스, 『히브리어 아람어 사전』, 673.

2. 본문과 함께 그림 묵상(*meditatio et visio*)

하나님은 찬양받아 마땅하시다. 왜 그런가? 무엇보다 하나님께서 이 땅을 창조하셨기 때문이다. 그것도 말씀으로 창조하셨다. 창조주 하나님의 말씀은 정직하고 진실하며 공의와 정의를 사랑한다. 바로 창조주 하나님의 말씀이 피조세계에 두루 스며들어 있다. 하늘과 땅과 바다와 온 우주의 질서를 하나님이 말씀으로 만들어놓으셨다. 그러니 우리는 두 가지를 분명히 알고 있어야 한다. 첫째, 우리가 발 딛고 서 있는 이 피조세계는 다름 아닌 창조주 하나님을 만나는 통로다. 그러므로 창조주 하나님을 경외하는 마음으로 이 피조세계를 잘 가꾸고 보존해야 한다. 둘째, 세상을 창조하신 하나님의 말씀이 성경에 계시되어 있다. 따라서 우리는 오늘 우리가 읽고 있는 바로 이 성경 말씀을 통해 창조주 하나님을 만날 수 있다.

그림 70 Cod. Bibl. Fol. 23, 40 recto

이 삽화는 본문 1-3절의 공동체 찬양 권유와 4-9절의 말씀 찬양을 형상화한다. 흥미로운 점이 있다. 왼쪽에서 악기를 연주하는 사람은 옛 이스라엘의 시대, 아마도 70인역 전통에 따라 "다윗의 시편"(psalmus David)이라는 표제를 가진 라틴어 필사본의 본문대로 다윗을 염두에 둔 듯하다. 그리고 오른쪽에서 성경을 펼치고 있는 사람은 중세 수도승의 복장이다. 따라서 이는 창조주요 통치자이신 하나님의 말씀 계시를 통한 임재와 그분을 향한 찬양은 시간과 공간을 초월함을 깨닫게 해준다.

하나님은 이 세상을 지으시고 내버려두는 "시계공"이 아니다. 그분은 역사(10-12절)와 개인의 삶(13-19절)을 이끄시는 통치자시다. 세상의 나라들이 여러 가지 계획을 세우고 생각을 하지만, 그것은 하나님의 생각 앞에서 무력해진다. 하나님은 그분의 계획과 생각대로 역사를 통치하시며, 그분이 택하신 백성을 행복한 길로 인도하신다. 개인의 삶도 마찬가지다. 아무리 가진 것이 많다고 해도 자기 존재의 근원을 해결하는 개인은 없다. 이 시편의 기도자는 바로 하나님이 개인의 존재 근원을 이끄시는 분이라고 고백한다. 하나님은 역사와 개인의 삶을 이끄는 통치자이시기에 우리의 도움이요 방패시다(20절). 그러므로 창조주요 통치자이신 하나님을 믿는 우리는 우리의 존재 전체를 그분께 의지하고 그분의 변함없는 사랑(인자하심)을 기다리기만 하면 된다.

3. 기도와 관상(*oratio et contemplatio*)

주님, 당신의 말씀을 읽고 눈을 들어 당신이 만드신 이 세상을 바라보며 창조주이자 통치자이신 당신을 만납니다. 저는 피조물을 의지하지 않으며, 그것을 만드신 당신의 인자하심과 구원을 바라봅니다. 오직 당신만을 의지합니다.

의인들을 돌보시는 야훼(시편 34편)

1. 본문 읽기(*lectio*)

[다윗. 아비멜렉 앞에서 미친 척하다가 그가 자신을 쫓아내 나갔을 때.]

송축

1 [알레프] 제가 야훼를 어느 때나 송축하겠습니다!
   늘 그분을 향한 찬송이 제 입술에 있습니다.
2 [베트] 야훼를 제 영혼이 자랑할 것입니다.
   가련한 이들은 듣고 기뻐할 것입니다.
3 [김멜] 저와 함께 야훼를 칭송하십시오!
   그리고 우리가 함께 그분의 이름을 높여드립시다!

감사

4 [달레트] 제가 야훼를 찾았더니 그분이 제게 응답하셨고,
   저의 모든 두려움에서부터 저를 건지셨습니다.
5 [헤] 그분을 바라보아서 빛내십시오!'
   [바브] 그러면 여러분의˚ 얼굴이 부끄러워지지 않기 바랍니다!
6 [자인] 이 불쌍한 이가 외치니 야훼가 들으시고,
   그의 모든 환난에서부터 그를 구원하셨습니다.
7 [헤트] 야훼의 천사가 그분을 경외하는 이 둘레에
   진 치고 있어서, 그를 건져주었습니다.
8 [테트] 여러분은 야훼가 좋으심을 느끼고 보십시오!

행복하여라, 그 사람! 그는 그분께 피합니다.

9 [요드] 야훼를 경외하십시오, 그분의 성도들이여!
참으로 그분을 경외하는 이에게는 부족함이 없습니다.

10 [카프] 젊은 사자는 궁핍해서 굶주려도
야훼를 찾는 이들은 모든 좋은 것이 부족하지 않을 것입니다.

교훈

11 [라메드] 아들들이여, 와서 내게 들어라!
야훼 경외를 내가 그대들에게 가르치겠다!

12 [멤] 삶을 기뻐하는 사람은 누구인가?
그는 날들을 사랑하여 좋은 것을 보는 이!

13 [눈] 그대의 혀를 악에서부터,
그대의 입술을 거짓말하는 데서부터 지켜라!

14 [사메크] 악에서부터 돌이켜 선을 행하여라!
평화를 찾아 그것을 따르도록 하여라!

고백

15 [아인] 야훼의 눈은 의인들을 향하고,
그분의 귀는 그들의 부르짖음을 향합니다.

16 [페] 야훼의 얼굴은 악을 저지르는 이들에게 있어서
그들의 기억을 땅에서부터 끊으려 하십니다.

17 [차데] 의인들이ᵇ 부르짖었더니 야훼가 들으시고,
그들의 모든 환난에서부터 그들을 건지셨습니다.

18 [코프] 야훼는 마음이 상한 이들 가까이 계시고,
영혼이 짓눌린 이들을 구원하십니다.

19 [레쉬] 의인은 재앙이 많아도,

그 모든 것에서 야훼가 그들을 건지십니다.

20 [쉰] 그분은 그의 모든 뼈를 지키시는 분!

그 가운데 하나도 깨지지 않을 것입니다.

21 [타브] 재앙이 악인을 죽일 것이고,

의인을 미워하는 이들은 벌을 받을 것입니다.

22 야훼는 자기 종들의 영혼을 속량하시는 분!

그래서 그분께 피하는 모든 이는 벌을 받지 않을 것입니다.

번역 해설

5절ㄱ. 히브리어 본문은 "그들이 그분을 바라보아서(הִבִּיטוּ, 히비투) 빛났습니다(נָהָרוּ, 나하루)"로 3인칭완료형으로 읽는다. 하지만 70인역을 바탕으로 같은 자음을 2인칭 명령형으로 읽을 수 있다(הַבִּיטוּ, 하비투; נְהֲרוּ, 느하루).

5절ㄴ. 히브리어 본문은 "그들의 얼굴"이지만, 70인역을 바탕으로 수정하여 읽는다.

17절ㄷ. 히브리어 본문에는 이 표현이 없다. 문맥상 여기서는 바로 앞 16절이 아니라 15절과 연관된다. 70인역은 이런 뜻을 분명히 밝히려고 "의인들"(οἱ δίκαιοι, 호이 디카이오이)을 덧붙였는데, 우리말 번역도 이에 따른다.

2. 본문과 함께 그림 묵상(*meditatio et visio*)

이 시편은 표제에서 다윗이 사울을 피해 블레셋 땅으로 도피하여 블레셋 임금 아비멜렉 앞에서 미친 척하다가 쫓겨난 사건을 언급한다(삼상 21:10-

15). 이 표제는 시편 본문을 읽어나가는 독자들로 하여금 분명히 다윗의 감정을 이입하도록 만들어준다. 자신을 죽이려는 사울에게 쫓기면서도, 적국이었던 블레셋의 임금 앞에서 미친 척하면서도, 다윗은 찬양의 마음을 잃지도 잊지도 않았다. 그리고 하나님의 구원하심을 매 순간 세심하게 경험했다. 역사서에서 그리는 다윗의 모습과 이 시편 기도자의 고백이 중첩되면서 독자들 자신의 신앙을 들여다보게 해준다.

그림 71 Cod, Bibl, Fol, 23, 41 recto

이 삽화에는 두 사람이 그려져 있다. 그런데 자세히 들여다보면 같은 얼굴이다. 그렇다면 우리는 삽화가가 다윗의 두 모습을 그렸다고 생각할 수 있다. 왼쪽에 벌거벗은 채 뛰어다니는 사람은 미친 체하는 다윗이고, 오른쪽에 말을 타고 무장한 용사는 그 이후 왕위에 오르기까지 용맹을 떨친 다윗이다. 두 모습을 보며 우리는 다윗의 고달픈 삶의 여정과 본문에서 그리는 기도자의 고난을 다시금 생각할 수 있다.

본문에서 기도자는 악인들의 거짓말로부터 자신을 지키려고 노력하며, 다른 이들에게도 그런 삶의 자세를 전하려고 한다. 특히 11-14절에서는 야훼 경외가 곧 거짓을 미워하고 평화를 사랑하며 가시적이고 유한한 세상에서 하나님 안에서의 삶을 기뻐하는 것이라고 가르친다. 야훼 경외는 먼 개념이 아니다. 이는 우리의 일상의 삶에서 구체화되는 것이다. 거룩함은 일상과 절대로 분리되지 않는다. 이런 삶을 살아가는 의인을 하나님은 세심하게 돌보신다.

그림 72 Cod. Bibl. Fol. 23, 41 verso

이 삽화는 11-14절 단락 뒤에 그려져 있다. 그러니 왼쪽에 앉은 백발의 인물을 지혜 선생으로 여길 수 있다. 그리고 그의 발아래에는 "아들들"이 엎드려 가르침을 받는다. 그러고 보면 오른쪽에 있는 사람들은 가르침의 내용을 형상화한 것이겠다. 아래쪽에 있는 두 사람은 아마도 남자가 들고 있는 천을 두고 다툼을 벌인 듯하다. 표정이나 손짓에서 누군가 한 사람은 거짓말을 하고 있다. 지혜 선생은 말씀을 바탕으로 이런 다툼과 거짓을 경계한다. 그리고 이 두 사람 뒤에 있는 두 남자는 지혜 선생의 가르침에 대해 서로 의견을 나누는 것으로 보인다. 야훼 경외는 이렇게 일상의 삶에서 "평화"를 지향하는 모습이 아니겠는가?

3. 기도와 관상(*oratio et contemplatio*)

주님, 당신의 눈과 귀는 의인을 향합니다. 당신을 경외하는 사람들이 의인입니다. 그들의 삶은 절대로 악한 것, 거짓을 입 밖으로 내지 않습니다. 오로지 당신의 평화를 사랑합니다. 저도 그런 삶을 살도록 도와주십시오.

저를 도우러 일어나십시오(시편 35편)

1. 본문 읽기(*lectio*)

[다윗.]

도움 간구

1   저와 다투는 이와 다퉈주십시오, 야훼여!
    저와 싸우는 이와 싸워주십시오!

2   큰 방패와 손 방패를 움켜잡으시고,
    저를 도우러 일어나십시오!

3   창을 뽑으셔서 저를 뒤쫓는 이들 앞을 가로막아주십시오!
    제 영혼에 "나는 네 구원이다"라고 말해주십시오!

대적을 향한 저주

4   제 영혼을 찾아다니는 이들이 부끄러워지고 망신당하기 바랍니다!
    저를 해치려 생각하는 이들이 뒤돌아가서 창피스러워지기 바랍니다!

5   그들이 바람 앞의 겨 같아지기 바랍니다!
    그래서 야훼의 천사가 그들을 넘어뜨리기 바랍니다!'

6   그들의 길이 캄캄하고 미끄럽기를 바랍니다!
    그래서 야훼의 천사가 그들을 뒤쫓기 바랍니다!

7   이는 까닭 없이 저를 노리고
    자기네 그물 덮인 웅덩이를 숨겼기 때문입니다.
    까닭 없이 그들이 제 영혼을 노렸기 때문입니다.

8   파멸이 알지 못하게 그에게 들이닥치기 바랍니다!

    그리고 그가 숨겨둔 자기 그물이 그를 잡기 바랍니다!

    파멸해가면서 그가 거기 떨어지기 바랍니다!

신뢰 표현

9   그러나 저의 영혼은 야훼 때문에 기뻐합니다.

    그분의 구원 때문에 즐거워합니다.

10 제 모든 뼈가 말합니다.

    "야훼여, 당신 같은 분이 누구이겠습니까?

    가난한 이를 그보다 더 강한 이에게서,

    가련한 이를 그를 노략질하는 이에게서 건지시는 분!"

원수들의 악행 1

11 포악한 증인들이 일어서,

    제가 알지 못하는 것을 제게 물어봅니다.

12 그들이 제게 선 대신에 악으로 갚습니다.

    제 영혼에는 남은 것이 없습니다.ᶜ

13 그러나 저는 그들이 아플 때 베옷을 입고,

    금식하며 제 영혼을 괴롭게 하였습니다.

    그랬더니 제 기도가 저의 품으로 되돌아왔습니다.

14 이웃처럼, 제 형제처럼 제가 함께 다녔고,

    어머니를 애도하듯 슬픔으로 몸을 구푸렸습니다.

15 그러나 제가 쓰러졌을 때 그들은 기뻐하였고,

    압제자들이ᵈ 제게 맞서서 모여들었지만, 저는 알지 못했습니다.

    그들은 모독하며ᵉ 잠잠하지 않았습니다.

16 가능한 한 모든 비웃음으로 저를 조롱하면서,"
    제게 맞서 그들의 이를 갈았습니다.

간구와 감사 1

17 주님이여, 언제까지 지켜보시렵니까?
    제 영혼을 그들의 파괴에서부터,
    저의 하나뿐인 것을 젊은 사자들에게서 되돌려주십시오!
18 제가 큰 모임 가운데서 당신께 감사하겠습니다!
    많은 백성 가운데서 제가 당신을 찬양하겠습니다!

원수들의 악행 2

19 거짓된 저의 원수들이 저 때문에 기뻐하지 않기를 바랍니다!
    까닭 없이 저를 미워하는 이들은 눈짓하지 않기를 바랍니다!
20 참으로 그들은 평화를 말하지 않고,
    땅에서 평온한 이들에 맞서 속임수를 꾸밉니다.
21 그리고 제게 맞서 그들의 입을 벌려 말합니다.
    "아하, 아하! 우리 눈이 보았다."

판결 호소

22 야훼여, 당신이 보셨으니 침묵하지 마십시오!
    주님이여, 제게서 멀리 계시지 마십시오!
23 떨쳐 깨어나십시오, 저의 판결을 위해!
    나의 하나님이여, 그리고 나의 주님이여!
    저의 송사를 위해!
24 당신의 정의대로 저를 재판해주십시오,

야훼, 나의 하나님이여!

그래서 그들이 저 때문에 기뻐하지 않기를 바랍니다!

25 그들이 자기네 마음속으로

"아하! 우리가 바라던 대로다""라고 말하지 않기를 바랍니다!

그들이 "우리가 그를 삼켰다"라고 말하지 않기를 바랍니다!

26 저의 재앙을 기뻐하는 이들이 함께

부끄러워지고 창피스러워지기 바랍니다!

부끄러움과 망신으로 옷 입기 바랍니다,

제게 맞서 뽐내던 이들!

간구와 감사 2

27 저의 정의로움을 기뻐하는 이들은 환호하고 즐거워하며,

늘 말할 것입니다.

"자기 종의 평화를 기뻐하시는 야훼는 위대하십니다."

28 그리고 저의 혀는 당신의 정의를,

온종일 당신의 찬송을 읊조릴 것입니다.

번역 해설

5절ㄱ. 히브리어 본문은 분사형(הוזחה, 도하)만 있어서 문맥에서 사실상 뜻이 통하지 않는다. 70인역은 "그들을 넘어뜨린다"(ἐκθλίβων αὐτούς, 에크틀리본 아우투스)로 옮겨서 3인칭 남성 복수형 어미가 있는 "הוזחם"(도함)을 생각하게 하며, 우리는 이 전통과 6하반절을 바탕으로 번역한다.

12절ㄴ. 또는 "외롭습니다." 직역. "자식이 없습니다."

15절ㄷ. 히브리어 "נכים"(네킴)은 "얻어맞은 이들"이라는 뜻으로 본문에 들어맞지 않는다. 쿰란 성경 본문 전통(4Q98 2:7)은 여기서 "תכים"을 전하

는데, 이는 시편에서 더러 쓰이는 "압제자들"(תֹּכְכִים, 트카킴; 참조. 시 10:7; 55:11[12]; 72:14)의 형태와 연관된 낱말로 여겨질 수 있다(참조. 게제니우스, 『히브리어 아람어 사전』, 878; 또한 이와 비슷한 추측으로는 참조. Craigie/Tate, *Psalms 1-50*, 285).

15절ㄹ. 직역. "잡아 찢으며."

16절ㅁ. 히브리어 본문(בְּחַנְפֵי לַעֲגֵי מָעוֹג, 브하느페 라아게 마오그; '빵을 비웃는 이들의 무도한 이들 가운데서'[?])은 사실상 뜻을 파악하기 어렵다. 그래서 우리는 본문을 "בְּחַנְפֵי לַעֲגֵי לָעַג"(브호느피 라아게 라아그)로 읽어 우리의 번역처럼 뜻이 통하도록 한다. 여기서 "가능한 한 모든 비웃음으로"는 히브리어식 최상급인 "비웃음의 비웃음"(라아게 라아그)을 우리말식으로 표현한 것이다(이런 견해는 참조. Craigie/Tate, *Psalms 1-50*, 285).

25절ㅂ. 직역. "우리의 영혼이다."

2. 본문과 함께 그림 묵상(*meditatio et visio*)

이 시편에서 기도자는 매우 다급한 상황에 부닥친 것으로 보인다. 그는 하나님이 재판장이 되어주시고, 힘센 용사가 되어 자신을 위해 싸워주시기를 간구한다. 앞선 34편에서 "야훼의 천사"는 하나님을 대신해서 그분의 백성을 건져주는 존재로 언급되었는데, 이 시편은 그 천사가 대적을 물리쳐주기를 기도한다. 무엇보다 고난 가운데서 좌절하거나 절망하지 않고, 하나님을 향해 눈을 들고 도움을 청하는 신앙의 태도가 변화의 첫걸음이다. 비록 이 시편에서 보듯이 거듭 원수들 때문에 고통스러워하고 그들을 원망하며 저주하더라도, 우리는 그 모든 과정이 하나님 앞에서 이루어지고 있음을 눈여겨보아야 한다.

그림 73 Cod. Bibl. Fol. 23, 42 verso

이 삽화는 4절과 5-6절 사이에 그려져 있는 것으로 보아 5-6절에서 기도자가 자신을 대신하여 하나님의 천사가 대적들을 벌해주기를 바라는 본문을 형상화했다. 그림에서 왼쪽에 있는 천사는 창을 들고 서 있고, 두 사람은 천사를 피해 도망치고 있다. 흥미롭게도 이 그림에는 기도자가 없다. 곧 이 그림은 기도자의 시선이다. 이 그림을 보면서 독자들 역시 자신 안에 있는 것들을 다시금 들여다볼 수 있다.

삶에서 사람들을 괴롭게 하는 것 가운데 무엇보다 힘든 것으로 억울함과 부당함을 들 수 있다. 자신은 올바르게 살려고 노력하고 모든 이들에게 편견이나 편애 없이 대하려고 하는데, 그런 자신의 노력에 기대되는 반응이 없거나 도리어 자기 의도와는 반대로 공격을 받을 때 사람들은 매우 힘들어한다. 그럴 때 우리는 13절에서 기도자가 "그랬더니 제 기도가 저의 품으로 되돌아왔습니다"(마 10:12-13)라고 말한 대목을 되새길 필요가 있다(참조. 2권 본문 해설). 이는 곧 다른 이들에게 베푸는 우리의 모든 것이 혹시 자기 의로움을 만족시키려는 이기주의는 아닌지 살펴봐야 한다는 말이다. 만약 순수한 마음이라면 그렇게 억울해할 필요가 없다. 그렇지만 자기 의로움을 만족시키려는 이기주의에서 출발했다면, 자신의 의로움을 알아주지 않는 상대편의 반응에 억울해하는 마음이 더 클 것이다.

그림 74 Cod. Bibl. Fol. 23, 43 recto

이 삽화는 11-16절 단락의 내용을 형상화한다. 오른쪽에 있는 기도자는 베옷을 입고 슬퍼하며 기도한다. 이는 아마도 대적 때문일 것이다. 하지만 왼쪽의 대적은 그를 향해 칼을 빼 든다. 역설적이고 억울한 이 장면 앞에서 독자들 혹은 감상자들은 자신을 깊이 들여다볼 필요가 있다. 과연 우리의 선행과 호의는 상대를 위한 것인가, 아니면 우리의 의로움을 만족시키려는 것인가?

그림 75 Cod. Bibl. Fol. 23, 43 verso

히브리어 본문만 읽어서는 한 사람이 발가벗겨진 채로 두 사람에게 채찍으로 맞고 있는 이 그림을 이해할 수 없다. 왜냐하면 이 삽화는 라틴어 본문에서 달리 읽은 15절의 장면을 그리고 있기 때문이다. 앞서 본문 해설 15절 ㄷ에서 다루었듯이, 기도자를 향해 모여든 것이 무엇인지를 히브리어 본문을 통해 이해하기는 수월하지 않다. 70인역은 이 부분을 "채찍들"(μάστιγες, 마스티게스)로 읽었는데, 아마도 본문을 "מַכִּים"(마킴)으로 읽은 듯하다(참조. 왕하 8:29; 9:15; 대하 22:6; 게제니우스, 『히브리어 아람어 사전』, 422). 라틴어 번역은 이 70인역의 읽기를 그대로 받아들였다(*flagella*).

본문에서 기도자는 자신의 의로움을 드러내고 원수들의 부당함을 고발하는 일을 거듭했다. 그러면서 그들을 향한 자신의 적개심이 하나님 앞에서 고스란히 드러나는 것을 보았다. 이 과정에서 기도자는 모든 판결의 전권이 하나님의 정의에 있음을 깨닫는다(24절). 그 정의는 원수들을 심판하는 잣대이지만, 기도자의 교만을 꾸짖는 잣대이기도 하다. 27절에서 기도자는 자신의 정의로움을 사람들이 기뻐할 것이라고 말하지만, 이 정의로움은 이전의 자기 의와는 다른 차원이다. 이는 하나님의 위대하심을 인정하는 이의 합법성을 뜻한다(참조. 2권 본문 해설). 그러니 거듭되는 이 시편의 성찰은 결국 기도자가 하나님의 정의의 위대하심과 자신의 비천함을 인식해가는 과정이다.

그림 76 Cod. Bibl. Fol. 23, 44 recto

이 그림은 22-26절의 간구를 형상화한다. 왼쪽에 다윗으로 보이는 임금이 앉아 있고, 오른쪽에는 그를 비난하며 공격하는 것으로 보이는 사람이 있다. 그 가운데 예수 그리스도가 서 계신다. 예수는 다윗을 공격하는 사람을 향한다. 이는 아마도 다윗을 변호하는 모습을 표현한 것으로 보인다. 우리는 원수들의 공격을 받을 때, 더욱이 원수들이 다수이고 홀로 남았을 때, 외로움과 좌절을 겪기 십상이다. 그러나 이 그림은 그 가운데 늘 함께하셔서 도움과 구원이 되시는 주님의 임재를 되새기게 해준다.

3. 기도와 관상(*oratio et contemplatio*)

주님, 저는 거듭 고민하고 원망하며 저주합니다. 그때마다 당신은 제게 깨달음을 주십니다. 저의 한계, 교만, 부족을 일깨워주십니다. 하지만 저는 또다시 그 과정을 반복합니다. 아니, 반복할 수밖에 없습니다. 하지만 저는 그렇게 하면서 제가 한 걸음 한 걸음 당신을 향해 나아갈 수 있음을 압니다.

악인들을 보며(시편 36편)

1. 본문 읽기(*lectio*)

[예배 음악을 위하여.˙ 야훼의 종.˙ 다윗.]

악인에 관한 생각

1   제 마음속의 말입니다.

     죄는 악인의 것입니다.ᵋ

     그의 눈앞에는 하나님을 두려워함이 없습니다.

2   참으로 그는 자기 눈앞에서 스스로 번드르르하게 말해서

     자기 죄를 찾아내서 미워하지 않습니다.ᵋ

3   그 입의 말은 죄악이고 속임수입니다.

     지혜로워지고 선해지기를 멈췄습니다.

4   그는 죄악을 자기 침상에서 생각합니다.

     선하지 않은 길에 나섭니다.

     악을 거절하지 않습니다.

하나님의 본성 묵상

5   야훼여, 당신의 인자하심은 하늘에 있습니다.

     당신의 미쁘심은 구름까지입니다.

6   당신의 정의는 웅장한 산들 같고,ᵋ

     당신의 공정하심은 깊고 깊은 바다 같습니다.

     당신이 사람과 짐승을 구원하십니다, 야훼여!

7 하나님이여, 당신의 인자하심이 얼마나 귀한지요?
  그래서 사람들이 당신의 날개 그늘에 피합니다.

8 그들이 당신의 집의 기름으로 배를 불리고,
  당신의 풍성한 강물을 마실 것입니다.

9 참으로 당신과 더불어 생명의 원천이 있습니다.
  당신의 빛 안에서 저희가 빛을 봅니다.

간구

10 당신의 인자하심을 당신을 아는 이들에게,
  당신의 정의를 마음이 올곧은 이들에게 이어주십시오!

11 교만한 이의 발길이 제게 이르게 하지 마시고,
  악인들의 손이 저를 내쫓게 하지 마십시오!

12 거기서 죄악을 저지르는 이들은 걸려 엎드러졌으니
  일어나지 못할 것입니다.

번역 해설

표제ㄱ. 히브리어. "לַמְנַצֵּחַ"(라므나체아흐). 자세한 설명은 위의 1부를 보라.

표제ㄴ. "야훼의 종"은 다윗을 일컫는 존칭 가운데 하나다(참조. 시 18편 표제; Kraus, *Psalmen 1-59*, 433).

1절ㄷ. 히브리어 본문은 "말, 죄는 악인에게, 제 마음속" 순서다. 우리는 "죄는 악인에게"가 문장 사이에 끼어들었다고 본다. 이와 비슷한 본문 이해는 비교. Craigie/Tate, *Psalms 1-50*, 289.

2절ㄹ. 또는 "참으로 그는 자기 죄를 찾아내서 미워하기에는 자기 눈앞에서 스스로 너무 번드르르하게 말합니다."

6절ㅁ. 직역. "하나님의 산들 같고."

2. 본문과 함께 그림 묵상(*meditatio et visio*)

어떤 사람이 악인인가? 스스로 악하다고 여기며 사는 사람은 아무도 없다. 하지만 우리가 사는 세상에는 분명히 악이 존재한다. 그럼 도대체 무엇이 악인가? 본문 1절에서는 하나님을 두려워하지 않는 것을 악이라고 말한다. 하나님을 두려워하지 않는다는 말은 그분의 무한하심을 인정하지 않는다는 말과 같다. 그러니 가시적이지만 유한한 세상의 가치를 좇는 것, 그것이 악의 출발점이다. 그리고 본문 2절에서는 자기 합리화를 악으로 규정한다. 자책으로 삶을 얼룩지게 하는 일도 문제지만, 지나치게 자기 합리화에 몰두하다 보면 모든 책임을 다른 이들에게 돌릴 뿐 아니라 자신도 속인다. 잘못을 저지르고도 모르는 사이에 어느새 합리화를 해버릴 수 있다. 그것에 익숙해지다 보면 악에 둔감해지고 악을 자연스럽게 여길 수 있다.

그림 77 Cod. Bibl. Fol. 23, 44 verso

이 그림에서 오른쪽에 서 있는 기도자는 왼쪽에서 칼을 뽑고 있는 악인을 본다. 그와 거리를 둔다는 뜻에서 기도자의 앞에 있는 문은 굳게 잠겨 있다. 그리고 악인 쪽 문짝에는 "속임수"(*Dolus*)와 "불공정"(*Iniquitus*)이라고 쓰여 있다.

하나님은 인자하시고, 미쁘시며, 정의롭고, 공정하시다. 이는 그분의 본성이다. 그분의 백성은 그 본성을 닮아가며, 사람들 사이에서도 이런 현실을 이루어가야 한다. 사람들 사이에 이런 하나님의 본성이 실현되는 데서 그분을 아는 것과 마음이 올곧은 것이 드러난다. 그런 현실에서 하나님은 사람과 짐승, 곧 모든 피조세계를 올바른 질서로 보기 좋도록 "구원"하신다.

그림 78 Cod. Bibl. Fol. 23, 45 recto

이 삽화는 6절 다음에 그려져 있어서 이 구절을 형상화한다. 곧 사람과 짐승을 구원하시는 하나님 나라의 현실이 그려져 있다. 사람들은 문명 세계에서, 짐승은 자연 세계의 창조 질서 안에서 조화를 이루는 그림이다. 그러므로 이 그림은 하나님의 구원이 어떤 현실인지, 무엇이 악인이 되지 않고 구원을 누리며 사는 길인지를 생각하게 해준다.

3. 기도와 관상(*oratio et contemplatio*)

주님, 당신의 구원을 맛보게 해주십시오. 죽고 썩어 없어질 것들을 뒤따르다가 무한한 당신의 나라를 보지 못하는 악에 빠지지 않게 해주십시오. 저만 옳다고 우기다가 당신의 피조물로서 당신의 다스림 아래서 비로소 평화를 누릴 수 있는 제 존재의 본질을 잊지 않게 해주십시오.

의인들의 구원은 야훼에게서(시편 37편)

1. 본문 읽기(*lectio*)

[다윗.]

화내지 마십시오

1   [알레프] 악한 이들 때문에 화내지 마십시오!
     부조리를 저지르는 이들을 질투하지 마십시오!

2   이는 그들이 풀처럼 이내 베어질 것이고,
     푸른 덤불처럼 시들어버릴 것이기 때문입니다.

3   [베트] 야훼를 의지하고 선을 행하십시오!
     땅에 머물러 미쁨을 뜯어 먹으십시오!

4   그리고 야훼 덕분에 즐거워하십시오!
     그러면 그분이 당신 마음에 구하는 것들을 당신에게 주실 것입니다.

5   [김멜] 야훼께 당신의 길을 맡기고, ˇ 그분을 의지하십시오!
     그러면 그분이 이루어주실 것입니다.

6   그리고 당신의 정의를 빛처럼,
     당신의 공정함을 한낮처럼 끌어내주실 것입니다.

7   [달레트] 야훼께 침묵하고,
     그분을 기다리십시오!
     제 길이 형통한 이,
     음모를 꾸미는 사람 때문에 화내지 마십시오!

8   [헤] 분노를 거두고 화를 버리십시오!

화내지 마십시오! 정말 악독하게 될 뿐입니다.

9 참으로 악을 저지르는 이들은 끊어질 것이지만,
야훼를 바라는 이들, 그들은 땅을 차지할 것입니다.

10 [바브] 조금 뒤에는 악인이 없을 것이니
그가 있던 곳을 당신이 알고 있더라도 없을 것입니다.

11 그러나 겸손한 이들은 땅을 차지할 것이고,
풍성한 평화로 즐거워할 것입니다.

악인들의 운명

12 [자인] 악인이 의인을 노리고,
그를 향해 이를 갑니다.

13 주님은 그를 비웃으십니다.
이는 그분의 날이 다가오는 것을 보시기 때문입니다.

14 [헤트] 악인들이 칼을 뽑고,
그들의 활을 당겨서˘
가난한 이와 가련한 이를 쓰러뜨리려 합니다.
삶이 올곧은 이들을ᵈ 죽이려 합니다.

15 그들의 칼은 자기네 심장으로 향하고,
그들의 활은 부러질 것입니다.

의인들이 누릴 복

16 [테트] 적은 것이 의인에게 더 좋습니다,
많은 악인의 풍부함보다!

17 참으로 악인들의 팔은 부러지겠지만,
야훼는 의인들을 붙드시는 분!

18 [요드] 야훼는 순수한 이들의 날들을 아시는 분!

그러니 그들의 소유는 영원토록 있을 것입니다.

19 그들은 재앙의 때에 부끄러워지지 않을 것이고,

기근의 날에도 배부를 것입니다.

20 [카프] 참으로 악인들은 멸망하고,

야훼의 원수들은

풀밭의 화려함처럼 끝장납니다.

연기가 되어 끝장납니다.

21 [라메드] 악인은 빌리고 그것들을 갚지 않습니다.

그러나 의인은 은혜를 베풀고, 내어줍니다.

22 참으로 그분께 복 받은 이가 땅을 차지할 것입니다.

하지만 그분께 저주받은 이는 끊어질 것입니다.

23 [멤] 야훼로부터 사람의 발걸음이 굳건해지고,

그의 길을 그분이 기뻐하십니다.

24 참으로 그는 넘어지겠지만, 아예 뻗어버리지는 않을 것입니다.

참으로 야훼는 그의 손을 붙드시는 분!

25 [눈] 저는 젊은이였고, 또 늙기도 하였습니다.

그러나 저는 의인이 버려지거나,

그의 자손이 먹을 것을 구걸하는 것을 보지 못했습니다.

26 오히려 온종일 은혜를 베풀고 빌려주며,

그의 자손은 복을 누립니다.

의인들을 향한 권고

27 [사메크] 악에서 돌이키고 선을 행하십시오!

그리하여 영원토록 머물도록 하십시오!

28 참으로 야훼는 공정함을 사랑하시는 분!

그래서 그분은 자기의 경건한 이들을 저버리지 않으십니다.

[아인] 영원토록ʳ 그들은 지켜질 것입니다.

그러나 악인들의 후손은 끊어질 것입니다.

29 의인들은 땅을 차지하고,

언제까지나 거기서 머무를 것입니다.

30 [페] 의인의 입은 지혜를 읊조리고,

그의 혀는 공정함을 말할 것입니다.

31 자기 하나님의 토라가 그의 마음속에 있을 것입니다.

그의 발걸음은 미끄러지지 않을 것입니다.

32 [차데] 악인이 의인을 엿보고,

그를 죽일 기회를 찾습니다.

33 야훼가 그를 그의 손에 내버려두지 않으시고,

그가 재판받을 때도 그를 정죄하지 않으실 것입니다.

의인들의 구원은 야훼에게서

34 [코프] 야훼를 바라고,

그분의 길을 지키십시오!

그러면 땅을 차지하도록 당신을 높이실 것입니다.

악인이 끊어질 때 그것을 볼 것입니다.

35 [레쉬] 제가 강포한 악인을 보니,

저절로 자라난 것처럼 울창하게 뻗어 있습니다.

36 그러나 세월이 흐르니,ⁿ 보십시오, 그것은 없습니다!

그리하여 제가 그것을 찾았지만, 찾아낼 수 없었습니다.

37 [쉰] 순전한 이와 올곧은 이를 지켜보십시오!

참으로 나중에 그 사람에게는 평화가 있습니다.

38 그러나 죄인들은 한꺼번에 멸망합니다.

　　나중에 악인들은 끊어질 것입니다.

39 [타브] 의인들의 구원은" 야훼에게서입니다. 환난 때에 요새 성도!

40 그리고 야훼는 그들을 도우시고 건지십니다.

　　그분은 그들을 악인들에게서 건지시고 구원하십니다.

　　왜냐하면 그들이 그분께 피했기 때문입니다.

번역 해설

5절ㄱ. 직역. "굴리고."

14절ㄴ. 직역. "활을 밟아서." 이것은 장력이 센 활 한쪽을 땅에 놓고 발로 밟아서 시위를 당기는 모습에서 비롯한 표현이다(참조. Craigie/Tate, *Psalms 1-50*, 98).

14절ㄷ. 직역. "길이 올곧은 이들을."

28절ㄹ. 히브리어 본문에는 알파벳 시편의 "아인"(ע) 단락이 없다. 우리는 히브리어 본문의 "영원히"(לְעוֹלָם, 르올람)를 같은 뜻이 있는 "עַד-עוֹלָם"(아드-올람)으로 읽는다(참조. 창 13:15; 출 12:24; 신 12:28; 삼상 2:30; 게제니우스, 『히브리어 아람어 사전』, 574).

36절ㅁ. 직역. "그리고 그것이 지나갔습니다." 번역은 참조. 예레미야 8:20, 아가 2:11, 게제니우스, 『히브리어 아람어 사전』, 561.

39절ㅂ. 히브리어 본문에는 접속사가 자음 "타브"(ת)로 시작하는 "구원"(תְּשׁוּעַת, 트슈아트) 앞에 있지만, 몇몇 중세 필사본을 바탕으로 볼 때 알파벳 시편의 원래 형태는 접속사가 없었을 수 있다(참조. Craigie/Tate, *Psalms 1-50*, 296).

2. 본문과 함께 그림 묵상(*meditatio et visio*)

이 시편은 하나님의 말씀에 따라 올곧게 살아가려는 이들의 고민에서 출발한다. 하나님의 말씀에 따라 산다는 것은 가시적인 가치를 초월한다는 뜻이다. 사실 이런 삶은 가시적인 가치 세계에서 소외되고 기득권을 누리지 못하는 삶으로 이어질 수 있다. 반면에 하나님의 무한한 가치 세계보다 가시적인 것들에 맞춰 사는 이들은 의외로 많은 것을 누린다. 이 시편에서는 그런 이들을 보며 화내지 말라고 한다. 무성한 풀 같은 그들의 유한성을 깨달으라고 권면한다(2, 20, 35-36절).

그림 79 Cod. Bibl. Fol. 23, 45 verso

이 삽화는 2절 다음에 그려져 있다. 그림 오른쪽에서 한 젊은이가 지혜 선생 앞에 가서 본문에 나오듯 화를 내며 현실의 부조리함에 대해 따진다. 그림 왼쪽에 있는 이들은 이 젊은이가 비판하는 악인들일 것이다. 그들은 가시적인 것들을 숭상한다. 그림은 그들이 그것을 얻기 위해 얼마나 추악해지는지를 매우 직설적으로 표현한다.

하나님의 말씀에 따르는 삶은 그분의 무한한 가치를 좇는 것을 뜻한다. 이 시편에서 그 무한한 가치는 정의, 공정, 선 등의 개념으로 설명된다. 이런 가치를 좇으려면 순수한 신앙의 삶을 살아가야 한다. 가시적인 것들을 얻으려는 욕심은 반드시 제한된 상황에서 다른 이들을 해치거나 다른 이의 것을 빼앗는 것도 포함하는데, 하나님의 본성인 무한한 가치들은 이런 것들을 용납하지 않는다. 따라서 하나님의 말씀을 따라 살아가다 보면 더러 유한한 가치를 얻으려고 욕심을 부리는 이들의 공격으로 인한 고난을 감수해야 하는 상황에도 부닥치게 된다. 본문은 그런 상황에서도 악인들의 유한성을 보고 옳은 길에서 멈추지 말라고 가르친다.

그림 80 Cod. Bibl. Fol. 23, 46 verso

이 그림은 14절을 직설적으로 표현해준다. 기도자 좌우에 대적들이 본문 그대로 칼을 뽑아들고 활을 당겨서 공격한다. 하나님의 무한한 가치 세계를 순전하게 좇는다는 것은 가시적인 세상에서 부당하게 겪는 고난도 감수해야 함을 뜻한다. 신앙의 시선을 통해 초월하지 않는 이상 이런 부당한 공격이나 고난을 이겨내기란 수월치 않다.

이 시편은 거듭 "땅을 차지할 것이다"라고 약속한다(9, 11, 22, 29, 34절). 직관적으로 생각할 때, 이는 의인을 향한 가시적 보상으로 여겨질 수 있다. 하지만 이 약속의 참뜻은 본문의 문맥에서 꼼꼼히 새겨보아야 오해되지 않는다(참조. 2권 본문 해설). 한마디로 이 약속의 궁극적인 목적은 땅을 차지하는 것 자체가 아니라 하나님의 선택에 초점이 맞추어져 있다. 하나님의 선택과 땅을 차지하는 것은 동의어로 보아도 된다. 무한하신 하나님의 선택을 받을 자격이 있는 백성에게, 가시적으로 차지할 땅은 이미 본질이 아니다. 그것은 무한한 기쁨에 주어지는 선물이다. 따라서 진정한 신앙인이라면 이런 선물과 본질을 혼동해서는 안 된다.

그림 81 Cod. Bibl. Fol. 23, 47 recto

이 삽화는 24절 다음에 그려져 있다. 왼쪽에는 22절의 약속대로 하나님의 선택을 받은 이들이 하나님 나라의 땅에 당당히 서 있다. 그리고 24절의 말씀대로 지금 막 하나님의 선택을 받은 이를 하나님의 손이 굳게 잡고 그분의 땅으로 이끄신다. 반면에 오른쪽에는 악인들이 여전히 욕심에서 비롯한 공격성을 드러내며 처절한 삶을 살고 있다. 그들은 절대로 약속의 땅으로 건너갈 수 없음이 분명해 보인다. 이 그림에서도 약속의 땅보다 하나님의 선택이 훨씬 더 강조되어 있음을 그림 상부에 크게 표현된 24절에서 분명히 느낄 수 있다.

이 시편은 결국 이 땅에서의 삶을 우리에게 가르쳐준다. 즉 무한한 하나님의 가치에 시선을 두고 올곧은 삶을 좌절하지 말고 이어가라는 것이다. 하나님은 분명히 그런 사람들과 함께하신다. 그분은 창조주요, 통치자이시며, 심판주시다. 그러므로 그분의 말씀에 따라 올곧게 사는 이들은 분명히 그분의 선택을 받을 것이며, 악인들은 아무리 발버둥을 쳐도 결국 유한성을 극복하지 못하고 멸망할 것이다. 이것이 신앙의 대원칙이다.

그림 82 Cod. Bibl. Fol. 23, 47 verso

이 삽화는 30절과 31절 사이에 그려져 있다. 왼쪽의 기도자는 하나님의 토라를 읊조리고 손수 한 글자 한 글자 써가며 그분의 무한한 가치 세계에 머문다. 반면에 오른쪽의 악인은 32절 말씀대로 호시탐탐 의인을 해칠 기회를 노린다. 하지만 하나님의 손은 의인을 보호하신다. 이것은 영원의 차원이다. 하늘에서 말씀하시는 하나님의 손은 현실의 부조리에 분노하는 이들에게 그분의 임재와 약속을 되새기게 해준다.

3. 기도와 관상(*oratio et contemplatio*)

주님, 저는 부조리하고 부당한 세상을 보며 참 자주 분노했습니다. 그것을 의분이라고 여겼습니다. 그리고 저는 항상 옳게 판단한다고 생각했습니다. 하지만 주님, 제가 정말 바라던 것이 무엇인지 되돌아봅니다. 당신은 언제나 저와 함께 계셨는데, 저는 무엇이 부족해서 그렇게 화를 냈던 것일까요? 혹시 제가 남들만큼 누리는 것이 충분치 않다고 여긴 것은 아닌지 되돌아봅니다.

제 몸에는 성한 데가 없습니다(시편 38편)

1. 본문 읽기(*lectio*)

[다윗의 찬송. 분향 제사를 위하여.*]

간구 1

1   야훼여, 당신의 노여움으로 저를 꾸짖지 마시고,
    당신의 분노로 저를 벌주지 마십시오!

병상에서 드리는 기도

2   참으로 당신의 화살이 제게 떨어졌고,
    제 위로 당신의 손이 떨어졌습니다.

3   당신의 진노 때문에 제 몸에는 성한 데가 없습니다.
    저의 죄악 때문에 제 뼈에 평화가 없습니다.

4   참으로 제 죄가 제 머리에 넘쳐흘렀습니다.
    무거운 짐처럼 그것이 제게 무겁습니다.

5   제 상처들은 냄새 나도록 썩어버렸습니다.
    저의 어리석음 때문입니다.

6   제가 매우 허우적거리고 구푸려졌습니다.
    온종일 슬퍼하며 다녔습니다.

7   참으로 제 허리는 염증으로 가득하고,
    제 몸에는 성한 데가 없습니다.

8   저는 무기력하고, 매우 으스러졌습니다.

탄식 때문에 제 마음이 울부짖습니다.

9 주님이여, 당신 앞에 제 모든 바람이 있고,
   제 한숨은 당신에게서 숨겨지지 않았습니다.

10 제 심장이 뛰어대고, 저의 힘이 빠져버렸습니다.
   그리고 제 눈빛, 그것도 제게는 없습니다.

병상에서 바라보는 다른 이들

11 제가 사랑하는 이들과 제 이웃들은
   저의 고통 앞에서 떨어져 있고,
   제 가까운 이들도 멀리 떨어져 있습니다.

12 그리고 제 목숨을 노리는 이들은 올무를 놓고,
   저의 재앙을 요구하는 이들은 죄악을 말하며,
   온종일 속임수를 꾸밉니다.

13 그러나 저는 청각장애인처럼 듣지 못하고,
   자기 입을 열지 못하는 언어장애인 같습니다.

14 그리고 저는 듣지 못해서
   자기 입으로 반박하지 못하는 사람처럼 되었습니다.

15 참으로 당신을, 야훼여, 제가 바랐습니다.
   당신이 응답하실 것입니다. 저의 주님 하나님이여!

16 참으로 제가 말하였습니다.
   "그렇지 않으면 그들이 저 때문에 기뻐할 것입니다.
   제 발이 흔들릴 때 제 위에서 으스댑니다."

17 참으로 제가 넘어지게 되었고,
   고통이 제 앞에 늘 있습니다.

18 참으로 제 죄를 아룁니다.

제가 저의 죄악을 슬퍼합니다.

19 하지만 공연히 저와 원수 된 이들이˘ 힘세고,

까닭 없이 저를 미워하는 이들이 많습니다.

20 그리고 선 대신 악으로 갚은 이들이

제가 선을 따르기 때문에 저를 대적합니다.

간구 2

21 저를 저버리지 마십시오, 야훼여!

나의 하나님이여, 제게서 멀리 있지 마십시오!

22 어서 저를 도와주십시오,

주님, 나의 구원이시여!

번역 해설

표제ㄱ. 이곳과 70편의 표제에 나오는 "לְהַזְכִּיר"(르하즈키르)의 뜻은 명확하지 않다. 다만 이 낱말의 히필 분사형(מַזְכִּיר, 마즈키르)이 유향(לְבֹנָה, 르보나)과 함께 쓰인 것을 바탕으로, "음식 제사의 제물 중에 기념물로 단 위에서 불태우는 것"(אַזְכָּרָה, 아즈카라; 참조. 레 2:2, 9, 16; 5:12; 6:8; 민 5:26; 게제니우스, 『히브리어 아람어 사전』, 18)을 뜻한다고 본다(이런 견해는 참조. Kraus, *Psalmen 1-59*, 25). 하지만 이 표제와 시편의 내용 사이에 어떤 상관이 있는지는 여전히 분명하지 않다.

19절ㄴ. 히브리어 본문의 바탕이 되는 레닌그라드 사본(Codex L)과 70인역은 "살아 있는"(חַיִּים, 하임)이라는 형용사를 쓴다. 하지만 이는 후반절과 평행을 이루지 않는다. 더욱이 쿰란 성경 본문 전통(4Q83 f9ii:3)이 "חִנָּם"(히남; '공연히')을 보존하고 있어서 후반절과 조화를 이룬다. 우리는 이 전통에 따라 본문을 읽는다.

2. 본문과 함께 그림 묵상(*meditatio et visio*)

기도자는 견디기 어려운 병으로 고통을 겪고 있는 듯하다. 이런 때 기도자는 그 고통 하나하나를 붙잡으며 자신의 잘못을 되짚는 회개의 기회로 삼는다. 기도자가 자신의 병을 두고 하나님의 벌이라고 말하는 까닭은 병의 고통을 자신이 저지른 죄에 대한 회한과 동일시하기 때문이다. 그렇다면 그의 죄는 무엇인가? 처음에 기도자는 자신을 옥죄는 죄책감의 정체를 알지 못한다. 11절에서 우리는 어쩌면 기도자가 부정하다는 판정을 받아 공동체에서 격리되어 있는 처지일 수도 있겠다는 생각을 해본다(참조. 레 14장; 2권 본문 해설). 이렇게 고립된 상태에서 자기 성찰을 이어가다가 기도자는 문득 자신을 부당하게 대했던 대적들을 떠올린다. 그리고 그들을 향한 자신의 적개심도 떠올린다. 이 과정에서 그가 깨달은 죄는 역설적이게도 자신의 교만이었다(11-20절; 참조. 2권 본문 해설). 기도자는 대적들이 심판받기를 바랐을 것이다. 이는 하나님의 정의 때문이 아니라, 그렇지 않으면 그들이 자기 앞에서 으스대며 비웃을 것이 두려웠기 때문이다(16절). 이것이 이토록 괴로운 까닭은 자기 뜻대로 심판이 이루어지기를 바랐기 때문이다. 이는 하나님의 전권에 도전하는 교만이다. 기도자가 병상에서 성찰하며 깨달은 죄는 바로 이것이었다. 이 본문을 읽는 독자들도 그런 교만을 경계하며 성찰해야 한다.

그림 83 Cod. Bibl. Fol. 23, 48 recto

이 그림은 2절을 직설적으로 표현한다. 기도자는 병으로 식은땀을 흘리며 괴로워한다. 그에게 화살들이 날아와 꽂힌다. 기도자는 자기 병의 고통을 하나님 앞에서 지은 자신의 죄에 대한 회한과 동일시한다. 그래서 기도자는 고통에 좌절하기보다 하나님의 성전을 향한다. 곧 하나님을 향한다. 이는 그의 마음속 깊이 하나님을 향한 신뢰가 있기 때문이다. 이것은 어머니에게 혼나면서도 "엄마"라며 우는 아이와 같은 심정일 것이다.

그림 84 Cod. Bibl. Fol. 23, 49 recto

신약성경 전통에서 11절은 예수의 수난사에서 십자가 아래 있는 여성들을 묘사하는 데 인용되었다(눅 23:49). 그런데 이 삽화는 14절 다음에 그려져서 흥미롭게도 그 이전에 예수 그리스도가 대제사장에게 잡혀가서 그의 심문에 침묵하시는 장면(막 14:60-61// 마 26:62-63)에 적용한다. 더 흥미로운 것은 오른쪽 그림이다. 복음서에서는 예수의 침묵에 이어 베드로가 예수를 부인하고 난 후 회개하는 장면이 이어진다(막 14:66-72//마 26:69-75). 아마도 삽화가는 이 시편의 회개를 베드로의 회개에 빗대어 뜻을 새긴 듯하다.

3. 기도와 관상(*oratio et contemplatio*)

주님, 저는 고독합니다. 제 주위에는 아무도 없습니다. 가까운 이들은 저를 멀리합니다. 그래서 제 마음이 아픕니다. 그런데 정작 제 주위에는 저를 미워하는 사람들만 보입니다. 그 가운데서 당신을 봅니다. 저들이 미워서 죽을 지경입니다. 그런데 주님, 그렇게 말하는 저도 함께 보입니다. 저를 용서해주십시오!

사람들은 헛됩니다 (시편 39편)

1. 본문 읽기 (*lectio*)

[예배 음악을 위하여." 예투툰`에 맞추어. 다윗의 찬송.]

말에 대한 성찰

1   제가 말했습니다.

"제가 제 길들을 제 혀로 죄짓는 데서부터 지키겠습니다!

제 입을 재갈로 지키겠습니다.

악인이 제 앞에 있을 때!"

2   제가 잠잠히 침묵하여, 선한 것조차도 잠자코 있었더니

제 근심이 격심해졌습니다.

3   제 마음이 제 속에서 뜨거워졌습니다.

제가 탄식할 때 불이 붙어서

제가 제 혀로 말하였습니다.

인간의 허무함

4   야훼여, 저의 끝, 제 날들의 범위를 제게 알려주십시오!

그것이 얼마나 됩니까?

제가 얼마나 무상한지를 알 수 있겠습니다.

5   보십시오!

당신은 한 뼘만큼 저의 날을 주셨으니,

제 한평생이 당신 앞에서는 없는 것 같습니다.

정말로 모두 헛됩니다, 서 있는 모든 사람! [셀라]ᵉ

6   정말로 사람은 허상 가운데 다닙니다.

     정말로 그들은 헛되게 떠들어댑니다.

     쌓기는 하지만 그것들을 누가 거둘지 알지 못합니다.

간구

7   그러니 이제 제가 무엇을 바라겠습니까? 주님!

     제 소망은 오로지 당신께 있습니다!

8   저의 모든 죄에서 저를 건져주십시오!

     어리석은 이의 조롱을 제게 두지 마십시오!

9   저는 침묵하고 입을 열지 않습니다.

     이는 당신이 행하셨기 때문입니다.

10   제게서 당신의 재앙을 거두어주십시오!

     당신의 손이 화내셔서 제가 끝장나버렸습니다.

11   죄악에 대한 징벌로 당신이 사람을 훈계하셨고,

     그의 갈망을 좀먹은 것처럼 녹이셨습니다.

     정말로 모든 인간은 헛됩니다. [셀라]ᵉ

12   제 기도를 들어주십시오, 야훼여!

     그리고 제가 부르짖었으니,

     제 눈물에 귀 기울여주십시오!

     잠자코 있지 마십시오!

     이는 제가 당신 곁에 있는 나그네이며,

     제 모든 조상처럼 체류자일 뿐이기 때문입니다.

13   제게서 눈을 감아주십시오!

     그러면 제가 기뻐하겠습니다!

제가 떠나 없어지기 전에 그렇게 해주십시오!

번역 해설

표제ㄱ. 히브리어. "לַמְנַצֵּחַ"(라므나체아흐). 자세한 설명은 위의 1부를 보라.

표제ㄴ. 이 낱말은 고유명사로 보이며, 다윗 왕조의 성전 제의 음악 담당자와 연관이 있을 것이다(참조. 대상 9:16; 16:38, 41; 25:1, 3, 6; 대하 5:12; Kraus, *Psalmen 1-59*, 25-26).

5, 11절ㄷ. "셀라"에 대해서는 3편 번역 해설을 보라.

2. 본문과 함께 그림 묵상(*meditatio et visio*)

몸에 난 상처는 아물지만, 말 때문에 마음에 난 상처는 좀처럼 아물지 않는다. 그리고 사람들의 관계는 대부분 말 때문에 깨어진다. 그것을 아는 시편의 기도자는 말을 조심하자는 원칙을 세우고 산다. 하지만 다른 이들의 말 공격에도 말을 참는 것, 자신이 잘한 것을 말로 드러내지 않는 것은 본문 2-3절에서 기도자가 탄식하듯 매우 어렵다. 욥 역시 고난 가운데서 입을 잘 다스렸지만(참조. 욥 1:22; 2:10), 입을 열기 시작하자 온갖 매서운 독설들이 나왔다(참조. 욥 7:11; 9:27-35; 13:19; 16:6; 30:28). 그것은 유한한 인간으로서는 풀기 어려운 문제다.

그림 85 Cod. Bibl. Fol. 23, 49 verso

이 그림은 본문 1-3절을 형상화한다. 오른쪽의 기도자는 손가락으로 자기 입을 가리고 왼손으로는 말을 하지 않겠다는 의사를 밝힌다. 그런데 그를 향해 한 사람이 칼을 휘두르려고 한다. 이때 기도자는 자신을 변호하는 말을 해야 할 듯하다. 그렇지 않으면 이제 곧 상대방의 칼이 자신을 향해 날아들 수도 있다. 이런 때도 말을 아끼는 것은 참 힘겨운 일이다.

본문 3절에서 기도자는 결국 말을 참지 못했다고 고백한다. 그리고 기도자는 자신의 존재가 가진 한계인 유한성을 성찰해나간다. 그는 전도서의 전도자처럼 인간의 "헛됨"을 고백하는데, 이것은 본질적으로 인간이 파악할 수도 잡을 수도 없는 유한성의 비밀이다. 입이 열린 욥 역시 결국 자신의 고난이나 친구들과의 대화 가운데서 드러나는 자신의 약점과 죄에 대한 비밀을 풀지 못했다. 결국 그 열쇠는 하나님 앞에서 욥이 피조물인 자기 존재의 본질을 고백하는 데서 풀렸다. 이는 해를 등지고서는 절대로 빛의 비밀을 깨달을 수 없는 것과 마찬가지다. 왜 빛이 비추는지, 왜 어떤 곳에는 그늘이 있는지를 깨닫기 위해서는 그 빛이 어디서 오는지를 보아야 알 수 있다(전 11:7). 이것이 이 시편에서 기도자의 성찰과 간구가 전하는 신앙의 신비요 비밀이다.

그림 86 Cod. Bibl. Fol. 23, 50 recto

이 삽화는 5절과 6절 사이에 그려져 있다. 아마도 창조주 하나님 앞에서 한 뼘 같은 인간 존재의 유한성을 표현한 듯하다. 인간은 일상에서 자고 일어나는 것, 더 나아가서 태어나고 죽는 것 가운데 어느 것 하나도 통제할 수 없다. 사람들이 잠자는 동안에도, 태어나기 전과 죽은 뒤에도 하나님께서 한결같이 이 세상을 다스리신다. 그 앞에서 인간은 겸손해야 한다.

그림 87 Cod. Bibl. Fol. 23, 50 verso

셋째 삽화는 10절과 11절 사이에 들어 있다. 왼쪽 아래에는 11절 말씀에 있는 대로 좀벌레가 한 마리 그려져 있다. 전체 그림은 하늘에서 말씀하시는 하나님, 그리고 아담으로 생각되는 사람을 빚으시는 예수 그리스도를 표현한다. 오른쪽은 아마도 성찰하는 기도자인 듯하다. 좀벌레조차도 위협적으로 보이는 나약한 인간이라는 존재가 예수 그리스도의 손에 의지하는 사람의 모습에서 인상적으로 표현되었다.

3. 기도와 관상(*oratio et contemplatio*)

주님, 당신이 제 입을 만드셨습니다. 그러므로 제 입은 당신께 감사하고 당신을 찬양하는 것이 마땅합니다. 그러나 제 입에서 나온 것들을 다 모아놓는다면, 생각만 해도 끔찍합니다. 당신 앞에서 다시 회개하며 당신을 찬양합니다. 저는 알지도 못하는 것을 말했습니다. 저를 만드신 창조주 당신을 찬양하며, 저를 받아주신 당신께 감사합니다.

저를 구원하신 하나님, 망설이지 마십시오(시편 40편)

1. 본문 읽기(*lectio*)

[예배 음악을 위하여.˄ 다윗의 찬송.]

응답의 경험 찬송

1 제가 정말로 야훼를 기다렸더니,

   그분이 제게로 향하셔서,

   저의 부르짖음을 들으셨습니다.

2 그리고 저를 파멸의 웅덩이에서, 수렁에서 끌어올리시고,

   반석 위에 제 발을 세우셨습니다.

   그분은 제 발걸음을 굳건하게 하시는 분!

3 또 제 입에 새 노래,

   우리 하나님을 위한 찬양을 주셨습니다.

   많은 사람이 보고, 두려워하며,

   야훼를 의지할 것입니다.

감사 찬송

4 행복하여라, 그 사람!

   그는 야훼를 자기가 의지할 분으로 삼고,

   거만한 이들과 거짓말에 치우치는 이들에게 돌리지 않습니다.

5 당신은 많은 것을 이루셨습니다, 야훼, 나의 하나님이여!

   우리를 향한 당신의 놀라운 일들과 당신의 생각들,

아무것도 당신께 견줄 수 없습니다.

제가 전하고, 말하겠습니다!

"그 수가 많습니다."

6 희생제물과 예물을 당신은 기뻐하지 않으셨습니다.

당신이 제 두 귀를 꿰뚫어 말씀하셨습니다.

번제와 속죄제를 당신이 요구하지 않으셨습니다.

7 그때 제가 말했습니다.

"보십시오! 제가 왔습니다.

두루마리 책에 저에 관해 적혀 있습니다."

8 당신 뜻 이루기를 제가 기뻐하였습니다, 나의 하나님이여!

그리고 당신의 토라가 제 몸 한가운데 있습니다.

9 많은 회중 가운데서 제가 정의의 기쁜 소식을 전했습니다.

보십시오! 제 입술을 제가 거두지 않을 것입니다.

야훼여, 당신이 아십니다.

10 저는 당신의 정의를 제 마음속 한가운데 숨겨두지 않았습니다.

당신의 미쁘심과 당신의 구원을 제가 말하였습니다.

제가 당신의 인자하심과 당신의 한결같으심을

많은 회중에게 감추지 않았습니다.

11 당신은, 야훼여, 당신의 불쌍히 여기심을

제게서 거두지 않으실 것입니다.

당신의 인자하심과 당신의 한결같으심이 늘 저를 지키십니다.

탄원과 간구

12 재앙이 수도 없이 저를 에워쌌습니다.

저의 죄악들이 제게 이르러서 제가 볼 수 없을 지경입니다.

그것들이 제 머리카락보다 많아서

제 마음도 저를 저버렸습니다.

13 야훼여, 저를 기뻐해주셔서, 저를 건져주십시오!

야훼여, 어서 저를 도와주십시오!

14 제 목숨을 찾아 쓸어버리려는 이들이 모두

부끄러워지고 창피해지기를 바랍니다!

뒤로 물러가서 망신당하기 바랍니다.

저의 재앙을 기뻐하는 이들!

15 그들이 자기네 부끄러움 때문에 소름이 끼치기 바랍니다,

제게 "아하, 아하!"라고 말하던 이들!

16 당신을 찾는 모든 이가 당신 때문에

즐거워하고 기뻐하기 바랍니다!

"야훼는 위대하십니다"라고 말하기 바랍니다,

당신의 구원을 사랑하는 이들!

17 그런데 저는 가난하고 궁핍합니다, 주님!

저를 생각해주시기 바랍니다!`

저의 도움이시고, 저를 건지는 분이십니다, 당신은!

나의 하나님이여, 망설이지 마십시오!

번역 해설

표제 ㄱ. 히브리어. "לַמְנַצֵּחַ"(라므나체아흐). 자세한 설명은 위의 1부를 보라.

17절 ㄴ. 히브리어 본문은 "יַחֲשָׁב לִי"(야하쇼브 리; '그분이 저를 생각해주시기 바랍니다')인데, 이는 2인칭의 기도 문맥에 들어맞지 않는다. 우리는 이 표현의 첫째 자음 "요드"(י)가 바로 앞에 있는 "주님"(אֲדֹנָי, 아도나이)의 마지막 자음이 중복오사(dittography)된 것으로 보고, 2인칭 명령형인 "חֲשָׁב לִי"(하

쉐브 리)로 읽는다.

2. 본문과 함께 그림 묵상(*meditatio et visio*)

기억의 되새김(retrospect)은 미래에 대한 기대(prospect)의 가장 결정적인 바탕이 된다. 이 시편의 기도자 역시 현재 고난에 부닥쳐 있다. 그러나 기도자는 고난의 탄원에서 시작하지 않는다. 그는 자신이 과거에 경험한 응답의 고백에서 시작한다. 이를 통해 현재 겪는 고난을 이길 힘을 마련하는 셈이다.

그림 88 Cod. Bibl. Fol. 23, 51 recto

이 그림은 기도자가 고백하는 응답의 경험, 특히 2절의 시적 표현을 직설적으로 그려준다. 오른쪽에 있는 기도자는 하나님의 도우심으로 반석 위에 굳건하게 서 있다. 반면에 왼쪽에 있는 대적들은 발이 공중에 있어서 불안정한 모습이다. 또한 하나님의 놀라운 역사하심에 두려워 얼굴을 가리고 있다.

응답의 회고는 직접 경험에 바탕을 둘 수도 있지만, 말씀을 통해 드러난 신앙 선조들의 이야기를 통해 간접 경험을 할 수도 있다. 더욱이 성경 말씀에는 하나님의 임재와 응답을 경험하기 위해 어떻게 살아야 하는지가 구체적으로 쓰여 있다(7절). 그러므로 기독교 신앙은 언제나 형식보다 말씀의 본질에 충실해야 한다. 그것이 참된 영성이며, 거기서 굳건한 신앙이 형성된다.

그림 89 Cod. Bibl. Fol. 23, 51 verso

이 삽화는 본문 6-8절을 형상화한다. 하나님이 신앙의 형식인 희생제물과 예물을 기뻐하지 않으신다는 말씀은 양이 제단을 등지고 있는 모습으로 표현되었다. 그리고 기도자의 마음에 새기고 삶에 배어 있어야 할 말씀이 펼쳐져 있다. 그림은 삶에서부터 기도 응답의 경험을 시작한 기도자를 하나님이 적극적으로 맞이해주시는 모습을 기도자를 향하는 하나님의 손으로 보여준다.

신앙의 경험, 응답의 경험이 고난의 종식을 보증하는가? 절대로 그렇지 않다. 고난 혹은 대적은 삶의 모든 순간 느닷없이 닥쳐올 수 있다. 그럴 때 본문의 기도자처럼 언제나 다시금 하나님을 향해 눈을 들 수 있어야 한다. 그것이 신앙인의 본질이다. 고난을 겪을 수는 있지만 좌절하지 않는 것, 사방이 대적에 둘러싸여 어디 한 곳에서도 탈출구를 찾을 수 없더라도 시선을 하늘로 향하는 것, 그것이 무한한 하나님의 구원을 경험하는 첫걸음이다.

그림 90 Cod. Bibl. Fol. 23, 52 recto

이 그림은 본문 후반부 12-17절의 내용을 요약해준다. 창을 든 대적이 기도자를 끌고 가려고 한다. 아마도 해치려는 속셈인 듯, 공격적인 표정이다. 반면에 기도자는 그 상황에 끌려가면서도 어찌할 도리가 없는 비무장이다. 기도자는 성전을 향해 두 손을 들고 기도할 뿐이다(orante). 흥미롭게도 이 그림에서 기도자의 발은 공중에 있다. 마치 다음 장면이 이 시편의 첫 장면이 될 것을 말해주는 듯하다. 그것이 기대를 부르는 신앙의 기억이다.

그림 91 Cod. Bibl. Fol. 23, 52 recto

이 시편의 마지막 그림은 대적을 향한 저주를 기원하는 14-16절을 표현한다. 대적들은 부끄러움의 표시로 얼굴을 가린다. 예측했던 대로 기도자는 굳은 바탕에 있다. 그런데 기도자의 표정이 이상하다. 평온하지도 평화롭지도 않다. 그의 눈에는 독기가 잔뜩 서려 있다. 삽화가는 여기서 독자 혹은 감상자들에게 자기 성찰을 위한 기회를 주는 듯하다. 다른 사람을 저주하는 이는 그 저주가 이루어지기를 보기 전에, 저주하는 자신의 모습을 보라는 것이다. 내면에 똬리 틀고 있는 이런 공격성까지 내어놓기 전에는 완전한 기도의 응답을 기대하기 어렵다.

3. 기도와 관상(*oratio et contemplatio*)

주님, 저는 어제도 오늘도 고난을 겪었고 어쩌면 내일도 고난을 겪을 것입니다. 어디에도 제 발끝조차 디딜 공간이 없을 만큼 제 삶은 팍팍합니다. 이것이 삶의 본질인가 싶을 정도로 힘겹습니다. 대적들은 곳곳에서 제 목숨을 노립니다. 그 두려움에 제 속에서부터 불안이 몰려옵니다. 하지만 주님, 당신은 어제도 오늘도, 그리고 내일도 분명히 저와 함께 계십니다. 그렇게 말씀하셨습니다. 제 곁에 계신 당신을 볼 수 있도록 제 눈을 열어주십시오!

병상에서 드리는 기도(시편 41편)

1. 본문 읽기(*lectio*)

[예배 음악을 위하여.' 다윗의 찬송.]

제사장의 행복 선언

1   행복하여라, 가난한 이를 눈여겨보는 이!

　　재앙의 날에 야훼가 그를 건지실 것입니다.

2   야훼가 그를 지키시고, 그를 살리실 것입니다.

　　그는 땅에서 행복해질 것입니다.

　　그러니 그를 그의 원수들 뜻'에 내주지 마십시오!

3   야훼가 병상에서 그를 떠받치실 것입니다.

　　그가 병으로 누워 있는 모든 때 그분이 고치셨습니다.

환자의 기도

4   제가 말하였습니다.

　　"야훼여, 제게 은혜 베풀어주십시오!

　　제 영혼을 고쳐주십시오!

　　이는 제가 당신께 죄지었기 때문입니다."

5   제 원수들이 저에 대해 나쁘게 말합니다.

　　"언제 그가 죽으며,

　　그의 이름이 없어질까?"

6   그리고 보러 와서는 쓸데없이 지껄입니다.

그의 마음은 자신을 위해서 악을 쌓아둡니다.

길거리로 나가서는 지껄입니다.

7 모두 제게 맞서 수군거립니다, 저를 미워하는 모든 이가.

제게 맞서 저의 재앙을 모의합니다.

8 "끔찍한 일이 그에게 쏟아졌으니

그래서 그가 쓰러져서 다시 일어나지 못할 것입니다."

9 저와 평화롭게 지내던 사람,

그래서 제가 의지하고, 제 빵을 먹던 이도

제게 맞서 거짓을ᵈ 부풀립니다.

10 그러나 당신, 야훼여, 제게 은혜 베풀어주시고,

저를 일으켜주십시오!

그러면 제가 그들에게 갚아주겠습니다!

신뢰 표현

11 당신이 저를 기뻐하신다는 것,

제 원수가 제 위에서 환호하지 못할 것,

그것을 제가 알았습니다.

12 그리고 저는,

당신이 저를 온전하게 붙드시고,

당신 앞에 영원토록 저를 세워주실 것입니다.

송영

13 송축 받으십시오, 야훼, 이스라엘의 하나님이여!

영원부터 영원까지! 아멘 아멘.

번역 해설

표제ㄱ. 히브리어. "לַמְנַצֵּחַ"(라므나체아흐). 자세한 설명은 위의 1부를 보라.

2절ㄴ. 직역. "영혼."

9절ㄷ. 히브리어 본문은 "עָקֵב"(아케브)로 읽어서 "발꿈치"라는 뜻이다. 이 표현을 그대로 이해하려는 시도가 있지만(참조. Craigie/Tate, *Psalms 1-50*, 319), 구약성경에서 찾아볼 수 없어, 어감만 알 수 있을 뿐 무슨 뜻인지 파악하기 어렵다. 그런데도 개역개정('나를 대적하여 그의 발꿈치를 들었나이다'), 새번역('내게 발길질을 하려고 뒤꿈치를 들었습니다'), 가톨릭 성경('발꿈치를 치켜들며 저에게 대듭니다')이 다 히브리어 본문을 그대로 옮긴다. 하지만 70인역은 "πτερνισμόν"(프테르니스몬; '속임수')으로 옮겨서 같은 자음을 아마도 "עָקֹב"(아코브)로 읽은 것으로 보인다(참조. 렘 17:9; 게제니우스, 『히브리어 아람어 사전』, 615). 우리는 70인역에 따라 읽는다(이와 비슷한 견해는 비교. deClassé-Walford, *The Book of Psalms*, 386).

2. 본문과 함께 그림 묵상(*meditatio et visio*)

사람들은 누구나 어느 정도 피해망상에 시달린다. 다른 이들이 자신을 흠잡고 욕할 것이라는 불안감은 누구에게나 있다. 아무리 사소한 정도라도 이런 불안감은 원만한 일상생활과 인간관계를 어렵게 한다. 이런 불안감 속에서는 누구에게도 함부로 털어놓기 어렵다. 병상 제의를 담당했을 제사장이 말한 것처럼(이에 대해 참조. 2권 본문 해설), 하나님 앞에서는 그것을 털어놓을 수 있고, 그분은 충분히 치유하실 수 있다(1-3절). 본문이 가르쳐주는 방법은 하나님 앞에 진솔하게 모든 것을 털어놓는 것이다. 자신을 불안하게 하는 모든 감정을 솔직하게 하나하나 끄집어내서 들여다본다. 적개심이나 분노도 하나씩 꺼내고, 추악한 감정도 모두 하나님 앞에 고백하고 솔직한 자신의 모습을 겸허하게 들여다본다. 그때 주체하기 어려울 정도로 채워주시는 하나님의 은혜를 경험할 것이다. 그런 경험을 통해 모든 관계의 회복이 가능할 것이다. 그때 "갚음"은 이전의 복수가 아니라 "회복"이 될 것이다(이에 대해 참조. 2권 본문 해설).

그림 92 Cod. Bibl. Fol. 23, 52 verso

그림에서 병상에 누워 있던 사람은 침대가 뒤집히면서 굴러 떨어져 신음하고 있다. 그 모습을 수치로 여기는 한 사람이 얼굴을 가리고 손가락질한다. 분명히 5-9절의 본문을 표현한 것이다. 그런데 그렇게 뒤집힌 침대를 하나님의 손이 잡고 있다. 직관적으로 보면 수치스럽게 나뒹구는 사람을 향한 손가락질이 먼저 들어와서 하나님의 심판을 받은 것으로 보인다. 하지만 그것은 선입견일 수 있다. 오히려 하나님의 손은 뒤집힌 침대를 바로 세우고, 이어서 환자의 수치를 가리려던 참일 수도 있다. 이는 그림을 보는 이로 하여금 자신은 과연 무엇을 보고 있는지를 생각해보도록 만든다.

그림 93 Cod. Bibl. Fol. 23, 53 recto

이 삽화는 9절과 10절 사이에 그려져 있다. 삽화가는 "제 빵을 먹던 이"라는 9절의 표현에서 성체성사를 생각해냈다. 성만찬을 집례하는 분은 예수 그리스도시다. 그분의 십자가는 하나님과 사람 사이를, 그리고 사람들 사이를 화평하게 하셨다. 그런데 지금 예수 그리스도께 성체를 받는 이의 몸이 반대로 틀어져 있다. 그의 얼굴과 복장은 앞선 그림에서 환자를 향해 손가락질하던 그 사람이다. 여기서 두 가지를 생각하게 한다. 먼저 제단에 나아가기 전에 형제와 화해하라는 예수 그리스도의 말씀이 생각난다(참조. 마 5:21-26). 그리고 이 그림을 기도자의 눈으로 본다면, 예수 그리스도의 화평에 동참하는 이들과의 관계를 회복하는 "갚음"을 위해 기도하는 기도자의 마음을 생각해보게 한다.

3. 기도와 관상(*oratio et contemplatio*)

화평의 주님, 제 마음속에 수치가 가득합니다. 또 저를 향한 다른 이들의 말들이 가득합니다. 그 모든 것을 당신 앞에 내어놓습니다. 주여, 제게 은혜를 베풀어주십시오! 그리고 당신의 평화와 회복으로 채워주십시오!

02

시편 2권

(42–72편)

읽기

내 영혼아, 하나님을 바라라(시편 42/43편)

1. 본문 읽기(*lectio*)

[예배 음악을 위하여.ᵀ 고라 자손의 마스킬.ᵔ]

1) 탄원(시편 42편)

냇물을 갈망하는 사슴처럼

1   사슴처럼 냇물을 갈망합니다.

  그렇게 제 영혼이 당신을 갈망합니다, 하나님이여!

2   제 영혼이 하나님,

  살아 계신 하나님을 향해 목말라합니다.

  언제나 제가 가서 하나님의 얼굴을 뵐까요?

3   저의 눈물이 제게 낮이나 밤이나 빵이 되었습니다.

  사람들이ᵓ 제게 온종일

  "당신의 하나님은 어디 있습니까?"라고 말할 때 말입니다.

4   이것을 제가 기억하고 제 심정을 쏟아내렵니다!ᵈ

  참으로 저는 무리 가운데를 지나가서,

  그들과 하나님의 집까지 나아갔습니다.

  환호와 감사의 목소리로 무리가 절기를 지켰습니다.

5   "내 영혼아, 너는 어째서 녹아 없어지고,

나 때문에 탄식하려 하느냐?

하나님을 바라라!"

참으로 나는 여전히 그분께 찬송하렵니다.

제 얼굴의 구원, 그리고 제 하나님께!"

깊은 물에 빠진 듯

6 제게 대하여 제 영혼이 녹아 없어져 갑니다.

그러므로 제가 요단과 헤르몬의 땅에서부터,

보잘것없는 산에서부터 당신을 기억합니다.

7 깊은 바다가 깊은 바다를 향해 외칩니다,

당신이 뿜어내시는 물소리 때문에!

당신의 모든 파도와 당신의 물결이

제 위로 지나갔습니다.

8 낮에 야훼가 그분의 인자하심을 명령하셔서,

밤에는 노래가 저와 함께 있습니다,

생명의 하나님을 향한 기도도!

9 제가 제 반석이신 하나님께 말합니다.

"무엇 때문에 당신은 저를 잊으셨습니까?

무엇 때문에 제가 원수의 억누름 때문에 슬퍼하며 가야 합니까?"

10 제 뼈들이 으스러지도록 제 대적들이 저를 조롱하면서

제게 온종일 말합니다.

"당신의 하나님은 어디 있습니까?"

11 "내 영혼아, 너는 어째서 녹아 없어지고,

나 때문에 탄식하려 하느냐?

하나님을 바라라!"

참으로 나는 여전히 그분께 찬송하렵니다.

제 얼굴의 구원, 그리고 제 하나님께!

2) 간구(시편 43편)

하나님의 빛과 한결같으심

1 하나님이여, 제게 판결을 내려주시고,

경건하지 않은 민족에 맞선 제 송사를 변호해주십시오!

속임수와 부조리를 저지르는 사람에게서

당신이 저를 건져주실 것입니다.

2 참으로 당신은 저의 산성인 하나님이십니다.

무엇 때문에 당신은 저를 거절하십니까?

무엇 때문에 저는 원수의 억누름 가운데서 슬퍼하며 살아가야 합니까?

3 당신의 빛과 당신의 한결같으심을 제게 보내주십시오!

그것들이 저를 이끌기 바랍니다!

저를 당신의 거룩한 산과 당신이 계시는 곳으로 데려가기 바랍니다!

4 그러면 제가 하나님의 제단,

제 기쁨과 즐거움이신" 하나님께 나아가겠습니다!

그리고 제가 수금으로 당신께 찬송하겠습니다,

하나님, 나의 하나님이여!

5 "내 영혼아, 너는 어째서 녹아 없어지고,

나 때문에 탄식하려 하느냐?

하나님을 바라라!"

참으로 나는 여전히 그분께 찬송하렵니다,

나의 얼굴의 구원, 그리고 나의 하나님께!

번역 해설

[42편]

표제ㄱ. 히브리어. "לַמְנַצֵּחַ"(라므나체아흐). 자세한 설명은 위의 1부를 보라.

표제ㄴ. 직역. "교훈."

3절ㄷ. 히브리어 본문에는 주어가 없는 비인칭 문장이다.

4절ㄹ. 직역. "제 영혼을 제 위에 쏟아내렵니다!" "נֶפֶשׁ"(네페쉬)의 이런 뜻
은 참조. 시편 63:1, 게제니우스,『히브리어 아람어 사전』, 517-518.

5절ㅁ. 히브리어 본문은 여기서 "그의 얼굴의 구원"(יְשׁוּעוֹת פָּנָיו, 예슈오트
파나브)이 구절의 마지막 자음이며, "나의 하나님"(אֱלֹהָי, 엘로하이)은 다음
구절에 있다. 하지만 우리는 70인역(σωτήριον τοῦ προσώπου μου ὁ θεός μου,
소테리온 투 프로소푸 무 호 테오스 무)과 같은 후렴구의 되풀이인 11절, 43:5의
본문에 따라 "יְשׁוּעוֹת פָּנַי וֵאלֹהָי"(예슈오트 파나이 벨로하이)로 읽는다.

[43편]

4절ㅂ. 직역. "제 기쁨의 즐거움."

2. 본문과 함께 그림 묵상(*meditatio et visio*)

신앙인이라면 누구나 하나님의 임재를 매 순간 경험하며 살고 싶을 것
이다. 그러나 현실은 그렇게 녹록지 않다. 본문에서 기도자가 두 번이나 토
해내는 대적들의 말, "당신의 하나님은 어디 있습니까?"(3, 10절)라는 조롱
은 신앙인을 아프게 한다. 하나님이 삶 가운데 뚜렷이 임재하시고, 기도에
대한 응답이 가시적으로 매번 드러나면 좋겠지만, 그렇지 않은 것이 현실

이다. 더구나 신앙인이 사람들이 보기에 죄를 지어서 벌을 받는 게 아닌가 싶을 정도로 비참한 처지에 놓이기도 한다. 이럴 때 신앙인은 시냇물을 찾을 때까지 포기하지 않고 마른 시내 바닥을 뒤지고 다니는 사슴처럼 하나님 임재 경험을 추구해야 한다.

그림 94 Cod. Bibl. Fol. 23, 53 verso

그림은 본문 42:1의 모습을 형상화한다. 기도자가 물을 찾는 사슴을 본다. 그런데 흥미롭게도 본문과 달리 사슴은 물을 찾았다. 그리고 하나님의 손은 기도자에게 마치 사슴이 물을 찾으면 결국엔 찾아내듯이, 하나님을 그렇게 갈망하면 그분의 임재를 깨닫게 될 것이라고 약속하신다.

신앙인을 더욱 힘겹게 하는 것은 하나님 앞에서 올바르게 살려고 노력하면 할수록 가시적인 세상에서 고난이 점점 더 심해지는 상황이다. 그럴 때 본문 6-7절에서 말하는 것처럼 죽음이 존재를 덮치는 것 같은 고통을 경험한다. 심지어 차라리 죽음이 탈출구로 보이기까지 할 때도 있다. 그러나 사슴이 시냇물을 포기하지 않듯이, 경건 생활의 끈은 절대로 놓으면 안 된다. 이 시편의 후렴구에서 거듭 권고하듯 하나님을 바라는 시선을 절대로 놓치면 안 된다. 창조주요 통치자시며 심판주이신 하나님은 그분을 바라는 이들에게 반드시 구원을 베푸실 것이기 때문이다.

그림 95 Cod. Bibl. Fol. 23. 54 recto

이 삽화는 42:6-7의 모습을 직설적으로 그린다. 왼쪽에 단(Dan)이라고 쓰인 곳은 단 지파가 자리 잡았던 헤르몬 산맥 지역을 나타낸다. 그리고 반대편에는 요단(Ior)이라고 쓰여 있다. 그 사이에 "땅"(Terra)이라고 적혀 있는데, 이는 7절의 깊은 바다, 즉 이 그림에서 아래 양쪽에서 터져 나와 흐르는 물과 대조를 이룬다. 이곳에는 세 명의 신화적 인물이 그려져 있다. 다들 하나님의 부재를 상징할 것이다. 반면에 오른쪽 위의 예언자 (Prophet)는 하늘을 가리키는데, 이는 이 시편의 후렴구에서 "하나님을 바라라"는 구절을 생각나게 한다.

고난 가운데 사슴처럼 간절하게 하나님의 임재를 바라는 까닭이 무엇인가? 탄원 시편에서 종종 기도자가 원수들을 향해 날카로운 가시를 세우고 저주하는 모습을 본다. 도대체 언제까지 그 원수들이 날뛰어야 하는지 하나님께 하소연하는 모습을 본다. 그러면 하나님의 임재는 복수인가? 탄원 시편은 이 점에서 놀라운 교훈을 준다. 시편의 기도자들은 그런 복수심을 하나님 앞에 내려놓는다. 그리고 하나님과 맺는 관계에 집중한다. 그때야 비로소 하나님이 주시는 한없는 기쁨을 경험할 수 있다.

그림 96 Cod. Bibl. Fol. 23, 55 recto

이 그림은 43편 본문을 전반적으로 묘사한다. 오른쪽에 기도자가 앉아서 근심하고 있다. "영혼"(*anima*)이라는 글자를 써넣음으로써 본문을 객체화하여 독백하는 기도자의 영혼을 형상화했다. 반면에 반대쪽에는 악기를 연주하며 찬양하는 인물을 그렸다. 이 또한 기도자일 것이다. 이 두 모습은 영적 성숙의 여정을 걸어가는 모든 신앙인의 자화상이다. 가시적인 세상에서의 근심 가운데서도 무한하신 하나님을 향한 경건 생활을 이어가는 것, 그 과정에서 신앙의 깨달음은 오른쪽 아래 그려진 등불처럼 어느 순간 어두운 고난의 삶을 밝혀줄 것이다.

3. 기도와 관상(*oratio et contemplatio*)

주님, 사람들이 "도대체 당신의 하나님은 어디 있는 것입니까?"라며 저를 조롱하는 것 같습니다. 당신이 보이지 않습니다. 온통 칠흙 같은 삶의 고난만 보입니다. 그래도 저는 당신을 바랍니다. 당신이 제게 빛처럼 오셔서 무한한 기쁨의 세계를 펼쳐주실 것을 믿습니다. 제 눈을 열어주십시오!

저희를 속량해주십시오(시편 44편)

1. 본문 읽기(*lectio*)

[예배 음악을 위하여.˘ 고라 자손의 마스킬.˘]

1) 감사(1-8절)

백성: 지난날 이루신 하나님의 구원

1   하나님이여, 저희가 귀 기울였고 저희가 들었습니다.

      저희의 조상들이 저희에게 일러주었습니다.

      옛적 그들의 날에 당신이 이루신 일들을 말입니다.

2   당신은 당신 손으로 민족들을 내쫓으시고,

      그들을 심으셨습니다.

      이방 사람들에게 재앙을 내리시고,

      그들은 놓아주셨습니다.

3   참으로 그들이 자기네 칼로 땅을 차지하지 않았고,

      그들의 팔이 그들을 구원한 것도 아니라,

      당신의 오른손과 당신의 팔과 당신 얼굴의 빛이 하셨으며,

      당신이 그들을 기뻐하셨습니다.

임금: 구원 간구

4   당신이 그분이십니다, 나의 임금, 하나님이여!

      야곱의 구원을 명령해주십시오!

백성: 승전의 기억 회상

5   당신 안에서 저희 대적을 저희가 들이받았습니다.

당신의 이름으로 저희가 저희에게 맞선 이들을 짓밟았습니다.

임금: 신뢰 선포

6   참으로 저는 제 활을 의지하지 않으며,

제 칼이 저를 구원하지 않을 것입니다.

백성: 신뢰 선포

7   참으로 당신이 저희를 저희 대적으로부터 구원하셨고,

저희를 미워하는 이들을 부끄럽게 하셨습니다.

8   하나님을 저희가 온종일 자랑하였고,

당신의 이름을 영원토록 저희가 찬송하겠습니다. [셀라]ᵈ

2) 탄원(9-22절)

백성: 현재의 고난 탄원

9   정말로 당신은 저희를 거절하시고 망신당하게 하셨습니다.

그리고 우리 군대 가운데서 나아가지 않으셨습니다.

10   당신은 저희가 대적으로부터 뒤로 돌아서게 하셨고,

저희를 미워하는 이들은 자기네를 위해서 노략질하였습니다.

11   당신은 먹힐 양처럼 저희를 내어주시고,

민족들 가운데 저희를 흩으셨습니다.

12   당신 백성을 헐값에 파시고,

그들의 값을 불리지 않으셨습니다.

13 저희를 조롱거리로 저희 이웃에게,
   비웃음과 우롱거리로 저희 둘레에 있는 이들에게 두셨습니다.
14 저희를 이야깃거리로 민족들에게,
   머리 흔들 거리로 이방 사람들에게^ᴿ 두셨습니다.

임금: 현재의 고난 탄원

15 온종일 망신거리가 제 앞에 있고,
   부끄러움이 제 얼굴을 덮었습니다.
16 조롱하고 모욕하는 사람의 소리 때문이고,
   원수와 보복자 앞에 있기 때문입니다.

백성: 신뢰 표현

17 이 모든 것이 저희에게 들이닥쳤지만,
   저희는 당신을 잊지 않았고,
   당신의 언약을 어기지 않았습니다.
18 저희 마음이 뒤로 물러서지 않았고,
   저희 발걸음도 당신 길에서부터 치우치지 않았습니다.
19 참으로 당신은 저희를 이리가 있는 곳에서 박살내셨고,
   저희를 죽음의 그늘로 덮으셨습니다.
20 만약 저희가 저희 하나님의 이름을 잊어버리고,
   저희 손바닥을 낯선 신에게 폈다면,
21 하나님이 이것을 알아내지 않으셨겠습니까?
   참으로 그분은 마음에 숨겨진 것들을 아시는 분입니다!
22 참으로 당신 때문에 저희가 온종일 살해되었습니다.
   저희가 도살될 양처럼 여겨졌습니다.

3) 공동체의 구원 간구(23-26절)

23 일어나십시오!

무엇 때문에 주무십니까? 주님!

깨어나십시오!

영원히 거절하지 마십시오!

24 무엇 때문에 당신의 얼굴을 숨기시고,

저희의 고난과 억눌림을 잊으십니까?

25 참으로 저희 영혼은 먼지로 사라져버렸습니다.

저희의 속은 땅에 들러붙어버렸습니다.

26 일어나주십시오! 저희의 도움이 되셔서,

당신의 인자하심 때문에라도 저희를 속량해주십시오!

번역 해설

표제ㄱ. 히브리어. "לַמְנַצֵּחַ"(라므나체아흐). 자세한 설명은 위의 1부를 보라.

표제ㄴ. 직역. "교훈."

8절ㄷ. "셀라"에 대해서는 위의 3편 번역 해설을 보라.

14절ㄹ. 히브리어 본문은 부정어와 명사가 합쳐진 "아니, 종족들"(עַמִּים־בְּל)로 되어 있다. 이 본문은 사실상 뜻이 통하지 않는다. 우리는 70인역의 번역(ἐν τοῖς λαοῖς, 엔 토이스 라오이스)에 바탕을 두어 같은 자음을 다르게 끊어 읽어서 전치사와 합쳐진 "בְּלְאֻמִּים"(빌르우밈)으로 읽는다.

2. 본문과 함께 그림 묵상(*meditatio et visio*)

이 시편에서 고난에 부닥친 공동체는 지도자와 함께 지난날 하나님이 보여주신 구원을 되새기며, 그분이 다시금 임재하셔서 구원을 이루어주시기를 간구한다. 본문 곳곳에서 드러나는 공동체의 상황은 처참하다. 전쟁에서는 패배했고, 점령군의 학살은 온종일 이루어진다. 이런 때 자연스레 드는 질문은 하나님은 어디 계신가다. 공동체가 그 상황에서 먼저 지난날을 돌이켜본다는 것은 회복의 시작을 보여주는 것이다. 종종 공동체에 문제가 생겼을 때 서로 다른 이들을 탓하면서 분열하고 내홍을 겪는 모습을 본다. 이는 교회 공동체에서도 마찬가지다. 하지만 이 시편처럼 아무런 희망이 보이지 않는 것 같은 상황에서도 공동체의 구성원들과 지도자가 하나가 되어 하나님께 간구하는 모습은 교회 공동체가 어떻게 문제에 대처하는 것이 올바른지를 깊이 돌아보게 한다.

그림 97 Cod. Bibl. Fol. 23, 55 verso

이 그림에서 왼쪽의 공동체는 오른쪽에서 공격하는 군대를 막을 힘이 없어 보인다. 이제 곧 마지막 공격에 목숨을 잃을 수도 있다. 그런데 바로 그때 이들의 시선과 손은 보이지 않는 하나님께 가 있다. 희망은 보이지 않는 하나님의 임재의 역설을 깨닫고 그분께 시선을 돌리는 데서 시작한다.

그림 98 Cod. Bibl. Fol. 23. 56 recto

기괴한 모습의 이 그림은 본문 10절 다음에 그려져 있다. 그러므로 이 그림은 공동체의 고난을 묘사한다. 마귀로 표현된 대적이 사람들을 가마에 넣고 불태우고 있다. 이는 본문에서 그리는 학살을 형상화한 것이다. 그리고 위쪽 성안에서는 하나님의 백성들이 이 모습을 지켜보고 있다. 그런데 그들의 표정에는 두려움을 찾아볼 수 없다. 처참한 고난에 부닥친 공동체 전체에 하나님을 향한 신뢰가 깊이 뿌리내리고 있음을 되새기게 해준다.

3. 기도와 관상(*oratio et contemplatio*)

주님, 일상생활에서 그리고 교회에서 저는 이런저런 공동체에 소속되어 있습니다. 그리고 그 공동체들은 때때로 치명적인 고난에 부닥칩니다. 그럴 때 제가 다른 이를 탓했던 기억을 떠올립니다. 저는 공동체에서 하나가 되어 고난을 이겨내기보다 다른 사람에게 원인을 돌렸고, 오직 저만 그 상황에서 빠져나오려고 했습니다. 용서해주십시오! 저부터 먼저 주님 앞에 무릎을 꿇도록 저를 깨워주십시오!

임금의 결혼식(시편 45편)

1. 본문 읽기(*lectio*)

[예배 음악을 위하여.˚ 쇼샨님에 맞춘˚ 고라 자손의 마스킬.˚ 사랑의 노래.]

시인의 서문

1 　제 마음을 좋은 일이 감동하게 했습니다.

　　임금을 위한 저의 작품을 제가 말합니다.

　　제 혀는 숙련된 서기관의 붓˚입니다.

신랑 임금 칭송

2 　당신은 사람의 아들들보다 아름답습니다.

　　당신의 입술에는 은총이 부어집니다.

　　그러므로 하나님이 당신에게 영원토록 복을 내리십니다.

3 　당신 칼을 허리에 차십시오, 용사여!

　　그것은 당신의 영예와 위엄입니다.

4 　그리하여 발을 들여놓고 나아가서 왕 노릇하십시오.˚

　　한결같음과 온유함과 정의를 위해서!

　　당신 오른손이 당신에게 두려운 일들을 가르칠 것입니다.

5 　당신의 날카로운 화살은

　　임금의 원수들 가슴에 박힐 것입니다.

　　그래서 백성들은 당신 아래 엎드릴 것입니다.˚

6   하나님이 주신 당신의 보좌는^ 영원무궁합니다.

    당신 왕국의 지팡이는 올곧은 지팡이입니다.

7   당신은 정의를 사랑하시고, 악을 미워하십니다.

    그러므로 하나님, 당신의 하나님이 당신에게 기름 부으셨습니다.

    당신의 동료들보다 더 즐거운 기름입니다.

8   당신의 모든 옷은 몰약과 침향, 계피 향이 납니다.

    상아 궁전에서는 현악이 당신을 즐겁게 합니다.

신부 왕비 칭송

9   임금의 딸들은 당신이 귀하게 여기는 것 가운데 하나입니다.

    왕비는 오빌의 금으로 치장하고 당신의 오른쪽에 있습니다.

10 딸이여, 듣고 보며 당신의 귀를 기울이십시오!

    그리고 당신의 백성과 당신 아버지 집은 잊으십시오!

11 그리고 임금은 당신의 아름다움을 사모하기 바랍니다!

    참으로 그는 당신의 주인입니다.

12 두로의 딸은 선물을 가지고 그에게 엎드리십시오!°

    부자 백성들이 당신 얼굴을 기대합니다.

13 모든 풍요함을 가진 임금의 딸,

    자기 옷은 금실로 수놓았지요.

14 화려한 색의 옷을 입은 그녀가 임금에게 모셔집니다.

    그녀 뒤로 처녀들이 있습니다.

    그녀의 친구들도ᶻ 당신에게 이끌려갈 것입니다.

15 그들은 즐거움과 기쁨으로 인도되어

    임금의 왕궁에 들어갈 것입니다.

시인의 마무리

16 당신의 조상들을 당신의 아들들이 뒤이을 것입니다.

당신은 그들을 온 땅의 방백들로 삼을 것입니다.

17 제가 당신의 이름을 모든 세대에 기리겠습니다.

그러므로 백성들이 당신을 영원무궁토록 칭송할 것입니다.

번역 해설

표제ㄱ. 히브리어. "לַמְנַצֵּחַ"(라므나체아흐). 자세한 설명은 위의 1부를 보라.

표제ㄴ. 직역. "나리꽃에 맞추어." 이 시편의 가락을 가리키는 것으로 추정할 수 있다. 참조. 시편 69편.

표제ㄷ. 직역. "교훈."

1절ㄹ. 직역. "철필"(עֵט, 에트). 이 낱말은 고대의 필기구를 가리킨다. 즉 나무판이나 토판 또는 파피루스나 가죽에 글을 새기던 도구다(참조. 렘 8:8; 17:1; 욥 19:2; Kraus, *Psalmen 1-59*, 489).

4절ㅁ. 히브리어 본문 "그리고 당신의 위엄, 나아가십시오, 말에 올라타십시오[?]"는 사실상 뜻이 통하지 않는다. 아마도 본문이 잘못 전해진 듯하다. 우리는 70인역을 바탕으로 본문을 읽는다.

5절ㅂ. 히브리어 본문은 "당신의 날카로운 화살은"과 "임금의 원수들 가슴에" 사이에 "백성들은 당신 아래 엎드릴 것입니다"가 있다. 이것을 그대로 우리말 번역에서 재현할 수는 없다. 이 본문은 화살의 궤적이 적군에게 닿기도 전에 벌써 백성들이 임금에게 굴복하는 역동적인 모습을 그려준다.

6절ㅅ. 히브리어 본문은 "당신의 보좌, 하나님"(כִּסְאֲךָ אֱלֹהִים, 키스아카 엘로힘)이다. 여기서 "하나님"의 번역이 문제가 되곤 한다. 개역개정과 새번역은 70인역의 번역에 따라 하나님을 주어로 보았는데, 이는 시편의 전체 시상 진행에 어려움을 가져온다. 반면에 가톨릭 성경은 "오, 하느님 같은 분"으로 옮겨서 본문의 하나님을 형용사로 보았는데, 이 역시 이례적인 해석이다. 우리는 본문을 그대로 두고 우리말에서 어색한 "하나님의 당신의 보좌"로 읽어 하나님을 임금에게 보좌를 준 주체로 이해한다.

12절ㅇ. 히브리어 성경에는 이 동사가 11절로 구분되었지만, 우리는 70인역을 바탕으로 12절에 넣어 읽는다.

14절ㅈ. 히브리어 성경에는 이 표현이 전반절로 들어가 있지만, 우리는 70인역을 바탕으로 후반절에 붙여 읽는다.

2. 본문과 함께 그림 묵상(*meditatio et visio*)

이 시편은 흥미롭게도 임금의 결혼식 즈음에 헌정한 축하 시편이다. 그래서 표제에서도 "사랑의 노래"라고 덧붙였다. 기도자는 임금의 결혼식을 "좋은 일"이라고 일컬으며 감동한다. 우리는 그 까닭을 생각해보아야 한다. 2-8절에서 시인은 결혼식을 치르는 임금을 칭송하는데, 이는 전쟁 용사로서, 통치자로서, 그리고 신랑으로서 이상적인 임금의 모습을 그려준다. 우리는 2절과 6-7절을 주목해야 한다. 2절에서는 하나님이 내리시는 복을 기리는데, 이 복은 하나님과의 올바른 관계를 전제한다. 6-7절은 임금의 왕권을 하나님이 주셨다고 말하는데, 그 까닭은 하나님의 본성을 닮은 임금의 올곧음과 정의와 사랑 때문이다. 그러므로 지도자가 칭송을 받아야 할 까닭은 그의 권력이나 지도력 때문이 아니다. 오로지 하나님 앞에서 겸손하고 올바른 모습 때문이다.

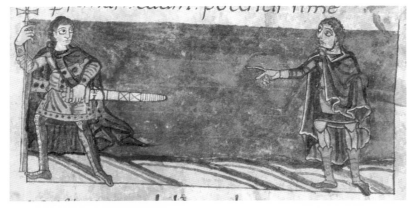

그림 99 Cod. Bibl. Fol. 23. 57 recto

이 삽화는 본문 2-7절에서 임금을 칭송하는 시인의 모습을 형상화한다. 삽화가는 오른쪽에 서 있는 시인의 오른손이 임금을 가리키는 손짓을 통해 칭송을 표현했다. 시인의 칭송을 받는 신랑 임금은 본문대로 칼을 찬 늠름한 전쟁 용사의 모습이다. 그의 눈빛이나 표정에서는 자신감이 넘쳐흘러서 여러 승전의 경험이 드러난다. 그런 임금은 오른손에 십자가 지팡이를 들고 있다. 이는 전형적인 순례자의 모습이다. 이것은 임금을 향한 시인의 칭송이 하나님 앞에서 겸손하고 올곧음에서 시작함을 보여준다.

본문 9-15절에서 시인은 왕비가 될 신부를 칭송한다. 12절의 "두로의 딸"이라는 표현에서 아마도 신부는 외국의 공주인 듯하다. 특히 9절에서 임금의 신부는 그 정도는 되어야 한다고 말하는 데서 분명히 알 수 있다. 이런 결혼은 정략결혼이며, 오늘날의 눈으로는 물론 역사서에서도 질책을 받았다(참조. 왕상 11:1-8; 16:29-33). 그러나 시인은 10-11절에서 이제 이전 친정에서 섬기던 신들은 떨쳐버리고 하나님의 본성을 닮아 그것을 지향하는 임금의 참된 "아름다움"을 사랑하라고 권고한다. 이는 겉모습보다는 임금의 속사람을 보라는 권고다. 이는 오늘날 겉으로 드러나는 가시적 가치를 지향하는 사람들에게도 경종을 울리는 대목이다.

그림 100 Cod. Bibl. Fol. 23, 57 verso

이 그림은 9-15절의 신부 칭송 장면을 그리고 있다. 신랑인 임금과 신부인 왕비가 화려한 결혼 예복을 맞춰 입었다. 그리고 신부 뒤에는 시녀가 갖가지 귀금속을 예물로 들고 있다(12절). 오른쪽에는 천사가 그려져 있는데, 이 결혼이 하나님이 인정하시는 결혼임을 드러낸다.

그림 101 Cod. Bibl. Fol. 23, 58 recto

결혼한 임금 부부가 왕궁으로 행차한다. 임금은 전쟁 용사의 복장을 하고 있으며, 왕비는 그 뒤에서 임금의 왕관을 들고 따라가며, 그 뒤로 시녀가 함께 간다. 비록 왕비가 외국 사람으로서 이전에는 다른 신을 섬겼을 수 있지만, 이제는 하나님과 올바른 관계에 있는 임금의 영향으로 새로운 사람이 될 것이다. 비록 역사적으로 열왕기에서 이세벨은 그 반대였지만, 시인과 삽화가는 이 결혼을 통해 그 점을 강조하려고 했을 것이다.

3. 기도와 관상(*oratio et contemplatio*)

주님, 가정과 사회와 나라 모든 곳에서 모든 이들이 당신과 올바른 관계를 맺기를 기도합니다. 지도자는 물론 모든 이들이 당신의 본성을 닮아 당신의 무한한 가치, 정의와 올곧음을 지향하도록 오늘도 저희와 함께해주십시오.

하나님이 우리와 함께하십니다(시편 46편)

1. 본문 읽기(*lectio*)

[예배 음악을 위하여." 알라모트에 맞춘° 고라 자손의 노래.]

하나님은 우리의 피난처—하나님을 향한 고백

1 하나님은 우리에게 피난처와 힘이십니다.

   고통 가운데서 참으로 찾을 수 있는 도움이십니다.

2 그래서 우리는 땅이 흔들릴 때도,

   산들이 바다 깊은 데에서° 뒤흔들릴 때도 두려워하지 않습니다.

3 그 바닷물이 우짖으며 파도를 일으킵니다.

   산들이 그것의 위력에 진동합니다. [셀라]°

하나님은 우리의 요새 1—만군의 야훼 등극

4 강, 그것의 시내가 하나님의 성읍을,

   지극히 높으신 분의 거처의 거룩함을 기쁘게 합니다.

5 하나님이 그 한가운데 계시니 그것이 뒤흔들리지 않습니다.

   그것을 하나님이 동틀 녘에 도우십니다.

6 민족들이 우짖고 왕국들이 뒤흔들립니다.

   그분이 소리를 내시니 땅이 출렁거립니다.

7 만군의 야훼가 우리와 함께 계십니다.

   우리에게 요새이십니다, 야곱의 하나님은. [셀라]°

하나님의 우리의 요새 2—만군의 야훼 즉위

8 와서 보십시오, 야훼가 하신 일을,

그분이 땅에 두려운 일을 이루신 것을!

9 땅끝에 이르도록 전쟁을 그치게 하신 분,

그분이 활을 꺾으시고 창을 부러뜨리시며 병거들을 불사르십니다.

10 "너희는 멈추어 내가 하나님임을 알아라!

나는 민족들보다 높다. 나는 온 누리보다 높다."

11 만군의 야훼가 우리와 함께 계십니다.

우리에게 요새이십니다, 야곱의 하나님은. [셀라]ᄅ

번역 해설

표제ㄱ. 히브리어. "לַמְנַצֵּחַ"(라므나체아흐). 자세한 설명은 위의 1부를 보라.

표제ㄴ. 히브리어 표제 "עַל־עֲלָמוֹת"(알-알라모트)는 이해하기 어렵다(비교. 시 9편 표제). 문자적 의미는 "젊은 여인"을 뜻하는 "עֲלָמָה"(알마)의 복수형이다. 이를 두고 "여성들이 부르는 노래"라고 보기에는 무리가 따른다. 이 경우 고라 자손의 노래라는 말과 어울리지 않기 때문이다. 많은 이들이 이를 두고 "(여성의 목소리를 생각나게 하는) 고음의 악기의 반주로"를 뜻하는 것으로 생각한다. 그런데 70인역은 여기서 "감춰진 것들에 대해"(ὑπέρ τῶν κρυφίων, 휘페르 톤 크뤼퓌온)로 옮겨서 히브리어 자음 본문을 다르게 해석했다. 곧 자음 "עלמות"를 동사 "감추다"(עלם)에서 온 것으로 보았다는 말이다. 70인역은 다른 시편 표제에서도 그렇듯 히브리어 자음 본문을 내용에 맞추어 해석하려는 경향이 있다는 사실을 알 수 있다.

2절ㄷ. 직역. "물들의 심장에서."

3, 7, 11절ㄹ. "셀라"에 대해서는 위의 3편 번역 해설을 보라.

2. 본문과 함께 그림 묵상(*meditatio et visio*)

창조주요, 통치자시며, 심판주이신 하나님은 시온에서 임금으로서 세상을 다스리신다. 이 시편에서 시온이라는 말이 직접 나오지는 않지만, 누구나 읽으면 여기서 가리키는 성이 예루살렘이며, 성전이 있는 시온임을 알 수 있다.

고대 사회에서 화산과 지진 그리고 해일은 제각각 신화적 세계관에서 신적 존재들이 일으키는 것으로 여겨졌다. 이런 자연 현상은 통제할 수 없는 세력으로 알려져서 사람들은 그것을 두려워했다. 그렇지만 성경이 전하는 하나님은 그런 자연 현상들을 아무렇지도 않게 통제하시는 분이다. 이것은 예나 지금이나 성경이 전하는 고유한 진리다. 고대 사회에서는 통제 불가능한 자연 현상이 절대적인 위치를 차지했다면, 지금은 그 반대로 무엇이든 가능한 것처럼 보이는 인본주의가 하나님의 자리를 대신하려고 한다. 하지만 그런 인본주의는 결국 유한성의 한계를 절대로 극복하지 못한다.

그림 102 Cod. Bibl. Fol. 23, 58 verso

이 삽화는 1-3절을 직설적으로 형상화한다. 그림의 후경에는 화산이 폭발하는 장면이 그려져 있다. 화산 폭발로 활과 방패는 다 타버리고 아무런 소용이 없다. 그래서 왼쪽의 군인들은 두려워한다. 그런 모습을 보며 아래쪽에 있는 사람들도 수심에 빠져 있다. 하지만 오른쪽에 피난처와 힘이 되시는 전능하신 하나님이 예수 그리스도의 모습으로 형상화되어 이 그림의 모든 근심과 걱정을 상대화한다. 그리고 보면 우리는 이 그림을 신앙인의 시선으로 보게 된다. 우리는 근심과 하나님의 전능하심을 더불어 보며, 자신의 신앙을 점검할 수 있다.

하나님의 무한하심을 인정하지 않는 사람들은 가시적인 가치를 좇아 서로 뺏고 뺏기는 싸움을 벌인다. 세상에서 벌어지는 모든 다툼과 전쟁에는 그런 가치를 좇는 욕심이 자리 잡고 있다. 그러나 하나님은 모든 것을 지으시고 다스리는 임금이시다. 그리고 그분이 사람들에게 바라시는 참된 가치는 그런 유한한 것들이 아니다. 그분은 정의로우시고, 공정하시며, 인자하시고, 한결같으시다. 이런 하나님의 본성이 진정한 가치다. 이와 같이 비가시적이지만 무한한 가치들을 좇는 삶에는 다툼과 전쟁이 있을 수 없다. 임금으로서 시온에 등극하시는 하나님이 9절에서 궁극적으로 이루시는 평화는 이런 의미에서 우리 삶의 목적이기도 하다.

그림 103 Cod. Bibl. Fol. 23. 59 recto

이 그림은 9절의 모습을 그려준다. 한 사람은 활을 꺾고 다른 사람은 무기들을 불태우고 있다. 그 사람들을 명령하는 것은 다름 아닌 손으로 표현된 하나님이시다. 인본주의에 빠져 유한한 가치들을 좇는 사람들은 제한된 가치들을 차지하려고 서로 다투고 전쟁을 벌인다. 하지만 무한하신 하나님의 본성을 좇는 사람들은 그런 유한한 가치들을 초월할 수 있다. 평화는 바로 이런 사람들을 통해 이루어진다.

3. 기도와 관상(*oratio et contemplatio*)

주님, 당신은 저의 임금이십니다. 당신이 저를 만드셨고, 지금 여기까지 살아오도록 이끄셨습니다. 제 앞날 역시 당신의 뜻대로 이루어질 것을 믿습니다. 제가 임금이신 당신의 백성으로서 당신의 평화를 이 땅에서 앞당겨 맛볼 수 있도록 당신의 일꾼이 되고 싶습니다. 제 마음속에 당신의 무한한 가치와 당신의 본성을 가득 채워주십시오!

임금 하나님을 찬양하십시오(시편 47편)

1. 본문 읽기(*lectio*)

[예배 음악을 위하여.` 고라 자손의 찬송.]

찬양 명령 1

1 모든 백성이여, 손뼉을 치십시오!
　　하나님께 환호성으로 소리 지르십시오!

찬양의 근거 1

2 이는 야훼, 지존하신 분은 두려우시기 때문입니다.
　　온 땅 위에 위대한 임금이시기 때문입니다.

3 백성들이 우리 아래 있도록,
　　뭇사람들이 우리 발아래 있도록 말씀하실 것입니다.

4 그분이 우리를 위해 우리의 소유를,
　　그분이 사랑하시는 야곱의 자랑거리를 선택하실 것입니다. [셀라]`

5 하나님이 함성 가운데로,
　　야훼가 뿔 나팔 소리 가운데로 올라가십니다.

찬양 명령 2

6 찬송하십시오, 하나님을, 찬송하십시오!
　　찬송하십시오, 우리 임금께, 찬송하십시오!

찬양의 근거 2

7 이는 하나님이 온 땅의 임금이시기 때문입니다.

  마스킬ᵈ로 찬송하십시오!

8 하나님이 민족들 위의 임금이십니다.

  하나님이 그분의 거룩한 보좌에 앉으셨습니다.

9 백성들의 귀족들,

  아브라함의 하나님의 백성이 모였습니다.

  참으로 세상의 방패들은 하나님의 것입니다.

  그분은 매우 높임을 받으셨습니다.

번역 해설

표제ㄱ. 히브리어. "לַמְנַצֵּחַ"(라므나체아흐). 자세한 설명은 위의 1부를 보라.

4절ㄴ. "셀라"에 대해서는 위의 3편 번역 해설을 보라.

7절ㄷ. 직역. "교훈."

2. 본문과 함께 그림 묵상(*meditatio et visio*)

이 시편은 공동체를 향해 임금이신 하나님을 찬양하라고 권고한다. 특별히 두 번의 찬양 명령(1, 6절)과 제각각 그에 대한 근거 제시(2-5, 7-9절)가 있다는 점이 눈에 띈다. 하나님은 어떤 분이시기에 임금이시며, 어떤 분이시기에 찬양해야 하는가?

  이 시편은 먼저 그분이 온 땅 위에 가장 높으시며, 공동체를 돌보시기 때문이라고 고백한다. 둘 다 현실에서는 잘 보이지 않을 수 있다. 분명히 하나님은 그분의 백성들을 뭇사람들 위에 두신다고 약속하지만(3절), 이스라엘 백성만 하더라도 그렇지 않았기 때문이다. 그러나 하나님의 다스림의 참된 가치를 아는 사람이라면 그분의 선택을 받는 것이 얼마나 귀한지를 알게 된다. 하나님의 정의로우심, 공정하심, 인자하심을 개인적으로 그리고 공동체에서 경험하는 것이 영원한 그분의 나라를 경험하는 것이기 때문이다.

둘째, 이 시편은 하나님이 온 땅의 임금이시라고 고백한다. 이는 9절에서 "세상의 방패들"이 하나님의 것이라는 고백에서 절정을 이룬다. 이것은 가시적인 가치 세계를 상징한다. 사실 피조물인 인간 세계의 모든 것이 하나님의 것이다. 그러니 그 안에서 소유를 주장하는 것은 제 것이 아닌 것을 제 것이라고 우기는 우스꽝스러운 꼴이다. 결국 죽으면 아무것도 가져갈 수 없는데 말이다. 그러니 영원한 임금이신 하나님을 찬양하는 것은 마땅하다.

그림 104 Cod. Bibl. Fol. 23. 59 recto

이 그림은 본문의 찬양 분위기를 직설적으로 전해준다. 그림 왼쪽 아래에 있는 필사본에 구멍이 뚫려 있지만, 그림을 읽는 데 특별한 어려움은 없다. 특히 9절이 떠오른다. 이 말씀대로 그림에는 두 부류의 사람들이 모여 있다. 오른쪽에 말을 탄 사람은 "백성들의 귀족들"을, 왼쪽에 서 있는 사람들은 "백성"을 상징할 것이다. 왼쪽에 모인 사람들은 1

절의 명령대로 손뼉을 친다. 그리고 오른쪽에 말을 탄 사람은 하늘을 향해 두 손을 들고 찬양한다. 이들이 향하는 곳에 필사한 본문이 있는데, 임금이신 하나님을 말씀 가운데서 만날 수 있음을 느끼게 하는 대목이다.

3. 기도와 관상(*oratio et contemplatio*)

주님, 당신은 저를 선택하시고, 제가 가진 모든 것을 제게 허락하셨습니다. 제가 착각하지 않게 해주십시오. 저는 제 손에 있는 것들이 제 것인 줄 알았습니다. 그래서 그것들을 움켜쥐고 하나도 놓치지 않으려고 안간힘을 쓰며 괴로워했습니다. 그 손을 펴서 당신을 향한 찬송의 손뼉을 치도록 제 눈을 열어주십시오!

시온에 계시는 하나님(시편 48편)

1. 본문 읽기(*lectio*)

[노래. 고라 자손의 찬송.]

시온의 영광

1 야훼는 위대하십니다.
   그리고 그분은 매우 찬양받으실 분!
   우리 하나님의 성읍
   그분의 거룩한 산에서!

2 그 높은 곳은 아름다워서,
   온 땅의 기쁨입니다.
   시온산은 북쪽 멀리 있어서,
   큰 임금의 성읍입니다.

3 하나님은 그곳의 궁중에서
   요새로 알려지신 분!

신성불가침의 요새 시온

4 참으로 보십시오!
   임금들이 모였다가는 함께 지나갔습니다.

5 그들은 그렇게 보고 놀랐습니다.
   그들은 불안해하고, 서둘러 달아났습니다.

6 떨림이 거기서 그들을 사로잡았습니다.

고통이 아이 낳는 이 같았습니다.

7 동풍으로 당신이 다시스의 배들을 깨뜨리셨습니다.

8 우리가 들은 대로

그렇게 우리가 만군의 야훼 성읍을,

우리 하나님의 성읍을 보았습니다.

하나님이 그것을 영원토록 굳건하게 하실 것입니다. [셀라]

시온의 하나님 찬양

9 하나님이여, 저희가 당신의 인자하심을

당신의 성전 한가운데서 생각하였습니다.

10 하나님이여, 당신의 이름처럼

그렇게 당신을 향한 찬양도 땅끝까지 있습니다.

정의가 당신의 오른손에 가득합니다.

11 시온산이 즐거워하고,

유다의 딸들이 기뻐할 것입니다.

당신의 심판 때문입니다.

시온 순례

12 시온과 그 둘레를 도십시오!

그것의 망대들을 세어보십시오!

13 여러분의 마음을 그것의 바깥 성벽에 두십시오!

그것의 궁정을 가로질러 가십시오!

그리하여 다음 세대에 전하십시오!

14 참으로 이 하나님은 영원토록 우리의 하나님이십니다.

그분이 우리를 죽을 때까지 이끄실 것입니다.

13절ㄱ. 히브리어 본문은 "성벽으로"(לְחֵילָה, 르헬라) 끝에 붙은 자음 "ה"(헤)를 크게 개의치 않는다. 그런데 70인역은 히브리어 본문을 조금 달리 읽어서 "εἰς τὴν δύναμιν αὐτῆς"(에이스 텐 뒤나민 아우테스; '그것의 세력에')로 옮긴다. 명사를 70인역처럼 "חֵיל"(하일; '힘, 세력')로 읽을 필요는 없지만, 히브리어 본문에서 해결하지 않은 마지막 자음을 앞선 구절과 이어지는 "그것의 궁정을"을 바탕으로 시온을 가리키는 여성 단수 대명접미어로 본다(לְחֵילָה, 르헬라흐).

2. 본문과 함께 그림 묵상(*meditatio et visio*)

이 시편은 하나님이 시온에 계신다고 분명하게 진술하는 시온의 노래다. 이 시편에서 무엇보다 강조하는 것은 시온에 굳건하게 임재하시는 하나님의 본성이다. 공동체는 1-3절에서 하나님이 "요새"라고 고백하며, 9-11절에서는 성전에서 그분의 인자하심을 기억한다. 이 두 본성은 하나님이 그분의 백성과 맺으시는 관계를 요약해준다. 요새는 하나님의 보호를 뜻한다. 하나님은 공동체와 함께 계시며, 그 공동체의 구성원과도 함께 계신다. 하나님은 아무것도 그분을 향한 백성의 마음을 흔들지 못하도록 보호하신다. 그래서 그분 및 그분의 말씀과 가까이 있는 공동체는 안전하다. 또한 하나님은 자기 백성에게 인자를 베푸신다. 그분의 인자하심(חֶסֶד, 헤세드)은 "하나님의 하나님 되심", 곧 그분의 본성을 뜻한다. 그분은 자기 백성을 변함없이 사랑하신다. 그것이 그분의 인자하심이다. 이런 인자하심을 경험한 백성은 그분께 충성(חֶסֶד, 헤세드)을 돌려드려야 하는 것이 도리다. 이런 관계가 이루어지는 곳이 바로 성전이다. 우리는 성전에서 그런 하나님을 바라보아야 한다.

그림 105 Cod. Bibl. Fol. 23. 60 recto

이 그림에는 시온의 노래인 이 시편의 특징에 따라 시온산 위에 성전이 있고, 거기에 예수 그리스도께서 좌정해 계신다. 그런데 이 필사본이 필사되던 9세기에 예루살렘은 기원후 638년부터 모슬렘이 점령하고 있었다. 그래서 이 그림은 더 흥미롭다. 곧 시온산과 예루살렘 성전을 바라보는 두 임금과 군인들은 이 시온 시편을 바탕으로 예루살렘 탈환을 꿈꾸었을 것이다. 아마도 이 그림은 유럽 그리스도인들의 그런 바람을 표현하고 있을 것이다. 여기서 기원후 1099년 1차로 예루살렘으로 입성했던 십자군 원정의 초기 역사를 읽을 수 있다.

이 시편의 4-8절은 아마도 히스기야 시대부터 시작된 시온의 신성불가침이라는 "시온 신학"에 바탕을 둘 것이다. 아시리아가 두 차례에 걸쳐 예루살렘을 침공했지만, 점령하지 못했다(참조. 사 33:17-20; 왕하 18:13-19:37/사 36-37장). 그러나 우리가 알고 있듯이, 결국 예루살렘은 바빌로니아에 의해 점령당했고 성전은 파괴되었다. 하나님의 임재 역시 가시적인 시온의 차원을 넘어선다. 이스라엘 백성들은 성전 파괴를 경험하고 나서야 비로소 그 점을 깨달았다. 하나님은 시온에 제한되는 분이 아니다. 온 우주가 그분의 것이기 때문이다. 이 본문에서 우리는 종말에 승리하실 하나님의 영원한 임재를 그려야 할 것이다.

그림 106 Cod. Bibl. Fol. 23. 60 recto

이 그림은 본문에서 특히 7절의 모습을 보여준다. 멀리 원경에 시온산과 성전이 보인다. 그리고 바다 한가운데 배가 한 척 부서져 가라앉고 있다. 하나님이 동풍으로 다시스의 배들을 깨뜨리셨다는 본문을 그대로 그려준다. 그런데 물이 성전에서 흘러나오는 모습은 본문 자체를 넘어서서 에스겔의 환상(겔 47:1-12)을 떠올리게 한다. 그렇게 보면 이 그림은 하나님을 대적한 이들에게는 심판의 심상이지만, 하나님의 백성들에게는 무한한 하나님 나라의 시작으로 여겨진다.

3. 기도와 관상(*oratio et contemplatio*)

주님, 제가 교회에서 당신의 보호하심과 인자하심을 경험도록 도와주십시오. 저는 여전히 당신의 보호하심과 인자하심의 뜻을 제 시야 안에 가두고 있습니다. 당신과 올바른 관계를 맺는 저의 삶에서 당신의 보호하심과 인자하심을 볼 수 있는 영적 감수성을 허락해주십시오. 당신께서 온 땅의 임금이시기 때문입니다.

동물 같아지지 않으려면 (시편 49편)

1. 본문 읽기 (*lectio*)

[예배 음악을 위하여.˘ 고라 자손의 찬송.]

지혜 선생의 말

1 이것을 들으십시오, 온 백성이여!
   귀를 기울이십시오, 세상에 사는 모든 이여!
2 평민이나 귀족이나˘
   부자와 가난한 이 모두.
3 제 입은 지혜를,
   제 마음은 슬기로운 생각을˘ 말할 것입니다.
4 제가 비유에 제 귀를 기울이겠습니다!
   수금으로 제 수수께끼를 풀겠습니다!

인간의 유한성 1

5 어째서 제가 환난의 날들에 두려워해야 합니까?
   죄가 제 발걸음을 둘러쌉니다.
6 자기네 재산을 의지하는 사람들,
   그들은 자기네 부유함이 풍부하다고 자랑합니다.
7 누구도 절대로 형제를 속량하지 못하며,
   그의 목숨값을 하나님께 내지 못하니,
8 그들 영혼의 속량은 너무 비싸서

영원토록 포기해야 합니다.

9   그러려면 그가 영원에 이르도록 여전히 살아서,

     무덤을 보지 않아야 합니다.

10 참으로 그가 보게 될 것은,

     지혜로운 이들도 죽고,

     어리석은 이와 무지한 이도 함께 멸망하며,

     자기네 재물은 다른 이들에게 남겨둔다는 것입니다.

11 그들 속으로는 자기네 집이 영원하고,

     자기네 거주지가 대대로 있을 거라 여깁니다.

     그들은 자기네 이름으로 토지를 부릅니다.

12 존귀한 사람도 깨닫지 못하면,[ㄹ]

     멸종되는 동물들 같아집니다.

인간의 유한성 2

13 이것이 그들의 길, 그들의 미련함이고,

     그들의 종말, 자기네 입으로 기뻐하던 것입니다. [셀라]

14 양 떼처럼 그들은 스올로 방향을 잡을 것입니다.[ㅁ]

     죽음이 그들을 몰아갈 것입니다.

     그리고 아침이면 올곧은 이들이 그들을 다스립니다.

     그러면 그들의 모습은 사라지고,

     스올은 그들이 살 곳이 될 것입니다.

15 그러나 하나님이 제 영혼을

     스올의 손에서부터 속량하실 것입니다.

     이는 그분이 저를 데려가실 것이기 때문입니다. [셀라]

16 다른 사람이 부자가 되어도,

그의 집에 영광이 많아져도

당신은 두려워하지 마십시오!

17 이는 그는 자기가 죽을 때

아무것도 가져가지 못하고,

그의 영광이 그를 뒤따라 내려가지 못하기 때문입니다.

18 이는 그의 영혼이 살아 있는 동안에 축복하기를,

"네가 잘 되어서 사람들이 너를 칭송할 것이다" 했기 때문입니다.

19 그 영혼은 자기 조상들의 세대에게로 갈 것입니다.

그들은 영원토록 빛을 보지 못할 것입니다.

20 사람이 존귀하여도 깨닫지 못하면,

멸종되는 동물들 같아집니다.

번역 해설

표제ㄱ. 히브리어. "לַמְנַצֵּחַ"(라므나체아흐). 자세한 설명은 위의 1부를 보라.

2절ㄴ. 직역. "사람의 아들도 남자의 아들도"(גַּם־בְּנֵי אָדָם גַּם־בְּנֵי־אִישׁ, 감-브네 아담 감-브네-이쉬). 이 차이에 대해서는 참조. *NIDOTTE 1*, 266, 롱맨 3세, 『시편 I·II』, 299.

3절ㄷ. 히브리어 본문은 "생각, 저의 마음, 슬기로움"으로 되어 있다. 이 표현은 연계 상태에 있는 "슬기로운 생각" 사이에 "내 마음"이 들어가 있는 입체적 구조로 이루어져 있어서 우리말로 그대로 재현할 수 없다.

12절ㄹ. 히브리어 본문에는 "밤을 지새다"(יָלִין, 얄린)가 쓰였다. 하지만 70인역(συνῆκεν, 쉰에켄) 20절에서 되풀이하는 후렴구 및 후반절과 이루는 대조를 바탕으로 "깨닫다"(יָבִין, 야빈)로 읽는다.

14절ㅁ. "שַׁתּוּ"(샤투; 어근.שִׁית)의 이런 뜻의 용례는 참조. 출애굽기 7:23, 예레미야 31:21, 시편 48:13[14], 잠언 22:17, 27:23 등, 게제니우스, 『히브리

어 아람어 사전』, 825.

2. 본문과 함께 그림 묵상(*meditatio et visio*)

고라 시편 첫 모음집의 마지막 시편은 독자들에게 삶의 참된 지혜를 가르쳐준다. 인간의 유한성이 주제다. 6절에서 보듯 자신의 재산에 의지하는 사람들은 그것이 많음을 자랑한다. 그리고 많은 사람이 그런 가치를 부러워하는 자들을 닮아간다. 이런 모습을 보는 하나님의 백성은 5절처럼 하소연한다. "도대체 어째서 우리가 그런 것을 보며 힘들어해야 합니까?"라는 말이다. 여기에는 상대적 상실감이 작용한다. 신앙의 대원칙으로는 무한한 하나님의 가치를 추구하는 것이 맞지만, 그것은 당장 눈으로 보기에 아무것도 보증해주지 않는다. 하나님이 안 계신 듯 아무렇게나 사는 사람들은 가시적인 세상에서 사회적·경제적으로 세력을 불려간다.

하지만 이 시편의 지혜 선생은 그런 고민을 하는 이들에게 죽음의 문제를 들이대며 분명하게 가르쳐준다. 죽음은 모든 가시적인 가치를 끝장내는데, 이 세상에 사는 사람들 가운데서는 아무도 그 문제를 풀지 못한다는 것이다. 그러니 그런 가치를 추구하는 것이 얼마나 허무한가? 이는 전도서에서 화자가 고민하고 하소연하는 것을 생각나게 해준다(참조. 전 2:12-23; 3:16-22; 9:1-12 등). 그리고 이것을 알면서도 깨닫지 못하고 여전히 유한한 가시적 가치에 목숨을 건다면 동물과 다를 것이 없다고 두 번이나 말하며 깨달음을 권유한다(12, 20절).

그림 107 Cod. Bibl. Fol. 23, 61 recto

이 삽화는 첫째 후렴구인 12절 뒤에 그려져 있다. 이 그림은 말 한 필을 끌고 있는 사람을 보여준다. 그런데 그는 망토만 두르고 그 안에 옷을 입지 않은 것으로 보인다. 아마도 중세 시대의 야만인을 표현했을 수 있다. 이는 본문의 지혜 선생이 가르쳐주는 가시적 가치들의 유한성을 깨닫지 못한다면, 동물과 다를 바 없다는 구절을 표현한다.

그림 108 Cod. Bibl. Fol. 23, 61 verso

이 그림은 이 시편의 맨 마지막 부분, 곧 둘째 후렴구인 20절 뒤에 그려져 있다. 그렇게 보면 이 그림은 앞선 그림과 대조되는 모습을 보여준다고 할 수 있다. 그림 왼쪽에 예수 그리스도께서 계시고, 오른쪽에 있는 사람들이 그분께 예물을 드린다. 이 예물은 가시적인 가치를 좇는 사람들이 가지려고 애쓰는 것들을 상징할 것이다. 이 그림은 하나님의 무한한 가치를 깨달은 이들은 그런 유한한 것들을 상대화하고 그 모든 것이 하나님의 선물임을 알고 그분께 영광을 돌리는 삶을 살아감을 보여준다. 그것이 동물과 다른 피조물로서 인간의 본분일 것이다.

3. 기도와 관상(*oratio et contemplatio*)

주님, 사람들은 다 죽습니다. 누구나 죽을 때는 움켜쥐고 있던 모든 것을 내어놓을 수밖에 없습니다. 사는 동안 그것을 분명히 알고 소유에 얽매이지 않게 해주십시오. 오로지 당신의 무한한 품에 안겨 당신 안에서 풍성한 삶을 누리게 해주십시오.

감사로 드리는 제사(시편 50편)

1. 본문 읽기(*lectio*)

[아삽의 찬송.]

서곡(序曲): 하나님의 임재를 맞는 백성들의 찬미

1 신이신 야훼 하나님ㄱ이 말씀하시며, 땅을 부르셨습니다,
해 돋는 데서부터 그 지는 데까지.

2 온전히 아름다운 시온에서부터 하나님이 빛나게 하셨습니다.

3 우리 하나님께서 오시는데, 그분은 잠잠하지 않으실 것입니다.
삼키는 불이 그분 앞에 있고, 그분 둘레에서는 심하게 회오리바람이 붑니다.

재판장이신 하나님의 임재

4 그분이 위로 하늘을 향해, 그리고 땅을 향해
자기 백성을 판결하기 위해 부르실 것입니다.

5 "내 성도들을 내게로 모아라. 그들은 희생제사로 나와 언약을 맺은 이들이다."

6 그러면 하늘이 그분의 공의를 전할 것입니다.
이는 하나님, 그분이 재판관이시기 때문입니다. [셀라]ㄴ

신앙의 외면적 모습

7 "들어라. 내 백성아! 이스라엘아, 내가 말하겠다. 네게 증언하겠다.

하나님, 내가 네 하나님이다.

8　네 희생제사에 대해서 나는 너를 꾸짖지 않을 것이다.

　　네 번제가 내 앞에 언제나 있기 때문이다.

신앙의 내면적 모습

9　나는 네 집에서 수소를 가져가지 않을 것이며,

　　네 우리에서 숫염소도 그리하지 않을 것이다.

10　이는 숲속에 사는 것도, 뭇 산ᶜ의 모든 짐승도 내 것이기 때문이다.

11　나는 모든 산새를 알며, 들짐승은 나와 함께 있다.

12　내가 굶주린다고 해도 네게 말하지는 않을 것이다.

　　이는 세상과 그 안을 채우는 것이 내 것이기 때문이다.

13　내가 황소 고기를 먹고 염소 피를 마시겠느냐?

14　감사로 하나님께 희생제사를 지내고,

　　지존하신 분께 당신의 서원을 갚아라.

15　재난의 날에 내게 부르짖으면, 내가 너를 건지고,

　　그러면 너는 영화로워질 것이다.”

겉과 속이 다른 악인

16　그러나 악인에게는 하나님께서 말씀하십니다.

　　“왜 네가 내 율례를 전하며, 내 언약을 네 입에 올리느냐?

17　너는 교훈을 미워하고, 내 말을 네 뒤로 집어던졌다.

18　너는 도둑을 보면, 그 사람을 좋아하였고,

　　간음하는 자들과 네 몫을 나누었다.

19　네 입을 악한 데 내던지고, 네 혀는 거짓을 엮어낸다.

20　너는 앉아서 네 형제를 거슬러 말하고, 네 어머니의 아들에게 수치를

준다.

하나님을 잊어버린 악인

21 이런 짓을 해도 내가 잠잠했더니, 너는 내가 너 같은 줄 알았구나.

　　내가 너를 꾸짖고 그것들을 네 앞에 벌여놓겠다.

22 이것을 좀 분별해보거라, 하나님을 잊는 이들아!

　　그렇지 않으면 내가 찢어버릴 것이니, 구원자가 없을 것이다."

감사의 제사

23 "감사로 희생제사를 드리는 이가 나를 영화롭게 할 것이다.

　　그리고 거기에 길이 있으니ᴿ 내가 하나님의 구원을 보여줄 것이다."

번역 해설

1절ㄱ. 본문은 하나님의 신명이 서로 다른 형태로 세 번 잇달아 나오는데
(אֵל, 엘; אֱלֹהִים, 엘로힘; יהוה, 야훼), 이는 제의에서 하나님을 두 번 부르던 관
습을 반영할 것이다(참조. Kraus, *Psalmen 1-59*, 526).

6절ㄴ. "셀라"에 대해서는 위의 3편 번역 해설을 보라.

10절ㄷ. 직역. "천 (개)의 산"(הַרְרֵי־אָלֶף, 하르레-알레프).

23절ㄹ. 히브리어 본문은 "그리고 길을 두었다"(וְשָׂם דֶּרֶךְ, 브삼 데레크)로
이해하기 어려운 형태다. 우리는 70인역(καὶ ἐκεῖ ὁδός, 카이 에케이 호도스)과
같은 고대 역본에 따라 "그리고 거기에 길이 있다"(וְשָׁם דֶּרֶךְ, 브삼 데레크)로
읽는다.

2. 본문과 함께 그림 묵상(*meditatio et visio*)

1) 신앙의 본질

신앙이란 늘 하나님 앞에서(*Coram Deo*) 사는 것이다. 그래서 신앙인은 하나님이 어떤 분이신지를 분명히 알고 있어야 한다. 하나님은 창조주시다. 이말은 신앙인이 일상의 삶의 순간마다 어떻게 의미를 새겨야 하는지를 가르쳐준다. 이 세상의 모든 것은 창조주 하나님의 솜씨다. 그러므로 신앙인은 그 모든 것을 소중히 여겨야 한다. 더불어 이 세상의 모든 것은 피조물이기 때문에 우리는 아무것도 절대시할 수 없다. 하나님은 통치자시다. 신앙인의 삶은 하나님의 섭리 아래 있다. 따라서 신앙인은 말씀을 통해 계시하시고 이끄시는 하나님의 음성에 민감한 삶을 살아야 한다.

그림 109 Cod. Bibl. Fol. 23, 62 verso

필사본에서 이 그림은 50편의 두 번째이지만, 먼저 살펴보자. 이 삽화는 본문 9-15절
의 모습을 보여준다. 그림에는 산과 들 그리고 하늘이 배경에 있고, 다양한 동물이 제각
각 다른 방향을 보면서 자기 삶을 살아간다. 그 가운데 기도자가 있다. 우리는 이 그림에
하나님이 등장하지 않는 점에 주목해야 한다. 사실 우리가 사는 세상에서 창조주이신
하나님을 가시적으로 보기는 어렵다. 진정한 신앙은 비가시적인 하나님의 역사하심을
가시적 피조세계의 질서를 보며 깨닫는 것이다.

하나님은 심판주시다. 이 세상이 끝이라면 신앙인들은 세상에서 가장 어
리석은 사람들이다. 그러나 신앙인에게는 하나님의 심판과 영원한 삶에
대한 소망이 있다. 이 소망이 유물론적인 세상의 모든 가치를 초월할 수
있는 원동력이 된다.

　그렇다면 신앙은 구체적으로 어떻게 표현되는가? 하나님 앞에서 그
신앙을 어떻게 보여드릴 것인가? 그래서 제의와 예배가 있다. 또한 제물과
헌금이 있다. 형식과 내용은 분리되지 않는다. 그러므로 예배 공동체와 그
공동체의 전통을 존중하려는 마음이 신앙의 첫걸음이다. 무교회주의나 탈
교회주의를 경계해야 하는 이유가 바로 여기에 있다. 신앙은 전통이다. 그
러나 형식적 전통이 본질일 수는 없다. 신앙의 본질은 지난날 하나님께서
베풀어주신 은총에 대한 기억과, 장래에 역사하실 하나님께 대한 기대다.
그 본질에 충실해야 오늘날 우리도 신앙인으로서 하나님 앞에서 "성도"라
고 인정받고, 우리 삶이 "정의롭다"고 판결받을 수 있을 것이다.

그림 110 Cod. Bibl. Fol. 23, 62 recto

이 그림은 본문 4-6절의 장면을 보여준다. 왼편에 심판주이신 하나님이 앉아 계시고, 오른쪽에 심판을 위해 사람들이 한 명씩 나아온다. 맨 앞에 나온 사람은 손에 책을 들고 있는데, 이는 아마도 본문에서 말하는 하나님과 맺은 언약의 책을 형상화했을 것이다. 이 그림은 누구나 심판주이신 하나님 앞에 서는 날이 반드시 있으며, 본문의 말씀대로 말씀에 따르는 삶이 공의로운 판결의 기준이 됨을 잘 보여준다.

2) 악인의 본질과 운명

이 시편 후반부에서 우리는 악인들의 전형적인 모습을 배운다. 첫째로, 악인들은 입으로 하나님의 말씀을 들먹거리면서도 실제 삶은 그와 거리가 먼 모습을 보여준다. 이 시편은 특히 악인들이 하는 말과 행동을 구체적으로 꼬집어 그들의 이율배반을 비판한다. 이것은 시편 시대나 지금이나 매한가지다. 특히 한국교회의 현실에서 새길 점이 많다. 겉으로는 성장의 극치를 달리는 듯하고 신앙이 깊은 것 같지만, 한국교회가 이 땅에서 어떤 영향력을 미치고 있는지를 생각해보면 반성할 점이 많이 보인다. 그것은 개개인들의 삶에서도 마찬가지다. 오늘날 우리는 혹시 하나님께서 "악인아"라며 책망하시지는 않을지 반성해보아야 한다. 마치 도둑들과 짝하거나 간음하는 자들과 동료인 것처럼 하나님 앞에서 죄를 저지르고 있지는 않은가? 가장 가까운 이들에게조차 대적이 될 정도로 악한 말을 지어내고 있지는 않은가? 그리하여 우리의 삶이 말씀에서 멀어져가고 있지는 않은가?

그림 111 Cod. Bibl. Fol. 23, 63 recto

이 그림은 아랫부분이 훼손되어 정확히 재구성할 수는 없지만, 16-20절을 보여주는 것이 분명하다. 이 그림은 하나님을 오른쪽 위의 말씀하시는 손가락과 후광으로 대신한다. 그림에는 세 부류의 악인이 등장한다. 오른쪽 위의 보라색 망토를 걸친 사람은 성경책을 집어던지고 있다. 그러면서도 눈은 하나님을 보고 있어서 말씀을 저버리면서도 율례를 입에 올리는 이율배반을 잘 보여준다. 왼쪽에 반쪽만 있는 사람은 하나님을 보고 있지만, 어떤 사람과 손을 잡고 장면을 벗어나고 있는데, 아마도 본문에서 말하는 도둑일 것이다. 남은 사람은 오른쪽 아래 있는데, 아마도 간음한 사람과 몫을 나누고 있을 것이다. 그러고 보면 왼쪽 아래에 희미하게 이불을 덮은 남녀의 모습이 보이는데, 필사본을 본 사람이 불경하다고 여겨 일부러 그림을 훼손한 것으로 여길 수 있겠다.

둘째로, 본문에서 우리는 악인의 교만을 접하는 반면 교훈을 얻는다. 우리의 일상에서 하나님의 침묵은 두 가지 오류에 빠지게 한다. 먼저는 하나님이 우리와 같을 것이라는 착각이다. 하나님은 창조주시고 심판주시다. 하나님 나라의 완성을 향해 그분의 섭리 아래 우리의 인생과 세계의 역사가 나아가고 있는데, 순간순간 하나님의 침묵으로 인해 우리는 하나님을 잡신이나 우상처럼 사람들이 만들어낸 존재로 격하하는 오류를 저지른다. 또한 하나님의 침묵은 하나님을 잊어버리고 살도록 만들기도 한다. 당장 눈에 보이는 하나님의 개입이 없다는 것은 그분의 부재 같아 보인다. 그러나 하나님은 우리가 삶의 순간마다 그분의 임재를 보는 눈을 열고 돌아오기를 기다리신다. 하나님의 침묵은 그런 점에서 우리를 위한 하나님의 유예 기간이다.

이 시편은 마지막으로 올바른 신앙을 가르쳐주는 것으로 마무리한다. 곧 감사로 제사를 드리며 행위를 옳게 하는 삶이다. 이는 겉과 속이 다른 악인의 모습을 반면교사 삼아 삶의 모든 순간에 하나님께 집중하는 것을 말한다. 교회에서나 가정에서나 삶의 모든 순간에 한결같은 모습을 보여주는 것이 하나님의 구원, 곧 하나님의 보호와 동행을 경험하는 지름길이라는 중요한 가르침이다.

그림 112 Cod. Bibl. Fol. 23, 63 recto

이 시편의 마지막 그림은 왼쪽 부분이 찢겨 훼손되었다. 이것은 고의인지 아닌지 판별하기 어렵다. 22후반절을 그린 것으로 보인다. 왜냐하면 본문에서 하나님이 악인을 "찢으신다"고 할 때 쓰인 낱말이 주로 포식동물이 먹이를 찢어 먹을 때 사용되기 때문이다.

그래서 왼쪽에는 악인이 그려져 있었을 것이다. 그 악인을 사자가 공격한다. 이것은 하나님의 심판을 형상화한 것이다. 그리고 오른쪽에 있는 사람은 두 팔을 벌려서 구원할 의지가 없음을 분명히 한다. 이 그림을 보면서 악인을 향한 하나님의 심판을 직관적으로 깨달을 수 있다.

3. 기도와 관상(*oratio et contemplatio*)

제가 숨 쉬는 모든 순간, 제 눈에 들어오는 하늘, 땅, 동물, 식물 등 만물에서 창조주 하나님의 숨결을 경험하게 해주십시오. 저를 포함하여 살아 있는 모든 존재가 당신에게서 비롯되었고 당신 안에서 살아가며 당신을 향해 나아간다는 사실을 깨닫게 해주십시오.

제 죄를 지워주십시오(시편 51편)

1. 본문 읽기(*lectio*)

[예배 음악을 위하여.ʼ 다윗의 찬송. 예언자 나단이 다윗에게 왔을 때, 그는 밧세바와 동침했었다.]

죄 고백

1 저를 불쌍히 여겨주십시오, 하나님, 당신의 인자하심에 따라!
   당신의 많은 긍휼을 따라 제 잘못을 지워주십시오.

2 저를 제 죄악에서 말끔히ʻ 씻어주시고, 제 죄에서 저를 정결하게 해주십시오.

3 이는 제 잘못을 제가 알기 때문이며, 제 죄가 제 앞에 언제나 있기 때문입니다.

4 당신께, 오로지 당신께만 제가 죄를 지었고,
   악은 당신 눈앞에서만 제가 저질렀습니다.
   그래서 여전히ᵉ 당신은 말씀하실 때 의로우시며, 심판하실 때 순전하십니다.

5 보십시오, 죄악 가운데서 제가 태어났고,
   죄 가운데서 제 어머니가 저를 임신했습니다.

6 보십시오, 당신은 중심에서 진실함을 기뻐하시며,
   당신은 은밀하게 제게 지혜를 알려주십니다.

용서 간구

7   우슬초로 제 죄를 씻어주십시오. 그러면 제가 정결해질 것입니다.

  저를 씻어주십시오. 그러면 저는 눈처럼 하얘질 것입니다.

8   제게 즐거움과 기쁨을 들려주십시오.

  당신이 꺾으신 뼈들도 좋아하겠습니다.

9   당신 얼굴을 제 죄에서부터 가리시고, 제 모든 죄악을 지워주십시오.

10 정결한 마음을 제게 창조해주십시오, 하나님!

  그리고 굳건한 영을 제 안에 새롭게 해주십시오.

11 저를 당신에게서부터 내던지지 마시고,

  당신의 거룩한 영을 제게서부터 거두어가시지 마십시오.

12 제게 당신의 구원의 즐거움을 되돌려주시고,

  자원하는 영으로 저를 떠받쳐주십시오.

서원

13 제가 잘못한 이들을 당신의 길로 가르치겠습니다.

  그러면 죄인들이 당신께로 돌이킬 것입니다.

14 저를 피에서부터 건져주십시오,ᵉ 하나님, 구원의 하나님이여!

  제 혀가 당신의 의를 외쳐 부르겠습니다.

15 주님, 제 입술을 열어주십시오.

  그러면 제 입이 당신을 향한 찬송을 전하겠습니다.

16 참으로 당신은 희생제사를 기뻐하지 않으십니다. 그러면 제가 (그것을)
  드리겠습니다.

  번제는 당신이 좋아하지 않으십니다.

17 하나님을 위한 희생제사는" 상한 영, 부서지고 꺾인 마음입니다."

  하나님은 (그것을) 멸시하지 않으십니다.

회복의 공동체성

18 당신이 내키시는 대로 시온을 좋게 대해주십시오.

예루살렘 성벽들을 쌓아주십시오.

19 그때 당신은 의로운 희생제사와 번제와 온전한 번제를 기뻐하실 것입니다.

그때 사람들은 당신의 제단 위에 수소를 가지고 올라갈 것입니다.

번역 해설

표제ㄱ. 히브리어. "לַמְנַצֵּחַ"(라므나체아흐). 자세한 설명은 위의 1부를 보라.

2절ㄴ. 히브리어 자음 본문(케티브)은 "많이"(הַרְבֵּה, 하르베)라는 부사를 쓴다. 한편 읽기 전통(케레)은 히필 명령형 "많게 하십시오"(הֶרֶב, 헤레브)를 전하는데, 이어지는 명령형과 함께 읽어서 강조하는 부사의 뜻을 가지는 것으로 새길 수 있다(참조. Tate, *Psalms 51-100*, 5).

4절ㄷ. 히브리어 불변화사 "르마안"(לְמַעַן)은 옮기기가 쉽지 않지만, 여기서는 문맥에 비추어 결과 용법으로 새겨서 옮긴다.

14절ㄹ. 개역개정에서 "피 흘린 죄에서"라고 옮긴 것은 이 시편의 표제가 가리키는 밧세바 사건을 염두에 둔 의역일 것이다.

17절ㅁ. 본문을 직역하면 "하나님의 희생제물"(זִבְחֵי אֱלֹהִים, 지브헤 엘로힘)이다. 하지만 유익의 여격(*dativus commodi*)으로 옮긴 70인역(θυσία τῷ θεῷ, 튀시아 토 테오)처럼 이해하여 옮긴다.

17절ㅂ. 개역개정과 끊어 읽기가 다른 것은 히브리어 본문의 읽기 전통(아트나흐)을 살려서 옮긴 것이다.

2. 본문과 함께 그림 묵상(*meditatio et visio*)

현대인들은 옛 이스라엘 사람들보다 몇 배는 더 복잡하며 다양한 상황에 부닥친다. 물론 그 가운데서 훨씬 더 많은 죄의 유혹에 노출된다. 이 시편의 표제에서 언급하는 다윗의 죄와 같이 극단적이지는 않더라도, 현대인들은 욕심이나 교만 등에서 비롯한 많은 죄를 짓는다. 그러면서도 하나님 앞에서 죄를 고백하고 하나님의 용서를 경험하는 일에는 소홀하다.

하나님 앞에서 바라는 것을 죄다 드러내 말하기는 쉽다. 그러나 우리는 하나님 앞에서 시인처럼 자신의 죄를 낱낱이 내어놓고 용서를 간구하고 있는가? 하나님께서 죄를 말끔히 씻어주셔서 삶의 변화를 가능케 하심을 경험하고 있는가?

우리는 때로 스스로 당면한 문제를 해결할 수 있다며 혼자 끙끙댄다. 하지만 모든 죄의 용서는 하나님께 달려 있다. 하나님의 용서는 덮어버리는 것이 아니라 말끔히 지워버리는 것이다. 이는 일시적인 치료가 아니라 근원적인 치유다. 새 창조다. 이전과는 완전히 다른 존재가 되는 것이다(고후 5:17). 그런 하나님께 내어놓지 못할 죄는 아무것도 없다. 하나님 앞에서 정결한 마음은 자신을 들여다보고 죄를 발견하는 데서 시작한다. 그리고 모든 죄를 하나님 앞에 내어놓기만 하면 그분께서 말끔히 씻어주신다.

그림 113 Cod. Bibl. Fol. 23, 63 verso

그림의 왼쪽에는 본문 18-19절이 형상화되어 있다. 예루살렘 성 뒤에는 아마도 다윗 임금을 그린 듯하다. 그리고 오른쪽에는 두 사람이 그려져 있는데, 아래쪽에 턱을 괴고 있는 사람은 이 시편에서 성찰하며 회개하는 주인공으로 보이며, 그 위에 엎드려 있는 여성은 5절에서 언급하는 기도자의 어머니로 보인다. 이 그림은 오른쪽의 회개와 왼쪽의 공동체 회복을 나란히 두어 감상하는 이로 하여금 개인의 변화가 공동체의 변화에서 시작됨을 직관적으로 생각하도록 도와준다.

공동체의 변화는 이런 개인의 변화에서 시작한다. 작은 변화는 더디지만, 오래간다. 그래서 개개인의 변화는 공동체의 변화를 위해 매우 중요하다. 하나님께서는 이런 개인의 변화를 통해 신앙 공동체에 선한 변화를 일으키신다. 스스로 옳다고 우기는 사람들이 아니라 다윗처럼 하나님 앞에서 겸손히 참회하고 용서받아 정결한 마음으로 새 창조를 경험한 사람들이 그런 변화의 주역이 된다. 다윗의 이야기와 함께 읽는 이 시편은 오늘 우리의 모습을 들여다보게 해준다.

3. 기도와 관상(*oratio et contemplatio*)

내 마음속에 잔뜩 쌓아놓은 죄를 당신 앞에 풀어놓기를 바랍니다. 사람들 앞이 아니라 오로지 당신 앞에 저를 올바르게 세우고, 제 안에 있는 것들을 하나씩 내어놓게 해주십시오. 당신 앞에 내어놓지 못할 죄가 없음을 알게 하시고, 당신이 그 모든 것을 말끔히 씻어 정결하게 해주심을 깨우쳐주십시오. 온 세상의 변화는 저의 변화로부터 시작됨을 알게 해주십시오.

나는 푸른 올리브나무처럼(시편 52편)

1. 본문 읽기(*lectio*)

[예배 음악을 위하여.˚ 다윗의 마스킬.˘ 에돔 사람 도엑이 왔을 때, 그런데 그는 사울에게 전하여 말하기를 "다윗이 아히멜렉의 집에 갔습니다"라고 했었다.]

힘센 자의 혀

1 어째서 그대는 악을 자랑하는가? 힘센 자여,
   하나님의 인자하심이 종일토록 있는데도!

2 파멸만을 네 혀가 생각하는구나.
   날 선 면도칼처럼 거짓을 지어내는구나.

3 너는 악함을 선함보다 더 사랑하였고,
   속임수를 의로운 말보다 더 그리했구나. [셀라]˘

간사한 혀

4 너는 삼키는 모든 말을 사랑하였다, 거짓된 혀야!

5 하지만˘ 하나님은 너를 영원히 헐어버리시고,
   너를 잡아채시며, 너를 장막에서부터 찢어내 버리실 것이다.
   그리하여 네 뿌리는 살아 있는 땅에서부터 뽑힐 것이다. [셀라]˘

의인의 비웃음

6 그러면 의인들이 보고서 두려워하고, 그것에 대해 비웃을 것이다.

7 "보라! 그자는 하나님을 자기 피난처로" 삼지 않았고,

　　 자기 재물의 풍부함에 기댔고, 자기가 일삼던 파멸로 힘을 내보였다."

그러나 나는!

8 그러나 나는 하나님 집의 푸른 올리브나무처럼

　　 하나님의 인자하심을 영원토록 의지합니다.

9 제가 영원히 찬송하겠습니다. "당신께서 행하셨습니다!"

　　 그리고 저는 정말로 선하신 당신의 이름을

　　 당신의 경건한 이들 앞에서 기다리겠습니다.

번역 해설

표제ㄱ. 히브리어. "לַמְנַצֵּחַ"(라므나체아흐). 자세한 설명은 위의 1부를 보라.

표제ㄴ. 직역. "교훈."

3, 5절ㄷ. "셀라"에 대해서는 위의 3편 번역 해설을 보라.

5절ㄹ. 히브리어 "감"(גַּם)은 '~도, 또한' 등을 뜻하는 것이 보통인데, 여기서는 반전의 상황을 이끄는 구실을 한다고 보아야 한다(참조. 사 49:15; 렘 36:25; 암 4:6; 시 95:9; 느 6:1; 게제니우스, 『히브리어 아람어 사전』, 139).

7절ㅁ. 개역개정은 "힘"으로 옮겼지만, "마오즈"(מָעוֹז)는 히브리어에서 '산성, 요새, 보호, 피난처' 등을 뜻한다.

2. 본문과 함께 그림 묵상(*meditatio et visio*)

인간관계에서 상처는 대부분 말에서 시작한다. 말을 지혜롭게 하는 것은 참 어려운 일이다. 그래서 자신의 이익을 위해 아히멜렉의 집안을 죽음으

로 내모는 말을 했던 이 시편 표제의 도엑처럼 그렇게 극단적이지는 않더라도, 사람들은 아무렇게나 관계를 깨뜨리는 말을 하곤 한다. 여기에는 보이지 않는 하나님의 역사하심을 믿지 못하는 마음이 짙게 깔려 있다. 그리고 이기주의와 자기 합리화도 한몫한다.

그림 114 Cod. Bibl. Fol. 23, 64 verso

첫째 그림은 표제를 소재로 삼는다. 왼쪽에 앉은 사울 임금 앞에서 도엑이 말을 하고 있다. 그런데 놀라운 것은 그의 오른손이다. 엄지와 약지를 맞잡은 손은 주로 이콘에서 "참하나님, 참인간, 구약에 예언되었고 신약에서 성취된 그리스도"를 뜻할 때 사용되는 상징이다. 이로써 도엑이 사울 앞에서 참이라고 말하고 있다는 뜻을 나타낸 듯하다. 사울의 눈길도 도엑의 손에 가 있다. 그러나 도엑의 눈빛과 입 모양은 욕심으로 가득하다. 그리고 오른쪽에는 그가 지어낸 거짓말을 상징하는 것 같은 그림이 그려져 있다. 맨 오른쪽에 (목욕을 위한?) 물통까지 있어서 아마도 이어 읽기의 관점에서 앞선 시편에서 언급한 다윗과 밧세바 사건을 통해 다윗의 죄를 강조하는 듯하다. 이 그림은 날 선 면도칼 같은 말로 공동체를 깨뜨리는 모습을 매우 충격적인 모습으로 형상화한다.

이 시편에서는 그 해결점을 첫머리에서 선언하는 하나님의 '헤세드'(1절)로 든다. 하나님께서는 창조 때부터 지금까지 그러셨던 것처럼 끝까지 한결같으실 것이다(히 13:8). 그분은 한결같이 우리를 사랑하시고, 우리와 동행하시며, 우리를 이끄신다. 그것이 하나님의 '헤세드'다. 그런 '헤세드'를 경험한 사람이라면, 당연히 하나님을 사랑하고, 그분과 동행하며, 그분이 이끄시는 곳을 향해 걸어가야 한다. 그것이 하나님을 향한 우리의 '헤세드'다. 더불어 하나님께서 '헤세드'를 베푸시는 다른 이들에게도 '헤세드'를 내보여야 한다. 곧 하나님의 사랑을 받은 사람으로서 서로 사랑하고, 하나님의 동행하심을 경험한 사람으로서 서로 다독이며 동행해야 한다. 그리고 하나님의 이끄심을 알고 있다면, 더불어 그곳을 지향해야 한다. 그것이 우리가 서로를 향해 보여주어야 할 '헤세드'다. 이 '헤세드'는 생각에서 그다음 곧바로 말에서 시작한다. '주께 하듯' 모든 이들을 생각하고 대하며 그들에게 말한다면, 도엑과 같은 포악하고 간사한 혀 때문에 받을 심판은 해당 사항이 없을 것이다. 그 대신 우리 공동체에는 하나님을 향한 감사, 그분의 선하심에 대한 고백과 선포만이 넘쳐날 것이다. 그리고 공동체의 모든 구성원은 올리브나무처럼 하나님의 '헤세드'에 기대어 그분의 집에서 더없이 귀한 존재가 될 것이다.

그림 115 Cod. Bibl. Fol. 23, 65 recto

이 그림은 본문 8-9절을 그린다. 휘장이 드리운 하나님의 집이 그려져 있고, 왼쪽에는 올리브나무, 오른쪽에는 기도자가 있다. 그리고 주황색 물감으로 덧칠해 잘 보이지 않지만, 9절의 첫 부분 "나는 하나님의 집에 있는 풍성한 올리브나무"(*ego autem sicut oliva fructifera in domo*)라는 글귀가 기록되어 있다. 균형 잡힌 하나님의 집 기둥에

의지하고 있는 기도자, 반대편에서 균형을 맞추고 있는 올리브나무 등 전체적으로 안정
된 느낌의 이 그림은 하나님의 '헤세드'에 의지하는 신앙의 굳건함을 느끼게 해준다.

3. 기도와 관상(*oratio et contemplatio*)

저를 들여다보니 억울한 마음이 가득함을 고백합니다. 제가 의도하지 않
은 비방과 조롱이 귀에 울림을 듣습니다. 그 사람들을 향한 적개심이 제
마음속에 들어차 있음도 봅니다. 그 모든 것을 주님이 받아주심에 감사합
니다. 주님의 집에서 언제나 풍성한 올리브나무처럼 푸르른 삶을 살기 원
합니다.

하나님이 없다?(시편 53편)

1. 본문 읽기(*lectio*)

[예배 음악을 위하여.˙ 마할라트에 맞추어. 다윗의 마스킬.ᵋ]

어리석은 자

1 어리석은 자는 마음속으로 말하기를 "하나님은 없다"고 합니다.
   그들은 몹쓸 짓을 하며, 파렴치한 짓을 저지릅니다.
   선을 행하는 자는 없습니다.

2 하나님ᵋ이 하늘에서부터 사람의 아들들을 내려다보십니다.
   지각이 있는 자와 하나님을 찾는 자가 있는지 보시려 함입니다.

3 그들 모두 돌이켜서ᵉ 함께 썩어버리고,
   선을 행하는 자는 없습니다. 단 한 명도 없습니다.

악인들의 심판

4 죄짓는 사람들이 알지 못합니까? 그들은 내 백성을 떡으로 먹는 자들
   입니다.
   하나님ᵋ을 그들은 부르지 않습니다.

5 그럴 때 그들은 두려움에 휩싸입니다.ᵋ [두려움이 없는 데서.
   이는 하나님ᵋ이 그대를 맞서 진 친 자의 뼈를 흩으셨음입니다.
   그대가 그들에게 수치를 안겨줍니다.
   이는 하나님이 그들을 저버리셨음입니다.]ᵋ

시온의 구원

6 누가 시온에서부터 이스라엘의 구원을 안겨주겠습니까?

　하나님ᵈ이 그분 백성의 사로잡힘을 돌이키실 때,

　야곱이 즐거워할 것이며, 이스라엘이 기뻐할 것입니다.

번역 해설

표제ㄱ. 히브리어. "לַמְנַצֵּחַ"(라므나체아흐). 자세한 설명은 위의 1부를 보라.

표제ㄴ. 직역. "교훈."

2, 4, 6절ㄷ. 시편 14편에는 "야훼"(יהוה).

3절ㄹ. 히브리어. "סָר"(사르). 비교. 시편 53:3 "물러나서"(סָג, 사그).

5절ㅁ. 직역. "그들이 두려움을 두려워합니다."

5절ㅂ. 비교. 시편 14:5후-6.

---

2. 본문과 함께 그림 묵상(*meditatio et visio*)

고린도전서 1:18의 "십자가의 도가 멸망하는 자들에게는 미련한 것이요, 구원을 받는 우리에게는 하나님의 능력이라"라는 고백을 생각나게 하는 시편이다. 세상을 살아가다 보면, 하나님께서 계시지 않는 것 같은 생각이 들 정도로 부조리한 일들이 종종 벌어지는 모습을 본다. 죄를 짓고, 남을 속이거나 해치는 사람들이 버젓이 세력을 누리곤 한다. 심지어 신앙인들이 그들에게 피해를 보아도 아무런 일이 일어나지 않기까지 한다. 어리석게도 "하나님은 없다"고 하는 이들, 선을 행하지 않는 이들의 득세를 지켜볼 도리밖에 없는 때가 많다.

　본문에서 분명히 밝히는 것은 하나님이 없다고 말하는 자는 어리석다는 사실이다. 지각이 있는 사람은 하나님을 찾는다. 우리는 창조주이시며 심판주이신 하나님의 섭리를 중심에 두고 올곧은 삶을 살아야 한다. 하나님의 선하심을 닮아 그 선을 삶에서 지향할 수 있어야 한다.

비록 "하나님이 없다"고 말하는 사람들에게는 미련하게 보일 수 있지만, 신앙인들에게는 그런 삶이 능력이다. 그것은 비가시적인 하나님의 임재를 볼 수 있는 능력, 그리고 유한한 인간의 삶 가운데서 무한하신 하나님의 나라를 볼 수 있는 능력이다.

우리에게는 두 가지 길이 있다. 구원의 길은 십자가와 같이 가시적인 고난과 멸시가 기다릴 수 있지만, 그 너머에 무한한 하나님 나라의 영원한 즐거움과 기쁨이 기다리고 있다. 다른 길은 "하나님이 없다"고 말하는 어리석은 현실주의자들의 유한한 물질주의 세계다. 그 길은 당장 보기에는 힘 있어 보이지만, 하나님의 심판 앞에서는 허무하게 흩어질 뿐이다. 이 시편은 독자들에게 그 갈림길에서 올바른 길을 선택하라고 가르친다.

그림 116 Cod. Bibl. Fol. 23, 65 verso

어리석게도 "하나님이 없다"고 말하던 악인들의 심판 장면인 4-5절을 그린 이 그림의 오른쪽에는 하늘 위에서 심판을 내리시는 성부 하나님과, 성육신하신 아기 예수께서 성모 마리아의 품 안에 앉은 모습이 그려져 있다. 이는 성삼위 하나님의 현존을 매우 가시적으로 강조한다. 왼쪽은 다소 잔혹한 모습이 그려져 있다. 창에 찔려 쓰러져서 피를 흘리는 사람은 하나님이 "뼈를 흩으신" 악인을, 벌거벗겨진 채 교수형 직전에 있는 사람은 "수치를 당하는" 악인을 형상화했을 것이다. 여기에 기도자가 보이지 않는다는 점이 인상 깊다. 악인의 심판 자리에는 오로지 심판주이신 하나님만 계신다. 곧 심판의 전권은 하나님께 있다. 자칫 스스로 심판주가 되려는 우리가 눈여겨보고 겸손히 되새겨야 할 대목이다.

3. 기도와 관상(*oratio et contemplatio*)

"하나님이 없다"고 조롱하는 이들의 목소리가 귀에 쟁쟁합니다. 가시적인 세상이 돌아가는 것을 보면 그런 것 같다는 마음이 한편에서 들어 서글프기까지 합니다. 유한한 저의 시야를 벗어나게 도와주십시오. 유한한 세상의 가시적인 가치가 아니라 무한하신 하나님의 다스리심으로 시선을 들게 해주십시오.

낯선 이의 포악함에서(시편 54편)

1. 본문 읽기(*lectio*)

[예배 음악을 위하여.˘ 느기노트˘에 맞추어. 다윗의 마스킬.˘ 십 사람들이
사울에게 가서 "다윗이 우리에게 숨어 있지 않습니까?"라고 말했을 때.]

낯선 자들

1   하나님, 당신의 이름으로 저를 구원해주시고,
    당신의 힘으로 저를 판결해주십시오.

2   하나님, 저의 기도를 들어주십시오.
    제 입술의 말에 귀 기울여주십시오.

3   이는 낯선 자들이 제게 맞서 일어났고,
    포악한 자들이 제 목숨을 찾음입니다.
    그들은 하나님을 자기네 앞에 두지 않습니다. [셀라]˘

하나님은 나를 돕는 분

4   보십시오, 하나님은 저를 도우시는 분이십니다.
    주님은 제 목숨을 떠받치는 것 가운데 으뜸이십니다.˘

5   그분이 제 원수에게 재앙으로 갚으시길 바랍니다.
    당신의 성실하심으로 그들을 없애버려주십시오.

낙헌제

6   낙헌제로 제가 당신께 희생제사를 지내겠습니다.

야훼여, 당신의 이름이 참으로 선하기에 감사드리겠습니다.

7   참으로 그분은 모든 환난에서 저를 건지셨고,

 제 원수들을 제 눈이 바라봅니다."

번역 해설

표제ㄱ. 히브리어. "לַמְנַצֵּחַ"(라므나체아흐). 자세한 설명은 위의 1부를 보라.

표제ㄴ. "느기노트"에 대해서는 위의 1부를 보라.

표제ㄷ. 직역. "교훈."

3절ㄹ. "셀라"에 대해서는 위의 3편 번역 해설을 보라.

4절ㅁ. 본문은 "주님, 내 생명을 떠받치는 것들 가운데"(אֲדֹנָי בְּסֹמְכֵי נַפְשִׁי, 아도나이 브소므케 나프쉬)로만 이루어져 있다. 그런데 가운데 있는 전치사구 는 최상급 표현으로 여길 수 있다(참조. Tate, *Psalms 51-100*, 45).

7절ㅂ. 개역개정에서 "내 원수가" 뒤에 있는 "보응 받는 것을"은 작은 글 씨로 인쇄되어 있는데, 이 표현은 히브리어 원문에 없으며, 해석이 들어간 번역이다(참조. 2권 본문 해설).

2. 본문과 함께 그림 묵상(*meditatio et visio*)

어떤 자리에서 낯선 이가 된다는 것은 인간의 본성에서 잠자고 있던 공격 성을 드러내는 계기가 될 수 있다. 오늘날 이런 "낯선 이의 포학함"이 가장 잘 드러나는 곳은 온라인이다. 이른바 '악플'로 공격하는 이들 때문에, 더 러는 귀중한 생명을 저버리는 일까지 생기곤 한다. 개인적인 교제가 없고, 뚜렷한 이익 관계가 없다는 점이 함부로 비난하고 공격하는 일로 이어질 수 있다. 다윗도 개인적으로 잘 알지 못하던 십 사람들의 포학한 공격 때문에 위기에 부닥쳤다.

　이 시편에서 기도자는 이런 공격을 받았을 때 신앙인으로서 그 상황을 이겨내고 신앙을 지키는 방법을 가르쳐준다. 무엇보다 우선해야 하는 일은 우리의 모든 사정을 귀 기울여 들어주시는 하나님 앞에 솔직하게 내어놓는 일이다. 이 시편에서는 심지어 원수들을 향해 마음속 깊이 도사리고 있던 복수의 칼날까지도 하나님 앞에 내어놓는다. 이렇게 내어놓는 과정을 거치지 않는다면, 그 감정이나 상처는 끝끝내 사라지지 않고 자신을 괴롭힐 것이다.

　그렇게 내어놓은 뒤에는 하나님의 "성실하심", 곧 한결같으심에 내맡겨야 한다. 무고하게 공격하는 이들에 대한 심판은 결국 하나님의 손에 달려 있고 성실하신 하나님이 합당한 판결을 내리실 것이다. 그러니 그 "원수"의 심판에 스스로 안달할 필요가 없다.

그림 117 Cod. Bibl. Fol. 23, 66 recto

그림은 본문 1-5절의 장면을 보여준다. 왼쪽 끝에 재판장이신 하나님이 보좌에 앉아 계시고, 그 아래 기도자가 급히 도움을 호소하며 엎드린다. 반면에 기도자 뒤에 서 있는 원수는 아무런 잘못이 없다는 듯 두 팔을 벌리고 자기변호를 한다. 그러면서도 왼발로는 기도자의 발목을 밟고 있어서 여전히 적의를 버리지 않는다. 재판장이신 하나님은 그런 대적의 속내를 다 알고 있다는 듯 기도자의 대적을 향해 분노의 눈길을 보내신다. 기도자는 재판장이신 하나님의 방패 뒤로 숨어든다. 그리고 하나님의 손에 대적을 향한 창이 들려져 있는 것도 인상적이다. 하나님 앞에서 올곧은 삶은 하나님의 선하심이 방패가 되고, 대적의 환난에서부터 건져주신다. 지금 기도자는 그것 말고 할 수 있는 일이 없다. 기도자의 절박함을 직관적으로 그린 이 그림은 우리가 직면한 환난의 절박함을 되새겨주고, 하나님을 향한 온전한 의지를 새롭게 해준다.

우리가 이렇게 저렇게 받은 상처와 상한 감정을 하나님 앞에 내어놓고 내맡기면, 그다음에 우리 마음속에 어떤 일이 일어날까? 모든 것을 비운 그 자리에 우리 자신을 향한 하나님의 "선하심"이 밀려들어올 것이다. 이것은 저절로 얻을 수 있는 경험이 아니라 내어놓고 내맡기는 영성 훈련을 끊임없이 해나갈 때 가능하다. 하나님의 "선하심"으로 우리 존재가 가득 차는 경험을 하면, 우리를 에워싸고 있는 상황은 우리에게 아무런 영향을 주지 못한다. 이는 우리가 무한하신 하나님의 "선하심"으로 충만하기 때문이다. 그래서 우리에게서 나오는 것은 감사뿐이다. 유한의 시각으로는 부조리한 감사지만, 무한의 시각으로는 당연한 감사다.

3. 기도와 관상(*oratio et contemplatio*)

늘 거듭 변해가는 이 세상에서 주님은 언제나 변함없이 성실하시고 선하심을 고백합니다. 제 발목을 짓밟은 낯선 이들의 공격으로 고통당하는 저의 마음을 헤아려주시고 위로해주십시오. 당신 앞에 엎드리는 제게 도움이 되어주십시오.

친구가 대적하는 앞에서(시편 55편)

1. 본문 읽기(*lectio*)

[예배 음악을 위하여.˚ 느기노트에 맞추어.ᵇ 다윗의 마스킬.ᶜ]

'하나님' 탄원

1 귀 기울여주십시오, 하나님, 제 기도에!

그리고 제 간구에서부터 숨어 있지 마십시오!

2 제게 주의를 기울이시고 제게 응답해주십시오!

제가 저의 근심으로 방황하며, 어리둥절해 있습니다.ᵈ

'나' 탄원(1) — 원수

3 원수의 목소리 때문, 악인의 짓누름 때문입니다.

정말로 그들은 저를 죄로 뒤흔들고, 분노로 저를 적대시합니다.

'나' 탄원(2) — 상처받은 마음

4 제 마음이 속에서 아파하고, 죽음의 두려움이 저를 덮쳤습니다.

5 두려움과 떨림이 제게 이르고, 공포가 저를 덮었습니다.

6 그리하여 저는 말하였습니다.

"누가 내게 비둘기 같은 날개를 준다면,

나는 날아가서 머무르겠다.

7 보라, 나는 멀리 도망치겠다. 나는 광야에서 지내겠다. [셀라]ᵉ

8 나는 서둘러 내 피난처로 가겠다, 폭풍과 광풍을 피해서.ᶠ

'나' 탄원(3)—증오심

9   주님, 그들의 혀를 갈라 어지럽게 하십시오!

     이는 제가 폭력과 분쟁을 성읍에서 보았음입니다.

10   낮이나 밤이나 그들이 성벽 위로 두루 다녀서,

     죄와 재난이 그 가운데 있습니다.

11   악행이 그 가운데 있고,

     억누름과 속임수가 광장을 떠나지 않습니다.

'원수' 탄원: 친구의 배신

12   참으로 원수가 저를 비웃는다면,"

     저는 받아들일 것입니다.

     저를 미워하는 자가 제게 맞서 거들먹거린다면,

     저는 그를 피해서 숨을 것입니다.

13   "그런데 너는 나와 같은 지위에 있는 사람,

     친한 사람이고 알고 지내던 사람이다!

14   그래서 우리는 함께 달콤한 우정을 즐겼다.

     하나님의 집에서 우리는 함께 다녔다."

15   죽음이 그들에게 들이닥쳐서^

     그들은 산 채로 스올에 내려가야 합니다.

     이는 악독이 그들의 처소에, 그들 한가운데 있음입니다.

기도자의 깨달음

16   저는 하나님께 외칩니다.

     그러니 야훼께서 저를 구원하실 것입니다.

17   저녁과 아침과 정오에 제가 근심하고 탄식하겠지만,

그분께서 제 목소리를 들으셨습니다.

18 그분께서 평화롭도록 제 목숨을 전쟁에서 구출해내셨습니다.
정말로 수많은 자가 제 주위에 있었는데 말입니다.

19 하나님이 들으시고, 그들을 낮추실 것입니다.
예부터 계시는 분께서 말입니다. [셀라]"
이는 그들에게 변화란 없고,
그들은 하나님을 두려워하지 않을 것이기 때문입니다.

대적자의 죄(ㄱ)

20 그는 손을 뻗어 자기와 평화롭게 지내던 사람에게 맞섰습니다.
그는 언약을 더럽혔습니다.

21 그의 입은 버터보다 부드럽지만, 그 마음에는 전쟁이 있고,
그의 말은 기름보다 매끄럽지만, 그것은 뽑은 칼입니다.

독자를 향한 권고(ㄴ)

22 그대는 야훼께 그대의 짐을 내맡기십시오.
그분이 그대를 붙드실 것입니다.
그분은 영원토록 의인의 흔들림을 허락하지 않으실 것입니다.

대적자의 벌(ㄱ')

23 그러나 너, "하나님은 그들을 물웅덩이에 빠뜨리실 것이다.
피 흘리고 속이는 사람들은 자기 수명이 쪼개질 것이다."
그러나 나는 당신을 의지합니다.

표제ㄱ. 히브리어. "לַמְנַצֵּחַ"(라므나체아흐). 자세한 설명은 위의 1부를 보라.

표제ㄴ. "느기노트"에 대해서는 위의 1부를 보라.

표제ㄷ. 직역. "교훈."

2절ㄹ. 여기서 쓰인 동사 어근 "הוּם"(훔) 또는 "הִים"(힘)은 어원을 따지자면 아주 자극이 심해서 무엇인지 몰라 어리둥절한 모습을 그린다(참조. 게제니우스, 『히브리어 아람어 사전』, 175). 이런 형태는 미가 2:12에서 한 번 더 쓰이는데, 영문을 몰라 하는 사람들의 떠들썩한 모습을 그려준다. 개역개정의 "탄식하다"는 번역은 이 낱말을 "הָמָה"(하마)로 고쳐서 읽으라는 히브리어 성경 편집자의 제안에 따른 것이다.

7, 19절ㅁ. "셀라"에 대해서는 위의 3편 번역 해설을 보라.

12절ㅂ. 히브리어 본문에는 부정어(否定語) "לֹא"(로)가 쓰였는데, 이러면 본문이 이해되지 않는다. 이 본문을 어떻게든 반영하려고 했던 개역개정은 결국 무슨 뜻인지 모호해져버렸다. 여기서는 70인역이 "만약"(εἰ, 에이)으로 번역한 것을 바탕으로 "לוּ"(루)로 읽어 번역한다(참조. 게제니우스, 『히브리어 아람어 사전』, 382).

15절ㅅ. 히브리어 자음 본문(케티브)은 "파멸"(יְשִׁימוֹת, 예쉬모트)이다. 하지만 70인역 등 고대 역본은 물론 히브리어 성경의 읽기 전통(케레)도 이를 두 낱말로 떼어 "יְשִׁי מָוֶת"(야쉬 마베트)로 읽었다. 우리도 그 전통에 따른다.

2. 본문과 함께 그림 묵상(*meditatio et visio*)

하나님 앞에서 간절한 마음으로 자신을 들여다보고, 하나님 앞에 내어놓으며 간구하는 이 기도자에게서 우리는 두 가지를 배울 수 있다.

첫째, 상처받은 마음을 다스리는 방법이다. 우리가 살아가는 삶 가운데는 본문에서 보는 것과 같이 극단적이지는 않더라도 마음에 상처를 받는 일이 많다. 본문의 기도자는 13절에서 보듯 절친으로 여기던 사람에게 배신을 당했다. 절대로 의심해본 적이 없는 상황에 부닥친 기도자가 무엇을 하고 있는지를 보아야 한다. 가장 가깝게 여기던 이들이 돌아설 때, 아마도 대부분은 더는 기댈 곳이 없는 것 같은 극한 감정을 느낄 것이다. 기도자가 첫머리에 외치듯 하나님마저 숨어 계신 것 같은 고립감에 시달릴 것이다. 이런 때 기도자는 그 모든 감정을 하나님 앞에서 하나하나 끄집어낸다. 자신이 그런 상황에서 무엇을 느끼고 있는지, 숨겨졌던 어떤 감정이 드러나는지, 또 자신에게 등을 돌린 이에 대해 어떤 생각을 하고 있는지 그 모든 것을 하나하나 하나님 앞에 내어놓는다. 그 과정 자체가 상한 감정의 치유 과정이다. 심지어 추악하고 험악한 공격성이더라도 놀라지 말고 하나님 앞에 내어놓아야 한다.

그림 118 Cod. Bibl. Fol. 23. 66 verso

이 그림은 1-15절의 본문을 그린다. 오른쪽에 기도자가 도망치고 있고, 왼쪽에는 대적이 말을 타고 기도자를 향해 창을 겨누는 것으로 고난을 형상화했다. 두 사람의 펄럭이는 망토가 상황의 긴박함을 표현해준다. 고난을 피해 도망치는 기도자는 비둘기를 한 마리 날리는데, 이는 6-8절을 직관적으로 보여준다. 이로써 기도자의 현실과 바람을 극적으로 대조하는 효과를 얻는다. 이 그림에서 흥미로운 점은 기도자의 대적이다. 말을 탄 대적은 왼손 검지로 자신을 가리키는데, 이는 13-14절에서 기도자를 소스라치게 놀라게 했던 대적이 친구라는 점을 보여주려고 한 듯하다. 마치 "바로 나다. 네가 알고 있던 나다"라고 말하는 듯하다. 이 손짓은 이어지는 그림에서도 주된 모티브가 된다.

둘째, 이 시편은 독자로 하여금 자신을 돌아보게 한다. 기도자는 하나님께 감정을 토로하는 과정에서 어느새 자신을 괴롭히던 대적이 눈앞에 있는 듯, '너'라고 외친다. 물론 이것은 기도자의 감정을 생생하게 경험케 해주는 수사기법이다. 하지만 독자들은 "그는 곧 너로다"(13절)라는 구절에서 깜짝 놀라게 된다. 이는 마치 밧세바를 범하고 우리아를 죽게 한 다윗을 찾아온 나단의 이야기에 분개하던 다윗에게(삼하 12:1-6) 나단이 "당신이 그 사람이라"고 했을 때, 다윗이 느낀 감정과 비슷할 것이다. 남들이 내게 한 잘못이나 다른 사람들이 서로 저지르는 잘못은 누구나 잘 볼 수 있다. 그러나 우리는 자신이 다른 이들에게 어떤 잘못을 저질렀는지를 보고 인정하는 데는 서툴다. 이 시편에서 우리는 우리가 받은 상처뿐 아니라 우리가 다른 이들에게 준 상처도 볼 수 있어야 함을 깨닫게 된다.

그림 119 Cod. Bibl. Fol. 23, 67 recto

둘째 그림은 시편의 후반부인 16-23절을 그린다. 왼쪽 장면은 하나님 앞에 선 기도자의 모습을 보여준다. 앞선 그림을 본 사람이라면, 기도자가 대적이 하던 것과 똑같은 손짓을 하나님 앞에서 하고 있음을 알게 된다. "하나님 저 아시지요?"라고 말하는 듯하다. 친구에게 배신을 당해 고난을 겪은 기도자는 말할 수 없는 좌절과 절망을 겪었을 테지만, 하나님이 자신을 알아주시고, 모든 고난을 끝까지 함께하시며, 이끌어주시고, 구원해주실 것임을 분명히 믿고 있었다. 우리는 그 점을 또렷이 깨달을 수 있다. 맨 오른쪽 그림은 23절을 형상화한다. 하늘에서 내려온 하나님의 심판의 창이 대적의 목을 꿰뚫고 15절의 저주처럼 산 채로 스올로 내려가게 하신다.

　　이 두 장면 사이에 있는 그림은 좀 더 생각을 하게 만든다. 옷이 벗겨진 채 앉아 있는 사람은 심판을 앞둔 대적으로 보인다. 그 앞에 또 한 사람이 그를 향해 손가락질한다. 이 사람은 누구인가? 아마도 15절에서 저주를 쏟아놓고, 20-21절에서 대적의 죄를 고발하던 기도자의 내면이 아닐까? 결국 이 그림은 고난을 겪는 가운데서 다른 사람을 향한 증오심과 저주를 쏟아냈던 기도자의 적나라한 모습을 그대로 보여주는 듯하다. 이 모습에서 시편의 독자들은 자신의 솔직한 모습을 성찰할 기회를 얻게 된다.

3. 기도와 관상(*oratio et contemplatio*)

제 삶 가운데 수도 없는 순간 좌절과 절망이 몰려옴을 고백합니다. 심지어 믿었던 사람에게 배신당하는 순간마저 경험합니다. 그때 문득 당신 앞에서 토해내는 제 속의 저주를 발견합니다. 남들이 내게 상처를 주고 못된 짓을 한다고만 생각했는데, 정작 제 마음속에도 그들과 다르지 않은 공격성을 키우고 있었습니다. 그것을 알아보고 당신 앞에 내어놓게 하시니 감사합니다.

내가 하나님을 의지합니다(시편 56편)

1. 본문 읽기(*lectio*)

[예배 음악을 위하여.˙ 요나트 엘렘 르호킴에 맞추어.ˇ 다윗의 미크탐.ˊ 그를 블레셋 사람들이 가드에서 붙잡았을 때.]

탄원 1

1   은혜 베푸소서, 하나님! 이는 사람이 제게 덤벼들기 때문입니다.
     온종일 저를 뜯어먹으며 짓누르기 때문입니다.
2   내 원수들이 온종일 덤벼듭니다.
     정말로 그들은 수없이 위에서 저를 뜯어먹습니다.

의지 신앙 1

3   제가 두려워하는 날에,
     저는 당신을 의지합니다.
4   하나님 안에서 저는 그분의 말씀을ˊ 찬양합니다.
     하나님 안에서 저는 의지하였으니 제가 두려워하지 않습니다.
     육체를 가진 이가 제게 무슨 해코지를 하겠습니까?

탄원 2

5   온종일 내 말에 그들은 분노합니다.
     제게 맞선 그들의 모든 생각은 사악입니다.
6   그들이 습격합니다!

숨어서 그들은 제 발자국을 지켜봅니다.

제 목숨을 노렸던 때처럼 말입니다.

7 죄를 살펴" 그들을 구원하십시오!

분노로 뭇 백성을 낮추십시오, 하나님!

의지 신앙 2

8 저의 방랑을 당신이 헤아리셨으니,

제 눈물을 당신 가죽 부대에 담으십시오.

당신 책에 있지 않습니까?

9 그러니까 제 원수들은 물러서 되돌아갈 것입니다.

제가 부르짖는 날에 말입니다.

제가 이것을 아는 것은 하나님이 제 편이시기 때문입니다.

10 하나님 안에서 제가 말씀을 찬양합니다.

야훼 안에서 제가 말씀을 찬양합니다.

11 하나님 안에서 저는 의지하였으니 제가 두려워하지 않습니다.

사람이 제게 무슨 해코지를 하겠습니까?

서원

12 제게는 하나님이여, 당신을 향한 서원이 있습니다.

제가 감사제를 당신께 돌려드립니다.

13 이는 당신께서 제 목숨을 죽음에서 구하셨기 때문입니다.

제 발이 부딪쳐 넘어지지 않고,

하나님 앞에서, 생명의 빛 안에서 다니게 하시지 않으셨습니까?

표제 ㄱ. 히브리어. "לַמְנַצֵּחַ"(라므나체아흐). 자세한 설명은 위의 1부를 보라.

표제 ㄴ. 직역. "멀리 있는 조용한 비둘기에 맞추어." 무슨 뜻인지 알기 어려운 이 표제를 70인역은 "성소에서 멀리 보내진 백성에 대하여"로 의역했다. 히브리어 본문은 이런 가사로 시작하는 가락을 염두에 두었을 수 있다.

표제 ㄷ. 이 낱말의 뜻은 정확히 알려지지 않았다. 70인역("[εἰς] στηλογραφία[ν]"; '석비')은 이 낱말을 아마도 "מכתם"(미크탐)이 아니라 "מכתב"(미크타브; 글; 참조. 신 10:4)로 읽었을 것이다.

4절 ㄹ. 하나님을 3인칭으로 일컫는 이 구절이 3절과 어울리지 않아 70인역은 '내 말이'로 고쳐서 읽지만, 시선을 공동체로 돌려서 하는 말이라고 보면 굳이 그렇게 고치지 않아도 된다. 이에 대해서는 2권 본문 해설을 보라.

7절 ㅁ. 직역. "עַל־אָוֶן"(알-아벤; '죄 위에'). 이렇게 시작하는 히브리어 본문은 이해하기 쉽지 않다. 참조. 70인역. "그들은 아무도(ὑπὲρ τοῦ μηθενὸς =עַל־אָיִן[?]) 구원하지 마십시오." 하지만 "구원하려거든 꼭 그들의 죄를 고려하십시오."라는 진술 의도의 역설적인 표현으로 이해할 수 있다.

2. 본문과 함께 그림 묵상(*meditatio et visio*)

삶을 살아가다 보면 뜻하지 않게 곤경에 부닥치는 경우가 있다. 이 시편의 표제에서 언급하는 다윗의 생애도 마찬가지였다. 사울에게 쫓겨 다니던 다윗에게는 아무런 잘못이 없었다. 그런데도 그는 적국인 블레셋으로까지 도피하고, 또 블레셋 군인들에게 잡혀서 아기스 왕 앞에서 미친 체하는 수

모를 겪었다. 이때 다윗의 심정을 상상해보면 얼마나 절망적이었겠는가? 그에게 하나님의 임재와 보호가 있다고 여겨졌겠는가? 그렇지만 다윗은 그런 환난을 이겨내고 결국 하나님께서 선택하신 왕이 되었다. 그런 다윗의 생애를 생각하며 이 시편을 읽을 때, 특히 사무엘서의 이야기와 공유하는 두 낱말을 바탕으로 두 가지 교훈을 새겨볼 수 있다.

첫째, '두려움'이다. 우리에게는 두려워할 만한 상황이 언제든 닥칠 수 있다. 우리는 그런 두려움을 준비되어 있을 때보다는 느닷없이 맞닥뜨리는 경우가 더 많다. 이럴 때 우리의 신앙은 당연히 위기를 맞는다. 두려운 위기의 상황에 부닥쳤을 때는 두려워하는 것이 맞다. 그러나 하나님 앞에서 우리의 두려움을 토해내야 한다. 이 시편의 기도자가 가장 먼저 "내게 은혜를 베푸소서, 하나님" 하고 외쳤던 것처럼 하나님 앞에서 그 모든 것을 드러내면, 어느 틈엔가 그런 두려움의 요소들이 하나씩 없어지고 내 편이신 하나님, 무한한 능력의 그분이 보일 것이다.

그림 120 Cod. Bibl. Fol. 23, 67 verso

이 그림은 본문에서 탄원 부분을 형상화한다. 가운데 밧줄에 묶인 기도자는 양쪽에서 서로 다른 까닭과 방법으로 탄압하는 대적에 둘러싸여 있다. 밧줄 끝을 붙잡은 대적은 아마도 기도자를 가두려 하는 듯하고, 창을 든 사람은 어쩌면 기도자를 죽이려 하는 듯하다. 그야말로 '사면초가', 도저히 빠져나갈 수 없는 절박한 상황을 잘 묘사한다.

둘째, '찬송'이다. 하나님을 찬송하는 것이 피조물로서 우리의 본분이다.

그리고 하나님의 은혜를 경험한 사람에게서는 자연스럽게 찬송이 흘러나온다. 이 시편에서 고백하는 의지 신앙의 표현이다. 그러나 의지 신앙을 경험했다고 해서 위기가 다시 닥쳐오지 않는 것은 아니다. 우리의 삶에는 거듭 위기가 닥쳐온다. 그래서 신앙은 흔들릴 수 있다. 그렇지만 거듭되는 위기 가운데서 무한하신 하나님의 임재를 깨닫고 의지 신앙의 '찬송'을 이어가면 영성은 점점 더 성장해갈 것이다. 의지 신앙의 고백으로서 '찬송'은 평온할 때나 위기의 순간이나 우리를 성장시켜주는 중요한 요소다.

그림 121 Cod. Bibl. Fol. 23, 68 recto

그림은 본문에서 후렴구처럼 쓰이는 3-4절과 10-11절을 형상화한 것으로 보인다. 기도자는 엎드려 하늘을 바라본다. 이 자세는 하나님을 향한 온전한 의지 신앙을 보여준다. 기도자 뒤로 많은 사람이 있지만 아무런 행동도 하지 못한다. 눈에 보이지는 않지만 하나님의 보호하심이 기도자를 이 사람들에게서 보호하는 듯하다. 육체를 가진 사람들은 무한하신 하나님께 온전히 존재를 내맡긴 사람들의 영혼에 아무런 해코지를 하지 못한다.

3. 기도와 관상(*oratio et contemplatio*)

두렵습니다. 당신은 제 눈에 보이지 않고, 대적들은 제 눈에 보이기 때문에 두렵습니다. 그렇지만 그 대적들이 자기들 눈에 보이지 않는 저의 영혼에는 아무런 해코지를 하지 못함을 압니다. 당신은 제 영혼이 의지하는 분이십니다. 그래서 오늘 다시금 당신을 찬양합니다.

주님은 하늘 위에 (시편 57편)

1. 본문 읽기(*lectio*)

[예배 음악을 위하여.ᄀ "알-타쉬헤트".ᄂ 다윗의 미크탐.ᄃ 그가 사울에게서
부터 굴로 도망쳤을 때.]

제게 은혜 베푸소서

1   제게 은혜 베푸소서, 하나님! 제게 은혜 베푸소서!
    이는 당신께 제 영혼이 피하였고,
    당신의 날개 그늘에 제가 피할 것이기 때문입니다.
    재난이 지나가기까지 말입니다.

2   제가 지존하신 하나님께 부르짖습니다.
    하나님, 저를 위해 이루시는 분께!

3   그분이 하늘에서부터 보내셔서, 저를 구원하실 것입니다.
    그분이 제게 덤벼드는 이를 비웃으실 것입니다. [셀라]ᄅ
    하나님이 그분의 인자하심과 신실하심을 보내실 것입니다.

4   제 영혼이 사자들 한가운데 있습니다.
    제가 불사르는 사람들, 사람의 아들들 한가운데ᄆ 눕겠습니다.
    그들의 이는 창과 화살이고, 그들의 혀는 날카로운 칼입니다.

후렴구: 주님은 하늘 위에

5   하늘 위에 높으십니다, 하나님께서는!
    온 땅 위에 당신의 영광이 있습니다.

제 마음은 굳건합니다

6 그들이 그물을 제 발길에 마련하여, 제 영혼이 움츠러들었습니다.
그들이 제 앞에 웅덩이를 팠지만, 그들이 그 안에 떨어졌습니다. [셀라]ᴿ

7 제 마음은 굳건합니다, 하나님, 제 마음은 굳건합니다.
제가 노래하고 찬송하겠습니다.

8 "깨어나라, 내 영광아! 깨어나라, 비파야, 수금아!
내가 새벽을 깨우겠다!"

9 제가 백성들 가운데서 감사합니다, 주님!
주님, 제가 민족들 가운데서ᴹ 찬송합니다.

10 참으로 하늘에 이르도록 큽니다, 당신의 인자하심은!
구름에 이르도록 그렇습니다, 당신의 한결같으심은!

후렴구: 주님은 하늘 위에

11 하늘 위에 높으십니다, 하나님께서는!
온 땅 위에 당신의 영광이 있습니다.

번역 해설

표제ㄱ. 히브리어. "לַמְנַצֵּחַ"(라므나체아흐). 자세한 설명은 위의 1부를 보라.

표제ㄴ. 직역. "부패하지 말라." 이 시편을 부르는 곡조로 여길 수 있다.

표제ㄷ. 이 낱말의 뜻은 정확히 알려지지 않았다. 70인역("[εἰς] στηλογραφία[ν]"; '석비')은 이 낱말을 아마도 "מכתם"(미크탐)이 아니라 "מכתב"(미크타브; 글; 참조. 신 10:4)로 읽었을 것이다.

3, 6절ㄹ. "셀라"에 대해서는 위의 3편 번역 해설을 보라.

4절ㅁ. 히브리어 본문에는 없지만, 전반절의 "בְּתוֹךְ"(브토크)가 의미상 후반절에도 영향을 미치는 것으로 본다.

9절ㄴ. 히브리어 성경 전통에서 "민족들이 아님"(בַּל־אֻמִּים, 발-우밈; ?)으로 읽는 것은 의미가 없다. 이런 형태가 히브리어 본문의 대본 구실을 한 레닌그라드 사본(Codex Leningradensis; 기원후 1008년)에서는 시편 44:15[14]과 108:4[3]에도 나오지만, 이 모든 경우에 달리 끊어서 בַּלְאֻמִּים(발르우밈; '민족들 가운데' = 70인역, ἐν ἔθνεσιν)으로 읽는 것이 옳겠다.

2. 본문과 함께 그림 묵상(*meditatio et visio*)

우리의 기억에는 기쁨의 순간보다는 당혹감에 빠지고 좌절하는 순간이 더 깊이 새겨진다. 그러다 보니 삶을 되돌아볼 때, 종종 힘겨웠던 순간들이 먼저 떠오르는 경우가 많다. 하지만 잘 생각해보면, 수많은 역경 가운데서도 오늘 이 자리에 우리가 서 있다는 것 자체가 기적이다.

그림 122 Cod. Bibl. Fol. 23, 68 verso

본문 4절이 이 그림에서 직관적으로 그려져 있다. 기도자는 그림 한가운데 누워서 잠을 잔다. 그의 좌우에는 대적들이 있다. 왼쪽에는 창을 들고 말을 탄 사람이 있고, 오른쪽에는 다른 편을 보고 무언가 말하고 있는 사람이 있다. 왼쪽의 사람이 물리적 위협이라면, 오른쪽의 사람은 창칼 같은 말에서 비롯하는 심리적 위협일 것이다. 기도자 아래에는 4절에 나오는 그대로 사자가 한 마리 엎드려 있다.

이 시편에서 기도자는 자신의 영혼이 거꾸러질 정도로 억울했던 경험을 떠올리며 시작한다. 하지만 그 기억은 자연스레 하나님께서 보여주신 인자하심과 신실하심의 구원과 통치 경험으로 이어진다. 대적들은 그를 향해 함정을 파고 삼키려 했지만, 결국 자신들이 판 함정에 스스로 빠져버렸다. 이 기억은 기도자에게 또 다른 기억으로 확대되었을 것이다. 그러다 보면 현실의 어려움이나 고난도 하나님의 구원과 통치에 대한 굳건한 신뢰로 바라볼 수 있게 될 것이다.

이런 관점에서 우리는 이 시편에서 두 가지 고백을 특별히 기억할 수 있다. 둘 다 "하나님"을 가운데 두고 앞뒤로 두 번 되풀이하여 강조되었다. 먼저 "제게 은혜 베푸소서"다. 이것은 고난의 순간에 하나님의 개입을 바라며, 오로지 그분께만 의지하는 신뢰의 표현이다. 주위에 제아무리 공격자들이 많더라도 지존하신 하나님의 구원을 확신하는 표현이다. 둘째는 "'제 마음은 굳건합니다"다. 하나님의 구원은 일상에서 어느 때든 경험할 수 있다. 이는 하나님께 우리의 시선을 맞추면 언제든 할 수 있는 경험이다. 그런 경험들이 쌓일 때, 이런 고백과 더불어 언제 어디서든 하나님의 영광을 찬송할 수 있게 된다.

그림 123 Cod. Bibl. Fol. 23, 69 recto

그림은 본문 6-10절의 장면을 보여준다. 한가운데 한 사람이 웅덩이를 파고 있고, 그 구덩이에 몇몇 사람이 빠지고 있다. 6절의 모습이다. 그런데 본문에 전제되어 있듯이, 대적들을 그렇게 만든 분은 왼쪽에 앉으신 하나님이시다. 이것이 기도자가 간구한 하나님의 은혜이며, 기도자가 찬양하는 하나님의 인자하심과 성실하심이다. 이는 상황의 반전이 기도자의 노력으로 이루어지는 것이 아니라 하나님의 역사하심에 달려 있음을 분명히 해준다. 이 장면을 오른쪽의 기도자가 보며 악기를 들고 찬양한다. 흥미로운 점은 그 옆에 있는 건물이다. 이는 기도자의 굳건한 마음을 형상화한 것이 아닐까? 건물의 지붕에는 필사본이 펼쳐져 있는데, 기도자는 그 필사본을 보며 찬양한다. 이는 하나님의 말씀이리라. 굳건한 신앙의 바탕은 하나님의 말씀에 있음을 묵상하게 한다.

3. 기도와 관상(*oratio et contemplatio*)

하늘 위에 계신 주님, 당신의 인자하심과 성실하심을 찬양합니다. 유한한 세상의 고통이 신앙의 굳건함을 무너뜨리지 않도록 제게 은혜를 베풀어주십시오.

말 안 듣는 독사 (시편 58편)

1. 본문 읽기 (*lectio*)

[예배 음악을 위하여.ᵃ "알-타쉬헤트".ᵇ 다윗의 미크탐.ᶜ]

악한 지도자들

1 참으로 침묵하려느냐?ᵃ 그대들은 정의를 말해야 한다.
   올곧음으로 판결을 내려야 한다, 사람의 아들들아!
2 정말로 그대들은 마음속에서도 부정을 저지른다.
   땅에서 그대들 손의 폭력으로 무게를 달아준다.

말 안 듣는 독사

3 악인들은 자궁에서부터 배신하였다.
   그들은 태중에서부터 거짓말로 곁길로 나갔다.
4 그들의 독은 뱀의 독 같고,
   말 안 듣는 뱀처럼 자기 귀를 막는다.
5 그런 뱀은ᵃ 술사의 홀리는 소리를 듣지 않고,
   술객의 요술도 따르지 않는다.

하나님, 꺾으십시오

6 하나님, 그들의 입에서 이를 꺾으십시오!
   젊은 사자의 이빨을 부러뜨리십시오, 야훼여!
7 그들은 흘러가버리는 물처럼 사라져야 합니다.

그는 자기의 잘려나간 것 같은 화살을 당겨야 합니다."

8   말라가는 민달팽이처럼

   여자의 유산처럼 그들은 해를 보지 못하게 하십시오.

9   그대들의^ 가마가 가시나무를 알아채기도 전에,

   생나무든지 불붙은 것이든지 그분이 그것들을 휩쓸어가 버리실 것
   이다.

그때는 의인이

10   의인이 기뻐할 것이다. 이는 그가 보복을 보았기 때문이다.

   그의 발길은 악인의 피로 씻을 것이다.

11   그러면 사람들은 말하기를

   "참으로 의인에게 열매가 있구나!

   참으로 심판하시는 하나님이 땅에 계시구나!"라고 할 것이다.

번역 해설

표제ㄱ. 히브리어. "לַמְנַצֵּחַ"(라므나체아흐). 자세한 설명은 위의 1부를 보라.

표제ㄴ. 직역. "부패하지 말라." 이 시편을 부르는 곡조로 여길 수 있다.

표제ㄷ. 이 낱말의 뜻은 정확히 알려지지 않았다. 70인역("[εἰς] στηλογραφία[ν]"; '석비')은 이 낱말을 아마도 "מכתם"(미크탐)이 아니라 "מכתב"(미크타브; 글; 참조. 신 10:4)로 읽었을 것이다.

1절ㄹ. 개역개정 본문은 사실 히브리어 "אֵלֶם"(엘렘)을 "침묵"으로 직역하거나 "신들=지도자들"(אֵלִים, 엘림)로 수정하려는 서로 다른 두 논의가 합쳐져 있는 상태다. 이 낱말을 "통치자"로 수정하려는 제안은 후반절에서 쓰인 동사 "판결하다"(שָׁפַט, 샤파트)를 바탕으로 한 판단이다.

5절ㅁ. 히브리어 원문에는 관계사만 있다.

7절ㅂ. 이 구절에 있는 두 동사형은 3인칭을 향한 화자의 의지를 표현하는 지시형(jussive)으로 읽어야 한다.

9절ㅅ. 히브리어 본문을 직역한 것이다. 기도와 맞지 않는다고 하여 이것을 "그들의"로 고치곤 하는데, 시적 시선 전환으로 보면 문제가 없다(참조. 2권 본문 해설).

2. 본문과 함께 그림 묵상(*meditatio et visio*)

이 시편은 악한 지도자들을 향한 질책과 심판을 다룬다. 사회적 지위나 계층은 늘 상대적이다. 그러므로 이 시편이 지도자들을 향한다고 해서 그들만 대상이 되는 것이 아니라 그 지도자들과 관계를 맺는 모든 공동체의 구성원들 역시 이 시편에서 교훈을 얻어야 하는 대상이 된다.

첫째, 지도자들은 "정의"와 "올곧음"을 자질로 삼아야 한다. 특히 신앙 공동체에서 지도자들은 하나님의 말씀에서 벗어나지 않는 삶으로 하나님과의 관계와 다른 이들과의 관계를 이어가려고 노력해야 한다. 그렇지 않으면 그들의 마음속에 어느 틈엔가 악이 자리 잡게 될 것이다. 고인 물처럼 썩게 될 것이다. 그리고 지도자들은 하나님 앞에서와 사람들 앞에서 공정하고 올곧은 삶을 살려고 노력해야 한다. 그렇지 않으면 하나님과의 관계도 깨지고, 사람들 사이의 관계도 독사의 혀처럼 사악한 거짓으로 깨뜨리는 "말 안 듣는 독사"가 될 것이다.

그림 124 Cod. Bibl. Fol. 23, 69 verso

이 시편에서 가장 인상적인 비유를 이 그림에서 볼 수 있다. 곧 3-5절 단락의 뱀 심상이다. 이 그림은 마법적인 요소를 반영하여 날개가 달린 뱀으로 묘사하는데, 이 뱀은 술사를 공격하려고 한다.

둘째, 공동체 구성원들은 언제나 다시금 "정의"와 "올곧음"을 추구해야 한다. 물론 악한 지도자들을 비판하고 그들의 파멸을 바라는 것은 인지상정이다. 또 정의롭지 않고 말을 안 듣는 독사 같은 지도자들이 자리를 꿰차고 다른 이들을 해치는 것을 그대로 두고 보아서도 안 된다. 그러나 그런 비판과 개혁의 활동들이 단순히 일차원적인 보복의 쾌감에 머물러서는 안 된다. 심판의 권한은 언제나 오로지 하나님께 있다. 그러므로 공동체 구성원의 목표는 하나님의 "정의"와 "올곧으심"을 공동체 안에서 이루는 것이어야 한다. 자신의 "정의"와 "올곧음"에 함몰되는 순간 악한 지도자와 똑같이 "말 안 듣는 독사"가 되어버릴 것이기 때문이다.

그림 125 Cod. Bibl. Fol. 23, 69 verso

그림은 7후반절을 보여주는데, 악한 지도자의 심상인 한 사람이 다른 사람을 향해 활을 쏜다. 그런데 본문과는 달리 위쪽 활줄을 맨 활이 부러졌다. 이것은 라틴어 본문이 "*intendit arcum suum*"(그분이 그의 활을 구부러뜨리셨다)이기 때문이다.

그림 126 Cod. Bibl. Fol. 23, 70 recto

12절의 본문을 매우 원초적으로 그린 이 그림에도 앞의 그림처럼 히브리어 본문과 다른 점이 있다. 히브리어 본문의 표현과 달리 여기서 기도자는 보복으로 머리가 잘려 나간 사람의 피로 발이 아니라 손을 씻는데, 이 또한 라틴어 본문이 "*manus suas lavabit*"(그의 손을 씻었다)로 되어 있기 때문이다. 기도자의 모습은 다소 두려움에 싸여 있으며, 보복을 보고 기뻐하기보다는 기도하는 모습을 보인다. 여기서 우리는 악인의 심판을 보며 자신을 성찰해야 함을 새길 수 있다.

3. 기도와 관상(*oratio et contemplatio*)

주님, 당신은 정의롭고 올곧으심을 고백합니다. 당신의 정의와 올곧음이
이 땅에서도 이루어지기를 기도합니다. 당신께서 악인들을 심판하실 것을
믿습니다. 자칫 제가 심판자인 줄로 착각하고 다른 이들을 섣불리 정죄하
지 않도록, 또 제 뜻대로 되지 않는다고 당신을 원망하고 좌절하지 않도록
제 마음을 지켜주십시오.

요새이신 하나님(시편 59편)

1. 본문 읽기(*lectio*)

[예배 음악을 위하여.ᵀ "알-타쉬헤트".ᴸ 다윗의 미크탐.ᶜ 사울이 사람을 보내어 그를 죽이려고 그 집을 지킨 때.]

저를 구해주십시오

1   저를 제 원수들에게서부터 구해주십시오, 나의 하나님!

    제게 맞서 일어난 이들에게서부터 저를 건져주십시오!

2   저를 죄짓는 사람들에게서부터 구해주시고,

    피의 사람들에게서부터 저를 구원해주십시오!

3   이는, 보십시오, 그들이 제 목숨을 노리고 숨어 있고,

    힘센 이들이 제게 맞서 모였기 때문입니다.

    제 잘못도 아니고, 저는 죄를 짓지도 않았습니다, 야훼여!

4   죄악이 없는데도, 그들은 달려와서 무장하고 있습니다.

    깨어나 저를 향하시고, 살펴보십시오!

5   이는 당신이, 야훼 만군의 하나님, 이스라엘의 하나님이시기 때문입니다.

    일어나 모든 민족을 벌하여주십시오!

    죄짓는 모든 이를 불쌍히 여기지 마십시오! [셀라]ᴱ

그들이 개처럼

6   그들은 저녁 무렵 돌아와서 개처럼 짖으며 성읍을 돌아다닙니다.

7 보십시오! 그들은 자기네 입으로 말을 내뱉는데,"

그들의 입술은 칼입니다.

그러면서 "누가 듣겠는가?"라고 합니다.

후렴구—요새이신 하나님

8 그러나 당신께서는, 야훼여, 그들을 비웃으십니다.

모든 민족을 조롱하십니다.

9 저의 힘이시여," 당신을 향해 제가 지켜서겠습니다.

이는 하나님이 저의 요새이시기 때문입니다.

10 저의 인자하신 하나님이 저를 맞아주십니다.

하나님이 제가 원수를 마주 보게 하십니다.

그들을 죽이지 마십시오

11 그들을 죽이지 마십시오!

그들이 제 백성을 잊지 않도록 말입니다.

그들을 당신의 능력으로 흩으시고 낮추십시오,

저희의 방패이신 주님!

12 그들 입의 죄악은 그들 입술의 말입니다.

그러니 그들은 자기네 교만 때문에 사로잡혀야 합니다.

곧 그들이 늘어놓는 저주와 거짓말 때문에 그리되어야 합니다.

13 끝장내버리십시오, 진노하심으로 끝장내버리십시오!

그래서 그들이 아무도 없도록.

그러면 그들이 하나님은 야곱 가운데서 다스리시는 분이심을 알 것입니다.

땅끝까지 그리될 것입니다. [셀라]"

그들을 개처럼

14 그러면 그들은 저녁 무렵에 돌아와서 개처럼 짖으며 성읍을 돌아다닙
니다.

15 그들은 먹을 것을 찾아 떠돌아다니다가
배부르지 못한 채로 밤을 지새웁니다.

후렴구―요새이신 하나님

16 그러나 저는 당신의 힘을 노래하고,
아침에 당신의 인자하심을 소리칩니다.
이는 당신이 제게 요새이시며, 제 환난 날의 피난처이시기 때문입
니다.

17 저의 힘이시여, 당신을 향해 제가 찬송하겠습니다.
이는 하나님이 저의 요새, 저의 인자하신 하나님이시기 때문입니다.

번역 해설

표제ㄱ. 히브리어. "לַמְנַצֵּחַ"(라므나체아흐). 자세한 설명은 위의 1부를 보라.

표제ㄴ. 직역. "부패하지 말라." 이 시편을 부르는 곡조로 여길 수 있다.

표제ㄷ. 이 낱말의 뜻은 정확히 알려지지 않았다. 70인역("[εἰς] στηλογραφία[ν]": '석비')은 이 낱말을 아마도 "מכתם"(미크탐)이 아니라 "מכתב"(미크타브; 글; 참조. 신 10:4)로 읽었을 것이다.

5, 13절ㄹ. "셀라"에 대해서는 위의 3편 번역 해설을 보라.

7절ㅁ. 여기서 쓰인 낱말의 어원 "נבע"는 말을 내뱉는 행위를 일컫는 데 쓰인다(시 94:4; 잠 15:2, 28 등; 게제니우스, 『히브리어 아람어 사전』, 484). 개역개정. "악을 토하며."

9절ㅂ. 히브리어 성경에는 "그의 힘"(עֻזּוֹ, 우조)으로 되어 있지만, 70인역(τὸ

κράτος μου, 토 크라토스 무)과 문맥을 바탕으로 볼 때 이는 필사 오류로 보이며, "עֻזִּי"(우지; 참조. 17절)로 고쳐 읽는다.

2. 본문과 함께 그림 묵상(*meditatio et visio*)

이 시편의 표제에 있는 다윗의 상황을 먼저 생각해보면 본문을 이해하기가 훨씬 수월해진다. 다윗은 골리앗을 죽여 전쟁 영웅이 된 뒤, 사울의 측근이 되었다. 그리고 거듭된 승전으로 그의 사위까지 되었다. 하지만 다윗은 겉으로 드러나게 한 번도 반역을 모의한 적이 없다. 그런데도 사울은 다윗에 대한 질투로 그를 죽이려고 한다. 이 시편은 이런 억울한 일을 당한 이들에게 큰 공감을 불러일으킬 수 있다. 그러나 곰곰이 생각해보면, 우리의 삶 속에서 이런 억울한 일은 언제든 생길 수 있다. 한 번도 이런 일에 휘말리지 않고 생을 마감하는 사람은 없다. 이럴 때 어떻게 신앙과 정신 건강을 지킬 것인지의 문제는 굉장히 중요하다.

이 시편의 기도자는 하나님을 요새와 힘으로 삼았다. 억울한 일을 당할 때 되돌려주고 싶은 마음이 생기는 것은 인지상정이다. 그래서 많은 경우 앙갚음을 위해 더 심한 일을 벌이기도 한다. 그러나 기도자는 처음부터 하나님을 향해 탄원한다. 이때는 하나님과 자신의 관계에서 마음을 다스리기만 하면, 그다음은 하나님의 몫이다. 따라서 하나님이 우리가 위기를 피해 들어갈 요새이시며, 우리를 보호해주시는 힘이심을 깨닫는 것은 매우 중요하다. 그럴 때 우리는 대적들이 하나님 앞에서 "개"처럼 보잘것없는 존재임을 깨닫게 될 것이다. 우르르 몰려다니는 개떼는 위협적일 수 있고, 실제로 우리에게 위해를 가할 수도 있다. 그러나 하나님의 보호하심은 무한하다. 그분은 유한한 세상을 초월하는 무한한 세상으로 보상하신다.

굶주림에 시달리는 개떼의 유한한 본질을 깨닫고 무한하신 하나님께 시선을 맞추고 나면, 상황과는 상관없는 감사와 찬양이 넘쳐나게 될 것이다.

그림 127 Cod. Bibl. Fol. 23, 70 verso

이 그림은 시편에서 전반적으로 두 번씩 되풀이되는 두 심상을 소재로 본문을 표현한다. 첫째 소재는 요새의 심상이다. 하나님의 요새는 그림 위쪽에 든든하게 두 채가 버티고 서 있다. 왼쪽의 요새는 든든한 성벽이 강조되어 있고, 오른쪽의 요새는 산 위에 세워져 있어서 난공불락임이 강조되어 있다. 둘째 소재는 개의 심상이다. 이 그림에서는 왼쪽 아래 날개 달린 마귀의 모습으로 표현되었다. 반면에 한가운데 개를 피해 도망치는 기도자는 개의 공격에 혼자서는 속수무책임을 느끼게 해준다. 그는 오로지 하나님의 인자하심과 그분의 힘에 의지해야 하는 유한한 존재임이 강조되어 있다. 오른쪽 아래에 있는 무장한 군사는 아마도 하나님의 힘에 의지하여 그분을 방패로 삼은 기도자의 변화한 모습일 것이다. 그리하여 본문에서는 하나님을 향한 의지 신앙에서 오는 영적인 변화를 직관적으로 볼 수 있다.

3. 기도와 관상(*oratio et contemplatio*)

주님, 제가 당신께 피합니다. 어린아이가 어머니 품으로 뛰어들 듯 저의
힘, 저의 요새이신 당신께 피합니다. 당신의 변함없는 사랑으로 저를 품어
주십시오. 배고픔에 먹잇감을 눈에 불을 켜고 찾아다니는 이들에게서 저
를 보호해주십시오.

사람의 구원은 헛됩니다(시편 60편)

1. 본문 읽기(*lectio*)

[예배 음악을 위하여.˜ 슈샨 에두트에 맞추어.˜ 다윗의 미크탐.˜ 교육을 위해. 아람 나하라임과 아람 소바와 전투하는 가운데 요압이 돌아와서 에돔을 소금 골짜기에서 12,000명을 쳤을 때.]

패전의 기억

1 하나님, 당신은 저희를 뿌리치시고 흩으셨습니다.
   당신은 진노하셨습니다.
   저희에게 돌아와주십시오!

2 당신은 땅을 흔드시고, 그것을 가르셨습니다.
   그 깨진 것을 고쳐주십시오!
   왜냐하면 그것이 흔들리기 때문입니다.

3 당신은 당신 백성이 어려움을 보게 하셨습니다.
   당신은 비틀거리게 하는 포도주를 우리에게 마시도록 하셨습니다.

4 당신은 당신을 경외하는 이들에게
   깃발 신호를 주셔서
   궁수들˜ 앞에서부터 후퇴하도록 하셨습니다." [셀라]"

5 그리하여 당신이 사랑하시는 이들을 구해내도록
   당신의 오른손으로 구원하시고,
   저희에게 응답해주십시오!

전능하신 하나님

6 하나님이 그분의 거룩하심으로 말씀하셨습니다.
  "내가 즐거이 세겜을 나누고,
  숙곳 골짜기를 측량하겠다.

7 길르앗이 내 것이며, 므낫세도 내 것이다.
  그리고 에브라임은 내 머리의 투구이며,
  유다는 내 지휘봉이다.

8 모압은 내 목욕통이다.
  에돔 위에는 내가 내 신발을 던질 것이다.
  블레셋이여, 나 때문에 소리 지르라!"

하나님이여 우리 군대와 함께

9 "누가 나를 요새 성으로 이끌어줄까?
  누가 나를 에돔에까지 인도해줄까?"ᴸ

10 당신 하나님께서는 저희를 뿌리치지 않으셨습니까?
   그래서 하나님, 당신은 우리 군대와 함께 나가지 않으십니다.

11 제발 저희에게 대적을 물리치는 도움이 되어주십시오!
   이는 사람의 구원이 헛됨입니다.

12 하나님과 더불어 저희는 힘을 낼 수 있습니다.
   그러면 그분께서 저희 대적을 짓밟으실 것입니다.

번역 해설

표제ㄱ. 히브리어. "לַמְנַצֵּחַ"(라므나체아흐). 자세한 설명은 위의 1부를 보라.

표제ㄴ. 직역. "증거의 나리꽃에 맞추어"(עַל־שׁוּשַׁן עֵדוּת). 이렇게 시작하는 가락을 일컫는 듯하다(비교. 시 80편의 표제). 70인역은 "여전히 바뀌어야 할 사람들에게"(τοῖς ἀλλοιωθησομένοις ἔτι, 토이스 알로이오테소메노이스 에티)로 옮기는데, 이는 본문을 "שְׁשׁנִים עֶרְנָה"(쉐쇼님 아데나)로 읽은 것으로 추정할 수 있다.

표제 ㄷ. 이 낱말의 뜻은 정확히 알려지지 않았다. 70인역("[εἰς] στηλογραφία[ν]"; '석비')은 이 낱말을 아마도 "מכתם"(미크탐)이 아니라 "מכתב"(미크타브; 글; 참조. 신 10:4)로 읽었을 것이다.

4절 ㄹ. 개역개정은 잠언 22:21에서 쓰인 "코쉬트"(קֹשְׁט)를 바탕으로 여기서 쓰인 "קֹשֶׁט"(코쉐트)를 "진리"로 옮겼다. 하지만 이 낱말을 70인역이 "활"(τόξον, 토크손)로 옮긴 것은 이 낱말이 활을 뜻하는 "קֶשֶׁת"(케쉐트)와 연관이 있음을 보여준다(참조. 게제니우스, 『히브리어 아람어 사전』, 484; 비교. Tate, *Psalms 51-100*, 102). 전투의 방어 진영에서 가장 먼저 궁수들이 활로 1차 방어선을 만드는 그림을 생각해볼 수 있다.

4절 ㅁ. 후반절의 문맥에서 70인역의 번역 "퇴각 신호"(σημείωσιν τοῦ φυγεῖν, 세메이오신 투 퓌게인)를 바탕으로 패전의 퇴각 신호를 뜻하는 것으로 옮겼다.

4절 ㅂ. "셀라"에 대해서는 위의 3편 번역 해설을 보라.

9절 ㅅ. 이 구절은 군대를 이끄는 지도자의 말로 여길 수 있다.

2. 본문과 함께 그림 묵상(*meditatio et visio*)

본문에서 승리를 위해 출정하려는 공동체는 먼저 앞선 패전을 되새기며, 자신들의 잘못과 하나님을 향한 신뢰를 다지는 것으로 시작한다. 그리고 전쟁의 주인이신 하나님의 주권을 선포하는 신탁을 듣는 것으로 신뢰를 다진다. 그 주권은 하나님의 통치권과 하나님이 역사의 주인임을 인정하는 것, 그리고 모든 대적을 상대화하시는 하나님의 권능이다. 이 시편은 자신들의 유한성과 하나님의 무한한 능력을 고백한 뒤에야 하나님의 동행과 도우심을 간구한다.

그림 128 Cod. Bibl. Fol. 23, 71 verso

이 그림은 1-5절의 모습을 보여준다. 아마도 초록색의 군복을 입은 군인들이 아군일 것이다. 그런데 기병들은 어느 정도 진군을 하고 있지만, 보병들은 벌써 적군들에게 거의 전멸하여 학살당하고 있다. 더구나 적군의 궁수들은 말을 뒤돌아 타고 아군의 기병들을 향해 활을 겨누고 있다. 이내 아군의 기병들도 전멸하기 직전이다. 퇴각 신호가 절실하다. 본문의 공동체는 이럴 때 적절한 퇴각 신호가 없어서 패전했던 기억을 떠올린다. 누구나 멈추어야 할 때가 있다. 그러나 하나님을 주군으로 모시지 않는다면, 적절한 겸손의 때를 놓치기 십상이다. 본문의 공동체는 바로 그런 때를 회상하며 성찰한다. 이 그림과 본문에서 하나님 앞에서 겸손한 성찰을 생각해본다.

우리는 우리 자신의 삶이 '영적 전쟁' 가운데 있다는 말을 흔히 하지만, 그 깊은 뜻과 그런 상황에서의 올바른 자세에 대해서는 얼마나 고민하는지를 돌아볼 필요가 있다. 먼저 시편의 신앙 공동체가 전쟁에 앞서 하나님 앞에서 자신들을 성찰한 모습에서 영적 전쟁의 삶에 임하는 자세를 배울 수 있다. 우리는 구원자이시며 심판주이신 하나님 앞에서 자신의 잘못을 되새겨야 한다. 하나님은 언제든 땅을 가르실 수 있는 주권자시다. 승리는 하나님이 주시는 것이기 때문에 오로지 그분이 우리의 주인이 되심을 고백해야 한다. 일상의 영적 전쟁에서 우리가 이겨야 할 대상은 하나님의 대적이기도 하다. 또한 그 대적은 하나님 나라의 현실을 거스르는 세력이기도 하다. 우리는 하나님 앞에서 그 대적들은 단지 유한한 존재일 뿐임을 분명히 알고 담대해질 필요가 있다. 영적 전쟁에서 승리하는 주체는 우리가 아니라 하나님이시다. 우리는 그분을 의지하고 나가서 이기고 그분께 영광을 돌려드리는 대행자다. 그러므로 교만해서도 안 되지만, 두려워할 필요도 없다.

그림 129 Cod. Bibl. Fol. 23, 72 recto

본문 9-12절이 그림에서 형상화되어 있다. 하나님을 주군으로 모신 군대, 곧 하나님 앞에서 성찰하고 변화한 군대가 요새 성을 점령하기 위해 진격하고 있다. 요새 성의 위용은 그 안에 그려진 곰으로 직관적으로 표현되었다. 사나운 짐승이 있는 곳을 사람의 힘만으로 점령하는 것은 어려워 보인다. 그러나 본문에서 공동체는 사람의 구원은 헛되며, 하나님과 더불어 힘을 내서 진격할 때 하나님이 대적을 짓밟으실 것이라고 고백한다. 이는 무한하신 하나님의 권능에 존재 전부를 내맡기는 피조물의 진정한 믿음을 보여준다. 우리는 은연중에라도 자신이 하나님 노릇을 하려는 마음이 없는지 성찰하게 된다.

3. 기도와 관상(*oratio et contemplatio*)

주님, 저희의 존재가 하나님 앞에서 보잘것없음을 다시금 고백합니다. 오로지 당신만이 매일 거듭되는 영적 전쟁에서 승리하도록 이끄시는 분이심을 깨닫게 해주십시오.

임금과 함께 드리는 기도(시편 61편)

1. 본문 읽기(*lectio*)

[예배 음악을 위하여." 느기노트에 맞추어." 다윗.]

제사장의 간구

1 들어주십시오, 하나님, 저의 부르짖음을!
  주의를 기울여주십시오, 제 기도에!

2 땅끝에서부터 당신을 향해
  제가 부르짖습니다, 제 마음이 약해질 때.
  저보다 높이 있는 바위로
  저를 이끌어주십시오!

제사장의 고백

3 참으로 당신은 제게 피난처이십니다.
  원수를 막을 견고한 망대이십니다.

4 저는 당신의 장막에 영원히 머물겠습니다.
  저는 당신의 날개 그늘에 숨겠습니다. [셀라]

임금의 응답

5 참으로 당신, 하나님께서는 제 서원을 들으셨습니다.
  당신은 소유를 당신 이름을 경외하는 이들에게 주셨습니다.

임금을 향한 백성들의 기도

6 왕의 날들 위에 날들을 당신이 더해주십시오!

그의 연수가 대대로 있게 해주십시오!

7 그는 영원토록 하나님 앞에서 살아야 합니다.

인자함과 성실함을 마련해주십시오.

그를 보호해주십시오.

모두의 응답

8 그러므로 제가 당신의 이름을 언제까지나 찬송합니다.

내가 서원 갚음이 매일매일 있을 것입니다.

번역 해설

표제ㄱ. 히브리어. "לַמְנַצֵּחַ"(라므나체아흐). 자세한 설명은 위의 1부를 보라.

표제ㄴ. "느기노트"에 대해서는 위의 1부를 보라.

4절ㄷ. "셀라"에 대해서는 위의 3편 번역 해설을 보라.

5절ㄹ. 개역개정. "주의 이름을 경외하는 자가 얻을 기업을 내게 주셨나이다." 개역개정은 원문에 없는 "내게"를 덧붙였는데, 이는 문맥에 따른 수정이다.

2. 본문과 함께 그림 묵상(*meditatio et visio*)

사람들은 자신의 마음이 약해지고 무력해지기를 원하지 않는다. 특히 사회적 지위가 높아질수록 이런 마음은 더 강해진다. 그래서 어떤 문제가 생길 때, 잘못되었다는 것을 알면서도 끝까지 그 잘못을 인정하지 않고 버티며, 자신의 마음이 무너지는 것을 막으려고 한다. 그러다 보면 관계는 물론 삶 자체가 깨질 수도 있다. 신앙인은 무엇보다도 이 점을 경계해야 한다.

1-4절은 신앙의 원칙을 제시해준다. 그 원칙이란, 우선 외부의 공격은 물론, 특히 심리적인 문제에서 무엇보다 먼저 시선을 하나님께로 향하라는 것이다. 유한한 환경 자체에만 가치를 두고 있다면 해결점은 좀처럼 보이지 않을 것이다. 그러나 문제 해결의 열쇠를 쥐고 있는 '아르키메데스의 점'은 그 유한한 환경 너머에 있는 하나님께 있다. 그분 앞에서 스스로 마음의 약함을 들여다보고 내어놓을 때, 그분이 보호자요 인도자가 되어주신다. 곧 유한한 세상의 가치를 뛰어넘는 신앙의 무한한 약속을 보증해주신다. 가치의 전도를 경험하게 해주신다.

그림 130 Cod. Bibl. Fol. 23, 72 verso

그림은 본문 4절을 그린 것으로 보인다. 사람들이 고난을 피해 들어갈 장막과 날개 그늘을 성모 마리아가 앉은 보좌로 그렸다. 그리고 그 옆에는 천사들이 그려져 있다. 왼쪽이 수태고지를 하는 가브리엘, 오른쪽이 천사장 라파엘이라고 볼 수 있지 않을까? 가톨릭교회에 이어진 성모 마리아의 전통이 배경이 된 것으로 보인다. 그렇다고 해서 성모 마리아가 장막과 날개 그늘이 되는 것은 아니다. 가톨릭교회의 성모송이 "*Ave Maria, gratia plena; Dominus tecum...*"(은총이 가득하신 마리아님, 기뻐하소서, 주님과 함께 계시니…)으로 시작하는 데서 하나님의 장막과 날개 그늘에서 기쁨과 복됨을 누리는 본보기로서 마리아를 생각해볼 수 있겠다.

지도자와 백성이 번갈아 가며 부르는 노래를 생각나게 하는 이 시편의 구성은 개인의 차원을 넘어 공동체가 하나님 앞에서 어떤 모습이어야 하는지를 깨닫게 해준다. 공동체의 지도자와 구성원들은 누구든지 하나님 앞에서 겸허히 자기 성찰을 하고, 먼저 그분 앞에서 자신의 약한 마음을 내려놓을 수 있어야 한다. 그리고 그 자리를 하나님의 보호하심과 인도하심으로 채워야 한다. 그럴 때 하나님의 이름이 공동체에서 드높이 찬송을 받게 될 것이며, 그 공동체는 하나님의 임재를 경험하게 될 것이다.

그림 131 Cod. Bibl. Fol. 23, 72 verso

본문 6-7절이 표현되어 있다. 먼저 임금은 이불을 덮고 침상에 누워 있는데, 나이가 많은데도 눈빛이 생생하여 임금의 장수를 떠올릴 수 있다. 오른쪽에는 후광이 있고 성경책을 든 인물이 있는데, 오른손의 세 손가락을 펼친 것은 이콘 전통에서 말한다는 것을 표현하는 전형적인 손짓이다. 이 인물은 '전능하신 예수'(Jesus Pantocrator) 이콘을 떠올리게 한다. 그렇게 보면 6-7절에서 공동체의 축복 기도가 예수 그리스도를 통해 성취되었다는 사실을 표현하려는 것이 아닐까? 임금의 화려한 침상과 든든한 구조물은 확고한 왕권을 느끼게 해준다. 참된 지도자와 주님 사이의 올바른 관계를 생각하게 한다.

3. 기도와 관상(*oratio et contemplatio*)

주님, 제가 있는 자리를 다시 돌아봅니다. 가정, 교회, 사회, 제가 있는 각각의 자리에서 제 모습을 제대로 볼 수 있게 해주십시오. 제가 제 모습을 그렇다고 우기지 않게 하시고, 주님과 다른 사람 앞에서 솔직한 제 모습을 겸허히 볼 수 있게 해주십시오. 당신의 인자하심과 성실하심을 닮아가길 원합니다.

나의 영혼이 잠잠히 (시편 62편)

1. 본문 읽기 (*lectio*)

[예배 음악을 위하여." 예두툰에 맞추어." 다윗의 찬송.]

나의 영혼

1 참으로 하나님을 향하여 잠잠합니다, 나의 영혼.
   그분에게서부터 나의 구원이 있습니다.

2 참으로 그분이 나의 반석이시고 나의 구원이십니다.
   나의 요새이시니 내가 크게 흔들리지 않습니다.

3 어느 때까지 그대들은 사람을 공격하려 합니까?
   그대들 모두는 살인하려 합니까?
   기울어진 벽처럼, 밀쳐진 울타리처럼.

4 참으로 그들은 그를 그의 높은 자리에서부터 끌어내리려 꾀합니다.
   그들은 거짓말을 즐겨서 입으로는 축복합니다.
   그러나 그들 속으로는 저주합니다. [셀라]ᵉ

5 참으로 하나님께 잠잠하여라, 내 영혼아!
   이는 그분에게서부터 나의 소망이 있기 때문이다.

6 참으로 그분이 나의 반석이시고 나의 구원이시다.
   나의 요새이시니 내가 흔들리지 않을 것이다.

7 하나님께 나의 구원과 나의 영광이 있다.
   내 힘의 반석, 내 피난처도 하나님 안에 있다.

백성들아

8 그분을 언제든지 의지하십시오, 백성들이여!

　그분 앞에 당신들의 마음을 쏟아내십시오!

　하나님은 우리의 피난처이십니다. [셀라]ᄃ

9 참으로 입김입니다, 사람의 아들들은. 거짓입니다, 인간들은.ᄅ

　저울에 달면,

　그들은 모두 입김보다 가볍습니다.ᄆ

10 그대들은 압제를 의지하지 마십시오!

　그리고 훔친 것으로 세력이 헛되어지지 말게 하십시오!

　재산이 불어나도 마음을 거기에 두지 마십시오!

하나님의 말씀을 향한 신뢰

11 한두 번 하나님이 말씀하셨습니다.ᄇ 제가 들었지요.

　곧 "권능은 하나님께 속하였다"는 것입니다.

12 그러니 주님 인자함은 당신께 속합니다.

　정말로 당신은 사람에게 그 행한 대로 갚으십니다.

번역 해설

표제ㄱ. 히브리어. "לַמְנַצֵּחַ"(라므나체아흐). 자세한 설명은 위의 1부를 보라.

표제ㄴ. 참조. 시편 39편 표제 번역 해설.

4, 8절ㄷ. "셀라"에 대해서는 위의 3편 번역 해설을 보라.

9절ㄹ. "사람의 아들들"(בְּנֵי־אָדָם, 브네-아담), "인간들"(בְּנֵי־אִישׁ, 브네-이쉬), 두 낱말 모두 "사람의 아들"로 옮길 수 있지만 히브리어의 차이를 나타내고자 번역에서 구분했다.

9절ㅁ. "가볍다"는 말에 해당하는 것은 히브리어 본문에 없지만 문맥에서 보자면 그런 뜻이다.

11절ㄴ. 직역. "한 번, 하나님이 말씀하셨습니다, 두 번, 이것을."

2. 본문과 함께 그림 묵상(*meditatio et visio*)

세상을 살아가다 보면 억울하고 답답한 일을 겪는 경우가 많다. 특히 신앙인으로서 경건하고 올곧게 살아가려고 애를 쓰는데도 오히려 곤경에 처하는 일도 생긴다. 이 시편은 이런 사람들을 향해 경건한 기도자가 고백과 권면을 해주는 형식이다.

어렵고 힘겨운 일을 당할 때 우리는 가장 먼저 어떤 행동을 하는가? 물론 비신앙인들처럼 곧바로 실망하고 좌절하며 공격성을 드러내지는 않을 것이다. 하나님을 향해 부르짖을 것이다. 그렇게 하는 것이 맞다. 하나님만이 우리의 보호자이자 인도자이시기 때문이다. 그런데 문제는 그다음이다. 부르짖은 뒤에 무엇을 해야 하는가? 이 시편의 기도자는 하나님 앞에서 잠잠하라고 권면한다. 부르짖을 때는 아무것도 들리지 않고 보이지 않는다. 잠잠히 하나님께 집중할 때 비로소 하나님 앞에서 나의 모습을 보게 된다. 그리고 내가 거짓되고 사악하다고 판단했던 대적들의 모습이 내 안에도 있었음을 깨달을 수 있다. 그렇게 바닥까지 하나님 앞에서 자신을 성찰할 때, 우리 존재의 한없는 가벼움을 깨닫는다. 그리고 하나님 앞에서 겸손해져서, 오직 하나님만이 구원자이심을, 권능은 오직 하나님께만 있음을 고백하게 된다. 바로 그때 우리의 가치관이 전환된다. 무한하신 하나님과 그분의 나라 가치관으로 말이다.

누구나 흔들릴 수 있다. 흔들리기에 살아간다. 흔들리지 않으면 꺾여 넘어질 것이다. 흔들리되 넘어지지 않는 비결은 하나님 앞에서 잠잠히 자신을 성찰하고 구원의 소망을 하나님께 두는 것이다. 하나님의 인자하심 앞에 우리도 신실해야 한다. 그 올바른 관계가 우리 영혼과 목숨을 하나님 앞에서 견고하게 해줄 것이다.

그림 132 Cod. Bibl. Fol. 23, 73 recto

흥미롭게도 이 그림은 본문 전체를 다 담고 있는 듯하다. 가운데는 후광이 있는 예수 그리스도가 있다. 그리고 둘레에는 그분을 핍박하는 것으로 보이는 사람들이 에워싸고 있다. 이는 예수의 수난을 생각나게 한다. 이 시편이 직접 인용된 것은 아니지만, 수난을 겪는 예수의 눈길이 하늘에 가 있는 것은 본문 1-2절과 5-7절을 표현하는 것으로 보인다. 더불어 십자가의 고난 마지막에 "아버지, 내 영혼을 아버지 손에 부탁하나이다"(눅 23:46)라고 하신 예수의 말씀이 생각난다. 이는 고난 가운데 있는 독자들로 하여금 예수의 수난을 생각하게 하려는 화가의 의도라 하겠다. 그런데 예수를 핍박하는 무리는 시편 본문과 관련해서 크게 두 부류로 나눌 수 있다. 첫째, 예수 좌우에 있는 두 사람이다. 그림 왼쪽의 사람은 검지로 자신을 가리키며 위협적인 말을 한다. 그리고 오른쪽에 있는 사람은 예수의 손을 강제로 잡아끌고 있다. 이는 본문 3절과 10절에 나오는 강압적인 대적들을 떠올려준다. 반면에 예수 앞에 무릎을 꿇은 두 사람과 그들 뒤에서 막대기로 예수를 공격하는 사람은 한 패거리로 보인다. 이는 그들이 앞에서는 순종적인 척하면서 뒤에서 공격을 준비하고 있었다는 점을 보여준다. 본문 4절과 9절에 나오는 겉과 속이 다른 대적들을 그린 것으로 보인다. 이 모든 복잡한 상황에서 그림을 보는 이의 마음에 가장 와닿는 것은 예수의 눈길이다. 이를 통해 우리는 복잡하고 혼란한 세상에서 잠잠히 하나님만 바라보며 그분을 반석, 요새, 구원으로 삼는 굳은 의지를 배우게 된다.

3. 기도와 관상(*oratio et contemplatio*)

주님, 영혼의 잠잠함을 곰곰이 생각해봅니다. 그리고 저희의 삶이 얼마나 번잡한지, 그 가운데서 저희는 또 얼마나 요동치며 흔들리는지를 겸허하게 들여다봅니다. 주님, 저희를 불쌍히 여겨주십시오. 저희의 시선을 당신께 들고 영혼의 잠잠함에 이르게 해주십시오.

성소에서, 침상에서(시편 63편)

1. 본문 읽기(*lectio*)

[다윗의 찬송. 그가 유다 광야에 있을 때.]

신앙의 대원칙

1 하나님, 제 하나님이십니다, 당신께서는!
　제가 당신을 찾습니다.
　제 영혼이 당신을 향해 목마릅니다.
　제 몸이 당신을 그리워합니다.
　물이 없어 메마르고 황폐한 땅에서.

성소에서

2 그러므로 제가 성소에서 당신을 바라봅니다.
　당신의 힘과 당신의 영광을 보기 위함입니다.
3 참으로 당신의 인자하심이 생명보다 더 좋습니다.
　제 입술이 당신을 찬송합니다.
4 그러므로 제가 사는 동안 당신을 송축할 것입니다.
　당신의 이름 안에서 제 손을 듭니다.

침상에서

5 지방과 기름에서처럼 제 영혼이 배부르고,
　기쁨의 입술로 제 입이 찬양합니다.

6   제가 제 침상에서 당신을 기억하고

     한밤중에 당신을 두고 생각해˹보면,˼

7   정말로 당신은 저의 도움이십니다.

     그래서 당신의 날개 그늘에서 제가 소리칠 것입니다.

주님의 오른손

8   제 영혼이 당신 뒤를 따를 것입니다.

     저를 당신의 오른손이 붙듭니다.

9   그러면 그들은 헛되게˹ 제 영혼을 뒤쫓는 것입니다.

     그들은 땅 맨 밑으로 갈 것입니다.

10   사람들은 그를 칼날에 넘겨주어,

     여우들의 먹이가 될 것입니다.

임금이여

11   그래서 임금은 하나님을 즐거워해야 합니다.

     그분께 맹세한 모든 이는 자랑해야 합니다.

     참으로 거짓을 말한 이들의 입은 닫혀야 합니다.

번역 해설

6절ㄱ. 여기서 쓰인 동사 "הָגָה"(하가)는 개역개정의 번역대로 "작은 소리로 읊조리다"는 뜻이 있다. 하지만 "마음속으로 무엇을 생각하다"는 뜻으로 새길 수도 있다(참조. 사 33:18).

6절ㄴ. 6절 맨 앞에 있는 "אִם"(임)을 반영한 번역이다.

9절ㄷ. 히브리어 본문 "לְשׁוֹאָה"(르쇼아; 개역개정, '멸하려 하는')는 그대로 두면 이해하기 어려운 구문이 된다. 여기서는 70인역(εἰς μάτην, 에이스 마텐)에 따라 "לִשָׁוְא"(라샤브)로 읽어 번역한다.

2. 본문과 함께 그림 묵상(*meditatio et visio*)

이 시편은 표제에서 다윗이 유다 광야에 있었던 때를 연관 짓는다. 다윗이 사울에게 추격당했을 때, 또는 아들 압살롬의 반란을 피했을 때를 생각할 수 있다. 이때 다윗의 심정이 어떠했겠는가? 다윗은 무고하게 고난을 겪으면서 어떻게 신앙을 지킬 수 있었을까? 표제를 통해 독자들에게 떠오를 수 있는 이런 질문들은 이 시편의 내용을 이해하고 그 뜻을 새기는 중요한 통로가 된다.

　　언제나 고난은 느닷없이 닥친다. 그래서 인생이 힘든 게 아닐까? 더욱이 무고한 일을 겪으면 더 힘들다. 이럴 때 그 모든 고난과 역경을 이겨낼 수 있는 원동력은 이 시편의 기도자가 전해주는 대로 끊임없는 경건 생활을 통한 깨달음이다. 그 깨달음의 핵심은 하나님이 어떤 분인지를 아는 데 있다. 하나님께서는 언제나 변함없이 우리를 사랑하신다. 그 무한한 약속에 대한 깨달음은 결코 한순간 단번에 얻을 수 있는 것이 아니다. 이는 4절의 말씀대로 "사는 동안" 내내 이어지는 경건 생활 가운데 쌓아가는 것이다. 그러나 기도자는 그 경건 생활이 성소의 차원에만 제한되어서는 안 됨을 분명히 한다. 일상의 매 순간 가장 내밀한 곳과 시간에서도 경건의 모습을 잃지 않으려고 노력해야 한다. 오늘날 우리 신앙의 모습을 돌이켜 보게 하는 대목이다. 교회 생활과 일상생활에서 과연 우리는 얼마나 "당신의 인자하심이 생명보다 더 좋습니다"라고 찬양하며 예배드리는 삶을 살고 있는지를 살펴볼 일이다.

그림 133 Cod. Bibl. Fol. 23, 74 recto

이 그림은 11절을 바탕으로 임금이 참석한 제의를 전제하여 본문 1-4절을 표현한다. 기도자가 하나님을 향하여 손을 들고 기도하며, 임금도 11절의 말씀대로 즐거워하고 있다. 그런데 임금의 뒤에 성스러움을 표현하는 후광을 두었다는 점은 흥미롭다. 임금을 지나치게 긍정적으로 묘사한다는 인상마저 준다. 그런데 이 필사본처럼 삽화가 있는 성경 필사본들이 신성 로마 제국 시대에 집중적으로 만들어졌다는 점을 생각해보면, 이 그림은 이해할 만하다. 임금이 교황의 권위보다 위에 있었던 시대에 임금을 성스러움의 극치에 이른 인물로 묘사하는 것은 어쩌면 당연해 보이기도 한다. 어쨌거나 본문에서 전하듯, 임금이든 백성이든 말씀으로 역사하시는 하나님께 찬송을 돌려드리는 모습을 묵상하게 된다.

더불어 무고하게 우리를 괴롭히는 대적들에 대한 자세도 배울 수 있다. 기도자는 본문에서 그 모든 대적에 대한 적개심과 심판의 염원을 고스란히 드러낸다. 하나님 앞에서 솔직한 내어놓음이다. 그런데도 그 모든 심판은 하나님께 있음을 인정한다. 대적을 스스로 심판하려 들지 않고, 대적들을 향한 자기 마음을 성찰하며 하나님과의 관계에 집중한다. 이를 통해 기도자의 신앙은 한층 더 성장하게 된다.

그림 134 Cod. Bibl. Fol. 23, 74 recto

이 그림은 본문 10절을 매우 원초적이고 직관적으로 보여준다. 기도자를 뒤쫓던 대적은 심판의 칼날에 넘겨져 죽고 여우들이 와서 시체를 뜯어 먹는다. 왼쪽에 있는 기도자는 칼을 들고는 있지만, 정작 심판은 하지 않는다. 오른쪽에 대적의 목을 베는 사람은 하나님의 심판을 상징하는 인물일 것이다. 이는 누구나 적개심을 품을 수 있지만, 심판은 하나님께만 온전한 권한이 있음을 분명히 보게 하는 장면이다.

3. 기도와 관상(*oratio et contemplatio*)

주님, 저희가 어디서 무엇을 하든지 오로지 당신만을 바라며 당신께 찬양할 수 있게 해주십시오. 장소가 달라지고 하는 일이 달라진다고 해서 다른 모습을 보이는 삶을 사는 것이 아니라, 당신 앞에서 한결같은 신앙인의 모습으로 살도록 끊임없이 자신을 들여다보게 해주십시오.

그러나 하나님이(시편 64편)

1. 본문 읽기(*lectio*)

[예배 음악을 위하여.⌐ 다윗의 찬송.]

하나님이여

1   들으십시오, 하나님, 제가 근심하는 목소리를!
     원수의 두려움에서부터 제 생명을 보호해주십시오!

2   저를 숨겨주십시오, 나쁜 짓 하는 이들의 음모에서부터,
     죄짓는 이들의 소동에서부터!

그들이

3   그들은⌐ 칼처럼 자기네 혀를 날카롭게 하였습니다.
     그들은 독한 말로 자기네 활시위를 걸었습니다.⌐

4   매복한 곳에서 성실한 사람을 쏘려고 그리하였습니다.
     그들은 그를 쏘았지만, 두려워하지도 않습니다.

5   그들은 악한 말로 서로 북돋아줍니다.
     그들은 올무들을 숨기려고 숙덕거립니다.
     그들은 말합니다. "누가 그것들을⌐ 보겠는가?"

6   그들은 악행을 꾀하며, "우리가 궁리한 묘책을 끝마쳤다"라고 합니다.
     사람의 속과 마음은 헤아릴 수 없습니다.

그러나 하나님이

7 그러나 하나님이 화살로 느닷없이 그들을 쏘셨습니다.

   그들은 상처를 입었습니다.

8 그리고 그분은 그들을 자기네 혀 때문에 엎드러지게 하셨습니다."

   그들을 보는 모든 이들은 도망칠 것입니다.

하나님의 일을 선포하며

9 그러면 모든 사람이 두려워하고

   하나님이 하신 일을 전할 것입니다.

   그리하여 그분이 하신 일을 이해할 것입니다.

10 의인은 야훼 때문에 즐거워할 것이고,

   그분께 피할 것입니다.

   그리하여 마음이 올곧은 모든 이들이 자랑할 것입니다.

번역 해설

표제ㄱ. 히브리어. "לַמְנַצֵּחַ"(라므나체아흐). 자세한 설명은 위의 1부를 보라.

3절ㄴ. 문장의 첫 낱말은 관계사 "אֲשֶׁר"(아쉐르)로 시작해서 앞 문장에서 언급한 대적들의 행위를 이끈다.

3절ㄷ. 여기서 쓰인 동사는 "밟다, 걸음질하다"(דָּרַךְ, 다라크)라는 뜻이다. 하지만 "활을 밟다"(דָּרַךְ קֶשֶׁת, 다라크 케쉐트; 렘 46:9; 50:14, 29; 51:3; 시 7:13[12]; 11:2; 37:14; 애 2:43; 3:12; 대상 5:18; 8:40; 대하 14:7; 슥 9:13)는 일반적인 용례를 시적으로 줄여 쓴 것으로 보인다. 이것은 활이 헐거워지는 것을 막으려고 활시위를 미리 메어놓지 않고 있다가, 쓸 때만 활을 밟아서 휜 다음 활시위를 거는 행위에서 비롯했을 것으로 여긴다(참조. Hossfeld/Zenger, *Psalms 2*, 129). 70인역은 이런 배경에서 조금 달리 이해해서 "그들이 팽팽히 당겼다"(ἐνέτειναν, 엔에테이난)로 일반적으로 이해했다.

5절ㄹ. 개역개정은 "לָמוֹ"(라모; '그들을')를 "לָנוּ"(라누; '우리를')로 고치라는 히브리어 성경 편집자의 제안에 따라 옮긴다. 하지만 70인역(αὐτούς, 아우투스)도 히브리어 본문과 같은 읽기를 한다. 따라서 우리는 히브리어 본문을 그대로 두고 "올무들"을 일컫는 것으로 보고 번역한다.

8절ㅁ. 히브리어 본문은 직역하면 "그리고 그들은 그를 자기들 위에 자기네 혀 때문에 넘어뜨렸다"인데, 이는 도무지 뜻이 통하지 않는다. 그래서 이 경우에는 히브리어 본문이 온전하지 않아 수정해야 한다는 히브리어 본문 편집자의 견해를 따른다.

2. 본문과 함께 그림 묵상(*meditatio et visio*)

이 시편의 기도자는 아마도 다른 이들이 내뱉은 말이나 험담으로 마음의 고통을 당하고 있는 듯하다. 신체에 입은 물리적 상처보다 마음에 입은 심리적 상처는 치유가 훨씬 더 어렵다. 그렇기에 혀는 불이라는 말까지 나오는 것이다(약 3:6). 기도자는 자신을 대적하는 이들의 음모와 소동 때문에 마음속의 근심과 두려움으로 고생한다. 이것은 시편의 기도자나 오늘 우리나 다를 것이 없다. 우리의 마음속에도 온갖 상처들로 가득할 것이다. 다만 그것을 애써 덮어두고 있는 것은 아닌가?

그림 135 Cod. Bibl. Fol. 23, 74 verso

그림은 본문 3절을 글자 그대로 그린다. 기도자는 하나님을 향한 신앙으로 가득 차 있
는데, 후광이 이를 표현해준다. 그는 벌거벗겨진 채로 나무 기둥에 묶여 있고, 한 사람
이 벌써 화살 몇 발을 쏘았고, 또 쏘려고 한다. 라틴어 본문은 위의 "번역 해설"에서 설
명한 것과는 좀 다르게 활을 이해했다. 이때는 벌써 활시위를 쓸 때만 메어놓는 시대
가 아니므로, 히브리어 본문을 그대로 직역하지 않고, 70인역처럼 "활을 팽팽히 당겼
다"(intenderunt arcum)로 옮기는데, 그림은 그 본문을 반영한다. 활 쏘는 대적 뒤에는
그 활이 상처를 입히는 말을 상징한다는 것을 보여주는 듯, 몇몇 사람이 서서 기도자를
향해 손가락질을 하고 있다. 이런 상황에서 기도자는 그런 대적들을 보지 않고 다른 곳
을 응시한다. 시편에서 고난에 부닥친 기도자들이 으레 하듯, 이 시편 역시 기도자가 고
난 가운데 가장 먼저 하나님을 향해 탄원하는 모습을 생각나게 한다.

기도자는 이런 때 하나님을 향해 고개를 든다. 이는 하나님께서 자신의 목
소리를 들으시리라는 신뢰가 있기 때문이다. 그리고 자신의 마음속에 어
떤 상처가 있는지를 하나님 앞에서 하나씩 드러내고 도움을 요청한다. 자
신의 마음속에 어떤 상처가 있는지, 또 그런 상처를 준 이들에게 자신이
어떤 가시를 품고 있는지를 하나님 앞에 다 내어놓을 때 비로소 자신의 모
습이 제대로 보이고, 그 가운데 역사하시는 하나님이 보인다. 상처를 덮어
둔 채 자신은 아무런 상처가 없다고, 그래서 아무런 가시도 없다고 우겨대
면 결국 그 상처가 자신을 무너뜨릴 수도 있다.

누구나 상처받을 수 있다. 다만 그 상처를 어떻게 치유하는지에 따라

삶의 즐거움과 가치는 달라질 수 있다. 이 시편의 기도자는 자신의 상처를 먼저 하나님 앞에 내어놓고 하나님께서 주시는 가치로 삶을 다시금 전환한 뒤 치유를 경험한다. 그리고 그것을 공동체 앞에서, 또한 오늘 우리에게 전해준다. 이제 이 본문을 읽는 우리 차례다. 우리에게는 어떤 상처가 있는지 돌아보고 하나님 앞에서 치유를 경험한 뒤, 우리도 본문의 기도자처럼 회중에게 선포할 수 있어야 하겠다.

3. 기도와 관상(*oratio et contemplatio*)

승리의 주님, 화살로 쏘듯 제게 나쁜 말을 해대는 사람들이 있습니다. 저는 그 말로 받은 상처 때문에 만신창이가 되었습니다. 그 모든 상처를 주님 앞에 쏟아낼 수 있도록 제 마음의 문을 열어주십시오. 주님이 제 모든 상처를 말끔히 치유해주실 것을 믿습니다.

하나님의 은택(시편 65편)

1. 본문 읽기(*lectio*)

[예배 음악을 위하여.᾿ 다윗의 찬송. 노래.]

하나님의 성전에서

1 당신께, 잠잠한 가운데᾿

　시온에서 찬양이 있습니다, 하나님이여!

　그리고 당신께 서원 갚기가 이뤄집니다.

2 기도를 들으시는 분!

　당신께 모든 살붙이가 나아올 것입니다.

3 악한 말들이 저보다 더 강합니다.

　저희 범죄를 당신이 용서해주실 것입니다.

4 행복합니다, 당신이 선택하시고 가까이 오게 하셔서

　당신의 뜰에 살게 하시는 사람!

　저희가 당신의 집, 당신의 성전의 아름다움으로 만족하겠습니다.

자연을 다스리시는 통치자 하나님

5 두려운 일들로 정의 가운데 저희에게 응답하소서, 구원의 하나님!

　당신은 모든 땅끝과 먼 바다가 신뢰할 분이십니다.

6 당신은 산들을 당신의 힘으로 굳게 하신 분!

　권능으로 띠 띠시는 분!

7 바다의 아우성과 그 파도의 아우성,

그리고 뭇 백성들의 요란함을 달래시는 분!

8 그리하여 땅끝에 사는 이들이 당신의 징조를 두려워하였습니다.
당신은 아침과 저녁이 오는 것을 즐거워하게 하셨습니다.

주님의 은택

9 당신이 땅을 돌아보셔서, 아주 풍족하고 풍부하게 하셨습니다.
하나님의 수로ᵉ는 물로 가득합니다.
당신이 그들의 곡식을 마련하십니다.
정말로 그렇게 그 땅을 마련하십니다.

10 당신이 그곳의 고랑에 물을 대주시고,
그곳의 두둑을 흠뻑 적셔주십니다.
소나기로 그곳을 부드럽게 하십니다.
그곳에 돋은 싹에 복을 주십니다.

11 당신은 당신 은택의 한 해에 관을 씌우셨습니다.
그리하여 당신의 길에는 기름방울이 떨어집니다.

12 그것은 광야의 초원에도 떨어집니다.
그리하여 당신은 기쁨으로 작은 산들에 띠 띠우셨습니다.

13 풀밭은 양 떼로 옷 입었고, 평원은 곡물로 덮였습니다.
사람들이 환호하고, 또 노래합니다.

번역 해설

표제ㄱ. 히브리어. "לַמְנַצֵּחַ"(라므나체아흐). 자세한 설명은 위의 1부를 보라.

1절ㄴ. 여기서 쓰인 "잠잠함"(דֻמִיָּה, 두미야)은 "찬양"(תְּהִלָּה, 트힐라)과 함께 쓰여서 얼핏 이해되지 않는다. 그래서 70인역은 이를 아마도 여성 분사형인 "דֹּמִיָּה"(도미야 [어근.דמה]; '동등하다')로 읽어서 "제격입니다"(πρέπει, 프레

페이;=새번역, 가톨릭)로 옮긴 듯하다. 그러나 하나님의 임재를 기대하며 벅찬 분위기를 표현하는 것으로 상상할 수 있다. 개역개정의 "기다리오며"는 이런 뜻을 의역한 것으로 보인다.

9절ㄷ. "수로"(פֶּלֶג, 펠레그)는 "쪼개다, 나누다"라는 뜻의 동사에서 나왔으며, 인공수로를 일컫는 데 주로 쓰인다(참조. 사 30:25; 시 46:5 등).

2. 본문과 함께 그림 묵상(*meditatio et visio*)

하나님의 임재를 어떻게 경험할 수 있을까? 물론 하나님께서는 예배 가운데 임재하신다. 그래서 신앙인은 예배를 소중히 여겨야 한다. 예배를 드리는 우리는 임재하시는 하나님을 향해 찬송을 올려드리고 간구해야 한다. 그리고 우리의 찬송과 기도를 듣고 응답하실 하나님을 기대하며 삶으로 서원을 올려드려야 한다. 그것이 예배이고, 예배를 드리는 이들이 행복과 만족함을 경험하는 방법이다.

그림 136 Cod. Bibl. Fol. 23, 75 recto

그림 오른쪽에는 성전이 있고 '전능하신 예수'(Jesus Pantocrator)가 그곳을 향하신다. 사람들은 예수를 뒤따라 성전을 향해 나아간다. 예배 행렬이다. 이들이 아직 성전에 들어가지 않은 장면을 그린 점은 매우 흥미롭다. 이들은 일상의 삶 가운데서 예배를 향한다. 그들은 구원자 예수, 전능하신 하나님을 일상의 자리에서 바라보고, 예배의 자리로 나아간다. 이 그림에서 우리는 일상에서 만나는 하나님을 다시금 되새긴다.

그런데 하나님의 임재는 예배에서만 경험할 수 있는가? 이 시편의 제의 공동체는 우리의 시선을 일상으로 돌려준다. 먼저 스쳐 지나던 피조세계와 그것이 운행하는 질서에 초점을 맞춘다. 우리는 눈을 들어 산을 본다. 그 가운데 있는 나무들, 그 나무에 있는 잎사귀를 본다. 계절에 따라 변화해가며 한 치의 어그러짐도 없는 세상을 본다. 하루도 어김없이 밤이 가고 아침이 온다. 기적 같은 일상에서 우리는 무엇을 보는가? 이 시편은 그 가운데서 자연을 다스리시는 창조주 하나님의 능력을 보게 한다. 그리고 이렇게 놀라운 창조의 질서를 이루신 하나님께서 우리의 구원자시며 우리에게 응답하시는 분이라고 소리를 높인다.

그뿐 아니라 하루하루 우리의 삶에 힘을 주는 식량을 생산하는 일에 하나님의 다스리심이 얼마나 결정적인지를 보여준다. 그래서 사계절이 뚜렷한 한반도와 달리 건기와 우기만 존재하는 이스라엘에서 비는 가장 적절한 보기다. 시편은 이렇게 하나님께서 창조 질서에 따라 주시는 비 덕분에 사람들의 생명이 이어짐을 고백한다. 이로써 하나님의 임재는 제의에서뿐만 아니라 일상의 순간마다 피조세계와 우리 생명의 한 호흡 한 호흡에서도 깨달을 수 있음을 역설한다. 이는 오늘 우리에게도 그대로 적용되는 메시지다.

3. 기도와 관상(*oratio et contemplatio*)

주님, 오늘도 잠에서 깨어나 눈을 뜨게 해주시고 새로운 날을 맞게 해주시니 감사합니다. 창을 열고 하늘을 바라보며 숨을 내쉴 수 있음에 감사합니다. 지저귀는 새소리에서부터 일상의 삶을 시작하는 모든 사람의 분주한 소리까지 모든 자리와 모든 순간에 당신이 임재하심을 고백합니다. 당신이 이 모든 것을 지으시고 다스리시는 분임을 고백합니다. 잠잠히 당신을 우러러봅니다.

와서 보십시오!(시편 66편)

1. 본문 읽기(*lectio*)

[예배 음악을 위하여.˙ 노래. 찬송.]

온 땅이여

1   하나님께 외쳐라, 온 땅이여!

2   그분 이름의 영광을 찬송하여라!

    그분을 향한 찬양을 영화롭게 하여라!

3   하나님께 말하여라, "당신이 하신 일이 얼마나 두려운지요"라고!

    당신 힘의 크심 때문에 당신의 원수들이 당신께 굴복할 것입니다.

4   온 땅이 당신을 경배하고, 당신을 찬송하기 바랍니다!

    당신의 이름을 찬송하기 바랍니다! [셀라]˘

와서 보십시오!

5   와서 하나님이 이루신 일들을 보십시오!

    사람의 아들들을 위해 하신 행동이 두렵습니다!

6   그분이 바다를 육지로 뒤바꾸셨습니다.

    강을 그들이 발로 건널 것입니다.

    거기서 우리가 그분 때문에 기뻐하겠습니다.

7   자기 능력으로 영원히 다스리시는 분!

    그분의 눈은 민족들을 지켜보실 것입니다.

    고집 센 이들이여, 스스로 높아지지 마십시오! [셀라]˘

만민들이여

8 송축하십시오, 만민들이여, 우리 하나님을!

   그리고 그분의 찬양 소리를 들리게 하십시오!

9 우리 목숨ʳ을 살려두시는 분!

   그분은 우리 발이 비틀거리도록 내주지 않으셨습니다.

불과 물을 지나 풍부한 곳으로

10 참으로 당신은 저희를 정제하십니다, 하나님!

   당신은 은을 정련하듯 저희를 정련하십니다.

11 당신은 저희를 그물로 이끄셨습니다.

   당신은 방해물ᵗ을 제 허리에 두셨습니다.

12 당신이 사람이 저희 머리 위에 올라타게 하셔서,

   저희는 불과 물 가운데로 지나갔습니다.

   그리고는 당신이 저희를 풍부한 곳으로 이끄셨습니다.

당신께 나의 서원을 갚겠습니다

13 나는 당신의 집에 번제물을 가지고 들어가겠습니다.

   나는 당신께 나의 서원을 갚겠습니다.

14 그것은 내 입술이 내뱉은 것이고,

   내 환난 때 내 입이 말한 것입니다.

15 살진 번제를 내가 숫양의 향기와 더불어 당신께 드리겠습니다.

   내가 수소와 숫염소들을 마련하겠습니다. [셀라]ᵛ

내 소리에 귀를 기울이셨습니다

16 와서 들으십시오. 그러면 내가 일러주겠습니다.

하나님을 경외하는 모든 이들이여!

그것은 그분이 내 목숨*을 위해 하신 일에 관한 것입니다.

17 그분을 향해 내 입으로 부르짖었고,

찬송이 내 혀 아래 있습니다.

18 죄악을 제 마음속으로 품는다면,

내 주님이 듣지 않으실 것입니다.

19 하지만 하나님이 들으셨습니다.

그분이 제 기도 소리에 귀 기울이셨습니다.

20 송축 받으소서, 하나님!

이는 그분이 제 기도를 물리치지 않으시고,

그분의 인자하심이 제게서 떠나지 않으셨음입니다.

번역 해설

표제ㄱ. 히브리어. "לַמְנַצֵּחַ"(라므나체아흐). 자세한 설명은 위의 1부를 보라.

4, 7, 15절ㄴ. "셀라"에 대해서는 위의 3편 번역 해설을 보라.

11절ㄷ. "מוּעָקָה"(무아카)는 구약성경에서 여기에만 나오는 낱말(*hapax legomenon*)로 무슨 뜻인지 확실하지 않다. 개역개정 등은 "방해하다, 저지하다"라는 뜻으로 추정하는 "עוק"(우크)에서 온 낱말로 보아 "어려운 짐"으로 의역했다. 하지만 분명하지 않다. 참고로 70인역은 이 낱말이 마찬가지로 한 번 밖에 쓰이지 않는 시편 55:3의 "짓누름"(עָקָה, 아카)과 관련 있는 것으로 읽어서 "θλῖψις"(틀립시스)로 옮겼다. 우리는 그물에 허리가 걸려 움직이지 못하는 동물의 모습을 그리는 것으로 옮긴다.

9, 16절ㄹ. 여기서 쓰인 "נֶפֶשׁ"(네페쉬)는 "영혼"으로 옮길 수도 있다.

2. 본문과 함께 그림 묵상(*meditatio et visio*)

1) 초대하는 공동체

우리는 오늘날 신앙 공동체로서 자기 정체성을 어떻게 규정하고 있는가? 본문에서 우선 초대하는 공동체의 모습을 볼 수 있다. 하나님의 통치권을 폐쇄적인 제의 공동체에 제한하지 않고 온 땅으로 확장하는 본문의 제의 공동체는 오늘 우리의 모습을 돌아보게 해준다. 교회는 사회를 향해 초대의 사명을 가진다. 그 초대는 강압적이거나 강제적이어서는 안 된다. 그런 자세로 어떻게 본문처럼 원수까지 복종하는 초대가 이루어지겠는가?

여기서 본문이 가르쳐주는 둘째 정체성을 주목해야 한다. 본문의 제의 공동체는 "온 땅"을 향해 "와서 보십시오"라고 외친다. 와서 무엇을 보라는 말인가? 하나님이 그곳에 가시적으로 계셔서 누구나 볼 수 있는가? 그렇지 않다. 그 대신 초대를 받아 간 그곳에는 제의 공동체가 있다. 제의 공동체의 모습이 곧 하나님의 임재를 경험하는 통로가 되어야 한다는 말이다. 여기에는 무엇보다 제의 공동체 구성원들의 신앙과 삶의 모습이 갖추어져 있어야 한다. 신앙 공동체, 제의 공동체의 구성원이 되려면 가장 결정적인 신앙의 핵심에 대한 깊은 인식과 체험이 전제되어야 한다. 본문은 구약 신앙의 핵심이 되는 하나님의 구원을 우리에게 보여준다. 하나님은 이집트(와 바빌로니아)에서 종과 포로의 신분으로 고통을 받던 이스라엘 백성에게 해방을 이루어주신 분이다. "와서 보십시오"라는 초대에는 제의 공동체 구성원들이 가지고 있던 구원의 하나님께 대한 확신이 있다. 또한 이 초대는 제의 공동체의 기쁜 삶을 전제로 한다. 이는 형식적인 신앙이 아니라 삶의 태도가 근본적으로 바뀐 모습이다. 이런 모습이 강압적이고 강제적인 초대와는 비교할 수 없는 영향력을 발휘한다.

그림 137 Cod. Bibl. Fol. 23, 76 recto

그림은 본문 5-7절의 내용을 보여준다. 그림의 한가운데는 강을 맨발로 건너는 '전능하신 예수'(Jesus Pantocrator)가 그려져 있고, 강가에는 건너기를 주저하는 것으로 보이는 사람들이 있다. 본문에서는 이 사람들이 강을 건넜다고 표현하지만, 그림은 강을 건너는 분을 예수님으로 묘사한다. 여기서 7절의 "스스로 높아지지 마십시오"라는 경고가 떠오른다. 하나님의 능력, 예수님의 능력 앞에서 우리는 자칫 스스로 높아질 수 있다. 우리 삶의 모든 순간을 이끄시는 분은 주님이심을 분명히 되새겨야 한다.

오늘 우리의 신앙 공동체는 어떤가? 그 공동체의 구성원으로서 우리의 모습은 어떤가? 우리의 공동체가 우리의 모습 그대로를 "와서 보십시오"라고 비신앙인들에게 말할 정도로 자신 있는 신앙과 삶의 모습을 갖추고 있는가? 삶의 근본적인 변화의 경험이 없는 초대는 허무할 뿐이다. 우리는 스스로 거듭 돌아보는 삶 가운데서 신앙을 향한 초대를 말할 수 있다.

2) 감사하는 공동체

신앙인은 언제 감사할 수 있는가? 언제 하나님께 기쁜 찬양을 드릴 수 있는가? 1-7절에서는 하나님께서 지난 역사를 통해 보여주신 위엄을 바탕으로 찬송한다. 이는 개인적인 영역이 아니라 공동체의 역사 영역이다. 사실 이런 찬양을 하기는 쉽다. 본문을 시작하는 이 시편의 셋째 선포는 한 걸음 더 나아간다. 이는 공동체가 경험한 하나님의 위엄뿐만 아니라 고난의 상황에서 함께하신 하나님을 찾는 데로 나아간다는 말이다. 이스라엘 백성의 역사를 보아도 이런 고난의 상황은 어렵지 않게 찾아볼 수 있다. 멀리는 이집트에서 노예 생활을 하던 때를 들 수 있고, 그 뒤로는 바빌로니아에 사로잡혀갔던 때를 생각할 수 있다. 본문은 이런 고난을 어떻게 신학적으로 이해할지의 문제를 다루는데, 제의 공동체는 순은을 만들어내는 정련으로 이해했다. 수많은 신앙의 불순물들이 고난을 통해 정련되어 오로지 하나님과의 관계만을 최우선순위에 두는 순전한 신앙으로 성장할 수 있다는 것이다. 그리하여 가시적인 상황과 상관없이 이런 깨달음이 있는 순간 그 자체가 "풍부한 곳", 곧 하나님의 임재를 충만하게 체험하는 순전한 신앙의 경지라는 말이다.

그림 138 Cod. Bibl. Fol. 23, 76 verso

이 그림은 본문 10-12절을 그린 것으로 보인다. 하나님의 신앙 정련 과정을 본문에서 "불과 물"을 지나는 것으로 표현했다. 그림 가운데는 후광을 두른 성도들이 있다. 그 왼쪽에는 실제로 불이 붙은 것으로서 불의 시험이 직관적으로 묘사되어 그림을 보는 이들에게 선명하게 다가온다. 반면에 오른쪽 아래는 아마도 물의 시험을 표현한 것으로 보이는데, 물속에 여성을 그려놓은 것은 다분히 남성 중심적인 시험의 표현으로 보이기는 한다. 그럼에도 이 그림은 세상을 살아가는 성도들이 이겨내야 할 시험을 선명하게 보여준다.

그런데 그것이 찬양과 신앙의 전부라면 개인 삶의 영역에서 괴리감을 느낄 수밖에 없다. 왜냐하면 개인의 삶은 느닷없이 닥치는 고난의 연속이라고 보아도 지나치지 않을 정도로 녹록하지 않기 때문이다. 공동체 차원의 고백과 찬양은 개인의 영역에서 좀 더 구체화되어야 한다. 그런 뜻에서 13절 이후의 감사 찬양은 공동체 차원의 신앙이 개인의 영역에서 어떻게 수용되어야 하는지를 보여준다. 기도자는 하나님께 죄를 품지 않고 순수한 마음으로 간구했으며, 그때 하나님의 응답을 경험했다고 고백한다. 이 고백은 공동체 차원에서 하나님의 위엄 있는 역사하심과 고난을 통해 정련하시려는 뜻을 개인의 차원에서 수용하고 삶의 자리에서 직접 경험하며 신앙의 성장을 경험했다는 말이다.

오늘 신앙인으로서 하루하루를 살아가면서 신앙 공동체에서 무엇을 깨달아야 하는지, 또 어떤 신앙의 성장을 지향해야 하는지를 잘 깨달을 수 있는 대목이다.

그림 139 Cod. Bibl. Fol. 23, 76 verso

그림은 13절부터 이어지는 본문 후반부를 직관적으로 표현한다. 기도자는 숫양과 수소와 숫염소를 제물로 하나님 앞에 가지고 온다. 그리고 본문의 "향기"를 구체화하려고 향로도 들고 있다. 이에 대해 하늘에서 손으로 표현된 하나님은 기도자의 모든 제물과 기도를 받으신다. 이는 신앙고백과 하나님의 응답 체험의 올바른 관계를 보여준다.

3. 기도와 관상(*oratio et contemplatio*)

"와서 보십시오"라는 말 앞에서 스스로 제 모습을 돌아봅니다. 과연 저는 얼마나 자신 있게 사람들에게 이런 선포를 했을까요? 과연 제가 이런 말을 했을 때, 제 모습을 통해 사람들이 당신이 하신 일을 보러 올까요? 제 삶이 당신을 송축하고 있는지, 물과 불의 시험에서 정제된 신앙으로 성숙했는지 돌아봅니다.

당신의 얼굴을 우리에게(시편 67편)

1. 본문 읽기(*lectio*)

[예배 음악을 위하여.ᵃ 느기노트에 맞추어.ᵇ 찬송. 노래.]

은혜와 복(ㄱ)

1   하나님, 우리에게 은혜를 베푸시고, 복을 베푸십시오!
     그 얼굴을 우리에게 비추시기를 바랍니다! [셀라]ᶜ

2   그리하여 온 땅에 당신의 길을 알리십시오!
     모든 민족 가운데 당신의 구원을 그리하십시오!

백성들의 찬양(ㄴ/ㄷ/ㄴ′)

3   백성들이 당신을 찬양하게 하십시오, 하나님!
     백성들 모두가 당신을 찬양하게 하십시오!

4   무리는 기뻐하며 환호하기를 바랍니다!
     이는 당신이 백성들을 올곧게 심판하시고,
     땅에 있는 무리를 이끄시기 때문입니다. [셀라]ᶜ

5   백성들이 당신을 찬양하게 하십시오, 하나님!
     백성들 모두가 당신을 찬양하게 하십시오!

복과 하나님 경외(ㄱ′)

6   땅이 그 수확물을 내주었습니다.
     하나님, 우리 하나님께서 우리에게 복을 베푸실 것입니다.

7 하나님이 우리에게 복을 베푸실 것이니
  그분을 땅의 모든 끝이 경외할 것입니다.

번역 해설

표제ㄱ. 히브리어. "לַמְנַצֵּחַ"(라므나체아흐). 자세한 설명은 위의 1부를 보라.

표제ㄴ. "느기노트"에 대해서는 위의 1부를 보라.

1, 4절ㄷ. "셀라"에 대해서는 위의 3편 번역 해설을 보라.

2. 본문과 함께 그림 묵상(*meditatio et visio*)

누구나 '복'을 바란다. 그런데 무엇을 '복'으로 규정할지는 사람마다 차이가 크다. 그것은 저마다 가지고 있는 가치관과 연관된다. 그런데 구약 성경에서 말하는 '복'은 결코 물질적이고 유한한 가치가 아니다. 이를 위해 우선 본문 1절에서 복의 간구 앞뒤에 어떤 간구가 있는지를 볼 필요가 있다. 먼저는 "은혜를 베푸십시오"다. 복은 먼저 하나님께서 보여주시는 호의에서 시작한다. 복이 사람들의 요구에 따라 내려주는 상급이 아니라는 말이다. 그런 점에서 오늘날 우리가 드리는 기도의 많은 부분을 돌아보아야 한다. 먼저 우리가 원하는 무엇을 하나님께 토해내는 것이 아니라 그분의 호의, 곧 은혜를 먼저 구하는 것이 옳다. 그다음 간구는 "(빛을) 비추시기를 바랍니다"인데, 이는 2절에서 "길"과 "구원"으로 이어진다. 정주가 아닌 순례의 삶, 곧 하나님의 빛을 따라가는 삶, 그 가운데서 존재의 안팎에서 경험하는 "구원"이 복이다. 더불어 6절과 7절에서는 그 복의 두 가지 차원을 소개하는데, 우선 하나님의 은혜에서 나오는 선물로서 땅의 수확물을 언급한다. 여기서 복의 우선순위를 분명히 알 수 있다. 땅의 수확물이 우선하는 것이 아니라 하나님이 베푸시는 은혜가 우선한다. 그리고 우리는 이 은혜가 7절에서 하나님을 경외하는 삶에 대한 그분의 호의임을 알수 있다. 따라서 우리가 간구해야 하는 복은 하나님과 올바른 관계를 맺는 삶 자체다.

그런 삶에서 하나님은 우리 편이 되시는 공평한 심판자시며, 우리의 삶이 정주하지 않도록 끊임없이 동행하시며 이끄시는 통치자시다. 그런 복을 경험하는 순례의 삶에는 이 시편의 핵심 찬송인 4절에서 고백하듯 기쁨과 즐거움이 넘칠 것이다. 그리고 그런 사람은 모든 이를 그 찬송의 삶으로 초대하는 신앙 공동체의 일원이 되어갈 것이다.

그림 140 Cod. Bibl. Fol. 23, 76a recto

이 그림은 아마도 원래 필사본에서는 빠져 있다가 나중에 덧붙여진 듯하다. 필사본 아랫부분에 그려진 이 그림 위로 있어야 할 본문의 일부분이 잘려나가 있고, 필사본 쪽수도 매겨져 있지 않으며, 나중에 필사본의 쪽수를 표시한 사람도 위의 그림 오른쪽 위에서 보듯 "76a"라고 썼다. 어쨌거나 이 그림은 분명히 본문 3-5절의 모습을 그린다. 그런데 이 그림에서는 최후의 심판의 모습을 보여준다. 한가운데 심판주 예수 그리스도의 모습이 그려져 있는데, 왼손에 든 성경과 오른손 가운뎃손가락에 걸고 있는 저울은 올곧은 심판을 상징한다. 예수 그리스도 뒤에는 천사 둘이 호위하며, 그림 왼쪽에는 많은 무리가 심판을 위해 그리스도 앞에 있다.

3. 기도와 관상(*oratio et contemplatio*)

올곧은 심판을 베푸시는 주님! 저희에게 은혜를 베푸시고 얼굴빛을 비추시니 감사합니다. 저희가 당신을 바라보며 삶의 길을 걸어가게 해주십시오. 당신 앞에 떳떳이 서는 날까지 멈추거나 뒷걸음치지 않게 해주십시오.

임금이신 하나님의 다스리심(시편 68편)

1. 본문 읽기(*lectio*)

[예배 음악을 위하여.` 다윗의 찬송. 노래.]

서론적 선포

1 하나님이 일어나십니다.

그분의 원수들은 흩어지고,

그분을 미워하는 자들은 그분 앞에서 도망칩니다.

2 연기가 흩날리듯 당신이 흩어버리십니다.

밀랍이 불 앞에서 녹아버리듯

악인들은 하나님 앞에서 멸망합니다.

3 그러나 의인들은 하나님 앞에서 기뻐하고 뛰며,

기쁨에 겨워 즐깁니다.

4 하나님을 위해 노래하십시오! 그분의 이름을 찬송하십시오!

황혼 녘에 마차를 타신 분`을 위해 길을 마련하십시오!

그분의 이름은 야훼십니다.

그러니 그분 앞에서 기뻐 뛰십시오!

5 고아들의 아버지시고, 과부들의 재판장이십니다,

하나님, 그 거룩한 곳에 계신 분은!

6 하나님은 외로운 사람들을 집에 머무르게 하시는 분,

갇힌 자들을 형통함으로 이끄시는 분!

다만 거역하는 이들은 메마른 곳에 살게 됩니다.

7 하나님, 당신이 당신 백성들 앞에서 나아가실 때,

　당신이 거친 들에서 행진하실 때, [셀라]ᵈ

8 땅이 흔들리고, 하늘도 비를 내렸습니다.

　하나님 앞에서, 시내산의 이분 앞에서,

　하나님 앞에서, 이스라엘의 하나님 앞에서!

9 흡족한 비를 당신이 흩뿌리셨습니다, 하나님!

　당신의 소유가 지칠 때,ᵉ 당신이 그것을 떠받치셨습니다.

10 당신의 무리가 그 가운데서 살게 되었습니다.

　당신의 좋은 것을 가난한 이들을 위해 마련하셨습니다, 하나님!

거룩한 전쟁

11 주님이 말씀을 주십니다.

　소식을 전하는 여성들이 "많은 군대다"라고 합니다.

12 군대들을 이끈 임금들이 도망치고 도망칩니다.

　그러면 집안 여성도 전리품을 나눕니다.

13 여러분이 양 우리 사이에 누울 때면,

　은으로 뒤덮인 비둘기 날개와 황금으로 번쩍이는 그 깃 같을 것입니다.

14 전능하신 분이 임금들을 거기서 흩으실 때 살몬에는 눈이 내립니다.

15 하나님의 산입니다, 바산의 산은!

　여러 봉우리 있는 산입니다, 바산의 산은!

16 "어째서 숨어 기다리느냐? 여러 봉우리 있는 산들아!

　그 산은 하나님이 머무시기를 바라시는 곳이다.

　참으로 야훼께서 영원토록 거주하실 것이다.

17 하나님의 전차는 천천이고 만만이다.

주님이 그 가운데 계신다, 시내산 성소에!"

18 당신이 높은 곳에 오르셔서 포로를 사로잡으시고,

사람들에게서, 심지어 반역자들에게서도 예물을 받으셨습니다.

그리하여 야훼 하나님은 자리 잡으십니다.

승전 찬송

19 송축 받으십시오, 주님!

날마다 날마다 그분은 우리를 위해 짐을 져주십니다.

하나님, 우리의 구원자이십니다. [셀라]ᶜ

20 하나님은 우리에게 구원의 하나님이십니다.

야훼, 주님께 죽음에서 탈출함이 있습니다.

21 오로지 하나님만이 자기 원수들의 머리, 정수리를 쪼개십니다.

그들은 제 죄 가운데서 살아가는 자들입니다.

22 주님이 말씀하십니다.

"내가 바산에서 돌이키겠다.

내가 바다 깊은 곳에서 돌이키겠다.

23 그리하여 네 발이 피에 잠길 것이다."

네 개의 혀가 원수들에게서부터 제 몫을 챙길 것이다."

24 그들이 당신의 행진을 보았습니다, 하나님!

그 행진은 내 하나님, 내 임금이 성소로 가시는 것입니다.

25 노래하는 이들에 이어 연주자들이 다가옵니다,

소고 치는 처녀들 한가운데서!

26 회중 가운데서 하나님을 송축하십시오!

야훼를 이스라엘의 근원에서부터 송축하십시오!"

27 거기에는 그들을 다스리는 작은 베냐민, 유다의 고관들, 그들의 무리,

스불론의 고관들, 납달리의 고관들이 있습니다.

28 그대의 하나님이 명령하셨습니다.^

"당신의 힘을 견고히 하십시오, 하나님!

이것을 당신이 우리에게 행하셨습니다.

29 예루살렘에 있는 당신의 성전에서 나오시면,°

당신을 위해 임금들이 예물을 가져올 것입니다.

30 갈대밭의 들짐승,

백성들의 송아지 가운데 있는 수소 무리를 꾸짖으십시오!

은 조각들을 짓밟으시는 분!

그분이 전장을 즐기는 백성들을 흩으셨습니다.

31 사절단이 이집트에서부터 나올 것입니다.

구스는 제 손을 하나님께 재빨리 들 것입니다."

마무리 찬양

32 땅의 왕국들이여, 하나님께 노래하십시오!

주님을 찬송하십시오! [셀라]ᶜ

33 옛적 하늘들의 하늘을 타시던 분께!

보십시오, 그분이 자기 소리를 내십니다. 강한 소리!

34 여러분은 능력을 하나님께 돌려드리십시오!

이스라엘 위에 그분의 위엄이 있고,

그분의 능력이 구름 속에 있습니다.

35 하나님은 그분의 성소에서 경외 받으시는 분!

이스라엘의 하나님, 그분은 힘과 능력을

백성에게 주시는 분!

송축 받으십시오, 하나님!

표제ㄱ. 히브리어. "לַמְנַצֵּחַ"(라므나체아흐). 자세한 설명은 위의 1부를 보라.

4절ㄴ. 히브리어 본문은 "לָרֹכֵב בָּעֲרָבוֹת"(라로케브 바아라보트)다. 이를 개역개정은 "하늘을 타고 광야에 행하시던"이라고 번역했는데, 여기서 작은 글씨로 쓴 "하늘을"은 본문에 없는 말을 집어넣었다는 뜻이다. 이는 히브리어 성경 편집자가 33절과 우가리트 신화를 바탕으로 한 제안에 따른 것인데, 그 제안은 새번역에서 "구름 수레를 타고 오시는 분"으로 반영되었다. 이 문제는 둘째 표현을 어떻게 이해하느냐에 달려 있다. 글자 그대로 보자면 "광야에서"로 직관적으로 이해하기 쉽지 않다. 우리는 70인역이 이 표현을 민수기 33:48과 마찬가지로 "ἐπὶ δυσμῶν"(에피 뒤스몬)으로 옮긴 것을 바탕으로 번역한다.

7, 19, 32절ㄷ. "셀라"에 대해서는 위의 3편 번역 해설을 보라.

9절ㄹ. 히브리어 본문 "נַחֲלָתְךָ וְנִלְאָה"(나할라트카 브닐르아)는 일반적인 구문이 아니다. 두 낱말 사이에 있는 접속사는 시간의 부사절을 이끄는 것으로 이해할 수 있는데(Tate, *Psalms 51-100*, 164), 문장의 맨 앞이 아닌 것은 시적 허용으로 여길 수 있겠다.

23절ㅁ. 직역. "쪼갤 것이다"(תִּמְחַץ, 티므하츠; 비교. 21절).

26절ㅂ. 동사는 전반절에만 있다.

28절ㅅ. 이 문장은 제의문에서 선창자의 목소리로 여겨진다. 이후 31절까지 이어지는 내용은 회중의 제창이 될 것이다. 이런 해석과 문장의 번역에 대해서는 2권 본문 해설을 보라.

29절ㅇ. 직역. "예루살렘 위의 당신 성전에서부터"(מֵהֵיכָלֶךָ עַל-יְרוּשָׁלָיִם, 메헤칼레카 알-예루샬라임). 더러 이 문장을 "당신 성전을 위해"로 고치자는 주장을 하는데, 이 문장은 서술이라기보다는 묘사로 보아야 할 것이다. 즉 예루살렘 성 꼭대기의 성전에서 임금이신 야훼가 나오시는 모습을 그려준다고 보는 것이다.

2. 본문과 함께 그림 묵상(*meditatio et visio*)

1) 성찰 가운데 만나는 하나님

이 시편은 원수에게서 시작한다. 핵심은 하나님께서 원수를 물리쳐달라는 간구다. 고통을 주는 세력이 앞에 있으면, 누구나 그 세력에 대한 원망과 보복의 감정이 생긴다. 이런 감정이 생기는 것보다 더 나쁜 것은 그 감정을 인정하지 않는 것이다. 이 시편은 그런 감정을 공동체 차원에서 '하나님 앞에' 고백한다. 공동체 차원의 성찰이다. 원수 갚는 것은 당연히 하나님의 몫이다. 이 고백은 하나님께 모든 것을 내맡기는 과정이다.

그다음으로 이 시편에서는 공동체를 스스로 돌아본다. 먼저 하나님과 올바른 관계를 맺는 공동체의 정체성을 '의인'으로 규정하고, 고난 가운데서도 하나님을 향한 찬송을 멈추지 말 것을 다짐한다. 그런 뒤에 이 시편의 고유한 성찰로 공동체 안의 약자와 소외된 사람들을 향한 관심을 촉구한다. 이는 오늘 우리에게도 큰 울림을 준다. 올바른 목소리를 높이면서도, 아니 그 전에 주변의 미약한 소리도 들을 줄 아는 하나님의 마음을 가져야 한다는 것이다.

마지막으로 하나님이 어떤 분이신지를 고백한다. 출애굽을 이루시고, 광야에서 인도하시며, 시내산에서 언약을 맺으시고, 가나안 땅에서 살도록 해주신 하나님 말이다. 하나님의 역사하심은 곧 지금 공동체를 향한 메시지다. 이렇듯 과거를 돌아보는 것은 미래를 향한 신앙을 다짐하는 데 결정적이다. 그것은 개인의 차원과 공동체의 차원을 모두 아우르는 중요한 가르침이다.

그림 141 Cod. Bibl. Fol. 23, 76a verso

이 그림은 앞선 그림과 마찬가지로 윗부분이 훼손된 필사본 낱장 뒷면의 아랫부분에 남아 있다. 보좌에 앉으신 예수 그리스도로 형상화된 주님은 본문 5절대로 앞에 있는 남성 권력자들뿐만 아니라 그 뒤에 작게 그려진 고아의 아버지, 맨 뒤에 선 과부의 올곧은 재판장이 되신다.

그림 142 Cod. Bibl. Fol. 23, 77 recto

예수 그리스도를 한가운데 둔 이 그림은 좌우에 흥미롭게도 기독교 전통에서 사복음서를 상징하는 그림을 둔다. 이 전통은 원래 에스겔 1:5, 10의 환상에서 비롯했으며, 기원후 4세기에 히에로니무스가 이 구절의 네 생물과 복음서 저자를 연관시켰다. 마태복음은 성육신(成肉身)하는 내용으로 시작하므로 "사람"으로 상징된다. 마가복음은 세례 요한의 모습을 "광야에서 부르짖는 소리" 곧 "사자"의 포효만큼 외로우면서도 강력하다고 표현했다. 누가복음은 희생제물이라는 주제를 강조했으므로 "황소"가 상징이 되었고, 요한복음은 독수리의 비행과 닮은 높은 영성으로 기록되었기 때문에 "독수리"가 상징 동물이 되었다. 이렇게 복음서 상징의 그림을 그린 것은 하나님의 승전이 11절에서 신탁으로 시작되었기 때문일 것이다.

2) 하나님의 승리

하나님의 승리는 무엇을 뜻하는가? 한 걸음 더 나아가서 하나님의 승리는 무엇인가? 당신은 하나님께서 승리하셨다는 것, 그것을 두고 우리 삶의 모든 대적이 우리 눈앞에서 끝장나버리는 것을 떠올리는가? 그것은 우리의 실존적 바람일 뿐이다. 정작 우리가 본문에서 읽어낼 수 있는 사실은 성전에 임재하시는 하나님이다. 모든 전쟁의 비유가 하나님을 향한 찬양으로 수렴된다. 그래서 치열하고 통쾌한 승전을 모티브로 하는 이 본문에서 우리는 두 부분에 초점을 맞추어야 한다.

먼저 16후반절의 "그 산은 하나님이 머무시기를 바라시는 곳이다"라는 고백이다. 고대 이스라엘 백성들이 살던 시대에 산은 풍요를 가져다주는 신이 거주하는 곳이라고 여겨졌다. 그러나 바로 그곳에 풍요와 같은 가시적이고 유한한 가치를 약속해주는 신이 아니라 언약의 관계를 맺고 신뢰로 무한의 가치를 추구하기를 원하시는 야훼가 계신다. 더욱이 고대 근동 신들의 존재마저 유한하여, 신들 사이의 싸움으로 신의 부재를 인정하기도 한다(참조. 왕상 18:27). 그러나 하나님께서는 무한에서 무한까지 영원토록 <u>스스로 존재하시는</u> 분이다. 본문은 그런 무한하신 하나님께 대한 인정과 신뢰와 찬양을 촉구한다.

그림 143 Cod. Bibl. Fol. 23, 77 verso
이 그림은 17절에서 "하나님의 전차는 천천이고 만만이다"라는 구절을 떠올려준다. 승리의 임금이신 하나님을 형상화했다.

둘째는 18절에서 보듯, 모든 사람과 관계를 맺고 함께하시는 하나님께 대한 고백이다. 하나님은 고대 근동의 다른 신화에 등장하는 우상들과 근본적으로 다르다. 그들은 인간들과는 동떨어져 신들의 세상에 머무른다. 그리고 인간들을 노예로 삼는다. 여기서는 고대 사회의 왕들을 중심으로 한 통치 논리가 배경이 된다. 그러나 하나님께서는 처음부터 그지없이 좋은 모습으로 세상과 사람들을 만드시고, 그들과 끊임없이 관계를 맺으신다. 비록 사람들이 하나님을 저버리더라도 하나님은 사람들을 포기하지 않으신다(참조. 호 11:8-9). 그것이 하나님의 인애(חֶסֶד, 헤세드)다. 그 인애를 경험한 사람들은 송축과 삶에서의 신의(חֶסֶד, 헤세드)로 되돌려드려야 한다.

3) 내 짐을 져주시는 내 하나님

나이가 들수록 인생의 무게가 더 무거워져가는 것은 예나 지금이나 매한가지다. 다들 걱정과 불안, 괴로움과 좌절의 짐을 어깨 위에 잔뜩 지고 살아간다. 어떻게 하면 이런 짐을 벗고 행복한 삶을 누릴 수 있을까? 성경의 답은 명확하다. 하나님께서 그 짐을 대신 져주신다는 것이다. 예수께서도 이 땅에 오셔서 우리네 인생의 짐을 대신 져주시겠다고 우리를 초대하신다(마 11:28-30). 술독 바닥에 끈적끈적하게 눌어붙어 있는 술찌끼처럼 '하나님이 보시기는 할까' 하며 자조할 것이 아니라(습 1:12), 하나님 앞에 먼저 나서야 한다.

그때 우리에게 가장 먼저 들려오는 음성은 19절 말씀, "날마다 날마다 그분은 우리를 위해 짐을 져주십니다"라는 선포다. 그리고 그분이 곧 "내 하나님"(24절)이라는 말씀이다. 그것을 경험하고 짐을 벗어버리는 것은 이제 우리의 몫이다. 대부분 가장 먼저 눈에 띄는 인생의 짐은 외부적 요소다. 불의하고 악한 이들의 형통함과, 그들이 우리에게 끼치는 해악을 보아야 하는 고통이다. 본문의 말씀처럼 그들의 머리를 쪼개버리고 싶은 심정도 든다. 그런데 좀 더 깊이 들여다보면, 그들에 대한 심판은 우리 몫이 아니라 하나님께서 하실 일이다. 이는 할 수 없는 일에 매달려 전전긍긍하고 있는 모습이 우리가 아닌지를 돌아보게 한다. 불의한 이들과 악인에 대한 심판은 분명히 하나님께서 하실 것이다. 우리는 그분 하나님을 송축하기만 하면 된다. 그분과의 관계를 올바르게 이어가면 된다. 더불어 우리 마음속 깊이 자리 잡고 있는 공격성의 본능까지도 그분 앞에 털어놓고 그분의 인자하심을 향한 송축으로 채워야 한다. 바로 그때 우리는 19절의 고백을 경험하게 될 것이다.

그림 144 Cod. Bibl. Fol. 23, 78 recto

본문 23절의 장면을 보여주는 이 그림 한가운데 기도자가 십자가를 들고 후광에 둘린
모습으로 표현되었다. 본문 그대로 그는 하나님의 승리 이후에 대적의 피에 발을 담그
고 있고, 그의 아래에는 개들이 피를 핥고 있다. 기도자에게는 아무런 무기가 없다. 그
러니 이 승리에 기도자가 한 일은 없다. 거저 얻은 승리다. 기도자는 그저 십자가 아래서
하나님 앞에 간구했을 뿐이다. 19절에서 "날마다 날마다 그분은 우리를 위해 짐을 져주
십니다"라고 한 선포를 다시금 되새기게 하는 대목이다.

그림 145 Cod. Bibl. Fol. 23, 78 verso

이 그림은 본문 26-27절을 표현한다. 승전하신 임금 하나님을 송축하는 자리에 모인
베냐민, 유다, 스불론, 납달리를 상징적으로 보여준다. 짐을 대신 져주시는 하나님을 송
축하는 고조된 분위기를 묵상할 수 있다.

4) 초월하며 임재하시는 하나님

우리는 하나님을 어떤 분으로 인식하고 있는가? 이 시편에서 하나님은 승리의 하나님, 구원의 하나님으로 고백된다. 이 두 차원은 하나님 본성의 양면성을 잘 말해준다. 승리의 하나님은 하나님의 초월성을 가리킨다고 하겠다. 이 시편이 고백하듯, 하나님께서는 하늘들의 하늘, 곧 가장 높은 곳에 좌정하신 창조주이자 통치자시며 심판주시다. 이 세상에서 아무도 그 통치에서 벗어날 수 없다. 그런데 우리는 혹시 그 하나님을 너무 쉽사리 개인화해버리지 않는가? 하나님을 내 바람, 더 나아가서 내 욕심을 채워주는 도구로서 전락시키지 않는가? 나와 우리의 공동체를 향한 하나님의 뜻을 먼저 생각할 수 있어야 한다. 그리고 하나님의 뜻을 공동체 안에서 이루어나가는 일을 우선순위에 두어야 한다. 그 최종적인 모습이 하나님을 송축하는 공동체가 되는 것이다.

그림 146 Cod. Bibl. Fol. 23, 78 verso

본문 18절과 28-31절의 뒷모습을 보여주는 듯한 이 그림에서 대적들은 하나님의 군대에 사로잡혀간다. 여기서도 기도자는 보이지 않는다. 대적을 향한 심판은 기도자의 몫이 아니라 하나님이 하시는 일임을 분명히 새길 수 있다.

그렇지만 하나님은 이방의 잡신들처럼 인간 세계와 동떨어져서 군림하시지 않는다. 그분은 높은 곳에 계시지만, 송축하는 공동체의 성소에 임재하신다. 그뿐 아니라 예배하는 공동체의 개별 구성원들과 깊은 인격적 관계를 맺으신다. 그 정점에 예수 그리스도의 성육신(incarnation) 사건이 있다. 하나님께서는 우리와 함께하셔서 우리로 하여금 '나의 하나님'이라고 고백하게 하시고, 그분께 고난과 고통을 다 털어놓게 하신다. 그리고 하나님은 우리의 고난과 고통에 공감하시고, 동참하시며, 위로해주시고, 궁극적으로는 그분의 뜻에 따라 심판해주신다. 우리는 오늘도 그 하나님을 송축함으로써 인격적 관계를 시작할 수 있어야 한다.

3. 기도와 관상(*oratio et contemplatio*)

날마다 저희 짐을 져주시는 주님, 소외된 이들을 보살펴주심에 감사합니다. 당신을 바라고, 당신의 승리와 은총을 바라며 살아가기를 원합니다. 매 순간 당신이 주시는 생명의 말씀으로 당신의 눈빛이 향하는 곳에 우리의 시선을 맞추게 해주십시오.

깊은 수렁에서(시편 69편)

1. 본문 읽기(*lectio*)

[예배 음악을 위하여." 쇼샤님에 맞추어." 다윗.]

깊은 수렁에서

1   저를 구원해주십시오, 하나님!

    이는 물이 제 영혼에까지 들어찼기 때문입니다.

2   저는 깊어서 설 데가 없는 수렁에 가라앉았습니다.

    저는 깊은 물속에 빠져들어서, 흐르는 강물이 저를 덮쳤습니다.

3   제가 부르짖다 지쳐서, 목이 타들어가고, 눈이 퀭해졌습니다.

    제 하나님을 바라고 있습니다!

4   제 머리털보다도 많습니다, 까닭 없이 저를 미워하는 이들!

    저를 없애려는 이들, 거짓된 저의 원수들이 힘셉니다!

    그래서 저는 제가 빼앗지 않은 것도 내줍니다.

자기 성찰

5   하나님, 당신은 저의 미련함을 아십니다.

    그래서 저의 죄가 당신에게서 숨겨지지 않습니다.

6   저 때문에 당신을 바라는 이들이 수치를 겪어서는 안 되겠습니다.

    주님, 만군의 야훼여!

    저 때문에 당신을 찾는 이들이 치욕을 겪어서도 안 되겠습니다.

    이스라엘의 하나님!

주님을 향한 열성 때문에 당하는 고난

7   참으로 당신을 위해서 제가 수치를 겪었고,

    치욕이 제 얼굴을 덮었습니다.

8   제가 제 형제에게서 멀어져버렸고,

    제 어머니의 자식들에게 낯선 이가 되었습니다.

9   참으로 당신의 집을 향한 열성이 저를 먹어버려서,

    당신을 비웃는 비웃음이 제게 닥쳤습니다.

10 제가 울고, 제 영혼이 금식할 때조차도,

    그것이 저를 향한 비웃음거리가 됩니다.

11 제가 베옷을 입을 때조차도,

    저는 그들에게 조롱거리가 됩니다.

12 저를 두고 성문에 앉은 이들이 말거리를 만들고,

    독주에 취한 사람들의 풍자시가 됩니다.

응답해주십시오 (ㄱ)

13 그러나 저는, 제 기도는 당신을 향합니다.

    야훼여, 기쁨의 때에,

    하나님이여, 당신의 풍성한 인자하심에 따라,

    제게 응답해주십시오,

    당신 구원의 미쁘심에 따라!

수렁에서 건져주십시오 (ㄴ)

14 저를 수렁에서 건져주셔서, 가라앉지 않게 해주십시오.

    저를 미워하는 이들에게서, 그리고 깊은 물속에서 건져져야 하겠습

    니다!

15 흐르는 물이 저를 덮쳐서는 안 됩니다!

그리고 웅덩이가 저를 삼켜서도 안 되고,

우물이 제 위로 그 입구를 닫아서도 안 됩니다!

응답해주십시오(ㄱ′)

16 제게 응답해주십시오, 야훼여!

이는 당신의 인자하심이 좋기 때문입니다.

당신 긍휼하심의 크기에 따라 제게로 돌이키십시오!

17 그리고 당신 얼굴을 당신의 종에게서 숨기지 마십시오!

이는 제게 환난이 있기 때문입니다.

어서 제게 응답해주십시오!

18 제 영혼을 향해 가까이 오셔서, 그것을 되찾아주십시오!

제 원수들 때문에라도 저를 속량해주십시오!

당신이 아십니다

19 당신이 아십니다.

저를 향한 조롱과 제가 겪은 수치와 굴욕을!

당신 앞에 제 모든 대적이 있습니다.

20 조롱이 제 마음을 부서뜨려서 재앙ᵈ이 되고,

저는 공감해주기ᵉ를 바랐지만 아무도 없습니다.

그리고 위로해주는 이들을 바랐지만 찾지 못했습니다.

저주를 쏟아냄

21 그런데 그들은 독초를 제 음식으로 주었고,

제가 목마를 때는 식초를 마시게 했습니다.

22 그들의 밥상이 그들 앞에서 올무가 되고,
   화목제물"은 덫이 되어야 합니다!

23 그들의 눈이 어두워져 보지 못하기를 바랍니다!
   그리고 그들의 허리를 내내 힘없게 해주십시오!

24 그들에게 당신의 진노를 쏟으십시오!
   그리고 당신의 불타오르는 분노가 그들에게 닥쳐야 합니다!

25 그들이 머무는 곳이 황폐해지기를 바랍니다!
   그들의 장막에 사는 이가 없어지기를 바랍니다!

26 이는 당신이, 당신이 치신 이를 그들이 뒤쫓아가서,
   당신께 치명상을 입어 고통받는 이에게 주절거렸기 때문입니다.

27 그들의 죄악 위에 죄악을 더해주십시오!
   그래서 그들은 당신의 정의 가운데로 들어오지 못하기를 바랍니다!

28 그들이 생명책에서 지워지고,
   의인들과 더불어 적히지 않기를 바랍니다!

저를 높여주십시오

29 그러나 저는 가난하고 괴롭습니다.
   당신의 구원으로, 하나님이여, 저를 높여주십시오!

찬송과 감사

30 제가 하나님의 이름을 노래로 찬양하고,
   그분을 감사함으로 높여드리겠습니다!

31 그리고 그것이 야훼께는
   수소, 뿔이 있고 굽이 갈라진 황소보다 더 좋습니다.

32 가난한 이들이 보고 기뻐할 것입니다.

하나님을 찾는 이들, 그들의 마음도 되살아날 것입니다.

33 참으로 야훼는 궁핍한 이들의 소리를 들으시는 분!

그래서 그분은 갇혀 있는 자기 사람들을 업신여기지 않으십니다.

34 그분을 찬양해야 합니다,

하늘과 땅, 바다와 그 안에서 유영하는 모든 생물이!

35 참으로 하나님이 시온을 구원하시고,

유다의 성읍들을 지으실 것입니다.

그러면 사람들이 거기 살며 그것을 차지할 것입니다.

36 그리고 그분 종들의 후손이 그것을 물려받을 것이고,

그분의 이름을 사랑하는 이들이 거기에 머무를 것입니다.

번역 해설

표제ㄱ. 히브리어. "לַמְנַצֵּחַ"(라므나체아흐). 자세한 설명은 위의 1부를 보라.

표제ㄴ. 직역. "나리꽃에 맞추어." 이 시편의 가락을 가리키는 것으로 추정할 수 있다. 참조. 시편 45편.

20절ㄷ. 히브리어 본문에서는 이 자리에 동사 어근 "נוש"에서 비롯한 것으로 보이는 형태(אָנוּשָׁה, 아누샤)가 쓰였다. 하지만 이 낱말이 구약성경에서 여기밖에 나오지 않아서 정확한 뜻은 문맥을 통해 새길 수 있을 뿐이다. 한편 70인역은 이 낱말을 "ταλαιπορίαν"(탈라이포리안; '고난, 고통')으로 옮기는데, 이는 아마도 같은 자음 본문을 형용사의 여성형('불운한, 재앙의')으로 읽은 듯하다(참조. 욥 34:6; 렘 17:9, 16).

20절ㄹ. 직역. "(공감하며 불쌍히 여긴다는 표시로) 머리 흔들기."

22절ㅁ. 히브리어 성경의 모음은 "그리고 평안한 이들에게"(וְלִשְׁלוֹמִים, 브리쉘로밈)로 읽는다. 하지만 70인역은 "그리고 화목제들에 대해"(καὶ εἰς ἀνταπόδοσιν, 카이 에이스 안타포도신)로 옮기는데, 이는 히브리어 성경 편집자

의 제안대로 "וּלְשַׁלוּמִים"(울르쉴루밈)으로 읽을 수 있다.

2. 본문과 함께 그림 묵상(*meditatio et visio*)

1) 성찰의 탄원

본문에서 기도자는 하나님 앞에서 잘못을 저지르지 않으려고 노력하는 경건한 사람이다. 그런데도 그는 억울하게 비난을 당하고 조롱거리가 되며, 심지어 억울한 누명까지 쓴다. 게다가 기도자는 아마도 하나님의 예언자로 부르심을 받아 죄짓는 공동체를 향해 하나님의 심판 신탁을 전해야 했던 것으로 보인다. 바로 그 일 때문에 가족에게마저 외면당하는 고난을 겪은 듯하다. 기도자를 둘러싼 거의 모든 이들이 기도자를 대적하는 극한 상황이다.

그림 147 Cod. Bibl. Fol. 23, 79 recto

본문 1-4절의 장면을 보여주는 듯한 이 그림은 흥미롭게도 요나의 이야기를 떠올리도록 그림을 그렸다. 아마도 1-2절이 요나서 2장의 기도문과 연관성이 있는 것으로 보이기 때문일 것이다. 사람들이 한 사람을 바다에 던진다. 바다 괴물은 기다렸다는 듯 그 사람을 삼킨다. 바다에서는 그리스 신화에 나오는 포세이돈의 아내 암피트리테 (Amphitrite)로 보이는 인물이 뿔 나팔을 불며 바다를 요동치게 하고 있다. 삽화가가 이 장면에서 요나 1장의 장면을 떠올린 것은 의도했든 아니든 깊은 인상을 남긴다. 요나 2장을 보면 요나는 자기 잘못을 성찰하지 못한 채 자신의 상황을 환난으로 인식했다. 우리의 탄원의 시작은 요나와 같을 수 있다. 그러나 하나님 앞에서 자신을 성찰하는 과정에서 이 시편에서처럼 새로운 깨달음을 향해 나아갈 수 있다. 고난의 부르짖음은 그 첫걸음이다. 또한 흥미롭게도 배 안에 있는 사람들 가운데 맨 왼쪽에 있는 인물은 얼굴을 가리고 있다. 중세 성화에서 찾아볼 수 있는 대로 이 인물은 양심을 대표하는 것일까? 바다에 사람을 던지는 자는 그 양심의 소리에 등을 돌리고 있다.

그림 148 Cod. Bibl. Fol. 23, 79 verso

그림은 본문 12절을 형상화한다. 성문 한 귀퉁이에 앉아서 독주를 마시는 사람들이 이야기를 나누고 있다. 본문에 따르면 그들은 이 장면에 없는 기도자를 두고 말거리를 만들고 있다. 누군가 자신이 없는 자리에서 자신을 험담하고 조롱한다는 사실을 알게 되면 견디기 어려운 마음의 상처를 입게 된다. 실제로 그렇지 않다고 하더라도 관계의 문제를 겪는 사람의 마음은 이런 피해의식과 망상으로 이어지기 십상이다. 하나님과 깊은 관계에 이르지 못한다면, 이런 편집적 강박은 그 사람을 망가뜨릴 위험으로 몰고갈 수도 있다.

이 정도 되면 사람들은 그저 고통스러워하거나 좌절하기 쉽다. 그리고 하나님의 일을 하다 당하는 고난이기 때문에 하나님을 향해 원망을 내뱉을

수도 있다. 실제로 예레미야는 너무 힘에 겨워 자신의 생일마저 저주했다
(렘 15:10). 그러나 예레미야가 하나님의 말씀을 향한 열성으로 그 모든 고
난을 이겨냈듯이(렘 20:7-9), 기도자 역시 끝까지 하나님의 신탁을 온몸으
로 전한다. 이것은 하나님을 향한 기도자의 깊은 신뢰를 보여주는 대목
이다.

　　또한 기도자는 고난의 상황에서도 자신을 돌아보는 놀라운 모습을 보
여준다. 특히 잘못을 저지르지 않았는데도 당하는 억울한 고난의 상황에
서 자신을 돌아보는 것은 굉장히 힘든 일이다. 기도자는 영성의 모범을 보
여주듯 고난의 한가운데서 깊은 자기 성찰을 한다. 이것은 하나님 앞에서
솔직하게 자신의 고난을 호소하고, 자신에게 잠재하는 모든 감정을 다 내
어놓았을 때 비로소 가능하다. 모든 것을 하나님 앞에 다 내어놓았을 때
하나님과 그 사이에는 아무것도 없다. 그제야 자신이 하나님 앞에서 어떤
잘못을 하고 있는지, 혹은 스스로 옳게 여기던 자신이 미처 깨닫지 못했
던 말이나 행동 때문에 다른 이들에게 상처를 주지 않았는지를 돌아보게
된다. 이렇게 철저히 자기 성찰을 해나갈 때, 비로소 어떤 고난에도 흔들리
지 않는 신앙의 경지에 이르게 될 것이다.

2) 하나님 앞에 내어놓음

신앙인은 하나님께 어떻게 기도해야 하는가? 본문은 기도를 가르쳐주는
듯하다. 먼저 기도자는 응답의 시작을 기도라고 선포한다. 어찌 보면 당연
한 이야기지만, 본문에서 묘사하는 극한의 고난 가운데서 기도가 응답의
시작이며, 하나님의 인자하심과 구원의 미쁘심을 경험하는 기쁨의 때라는
사실을 인식하기는 쉽지 않다.

　　그리고 간구의 간결성을 배운다. 예수께서도 기도의 '중언부

언'(βατταλογέω, 바타로게오; 마 6:7)을 경계하셨다. 그리고 하나님께서는 구하기 전에 우리에게 있어야 할 것을 알고 계신다고 말씀하신다(마 6:8). 그러면 우리는 왜 기도하는가? 하나님 앞에서 나를 하나씩 내어놓는 것이다. 하나님 앞에서 정말 자신이 무엇을 바라고 있는지를 가감 없이 솔직하게 들여다보고 내어놓는 것으로 시작한다. 그럴 때 고난의 상황에서 스스로는 아무것도 할 수 없음을 깨닫는다. 오로지 하나님께 내맡기고 그분과의 관계에만 집중하는 것이 응답의 지름길임을 알게 된다. 또한 혼자서 고난을 겪고 있지만, 결코 하나님께서는 우리를 홀로 두지 않으신다는 사실도 깨닫게 된다.

그런데 한 꺼풀을 더 벗겨서 자신을 들여다보면 그 안에 애써 눌러왔던 공격성을 보게 된다. 기도는 정답을 내놓는 것이 아니라 나를 솔직하게 하나님 앞에 내놓는 것이다. 본문의 기도자는 견디기 어려운 고난 가운데서 켜켜이 쌓아두었던 저주를 발견했다. 그리고 어쩌면 부끄럽게 여겨질 수도 있는 그 저주의 말들을 '하나님 앞에' 내어놓는다. 물론 심판은 오로지 하나님께서 하시는 것이다. 그것을 인정하고 내면에 있는 모든 공격성마저 하나님 앞에 다 내어놓을 때, 하나님의 임재라는 새로운 경험을 채울 수 있는 공간이 생긴다.

본문을 통해 우리는 정답일 것 같은 말만 되뇌거나 자기 욕심만 쏟아놓는 기도가 아니라, 이미 우리가 무엇을 바라는지 또 우리에게 무엇이 필요한지를 다 아시는 하나님 앞에서 자신을 들여다보고 모든 것을 내어놓는 기도에 대한 교훈을 얻을 수 있다.

그림 149 Cod. Bibl. Fol. 23, 80 verso

이어서 필사본의 삽화가는 21절에서 신약을 간접 인용한 본문으로 예수 그리스도의 십자가 수난의 장면을 독자들에게 보여준다(막 15:36; 마 27:34; 눅 23:36; 요 19:29-30). 십자가에 달린 예수는 "내가 목마르다"라고 하셨고, 이에 사람들은 신포도주를 적신 해면을 나무에 매어 예수의 입에 대어 마시게 했다. 마음에 가득한 저주를 꺼내 보던 독자들은 이 그림을 보면서 새삼 십자가 아래 자신을 내맡기는 경험을 하게 된다. 예수의 십자가는 그 모든 저주와 죄를 대속하고 새로운 심령을 창조한다. 하나님의 속죄는 잊음이 아니라 없앰이다. 하나님 앞에, 예수 그리스도의 십자가 아래 모든 것을 내어놓을 때, 유리창에 묻은 얼룩을 물로 닦아 없애듯 하나님은 모든 죄를 없애고 용서해주신다.

3) 성찰을 통한 겸손의 영성

이 시편은 전반적으로 고난 가운데서 하나님 앞에 자신을 세우고 간구하는 데서 시작했다. 그리고 하나님 앞에 자신의 내면에 있는 여러 간구를 쏟아냈다. 그 과정에서 자신 안에 얼마나 공격적인 모습이 있는지도 깨닫게 되었다. 그리하여 기도자는 두 가지 차원에서 하나님 앞에 겸손해졌다. 하나는 아무런 잘못 없이 당하는 고난의 상황에서 자기 의를 버리고 오로지 하나님만 의지하게 된 겸손이다.

다른 차원은 고난을 통해 스스로 성찰하면서 깨달은 겸손이다. 사실 이것은 외부의 고난을 통해 겸손해지는 것보다 훨씬 더 어렵다. 절대로 인정하고 싶지 않은 자신의 치부까지 하나님 앞에 내놓아야 하기 때문이다. 우리는 보통 이런 경지의 자기 성찰에 이르지 않고 얼른 기도를 마무리하는 경우가 많다. 하지만 이 시편의 기도자는 자신의 내면에서 바닥 깊숙이 자리 잡고 있는 공격성을 발견하고 그것까지도 하나님 앞에 내놓았다. 그것이 하나님 앞에서 겸손해지는 비결이다.

그렇게 겸손에 다다른 사람의 기도는 하나님께서 절대로 외면하지 않으신다. 응답해주시고 기쁨을 회복하게 해주신다. 그 응답은 하나님의 임재 체험이다. 즉 나는 혼자가 아니며 하나님께서 나와 함께해주신다는 것을 깨닫게 되는 것이다. 이런 깨달음은 상황에 대한 인식을 완전히 바꾸어 버린다. 즉 고난으로 절망적인 상황에 눈을 떨구는 것이 아니라 무한한 세계의 가치관으로 초대하시는 하나님께로 근본적인 시선을 옮기게 한다. 이 경험은 상황의 변화와는 무관하게 절망을 찬송으로, 좌절을 감사로 바꾸어준다. 그리고 그 경험을 다른 이들과 함께 나누고 싶게 한다. 그뿐 아니라 개인의 문제에만 천착했던 자신의 시선을 공동체가 맞닥뜨린 문제로 돌리고 함께 고민하며 해결에 동참하는 공동체의 충실한 일원이 되게 해준다. 신앙인의 영성은 바로 이런 모습이어야 할 것이다.

그림 150 Cod. Bibl. Fol. 23, 81 recto

그림은 본문 30-31절을 보여준다. 하나님 앞에서 두 무리가 경배하는 모습을 보여준다. 오른쪽에 있는 사람은 31절에 있는 대로 뿔이 있고 굽이 갈라진 황소를 하나님께 드리며 종려가지를 들고 찬송한다. 제단에 새겨진 문구 가운데 가운뎃줄을 보면 "Nunc eius regnum sempiterum"(이제 그분의 나라는 영원하다)이라고 적혀 있어서 아마도 하나님의 통치를 송축하는 듯하다. 하지만 황소가 번제가 아니라 마치 우상처럼 보이는 것은 의도한 모습일 것이다. 찬미자의 눈이 하나님께 가 있지 않고 황소에게만 가 있어서 유한한 세계의 가치에 여전히 함몰되어 있음을 느끼게 한다. 그런 그를 하나님은 하늘에서 꾸짖으신다. 반면에 왼쪽에 있는 사람들은 30절의 본문대로 종려가지를 들고 시선을 오로지 하나님께만 두며 찬양한다. 이는 무한하신 하나님을 향한 올바른 찬양의 모습을 보여준다.

3. 기도와 관상(*oratio et contemplatio*)

까닭 없이 고난을 겪고 있다고만 여겼던 나 자신을 들여다봅니다. 내가 옳다고만 여겼던 나 자신을 돌아봅니다. 내 안에 죽음보다 더 무서운 저주가 똬리 틀고 있었음을 발견합니다. 주님, 이런 저의 모습을 그대로 받아주십시오. 주님 앞에 마지막 한마디 저주까지 다 토해내게 해주십시오. 마지막 한마디를 당신께 다 토해낸 뒤에 겸손함과 정결함으로 채워주십시오. 겉모습보다 속마음으로 먼저 주님을 찬양하게 해주십시오.

서둘러 건져주십시오!(시편 70편)

1. 본문 읽기(*lectio*)

[예배 음악을 위하여. 다윗. 분향 제사를 위하여.]

탄원

1   야훼여, 저를 기뻐해주셔서, 저를 건져주십시오!
    야훼여, 어서 저를 도와주십시오!

고난 상황 호소

2   제 목숨을 노리는 이들은 수치를 겪고, 부끄러워지기를 바랍니다!
    제 재앙을 기뻐하는 이들은 뒤로 물러나서, 창피당하기를 바랍니다!

3   "아하, 아하!" 하는 이들은
    자기네 수치 가운데서 뒷걸음질쳐 돌이키기를 바랍니다!

공동체를 위한 중보

4   당신을 찾는 모든 이가 당신 때문에
    즐거워하고 기뻐하기 바랍니다!
    "야훼는 위대하십니다"라고 말하기 바랍니다,
    당신의 구원을 사랑하는 이들!

탄원

5   그러나 저는 가난하고 궁핍합니다, 하나님!

제게로 서둘러주십시오!

제 도움이고 저를 건지시는 분입니다, 당신 야훼께서는!

망설이지 마십시오!

번역 해설

표제ㄱ. 히브리어. "לַמְנַצֵּחַ"(라므나체아흐). 자세한 설명은 위의 1부를 보라.

표제ㄴ. 이에 대해 참조. 38편 표제 번역 해설.

3절ㄷ. 여기서 두 번 쓰인 감탄사(הֶאָח הֶאָח, 헤아 헤아)는 원래 즐거움의 표현이다. 문맥에 따라서는 남의 불행을 보고 기뻐하는 모습을 그려준다(참조. 게제니우스,『히브리어 아람어 사전』, 170; 겔 25:3; 26:2; 36:2; 시 35:21 등).

2. 본문과 함께 그림 묵상(*meditatio et visio*)

이 시편에서 쓰인 어구들은 새롭지 않다. 다른 시편에서도 찾아볼 수 있는 것들이다. 더구나 탄원 시편으로서 이 시편의 내용은 앞선 69편의 장중한 장편의 고백을 넘어서지 않는다. 그런데도 기도자의 깊은 신앙과 연륜이 한껏 느껴진다. 그 이유가 표제에 숨어 있다. 우리는 이 기도자를 매우 어려운 경제적 형편에서 경건하게 신앙생활을 한 사람으로 추측해볼 수 있다. 그는 설상가상으로 그런 경건에도 불구하고 교만한 대적들의 공격으로 고통을 당한다. 기도자는 이런 상황에서 역설적이게도 자신의 형편껏 속죄제를 드린다. 이는 어쩌면 앞선 69편의 기도자가 고난 가운데서 자신을 성찰한 다음에 한 행동으로 상상해볼 수도 있겠다. 어쨌거나 기도자는 안팎으로 힘겨운 상황에서 놀랍게도 두 가지를 성찰한다.

첫째, 기도자는 하나님 앞에서 억울한 탄원을 속죄제의 형식으로 드린다. 이는 곧 끊임없이 하나님 앞에서 자신을 성찰한다는 뜻이다. 탄원의 간구도 자신이 알게 모르게 하나님 앞에서 지었을 죄를 돌아보면서 한다는 말이다. 사람들은 문제에 맞닥뜨렸을 때, 으레 남들에게 책임을 돌리고 자신은 잘못이 없다고 합리화하는 데 꽤 많은 정력을 소진한다. 그에 비해 기도자는 남들을 향한 공격성을 하나님께 내어놓고, 그 자리를 하나님 앞에서 자기 성찰을 통한 임재의 경험으로 채운다.

그림 151 Cod. Bibl. Fol. 23, 81 verso

그림 오른쪽에 있는 기도자는 하나님을 향해 손을 내밀어 기도한다. 하나님은 하늘에서 그에게 응답하신다. 이때 기도자를 해치려고 하던 대적은 물러난다. 그림을 보는 이는 기도자의 시선에 집중해볼 필요가 있다. 창을 든 용사로 그려진 대적이 어떠하든지, 기도자는 오로지 하나님을 향해 눈을 들고 시선을 맞춘다. 기도란 그런 것이다.

둘째, 기도자는 공동체의 일원으로서 자신의 존재를 정확히 깨닫고 있다. '내 코가 석 자'라며 오로지 자기 유익만 찾는 것이 아니라, 자신과 공동체를 분리하지 않고 공동체를 위해서도 중보기도를 드린다. 그러고 보면 다른 이들을 돌아보고 중보기도를 하는 것이 개인의 여유가 있고 없고의 문제는 전혀 아닌 것 같다. 오늘 우리가 어떻게 신앙생활을 하고 있는지, 또 신앙 공동체의 일원으로서 하나님 앞에서 어떤 기도를 하는지 돌아보아야 하겠다.

3. 기도와 관상(*oratio et contemplatio*)

주님, 서둘러주십시오. 저는 참을성이 부족합니다. 서둘러 저를 이 늪에서 건져주십시오. 구원은 당신께만 있음을 고백합니다.

평생토록 제가 찬송합니다(시편 71편)

1. 본문 읽기(*lectio*)

제가 당신께 피합니다

1 당신께, 야훼여, 제가 피합니다!
  저는 영원토록 수치를 겪지 않으렵니다!

2 당신의 정의로 저를 건지시고 저를 벗어나게 해주십시오!
  제게 당신의 귀를 기울여주시고, 저를 구원해주십시오!

3 제게 언제든 숨을 바위가 되어주십시오!
  당신이 저를 구원하도록 명령하셨습니다.
  참으로 저의 반석과 저의 요새이십니다, 당신은!

4 나의 하나님, 저를 악인의 손아귀에서 벗어나게 해주십시오!
  불의한 사람과 흉악한 사람의 손바닥에서 그렇게 해주십시오!

어린 시절부터 내가 찬송합니다

5 참으로 당신이 제 소망이십니다, 주님 야훼여!
  제 어린 시절부터 제가 의지한 분이십니다.

6 제가 당신께 어머니 뱃속에서부터 기댔습니다.
  당신은 제 탯줄을 자르신 분!'
  당신 때문에 제 찬양이 언제까지나 이어집니다.

7 저는 많은 이들에게 기적과도 같았습니다.
  그토록' 당신은 제게 견고한 피난처이십니다.

8 제 입술은 당신을 향한 찬양으로 가득 찹니다.

온종일 당신의 영광이 있습니다.

늙을 때도 나를 도와주십시오

9   늙을 때도 저를 뿌리치지 마십시오!

　　저의 힘이 다해갈 때 저를 저버리지 마십시오!

10   이는 제 원수들이 저에 대해 수군거리고

　　제 목숨을 노리는 이들이 함께 모의하기 때문입니다.

11   말하기를 "하나님이 그를 저버리셨으니

　　따라가 그를 잡으시오! 건질 자가 없기 때문입니다!"라고 합니다.

12   하나님, 제게서 멀어지지 마십시오!

　　나의 하나님, 제 도움이 되시는 데 서둘러주십시오!

13   제 영혼을 대적하는 이들은 수치를 겪고 끝장나버리기 바랍니다!

　　저의 재앙을 도모하는 이들은 조롱과 치욕을 뒤덮어쓰기 바랍니다!

찬송과 선포의 서원(ㄱ)

14   그러나 나는 언제까지나 기다릴 것입니다.

　　그리고 당신을 향한 제 모든 찬양을 거듭할 것입니다.

15   제 입술이 당신의 정의를, 종일토록, 당신의 구원을 알릴 것입니다.

　　참으로 저는 측량할 길을 알지 못합니다.

16   저는 주님 야훼의 권능으로 나아갈 것입니다.

　　저는 오로지 당신의 정의만을 기릴 것입니다.

저를 버리지 마십시오(ㄴ)

17   하나님, 당신은 어려서부터 저를 가르치셨습니다.

　　그래서 지금까지 제가 당신의 놀라운 일들을 전할 것입니다.

18 그리고 늙어 백발이 되기까지도, 하나님, 저를 저버리지 마십시오!
당신의 힘을 대대로,
모든 이에게 당신의 권능과 정의를ᴰ 전하기까지 말입니다.

저를 위로해주십시오(ㄴ′)

19 하나님, 당신의 정의와 당신이 하신 일은 높은 데 이르도록 위대하십니다.
하나님, 누가 당신과 같겠습니까?
20 당신은 저희에게 보이신 수많은 환난과 재앙들을 돌이키시고
저를ᴰ 살려주실 것입니다.
그리고 땅의 깊은 곳에서부터 돌이키시고 저를 끌어올려주실 것입니다.
21 제 명예를 더해주시고, 돌이키셔서 저를 위로해주십시오!

제가 찬양하겠습니다(ㄱ′)

22 그러면 제가 비파로 당신을 찬양하겠습니다.
당신의 한결같으심을, 나의 하나님!
이스라엘의 거룩하신 분!
제가 수금으로 당신께 찬송하겠습니다.
23 제 입술이 환호할 것입니다.
참으로 제가 당신께 찬송하겠습니다.
또한 당신이 속량하신 저의 영혼도 그리할 것입니다.
24 저의 혀도 온종일 당신의 정의를 읊조릴 것입니다.
이는 저의 재앙을 도모하는 이들이 수치를 겪고 부끄러워했기 때문입니다.

6절ㄱ. 직역. "당신은 나를 잘라내신 분"(אַתָּה גֹזִי, 아타 고지). 히브리어 본문의 뜻을 살려 우리말로 옮겼다. 한편 70인역은 "당신은 저의 보호자이십니다"(σύ μου εἶ σκεπαστής, 쉬 무 에이 스케파스테스)로 옮겼는데, 이는 히브리어 성경 편집자의 추측대로 셈어에서 비슷한 발음인 "אַתָּה עֻזִּי"(아타 우지)를 대본으로 한 것 같다.

7절ㄴ. 직역. "그리고 당신은." 2권 본문 해설 참조.

18절ㄷ. 히브리어 성경에서는 "그리고 당신의 정의"(וְצִדְקָתְךָ, 브치드카트카)가 19절에 든다. 하지만 접속사의 구문적 의미도 어렵고, 19절의 평행법에도 어긋난다. 여기서는 70인역이 18절에서 "당신의 권능"과 이은 데에 따라 번역한다.

20절ㄹ. 히브리어 본문의 대본인 기원후 11세기 초반에 필사된 레닌그라드 사본(Codex Leningradensis)에 전해진 자음 본문은 "우리를 살려주십시오"(תְּחַיֵּינוּ, 트하예누)다. 하지만 70인역(ἐζωοποίησας με, 에조오포이에사스 메)에서부터 이어온 오랜 본문 읽기 전통은 "나를 살려주십시오"(תְּחַיֵּינִי, 트하예니)를 전한다. 아마도 히브리어 자음 본문은 일찍이 자음 혼동으로 잘못 베껴 적은 것으로 보인다.

2. 본문과 함께 그림 묵상(*meditatio et visio*)

1) 삶을 되돌아보는 영성

삶은 과거를 딛고 미래로 나아가는 과정이다. 현재는 조금 전까지만 해도 미래였지만, 이내 과거가 된다. 그 삶 가운데 우리는 언제든 예기치 않은 고난이나 대적과 부닥치곤 한다. 이 시편의 시인은 그런 예기치 않은 고난을 이기는 신앙의 비결을 가르쳐준다. 시편에서 많은 부분을 차지하는 탄원 시편의 고난 상황을 이 시편의 기도자 역시 그대로 겪는다. 그리고 그 상황에서 수많은 기도자처럼 하나님의 도우심과 구원을 간구한다.

그림 152 Cod. Bibl. Fol. 23, 82 recto

그림은 본문 1-4절의 장면을 보여준다. 기도자는 기세등등하게 달려드는 대적을 피해 황급히 하나님께 손을 내민다. 그리고 하늘에서는 하나님의 손이 기도자를 향해 내려온다. 기도자와 대적자 사이의 배경에는 푸른 산이 상징적으로 그려져 있는데, 이는 지난 날 기도자가 경험한 "숨을 바위", "반석", "요새"를 상징하는 것이 아닐까? 구원의 경험은 신뢰의 밑바탕이 된다.

그런데 이 시편의 기도자는 여느 탄원 시편의 기도자들과 다른 점이 하나 있다. 그것은 탄원 기도를 하는 과정에서 자신이 걸어온 삶의 여정을 되돌아보며 신앙을 다잡고 있다는 점이다. 그 과정에서 기도자는 하나님께서 어떻게 자신과 동행해오셨는지를 대번에 깨달았을 것이다. 그렇기에 탄원이 아직 끝나지 않았는데도 하나님께 찬양을 올려드릴 수 있었을 것이다.

그림 153 Cod. Bibl. Fol. 23, 82 verso

이 그림에서 가운데 있는 기도자와 그 뒤에 선 또 다른 기도자는 보좌에 앉은 심판주 성자 예수 그리스도와 하늘에서 내려오는 손이 상징하는 성부 하나님 앞에 서 있다. 그 뒤에 있는 여성은 이들의 어머니를 상징할 것이다. 그러고 보면 이 그림은 기도자가 어린 시절을 되돌아보는 5-8절 본문을 그린 것으로 보인다. 두 사람은 예수 그리스도의 보좌 앞에서 아주 자신감 넘치는 표정으로 의지 신앙을 고백한다. 분명한 구원의 기억은 언제나 확고한 신앙의 기대를 낳는다.

기도자는 이어서 노년의 상황을 끄집어낸다. 생각해보라. 느닷없이 찾아오는 고난이 어디 젊은 시절뿐이겠는가? 기도자는 노년에도 그런 상황은 얼마든지 올 수 있다고 말한다. 더욱이 신앙을 지키려고 안간힘을 쓰며 살아온 인생에 대고 하나님께서 버리셨다는 말을 들을 정도로 비참한 상황에 맞닥뜨릴 수 있음을 깨우쳐준다. 누구나 인생의 말년에는 느긋해지고 여유가 생기길 바라며, 아무런 고난 없이 살고 싶어 한다. 그런데 신앙의 연습이 되어 있지 않다면 이런 때 닥쳐오는 고난을 견디기 어려울 것이다. 기도자가 고난 앞에서 과거를 되돌아보고 미래를 내다보며 신앙을 다잡은 것처럼, 오늘의 독자들도 하루하루를 신앙의 회고와 전망을 통해 영성이 성장해가는 과정을 밟아갈 수 있어야 하겠다.

2) 하나님의 정의 바라기

신앙은 하나님과의 인격적인 관계에서 비롯한다. 이 시편의 기도자가 간구하듯, 하나님은 정의로우신 분이다. 하나님의 정의는 하나님과 맺는 관계에 따라 다른 형태로 나타난다. 하나님과 올바른 관계를 유지하는 이에게 정의는 긍휼과 공감을 바탕으로 한 동행으로 경험될 것이다. 반면에 하나님을 인정하지 않고 악을 일삼는 이들에게 하나님의 정의는 심판으로 임하게 될 것이다. 이런 관계에 대한 인식은 결코 하루아침에 완성되지 않는다. 기도자는 전반부에서와 마찬가지로 여기서도 자신의 어린 시절의 경험을 회상하며 이 관계를 새롭게 한다. 지난날의 경험은 지금의 상황을 이겨낼 수 있는 바탕이 된다. 더불어 기도자는 인생의 황혼을 내다보며 간구한다. 비록 자신의 기력은 쇠하지만, 자신이 경험할 하나님의 능력은 점점 더해가기를 바란다. 이는 인생의 주도권이 자신이 아니라 하나님께 있음을 인정하는 것이다.

이와 더불어 우리는 신앙의 경험이 혼자서 누리고 마는 것이 아님을 본문의 서원에서 분명히 볼 수 있다. 본문에서 기도자는 자신이 경험한 하나님의 정의를 자신의 입으로 널리 전하며, 하나님을 찬송하는 소리를 높이겠다고 서원한다. 기도자는 여기서 진공상태의 개인이 아니라 종교적 제의 공동체에서 한 부분을 차지하는 구성원으로서 자신의 모습을 분명히 인지한다. 이처럼 신앙은 흘러나가는 것이어야 한다. 그 형태는 선포가 될 수도 있고 찬양이 될 수도 있다. 하지만 기도자가 거듭 고백하는 대로, 오로지 하나님만을 바라보며 사는 삶 자체가 될 수도 있다. 신앙은 이런 모든 형태를 통해 하나님의 정의를 경험하는 삶으로 완성되어가고, 하나님께서 약속하신 무한한 세계로 초대되며, 그 세계를 향해 한 걸음씩 나아가게 될 것이다.

그림 154 Cod. Bibl. Fol. 23, 83 recto

그림은 본문 14-16절과 22-24절에서 보여주는 기도자의 찬양 서원을 형상화한다. 그런데 본문과 달리 이 그림에서는 악기를 연주하는 기도자 옆에 동물들이 있다. 이것은 그리스 신화에서 음악이 너무 아름다워 동물들도 춤추게 했다는 오르페우스의 이야기를 떠올리게 한다. 기독교 미술에서 오르페우스가 수용된 것은 카타콤의 동굴 벽화에서도 찾아볼 수 있다. 따라서 이것은 하나님께 드리는 찬양의 진정성을 강조하는 오래된 기법이라고 여길 수 있다.

3. 기도와 관상(*oratio et contemplatio*)

제 어머니보다 먼저 저를 아신 주님, 삶의 모든 순간마다 저보다 저를 더 잘 아시는 주님! 제게 당신의 영원한 나라를 보여주시고 가르쳐주신 주님! 죽음 너머 부활의 소망을 주신 주님! 유한한 세상의 모든 가시적 가치를 상대화하고 오로지 무한한 당신의 품에 안기는 법을 배우게 하신 주님! 홀로 고난을 겪는다고 생각할 때 마음속 깊은 곳에서부터 임재의 빛을 비춰주신 주님! 당신을 찬양합니다.

공정함과 정의에서 나오는 평화(시편 72편)

1. 본문 읽기(*lectio*)

[솔로몬의 시편.]

임금의 공정한 통치 기원(ㄱ)

1 하나님, 당신의 공정함을 임금에게 주시고,
   당신의 정의를 임금의 아들에게 그리하십시오!

2 그가 당신의 백성에게 정의로 판결 내리고,
   당신의 가난한 이들에게 공정함으로 그리할 것입니다.

3 산들이 백성들에게 평화를 가져다주고,
   언덕들이 정의 때문에 그리할 것입니다.

4 그가 백성의 가난한 이들에게 판결을 내리고,
   궁핍한 이의 자손을 위해 구원을 베풀며,
   압제자를 으스러뜨릴 것입니다.

굳건한 임금의 권위(ㄴ)

5 그들이 당신을 해와 더불어 경외할 것입니다.
   달에 앞서 대대로 그리할 것입니다.

6 그는 벤 풀 위에 비처럼 내릴 것입니다.
   땅에 떨어지는 소나기 같을 것입니다.

7 그의 날들에는 의인이 꽃 피고,
   풍성한 평화가 달이 기울 때까지 있을 것입니다.

임금의 명성(ㄷ)

8   그러면 그가 바다에서부터 바다까지 다스리고,
　 강에서부터 땅끝까지 그리할 것입니다.

9   그 앞에 광야에 사는 사람들이 숙이고,
　 그의 원수들은 티끌을 핥을 것입니다.

10 다시스와 섬들의 왕들이 조공을 가져올 것입니다.
　 스바와 시바의 왕들이 예물을 가져올 것입니다.

11 그리하여 모든 왕이 그에게 엎드리고,
　 모든 민족이 그를 섬길 것입니다.

임금의 공정한 통치 기원(ㄱ´)

12 참으로 그는 궁핍한 이가 부르짖을 때 건져주고,
　 가난하고 도울 사람 없는 이도 그리할 것입니다.

13 그는 힘없는 이와 궁핍한 이를 아끼고,
　 궁핍한 이들의 목숨을 구할 것입니다.

14 억압과 폭력에서 그들의 목숨을 되찾고,
　 그들의 피를 자기 눈에 존귀하게 여길 것입니다.

굳건한 임금의 권위(ㄴ´)

15 그러면 그가 살아서 스바의 금을 그에게 가져다주고,
　 그를 위해서 언제까지나 기도하고
　 온종일 그분을 송축할 것입니다.

16 산머리에 있는 땅에도 곡식이 풍부할 것입니다.
　 레바논처럼 그 열매가 넘실거릴 것입니다.
　 그러면 사람들이 땅의 풀 같이 성읍에서부터 퍼져나갈 것입니다.

임금의 명성 (ㄷ´)

17 그의 이름이 영원히 있기를 바랍니다!
    햇볕에 그의 이름이 움트고,ᄀ
    사람들이 그로 말미암아 복 받기를 바랍니다!
    모든 민족이 그를 행복하다고 하기를 바랍니다!

송영

18 송축 받으십시오, 야훼 하나님, 이스라엘의 하나님!
    홀로 놀라운 일들을 행하신 분!
19 그리고 송축 받으십시오, 그분의 영광스러운 이름이 영원토록!
    그리고 그분의 영광이 온 땅에 가득하기를 바랍니다! 아멘, 아멘.
20 이새의 아들 다윗의 기도들이 끝났다.

번역 해설

17절ㄱ. 히브리어 자음 본문은 "יִנִּין"으로(Ketib), 필사본에서 이에 대한 읽기 전통은 "יִנּוֹן"(야논)으로 표시되어 있다(Qere). 이런 형태로는 구약성경에서 여기서만 쓰인다. 70인역은 "διαμενεῖ"(계속될 것이다)로 옮기는데, 아마도 이 낱말에 대한 의역인 듯하다. 70인역의 번역이 우리말 개역개정 전통("장구하리로다")에 이어졌다. 게제니우스는 "자손, 후손"을 뜻하는 "נִין"(닌)과 관련지어 "싹트다, 움트다"로 뜻을 새긴다.

2. 본문과 함께 그림 묵상(meditatio et visio)

1) 공정함과 정의에서 나오는 평화

임금을 위해 간구하는 이 시편을 읽는 우리는 왕이 없는 오늘날 어떻게 그 의미를 새겨야 할까? 이 시편이 임금을 위한 간구라고 해서 이런 시편을 들어 현세의 권력자를 위해 간구하는 데 쓰는 것은 분명 옳지 않다. 그 대신 하나님께서 우리를 예수 그리스도 안에서 "택하신 족속이요, 왕 같은 제사장들이요, 거룩한 나라요, 그의 소유가 된 백성"(벧전 2:9)으로 규정하신 점을 기억할 필요가 있다. 따라서 이 시편은 어떤 권력자를 위한 것이 아니라 하나님의 왕 같은 제사장으로서 이 세상에서 하나님의 통치를 일구어가야 할 우리 모두를 위한 말씀이다. 그러므로 우리는 본문을 통해 하나님의 통치 현실을 고민해야 한다. 본문에서 가르쳐주는 하나님의 통치의 현실을 요약하면 '미쉬파트'와 '츠다카'의 구현을 통한 '샬롬'의 실현이라고 할 수 있다.

'미쉬파트'와 '츠다카'는 개인의 차원이 아니라 언제나 공동체의 차원이다. 권력이나 재물을 더 가졌다고 해서 남들보다 더 많은 권리를 누려서는 안 된다. 그리고 가진 것이 없고 미약한 존재라고 해서 당연히 누려야 할 권리를 빼앗겨서도 안 된다. 하나님 앞에서 모두가 공정하게 대우받는 현실, 그것이 '미쉬파트'다. 그리고 어떤 일을 하든지 모든 공동체가 수긍할 수 있는 합법적인 절차와 내용을 거쳐야 한다. 또한 합법성을 추구한다는 명목으로 소외된 사람들의 형편에 대한 공감마저 거두어들여서는 안 된다. 그것이 진정한 '츠다카'다. 본문에서 우리는 오늘 우리가 발 딛고 사는 공동체에서 이런 '미쉬파트'와 '츠다카'가 제대로 구현되고 있는지를 돌아보아야 한다. 그리고 그 일을 위해 힘써야 한다.

그 모든 것은 하나님의 '샬롬'으로 수렴되어야 한다. 모든 이들이 자신의 몫을 정당하게 누릴 수 있고, 누구도 다른 이의 것을 빼앗지 않으며, 모든 사람과 모든 것이 하나님의 창조 질서 안에서 제자리에 있는 것, 그것이 '샬롬'이다. '미쉬파트'와 '츠다카'는 그런 '샬롬'을 지향해야 한다.

그림 155 Cod. Bibl. Fol. 23, 83 verso

그림은 이 시편의 표제가 솔로몬과 연관을 짓고 있어서 본문 1-4절의 공정함과 정의로 통치하는 임금을 위한 기원을 솔로몬의 지혜로운 재판이 나오는 열왕기상 4:16-28의 잘 알려진 이야기로 전해준다. 이 재판 이야기는 사사로운 판단에 기울지 않는 공정함과, 억울한 사람이 생기지 않도록 하는 정의를 매우 사실적이고 직관적으로 보여준다.

2) 돌아보는 영성

72편의 후반부에서는 왕의 통치 영역 가운데 특히 소외계층에 관한 관심을 강조하며, 그것을 왕의 권위와 명성에 중요한 부분으로 든다. 유한한 가치를 좇는 사람들은 누구나 권력과 명성을 얻기 위해 안간힘을 쓴다. 그리고 그럴 수만 있다면 개처럼 남들에게 엎드리기도 하고 무자비하게 다른 이를 짓밟기도 한다. 혹시라도 그렇게 해서 권력과 명성을 손에 넣으면, 자신이 했던 것과 똑같은 자세를 다른 사람들에게 요구한다. 또 자신의 이익을 추구하는 데 소용이 있다면 불법도 눈감아주고, 그렇지 않으면 가차 없이 무시해버린다. 이는 오늘날 우리가 사는 세상에서 어렵지 않게 볼 수 있는 장면이다.

그림 156 Cod. Bibl. Fol. 23, 83 verso

본문 5-7절을 그린 것으로 보이는 이 그림은 앞선 그림과 마찬가지로 솔로몬이 등장한다. 다만 좀 더 나이가 들고 화려한 의복을 입었다. 그리고 후광이 생겼다. 이는 오른쪽에서 하나님의 말씀을 대신 전하는 것으로 보이는 천사와 평화로 임재하는 성령을 상징하는 것으로 보이는 비둘기를 통해 하나님께 지혜의 왕으로 인준받았음을 표현하는 것으로 여길 수 있겠다. 또한 흥미로운 점은 솔로몬 앞에 있는 그릇에 담긴 실패에서 실이 풀려나가서 솔로몬의 무릎 위에 감겨 있다는 것이다. 이것은 아마도 본문 7절과 열왕기하 3:14에서 하나님이 임금의 날을 길게 하시겠다는 약속을 상징하는 듯하다. 즉 솔로몬이 장수나 부 혹은 원수의 생명을 구한 것이 아니라(왕상 3:11) 오직 "듣는 마음"(לֵב שֹׁמֵעַ, 레브 쇼메아; 왕상 3:9)의 지혜를 구한 데서 받은 약속이다.

그러나 본문은 그런 유한한 가치를 정면으로 거부한다. 최고 권력자인 임금에게 약하고 소외된 이들에 대한 특별한 관심을 요구하고 있기 때문이다. '노블레스 오블리주'(Noblesse Oblige)라는 말이 있다. 권력이나 명성이 높아지면 그만큼 사회적 책임도 커진다. 하나님께서 이 세상에 바라시는 '샬롬'은 그런 것이다. 이는 권력이나 명성이 높다고 해서 더 많은 것을 불법적으로 누리지 않고, 약하고 소외된 계층이라고 해서 불이익을 당하지 않는 현실이다. 그러나 이 당연한 현실이 오늘 우리 사회에서는 잘 이루어지지 않는다. 신앙인들의 사회적 책임을 다시금 생각하게 하는 대목이다. 하나님께서 택하신 백성으로서, 예수께서 피로 값 주고 사신 왕 같은 제사장들로서, 오늘 우리도 본문에서 그려주는 임금의 모습을 구현하며 살 수 있어야 하겠다.

그림 157 Cod. Bibl. Fol. 23, 843 recto

마지막 그림은 8-11절의 본문을 바탕으로 아기 예수를 찾아와 황금과 유향과 몰약을 예물로 드리는 동방박사들의 모습을 그린 전통적 이콘을 보여준다. 성육신(成肉身)하여 이 땅에 오신 예수 그리스도가 공정함과 정의에서 나오는 평화를 이룰 진정한 임금이심을 묵상하게 하는 대목이다.

3. 기도와 관상(*oratio et contemplatio*)

주님, 당신의 공정함을 배우게 해주십시오. 그리하여 사사로운 감정이나 이익에 치우치지 않도록 저를 보살펴주십시오. 주님, 당신의 정의를 배우게 해주십시오. 그리하여 구부러지고 어그러진 세상을 향해 당신의 정의를 외칠 용기를 더해주십시오. 당신의 공정함과 정의에서 우러나오는 평화를 꿈꾸도록 이끌어주십시오.

03

시편 3권

(73-89편)

읽기

그러나 저는!(시편 73편)

1. 본문 읽기(*lectio*)

[아삽의 찬송.]

신앙의 대원칙

1 참으로 좋으십니다, 이스라엘의 하나님은,
   마음이 깨끗한 이들에게 그러하십니다.

기도자의 위기

2 그런데 저는 자칫 제 발이 미끄러질 뻔했고,ᵃ
   하마터면 제 걸음이 자빠질 뻔했습니다.ᵇ

위기 1 — 악한 사람들

3 이는 제가 허풍선이들을 질투하였기 때문입니다.
   악한 이들의 평안함을 제가 보았기 때문입니다.

4 정말 그들은 죽을 때도 고통이 없고, 그들의 몸은 살집니다.

5 사람들이 으레 겪는 고생 가운데서도 그들은 아무렇지도 않고
   여느 사람들과 더불어 고생을 겪지도 않습니다.

6 그래서 그들은 거만함이 둘렀고, 폭력의 옷이 그들을 덮었습니다.

7 비계 덩이에서 그들의 불의가ᶜ 튀어나오고,

마음에 바라던 것들이 흘러넘칩니다.

8 그들은 조롱하며 나쁘게 말합니다.
그릇된 것[r]을 높은 데서 말합니다.

9 그들은 하늘에 제 입을 두고,
그들의 혀는 땅을 휩쓸고 다닙니다.

10 그리하여 그의 백성이 이리로 돌아와서,
잔에 가득한 물을 자기네들을 위해 들이킵니다.

11 그리고 그들이 말하기를 "어찌 하나님께서 아시겠는가?
지극히 높으신 분께 앎이 있기는 할까?" 합니다.

12 보십시오, 이들은 악한 사람들입니다.
그런데 그들은 늘 평안함으로 세력을 늘여갑니다.

위기 2─기도자 자신

13 참으로 헛되게도 저는 제 마음을 흠 없게 하고
순결함의 표시로 제 손을 씻었습니다.

14 그리고 저는 온종일 해를 당하고 있으며,
저의 벌이 아침마다 있습니다.

15 만약 제가 말하기를 "그들처럼 말해야지"라고 했다면,
보십시오, 저는 당신 아들들의 세대를 배반한 것입니다.

16 하지만 저는 이것을 알고자 궁리하였습니다.
그것은 제 눈에 고된 일이었습니다.

기도자의 깨달음

17 마침내 저는 하나님의 성소들에 이르러서야 그들의 뒷일을 깨달았습니다.

악한 사람들의 운명

18 참으로 당신은 미끄러운 데에 그들을 두셨습니다.

  당신은 그들을 폐허 더미로 떨어뜨리십니다.

19 어찌하여 그들이 눈 깜짝할 사이에 경악할 지경에 이르렀는지요?

  그들은 놀라서 끝장나버렸습니다.

20 깨어난 다음의 꿈처럼,

  주여, 당신이 눈뜨시면 그들의 모습을 업신여기실 것입니다.

하나님과 함께 있어야 하는 기도자

21 제 마음이 괴롭고, 제 속이 찌르듯 하던 때,

22 사실 저는 짐승이며 알지도 못하였습니다.

  저는 가축이었습니다. 당신과 함께 있으면 말입니다.

23 그래서 제가 늘 당신과 함께 있으니

  당신께서 제 오른손을 붙잡으십니다.

기도자의 운명

24 당신의 계획으로 저를 이끌어주시고

  그런 뒤에 영화롭게 당신은 저를 택하실 것입니다.

25 누가 저를 위해 하늘에 있겠습니까?

  그리고 당신이 아니고는 제가 땅에서 기뻐할 수 없습니다.

26 제 살과 제 심장은 쇠약해집니다.

  내 마음의 반석이시며 제 분깃이십니다, 하나님께서는 영원히.

맺음말(악한 이들과 기도자의 대조, 서원)

27 참으로 보십시오. 당신을 멀리하던 이들은 멸망해버립니다.

당신께서는 모든 행음하는 이들을 당신에게서 없애버리십니다.

28   그러나 저는, 하나님께 가까이하는 것이 제게 좋습니다.

저는 주님 야훼를 제 피난처로 삼았습니다.

그래서 당신의 모든 행적을 알리겠습니다.

번역 해설

2절ㄱ. 히브리어 자음 본문(Ketib)인 수동분사 남성 단수형인 "נטוּי"는 쌍수형인 주어 "רַגְלָי"(라글라이; 나의 두 발)와 들어맞지 않는다. 아마도 음위 전환(metathesis) 때문에 생긴 필사 오류일 것이다. 그래서 동사의 완료 3인칭 남성 복수형 "נטו"의 또 다른 형태인 본문 읽기 전통(Qere) "נָטוּיוּ"(나타유)에 따라 읽는다.

2절ㄴ. 히브리어 자음 본문(Ketib)에서 3인칭 여성 단수형 동사를 쓰는 전통(שׁפְכה)은 복수형 주어와 맞지 않는다. 따라서 우리는 3인칭 복수형을 쓰는 읽기 전통(Qere) "שָׁפְכוּ"(슈프쿠)를 따른다.

7절ㄷ. 히브리어 본문의 "그들의 눈"(עֵינֵמוֹ, 에네모)은 문장의 앞부분과 잘 어울리지 않는다. 여기서 70인역은 "그들의 불의"(ἡ ἀδικία αὐτῶν, 헤 아디키아 아우톤)로 옮기고 있어서 "עֲוֹנֵמוֹ"(아보나모)가 번역 대본이었을 것으로 보이는데, 이것은 히브리어 본문보다 문장의 앞부분과 더 잘 어울린다. 히브리어 본문은 여기서 자음 요드와 바브가 구분되기 시작하던 때 잘못 전승된 본문일 수 있다. 따라서 우리는 70인역 본문에 따라 번역한다.

8절ㄹ. 본문에서 쓰인 명사 "오쉐크"(עֹשֶׁק; '박해, 압제')보다는 "이케쉬"(עֲקֵשׁ; '그릇됨, 비뚤어짐')가 문맥에 더 어울리며, 70인역도 "ἀδικία"(아디키아; 불의)로 이런 읽기에 동의한다.

2. 본문과 함께 그림 묵상(*meditatio et visio*)

신앙인이라면 누구나 자신의 신앙을 지탱하는 원칙을 가지고 있게 마련이다. 이 시편의 기도자는 자신이 하나님 앞에서 마음을 깨끗하게 하고 사노라면 하나님의 선하심을 맛볼 것이라는 신념을 가지고 있었다. 그래서 기도자는 아마도 물질적 풍요나 기득권 등에 대한 욕망을 애써 자제하며 살아왔을 것이다. 그런데 문제가 생겼다. 탐욕스럽고 악한 이들은 점점 더 세력을 쌓아가지만 자신은 매일매일의 삶이 징벌인 듯 고통스럽기만 하다. 그래서 그 악인들은 그에게 아무런 해를 끼치지 않고 관심조차 없는데도, 그는 그들을 보는 것만으로도 너무나 힘들다. 그들이 하는 장신구, 입은 옷만 보아도 그들의 악한 행위가 보여 역겹다. 그들이 걸어가는 모습조차 기도자에게는 견디기 힘들 정도로 교만해 보인다. 심지어 입을 하늘에 두고 혀로 땅을 쓸고 다니는 듯 안하무인으로 보인다. 더 슬픈 일은 오로지 하나님 앞에서 깨끗한 마음으로 살려는 자신보다 그 악인들에게 사람들이 더 모여든다는 것이다.

기도자가 고민하는 이 모습은 사실 오늘 우리네 삶의 일상이 아닌가? 하나님 앞에서 마음을 지키며 살아가려는 이들은 언제나 이 문제에 맞닥뜨리게 된다. 그리고 이 문제를 해결하지 않는 이상 마음을 지키는 것은 거의 불가능하며, 2절의 말씀대로 미끄러져 넘어질 것이다.

그림 158 Cod. Bobl. Fol. 23, 84 verso

필사본에서 본문 3절과 4절 사이에 그려진 이 그림은 두 구절의 내용을 표현한 것으로 보인다. 먼저 왼쪽 위에 있는 오리 머리 모양은 이 시편의 첫 구절 "*Quam bonus*"에서 첫글자 "Q"의 장식 글자 아랫부분으로 그림에는 포함되지 않는 요소다. 왼쪽에서 수금을 타는 인물은 후광으로 보아 기도자로 보인다. 그는 거친 땅에 앉아 있어서 이 시편 전반에 흐르는 기도자의 비참한 처지를 상징하는 것으로 보이는데, 그런데도 기도자는 찬양하며 신앙을 지키고자 노력한다. 하지만 기도자의 시선은 하나님이 아니라 자기 앞에 있는 사람에게 가 있다. 본문을 고려할 때, 그는 기도자가 상대적 상실감으로 괴로워하는 허풍선이 악인일 것이다. 그런데 그가 손에 들고 있는 것이 무엇인지 알아보기 어렵다. 다만 우리가 "살집니다"로 번역한 히브리어 본문 4절과 달리 70인역의 "ἐν τῇ μάστιγι αὐτῶν"(엔 테 마스티기 아우톤; '그들의 채찍질 가운데서')에서 온 "*in plaga eorum*"이라는 라틴어 본문을 반영하고 있다는 점은 명확하다. 사실 라틴어에서 "*plaga*"는 크게 "때림, 올무" 등의 뜻이 있다. 하지만 그림에서 이 사람은 기도자의 수금 반주와 함께 연주하는 곡에 참여하는 모습으로 보인다. 그런 뜻에서 어쩌면 삽화가는 이 "*plaga*"를 달리 이해했을 수 있겠다. 이 낱말은 시리아어에서 온 일종의 소고 이름으로 읽을 수 있다(참조. U. Gabbay, "The Balaĝ Instrument and its role in the cult of ancient Mesopotamia", in: J. G. Westenholz et al., *Music in Antiquity* [Berlin/Boston: de Gruyter, 2014], 138). 그렇다면 이 사람은 기도자와 함께 하나님을 찬양하고 있다. 기도자의 볼품 없는 복장과 달리 이 사람은 귀족의 화려한 옷을 입고 있다. 아마도 3-12절에서 드러나는 기도자의 고민을 형상화한 것 같다. 더불어 신앙생활을 하면서도 서로 재고 견주며 상대적 상실감에 괴로워하는 우리의 모습을 보는 듯하다.

이런 문제를 해결하는 길은 본문 안에 있다. 지금 본문에서 기도자는 하나님 앞에서 자신의 속내를 그대로 내어놓고 있다. 마음속에 악인들을 향한 질투와 미움이 있음을 그대로 꺼내놓는다. 이것이 문제 해결의 첫걸음이다. 마음속에 이런 질투와 미움이 있으면서 "하나님, 제 마음을 깨끗하게 지키게 하소서"라고 아무리 외쳐봐야 더 힘겨워질 뿐이다. 하나님 앞에서 솔직하게 자신을 들여다보고 내어놓는 일이 신앙 성장의 첫걸음이다.

어쩌면 우리 삶에서 상대적 상실감은 가장 견디기 어려운 위기 가운데 하나일 것이다. 특히 신앙인으로서 올곧게 살아가려는 자는 이런 상황에 훨씬 더 많이 노출될 수밖에 없다. 정말 하나님 앞에서 마음을 정결하게 하며 살려고 안간힘을 쓰는데, 그렇지 않고 오히려 악을 행하는 사람들이 눈에 보이게 득세하는 경우를 수도 없이 본다. 이럴 때 과연 그 상대적 상실감을 어떻게 극복할 것인가? 이 시편의 전반부에서는 하나님 앞에 그 상대적 상실감을 모두 내어놓는 데서 시작한다는 점을 배웠다. 본문 17절에서 기도자가 성소에서 깨달음을 얻었듯, 끊임없는 경건 생활의 병행은 필수적 요소다. 하나님 앞에서 모든 것을 내어놓고 들여다보면, 본문의 기도자가 깨달은 것처럼 인간의 유한성에서 하나님의 무한성으로 시선이 바뀌는 경험을 하게 될 것이다. 그 유한성에는 타인은 물론 자신도 포함된다. 하나님 앞에서 선한 사람은 아무도 없기 때문이다. 그 깨달음의 핵심은 하나님 앞에서의 겸손함이다. 그럴 때 그동안 유한한 가치 때문에 느꼈던 상대적 상실감은 하나님의 무한한 능력과 그분의 동행하심에 대한 깨달음으로 상쇄되고 극복될 것이다.

악한 이들의 득세로 느끼는 상대적 상실감은 절대적 분량과는 상관이 없다. 그래서 신앙인은 언제든 이런 상황에 맞닥뜨릴 수 있다. 힘겹고 고통스러운 순간에도 신앙의 대원칙 아래 끊임없는 경건 생활을 멈추지 않는 것이 가장 중요하다. 더불어 하나님 앞에 모든 것을 솔직하게 내어놓고 이 세상 모든 것의 유한성을 깨닫게 해주십사는 기도를 지속해야 하겠다. 그때 어느 순간 하나님께서 우리의 시선을 하나님의 무한한 세상으로 옮겨주시는 것을 경험하게 될 것이다.

그림 159 Cod. Bobl. Fol. 23, 85 verso

그림은 본문 22절과 23절의 장면을 보여준다. 왼쪽에 있는 주인공의 오른손을 하나님의 손이 꽉 잡고 있다. 그리고 오른쪽에는 어미 말이 망아지에게 젖을 주고 있다. 본문에서 기도자의 문제는 부조리해 보이는 유한한 세상에서 상대적 상실감으로 겪는 괴로움을 어떻게 극복하느냐였다. 그것은 자신이 얼마나 유한한 존재이며 하나님의 이끄심이 없이는 저 망아지처럼 얼마나 연약한 존재인지를 깨닫는 데서 시작했다. (이 시편에는 이어서 다음 쪽에 그림 한 장이 더 있지만, 훼손되어 무엇을 표현하는지 알아볼 수 없다.)

3. 기도와 관상(*oratio et contemplatio*)

주님, 저 자신 안에 얼마나 많은 시기와 질투가 있는지 봅니다. 저는 늘 경건하다고 생각합니다. 그리고 다른 이들의 경건을 폄훼하고 상대적 상실감에 늘 고달픈 삶을 살아갑니다. 그래서 저는 주님 앞에서 짐승같이 어리석음을 고백합니다. 오로지 무한하신 주님과 함께 있는 것만이 저의 상대적 상실감을 극복하고 겸손해지는 길임을 깨닫게 해주십시오.

기억해주십시오(시편 74편)

1. 본문 읽기(*lectio*)

[아삽의 마스킬.^ㄱ]

하나님 탄원

1   무엇 때문에, 하나님이여, 당신은 영원토록 뿌리치시며,

　　당신의 분노가 당신이 기르시는 양에게 연기처럼 뿜어 오릅니까?

간구

2   당신의 회중을 기억해주십시오!

　　당신은 옛적에 당신 몫의 지파를 사서 되찾으셨습니다.

　　이 시온산에 당신이 머무르셨습니다.

3전 당신 발걸음을 영원한 폐허로 들어 올려주십시오!

원수 탄원

3후 온갖 악을 원수들이 성소에서 저질렀습니다.

4   당신께 대적한 이들이 당신 절기^ㄴ 한가운데 포효하면서

　　자기네 승전비로 표를 삼습니다.^ㄷ

5   그들은^ㄹ 마치 도끼를 삼림에서 들어 올리는 이처럼 알려졌습니다.

6   이제 그들은 함께 성소의 아로새긴 것들을

　　도끼와 망치로 쳐부숩니다.

7   그들은 당신의 성소를 불살랐습니다.

당신의 이름이 머무시는 곳을 땅바닥에다 더럽혔습니다.

8 그들은 자기네 마음속으로 '그들을 함께 짓누르자!'고 말하였습니다.

그들은 땅에 있는 하나님의 모든 절기"를 불살라버렸습니다.

우리 탄원

9 저희의 표적"은 볼 수 없습니다. 더는 예언자가 없습니다.

그리고 저희 가운데는 언제까지일지 아는 이가 없습니다.

하나님 탄원

10 언제까지, 하나님, 대적이 조롱해야 하겠습니까?

원수가 당신의 이름을 영원토록 경멸해야 하겠습니까?

11전 왜 당신의 손, 곧 당신의 오른손을 거두십니까?

간구

11후 당신 품에서 꺼내 끝장내버리십시오!

하나님의 역사하심 회고

12 그렇지만 하나님은 옛적부터 제 임금님,

땅 한가운데서 구원을 베푸시는 분이십니다.

13 당신은 당신의 힘으로 바다를 가르셨습니다.

물 위에서 용들의 머리를 깨뜨리셨습니다.

14 당신은 리워야단의 머리를 부수셨습니다.

그것을 사막에 사는 백성들에게 음식물로 주셨습니다.

15 당신은 샘과 강을 쪼개셨습니다.

당신은 늘 흐르던 강들을 말리셨습니다.

16 낮이 당신의 것이고, 또한 밤도 당신의 것입니다.

당신은 광명체와 해를 마련하셨습니다.

17 당신은 땅의 모든 경계를 정하셨습니다.

여름과 겨울을 당신이 만드셨습니다.

간구

18 이것을 기억하십시오!

원수가 조롱하였습니다, 야훼여!

그리고 바보 같은 백성이 당신의 이름을 무시하였습니다.

19 당신 멧비둘기의 목숨을 들짐승에게 주지 마십시오!

당신 가난한 사람의 생명을 언제까지나 잊지 마십시오!

20 언약을 눈여겨보십시오!

이는 땅의 어두운 데 폭력이 머무는 곳으로 가득 찼기 때문입니다.

21 억눌린 이를 수치를 겪은 채 돌려보내지 마십시오!

가난한 이와 궁핍한 이가 당신의 이름을 찬양하기 바랍니다!

22 일어나십시오, 하나님! 당신의 소송을 이끄십시오!

온종일 바보들에게서 나오는 당신을 향한 조롱을 기억하십시오!

23 당신 대적들의 목소리를 잊지 마십시오!

당신께 맞선 이들의 아우성이 계속해서 올라갑니다.

번역 해설

표제ㄱ. 직역. "교훈."

4절ㄴ. 여기서 쓰인 히브리어 "מוֹעֵד"(모에드)는 개역개정의 번역처럼 '회중'을 뜻할 수도 있고, 70인역의 번역(ἑορτή, 헤오르테)처럼 '절기'를 뜻할 수도 있다.

4절ㄷ. "승전비"(참조. 사 55:13)와 "표"는 모두 히브리어로 "אוֹת"(오트)다.

5절ㄹ. 히브리어에서는 동사형이 단수다. 하지만 문맥상 복수 주어로 번역한다.

8절ㅁ. 위의 4절ㄴ 참조.

9절ㅂ. 위의 4절ㄷ 참조.

2. 본문과 함께 그림 묵상(*meditatio et visio*)

고난은 개인의 차원에서도 겪지만, 공동체의 차원에서도 겪는다. 공동체의 생활이 큰 역할을 차지했던 고대 사회와 달리 현대 사회에서 공동체 차원의 고난에 공감하고 하나님께 탄원의 기도를 드리는 것은 말처럼 쉬운 일이 아니다. 그런 뜻에서 본문은 우선 오늘 우리로 하여금 공동체의 고난을 돌아보게 해준다. 오늘 우리는 과연 공동체의 문제에, 특히 신앙 공동체가 맞닥뜨린 문제에, 무엇보다 시편과 같이 하나님의 존엄과 영광이 훼손되는 일에 얼마나 관심을 두고 있는가? 오늘 우리는 신앙에서조차 개인주의에 빠져 있지 않은가?

특히 본문은 하나님의 처소, 곧 성전이 유린당하는 상황을 전제한다. 이는 이스라엘 역사에서 기원전 587년 바빌로니아의 느부갓네살이 예루살렘을 침공했을 때 가장 절실하게 경험되었다. 또한 일부 학자들이 이 시편의 배경으로 주장하곤 하는 기원전 2세기 마카비 시대, 즉 셀레우코스 왕조의 헬레니즘 제국 임금이었던 안티오코스 4세 에피파네스가 통치하던 시기에 성전은 철저히 유린당했다. 유다 공동체는 이런 고난의 상황에서 하나님께 탄원을 드렸다. 그들은 하나님께서 어떤 분이시며 공동체와 어떤 관계를 맺으시는지를 분명히 인식하고, 그것을 기반으로 하나님께 탄원을 드렸다. 또한 그들은 원수들이 어떤 존재이며 공동체를 짓밟음으로써 하나님을 어떻게 모욕하는지를 밝혔다. 그리고 자신들이 그 고난으로 인해 어떤 상황에 빠져 있는지도 솔직히 하나님께 아뢰었다. 고난 가운데서 무엇보다 먼저 하나님께 눈을 들고 스스로 돌아보는 일이 중요하다는 점은 개인의 기도에서나 공동체의 기도에서나 매한가지다.

그림 160 Cod. Bibl. Fol. 23, 86 verso

그림은 4-7절의 모습을 보여준다. 성전을 파괴하는 사람들이 도끼를 들고 성전의 문을 부수고 있다. 이 그림을 바라보는 사람은 가운데 있는 파괴자에게 힘없이 무너져내리는 성전 문을 보면서, 또 아직은 내려치지 않았으나 나머지 두 사람이 치켜든 도끼를 보면서 자신의 신앙의 문을 위협하는 요소를 성찰할 수 있다.

이 시편을 끝까지 읽고 나도 아무것도 해결되지 않는다. 심지어 시편에서 흔히 볼 수 있었던 것과 같이 기도자의 내적 변화도 나타나지 않는다. 그런데 가만히 생각해보면, 이것이 기도의 더 흔한 상황이다. 기도하는 가운데 내적이든 외적이든 극적인 변화를 매번 경험하면 좋겠지만, 그렇지 않은 경우가 더 많다. 경건 생활은 이렇듯 한번에 대단한 변화를 기대하고 하는 단거리 경주가 아니다. 이 시편은 그런 뜻에서 하나님 앞에서 공동체 차원의 내적 성찰 과정을 보여준다고 할 수 있다. 사실 이어 읽기의 관점에서 보자면, 다음 시편인 75편을 공동체의 이 기도에 대한 응답으로 여길 수 있다. 두 시편을 하나의 시편으로 묶어도 될 테지만, 여기서 끊어서 되새겨보는 것도 신앙 성장에 큰 도움을 줄 수 있다.

이 시편에서 무한하신 하나님을 향해 시선을 전환해가는 과정에서 공동체는 무엇을 간구하고 있는가? 두 가지다. 먼저 지난날 하나님께서 베풀어주신 그분의 역사를 기억하는 것이다. 이 시편은 출애굽과 창조를 기억했다. 이것은 하나님의 백성으로서의 정체성을 부여하는 결정적인 두 가지 기억이다. 사실 공동체는 이 경험을 직접 겪지는 않았다. 이는 신앙의 전통을 통해 계승된 것이다. 곧 말씀을 통해 계시하시는 하나님의 권능에 대한 신뢰다. 기도와 말씀이 언제나 공존하고 병행해야 하는 이유가 여기에 있다. 말씀 없는 기도는 신비주의에 빠질 수 있고, 기도 없는 말씀은 사변적 현학의 신앙에 머무를 수 있다.

그림 161 Cod. Bibl. Fol. 23, 87 recto

그림은 13-14절에서 하나님이 바다의 용과 리워야단의 머리를 부수신다는 고백을 그린다. 앞선 그림에서 인간의 유한성과 연약함을 깨달았다면, 이 그림에서는 하나님의 전능하심을 다시금 되새기게 된다.

둘째로 공동체는 하나님 탄원, 원수 탄원, 자기 탄원을 구체적으로 아뢴다. 하나님 앞에서 겸손하지 않는 기도는 자칫 자기 검열로 간구의 제한을 둘 수 있다. 우리 내면에 존재하는 온갖 감정을 하나님 앞에 다 내어놓기 전에 선별해서 나머지를 묻어두려는 경향이 있다는 말이다. 본문에서 공동체는 긍정 명령과 부정 명령을 골고루 써가며, 다양한 관점에서 내재하는 간구를 표현했다. 오늘 우리의 기도를 돌아볼 필요가 있다. 과연 우리는 기도의 자기 검열에서 자유로운가?

그림 162 Cod. Bibl. Fol. 23, 87 recto

그림은 18-19절의 간구를 그린다. 가운데 들짐승들을 제압한 예수 그리스도를 향해 오른쪽의 기도자가 간구하는 모습이다. 흥미로운 것은 예수 그리스도가 왼손에 두루마리를 들고 있다는 점이다. 이는 아마도 기도자가 "기억하십시오", "잊지마십시오"라고 한 간구를 형상화했을 것이다. 들짐승 같은 위협은 여전히 사라지지 않고, 더러 여전히 기도자의 생명을 위협하지만, 하나님은 아무리 작은 간구라도 잊지 않고 기억하심을 되새길 수 있다.

3. 기도와 관상(*oratio et contemplatio*)

주님, 기억이 기대를 낳음을 깨닫도록 제 마음을 이끌어주십시오. 당신은 창조주이십니다. 이 세상에 존재하는 어느 것 하나도 당신의 손을 거치지 않은 것이 없습니다. 저 자신이나 제가 속한 공동체도 마찬가지입니다. 그래서 눈에 보이는 고난은 창조주이신 당신 앞에서 걱정거리가 되지 않음을 깨닫게 해주십시오.

당신의 이름이 가깝습니다(시편 75편)

1. 본문 읽기(*lectio*)

[예배 음악을 위하여.⁷ "알-타쉬헤트."ᵇ 아삽의 찬송. 노래.]

감사 찬송
1   우리가 당신께 감사합니다, 하나님, 우리가 감사합니다!
    이는 당신의 이름이 가깝기 때문이고,
    사람들이 당신의 놀라운 일들을 전하기 때문입니다.

신탁
2   "참으로 내가 때를 정할 것이다.
    나는 올곧게 심판할 것이다.
3   땅과 거기 사는 모든 것이 뒤흔들린다.
    내가 그 기둥을 세웠음이다. [셀라]ᶜ
4   내가 어리석은 이들에게 '어리석게 굴지 마라!'고,
    그리고 악인들에게 '뿔을 높이지 마라!'고 말했다.
5   너희는 너희 뿔을 높이 들지 마라!
    너희는 교만한 목으로 말하지 마라!"

응답의 고백
6   참으로 동쪽에서도 서쪽에서도,
    그리고 광야에서도 높이는 일이 비롯하지 않습니다.

7 참으로 하나님이 재판장이십니다.

　　어떤 이는 그분이 낮추시고,

　　어떤 이는 그분이 높이십니다.

8 참으로 잔이 야훼의 손에 있는데,

　　향료를 가득 섞어ᴿ 포도주 거품이 일어납니다.

　　그리고 그분은 그것을 부으시는데,

　　땅의 모든 악인이 정말로 그 찌꺼기까지 마셔 비울 것입니다.

서원과 기원

9 그러나 저는 영원토록 전하고, 찬송하겠습니다,

　　야곱의 하나님을!

10 그리고 악인들의 모든 뿔을 베어버리겠습니다.

　　의인들의 뿔은 높아져야 합니다.

번역 해설

표제ㄱ. 히브리어. "לַמְנַצֵּחַ"(라므나체아흐). 자세한 설명은 위의 1부를 보라.

표제ㄴ. 직역. "부패하지 말라." 이 시편을 부르는 곡조로 여길 수 있다.

3절ㄷ. "셀라"에 대해서는 위의 3편 번역 해설을 보라.

8절ㄹ. 여기서 쓰인 "מֶסֶךְ"(메세크)의 어원은 포도주에 향료를 섞은 것을 일컫는다(참조. 잠 9:2, 5).

2. 본문과 함께 그림 묵상(*meditatio et visio*)

이 시편은 감사 시편의 틀에서 심판의 문제를 다룬다. 말하자면 하나님께 감사를 드리는데, 그 내용이 하나님이 심판주시라는 고백인 셈이다. 이 내용은 신탁과 그에 대한 응답의 두 형태로 전해진다. 한마디로 이 세상에서 높다고 자칭하는 교만한 사람들, 그러면서도 악을 행하는 사람들은 결국 하나님의 심판을 피할 수 없을 것이라는 말이다. 높고 낮음은 결국 하나님께서 결정하실 일이다. 제의 공동체는 그 사실을 감사제의 형태로 고백한다.

이 시편의 이런 뜻을 과연 어떻게 새길 수 있을까? 이 시편은 심판주 하나님의 준엄한 심판을 확언한다. 그러나 현실에서는 시편의 시인들도 거듭 탄원하듯, 하나님이 계시지 않고 심지어 숨어 계시는 것 같은 현실을 거듭 보게 된다. 그런데도 시편의 시인들은 심판주 하나님의 존재를 어느 순간 깨닫는다. 그 비결은 시선의 전환, 곧 가치관의 전환에 있다. 가시적인 유한성의 세계에만 초점을 맞추고 있다면 심판주 하나님의 존재는 결코 볼 수 없으며 아무 의미도 없다. 그러나 보이지 않는 것이 존재하지 않음을 증명하지는 않는다. 마찬가지로 심판주 하나님의 개입이 눈에 보이지 않는다고 해서 심판이 없음이 증명된 것은 아니다.

그림 163 Cod. Bibl. Fol. 23, 87 verso

가운데가 훼손된 이 그림 오른쪽에 순례자의 복장을 한 기도자가 있다. 그의 표정은 단호하며, 그는 왼쪽에 적대감과 의구심을 품고 금방이라도 달려들 것 같은 사람들을 향해 무언가 말을 한다. 2-5절의 신탁을 전하는 상황이다. 누가 봐도 불리하고 위험해 보이지만, 기도자의 눈에는 전혀 두려움이 없다. 본문을 읽고 그림을 보는 이에게 하나님 앞에서 자신의 모습을 돌아보라고 힘주어 말하는 그림이다.

사실 우리가 악한 사람 또는 더 나아가서 우리에게 고난을 안겨주는 사람들의 심판을 직접 보고 싶어 하는 것은 어쩌면 하나님의 공의가 아니라 우리의 보복 심리를 충족하기 위한 것일 수도 있다. 악인들을 향한 심판의 잔은 분명히 하나님의 손에 들려 있으며, 하나님께서는 분명히 그들에게 그 잔을 철저히 부으실 것이다. 권선징악을 눈으로 보지 못한다고 해서 괴로워하는 것은 심판주 하나님에 대한 전적인 신뢰의 부족에서 비롯된 것이다. 그러므로 심판주에 대한 고백이 감사 제의의 내용이 될 이유가 충분하다.

3. 기도와 관상(*oratio et contemplatio*)

당신에게 심판의 모든 권한이 있음을 고백합니다. 그래서 감사합니다. 지금 제 눈에 그 심판이 보이지 않지만, 결국 당신은 모든 피조물을 심판하실 분이심을 압니다. 비록 제가 화살 같이 짧은 삶을 사는 동안 당신의 심판을 보지 못하고 저와 우리 공동체를 향한 공격과 부조리, 학대와 폭력의 심판을 끝끝내 보지 못한다고 해도, 당신의 정의와 공의는 언젠가 이루어질 것을 믿습니다. 그 무한한 당신의 세계를 제 눈으로 보게 해주십시오. 그래서 제가 드리는 감사가 힘 있게 해주십시오.

구원을 위한 심판의 주님(시편 76편)

1. 본문 읽기(*lectio*)

[예배 음악을 위하여.˙ 느기노트에 맞추어.˙ 아삽의 찬송. 노래.˙]

시온에 등극하시는 하나님
1 하나님은 유다에게 알려지셨습니다.
   그분의 이름은 이스라엘에서 크십니다.
2 그리고 그분의 장막은 살렘에 있고,
   그분의 처소는 시온에 있습니다.
3 거기서 그분이 불화살˙과 방패와 칼과 전쟁 무기˙를 깨뜨리셨습니다.
   [셀라]˙

전쟁에서 승리하시는 하나님
4 당신은 영광스럽게 광채가 나시는 분,
   약탈물의 산더미˙ 위에서부터!
5 마음이 굳센 이들도 탈취당하고, 잠에 빠져들고,
   그들 손에 힘이 되어줄 사람들을 찾지 못하였습니다.
6 야곱의 하나님, 당신의 꾸짖음으로
   전차는 물론 말도 잠들어버렸습니다.

승리자 하나님의 심판
7 당신은 경외 받으시는 분, 당신께서는!

그러니 누가 당신이 화내실 때 당신 앞에 서겠습니까?

8 당신이 하늘에서부터 당신의 판결을 듣게 하셨습니다.

    땅이 두려워하고 잠잠합니다.

9 하나님이 심판하시려고,

    땅의 가난한 모든 이를 구원하려고 일어서실 때입니다. [셀라]ᵇ

10 참으로 사람의 분노는 당신을 칭송하게 될 것입니다.

    나머지 분노도 당신이 막으실 것입니다.

공동체의 서원과 예배

11 여러분의 하나님 야훼께 서원하고 갚으십시오!

    그분을 에워싼 모든 이는 경외할 그분께

    예물을 가져오기 바랍니다!

12 그분이 귀족들의 넋을 빼실 것입니다.°

    땅의 임금들에게 경외 받으시는 분!

번역 해설

표제ㄱ. 히브리어. "לַמְנַצֵּחַ"(라므나체아흐). 자세한 설명은 위의 1부를 보라.

표제ㄴ. "느기노트"에 대해서는 위의 1부를 보라.

표제ㄷ. 70인역에는 히브리어 본문에는 없는 "아시리아에 관하여"(πρὸς τὸν Ἀσσύριον)가 더 있다. 이에 대해서는 2권 본문 살피기(*studium*)를 보라.

3절ㄹ. 직역. "활의 불꽃"(רִשְׁפֵי־קֶשֶׁת, 리쉬페-케쉐트).

3절ㅁ. 직역. "전쟁"(참조. 호 1:7).

3절ㅂ. "셀라"에 대해서는 위의 3편 번역 해설을 보라.

4절ㅅ. 이 구절에서 쓰인 "약탈물의 산(더미)"(מֵהַרְרֵי־טָרֶף, 메하르레-타레프)를 개역개정에서는 "약탈한 산에서"로 옮기는데, 사실 이것은 이해하기 쉽지 않은 번역이다. 그리고 새번역에서는 "사냥거리 풍부한 산들보다"라고 옮기는데, 이 번역은 전쟁의 분위기와 쉽사리 조화를 이루지 않는다. 우리는 전쟁에서 탈취한 전리품들이 산더미처럼 쌓여 있는 모습을 그려준다고 이해한다.

12절ㅇ. 직역. "그분이 귀족들의 영혼을 줄이실 것입니다."

2. 본문과 함께 그림 묵상(*meditatio et visio*)

이 시편은 하나님을 승리자로 등극하시는 용사의 모습으로 그린다. 그분은 전쟁을 걸어온 모든 대적을 제압하고 온 땅에 평화를 일구어내신다. 그리고 온 땅을 향해 평화의 심판을 하셔서 모든 이들이 경외하는 대상이 되신다. 하나님을 이런 모습으로 그리는 것은 독자들의 이해를 위함이다. 고대 독자들은 아마도 이 본문을 읽고 음송하면서, 전쟁의 주체가 신이라고 보는 당시 신들의 전쟁(Divine War) 개념에서 본문의 승리자인 하나님을 상상했을 것이다. 그리고 그분이 왕 중의 왕이심을 자연스럽게 고백했을 것이다. 하지만 오늘날은 분명히 전쟁 개념도 하나님의 개념도 다르다. 따라서 우리는 본문에서 하나님이 승리자로 등극하신 궁극적인 목적이 무엇인지를 찾아내야 한다.

우리는 본문 9절에서 그 해답을 찾아볼 수 있다. 하나님께서 대적들을 제압하고 승리자로 등극하고 심판하시는 까닭은 '온유한 이들'을 구원하시기 위함이다. 주해에서 언급했듯이 구약성경에서 온유함이란 '하나님과 그분의 뜻에 순종하고, 자신을 그분 앞에서 종으로 여긴다는 의미'라고 할 수 있다. 바로 여기에 이 시편의 실천적 메시지가 있다. 승리자 하나님의 구원을 맛보고 그분께 예배드리는 백성이 되는 비결은 우선 말씀을 통해 계시하시는 하나님의 뜻에 순종하는 온유함을 소유하는 것이다. 그리고 그분의 종으로서 이 땅에서 하나님의 뜻을 대신 이루어나가는 것이다. 오늘도 하나님은 이런 온유한 이들을 구원하기 원하신다.

그림 164 Cod. Bibl. Fol. 23, 88 verso

그림은 본문의 5절과 6절의 모습을 보여준다. 야훼가 승리하신 전쟁에서 말을 탄 기병이 잠들어 있고, 보병으로 보이는 사람은 죽음을 뜻하는 괴물의 세력에 싸여 깊이 잠들어 있다. 이는 유한한 가치 세계에서 우위를 점유하는 세력들이 무장 해제되고 무력해졌음을 매우 직관적으로 그려준다. 본문과 달리 잠들지 않은 말의 표정에서 우스꽝스러움마저 느끼게 한다. 이런 광경은 본문이 승자로 찬양하는 야훼의 권능을 더 돋보이게 해준다.

3. 기도와 관상(*oratio et contemplatio*)

승리의 주님, 당신을 찬송합니다. 당신은 제가 도무지 떨치기 어려운 대적을 한순간에 잠재우시는 분임을 고백합니다. 그런 당신이 이 땅에서 높은 체하는 사람들이 아니라 소외되고 억눌린 사람들을 구원하시려 함을 봅니다. 예수 그리스도의 삶과 죽음과 부활이 당신의 그런 마음을 우리에게 보여주셨음을 고백합니다. 감사합니다.

출애굽을 기억하며(시편 77편)

1. 본문 읽기(*lectio*)

[예배 음악을 위하여.' 예투툰에 맞추어.' 아삽의 찬송.]

신앙의 대원칙

1   제 목소리가 하나님을 향합니다.

     그리고 제가 부르짖습니다.

     제 목소리가 하나님을 향합니다.

     그러면 그분이 제게 귀 기울이실 것입니다

현재 상황 탄원

2   제 환난 날에, 주님, 제가 찾아댔습니다.

     밤에는 제 손을 뻗고 늘어뜨리지 않았습니다.

     제 영혼은 위로받으려 들지 않습니다.

3   제가 하나님을 기억하지만, 탄식할 뿐입니다.

     제가 읊조리지만, 제 영혼이 낙담할 뿐입니다. [셀라]'

4   당신이 제 눈꺼풀을 붙잡으셔서

     제가 불안해하고, 말조차 할 수 없습니다.

지난날의 탄원 회상

5   제가 옛날을 생각합니다. 아주 오랜 시절.

6   제가 밤에 부른 제 현악곡을 기억합니다.

제 마음속으로 제가 노래합니다.

그러면 그것이 제 영혼을 살펴주었습니다.

7 "영원토록 주님이 저버리실까?

그리고 영영 달갑게 여기지 않으실까?

8 그분의 인자하심은 끝내 멈추었는가?

말씀도 세세토록 멈추었는가?

9 하나님은 불쌍히 여기심을 잊으셨는가?

진노 때문에 그분의 자비하심을 닫으신 것은 아닌가?" [셀라]ᵉ

기도자의 깨달음

10 그리하여 제가 말하였습니다.

"내가 이것을 풀어보겠다."

그러자 지존자의 오른손이 달라졌습니다.ᵉ

11 제가 야훼께서 하신 일들을 기억합니다.

참으로 제가 옛적부터 당신이 하신 기이한 일을 기억하겠습니다.

12 그리고 제가 당신이 하신 모든 일을 묵상하고,

당신의 행하심을 읊조리겠습니다.

출애굽 사건 기억

13 하나님, 당신의 길은 거룩한 데 있습니다.

누가 하나님처럼 위대한 신이겠습니까?

14 당신은 기이한 일을 이루신 신이십니다.

민족들 가운데 당신의 힘을 알리셨습니다.

15 당신의 팔로 당신 백성을 속량하셨습니다.

야곱과 요셉의 자손입니다. [셀라]ᵉ

홍해 사건 기억

16 물이 당신을 보았습니다, 하나님!

　물이 당신을 보고 굳어버립니다.

　정말로 깊은 물이 벌벌 떱니다.

17 구름이 물을 쏟았습니다. 먹구름이 소리를 냈습니다.

　참으로 당신의 화살이 날아갑니다.

18 당신의 우렛소리가 회오리바람 안에" 있습니다.

　번개가 세상을 비춥니다.

　땅이 요동치며 흔들렸습니다.

19 바다 가운데 당신의 길이 있고,

　당신의 펼쳐진 길이 큰물에 있습니다.

　하지만 당신의 발자취는 알려지지 않았습니다.

하나님이 세우신 지도자들

20 양 떼처럼 당신의 백성을 이끄셨습니다,

　모세와 아론의 손을 통해서.

번역 해설

표제ㄱ. 히브리어. "לַמְנַצֵּחַ"(라므나체아흐). 자세한 설명은 위의 1부를 보라.

표제ㄴ. 참조. 시편 39편 표제 번역 해설.

3, 9, 15절ㄷ. "셀라"에 대해서는 위의 3편 번역 해설을 보라.

10절ㄹ. 번역의 여러 가능성에 대해서는 2권 본문 해설을 보라.

18절ㅁ. 직역. "바퀴 안에." 참조. 이사야 5:28.

2. 본문과 함께 그림 묵상(*meditatio et visio*)

신앙은 어떻게 완성되어 가는가? 이것은 신앙인이라면 신중하게 고민하고 해답을 찾아야 할 문제다. 우리네 삶에는 끊임없이 예기치 않은 때에 고난이 닥쳐온다. 그리고 그 해결 역시 우리의 기대나 바람과는 전혀 다른 때도 있다. 자신을 괴롭히는 원수들이 끝내 징벌을 면하는 모습을 볼 수도 있고, 경건한 신앙인이 끝내 인생 역전을 맛보지 못할 수도 있다. 그러면 하나님께서는 어떤 이들이 주장했던 것처럼 세상에서 벌어지는 일에 관여하지 않으시는가? 창조주요 통치자이신 그분은 절대로 그렇지 않으시다. 분명히 이 세상은 그분의 창조 질서에 따라 돌아가고 있고, 그분의 통치 아래 있으며, 그분의 심판을 향해 나아가고 있다. 그런데 우리 눈에 부조리해 보이는 것은 왜일까? 답은 간단하다. 문제는 우리에게 있다. 우리는 하나님께서 우리가 바라는 때에 우리가 바라는 방식으로 우리에게 어떤 것을 보여주시기를 원한다. 하지만 그런 문제 대부분은 우리의 욕심에서 비롯된 것일 경우가 많다.

이 시편의 기도자는 지금 말할 수 없는 환난의 상황 가운데 있다. 거기서 기도자는 하나님께 부르짖고, 그분이 귀 기울여주실 것을 확신하고 있다. 그런데 기도자 역시 끊임없이 기도하고 하나님을 기억하면서도 대번에 신앙의 원칙을 확신하지는 못한다. 그는 경건 생활 도중에 탄식과 좌절이 자신을 엄습해오는 것을 느낀다. 그런데도 기도자는 경건 생활을 멈추지 않는다. 자신의 이런 탄식과 좌절, 그리고 거기서 오는 불안과 두려움이 이번이 처음이 아님을 기억한다. 이는 기도자가 예전에도 환난을 겪었고, 불안해하면서도 기도했으며, 마침내 그것을 극복하여 신앙의 원칙을 확신했다는 뜻이다. 이런 기도자의 경건 생활의 과정을 세밀하게 살펴보면서 우리는 우리의 신앙이 얼마나 가볍고 짧은지를 다시금 돌아보고 더 깊은 신앙을 향한 경건을 다짐할 수 있어야 하겠다.

경건 생활의 능력은 어디서부터 어디까지일까? 종종 우리는 깊은 경건 생활을 통해 얻은 신앙을 바탕으로 자만에 빠질 수 있다. 무엇이든 신앙을 바탕으로 해결할 수 있다는 생각이 그것이다. 대적을 만났을 때, 섣불리 용서를 운운한다. 또는 실패를 경험했을 때, 너무 성급하게 극복을 말한다. 이런 태도는 진정으로 신앙의 대원칙을 확신하는 것이 아니다. 이 시편의 기도자 역시 하나님을 기억하고 말씀을 묵상하는데도 탄식과 낙담을 경험했다(4절). 결국 아직은 미숙한 신앙인 셈이다. 그러나 끝까지 고민하고, 자만의 신앙을 다 하나님 앞에서 내보였을 때 하나님께서 비로소 모든 것을 바꾸어주신다(10절). 곧 그동안 자신이 가지고 있던 신앙관과 세계관 가운데 무엇이 하나님 중심이 아니라 여전히 자기 중심적이었는지를 깨닫게 해주신다는 말이다. 그 깨달음은 신앙의 근본과 말씀 묵상의 근본을 새롭게 한다. 그리고 추상적인 개념의 '하나님'과 자기 중심적인 '신앙'이 아니라, 하나님 앞에서 그리고 그분의 역사하심 앞에서 자신의 보잘것없음을 보게 한다. 여기까지 이르렀을 때라야 비로소 신앙의 대원칙을 말할 수 있을 것이다. 그러니 핵심은 신앙은 멈추어도 되는 경지가 없다는 것이다.

그림 165 Cod. Bibl. Fol. 23, 89 recto

이 그림은 넓게 보면 1-9절, 좁게 보면 2-4절의 탄원을 보여준다. 오른쪽에 엎드린 채 팔을 하늘로 뻗은 기도자는 불안한 마음을 감추지 못하며, 하나님께 탄원 기도를 올린다. 바위산 반대편에는 대적들이 기도자를 공격하기 위해 다가오고 있다. 흥미로운 점은 바위산 한가운데 구멍이 뚫려 있고, 거기서 물이 흘러나오는 것이다. 아마도 출애굽 때 반석에서 물이 나온 사건을 떠올려주는 대목일 것이다(출 17:1-7; 민 20:1-13). 그리고 이 부분은 1절에서 말하는 신앙의 대원칙을 강조해주는 것이 아니겠는가? 하나님은 언제나 우리의 목소리에 귀를 기울이시고 응답하시지만, 우리는 늘 또다시 그분의 힘을 의심한다는 것을 성찰하게 한다.

오로지 하나님께 모든 존재를 내맡기고 그분의 역사하심을 기다릴 때, 그분이 우리 가운데 모든 것을 변화시켜주실 것이다. 가장 먼저 나 자신이 바뀌게 될 것이고, 그 순간 세상도 바뀔 것이다. 우리가 하나님의 피조물임을 분명히 알고 인정할 때, 하나님께서 오늘도 우리에게 출애굽의 기이한 일을 이루어주실 것이고, 우리 역시 모세와 아론처럼 하나님의 기이한 일에 귀하게 쓰임을 받는 일꾼이 될 것이다.

그림 166 Cod. Bibl. Fol. 23, 89 verso

이 그림은 홍해 사건을 보여주는 듯하다. 그렇다면 본문 16-20절이겠다. 수많은 백성 앞에서 모세가 율법의 상징인 코덱스를 들고 서 있다. 하늘에서 하나님의 말씀이 손의 형상으로 모세에게 내려온다. 그리고 모세는 다시금 붉은색의 신적 존재로 형상화된 바다를 향해 하나님의 말씀을 전한다. 그리고 작게 그려진 백성들은 벌써 홍해를 건너고 있음을 상징할 것이다. 이 놀라운 기적이 하나님에게서 시작하여 그의 종 모세를 통해 이루어지고 있음을 직관적으로 볼 수 있다.

3. 기도와 관상(*oratio et contemplatio*)

출애굽의 능력을 보여주신 주님, 당신 앞에 다시금 무릎을 꿇습니다. 저희의 말할 수 없는 탄식과 낙담과 불안을 내어놓습니다. 저희에게는 이것들을 떨칠 능력이 없습니다. 그저 밤잠을 이루지 못하고 고민할 뿐입니다. 당신께 이 모든 것을 내맡깁니다. 그 빈자리를 당신의 오른손으로 채워주십시오.

역사에서 배우십시오!(시편 78편)

1. 본문 읽기(*lectio*)

[아삽의 마스킬.[*]]

1) 머리말(1-8절)

지혜의 가르침으로 초대함

1   들으십시오, 내 백성이여, 내 가르침에!
     귀 기울이십시오, 내 입술의 말들에!
2   내가 비유로 입을 열겠습니다.
     옛적부터 감추어졌던 것을 알리겠습니다.

가르침의 전승

3   그것은 우리가 들어서 알고,
     우리 조상들이 우리에게 이야기해주었습니다.
4   우리가 그들의 자손들에게 숨기지 않습니다.
     야훼를 향한 찬양과 그분의 능력과 그분이 이루신 놀라운 일들을
     후대에 이야기해줍니다.

증거와 법도의 목적

5   그분은 야곱 가운데 증거를 세우시고,
     토라를 이스라엘 가운데 두셔서,

그들의 조상들에게 명령하시어

자기네 후손들에게 그것을 알려주도록 하셨습니다.

6 이는 후대에 태어날 자손들이 알도록 하기 위함이었고,

일어나 그들의 자손에게 이야기해주도록 하기 위함이었습니다.

7 그러면 그들이 하나님께 자기들의 확고한 기대를 두고,

하나님이 하신 일들을 잊지 않으며,

그분의 계명을 지킬 것입니다.

8 그리고 그들의 조상들 같지 않을 것입니다.

고집 세고 억센 그 세대였고,

그 마음이 굳게 서지 않았던 세대였으며,

그 영혼이 하나님께 믿음직하지 않았었지요.

2) 출애굽과 광야 전통(9-31절)

에브라임의 잘못

9 에브라임 자손들은 궁수들을 갖추었는데도,

전쟁하는 날에 퇴각했습니다.

10 그들은 하나님의 언약을 지키지 않았고,

그분의 율법에 따르기를 거절했습니다.

11 그리고 그들은 그분이 하신 일들과

그들에게 보여주신 그분의 놀라운 일들을 잊어버렸습니다.

하나님의 역사하심

12 이집트 땅 소안 들판에서 그분이

그들 조상 앞에 기적을 베푸셨습니다.

13 그분이 바다를 가르시고, 그들이 건너가도록 하셨습니다.
　　그때 그분이 물을 무더기처럼 세우셨습니다.
14 그리고 낮에는 구름으로, 밤마다 불빛으로 그들을 이끄셨습니다.
15 광야에서는 반석을 쪼개시고,
　　깊은 물처럼 많이 마시도록 하셨습니다.
16 그리고 시냇물이 바위에서 나오게 하시고,
　　강물처럼 흘러내리게 하셨습니다.

이스라엘의 불신

17 그러나 그들은 거듭해서 그분께 죄를 지었고,
　　메마른 땅에서 지존자를 거슬렀습니다.
18 그리하여 그들은 마음속으로 하나님을 시험해서
　　자기네 내키는 대로˙ 먹을 것을 요구했습니다.
19 또한 그들은 하나님을 거슬러 말하기를
　　"신이 광야에서 식탁을 마련하실 수 있겠소?
20 보시오! 그분이 반석을 치셔서 물이 흘러나와서 강이 넘쳤지만,
　　자기 백성을 위해서 떡을 주시고
　　고기를 마련하실 수야 있겠소?"라고 했습니다.
21 그래서 야훼가 들으시고 화내시고,
　　야곱에게 불을 뿜으셨습니다.
　　또한 이스라엘에게도 분노가 끓어올랐습니다.
22 이는 그들이 하나님을 믿지 않았고,
　　그분의 구원에 의지하지 않았기 때문입니다.

이스라엘의 욕심

23 그렇지만 그분은 위에서 구름을 명령하시고,
   하늘의 문을 여셨습니다.

24 그리하여 그분은 먹을 만나를 그들 위에 비처럼 내리시고,
   하늘 곡식을 그들에게 주셨습니다.

25 용사의 빵을 사람이 먹었습니다.
   양식을 그들에게 충분히 보내셨습니다.

26 그분이 동풍을 하늘에서 불게 하시고,
   그분 힘으로 남풍을 모셨습니다.

27 그리고 그들 위에 먼지같이 고기를,
   바다의 모래같이 날개 달린 새를 비처럼 내리셨습니다.

28 그리고 그분이 그들의 진영 한가운데 떨어뜨리셔서
   그들이 머무는 곳 둘레에 있게 하셨습니다.

29 그리하여 그들은 먹고 매우 배불렀으며,
   그들의 욕심대로 그분이 그들에게 보내주셨습니다.

30 그들의 욕심은 가시지 않았고,
   아직 자기네 먹을 것이 입에 있을 때,

31 하나님의 분노가 그들에게 끓어오르시고,
   그들 가운데 살찐 사람들을 죽이시고,
   이스라엘의 젊은이들을 쓰러뜨리셨습니다.

3) 이스라엘의 거짓 회개와 하나님의 은총(32-39절)

여전한 이스라엘의 범죄와 그 징벌

32 이 모든 일 가운데서도 그들은 여전히 죄를 지었고,

그분의 놀라운 일들을 믿지 않았습니다.

33 그래서 그분은 그들의 날을 헛되게 만들어버리셨고,
그들의 해를 두려움 가운데 있게 하셨습니다.

백성들의 거짓 회개

34 그분이 그들을 죽이실 때야 그들이 그분에게 물었습니다.
그리고 그들이 돌이켜 하나님을 찾았습니다.

35 그리고 그들이 하나님이 자기네 반석이심과
지존하신 하나님이 자기네 구속자이심을 기억하였습니다.

36 그러나 자기네 입으로 그분을 속이고,
자기네 혀로 그분께 거짓말을 했습니다.

37 하지만 그들의 마음은 그분께 굳게 서지 않았고,
그분의 언약에 성실하지 않았습니다.

여전한 하나님의 은총

38 그런데도 그분은 가엾이 여기시고, 죄를 덮어주시며,
멸망시키지도 않으시고 거듭 그분의 분노를 돌이키십니다.
자신의 화를 다 드러내지도 않으십니다.

39 그리고 그들은 살덩이,
가고 돌아오지 못하는 바람일 뿐임을 기억하셨습니다.

4) 출애굽에서 가나안 땅 진입까지(40-55절)

이스라엘 백성들의 거듭된 범죄

40 얼마나 자주 그들이 광야에서 그분을 거슬렀고,

사막에서 그분을 슬퍼하시게 했던가요?

41 그리고 그들은 거듭해서 하나님을 시험했고,
   이스라엘의 거룩한 분을 괴롭혔습니다.

출애굽을 통한 하나님의 역사하심

42 그들은 하나님의 손도,
   그분이 대적으로부터 그들을 속량하시던 날도 기억하지 않았습니다.

43 그때 그분은 이집트에 표적들을,
   소안 들판에 징조들을 두셨습니다.

44 그리하여 그들의 나일강은 피로 변하였고,
   그들의 시내는 마실 수 없게 되었습니다.

45 그분은 그들에게 체체파리[*]를 보내셔서 그들을 뜯어먹게 하셨고,
   개구리로 그들을 엉망진창이 되게 하셨습니다.

46 그리고 누리를 그들의 수확물에,
   메뚜기를 그들이 수고한 것에 주셨습니다.

47 작은 우박으로 그들의 포도나무를,
   그들의 돌무화과나무를 큰 우박으로 죽이셨습니다.

48 그리고 작은 우박에 그들의 가축을,
   그들의 재산을 번개에 넘기셨습니다.

49 그분은 그들에게 불타오르는 화,
   노여움과 진노와 고난을 보내셨습니다.
   재앙의 천사들을 보내셨습니다.

50 그분은 자기 분노를 위해 길을 닦으셨습니다.
   죽음으로부터 그들의 목숨은 구출되지 못하였습니다.
   그분은 그들의 생명을 전염병에 넘기셨습니다.

51 그리하여 그분이 이집트의 모든 맏이를,
   함의 장막에서 기력의 첫머리를 치셨습니다.

홍해를 건너게 하심

52 그러나 그분은 자기 백성은 양 떼처럼 떠나게 하셨고,
   그들을 가축 떼처럼 광야에서 이끄셨습니다.

53 그리하여 그들을 안전하게 이끄셔서 그들은 두려워하지 않았습니다.
   그러나 그들의 원수들은 바다가 덮어버렸습니다.

시내산 언약과 땅 차지

54 그리고 그들을 그분의 거룩한 영역으로,
   그분의 오른손으로 지으신 이 산으로 이끄셨으며,

55 이방 민족들을 그들 앞에서부터 쫓아내시고,
   줄로 재어서 그들에게 소유로 주셨습니다.ᵉ
   또한 이스라엘의 지파들이 자기네 장막에 살게 하셨습니다.

5) 이스라엘 멸망과 시온 선택(56-72절)

가나안 땅에서 저지른 이스라엘의 범죄

56 그러나 그들은 지존하신 하나님을 시험하고 거슬렀으며,
   그분의 법령을 지키지 않았습니다.

57 그리고 그들의 조상들처럼 배반하고 속였습니다.
   느슨해진 활ᵐ처럼 빗나갔습니다.

58 그래서 그들은 자기네 산당들로 그분을 성나게 했고,
   자기네 조각한 우상들로 그분을 질투하게 했습니다.

죄에 대한 징벌

59 하나님이 듣고 분노하셨고,
　　이스라엘을 아주 싫어하셨습니다.

60 그리하여 그분이 실로의 처소,
　　사람 가운데 머무시던 곳을 버리셨습니다.

61 그리고 그분의 능력이 유배 가도록 내어주셨고,"
　　그분의 영광을 대적의 손에 들어가게 하셨습니다.

62 그렇게 그분은 자기 백성을 칼에 넘기셔서
　　자기 소유에 대해 분노하셨습니다.

63 그분의 젊은이들은 불이 삼켰고,
　　그분의 처녀들은 통곡하지도 못했습니다.^

64 그분의 제사장들은 칼에 쓰러지고,
　　그분의 과부들은 울지도 못했습니다.

65 그런데 주님은 잠든 듯하다,
　　포도주에 취한 용사 같다가 깨어나셨습니다.

66 그리고는 그분의 대적을 물리치셨습니다.
　　영원한 치욕을 그들에게 안겨주셨습니다.

유다의 선택을 통한 깨달음 촉구

67 그래서 그분이 요셉의 장막을 싫어하셨고,
　　에브라임 지파를 선택하지 않으셨습니다.

68 그러나 유다 지파, 그분이 사랑하는 시온산은 선택하시고,

69 하늘 높이 있는 듯° 그분의 성소를 지으셨습니다.
　　그분이 영원하도록 기초를 세우신 땅 같습니다.

70 그리고 자기 종 다윗을 선택하시고,

양우리에서 그를 데려오셨습니다.

71 어미 양을 따르던 데서 그를 데려오셔서
   자기 백성 야곱을 돌보게 하시고,
   이스라엘은 그의 소유가 되었습니다.

72 그리하여 그가 자신의 온전한 마음으로 그들을 돌보았고,
   자기 손의 슬기로 그들을 이끌었습니다.

번역 해설

표제ㄱ. 직역. "교훈."

18절ㄴ. 직역. "그들의 영혼을 위해"(לְנַפְשָׁם, 르나프샴).

45절ㄷ. "체체파리"(עָרֹב, 아로브)는 가축이나 사람의 피를 빨아먹는 아프리카의 흡혈 파리를 일컫는다.

55절ㄹ. 직역. "줄로써 그들에게 소유로 떨어지게 했습니다." 제비를 뽑아 소유를 나눈다는 뜻과 연관된다(참조. 시 16:6; 신 32:9).

57절ㅁ. 직역. "속이는 활"(קֶשֶׁת רְמִיָּה, 케쉐트 르미야). 활줄이 느슨해졌거나 활이 뒤틀려서 조준한 대로 화살이 날아가지 않는 모습을 묘사한다.

61절ㅂ. 여기서 쓰인 히브리어 "וַיִּתֵּן לַשְּׁבִי עֻזּוֹ"(바이텐 라쉐비 우조)를 개역개정에서 "그가 그의 능력을 포로에게 넘겨주시며"로 옮겼는데, 이는 직관적으로 무슨 뜻인지 알기 어려울 뿐 아니라 문맥을 봐서도 고려해보아야 할 번역이다. 본문의 맥락은 법궤를 빼앗겨 유배 가는 상황이므로, "주님의 능력을 나타내는 궤를 포로와 함께 내주시고"라고 풀어서 옮긴 새번역이나, "당신의 힘을 적에게 사로잡히게 하시고"라고 옮긴 가톨릭 성경의 번역이 더 타당하다고 할 수 있다.

63절ㅅ. 히브리어 본문은 "찬양받지 못했습니다"(לֹא הוּלָּלוּ, 로 훌랄루)를 쓴다. 그래서 개역개정에서 하듯 "혼인 노래를 들을 수 없었으며"로 이해

하는 것이 일반적이다. 하지만 이런 용례는 구약성경의 다른 곳에서 찾아볼 수 없다. 70인역은 여기서 우리가 번역에서 받아들인 것처럼 "애통하지 못했습니다"(οὐκ ἐπενθήθησαν, 우크 에펜테테산)로 옮기는데, 이는 히브리어 본문과 조금 다른 "לֹא הֵילִילוּ"(로 헬릴루; 어근. ילל)를 번역 대본으로 삼은 듯하다. 그리하여 젊은 남성들이 죽음을 애통할 여유도 없이 학살되는 장면을 잘 묘사한다. 아마도 자음 본문 전승 초기에 비슷한 자음을 두고 전통이 갈라진 듯하다.

69절 ㅇ. 직역. "높아진 곳들처럼"(כְּמוֹ־רָמִים, 크모 라밈). 한편 70인역은 "외뿔 짐승들처럼, 유니콘처럼"(ὡς μονοκερώτων, 호스 모노케로톤)으로 옮겼는데, 이는 "야생 수소"(רְאֵם, 르엠)에서 가운데 자음이 빠진 복수형(רֵמִים, 레밈)을 대본으로 했을 가능성도 있다(참조. Hossfeld/Zenger, *Psalms 2*, 285).

2. 본문과 함께 그림 묵상(*meditatio et visio*)

1) 신앙의 전통

1-8절의 본문에서 되풀이되는 메시지는 신앙의 전통이다. 지혜 선생은 이제부터 풀어나갈 역사 교훈 서사시를 선조들에게 들어서 알게 되었다. 그것을 통해 하나님께서 무엇을 바라시는지도 깨닫게 되었다. 그 깨달음이란 끊임없이 하나님 앞에 자신을 세우고 오로지 하나님만을 희망과 기대의 근원으로 삼아 살아가는 삶이다. 역사는 오늘과 내일을 위한 오늘의 어제 이야기다. 그러므로 역사에서 어떤 잘못이 있는지를 냉철하게 돌아보고 반면교사로 삼아서 더 나은 미래를 일구어나가는 것이다. 곧 온고지신(溫故知新)을 이루는 일이다.

본문에서 우리는 먼저 역사와 전통에 대해 되짚어볼 필요가 있다. 우리는 역사, 특히 성경의 역사를 왜 읽어야 하는가? 달리 말하자면, 왜 성경에는 긍정적인 내용은 물론 부정적인 역사까지 다 기록되어 있는가? 그것은 다름 아닌 오늘 우리를 위한 목적이 있다. 그런 점에서 성경의 역사는 신앙의 관점에서 해석되었다. 성경의 해석된 역사를 읽으면서 우리는 그 해석의 목적에 집중해야 한다. 성경은 우리가 왜 하나님의 명령에 순종해야 하는지, 또는 왜 역사의 인물이나 공동체가 실패했는지를 이 시편 본문의 지혜 선생처럼 가르쳐주기 때문이다.

둘째로 우리는 역사를 통한 신앙의 교훈은 다음 세대로 전승되어야 함을 배운다. 본문에서 지혜 선생은 자신이 선조들에게 배운 신앙의 전통을 동시대와 다음 세대를 위해 전달해준다. 마찬가지로 오늘날 우리도 우리의 신앙을 동시대 한국에서 살아가는 이들과 다음 세대를 위해 전달해주어야 한다. 참신앙은 자신의 세계에 머무르고 마는 것이 아니라 흘러 나가는 것이기 때문이다.

그림 167 Cod. Bibl. Fol. 23, 90 recto

본문 1-4절의 모습을 보여주는 이 그림에서 왼쪽에 후광을 두른 사람이 지혜 선생이다. 이 사람은 하나님의 말씀을 펴고 수많은 백성에게 지혜를 전해준다. 지혜자를 모세의 모습으로 표현한 것은 이 시편이 전반적으로 출애굽과 광야 전통을 다루고 있기 때문일 것이다.

그림 168 Cod. Bibl. Fol. 23, 90 verso

본문 5-8절의 모습을 보여주는 이 그림의 왼쪽에는 성경을 든 임금이 있고 그의 주위에는 그에게 배우는 어린이들이 있다. 그리고 오른쪽에는 임금에게 말씀을 전해주는 지혜자 또는 예언자가 보인다. 이는 지혜 전통이 이어지는 모습을 직관적으로 보여준다.

2) 욕심 돌아보기

9-31절의 본문에서 지혜 선생은 출애굽 전통과 광야 전통을 소재로 하나님의 역사하심과 이스라엘의 죄악을 매우 극명하게 대조한다. 하나님께서는 이집트에 놀라운 기적의 재앙을 내리시고, 홍해를 가르시며, 이스라엘 백성들을 끌어내시고, 광야에서 낮에는 구름 기둥, 밤에는 불기둥으로 그들을 인도하셨다. 이것은 정말 말 그대로 존재를 결정짓는 중요한 경험이다. 이스라엘 백성들은 그런 일들이 벌어지는 당시에는 하나님을 경외하는 마음으로 가득했다. 그러나 현실로 돌아와서 광야에서 당장 마실 물이 부족해지자, 언제 그랬냐는 듯 그것도 두 번씩이나 하나님을 원망했다. 이것은 본문에 따르면 불신의 문제다. 하나님께서는 가장 적합한 때에 가장 좋은 것으로 채워주신다. 그런데 그때를 기다리지 못하는 것은 이스라엘 백성들이나 우리나 매한가지다. 하나님을 깊이 신뢰하고 그분만 의지하며 기다리는 일은 당연히 어렵다. 그러나 이스라엘 백성들의 죄에 대한

하나님의 진노는 오늘 우리에게도 불신의 잘못을 깨닫도록 경종을 울려 준다.

하나님께서는 그렇게 불신에 빠진 이스라엘 백성들에게 그들이 원하는 만큼 만나와 메추라기를 내려주셨다. 사실 이것도 불가능에 가까운 기적이다. 이스라엘은 여기서 감사와 겸손과 절제를 보여주었어야 했다. 그러나 그들은 욕심에 눈이 멀어 제 밥그릇을 챙기기에 바빴다. 배가 터지도록 먹고, 젊고 힘센 사람들이 그렇지 않은 사람들의 밥그릇까지 빼앗았다. 그런 사람들에게 임할 것은 하나님의 진노와 그에 따른 징벌뿐이다. 실제로 기브롯핫다아와의 사건이 그것을 오늘 우리에게 전해준다. 우리는 욕심이 예나 지금이나 하나님 앞에서 가장 경계해야 할 문제임을 본문이 다시 전하는 이야기에서 배운다.

그림 169 Cod. Bibl. Fol. 23, 90 verso

그림은 9-11절의 본문대로 에브라임이 전쟁에서 패배하여 퇴각하는 모습을 보여준다. 에브라임의 궁수들이 적군의 기병이 쏜 화살에 쓰러지고 있다.

그림 170 Cod. Bibl. Fol. 23, 91 verso

이 그림은 15-16절에서 언급하는 마사와 므리바 사건을 보여준다. 왼쪽에 모세와 아론이 있고 후광이 있는 모세는 지팡이로 반석을 내려쳐서 물을 내고 있다. 본문에서 강조하듯 그림에서는 강물처럼 흐르는 많은 물이 돋보인다.

그림 171 Cod. Bibl. Fol. 23, 91 verso

이 그림은 본문 23-29절에서 표현하는 만나와 메추라기 사건을 보여준다. 하나님이 구름을 명령하셨다는 본문대로 하늘 위에는 구름이 드리워져 있고, 하늘에서 오른쪽으로는 만나가, 왼쪽으로는 메추라기가 본문대로 비처럼 충분히 내리고 있다. 30-31절에서 책망하듯, 만나와 메추라기를 모으는 사람들은 음식에만 정신이 팔려서 아무도 감사하는 모습을 보이지 않는다.

3) 나와 하나님 바로 보기

바삐 돌아가고, 무한 경쟁에 내몰린 채 살아가는 현대인들에게 삶의 의미를 찾는 일이란 쉽지 않다. 그래서 많은 사람이 무의미한 삶 때문에 우울증에 시달린다. 그리고 느닷없이 닥친 곤경이나 불행을 극복하는 데 어려움을 겪는 이들도 많다. 문제 자체를 해결하는 일보다 그런 문제에 맞닥뜨린 자아가 입은 상처를 극복하는 데 어려움을 겪는 경우가 더 많은 것 같다. 본문 32-39절은 이런 모습을 좀 엄격해 보이지만 죄의 결과로 규정한다. 그리고 왜 그런지를 차근차근 설명해준다. 삶에 대한 내적 대응력의 부족은 근본적으로 가치관에서 비롯한다. 하나님께서는 본문의 마지막에서 보듯이, 사람이란 존재가 살덩이고 바람 같아서 그렇다는 사실을 기억하고 너그러이 가엾게 여기신다. 사람들이 이 사실을 인정한다면 오로지 하나님만 의지할 수 있겠지만, 그렇지 못하기 때문에 하나님을 불신하고 자꾸만 다른 것에 기대려고 한다.

이스라엘의 죄는 바로 이 점에 있었고, 어쩌면 오늘 우리의 죄도 마찬가지일 것이다. 이스라엘이 거짓 회개하듯, 오늘 우리 역시 어려움에 맞닥뜨려 임시변통으로 하나님을 찾고 있는 것은 아닌가? 본문에서 가르치듯, 회개에는 하나님을 향한 굳건한 믿음이 전제되어야 한다. 그리고 하나님의 백성으로서 말씀에 옹골차게 순종하는 삶이 뒤따라야 한다. 그렇지 않다면 그 회개는 거짓 회개이며, 그런 삶은 하나님 앞에서 죄로 규정될 수밖에 없다.

그림 172 Cod. Bibl. Fol. 23, 92 recto

그림은 34-37절을 형상화한 것으로 보인다. 그림에서는 두 무리의 사람들이 하늘을 향하고 있다. 겉으로 보기에 앞에 엎드린 두 사람은 참회하는 듯하고, 뒤에 서 있는 사람들은 간구의 기도를 하는 듯하다. 그러나 본문의 배경에서 볼 때, 이 모든 기도는 거짓이다. 사람들은 알아볼 수 없겠지만, 하나님은 그 거짓을 꿰뚫어 보신다.

4) 하나님의 은총과 훈계의 마음 깨닫기

40-55절의 본문은 사실 앞선 단락의 뒷부분, 그리고 뒤에 이어지는 단락의 앞부분과 이어서 읽으면, 하나님의 은총(38-39절)―범죄(40-42절)―하나님의 은총(43-55절)―범죄(56-66절)다. 이렇게 놓고 보면 이스라엘의 역사는 하나님의 거듭된 은총과, 그럼에도 계속 이어진 이스라엘의 범죄로 점철되어 있음이 눈에 분명히 들어온다. 하나님께서는 이스라엘 백성들을 향해 거듭 애절한 마음으로 은총을 베푸신다. 물론 징벌도 함께 온다. 그러나 그것은 그릇된 길로 걸어가는 자식을 꾸짖는 부모의 마음으로 돌아오기를 바라는 하나님의 깊은 뜻에서 온 훈계였다. 그러나 근본적인 가치관이 점점 유한한 물질세계로 빠져버린 이스라엘 백성들은 끝내 하나님의 은총을 저버리고 파멸의 길로 치달았다.

역사에 드러난 하나님의 은총과 이스라엘의 범죄를 뚜렷이 대조해주는 지혜 선생은 오늘도 같은 시선으로 우리에게 교훈을 주고자 한다. 아니 그 지혜 선생의 목소리를 통해 하나님께서는 오늘도 우리에게 음성을 들려주신다. 하나님을 모르는 세상의 죄보다 더 안타까운 것이 하나님의 백성들이 저지르는 죄다. 그것도 놀라운 하나님의 은총을 경험한 사람들이 저지르는 죄다. 심지어 그런 사람들이 모여 있는 교회 공동체가 세상의 손가락질을 받는 파렴치한 죄를 저지르는 행태다. 하나님의 은총을 보지 못하면 죄에 빠진다. 그분의 은총에 시선을 맞추지 못하면 곧바로 죄의 길에 들어서게 됨을 분명히 배워야 할 것이다.

그림 173 Cod. Bibl. Fol. 23, 92 verso

이 그림은 본문 44절이 전하는 대로 나일강이 피로 변하는 재앙을 형상화한다.

그림 174 Cod. Bibl. Fol. 23, 93 recto

이 그림은 본문 45절의 재앙을 직관적으로 보여준다. 오른쪽에는 체체파리가 사람들의 피를 빨아먹기 위해 공격한다. 한 사람은 겉옷으로 몸을 가리고, 다른 사람은 천을 휘둘러 쫓아보려고 하지만 소용없다. 왼쪽에는 개구리들이 사람들의 삶을 엉망진창으로 만들고 있다. 옷 속은 물론 그릇 안을 비롯해서 어디든 개구리로 몸살을 앓고 있다.

그림 175 Cod. Bibl. Fol. 23, 93 recto

이 그림은 본문 46절의 재앙을 보여주는데, 오른쪽은 후반절에서 말하는 메뚜기 재앙이 분명하다. 반면 왼쪽에서 식물을 갉아먹는 것은 무엇인지 알아보기 어렵다. 라틴어 본문에서 쓴 "*erugini*"도 사실상 어근이 알려지지 않았다.

그림 176 Cod. Bibl. Fol. 23, 93 recto

이 그림은 두 개의 재앙을 표현한다. 왼쪽에는 48전반절에서 우박으로 가축들이 피해를 입는 장면을 보여준다. 그리고 오른쪽은 49-51절에서 그리는 마지막 재앙, 즉 이집트의 모든 맏이가 죽는 장면을 그린다. 49절에 나오는 재앙의 천사가 하나님의 진노의 불을 들고 재앙을 실행하고 있다.

그림 177 Cod. Bibl. Fol. 23, 93 verso

이 그림은 필사본에서 52절 바로 아래 들어가 있다. 이집트에서 나와 광야에 들어간 직후의 모습이다. 왼쪽에는 이스라엘 백성들이 서 있고, 오른쪽에는 광야의 두려움을 상징하듯 괴물과 반인반수가 그려져 있다. 흥미로운 것은 이스라엘 백성들의 모습이다. 이들은 마치 52절에서 비유하는 양 떼를 나타내듯 빼곡히 모여 있다. 또한 이들은 모두 위를 바라보는데, 이들의 시선은 52절 말씀에 있다. 하나님께서 양 떼처럼 인도하신다는 말씀에 의지하는 모습이다.

그림 178 Cod. Bibl. Fol. 23, 93 verso

이 그림은 53절의 홍해 사건을 보여준다. 하늘에서 하나님의 명령이 있다. 그리고 본문 그대로 물이 이집트 군대를 덮어버렸고, 바다의 물고기가 그들을 삼키기 직전이다. 하나님의 손가락 끝에서부터 오른쪽으로는 마른 땅이 이어지는데, 이는 이스라엘 백성이 지나간 길이겠다. 그렇게 보면 하나님의 손이 이집트 군대의 추격을 막고 있음이 직관적으로 표현된 셈이다.

5) 하나님을 향한 신뢰

이스라엘의 역사를 되짚으며 교훈을 주는 대서사시인 이 시편은 56-72절의 본문에서 유다를 향한 권고로 끝맺는다. 출애굽 전통과 광야 전통, 시내산 전통과 땅 차지 전통, 그 이후 가나안의 북 왕국 전통까지의 역사를 통해 지혜 선생은 역사 가운데서 보여주신 하나님의 은총과 그와 대비되는 이스라엘의 범죄를 조목조목 보여주었다. 죄가 더 깊어지면서 몰락의 길을 걷다가 끝내 하나님께 버림받은 이스라엘의 운명을 담담히 서술해 간다. 독자들은 이런 이스라엘의 운명을 들으며 좌절할 수 있다. 그러나 지혜 선생은 유다를 통해 하나님의 선택과 임재가 이어지고 있음을 분명히 한다. 이스라엘 백성들을 목자처럼 이끌어주셨던 하나님께서 이제 유다의 왕에게 목자의 임무를 맡기셨다. 그러므로 유다는 하나님을 향한 완전한 신뢰를 보여주어야 한다. 그리고 하나님께서 이스라엘 백성들을 세심하게 이끄셨던 것처럼, 왕 역시 그러해야 한다. 그것이 유다 왕조 신학의 핵심이다. 왕은 그 자체로 권위가 있는 것이 아니라 하나님을 향한 신뢰가 전제되어야 한다. 그것은 백성들도 마찬가지다. 지혜 선생은 결론적으로 열린 결말을 통해 남유다의 왕과 백성들에게 이 점을 강조하고 있다. 하지만 우리는 남유다도 얼마 가지 않아 실패하고 멸망했음을 안다. 따라서 지혜 선생의 교훈과 경고는 오늘까지 여전히 유효하다.

그림 179 Cod. Bibl. Fol. 23, 94 recto

이 그림은 본문 56-58절에서 말하는 이스라엘의 배반을 형상화한다. 오른쪽에 웅크린 채 말씀이 아니라 다른 곳을 보는 이들은 이스라엘의 배반을 상징할 것이다. 그리고 58절에서 책망하는 산당과 조각한 우상은 왼쪽에 그려져 있다.

그림 180 Cod. Bibl. Fol. 23, 94 verso

본문 61-64절에서 전하는, 배역한 이스라엘을 향한 하나님의 징벌 장면을 이 그림에서 직관적으로 볼 수 있다. 남성들이 적군의 칼에 목이 베어 죽는다. 그리고 그 뒤에 있는 여성들은 미처 슬퍼할 겨를도 없이 자신들에게 들이닥칠 죽음을 예감한다.

그림 181 Cod. Bibl. Fol. 23, 94 verso

시편 78편을 그린 필사본의 삽화 가운데 가장 기괴한 장면이다. 이 그림은 본문 66절의 라틴어 역본을 바탕에 두고 있다. 전반절에서 우리가 "물리치셨습니다"로 번역한 히브리어 본문을 직역하면 "뒤쪽으로 치셨습니다"인데, 여기서 쓰인 "뒤쪽으로"(אָחוֹר, 아호르)가 히브리어에서는 퇴각하게 하다는 뜻으로 쓰인다(참조. 사 44:25; 시 44:10[11] 등). 하지만 필사본의 라틴어 번역에서는 "그리고 그분이 자기 대적들의 '뒤쪽'을 치셨다"(*et percussit inimicos suos in posteriora*)로 옮겼다. 그래서 이 삽화는 이 본문을 직관적으로 그려서 대적들이 실제로 항문을 공격당하여 피를 쏟고 있는 모습으로 표현했다.

3. 기도와 관상(*oratio et contemplatio*)

주님, 역사를 되돌아보며 저희가 교훈을 얻게 해주십시오. 성경의 역사는 오늘을 사는 저희와 저희의 미래를 향한 주님의 가르침임을 기억하게 해주십시오. 그리하여 역사 속에서 선조들이 저지른 죄를 되풀이하지 않도록 깨우쳐주십시오.

저희가 원수의 조롱거리가 되었습니다(시편 79편)

1. 본문 읽기(*lectio*)

[아삽의 찬송.]

탄원

1   하나님, 민족들이 당신 소유의 땅에 들어왔습니다.
     그들이 당신의 거룩한 성전을 더럽혔습니다.
     예루살렘을 폐허로 만들었습니다.

2   그들이 당신 종들의 시체를 하늘의 새에게 먹이로,
     당신 경건한 이들의 살점을 들짐승에게 주었습니다.

3   그들이 피를 물같이 예루살렘 주변에 흘렸지만,
     묻어주는 이가 없습니다.

4   저희가 이웃들에게 비방 거리가 되었습니다.
     조롱과 비웃음이 저희 둘레에 있습니다.

5   언제까지입니까? 야훼여!
     당신은 영원히 진노하시겠습니까?
     당신 질투를 불처럼 태우시겠습니까?

간구

6   당신을 알지 못하는 민족들을 향해,
     당신의 이름을 부르지 않는 나라들 위에
     당신의 분노를 쏟으십시오!

7   이는 야곱을 삼키고,

    그들이 머무는 곳을 황폐하게 했기 때문입니다.

8   저희에게서 옛사람들의 죄를 떠올리지 마십시오!

    어서 당신의 긍휼하심이 저희를 받아주시기를 바랍니다!

    이는 저희가 매우 비천해졌기 때문입니다.

9   저희 구원의 하나님,

    당신 이름의 영광스러운 일을 위해서 저희를 도와주시고,

    저희를 건져주시며,

    당신 이름을 위해서 저희의 죄를 용서해주십시오!

10 어떻게 민족들이 말하기를

    "그들의 하나님이 어디 있느냐?"라고 할 수 있겠습니까?

    당신의 종들이 흘린 피의 복수가 민족들에게 알려지기 바랍니다!

확장된 간구와 서원

11 갇힌 이의 신음이 당신 앞에 다다르기를 바랍니다!

    당신 팔의 위대하심에 따라,

    죽음에 맞닥뜨린 사람들ᄀ이 남아 있도록 해주십시오!

12 그리고 저희의 이웃 그 품에 일곱 배로 갚아주십시오!

    당신을 조롱한 그들의 조롱을 말입니다, 주님!

13 하지만 저희는 당신의 백성이고 당신이 기르시는 양 떼입니다.

    저희가 당신께 영원히 감사합니다.

    대대로 당신을 향한 찬양을 전하겠습니다.

번역 해설

11절ㄱ. 직역. "죽음의 아들들."

2. 본문과 함께 그림 묵상(*meditatio et visio*)

탄원의 중심은 어디에 있어야 하는가? 그리스도인으로서 우리는 무엇을 가장 쓰라려해야 하는가? 오늘 우리 한국교회의 그리스도인들은 매우 개인화된 신앙생활을 하는 것으로 보인다. 더 나아가서 가시적인 가치를 좇는 신앙에 빠져 있기도 하다. 그런데 우리는 본문에서 성전이 파괴되고 동포들이 유린당한 현실을 가슴 아파하면서 하나님께 애절하게 탄원하는 공동체를 만난다. 그들은 일반적인 탄원 시편의 형태를 깨면서까지 하나님의 성전이 파괴된 현실을 가장 먼저 가슴 아파한다. 그리고 유린당한 동포들의 현실을 슬퍼한다.

그림 182 Cod. Bibl. Fol. 23, 95 recto

그림은 시편의 전반부인 1-5절의 탄원 내용을 보여준다. 배경에 있는 예루살렘 성은 을씨년스럽게 인기척이 느껴지지 않는다. 보이지 않지만, 그 안에 있는 성전은 파괴되었고, 성안은 황폐해졌을 것임을 추측할 수 있다. 한가운데 있는 까만 문이 그 모든 것을 말해준다. 전경에는 구체적으로 2-3절의 모습이 그려져 있다. 지금 후광이 있는 한 사람이 살육을 당하고 있다. 그의 뒤에는 벌써 목이 베어져 싸늘하게 식은 시체가 누워 있고, 다음으로 죽음을 기다리는 사람은 손을 하늘로 뻗어 하나님께 탄원의 기도를 간절하게 드린다. 더욱 인상 깊은 것은 2절 본문대로 이들 주위에는 시체를 먹을 기회를 호시탐탐 노리는 새와 들짐승들이 있다는 점이다. 특히 들짐승들은 벌써 시체를 뜯어먹고 있는 것으로 보인다.

과연 오늘 우리는 무엇을 가장 슬퍼하고 있는지 돌아보아야 한다. 여전히 개인적인 문제에만 매달려 있지는 않은가? 개신교회는 종교개혁 500주년을 넘겼다. 이때 한국교회가 과연 하나님께 온전한 영광을 돌리고 있는지, 하나님의 이름을 제대로 높여드리고 있는지, 이 일에 얼마나 관심이 있는지 생각해보아야 한다. 이 땅이 악한 세력에 얼마나 유린당하는지, 그 때문에 고통받는 이들이 우리 주변에 얼마나 많은지 알고는 있는가?

시편의 기도 공동체는 자신들의 문제에서 시작하여 세상의 모든 고통받는 이들을 위한 중보기도를 이어간다. 그리고 하나님을 향한 찬송으로 기도를 끝맺는다. 이제 한국교회 공동체도 신앙의 개인주의와 이기주의를 극복해야 하겠다. 그리고 하나님의 나라와 그 현실을 이 땅에서 모든 이들이 맛보도록 하는 데 힘써야 하겠다.

그림 183 Cod. Bibl. Fol. 23, 95 verso

이 그림은 시편의 후반부인 6-13절의 공동체 간구를 잘 보여준다. 하나님의 백성인 공동체가 척박한 환경에서 하나님께 간절한 마음과 눈빛으로 간구한다. 그들의 간구에 대한 응답의 상징은 하늘에서 내밀어진 손으로 표현된다.

3. 기도와 관상(*oratio et contemplatio*)

오, 주님! 제가 얼마나 이기적인 신앙을 가졌는지 돌아보게 해주십시오. 저는 공동체를 보기보다는 저와 제 주위의 사람들만을 보는 데 익숙해졌습니다. 나와 상관없다고 생각되는 이들, 그들의 억눌림, 부당한 대우, 고통, 좌절에 관심을 두고 그들을 위해 기도하는 데는 얼마나 서투른지요! 주여, 저를 불쌍히 여기시고 용서해주십시오.

저희를 돌이켜주십시오!(시편 80편)

1. 본문 읽기(*lectio*)

[예배 음악을 위하여.˘ 쇼샤님 에두트에 맞추어.˘ 아삽의 찬송.˘]

구원 간구

1 이스라엘의 목자시여,
  요셉을 가축처럼 이끄시는 이여, 들으십시오!
  그룹들 위에 앉으신 이여, 빛 비추십시오!

2 에브라임과 베냐민과 므낫세 앞에서 당신의 능력을 드러내시어
  저희를 구원하러 오십시오!

3 하나님, 저희를 돌이키시고
  당신 얼굴을 빛나게 하십시오!
  그러면 우리가 구원받겠습니다.

탄원 1

4 야훼, 만군의 하나님,
  당신께서는 언제까지 당신 백성의 기도에 연기를 내뿜으시렵니까?˘

5 그들에게 눈물의 음식을 먹이시고,
  그들에게 눈물을 됫박으로˘ 마시게 하시렵니까?

6 당신께서는 저희를 저희 이웃들에게 논쟁거리로 삼으셨으니
  저희 대적들이 저희를 비웃습니다.

7 만군의 하나님, 저희를 돌이키시고

당신 얼굴을 빛나게 하십시오!
그러면 저희가 구원받겠습니다.

신앙고백

8   당신께서는 포도나무를 이집트에서 뽑아내셔서,
민족들을 쫓아내시고 그것을 심으셨습니다.

9   당신께서 그 앞서 자리를 내셨으니
그 뿌리가 내리고 땅에 가득해졌습니다.

10 산들이 그 그늘에 가리고,
그 가지에 웅장한" 백향목들도 그리됩니다.

11 그 싹은 바다까지,
강까지 그 순이 뻗었습니다.

탄원 2

12 왜 당신께서는 그 담을 헐어버리셔서,
길 가는 모든 이들이 그것을 따먹게 하셨습니까?

13 그것을 숲에서 온 멧돼지가 먹어치우고,
들판의 곤충이 그것을 뜯어먹습니다.

14 만군의 하나님, 제발 돌아오십시오!
하늘에서 굽어살피시고 이 포도나무를 찾아오십시오!

15 그리하여 회복시켜주십시오,ˇ
당신의 오른손으로 심으신 그것과
당신께서 당신을 위하여 키우신 아들을!

간구와 서원

16 그것이 불타고 꺾였습니다.

    그들이 당신 앞에서 받은 책망 때문에 소멸해버리겠습니다.

17 당신의 손이 당신 오른편에 있는 사람 위에,

    당신께서 당신을 위하여 키우신 사람의 아들 위에 있기를 바랍니다!

18 그러면 저희가 당신에게서 물러나지 않겠습니다.

    저희를 살려주십시오!

    그러면 당신의 이름을 우리가 부르겠습니다.

19 야훼, 만군의 하나님, 저희를 돌이키시고

    당신 얼굴을 빛나게 하십시오!

    그러면 저희가 구원받겠습니다.

번역 해설

표제ㄱ. 히브리어. "לַמְנַצֵּחַ"(라므나체아흐). 자세한 설명은 위의 1부를 보라.

표제ㄴ. 참조. 60편 번역 해설.

표제ㄷ. 70인역은 여기에 "아시리아인들에 대해"(ὑπὲρ τοῦ Ἀσσυρίου)라는 구절을 덧붙인다. 이것은 북이스라엘의 멸망과 이 시편을 연관시키려는 번역자의 의도에서 비롯된 것으로 보인다.

4절ㄹ. 히브리어 "아샨타"(עָשַׁנְתָּ)는 70인역이 "진노하시렵니까"(ὀργίζῃ, 오르기제)로 옮긴 것처럼 하나님의 진노에 대한 상징적 표현으로 쓰인 것으로 보인다.

5절ㅁ. 히브리어 본문 "샬리쉬"(שָׁלִישׁ)는 양을 재는 척도다. 이 낱말이 3과 관련이 있으므로 아마도 더 큰 단위 척도의 삼 분의 일의 양을 재는 데 쓰였을 것이다. 여기서는 눈물의 양을 잴 수 있을 정도니 눈물을 많이 흘린다는 의미다.

10절ㅂ. 직역. "하나님의"(אֵל). 이 표현은 문맥상 백향목의 웅장함을 표현하는 관용어구다.

15절ㅅ. 히브리어 본문의 "כַּנָּה"(카나)는 이해하기 어렵다. 전통적으로 이 낱말을 "가지, 어린 가지"로 해석해왔지만(우리말 성경들도!) 근거가 충분하지 않다. 그러나 70인역은 이 부분을 "그리하여 그것을 회복시켜주십시오"(καὶ κατάρτισαι αὐτήν, 카이 카타르티사이 아우텐)로 옮겼는데, 이는 "וְכוֹנְנָהּ"(브콘나흐)를 전제하는 것으로 보인다. 이는 명사가 아니라 동사 "כּוּן"의 뜻을 강조하는 동사 변화 형태(polel)에 여성형 접미사가 붙은 형태다(참조. 시 62:7; 90:17; 99:4).

2. 본문과 함께 그림 묵상(*meditatio et visio*)

1) 성찰 먼저, 간구는 나중

이 시편도 앞선 시편과 마찬가지로 나라와 공동체의 위기와 고난을 두고 하나님께 탄원한다. 그것이 북이스라엘의 멸망이든 남유다의 멸망이든, 두 시편 모두 절체절명의 위기에 맞닥뜨렸다. 그런데 앞선 시편에서는 자신들의 고난을 두고 원수들이 하나님의 존재를 위협한다는 데 초점을 맞추었다면, 이 시편에서는 공동체가 스스로 철저히 성찰한다.

그림 184 Cod. Bibl. Fol. 23, 96 recto

그림은 본문 1-3절을 형상화한다. 그림 한가운데는 세 그룹에 둘러싸인 전능자 예수 그리스도(Jesus Pantocrator)가 계신다. 그 아래에는 본문 2절에 등장하는 세 지파가 왼쪽부터 에브라임, 베냐민, 므낫세 순서로 그려져 있다. 흥미로운 점은 지파 영토의 크기에 따라 인물이 역원근법에 따라 다르게 그려졌다는 것이다. 그래서 므낫세, 에브라임, 베냐민 순서로 크기가 작아진다.

먼저 공동체는 하나님께서 자신들의 목자이심을 분명히 인식한다. 그리고 자신들이 얼마나 비참한 지경에 이르게 되었는지를 가슴 깊이 되돌아본다. 우리가 주목해볼 것은 이런 이들이 거듭 후렴구를 통해 하나님께 드리는 간구다.

분명히 하나님께서 그분의 양 떼인 자신들을 구원해주시기를 간구하는 것이 목적이다. 그런데 이들은 거듭 "저희를 돌이키십시오"라고 간구한다. 이것은 기도에서 가히 혁명적이라 할 수 있다. 일반적인 탄원 시편의 간구는 "저희에게로 돌아오십시오"다. 그러나 이 공동체는 "저희를 돌이키십시오"라고 기도한다. 문제에 맞닥뜨렸을 때 스스로 성찰하는 것은 개인의 차원에서도 매우 힘겨운 일이지만, 공동체의 차원에서는 더더욱 어렵다. 잘못된 집단 지성은 구성원들의 개인적인 사고마저 막아버리기 일쑤이기 때문이다. 이런 잘못된 집단 지성이 도저히 이성적으로는 이해할 수 없는 결정을 내리는 모습을 우리는 어렵지 않게 본다.

하나님의 구원을 간구하는 자리에서 "저희를 돌이키십시오"라고 구하며 먼저 자신을 성찰한 뒤에 "제발 돌아오십시오"라는 간구를 입에 올리는 이 공동체의 모습에서 오늘 우리의 공동체를 돌아볼 필요가 있겠다.

2) 하나님의 포도나무, 아들

하나님의 백성으로서 우리는 어떤 존재인가? 본문에서는 두 가지를 가르쳐준다. 먼저 우리는 하나님의 포도나무다. 하나님께서는 이스라엘 백성들을 이집트에서 끌어내셔서 가나안 땅에 심으시고 번성케 하셨다. 그것은 하나님의 창조 질서이자 섭리의 신비다.

그림 185 Cod. Bibl. Fol. 23, 96 verso

그림은 8-11절을 형상화한다. 왼쪽 위를 보면 이방 민족들이 뽑힌 나뭇단으로 표현되어 있다. 아마도 포도원에서 일하는 두 사람은 이스라엘의 지도자일 것이다. 하나님께서 이스라엘 백성을 이집트에서 끌어내시고 가나안 땅에 정착하여 온 땅에 번성케 하는 일에 쓰신 지도자라면 모세와 다윗이 아닐까 생각해볼 수 있다. 포도나무를 심고 있는 듯한 오른쪽의 파란 옷을 입은 사람은 모세로 여길 수도 있겠다. 그리고 땅을 일구고 있는 사람은 다윗이라 하면 어떻겠는가? 그 가운데 하나님의 손이 두 사람 위에 있는 모습이 그려져 있다. 그러니 이 그림은 하나님과 올바른 관계를 맺고 있는 이상적인 그림이라 할 수 있다. 두 이랑 사이의 초록빛은 올바른 관계의 풍성함을 상징할 것이다.

그런데 본문에 나오는 공동체가 스스로 성찰하듯, 자신들의 잘못 때문에 하나님의 포도원이 망가졌다. 이스라엘의 역사에서 알 수 있듯, 이것은 가시적 풍요의 가치관에 무게를 두는 가나안의 바알 신앙 때문이었다. 이것은 오늘도 마찬가지다. 하나님께서는 우리를 그리스도인으로서 교회의 포도원에 심으셨다. 그런데 우리 역시 영원하고 무한한 하나님과의 관계보다는 가시적이고 유한한 가치들에 사로잡혀서 하나님의 포도원을 훼손하고 있지는 않은가?

그림 186 Cod. Bibl. Fol. 23, 96 verso

그림은 12-15절의 내용을 직관적으로 보여준다. 열매가 맺히고 가지가 풍성한 포도나무를 거대한 멧돼지가 먹어치우고 있다. 배경도 위의 초록빛은 대조적으로 어둡다. 이런 관계 단절에서 비롯된 비참한 현실과 올바른 관계의 아름다운 모습이 인상 깊은 대조를 이룬다. 그러나 더욱 인상 깊은 점은 단절된 두 그림 사이에 12-15절의 본문이 있다는 사실이다. 여기서 우리는 단절된 관계의 회복, 곧 "우리의 돌이킴"은 오로지 하나님의 말씀으로만 가능하다는 필사자의 바람을 읽어낼 수 있지 않을까? 그런 뜻에서 한가운데 형상화된 하나님의 손은 우리에게 많은 것을 말해준다.

본문에서는 우리의 존재를 하나님의 아들에 비유한다. 하나님께서는 이 아들에게 오른손을 얹어 강복하시고 보호하시며 힘을 주신다. 이스라엘은 물론, 오늘 우리의 존재도 하나님의 오른편에 있어야 비로소 힘을 얻을 수 있다. 다시 말해 하나님과 끊임없는 관계를 이어가면서 그분만을 바라보고 그분의 이름을 부르며 그분의 영원하고 무한하심에 가치를 둘 때 존재의 이유가 생긴다. 다른 무엇이 아니라 바로 거기에 우리의 구원이 있음을 분명히 깨달아야 하겠다.

3. 기도와 관상(*oratio et contemplatio*)

주님, 당신께 돌아와달라고 간구하기에 앞서 저를 먼저 당신께로 돌이켜주십시오. 저는 제가 당신을 등지고 있다는 사실조차 모른 채 살아왔습니다. 제가 얻으려고 안간힘을 쓰는 것들이 당신의 가치와 상관없다는 것도 몰랐습니다. 참 어리석었습니다. 저를 먼저 돌이켜주시고, 제게 돌아와주십시오. 당신의 빛을 제게 비춰주십시오.

내가 알지 못하던 말씀(시편 81편)

1. 본문 읽기(*lectio*)

[예배 음악을 위하여.˘ 기티트에 맞추어.˘ 아삽의 시편.]

찬양의 제의로 초대함

1   우리의 피난처이신 하나님께 기뻐하십시오!
    야곱의 하나님께 소리 높이십시오!

2   찬송을 높이 부르고, 소고를 치십시오!
    아름다운 수금과 비파를 아우르십시오!

3   초하루, 보름, 우리의 명절날에 뿔 나팔을 부십시오!

4   이는 그것이 이스라엘의 율례,
    야곱 하나님의 규례이기 때문입니다.

5전 그분이 이집트 땅에 맞서 나가실 때,
    요셉 가운데 세우신 증거이기 때문입니다.

내가 알지 못하던 말씀

5후 내가 알지 못하던 말씀을 들었습니다.

하나님의 구원과 언약

6   "내가 짐을 그의 어깨에서 벗겨주었다.
    그 손은 광주리에서 벗어난다.

7   고난 가운데 네가 부르짖어서 내가 너를 건졌다.

내가 우렛소리의 은밀한 데서 네게 응답하였다.

내가 므리바 물가에서 너를 시험하였다. [셀라]ᵈ

8 들어라, 내 백성아!

그러면 내가 네게 증언하겠다.

이스라엘아, 내 말을 듣기 바란다!

9 네 가운데 낯선 신이 있어서는 안 되며,

너는 이방 신에게 절하지 말아라!

10 나는 야훼 네 하나님,

너를 이집트 땅에서 끌어올린 이다.

네 입을 크게 벌려라!

그러면 내가 그것을 채워주겠다."

백성들의 불순종과 징벌

11 "그러나 내 백성은 내 목소리를 듣지 않았고,

이스라엘은 나를 바라지 않았다.

12 그래서 나는 그들의 마음이 완악한 대로 내버려두었다.

그들은 제 뜻대로 걸어갔다."

순종을 향한 초대

13 "아! 내 백성이 내게 귀 기울이면, 이스라엘이 내 길에 따라 걸어간다
면,

14 이내 그들의 원수들을 내가 항복시키고,

그들의 대적들에 맞서 내 손을 되돌릴 텐데.

15 야훼를 미워하는 이들이 그들에게 굴종하고,ᵉ

그들의 시간은 영원히 이어질 텐데.

16 그리고 기름진 밀로 그들을 먹게 할 것이고,

　　내가 반석에서 나오는 꿀로 너의 배를 불릴 텐데.”

번역 해설

표제ㄱ. 히브리어. "לַמְנַצֵּחַ"(라므나체아흐). 자세한 설명은 위의 1부를 보라.

표제ㄴ. 시편 8편의 번역 해설을 보라.

7절ㄷ. “셀라”에 대해서는 위의 3편 번역 해설을 보라.

15절ㄹ. 개역개정에서 “그에게 복종하는 체할지라도”는 히브리어 본문을 직역한 것이며, 문맥은 대적들이 자신의 의지와 상관없이 야훼께 순종하는 이들에게 패배하여 복종할 수밖에 없는 상황을 그린다.

2. 본문과 함께 그림 묵상(*meditatio et visio*)

역사는 ‘오늘과 내일을 위한 오늘의 어제 이야기’로 정의해볼 만하다. 출애굽은 이스라엘 백성들에게 가장 근본적인 경험이다. 그러므로 출애굽을 통해 현재를 다시 보는 일도 매우 중요하다. 본문은 초막절로 여겨지는 절기에 하나님께 드리는 제의에서 출애굽의 역사를 돌이켜보며, 오늘과 내일의 신앙을 다지도록 하는 신탁으로 전해진다.

그림 187 Cod. Bibl. Fol. 23, 97 verso

그림은 본문 앞부분의 제의 찬양의 모습을 그려준다. 현악기와 관악기, 그리고 찬양의 책을 들고 노래하는 이들이 그려져 있다. 찬양하는 이들의 복장이 다양하며, 특히 수금과 뿔 나팔 부는 사람은 거친 땅에 있다. 이 모든 것이 사람들의 다양한 상황을 넌지시 보여준다. 그렇게 다양한 상황에서도 조화를 이루며 찬양하는 모습이 강조되어 있다.

하나님은 출애굽의 역사에서 이스라엘이 모든 수단을 동원하여 언제나 찬양을 드리기에 합당할 정도의 구원을 이루셨다. 그것은 사람의 이성으로는 이루 상상조차 할 수 없는 기적적인 일이었다. 그리고 그 하나님께서 이스라엘 백성들과 배타적인 소유권을 통한 언약을 맺으셨다(참조. 출 19:4-6).

그림 188 Cod. Bibl. Fol. 23, 97 verso

이 그림은 신탁의 첫 부분인 6절을 보여준다. 이집트에서 힘겹게 노역하는 이스라엘 백성들을 보여주는데, 해방을 향한 이들의 절박한 바람과 그 응답과 놀라운 출애굽 회상의 신탁을 묵상하게 해준다.

이에 대해 이스라엘 백성들은 당연히 하나님만을 섬겨야 했고, 그분을 신뢰해야 했다. 그러나 그들은 끝내 그것에 실패했다. 본문의 신탁은 바로 그 점을 제의 공동체에 강조한다. 그리고 시내산에서 맺은 언약을 다시금 마음속에 새기고 그분을 향한 찬양과 신뢰의 삶을 살라고 촉구한다. 이는 일회적인 촉구가 아니다. 오늘 다시금 본문을 읽고 출애굽의 역사를 되짚는 모든 이들에게 자기반성과 다짐을 촉구한다. 이스라엘 백성이 출애굽의 놀라운 역사를 경험하고서도 이내 불평하고 불신했던 바로 그 그림에 우리의 삶을 대입해보라는 것이다. 그런 점에서 이 말씀은 오늘 다시금 돌이켜보라고 우리에게 요구한다.

3. 기도와 관상(*oratio et contemplatio*)

주님, 저희를 보시는 당신의 안타까움을 생각하게 해주십시오. 저희의 시선이 당신을 향하고 저희가 걷는 삶의 길이 당신의 말씀에 따른다면, 이 세상의 어떤 가시적이고 유한한 가치보다 더 소중한 당신의 무한한 세계를 맛볼 수 있음을 깨닫게 해주십시오. 그것을 보지 못하는 저희의 어리석음을 안타까워하시는 당신의 모습을 보게 해주십시오.

불의를 향한 하나님의 재판(시편 82편)

1. 본문 읽기(*lectio*)

[아삽의 찬송.]

하늘 법정

1 하나님, 신들의 모임 가운데 서 계신 분!
　　신들 가운데서 그분이 재판하신다.

신적 존재들을 향한 사회 불의 기소

2 "어느 때까지 그대들은 불의로 재판하려 하고,
　　악인들의 얼굴을 들어주려 하는가? [셀라]"
3 그대들은 힘없는 이와 고아를 재판해주어라!
　　가난한 이와 궁핍한 이에게 올바른 권리를 주어라!
4 그대들은 힘없는 이와 가련한 이를 구해주어라!
　　악인들의 손에서 건져주어라!

신적 존재들을 향한 선고

5 그들은 알지도 못하고 깨닫지도 못하면서도
　　어둠 속에서 휘젓고 다닌다.
　　땅의 모든 터가 흔들리는구나!
6 내가 말하였다.
　　'너희는 신들이고, 너희 모두 지존자의 아들들이다.

7   하지만 사람들처럼 죽을 것이며,

     관리 가운데 한 사람처럼 넘어질 것이다.'"

제의 공동체의 응답

8   일어나십시오, 하나님! 이 땅을 재판하십시오.

     이는 당신이 모든 민족을 소유하시기 때문입니다.

번역 해설

2절ㄱ. "셀라"에 대해서는 위의 3편 번역 해설을 보라.

2. 본문과 함께 그림 묵상(*meditatio et visio*)

이 시편에서는 하늘 재판정의 배경을 설정하여 제의 공동체와 독자들에게
신적 존재들의 재판 과정을 보여준다. 이들의 죄는 소외된 사람들의 권리
를 적극적으로 찾아주지 않고 오히려 기득권층을 위해 불공정을 일삼았다
는 것이다. 사실 이 죄목 자체만으로도 이 재판의 대상이 단순히 신적 존
재들 사이의 일이 아님을 대번에 알 수 있다. 이는 하늘 재판이라는 형식
의 신탁이지만, 결국 하나님께서 창조하신 백성들을 향한 메시지다. 하나
님의 고귀한 피조물인 사람들이 서로의 이익에 눈멀어서 불의와 불공정을
일삼는 문제를 꼬집으신다는 말이다.

    그 내용도 눈여겨볼 일이다. 하나님께서 파멸을 선고하실 정도로 무
거운 죄라면 당연히 종교 행위와 관련이 있으리라고 추측할 수 있다. 그러
나 이 시편에서는 사회 정의의 문제가 핵심이다. 즉 하나님과 맺는 관계를
지향하는 신앙은 결국 일상의 삶에서 표현되어야 함을 역설한다. 오늘 우

리의 교회와 우리의 신앙을 되돌아보아야 할 대목이다. 거대한 이익집단이 되어버린 오늘 우리의 교회와, 그 교회의 구성원인 우리 그리스도인들은 과연 이 재판정의 피고로 섰을 때, 준엄한 심판 선고를 피할 수 있을까? 하루하루 우리를 둘러싼 일상에서 벌어지는 갖가지 불의와 불공정에 눈감고, 아니 오히려 기득권층으로서 그런 죄에 적극적으로 가담하고 있지는 않은지 돌아보아야 한다.

더불어 그런 불의한 세상에서 올곧게 살려는 이들은 8절에서 제의 공동체가 하나님께 간절히 구했듯, 하나님의 일어나심을 위해, 곧 하나님의 정의가 이 땅에 세워지기를 간구하고 그 일에 앞장서는 삶을 살아야 할 것이다.

그림 189 Cod. Bibl. Fol. 23, 98 recto

재판이라는 이 시편의 설정답게 삽화 역시 최후의 심판 장면을 그려준다. 가운데에는 심판자 예수 그리스도가 그려져 있다. 아마도 오른쪽은 심판을 받은 사람들이고, 왼쪽은 심판을 받기 위해 예수 그리스도 앞에 나아오는 사람들일 것이다. 우리의 하루하루의 삶, 모든 순간의 말과 행동 및 생각들이 심판대 앞에 드러날 우리 신앙의 모습이다. 특히 소외되고 억눌리며 힘없는 이들에 대한 우리의 태도는 하나님의 다스리심을 따르는지를 살피는 척도가 될 것이다.

3. 기도와 관상(*oratio et contemplatio*)

주님, 제 삶을 당신 앞에 세웁니다. 오늘 하루 저를 스쳐 간 이들과 사건들 가운데서 제가 어떤 행동을 보였고 무슨 말을 했는지 되돌아봅니다. 혹시 당신의 소중한 피조물인 다른 사람들을 제가 감히 소홀히 대하거나, 무시하거나, 상처를 주지는 않았는지 되돌아봅니다.

주여, 사사 시대처럼 오십시오!(시편 83편)

1. 본문 읽기(*lectio*)

[노래. 아삽의 찬송.]

탄원 1—대적들의 공격

1   하나님, 당신은 가만히 있지 마십시오!
　　하나님, 침묵하지 마시고, 조용히 있지 마십시오!

2   참으로 보십시오! 당신의 원수들이 떠들어대고 있고,
　　당신을 미워하는 이들이 머리를 쳐들었습니다.

3   당신의 백성에 맞서 그들이 음모를 꾸미고,
　　당신이 숨기신 이에 맞서 모의합니다.

4   그들이 말하였습니다.
　　"자, 우리가 그들을 민족들 가운데서 없애버리자!
　　그러면 이스라엘의 이름이 다시는 기억되지 않을 것이다!"

탄원 2—대적들의 연합

5   참으로 그들은 한마음으로 모의하였습니다.
　　당신께 맞서 계약을 맺었습니다.'

6   그들은 에돔의 장막들과 이스마엘 사람들,
　　모압과 하갈 사람들입니다.

7   그발과 암몬과 아말렉,
　　블레셋과 두로 거주민들도 듭니다.

8   또한 아시리아도 그들과 함께하였습니다.

    그들은 롯 자손들에게 손이 되어주었습니다. [셀라]ᵇ

간구 1―사사 시대처럼

9   미디안에게처럼 그들에게 행하시는 분!

    기손 시내에서 시스라에게처럼, 야빈에게처럼 그리하시는 분!

10 그들은 엔돌에서 전멸하여 땅바닥의 거름ᶜ 같아졌습니다.

11 그들의 귀족들을 오렙과 스엡 같게,

    그들의 군주들은 세바와 살문나 같게 하십시오!

12 그들은 "우리가 하나님의 목장을 차지하자!"라고 말했습니다.

간구 2―나의 하나님이여

13 나의 하나님, 그들을 굴러가는 덤불 같게,

    바람에 날리는 겨 같게 하십시오!

14 수풀을 사르는 불처럼,

    그리고 산들을 태우는 불꽃처럼,

15 그렇게 당신의 폭풍으로 그들을 쫓으시고,

    당신의 돌풍으로 그들을 두려움에 빠뜨리십시오!

16 그들의 얼굴을 부끄러움으로 채우십시오!

    그러면 그들이 당신의 이름을 찾을 것입니다, 야훼여!

17 그들이 수치를 겪고, 영원토록 두려워하기를 바랍니다!

    그리고 그들의 기대에 어긋나 멸망해버리기를 바랍니다!

18 그리하여 당신, 당신의 이름, 유일하신 야훼,

    온 땅의 지존자만 알려지기를 바랍니다.

5절ㄱ. 직역. "계약을 쪼갰습니다"(בְּרִית יִכְרֹתוּ, 브리트 이크로투). 계약의 두 당사자가 동물을 반으로 잘라 벌여두고 그 가운데로 지나며 계약 파기에 대해 경고하던 옛 관습에서 비롯한 관용어다(참조. 창 15:10; 렘 34:18).

8절ㄴ. "셀라"에 대해서는 위의 3편 번역 해설을 보라.

10절ㄷ. 직역. "똥"(דֹּמֶן, 도멘).

2. 본문과 함께 그림 묵상(*meditatio et visio*)

아삽은 이 시편에서 공동체의 고난의 상황을 탄원하며 하나님의 구원을 간구하는 것을 끝낸다. 여기서 언급하는 공동체의 고난은 사방에서 대적들이 에워싸 공격하는 절체절명의 상황이다. 어느 한 곳을 둘러봐도 탈출구가 없어 보인다. 대적들은 교만하게 소란스러운데, 하나님께서는 하염없이 침묵하고 계신다. 그러나 이런 상황에서도 기도자들은 하나님께서 침묵을 깨기만 하시면 상황은 언제든지 역전될 수 있으리라는 확신이 있다. 그래서 절망적 상황에서 좌절하기보다는 하나님을 향해 눈을 든다.

이런 신뢰의 바탕에는 역사에 대한 통찰이 있다. 공동체는 무엇보다 오로지 하나님의 이끄심만을 의지했던 사사 시대를 떠올린다. 객관적으로 이길 수 없을 듯한 대적들을 하나님을 의지하여 극적으로 물리쳤던 공동체의 역사는 그들이 현실을 새로운 눈으로 보는 결정적인 근거가 되었다.

개인이든 공동체든 고난은 대비하기도 피하기도 어려운 순간에 닥쳐온다. 상상치도 못했던 고난의 상황에서, 모든 이들이 자신을 대적하는 사면초가의 상황에서 그리스도인은 어떻게 신앙을 지키는가? 그런 순간에 기적처럼 하나님의 역사, 그분의 구원이 언제나 임하는가? 절대 그렇지 않다. 대부분은 이 시편의 공동체가 뱉은 첫 탄원처럼 하나님은 끝내 침묵하시는 듯하다. 이럴 때 개인과 신앙 공동체는 신앙의 깊이가 필요하다. 그 깊이는 한순간에 이루어지지 않는다. 이 시편에서 공동체가 그러했던 것처럼 그리스도인은 지난날 하나님의 임재와 역사를 끊임없이 되새김으로써 현실을 이기고, 그것을 앞날을 기대하는 근거로 삼아야 한다. 세심한 온고지신의 노력이 신앙에서도 필요하다. 이는 끊임없이 말씀을 읽고 묵상하는 것부터 시작해야 한다.

그림 190 Cod. Bibl. Fol. 23, 98 verso

그림은 가운데 산을 두고 두 부분으로 나뉜다. 왼쪽은 1-8절의 탄원을, 오른쪽은 9-18절의 간구를 형상화한 것으로 보인다. 왼쪽의 대적들은 서로 모여서 함께 기도자를 없애려고 모의한다. 하지만 기도자는 벌써 예수 그리스도로 그려진 하나님의 도우심에 의지하고 있다. 그래서 대적들은 기도자 근처로 오지 못한다. 예수의 오른손에는 두루마리 문서로 보이는 것이 들려 있는데, 이것은 본문 9-11절에서 되새기는 지난날 하나님의 역사를 뜻하지 않을까 생각해볼 수 있다. 온고지신을 바탕으로 현재 부닥친 위기에서 하나님께 기댈 수 있는 신앙의 바탕을 새길 수 있다.

3. 기도와 관상(*oratio et contemplatio*)

주님, 제 삶에는 거듭 대적들이 다가옵니다. 더러 도무지 빠져나갈 길이 없어 보이는 때도 있습니다. 그럴 때 당신은 제게 말씀으로 계시하십니다. 승리하신 당신을 바라보라고 하십니다. 오늘 다시금 저의 눈을 듭니다. 말씀 가운데서 당신의 놀라운 능력을 다시 보게 해주십시오.

성전에서 경험하는 행복(시편 84편)

1. 본문 읽기(*lectio*)

[예배 음악을 위하여. 기티트에 맞추어.˥ 고라 자손의 찬송.]

성전에서 경험하는 행복

1   얼마나 사랑스러운지요, 당신의 장막들, 만군의 야훼여!

2   제 영혼이 야훼의 성전 뜰을 그리워하며 여월 지경입니다.
    제 마음과 제 육체,
    그것들이 살아 계신 하나님을 향해 환호합니다.

3   날짐승 집을, 제비도 제 새끼 둘 둥지를 찾았습니다.
    만군의 야훼, 당신의 제단 곁에서 말입니다.
    나의 왕, 그리고 하나님이시여!

4   행복하여라, 당신의 집에 사는 이들!
    늘 그들은 당신을 찬양할 것입니다. [셀라]˩

삶의 힘과 순례의 의지를 주는 행복

5   행복하여라, 자기 힘을 당신께 두는 사람!
    넓은 길을 그들의 마음에 마련합니다.˥

6   그들은 바카 골짜기˥에 샘을 둘 것입니다.
    또한 복으로 이른 비가 뒤덮어줄 것입니다.

7   그들은 힘에 힘을 더해˥ 나아갈 것입니다.
    그리하여 시온에서 하나님 앞에 내보일 것입니다.

"메시아"를 위한 기도

8 야훼, 만군의 하나님, 제 기도를 들어주십시오!
   귀 기울여주십시오, 야곱의 하나님! [셀라]ᄂ
9 저희의 방패이신 분, 보십시오, 하나님!
   그래서 당신이 기름 부으신 이ᄃ의 얼굴을 살펴보십시오!

성전에서 누리는 행복 찬양

10 당신 성전 뜰에서 보내는 하루가 다른 천 날보다 좋습니다.
   그래서 제가 하나님 집 문턱에 들어서기를 택하였습니다.
   악인의 장막들에 머물기보다 말입니다.
11 참으로 해와 방패이십니다, 야훼 하나님께서는!
   은혜와 영예를 야훼께서 주십니다.
   그분은 온전하게 살아가는 이들에게 좋은 것을 마다하지 않으십니다.
12 만군의 야훼여!
   행복합니다, 당신께 의지하는 사람!

번역 해설

표제 ㄱ. 이 표제에 대해서는 시편 8편의 번역 해설을 보라.

4, 8절 ㄴ. "셀라"에 대해서는 위의 3편 번역 해설을 보라.

5절 ㄷ. 히브리어 본문에서 5후반절에는 동사가 없다. 한편 7전반절에 절대형 없이 쓰인 분사 남성 복수 연계형 "עֹבְרֵי"(오브레; '~를 건너는 이들')는 히브리어 본문에서 이해하기 어렵다. 이에 대해 70인역은 이 낱말에 해당하는 번역을 6절 마지막에서 "διέθετο"(그가 마련했다)를 써서 동사로 옮긴다. 아마도 5절 마지막에 "ערכו"(아르쿠)를 가지고 있던 본문을 옮긴 듯하다. 지금 우리가 보는 히브리어는 자음 혼동으로 7절로 미끄러져 내려갔을 수 있다.

6절ㄹ. "눈물의 골짜기"라는 우리말 번역은 고대 역본들을 바탕으로 히브리어 본문에서 일종의 나무 이름으로 여겨지는 "바카"(בכא; 참조. 게제니우스, 『히브리어 아람어 사전』, 95; 삼하 5:23, 24; 대상 14:14이하)를 "울음"을 뜻하는 같은 발음의 낱말 "בכה"로 고쳐서 읽은 결과지만, 오늘날 대부분 주석자는 이 견해에 반대한다. 그럼에도 이것이 어떤 골짜기를 일컫든지 본문의 문맥은 고난을 뜻한다.

7절ㅁ. 직역. "힘에서부터 힘으로."

9절ㅂ. 히브리어. "메시아."

2. 본문과 함께 그림 묵상(*meditatio et visio*)

성전은 하나님의 임재의 상징이다. 이 시편의 시인은 성전을 향한 순례를 통해 하나님의 임재를 경험하는 것이 얼마나 소중한지를 힘주어 고백한다. 그 고백에서 시인이 느끼는 감정의 핵심은 "행복"이다. 이것은 어떤 가시적인 것들에 대한 만족에서 나오는 감정이 아니다. 이는 일상의 삶에서나 종교 행위에서나 오로지 하나님을 중심에 두고 그분과 동행할 때 경험할 수 있는 감정이다.

　더 구체적으로 이런 감정은 시편에서 고백하듯이 먼저 하나님을 향한 찬양의 삶이 언제 어디서나 이어져야 가능하다. 그분이 온 세상을 창조하셨기 때문에, 여기에는 우리가 보고 듣고 느끼며 인지하는 모든 피조물 가운데서 그분의 임재를 경험하고, 창조 질서를 기리며, 그 질서를 보존하는 역할을 다해야 한다는 사명도 함께 들어 있다.

그림 191 Cod. Bibl. Fol. 23, 99 verso

그림은 3절의 본문을 직관적으로 그려준다. 성전 뜰에 새가 보금자리를 틀고, 성전 안에서도 편안하게 날아다니거나 내려앉아 있다. 심지어 성전 입구에 새 그림이 그려져 있을 정도다. 성전에서 경험하는 행복은 곧 창조 질서 가운데서도 느낄 수 있음을 새기게 해주는 그림이다.

또한 이 행복은 사람들 사이에서도 서로 경험할 수 있다. 본문 8-9절에서 순례자들은 자신들이 드리는 예배에 참석한 임금을 위해 하나님께 간구한다. 이것은 왕정 시대에 왕의 대표성을 전제하는 표현으로 새길 수 있겠다. 우리는 그들이 임금을 위해 간구하고 나서 서로를 위해서도 축복과 중보의 간구를 했으리라고 충분히 짐작할 수 있다. 이것은 하나님의 임재를 경험한 이들이 드러내는 복된 삶의 모습이다.

그림 192 Cod. Bibl. Fol. 23, 100 recto

본문 8-9절에서 임금을 위한 중보기도를 그림에서 형상화했다. 이는 기원후 9세기 신성 로마 제국 당시 채색필사본 문화에서 어쩌면 당연한 일이었을 것이다. 가령 독일의 아헨에 있는 성당에는 정면의 제단보다 성당 뒤편의 황제 자리가 더 높은 곳에 있도록 지어졌는데, 이는 당시 신성 로마 제국의 황제가 가지고자 했던 위상을 잘 보여준다. 이 삽화에서도 하나님은 임금에게 곧바로 계시하신다. 우리는 여기서 모두가 왕 같은 제사장으로서 서로를 축복하는 데서 행복을 경험할 수 있음을 새길 수 있다.

오늘 우리는 참으로 이기적이고 물질적인 신앙의 위험 앞에 서 있다. 교회에서도 신앙인들 사이에서도 아담 때처럼 하나님의 "좋은"(טוב, 토브) 창조 질서가 깨져서 우리는 하나님께서 베푸시는 "좋은 것"(טוב, 토브)을 경험하지 못하고, 존재 전체가 경험하는 성전, 곧 하나님의 임재에서 나오는 복됨에서 멀어지곤 한다. 오늘 우리는 다시금 하나님의 성전과 그분의 임재에서 나오는 복된 경험을 지향해야 할 것이다. 이는 우리가 삶의 구체적이고 사소한 순간에 경험하는 모든 관계에서부터 시작되어야 한다.

3. 기도와 관상(*oratio et contemplatio*)

주님, 당신이 계신 성전, 교회에서 당신의 임재 가운데 한없는 행복을 경험하게 해주십시오. 성전을 나와 일상을 살아가면서 모든 순간, 모든 사물, 모든 사람에게서 당신의 창조 질서를 보게 하시고, 그 질서를 유지하고 회복하는 데서 행복을 누리기를 소망합니다.

당신의 구원을 저희에게!(시편 85편)

1. 본문 읽기(*lectio*)

[예배 음악을 위하여. 고라 자손의 찬송.]

구원의 기억

1 야훼여, 당신은 당신의 땅을 좋아하셨습니다.
  야곱의 사로잡힘을 되돌리셨습니다.

2 당신 백성의 죄를 들어내셨습니다.
  그들의 잘못을 덮어주셨습니다. [셀라]`

3 당신의 모든 노여움을 거두어들이셨습니다.
  당신의 불타오르는 화를 돌이키셨습니다.

구원 간구

4 저희에게 돌아오십시오, 우리 구원의 하나님!
  그리고 저희를 향한 당신의 분노를 누그러뜨리십시오!

5 영원토록 당신은 저희에게 화내시럽니까?
  당신의 화를 대대로 이어가시렵니까?

6 당신은 돌이켜 저희를 살리셔서
  당신의 백성이 당신 때문에 기뻐하게 하지 않으시럽니까?

7 저희에게, 야훼여, 당신의 인자하심을 보여주십시오!
  그리고 당신의 구원을 저희에게 주시기 바랍니다!

구원의 신탁과 그 현실

8 제가 하나님, 야훼께서 무엇이라고 말씀하시는지 듣겠습니다!
참으로 그분은 자기 백성과 자기 성도들을 향해 평화를 말씀하실 것
입니다.
그러니 그들은 어리석은 데로 되돌아가서는 안 됩니다.

9 오로지 그분의 구원은 그분을 경외하는 이들에게만 가깝습니다.
그리하여 영광이 저희의 땅에 머무를 것입니다.

10 인애와 진리가 서로 만나고, 정의와 평화가 입 맞춥니다.

11 진리는 땅에서 돋아나고, 정의는 하늘에서 굽어봅니다.

12 또한 야훼는 좋은 것을 주실 것이고,
저희의 땅은 그 수확물을 낼 것입니다.

13 정의가 그분 앞에 나아갈 것이고,
그분의 발걸음에 길을 낼 것입니다.

번역 해설

2절ㄱ. "셀라"에 대해서는 위의 3편 번역 해설을 보라.

2. 본문과 함께 그림 묵상(*meditatio et visio*)

공동체의 고난, 공동체의 구성원 개개인의 고난은 왜 찾아오는가? 신앙 공
동체와 그 구성원이라면 이 문제는 늘 해답을 찾기 어려운 숙제로 남곤
한다. 이 시편에서 고난에 맞닥뜨린 공동체 역시 느닷없이 찾아온 공동체
차원의 고난 앞에서 한데 모여 하나님께 간구를 드린다. 이들은 먼저 과거
를 되돌아보는 것으로 답을 찾아간다. 그들은 하나님의 구원 사역을 먼저

기억하고, 과거 신앙 공동체가 겪은 고난의 원인을 성찰한다. 거기에는 공동체의 죄와 그에 대한 하나님의 진노가 있었다.

그림 193 Cod. Bibl. Fol. 23, 100 verso

공동체를 대표하는 기도자가 햇빛으로 상징된 하나님을 향해 간구한다. 그는 시선을 오로지 하나님께 맞춘다. 다른 그림과 달리 여기서는 하나님의 직접적인 응답의 손길이 보이지 않는다. 따라서 이는 시편 앞머리에서 과거에 역사하신 하나님께 대한 기억을 바탕으로 탄원의 간구를 시작하는 장면일 것이다. 성찰은 앞이 보이지 않는 상황에서 드리는 간구의 밑바탕이 된다.

이 성찰은 현재의 고난을 바라보고 그 해결점을 찾아가는 실마리가 되었다. 그래서 제의 공동체는 하나님 앞에서 자신들의 공동체가 저지른 죄를 살핀다. 그리고 공동체 차원에서 회개하면서 오늘 다시금 하나님께서 그 진노를 거두시기를 간구한다. 하나님의 구원을 다시금 경험하는 첫걸음이 바로 이것이다. 그리고 이 공동체는 거듭 죄짓지 말라는 하나님의 음성을 새겨들었다. 이것은 미래를 향한 결단의 차원이다. 그럴 때 하나님의 샬롬, 곧 모든 이들이 제자리에서 제 몫을 누리는 구원의 현실을 경험하게 된다. 그리고 그 현실에서 하나님의 올곧음과 한결같으심을 닮아가는 공동체가 만들어진다.

그림 194 Cod. Bibl. Fol. 23, 100 verso

그림은 10절의 추상명사들을 의인화해서 직설적으로 표현한다. 특히 정의와 평화가 입
맞춘다는 표현에 집중한다. 균형과 안정을 느끼게 해주는 이 그림에서 본문을 읽고 그
림을 보는 이는 정의 없는 평화, 평화 없는 정의란 있을 수 없다는 사실을 새삼 돌이켜보
게 된다.

공동체 차원의 이런 변화는 쉬운 일이 아니다. 공동체의 잘못이 있는 경우
구성원들은 쉽사리 남들에게 원인을 돌리거나 익명성에 숨어버리기 십상
이기 때문이다. 그래서 하나님 앞에서 공동체 차원의 고난을 극복하고 구
원을 맛보기 위해서는 모두가 제각각 자신의 잘못을 성찰하고 오로지 하
나님만이 구원을 이루실 수 있음을 고백하는 데서 시작해야 할 것이다.

3. 기도와 관상(*oratio et contemplatio*)

주님, 저희의 간구가 헛된 단말마가 되지 않게 해주십시오. 지난날 당신이
저희 신앙의 선조에게, 또 저희에게 이루신 일들을 돌아보게 해주십시오.
개인이 모여 이루는 우리의 신앙 공동체 가운데 당신과 서로를 향해 한결
같은 도리가 이루어지게 하시고, 합법과 올곧음, 저마다 제 몫을 누림이 균
형을 이루도록 힘쓰게 해주십시오.

당신 같은 분은 없습니다(시편 86편)

1. 본문 읽기(*lectio*)

[다윗의 기도.]

첫째 탄원(ㄱ)

1 야훼여, 당신의 귀를 기울여 제게 응답해주십시오!
　　이는 제가 가난하고 궁핍하기 때문입니다.

2 제 영혼을 지켜주십시오!
　　이는 제가 경건하기 때문입니다.
　　당신의 종을 구원해주십시오, 당신, 나의 하나님이여!
　　저는 당신께 의지합니다.

3 제게 은혜 베풀어주십시오, 주님!
　　참으로 당신께 제가 온종일 부르짖습니다.

4 당신 종의 영혼이 기뻐하게 해주십시오!
　　참으로 당신께, 주님, 제 영혼을 듭니다.

5 참으로 당신은, 주님, 좋으셔서 기꺼이 용서하십니다.
　　그리고 당신께 부르짖는 모든 이들에게 인자함이 풍부하십니다.

6 야훼여, 제 기도에 귀 기울여주시고,
　　제가 간청하는 소리를 들어주십시오!

7 저의 환난 날에 당신께 부르짖겠습니다!
　　참으로 당신이 제게 응답하실 것입니다.

신뢰의 고백(ㄴ)

8 신들 가운데 당신 같은 분은 없습니다, 주님!
당신이 하신 일 같은 것도 없습니다.

9 당신이 지으신 모든 민족이 와서,
당신께 경배할 것입니다, 주님.
그리고 당신의 이름에 영광을 돌릴 것입니다.

10 이는 당신은 위대하시며 놀라운 일들을 이루신 분이기 때문입니다.
오로지 당신만이 하나님이시기 때문입니다.

11 제게 가르쳐주십시오, 야훼여, 당신의 길을!
제가 당신의 진리에 따라 걷겠습니다.
제 마음이 당신을 경외하는 데 집중하게 해주십시오!

12 주님, 나의 하나님!
제가 당신을 제 온 마음으로 찬송하고,
당신의 이름에 영원토록 영광을 돌리겠습니다!

13 이는 당신의 인자하심이 제게 커서
당신이 제 영혼을 깊은 스올에서 건지셨기 때문입니다.

둘째 탄원(ㄱ')

14 하나님, 교만한 이들이 제게 맞서 일어났고,
난폭한 이들의 무리가 제 영혼을 찾았습니다.
하지만 그들은 당신을 자기네 앞에 두지 않았습니다.

15 그러나 당신, 주님은 자비롭고 은혜로운 하나님이십니다.
화를 참으시고 인자함과 진리가 풍성하십니다.

16 제게 돌이키시고 은혜 베풀어주십시오!
당신의 힘을 당신 종에게 주시고,

당신 여종의 아들을 구원해주십시오!

17 제게 좋은 일의 표적을 이루어주십시오!

그러면 저를 미워하는 이들이 보고 부끄러워할 것입니다.

참으로 당신, 야훼여!

당신이 저를 도와주셨고 저를 위로하셨습니다.

2. 본문과 함께 그림 묵상(*meditatio et visio*)

시편에서의 탄원은 넋두리가 아니다. 그렇다고 항의도 아니다. 고난 가운데 있는 기도자는 어머니에게 혼이 나면서도 "엄마"라고 우는 아이와 같다. 아이에게는 엄마의 사랑에 대한 확신이 있어서 지금 당장은 어머니에게 혼이 나더라도 그것이 끝이 아님을 분명히 알고 있다. 탄원 시편의 기도자도 마찬가지다. 이 시편의 기도자는 아마도 적의로 가득한 대적에 에워싸여서 압박을 받는 고난의 상황에 있었을 것이다. 이런 상황에서 그는 자신이 당하는 고난에 하나님도 연관되어 있음을 강조하며 구해달라고 기도한다. 그리고 대적들이 하나님께 심판받기를 바라는 간구도 내놓는다.

그림 195 Cod. Bibl. Fol. 23, 101 recto

이 그림은 앞선 시편의 첫째 그림과 매우 비슷하다. 그러면서도 근본적인 차이점이 있는데, 이 그림에서는 하늘에서 하나님의 도움의 손길이 기도자를 향해 내려온다. 그림을 보면서 본문을 묵상하는 이는 탄원 기도의 과정과 그 결과를 이어서 보는 듯한 느낌을 받는다. 깊은 고민과 호소, 그 밑바탕에 깔린 하나님을 향한 깊은 신뢰는 결국 좌절된 상황이 아니라 하나님을 바라보게 만들고, 바로 그 순간 모든 고난과 고통은 상대화되며 무한한 하나님의 세계를 보는 눈이 열린다.

그러나 기도자는 그 모든 간구의 핵심에서 하나님의 본성을 찬양한다. 그는 하나님께서 창조주이시며 통치자시요 심판주이심을 분명히 한다. 이것은 어린아이가 "엄마"라고 우는 바탕의 신뢰와 견줄 수 있다. 이 기도 이후에 기도자의 간구가 가시적으로 응답받았는지 우리는 알 수 없다. 우리 삶의 경험에 미루어볼 때 상황의 변화는 장담하기 어렵다. 하지만 우리는 이런 고난의 상황이 기도자의 신앙에 영향을 주지 않았을 것이라는 사실도 분명히 알고 있다. 우리는 이 시편에서 기도자가 계속 하나님을 부르고 있음을 본다. 이는 기도자가 끊임없이 고난의 상황이 아니라 하나님께 눈을 맞추고 있음을 강조하는 대목이다. 우리를 둘러싼 상황은 언제나 유한하다. 아무리 거대한 세력이라도 영원할 수 없다. 그러나 하나님의 능력과 권위는 무한하다. 그 무한성은 한 번의 경험으로 볼 수 있는 것이 아니다. 거듭된 신앙의 훈련만이 그것을 가능하게 해준다. 이 시편 역시 그 신앙 훈련의 한 모습을 보여준다. 그래서 우리는 이 시편의 탄원과 고백을 오늘 우리의 상황에서 다시금 되새겨야 한다.

3. 기도와 관상(*oratio et contemplatio*)

살아 계신 주님, 당신을 향해 눈을 들고 제 목소리를 높입니다. 제게 귀 기울여주십시오. 제가 당신의 무한한 세계를 신뢰하게 해주십시오. 당신의 구원의 손길을 보는 눈을 열어주십시오.

야훼가 사랑하시는 시온(시편 87편)

1. 본문 읽기(*lectio*)

[고라 자손의 찬송. 노래.]

야훼가 사랑하시는 시온

1   그분의 터전은 거룩한 산들 가운데 있습니다.

2   야훼는 시온의 성문들을 사랑하시는 분!

　　야곱의 모든 거주지보다 더 그리하십니다.

3   하나님의 성읍이여, 그대를 가리켜

　　'영광스럽다'라고들 말합니다. [셀라]˺

시온의 포괄성

4   "내가 말하겠다.

　　라합과 바벨이 나를 아는 이들에 속한다.

　　보라, 블레셋과 두로와 구스,

　　이들이 거기서 태어났다."

5   그래서 시온에 대해서는 사람들이 말하기를

　　"사람들도 거기서 태어났습니다.˺

　　그래서 그분, 지존자가 그곳을 굳건히 세우실 것입니다"라고 합니다.

6   야훼는 민족들을 책에 기록하실 것입니다.

　　"이 사람도 거기서 태어났다." [셀라]˺

시온에서 드리는 제의

7   그리하여 노래하는 사람들은 춤을 추며,
     "내 모든 근원이 네게 있다"라고 합니다.

번역 해설

3, 6절ㄱ. "셀라"에 대해서는 위의 3편 번역 해설을 보라.

5절ㄴ. 개역개정은 여기서 "이 사람, 저 사람이 거기서 났다"로 옮기는데,
이는 본문의 "אִישׁ וְאִישׁ"(이쉬 브이쉬; '사람과 사람')를 붙여서 번역한 것이다.
그런데 70인역은 이 두 낱말을 우리가 옮긴 것처럼 떼어서 번역했다.

2. 본문과 함께 그림 묵상(*meditatio et visio*)

사람들은 자신이 가진 가치관이나 기준에 따라 너무나 쉽사리 다른 이들
을 판단하고 정죄하려는 경향이 있다. 이것은 일상생활에서나 신앙생활에
서나 마찬가지다. 물론 자기 자신은 정의를 내세울 수 있다.

그러나 우리가 아는 대로(사 42:1-4), 하나님의 정의와 공의는 판단과
정죄를 통한 배제로 이루어지는 것이 아니다. 이 시편에서 하나님께서는
배타적 민족주의를 분명하게 거부하신다. 이스라엘 백성들은 시온에서는
하나님께서 자신들만을 위해 임재하시며, 오로지 자신들만이 시온을 순례
할 자격이 있다고 여겼다. 그러나 이 시편에서는 이집트는 물론 유다를 멸
망시킨 바빌로니아도 시온에서 비롯했으며, 블레셋, 두로, 구스 등 모든 이
방 나라들이 시온에서 태어났다고 역설한다. 그리고 그 모든 나라의 백성
들이 하나님이 계시는 시온을 향해 순례의 행렬을 이어가고 찬양하며 춤
추는 감격스러운 장면을 보여준다.

여기서 우리는 우리 자신의 모습을 돌아보아야 한다. 우리는 얼마나 자주 다른 이들을 판단하고 정죄하며 배제했는가? 우리 공동체는 또 어떠했는가? 이런 자세의 내면에는 교만과 이기주의가 있다. 하나님께서는 어느 한 생명이라도 멸망하는 것을 원하지 않으신다(욘 4:11). 따라서 하나님은 다른 이들을 판단하고 정죄하는 일보다 그분 앞에서 자기 자신을 겸허히 되돌아보는 일을 먼저 하기를 원하신다(마 7:1-5).

신앙인은 다른 이들의 상벌을 자신이 판단하려고 하기보다는 하나님께서 모든 이들을 소중하게 여기심을 분명히 알고 그들과 화평을 이루며 하나님 나라의 백성으로서 기쁘게 찬양하고 춤추며 하나님 앞에 나아가야 한다. 시온은 세상 만방의 모든 사람의 생명에 원천이 되기 때문이다.

그림 196 Cod. Bibl. Fol. 23, 102 recto

본문에서 그리는 구원의 보편주의는 이 삽화에서 흥미롭게 구현되었다. 성안에는 왼쪽부터 남성과 여성, 그리고 옷을 입지 않은 것으로 표현된 이방인(또는 야만인?)이 함께 있다. "이 사람도 거기서 태어났다"는 말씀을 떠올리게 한다. 한편 시편의 화자는 시온 성 바깥에서 시온을 바라보고 있다. 이를 통해 배타적 유대주의의 모순을 읽을 수 있지 않을까? 하나님은 분명히 모든 이들을 구원하고자 하시는데, 정작 선택된 민족이라고 여기던 유대인들은 그것을 인정하지 않는 모습을 읽을 수 있지 않을까?

3. 기도와 관상(*oratio et contemplatio*)

주님, 저의 배타성을 들여다보게 해주십시오. 구원의 자격, 성도의 자격을 제가 주제넘게 규정하고 있었던 것이 아닌지 깊이 들여다보게 해주십시오. 정작 저는 하나님의 성도, 하나님의 구원의 자리에 들지 못한 것은 아닌지 돌아보게 해주십시오.

당신을 향해 제 두 손을 듭니다(시편 88편)

1. 본문 읽기(*lectio*)

[노래. 고라 자손의 찬송. 예배 음악을 위하여. 마할라트 르아노트에 맞추어.ᵃ 에스라인 헤만의 마스킬.ᵇ]

응답 요청

1 야훼, 제 구원의 하나님!
    제가 낮에는 부르짖고, 밤에는 당신 앞에 있었습니다.
2 당신 앞에 제 기도가 다다르기를 바랍니다!
    제 외침에 당신 귀를 기울여주십시오!

탄원

3 참으로 재앙 때문에 제 영혼이 배불렀고,
    제 삶은 스올에 이르렀습니다.
4 저는 구덩이에 내려가는 이들과 함께 있는 듯합니다.
    죽은 이들 사이에서야 비로소 자유로운ᶜ 힘없는 사내 같아졌습니다.
5 치명상을 입은 사람들 같아졌습니다.
    그들은 무덤에 누워 있어서 당신이 더는 기억하지 않으시고,
    그들은 당신 손에서부터 끊어져 나갔습니다.
6 당신은 저를 깊은 구덩이, 심연 같은 어둠에 두셨습니다.
7 제 위에 당신의 분노가 덮쳤고,
    당신의 모든 파도가 저를 짓눌렀습니다. [셀라]ᵈ

8   당신은 제가 아는 이들을 제게서 멀리 떠나게 하셨습니다.
     당신은 저를 그들에게 가증한 것이 되도록 하셨습니다.
     가로막혀 있어서, 저는 나갈 수 없습니다.

신뢰의 간구

9   제 눈은 제 고난 때문에 초췌해졌습니다.
     제가 당신께, 야훼여, 온종일 외칩니다!
     당신을 향해 제 손을 뻗었습니다.

탄원

10   죽은 이들에게 당신이 기적을 이루시겠습니까?
     또는 죽은 영혼"이 일어나서 당신을 찬송하겠습니까? [셀라]ᵉ
11   무덤에서 당신의 인자하심이,
     저승"에서 당신의 한결같으심이 전해지겠습니까?
12   어둠 속에서 당신의 기적이,
     잊음의 땅에서 당신의 정의가 알려지겠습니까?

신뢰의 간구

13   그러나 저는 당신께, 야훼여, 소리쳤습니다.
     그러니 아침에는 저의 기도가 당신 앞에 갈 것입니다.

탄원

14   무엇 때문에, 야훼여, 당신은 제 영혼을 거절하십니까?
     당신 얼굴을 제게서부터 숨기십니까?
15   고난이 저이며, 어릴 때부터 숨이 끊어질 지경이었습니다.

당신을 향한 두려움을 제가 짊어졌습니다.

저는 어찌할 바를 모르겠습니다!

16 제게 대한 당신의 분노가 넘칩니다.

당신을 향한 공포가 저를 소멸시킵니다.

17 그것들이 저를 물처럼 온종일 에워쌉니다.

한데 어우러져 저를 둘러쌉니다.

18 당신은 제게서 사랑하는 이와 친구를 멀어지게 하셨습니다.

제가 아는 이들은 어둠 속에 있습니다.

번역 해설

표제ㄱ. 개역개정에서는 "마할랏르안놋"(מָחֲלַת לְעַנּוֹת)으로 음역하고 각주에서는 뒷부분을 번역해서 "병의 노래"라고 표시했다. 이 때문에 많은 이들이 이 시편의 배경에 대해 죽을병에 걸린 사람의 간구라고 여긴다(참조. Hossfled/Zenger, *Psalms 2*, 392). 하지만 본문 자체는 전형적인 개인 탄원 시편으로 병에 대한 명시적인 언급이 없다.

표제ㄴ. 직역. "교훈."

4절ㄷ. 히브리어 본문에서 5절 첫머리에 들어 있는 표현 "죽은 이들 가운데서 자유로운 (사람?)"(בַּמֵּתִים חָפְשִׁי, 바메팀 호프쉬)은 문맥에서 거의 뜻을 새길 수가 없다. 그래서 이런저런 시도를 해보곤 하지만 딱 들어맞는 의견은 없다(참조. Kraus, *Psalmen 60-150*, 772; Hossfeld/Zenger, *Psalms 2*, 390; Tate, *Psalms 51-100*, 396). 여기서 70인역을 주목해볼 필요가 있다. 70인역은 이 표현을 4절 끝머리에 드는 것으로 읽었다. 그러면 전쟁에서 힘을 쓰지 못하고 죽어서야 비로소 자유를 찾은 사람을 그리는 것으로 새길 수 있다.

7, 10절ㄹ. "셀라"에 대해서는 위의 3편 번역 해설을 보라.

10절ㅁ. 여기서 쓰인 히브리어 "רְפָאִים"(르파임)은 죽어서 스올에 있는 존재들을 일컫는다(참조. 게제니우스, 『히브리어 아람어 사전』, 772; 사 14:9; 26:14, 19; 잠 2:18; 9:18; 21:16; 욥 26:5).

11절ㄴ. 여기서 쓰인 히브리어 "אֲבַדּוֹן"(아바돈)은 어원에서 파괴, 멸망 등과 연관이 있다.

2. 본문과 함께 그림 묵상(*meditatio et visio*)

시편의 탄원 기도는 대부분 어느 순간 분위기가 찬양으로 반전된다. 이것은 고난 상황의 변화와는 무관한 경우가 대부분이다. 그 비결은 시선의 변화인 경우가 많다. 사면초가(四面楚歌)의 절망적인 상황에서 그 너머의 무한한 세계로 초대하시는 하나님께로 눈을 돌려 현실의 유한성을 상대화하는 것이다. 신앙인의 삶이 아무리 고통스러워도, 또 악인의 세력이 아무리 하늘을 찌를 듯해도 그 모든 것은 유한하다. 끝이 있다. 그러나 세상을 지으시고 다스리시며 심판하시는 하나님의 세계는 그 유한성을 보잘것없게 만들어버린다. 그래서 탄원 시편에서는 극적인 구원의 장면 없이도 하나님을 기쁘게 찬양하고, 공동체에 그 찬양을 고백하겠다고 서원하기도 한다.

그러나 그런 고난의 상황이 끝없이 지속된다면, 일평생을 부르짖어도 상황이 나빠지기만 한다면, 그래도 신앙을 지킬 수 있을까? 우리네 삶은 이런 경우가 대부분이다. 이럴 때 신앙인은 어떻게 하는가? 자포자기할 것인가? 아니면 득세하는 악인들처럼 적당히 신앙을 저버리며 살 것인가? 둘 다 오답이다. 이는 둘 다 유한성에 가치관을 둔 채 하나님께서 그 유한성의 가치를 보장해주시기를 바라는 욕심을 여전히 버리지 않은 것이다. 고난을 끝내 이기는 신앙의 깊이는 하루아침에 이루어지지 않는다. 이 시편은 그 과정에서 고뇌하면서 하나님을 향한 뿌리 깊은 신뢰를 바탕으로 신앙의 깊이를 더해가려고 안간힘을 쓰는 경건 훈련의 과정을 보여주는 듯하다. 우리는 탈출구도 끝도 보이지 않는 고난의 터널에서 신뢰를 고백하고 다시금 탄원의 간구를 시작하며 마음을 다잡는 기도자의 모습을 닮아가야 하겠다. 그런 깊은 신앙의 모범은 십자가 위에서 죽음의 고통 끝에 나온 예수 그리스도의 마지막 말씀에서 절정을 이루었다. "내 영혼을 아버지 손에 부탁하나이다"(눅 23:46). 그런 뜻에서 이 시편을 교회의 전통에서 성금요일에 읽은 점은 우연이 아닐 것이다(이에 대해 참조. 김정우, 『시편주석 II』, 729).

그림 197 Cod. Bibl. Fol. 23, 102 verso

이 시편의 삽화는 교회의 전통을 반영하듯, 예수 그리스도의 십자가 사건을 그려준다. 본문에서 표현하는 대적은 후경의 사탄으로 그렸다. 시편을 읽고 그림을 보는 독자는 자연스레 시편 기도자의 탄원과 자신의 처지를 예수 그리스도의 십자가 사건에 투영하게 된다. 그러면서 시편에서 보여주는 의지 신앙을 부활 신앙과 이어 묵상할 수 있게 된다.

3. 기도와 관상(*oratio et contemplatio*)

십자가의 고난과 죽음을 이기시고 부활의 첫 열매가 되신 주님, 당신의 십자가를 바라봅니다. 저의 고난, 저의 좌절, 저의 고통은 유한하며, 주님의 부활은 그 모든 유한성을 뛰어넘는 당신의 능력임을 고백합니다. 제가 당신께만 시선을 맞추게 해주십시오.

다윗 언약을 기억하며(시편 89편)

1. 본문 읽기(*lectio*)

[에스라인 에단의 마스킬.^ㄱ]

1) 다윗과 언약을 맺으신 하나님 찬양

야훼의 인자하심과 성실하심 찬양

1   야훼의 인자하심을 영원토록 제가 노래하겠습니다!
    대대로 제가 당신의 한결같으심을 제 입으로 알리겠습니다!

2   참으로 제가 말했습니다.
    "영원토록 인자하심이 세워질 것입니다.
    하늘에서 당신은 당신의 한결같으심을 굳게 하셨습니다."

다윗 언약

3   "내가 선택한 이와 내가 언약을 맺었다.^ㄴ
    내가 내 종 다윗에게 맹세하였다.

4   '영원히 내가 네 자손을 굳건히 해주겠고,
    대대로 네 왕위를 세워주겠다!'" [셀라]^ㄷ

하나님의 위대하심 찬양

5   그리하여 하늘이 당신의 기적을 찬송합니다. 야훼여!
    정말로 당신의 한결같으심을 거룩한 이들의 모임 가운데서 그리합니다!

6 참으로 누구를 구름 위에서 야훼와 견줄 수 있겠습니까?

신들 가운데서 누가 야훼와 같겠습니까?

7 하나님, 거룩한 이들의 모임 가운데서 무서운 분!

위대하시고 ^{r} 그분 둘레에 있는 이들보다 두려우십니다.

8 야훼, 만군의 하나님!

누가 당신처럼 힘세겠습니까? 야훼여! ^{n}

그리고 당신의 한결같으심이 당신을 에워쌌습니다.

9 당신은 바다의 오만을 제압하시는 분!

그 파도가 일어날 때 당신이 그것들을 달래십니다.

10 당신은 죽은 이처럼 라합을 쳐부수십니다.

당신의 힘 있는 팔로 당신의 원수들을 흩으셨습니다.

11 하늘이 당신 것이고, 땅도 당신 것입니다.

세상과 그 안에 가득한 것들을 당신이 세우셨습니다.

12 북쪽과 남쪽 ^{n} 을 당신이 창조하셨습니다.

다볼산과 헤르몬산이 당신의 이름에 환호합니다.

13 당신의 팔은 힘셉니다. 당신의 손은 강합니다.

당신의 오른손은 높이 들렸습니다.

하나님의 다스리심 찬양

14 정의와 공정이 당신 보좌의 기초입니다.

인자하심과 미쁘심이 당신 앞에 나아옵니다.

15 행복하여라, 그 백성! 그들은 환호할 줄 압니다.

야훼여, 그들이 당신 얼굴의 빛 안에서 다닐 것입니다.

16 그들은 당신의 이름 때문에 온종일 기뻐할 것이고,

당신의 정의 때문에 높아질 것입니다.

17 참으로 당신은 그들의 힘의 영예로움이시고,
당신의 은총으로 저희의 뿔이 높아질 것입니다.

18 참으로 저희의 방패는 야훼의 것이고,
저희의 임금은 이스라엘의 거룩하신 분의 것입니다.

2) 변치 않는 다윗 언약

다윗의 선택과 기름 부음

19 그때 당신이 환상 가운데
당신의 경건한 이들에게 말씀하여 이르셨습니다.
"내가 용사에게 도움을 더해주었다.
내가 백성들 가운데서 선택된 이를 높여주었다.

20 내가 내 종 다윗을 찾아내서
그에게 내 거룩한 기름을 부었다.

21 그리하여 내 손이 그와 함께 굳게 서 있을 것이다.
참으로 내 팔이 그를 강하게 할 것이다.

22 원수는 그에게 맞서지 못하고,
불의한 사람이 그를 짓누르지 못할 것이다.

23 그리고 나는 그의 앞에서 그의 대적들을 짓이기고,
그를 미워하는 이들을 물리칠 것이며,

24 나의 한결같음과 인자함이 그와 함께하고,
내 이름 때문에 그의 뿔이 높아질 것이며,

25 내가 그의 손을 바다 위에,
그의 오른손을 강들 위에 둘 것이다.

다윗과 하나님의 관계

26 그가 나를 '당신은 제 아버지,

제 하나님이고 제 구원의 바위이십니다'라고 부를 것이다.

27 또한 내가 그를 맏이로,

세상 임금들에게 지존자로 삼을 것이다.

변치 않는 다윗 언약

28 영원토록 내가 그를 위하여 나의 인자함을 지키고,

내 언약은 그를 위하여 변함없을 것이다.

29 그리고 내가 언제까지나 그의 후손이 이어지게 하고,

그의 왕위를 하늘의 날들 같게 할 것이다.

30 만약 그의 자손이 나의 율법을 저버리고,

나의 규례대로 걸어가지 않으며,

31 만약 그들이 내 율례를 더럽히고,

나의 계명을 지키지 않으면,

32 그러면 내가 회초리로 그들의 범죄를,

채찍으로 그들의 죄악을 벌할 것이다.

33 그러나 나의 인자함은 그들에게서 깨어버리지는 않고,

나의 한결같음도 어그러뜨리지 않을 것이다.

34 나는 내 언약을 더럽히지 않고,

내 입술에서 나온 것을 바꾸지 않을 것이다.

35 내가 한 번 내 거룩함을 두고 맹세하였으니

다윗에게 거짓말하지 않을 것이다.

36 그의 후손은 영원토록 있을 것이고,

그의 왕위는 해처럼 내 앞에 있을 것이다.

37 달처럼 영원토록 굳건할 것이다.

　　그리고 구름 위에 증인은 변함없을 것이다." [셀라]ᵉ

3) 하나님, 기억하십시오!

공동체가 겪고 있는 고난

38 그러나 당신은 거부하고 싫어하셨습니다.

　　당신의 기름 부음 받은 이에게 분노하셨습니다.

39 당신 종의 언약을 거절하셨습니다.

　　그의 왕관을 땅바닥에서 더럽히셨습니다.

40 그의 모든 울타리를 허물어뜨리셨습니다.

　　그의 요새들이 무너지도록 두셨습니다.

41 길을 지나는 모든 이가 그를 약탈하였습니다.

　　그의 이웃이 하는 조롱이 있습니다.

42 당신은 그의 대적들 오른손을 들게 하셨습니다.

　　그의 모든 원수가 기뻐하게 하셨습니다.

43 또한 당신은 그의 칼날을 돌이키시고,

　　그를 전쟁에서 일으키지 않으셨습니다.

44 당신은 그의 영광을 없애버리시고,

　　그의 왕위를 땅바닥에 집어던지십니다.

45 당신은 그의 젊은 시절 나날을 짧게 하셨습니다.

　　그를 수치로 덮으셨습니다. [셀라]ᵉ

저희를 기억해주십시오

46 언제까지, 야훼여, 영원히 숨어계시렵니까?

당신의 분노를 불처럼 태우시렵니까?

47 제발˄ 기억해주십시오, 삶이란 게 무엇인지를 말입니다!

당신은 어떻게 그토록 헛되도록 모든 사람의 아들들을 창조하셨는

지요?

48 어떤 사람이 살아서 죽음을 보지 않고,

자기 영혼을 스올의 손에서 건질 수 있겠습니까? [셀라]ᄃ

원수들을 기억해주십시오

49 어디에 당신의 옛 인자하심이 있습니까? 주님!

당신의 한결같으심 가운데 다윗에게 맹세하셨지요.

50 당신의 종들이 받는 조롱을 기억해주십시오, 주님!

저의 품속에는 온갖 수많은 민족을 짊어지고 있습니다.

51 왜냐하면 당신의 원수들이 조롱하기 때문입니다, 야훼여!

왜냐하면 그들이 당신의 기름 부음 받은 이의 발자취를 조롱하기 때

문입니다.

4) 송영

52 송축 받으십시오, 야훼여, 영원토록! 아멘, 또 아멘!

번역 해설

표제ㄱ. 직역. "교훈."

3절ㄴ. 직역. "내가 언약을 쪼갰다"(כָּרַתִּי בְרִית, 카라티 브리트). 계약의 두 당

사자가 동물을 반으로 잘라 벌여두고 그 가운데로 지나며 계약 파기에 대

해 경고하던 옛 관습에서 비롯한 관용어다(참조. 창 15:10; 렘 34:18).

4, 37, 45, 48절ㄷ. "셀라"에 대해서는 위의 3편 번역 해설을 보라.

7절ㄹ. 히브리어 성경에서는 이 낱말이 여성형으로 쓰여서(רַבָּה, 라바) 전반절의 마지막 낱말로 여겨진다. 그래서 개역개정은 "매우 무서워할 이시오며"로 옮겼다. 하지만 이는 문법에서나 문맥에서나 어울리지 않는다. 그래서 일반적으로 70인역이 후반절의 첫 낱말로 여겨 번역한 데(μέγας καὶ φοβερός, 메가스 카이 포베로스: '위대하고 두려운') 비추어 남성형으로 읽거나 (רַב, 라브), 뒤에 3인칭 남성 단수 인칭대명사를 덧붙여 읽는다(רַב הוּא: 라브 후).

8절ㅁ. 여기서는 신성4문자 야훼(יהוה)의 줄임꼴인 "야"(יָהּ, 야흐)가 쓰였다. 이 형태는 구약성경에서 46번 나오는데, 출애굽기에 두 번(15:2; 17:16), 이사야서에 두 번(12:2; 38:11), 그리고 나머지는 모두 시편에 나온다 (68:19; 77:12; 89:9; 94:7, 12; 102:19; 104:35; 105:45; 106:48; 111:1; 112:1; 113:1, 9; 115:17f; 116:19; 117:2; 118:5, 14, 17ff; 122:4; 130:3; 135:1, 3f, 21; 146:1, 10; 147:1, 20; 148:1, 14; 149:1, 9; 150:1, 6).

12절ㅂ. 직역. "오른쪽"(יָמִין, 야민). 옛 이스라엘에서 방위는 해가 뜨는 동쪽을 바라보는 것이 기준이다. 그래서 오른쪽은 남쪽을 뜻할 수 있다(참조. 욥 23:9; 삼상 23:9, 19; 삼하 24:5; 왕하 23:19 등; 게제니우스, 『히브리어 아람어 사전』, 306).

47절ㅅ. 히브리어 본문 "기억해주십시오, 나는, 무엇?, 삶"(זְכָר אֲנִי מֶה־חָלֶד, 즈코르-아니 메-할레드)은 뜻이 통하지 않는다. 그래서 보통 히브리어 본문이 훼손된 것으로 보고 첫 두 낱말을 "기억해주십시오, 주님"(זְכֹר אֲדֹנָי, 즈코르 아도나이)이나 "제발 기억해주십시오"(זְכָר־נָא, 즈코르-나)로 추측하는데, 우리는 본문의 변화가 더 적은 후자를 선택한다.

2. 본문과 함께 그림 묵상(*meditatio et visio*)

1) 기억과 다짐

하나님은 누구신가? 이 질문은 신앙인으로서 끊임없이 되묻고 답을 찾아가야 하는 필수 요소다. 존재의 본질에 대한 이런 고민 없이는 절대로 신앙의 성장을 경험할 수 없다. 이 시편의 기도자 공동체는 고난의 상황에 빠져 있는 듯하다(38-51절). 그런 상황에서 공동체는 먼저 하나님께서 인자하시며 한결같으시다는 고백의 간구를 시작했다. 이는 하나님의 한결같은 사랑은 언제나 변함없으시므로 지금의 고난에도 개입하실 것이라는 확신의 표현이다. 더 나아가서 공동체는 다윗 언약을 기억한다. 아마도 공동체는 다윗에게 약속하신 영원한 왕권에 대한 의문이 제기되는 상황에 빠진 듯하다. 그러나 이어지는 고백에서 최고의 유일하신 야훼 하나님께서는 창조주이자 통치자이시기 때문에 현재 제기된 의문들을 일소하실 날이 반드시 올 것을 다시금 다짐한다.

본 시편의 신학적 교훈은 기억과 다짐으로 요약할 수 있겠다. 개인이든 공동체든 하나님께서 어떤 분으로 역사하셨는지를 거듭 기억하는 데서 신앙의 훈련을 시작해야 한다. 하나님께서는 세상을 창조하시고, 우리 존재를 창조하셨으며, 하루하루 온 세상을 그분의 창조 질서로 다스리신다. 우리는 창조주 하나님의 다스리심을 거듭 깨닫는 신앙의 감수성을 길러야 한다. 그리고 그분께 찬송을 올려드리는 것으로써 오늘 겪는 고난을 이겨 내기 위한 신앙의 근력을 키워가겠다는 다짐을 새롭게 할 수 있어야 한다.

그림 198 Cod. Bibl. Fol. 23, 103 verso

이 삽화는 본문 3-4절을 그린 것으로 보인다. 다윗이 왕위에 앉아 있고, 왼쪽에는 성직
자, 오른쪽에는 성인들이 그의 언약에 증인이 되어준다. 삽화가는 이 시편에서 하나님
께서 왕권을 주셨다는 다윗 언약에 초점을 맞추고 있어서 왕권을 교황권보다 강조했을
신성 로마 제국 치하에서의 그의 상황을 짐작할 수 있게 해준다.

2) 영원토록 변함없으신 주님

고난을 겪고 있는 성도들에게 본문은 다윗 왕조의 선택과 약속 신탁을 들
려준다. 이 본문을 읽었을 포로기 이후의 유다 사람들을 생각해보자. 그들
에게 이 신탁이 어떻게 들렸을까? 이어지는 단락에서 나오겠지만, 항의할
거리가 많이 있었을 것이다. 다윗 왕조가 영원히 이어질 것이라고 했는데
도 왜 예루살렘 파괴와 함께 무너진 왕조는 다시 세워지지 않는가? 그렇다
면 신탁에서 "거짓말을 하지 않을 것이다"(35절)라고 했던 하나님의 말씀
은 어떻게 된 것인가?

이스라엘의 정신사를 되돌아보면 포로기 이후 하나님의 백성들은 이
질문을 통해 하나님의 통치와 다윗 언약에 대한 새로운 통찰에 이른 것을
알 수 있다. 이 통찰은 곧 가시적 왕국이 다윗 언약의 전부라는 피상적이
고 유한한 인식에서 벗어나 언약의 본질, 즉 하나님과의 관계에 대한 본질

적 정체성과 메시아 대망 사상이었다. 그러니까 비록 가시적 왕조가 아니더라도 메시아를 통해 종교 공동체로서의 이스라엘에 대한 하나님의 언약은 지속될 것이라는 깨달음이었다. 과연 포로기 이후 다윗 언약에 대한 이런 깨달음이 하나님의 언약을 변경한 것인가? 아니면 하나님의 무한한 계획을 그제야 깨달은 것인가? 답은 분명하다. 주님께서는 어제나 오늘이나 영원토록 변함없으시다(히 13:8). 다만 역사의 흐름에 따라 하나님께서는 다양한 방법으로 자기 백성들이 그것을 깨닫도록 해주신다. 본 시편의 신탁을 읽는 우리는, 하나님의 인자하심과 한결같으심을 거듭 되새기며 질문한 공동체의 모습에서 깨달음을 얻는다. 오늘 우리에게는 하나님의 어떤 약속이 어긋나는 것으로 보이는가? 우리 공동체의 모습과 하나님의 약속이 맞지 않는 것으로 보이는 때는 언제인가? 그럴 때 하나님의 약속의 말씀을 거듭 되새겨보자(ruminatio). 하나님께서는 무한하신 그분의 계획 가운데서 분명히 우리에게 새로운 깨달음을 주실 것이다.

그림 199 Cod. Bibl. Fol. 23, 104 recto

그림은 본문 20절에서 하나님이 다윗에게 기름을 부으셨다는 구절을 형상화한다. 여기서는 하늘에서 하나님의 손이 다윗에게 기름을 붓고, 예수 그리스도가 그 예식을 주도하는 것으로 형상화했다. 이는 신약성경에서 시편 110편을 인용하며 다윗과의 관계를 언급한 이야기를 생각나게 한다(막 12:35-37).

그림 200 Cod. Bibl. Fol. 23, 104 verso

본문 32절에서 하나님은 다윗과 언약을 맺으시며 그 후손이 언약의 말씀을 저버리면 회
초리와 채찍으로 벌하시겠다고 한다. 그림은 이 구절을 매우 직관적으로 표현한다. 가
운데 말을 타고 있는 사람은 채찍을 들고 있고, 오른쪽에 앉은 사람은 회초리를 들고 있
다.

그림 201 Cod. Bibl. Fol. 23, 105 recto

본문 36-37절에는 다윗 왕조를 해와 달처럼 변함없이 굳건히 해주시겠다는 하나님의
약속이 나오는데, 삽화는 바로 이 본문을 형상화해서 하나님의 인준을 받고, 안정되어
있으며, 군사적으로도 강력한 임금의 모습을 보여준다.

3) 기억해주십시오

시편에서 일반적으로 만나는 탄원 시편은 고난의 상황 가운데 절규하는 탄원과 간구에 이어, 유한한 고난의 상황에서 무한하신 하나님께로 시선을 옮기면서 찬양과 서원으로 이어진다. 이것은 신앙 및 경건 훈련의 자연스러운 성장 단계로 보인다. 더욱이 이 변화에는 고난 상황의 가시적 변화 여부는 아무런 영향을 미치지 않는다. 그런데 앞서 묵상한 시편 88편과 이 시편은 그렇지 않다. 두 시편 모두 시선의 전환에 따른 찬양과 서원이 뚜렷이 보이지 않는다. 그렇지만 독자들은 이 시편을 읽으면서 불안한 느낌을 받지 않는다. 왜냐하면 88편의 경우에는 탄원과 간구 사이사이에 깊이 배어 있는 신뢰가 끝이 보이지 않는 탄원의 신앙 훈련을 이끌어가리라는 확신이 있기 때문이다. 그리고 이 시편은 탄원으로 시편이 끝나지만, 앞부분에서 창조주요 통치자이신 하나님께 대한 신앙과 다윗 언약에 대한 신뢰를 충분히 묵상한 뒤이기 때문이다.

본문의 탄원에서 어조의 변화는 없지만 중요한 간구가 있다. 바로 "기억해주십시오"다. 공동체는 연약하고 보잘것없는 다윗과 맺으신 언약에 기대어, 회개를 바탕에 두고 인간의 덧없음을 기억해달라는 간구를 하나님께 드린다. 그리고 대적들이 하나님의 백성들과 하나님께서 기름 부으신 왕을 향해 내뱉은 비방은 곧 하나님을 비방하는 것임을 기억해달라는 간구를 드린다. 이런 모든 간구는 하나님의 인자하심과 한결같으심에 대한 신뢰가 있기에 가능하다. 창조주 하나님께서는 언제나 그 백성들과 관계를 맺으며 그들을 사랑하고자 하신다. 그것이 하나님의 인자하심이다. 그리고 통치자 하나님께서는 사람들과 맺은 언약을 잊지 않으시고 지키신다. 그것이 하나님의 성실하심이다. 이 시편의 공동체는 고난 가운데서 탄원과 간구를 하기 전에 이런 하나님의 본성을 충분히 묵상하고, 그분이 다윗과 맺은 언약의 본질을 깊이 되새겼다. 이런 바탕에서 드리는 공동체의 탄원은 그 자체가 벌써 깨달음이다. 오늘 우리의 경건과 신앙 훈련에서도 말씀을 통해 하나님의 본성에 대한 묵상이 기본기가 되어야 하겠다. 그래야 어떤 상황에서도 흔들리지 않는 탄원과 간구를 드릴 수 있고, 신앙의 깨달음을 통한 평안을 경험하게 될 것이다.

3. 기도와 관상(*oratio et contemplatio*)

주님, 저희를 기억해주십시오. 오래전 옛 이스라엘 백성들에게 하셨던 그 언약을 기억해주십시오. 저희의 삶이 당신의 길에서 떠나 회초리와 채찍으로 당신께 벌 받을 때, 매 맞는 아픔이 아니라 저희의 삶이 어떤지를 되돌아보게 해주시고, 고난과 역경 가운데서도 주님께서 저희를 기억하고 계심을 깨닫게 해주십시오.

04

시편 4권

(90-106편)

읽기

하나님을 향한 덧없는 인생의 고백(시편 90편)

1. 본문 읽기(*lectio*)

[하나님의 사람 모세의 기도.]

우리의 거처이신 하나님

1 주님, 당신은 저희에게 대대로 머무를 곳이 되십니다.

2 산들이 나기 전, 그리고 당신이 땅과 세상을 낳으시기 전부터,
  영원부터 영원까지 당신은 하나님이십니다.

덧없고 연약한 인생

3 당신은 사람을 티끌로 되돌리시고, 말씀하시기를
  "되돌아가거라, 인생들아!"

4 참으로 천 년이 당신 눈에는 지나간 어제 하루처럼,
  한밤중의 두어 시간처럼 그렇게 지나갑니다.

5 당신은 그들을 휩쓸어버리셔서 잠재우십니다.'
  아침이면 그들은 풀처럼 돋아날 것입니다.

6 그것은 아침에 꽃피고 돋아나겠지만,
  저녁이면 시들어 말라버릴 것입니다.

지혜로운 마음 간구

7   참으로 저희는 당신의 노여움에 여위었고,

　　당신의 분노에 깜짝 놀랐습니다.

8   당신은 저희의 죄들을 당신 앞에,

　　저희의 숨겨진 것을 당신 얼굴빛에 가져다 놓으셨습니다.

9   참으로 저희의 모든 날이 당신의 진노에 맞닥뜨립니다.

　　저희가 저희의 햇수를 한숨을 내쉬듯 끝냅니다.

10 저희 날의 햇수가 그 자체로는 칠십 년이고,

　　힘이 있으면 팔십 년입니다.

　　그러나 그것의 자랑거리라야 수고와 고난뿐입니다.

　　참으로 빨리 지나가 버리니, 저희는 날아갑니다.

11 누가 당신의 노여움의 힘을,

　　당신의 진노의 두려움 같은 것을 알겠습니까?

12 그러니 저희 날수를 세는 것을 알게 해주십시오!

　　그러면 저희가 지혜로운 마음을 얻겠습니다.

돌아오십시오

13 돌아오십시오, 야훼여! 어느 때까지입니까?

　　그리고 당신의 종들을 불쌍히 여기십시오!

14 아침에 당신의 인자하심이 저희를 만족게 합니다.

　　그래서 저희는 저희 모든 날 동안 환호하고 기뻐하겠습니다!

15 당신이 저희를 괴롭게 하신 날수대로,

　　저희가 재앙을 본 연수대로

　　저희를 기쁘게 해주십시오!

16 당신의 종들에게 당신이 행하신 일이,

당신의 영광이 그들의 자손들에게 나타나기를 바랍니다!

17 그리고 주님, 저희 하나님의 은총이 저희에게 있기를 바랍니다!

그래서 저희 손이 한 일을 저희를 위해 굳건히 해주시고,

저희 손이 한 일, 그것을 굳건히 해주십시오!

번역 해설

5절ㄱ. 이 구절의 전반절의 히브리어 본문은 이해하기 쉽지 않다. 직역하면 "당신이 그들에게 비를 뿌리십니다. 그들은 잠이 될 것입니다"(שְׁנָה יִהְיוּ זְרַמְתָּם, 즈람탐 쉐나 이흐유)다. 첫째 동사에서 파생한 명사 "זֶרֶם"(제렘)은 "큰 비, 소나기"의 뜻으로 많이 쓰이지만, 동사형으로는 이곳과 77:17[18]에서만 쓰인다. 그래서 이 동사의 정확한 뜻을 알기는 어렵다. 더구나 이어지는 "잠"과도 직관적으로 이어지지 않는다. 그래서 본문을 이해하려는 여러 시도가 있었지만, 우리는 히브리어 본문을 그대로 두고 옮겼다. 곧 4절에서 하나님의 무한하심과 대비되는 인간의 무력함과 유한함을 강조하는 시적 언어로 여긴다.

2. 본문과 함께 그림 묵상(*meditatio et visio*)

그림 202 Cod. Bibl. Fol. 23, 106 recto

히브리어 본문만 봐서는 이 삽화를 직관적으로 이해하기 어렵다. 왜냐하면 그림에서 기도자는 바위 뒤에 숨어서 하나님을 향해 기도하기 때문이다. 1절에서 히브리어 본문은 하나님이 "머무를 곳"(מָעוֹן, 마온)이라고 고백한다. 하지만 70인역(καταφυγή, 카타퓌게)에서 비롯한 라틴어 번역(*refugium*)은 "피난처"라는 본문 전통을 전한다. 이에 영향을 받았는지 중세 히브리어 필사본 가운데 몇몇은 마소라 본문과 비슷한 "מָעוֹז"(마오즈; 산성, 요새)의 본문을 보이기도 한다. 70인역 전통은 "피난처"를 뜻하는 "סֵתֶר"(세테르)를 대본으로 했다고 볼 수 있겠다.

이 세상에서 권세를 누리는 사람들은 그것이 영원하리라고 착각하는 경우가 많다. 반대로 고난을 겪는 이들도 그것이 끝나지 않으리라고 지레 겁먹고 좌절하는 경우가 많다. 이 시편에서는 그런 사람들의 짧은 생각과 하나님의 영원하고 무한한 본성을 맞대어본다. 이는 유한한 인간 세계의 가치와 무한한 하나님 나라의 가치를 견주는 것이다. 이 시편을 노래한 공동체는 지금까지 극한의 고난을 겪어왔고, 지금도 그 고난 한가운데 있는 듯하다. 여기서 공동체는 자신들의 존재나 경험과 비교할 수 없이 무한하신 하나님을 향해 눈을 든다. 그리고 먼저 자신들의 유한성을 깨닫는 지혜를 간구한다. 그런 뒤에 고난에 대한 하나님의 개입을 기도한다. 그런데 그 개입은 상황의 반전이 아니라 하나님의 인자하심에 대한 만족과 기쁨이다.

그림 203 Cod. Bibl. Fol. 23, 106 verso

이 삽화에서 가장 강조된 것은 시들어가는 식물에 거미줄을 친 거미다. 그런데 히브리어 본문에는 거미가 없다. 이 또한 히브리어 본문과 구분되는 전통으로 거슬러 올라간다. 히브리어 본문에서 이 구절의 마지막은 "한숨을 내쉬듯"(כְּמוֹ־הֶגֶה, 크모-헤게)이다. 사실 이 표현은 히브리어에서 익숙하지 않다. 여기서 70인역은 마지막 낱말을 "곰곰이 생각하다"는 뜻의 동사로 여겨 번역했다(μελετάω). 그리고 그 앞에 있는 전치사 "크모"를 "거미처럼"(ὡς ἀράχνην, 호스 아라흐넨)으로 번역했는데, 거미가 히브리어로 "עַכָּבִישׁ"(아카비쉬)인 점이나 70인역에서 이 낱말이 시편 39:11[12]에서 "עָשׁ"(아쉬; 좀벌레)의 번역어로 쓰인 점을 고려하더라도 이해하기 쉽지 않다. 어쨌거나 라틴어 번역은 70인역의 본문 이해를 그대로 옮겼다(sicut aranea meditabantur). 이로써 사람들의 인생이 스스로 보기에는 든든해 보이지만, 하나님 앞에서는 별다른 의미도 힘도 없는 보잘것없는 존재임이 돋보이게 되었다.

신앙은 개인의 차원에서나 공동체의 차원에서나 성장해가야 한다. 시편에서는 거듭 그 성장이 지향해야 할 지점으로 가치관의 재정립을 말한다. 고난이나 절망스러운 상황 자체에 두던 시선을 옮겨서 하나님의 무한하심에 초점을 맞추라는 것이다. 그럴 때 그런 고난이나 상황이 하나님의 무한하심에 상대화되어 새로운 신앙의 경지를 경험할 수 있게 된다. 오늘날 우리가 속해 있는 교회나 신앙 공동체를 되돌아보자. 과연 우리의 공동체는 이런 신앙의 성장을 지향하고 있는가? 그런 관점에서 아직 미흡하다면, 나부터 이 시편에서 말하는 시선의 전환과 가치의 재정립을 경험하려고 노력해야 할 때다.

3. 기도와 관상(*oratio et contemplatio*)

주님, 당신의 무한하심을 고백합니다. 그리고 저의 보잘것없음과 유한함을 고백합니다. 그러니 영원부터 영원까지 변함없는 당신 앞에 저의 존재를 내맡기게 해주십시오.

사랑으로 경험하는 구원(시편 91편)

1. 본문 읽기(*lectio*)

신앙고백

1 지존한 분의 보호 아래 사는 이,

   그는 전능한 분의 그늘에 머무는 것입니다.

2 제가 야훼께 말합니다.

   "당신은 저의 피난처이고, 저의 요새이십니다.

   제가 의지할 나의 하나님이십니다."

축복

3 참으로 그분이 사냥꾼의 올무에서, 파멸의 전염병에서부터

   당신을 건지시기를 바랍니다.

4 그분이 자기 날개깃으로 당신을 덮으시기 바랍니다.

   그러면 그분의 날개 아래 당신이 숨어들 것입니다.

   그분의 한결같으심은 방패와 방어벽이십니다.'

5 밤의 공포와 낮에 날아드는 화살을 두려워하지 마십시오!

6 어둠 속에서 찾아드는 전염병, 한낮에 들이닥치는 재난도!

7 당신 곁에서 천 명이, 그리고 당신 오른쪽에서 만 명이 쓰러지더라도,

   당신에게는 아무도 가까이 오지 않기를 바랍니다.

8 오로지 당신 눈으로 보게 되기 바랍니다.

   악인들이 되받을 보복을 당신이 보기 바랍니다.

9 "참으로 당신, 야훼는 저의 피난처이십니다!"

당신은 지존하신 분을 당신의 머무를 곳으로 삼은 것입니다.

10 당신에게는 재앙이 닥치지 않을 것이고,

재난이 당신 장막에 가까이 오지 않을 것입니다.

11 이는 그분이 자기 천사들을 당신을 위해 명령하셔서

당신의 모든 길에서 당신을 보호하도록 하실 것이기 때문입니다.

12 두 손으로 그들이 당신을 떠받칠 것입니다.

그래서 당신의 발이 돌에 부딪히지 않도록 할 것입니다.

13 사자ᄀ와 독사를 당신이 밟을 것입니다.

당신이 젊은 사자와 뱀을 짓이길 것입니다.

신탁

14 "참으로 그가 나를 사랑하였으니, 내가 그를 구원할 것이다.

내가 그를 높여줄 것이니, 이는 그가 내 이름을 알았음이다.

15 그가 내게 부르짖으면, 내가 그에게 응답할 것이다.

환란 때에 내가 그와 함께 있을 것이다.

내가 그를 구하고, 그를 존귀하게 해줄 것이다.

16 내가 오래 살게 하여,ᄂ 그를 만족시켜줄 것이며,

내 구원을 그에게 보여줄 것이다.

번역 해설

4절ᄀ. 여기서 쓰인 "סֹחֵרָה"(소헤라)는 그 뜻이 분명하지 않다. 70인역은 이 어근을 쓰는 동사로 새겨 번역했다(κυκλώσει σε; '당신을 둘러쌀 것입니다'). 하지만 70인역이 다른 히브리어 본문을 전제한다고 여긴다면, 자음 본문이 "תְּסָחֲרֶךָ"(티스하르카)로 많이 달라져야 한다. 우리는 이 낱말이 아시리아어에서 "원형의 성벽, 둥근 담"을 뜻하는 "*sihirtu*"(시히르투)와 인접한 점(참조.

게제니우스, 『히브리어 아람어 사전』, 544))과 방패와 함께 쓰인 점을 고려하여 적군의 침입을 먼저 막아주는 방어벽으로 새긴다.

13절ㄴ. 시문에서 "사자"를 주로 일컫는 "שַׁחַל"(샤할; 참조. 호 5:14; 13:7; 잠 26:13; 욥 4:10; 10:16; 28:8)을 70인역은 "독사"(ἀσπίς, 아스피스)로 옮겼다. 이는 보통 분사형 "זֹחֵל"(조헬; '기어다니는 것')을 대본으로 추측하게 만들지만, 후반절에서도 사자와 뱀이 나오므로 그럴 가능성은 크지 않다. 그 대신 구두 전승 과정에서 비슷한 발음의 낱말을 혼동하여 들었을 수 있다.

16절ㄷ. 직역. "내가 날들을 길게 할 것이다."

2. 본문과 함께 그림 묵상(*meditatio et visio*)

시편 91편은 마치 예배 과정을 보는 듯하다. 특히 내용으로 보면 회중이 곤경에 맞닥뜨렸거나, 큰 전투를 앞둔 듯하다(이에 대해서는 롱맨 III세, 『시편 I·II』, 466 참조). 어쨌거나 무언가 해결해야 할 문제, 고민이 되고 걱정이 되는 문제를 안고 있는 이들이 하나님 앞에 모여서 신앙을 고백하고 예배를 통해 축복과 신탁을 듣는다. 시편 본문 전반에 걸쳐 있는 전제는 신앙인, 회중, 또는 군대의 신앙고백이다. 이들은 오로지 하나님만을 의지하여 문제에 맞닥뜨릴 준비가 되어 있다. 그분이 구원하고 보호해주실 것이라는 믿음이 있기 때문이다. 그에 대해 제의의 집례자는 다양한 상징어를 써가며 회중을 축복한다. 이 축복의 핵심은 하나님의 주도적인 구원과 보호에 있는데, 이는 마지막 신탁에서 확언된다.

그림 204 Cod. Bibl. Fol. 23, 107 recto

신약성경에서 이 시편은 예수의 시험 이야기(마 4:1-11; 눅 4:1-13)에서 인용되었다. 특히 11-12절이 사탄의 유혹으로 인용된다. 그런 전통에 걸맞게 첫째 삽화부터 예수 그리스도가 주인공으로 등장한다. 예수 그리스도를 향해 원죄의 상징인 뱀과 사탄이 시험하려 덤벼든다. 그러나 1절의 말씀대로 예수 그리스도는 하나님의 보호를 받아 뱀과 사탄의 시험이 통하지 않는다. 시편의 구절, 예수가 시험을 극복한 이야기는 본문을 읽고 그림을 보는 이들에게 귀한 신앙의 모범이 된다.

신앙생활을 하는 개인이나 공동체는 언제 어디서나 어렵고 힘겨운 상황에 맞닥뜨린다. 이 시편은 그런 상황에 어떻게 대처해야 할지를 잘 가르쳐 준다. 구원과 보호는 오로지 하나님께로부터 온다. 그 사실을 분명히 인지하고 고백할 때, 하나님의 주도적인 구원과 보호의 역사하심을 경험하게 될 것이다. 여기서 신앙인을 공격하는 원수들이 받을 "보복" 역시 하나님의 몫이다. 섣부른 응보 신앙은 하나님의 구원과 보호의 자리를 침해할 수 있다. 모든 것을 하나님께 맡기고 의지할 때, 하나님의 역사하심으로 신앙인들은 원수들을 발로 누르는 경험을 할 수 있을 것이다. 무엇보다 중요한 것은 신뢰의 신앙을 다지는 일이다.

그림 205 Cod. Bibl. Fol. 23, 107 verso

둘째 삽화는 11-12절을 형상화한다. 예수 그리스도는 사탄의 시험을 물리치고 있으며, 말씀 그대로 천사들의 수종을 받는다. 유한하고 세속적인 가치들과 무한한 하나님의 가치를 다시금 되새기게 하는 대목이다.

그림 206 Cod. Bibl. Fol. 23, 107 verso

셋째 삽화는 본문 13절을 직관적으로 그린다. 군인의 모습으로 그려진 기도자가 뱀과 사자를 짓밟아 죽이고 있다. 앞서 예수 그리스도로 주인공을 형상화한 점을 고려한다면, 이제 예수 그리스도의 승리에 성도가 참여할 차례라고 말하는 듯하다. 눈여겨볼 점은 기도자의 손에 들린 성경과 하늘에서 내려오는 하나님의 손이다. 이는 성도의 승리, 보복의 주체가 하나님이라는 점을 분명히 깨닫게 해준다.

3. 기도와 관상(*oratio et contemplatio*)

주님, 제가 당신을 사랑합니다. 주님은 저의 보호자이시니, 뱀이나 사자와 같이 저를 공격하고 시험하는 무리를 보고 두려워하지 않도록 저의 시선을 당신께 고정하게 해주십시오.

야훼가 의인을 높이심 찬양(시편 92편)

1. 본문 읽기(*lectio*)

[찬송. 노래. 안식일을 위하여.]

지존자 야훼를 향한 찬양

1 좋습니다!

    야훼께 감사하는 것.

    지존하신 분, 당신의 이름을 찬송하는 것.

2 아침에 당신의 인자하심을, 밤에 당신의 미쁘심을 알리는 것.

3 열줄 거문고와 비파와 수금 히가욘'에 맞추어 그리하는 것.

야훼의 위대하심과 원수들의 패망

4 참으로, 야훼여, 당신의 행동으로 저를 기쁘게 하셨습니다.

    당신 오른손이 하신 일 때문에 제가 환호하겠습니다.

5 당신이 하신 일이 얼마나 위대한지요, 야훼여!

    매우 깊습니다, 당신의 생각.

6 바보 같은 사람은 알지 못하고,

    어리석은 이는 이것을 깨닫지 못합니다.

7 악인들은 풀처럼 돋아나서 모든 악행이 꽃필 테지만,

    그것이 그들을 영원토록 파괴하고 말 것입니다.

8 그러나 당신은 영원토록 높으십니다, 야훼여!

9 참으로 당신의 원수들을 보십시오, 야훼여!

참으로 보십시오! 당신의 원수들은 멸망할 것입니다.

악을 행한 모든 이들은 뿔뿔이 흩어질 것입니다.

야훼가 의인을 높이심

10   그러나 당신은 제 뿔을 들소처럼 높이셨습니다.

신선한 기름으로 제게 부으셨습니다.ᄂ

11   그리고 제 눈이 제 원수들을ᄃ 보았습니다.

제게 맞서 일어났던 행악자들에 대해 제 귀로 들을 것입니다.

12   의인이 대추 야자나무 같이 돋아날 것입니다.

레바논의 백향목 같이 자라날 것입니다.

13   야훼의 집에 심어진 나무들.

우리 하나님의 성전 뜰에서 울창해질 것입니다.

14   수령이 오래되어도 여전히 열매를 맺고,

기름지며, 푸르를 것입니다.

15   그리하여 야훼는 올곧으심,

저의 바위이심, 그리고 그분께는 불의가 없으심이 전해질 것입니다.

번역 해설

3절ㄱ. 히브리어 "הִגָּיוֹן"(히가욘)은 무슨 뜻인지 알려지지 않았다. 70인역은 이 낱말을 "ᾠδή"(오데; '노래')로 옮겼는데, 아마도 이 낱말이 "הָגָה"(하가; '찬양하다'; 참조. 시 35:28; 71:24)에서 온 것으로 새긴 듯하다. 참조. 시편 9:16[17].

10절ㄴ. 히브리어 본문은 피엘 부정사 연계형에 1인칭 접미어가 붙은 형태(בַּלֹּתִי, 발로티)다. 이 형태는 직관적으로 본문에 어울리지 않는다. 아마도 완료형 동사에 목적격 접미어가 붙은 형태(בַּלֹּתַנִי, 발로타니)가 원래 본문이었으리라고 추측할 수 있다. 그렇다면 지금 우리에게 전해진 히브리어 본문은 자음 하나가 탈락한 형태가 된다.

11절ㄷ. 히브리어 본문은 "제 벽들을"(בְּשׁוּרָי, 브슈라이)로 문맥에 들어맞지 않는다. 70인역의 "내 원수들을"(ἐν τοῖς ἐχθροῖς μου, 엔 토이스 에흐트로이스 무)은 "בְּשׁוֹרְרָי"(브쇼르라이)를 번역 대본으로 전제하며, 우리도 그 본문이 원래였을 것으로 여기고 번역한다.

2. 본문과 함께 그림 묵상(*meditatio et visio*)

신앙인은 하나님께서 보여주신 은총에 감사하고, 그분의 이름을 높여 찬양하며, 그분의 복음을 전파하는 것이 맞다. 그런데 근본적인 질문을 해보아야 한다. 언제 구체적으로 무엇을 바탕으로 어떻게 그리할 것인가?

그림 207 Cod. Bibl. Fol. 23, 108 recto

이 삽화는 본문 1-3절을 직관적으로 형상화한다. 기도자는 중세 악기를 들고 찬양한다. 가운데 촛대는 물론 중세 성당의 배경에서 나온 것이겠지만, 밤과 낮의 시간을 상징

할 수도 있겠다. 그리고 제단에는 성경이 펼쳐져 있다. 그림을 보는 이는 하나님께 감사
하고 찬양하는 근거가 말씀을 통해 드러난 그분의 성품에 바탕을 둔다는 사실을 새길 수
있다.

이 시편에서 기도자는 먼저 언제 감사하고 찬양할지의 문제에 분명하게
대답해준다. "아침마다"와 "밤마다" 곧 "언제나"라고 말한다. 그리고 "어
떻게"의 질문에 대해서도 온갖 수단을 동원해서 공간이 충만하여 흘러넘
치도록 감사하고 찬양하라고 말한다. 왜 그래야 하는가? 본문은 그것이 좋
기 때문이라고 강조한다. "좋다"는 말은 태초의 창조 질서에서부터 쓰인
하나님의 섭리의 본질이다. 하나님께서 창조하신 피조물인 우리는 언제
어디서나 창조주이시며 통치자이신 하나님께 감사와 찬양을 돌려드리는
것이 마땅하다.

　그렇지만 감사와 찬양을 이렇게 언제 어디서나 하는 것은 말처럼 쉽
지 않다. 이런 신앙의 자세에는 셋째 질문인 "무엇을 바탕으로"가 전제되
어야 한다. 그것은 하나님의 무한성에 대한 인식이다. 달리 말하자면 유
한성에 초점을 맞추었던 데서 하나님의 무한성으로 초점을 이동하는 것
이다. 하나님께서는 결국 그 무한하심으로 의인들을 높이 드실 것이다. 그
럴 때 의인들은 하나님 안에서 번성을 경험할 것이다. 이 번성은 유한성이
아니라 하나님의 무한한 세계로 들어간 기쁨을 말한다. 그럴 때 개역 성경
에서 추가한, 악인들이 "보응받는 것"을 보지 않더라도 하나님의 새로운
세계를 보는 기쁨을 누릴 것이다.

그림 208 Cod. Bibl. Fol. 23, 108 verso

본문 10-11절을 형상화한 이 그림은 매우 직관적이어서 흥미롭다. 기도자는 들소로 상징되었으며, 하나님이 그의 뿔을 마치 유니콘처럼 높이셨다. 그의 맞은편에 있는 사람은 후광이 없는 것으로 보아 대적일 것이다. 대적은 하나님이 기도자에게 하신 일을 보며 놀라고 있다. 기세등등한 들소의 표정에서 하나님을 향한 기도자의 깊은 신뢰를 느낄 수 있다.

3. 기도와 관상(*oratio et contemplatio*)

주님, 저는 주님의 성전에 심어진 나무가 되기를 바랍니다. 당신의 말씀으로 자양분을 받아 울창하게 자라서 열매 맺는 나무가 되기를 바랍니다. 비록 제 뜻대로 움직이지 않더라도 당신의 나라에서 듬직하게 한몫하는 나무가 되고 싶습니다.

야훼가 임금이십니다!(시편 93편)

1. 본문 읽기(*lectio*)

임금이신 야훼

1 야훼가 임금이십니다!

　그분은 존귀로 옷 입으셨습니다. 야훼가 옷 입으셨습니다.

　힘으로 스스로 허리띠를 매셨습니다.

　정말로 세상은 굳건하여 흔들리지 않습니다.

2 당신의 왕위는 예로부터 굳건합니다.

　영원부터 당신이 계십니다.

큰물을 제압하신 야훼

3 강물이 높였습니다, 야훼여!

　강물이 그 소리를 높였습니다.

　강물이 그 물결을 높입니다.

4 많은 물소리보다 더 거셉니다.

　바다의 파도보다

　높은 데 계시는 야훼는 더 영광스러우십니다.

성전에서 영원하신 야훼의 왕권

5 당신의 증거들은 매우 미쁩니다.

　당신의 집에는 거룩함이 제격입니다.

　야훼는 언제까지나 계실 것입니다.

2. 본문과 함께 그림 묵상(*meditatio et visio*)

기독교 신앙의 본질은 하나님을 아는 데 있다. 무엇보다 하나님은 세상을 지은 분이시다. 이 점을 신뢰하고 고백하지 않는다면 신앙의 본질적인 출발점에 설 수 없을 것이다.

이런 점에서 이 시편은 야훼 제왕 시편의 서곡으로서 신앙의 본질을 강력한 심상으로 노래한다. 복잡다단한 현실 세계를 살아가는 인간은 비가시적인 창조주 하나님보다 더 현실적으로 넘실대며 존재를 위협하는 갖가지 "물"에 눈을 돌리기 십상이다. 그러다 보면 존재와 신앙의 기원인 창조주 하나님에 대한 신앙은 이내 현실적이고 가시적인 가치들에 자리를 내어주게 된다.

이 시편은 강한 군왕이신 야훼의 모습을 선명하게 보여준다. 그리고 야훼 제왕 시편의 대장정을 시작한다. 이 세상의 모든 세력을 제압하시고 성전에서 좌정하신 야훼의 모습, 말씀 가운데서 계시하시는 창조주 하나님의 모습이 그 장정의 기본임을 분명히 한다. 그리고 "야훼는 언제까지나 계실 것입니다"라는 마지막 기원에 동참하도록 초대한다. 이 대목에서 신앙인으로서 우리는 신앙의 근본을 되짚어볼 필요가 있다. 과연 우리는 우리 존재의 근원을 창조주 하나님께 돌리고 있는가? 이 세상의 모든 것, 모든 가치관보다 그 창조주 하나님의 계시에 관한 믿음과 순종이 우선함을 인정하는가? 넘실거리는 세파 앞에서 두려워하지 않고, 그 너머에서 그 모든 것을 지으신 하나님의 다스리심을 보고 있는가? 시작점이 든든하지 않다면 신앙 자체도 든든하지 않을 것이다.

그림 209 Cod. Bibl. Fol. 23, 109 recto

야훼 제왕 시편답게 이 삽화에서 임금이신 예수 그리스도는 천사의 호위를 받으며 오른쪽에 있는 임금의 자리에 등극하신다. 신앙의 첫걸음은 주님을 삶과 존재의 임금으로 모시는 일이다.

3. 기도와 관상(*oratio et contemplatio*)

임금이신 주님, 이 세상에 우뚝 솟은 당신의 위엄을 봅니다. 저의 눈에 펼쳐진 모든 것이 당신의 굳건한 다스림 아래 있음을 고백합니다. 저의 보잘 것없는 존재도 그러함을 고백합니다.

공동체의 고난 극복(시편 94편)

1. 본문 읽기(*lectio*)

"복수의 하나님"

1   복수의 하나님, 야훼여! 복수의 하나님, 빛을 비추십시오!

2   일어나십시오, 세상의 재판관이시여!
    교만한 이들이 저지른 일을 되돌려주십시오!

공동체의 탄원

3   어느 때까지 악인들이, 야훼여?
    어느 때까지 악인들이 기뻐 날뛰어야 하겠습니까?

4   그들은 함부로 말하고 거드름을 피우며 말합니다.
    자기네 모든 악행을 두고 자화자찬을 해댑니다.

5   당신의 백성을, 야훼여, 그들이 짓밟고,
    당신의 소유를 가혹하게 다룹니다.

6   과부와 나그네를 죽이고, 고아들을 살해합니다.

7   그리고는 말합니다.
    "야훼"는 보지도 못하고,
    야곱의 하나님은 알아차리지도 못할 것이다."

바보 같고 어리석은 사람들

8   백성 가운데 바보 같은 사람들이여, 알아차리십시오!
    그리고 어리석은 사람들이여,

어느 때에나 당신들은 지혜로워지겠습니까?

9 귀를 심어주신 분이 듣지 못하겠습니까?

   아니면 눈을 빚으신 분이 보지 못하겠습니까?

10 민족들을 훈육하시는 분이 징계하지 않으시겠습니까?

   그분은 지식으로 사람을 가르시는 분입니다!

11 야훼는 사람들 생각, 그것들이 허무함을 아십니다.

기도 1

12 행복합니다, 그 사람!

   당신이 그를 훈육하십니다. 야훼여⌐!

   그리고 당신의 율법으로 그를 가르치십니다.

13 그리하여 환난 날에도 그를 평안하게 해주십니다.

   악인을 위한 구덩이가 파질 때까지 그리하십니다.

선포

14 참으로 야훼는 자기 백성을 내버려두지 않으시고,

   자기 소유를 저버리지 않으십니다.

15 참으로 공정함에 이르기까지 재판이 되돌아갈 것이며,

   모든 마음이 올곧은 이가 그 뒤를 따를 것입니다.

16 누가 저를 위해 악인들에 맞서 일어나겠습니까?

   누가 저를 위해 나쁜 짓 하는 이들에 맞서 나서겠습니까?

17 만약 야훼가 저를 위한 도움이 아니셨더라면,

   벌써 제 영혼은 침묵에 빠졌을 것입니다.

기도 2

18 "제 발이 비틀거립니다"라고 제가 말했을 때,

　　야훼여, 당신의 인자하심이 저를 떠받치셨습니다.

19 제 안에 근심거리가 많을 때,

　　당신의 위안이 제 영혼을 즐겁게 하였습니다.

20 탐욕의 자리가 당신과 어울리겠습니까?

　　그런 것은 율례를 걸어 고통만 빚어낼 뿐입니다.

최종 신뢰 선포

21 그들이 의인의 영혼을 공격하며,

　　무죄한 피에 유죄 선고합니다.

22 그러나 야훼는 제게 요새이시고,

　　제 하나님은 제가 숨어들 바위이십니다.

23 그러니 그들의 잘못을 그들에게 되돌려주시기 바랍니다!

　　그리고 그들의 죄악 때문에 그들을 없애버리시기 바랍니다!

　　야훼, 우리 하나님이 그들을 없애버리시기 바랍니다!

번역 해설

7, 12절ㄱ. 여기서는 신성4문자(*Tetragrammaton*; יהוה)의 줄임꼴 "יָהּ"(야흐)가 쓰였다. 이 형태는 구약성경에서 46번 나오는데, 출애굽기에 두 번 (15:2; 17:16), 이사야서에 두 번(12:2; 38:11), 그리고 나머지는 모두 시편에서 나온다(68:19; 77:12; 89:9; 94:7, 12; 102:19; 104:35; 105:45; 106:48; 111:1; 112:1; 113:1, 9; 115:17f; 116:19; 117:2; 118:5, 14, 17ff; 122:4; 130:3; 135:1, 3f, 21; 146:1, 10; 147:1, 20; 148:1, 14; 149:1, 9; 150:1, 6).

2. 본문과 함께 그림 묵상(*meditatio et visio*)

시편 전체를 읽어볼 때, 기도자가 맞닥뜨린 상황과 이 시편의 후반부를 시작하는 "행복"은 어울리지 않는다. 기도자는 여전히 악인들에게 둘러싸여 고난을 겪고 있는 듯하다. 우리네 인생도 그리 다르지 않다. 잘못을 저지른 사람들이 그때그때 합당한 대가를 받는다면 억울하지 않겠지만, 좀처럼 그런 경우는 찾아보기 쉽지 않다. 오히려 우리 마음속에는 이 시편을 시작할 때 들었던 "복수"의 바람으로 가득하게 될 뿐이다. 그러나 그것이 답이 아님은 누구나 다 안다.

그림 210 Cod. Bibl. Fol. 23, 109 verso

그림 211 Cod. Bibl. Fol. 23, 109 verso

이 시편 전반에 흐르는 악인들의 잔혹함은 무고한 피를 흘린다는 것이다. 두 삽화는 모두 6절을 그려주는 것으로 보인다. 두 그림에는 세 가지 살해 현장이 그려져 있다. 얼굴을 가리고 애도하는 가운데 머리채를 잡힌 여성은 과부일 것이다. 나머지는 나그네와 고아로 여길 수 있겠다. 고대 사회에서 전쟁 포로나, 전쟁으로 가장을 잃은 여성 혹은 아이들은 대표적인 약자 계층이었다. 율법, 문서 예언자들은 물론 시편도 거듭 이들 약자 계층을 향한 공평과 정의를 강조한다. 그런데도 예나 지금이나 이런 약자들은 쉽사리 무시되고 학대와 착취의 대상이 되곤 한다. 본문에서 우리는 분명히 다시금 임금이신 야훼 하나님의 공평과 정의의 관점에서 이들의 복권에 대한 가르침을 배운다.

본문은 그런 역설적인 상황을 수사의문문으로 표현한다. 그런 가운데 기도자는 어느 순간에 하나님의 본성을 깨닫는다. 현재 고난을 겪는 자신의 지난날을 돌이켜본 것이다. 자신이 걸어온 삶의 길을 되돌아보니, 한 걸음 한 걸음이 모두 하나님의 인자하심과 위안으로 가득함을 보았다. 그리고 다시금 자신을 괴롭히는 악인을 바라보니, 그들의 유한함이 눈에 들어온다. 기도자에게는 요새와 피할 반석 같으신 하나님이 계신다. 그보다 더 확실한 행복이 어디 있겠는가?

본문에서 배울 수 있는 것은 복수심으로 몸살을 앓고 있는 우리의 존재와 그 원인으로 여기는 타인을 하나님 앞에서 상대화하는 일이다. 무엇이 옳고 그르며, 하나님과 현실 가운데 어느 편이 무한한지는 누구나 아는 자명한 사실이다. 그러나 그것을 체득하는 것은 쉬운 일이 아니다. 그리고 고난 가운데서 하나님의 임재를 체험하는 행복은 쉽사리 이를 수 있는 경지가 아니다. 그러니 오늘 우리는 스스로 다시금 수사의문문으로 신앙의 수련을 해야 할 것이다.

하나님께서 내 편이시니 내가 무엇을 두려워하겠는가? 내게 행복하지 않은 순간이 어디 있겠는가?

3. 기도와 관상(*oratio et contemplatio*)

주님, 언제나 저는 피해자인 줄 알았습니다. 늘 제 판단과 제 견해는 옳은 줄 알았습니다. 그래서 제 뜻대로 하나님이 심판을 내리셔야 한다고 여겼습니다. 하지만 당신이 하나님이십니다. 저는 당신의 피조물, 당신의 다스림을 받는 나약하고 불완전한 존재일 뿐입니다. 오, 주님! 당신께 모든 심판을 내맡기고, 겸손히 당신 안에서 가르침을 받는 행복을 깨닫게 해주십시오.

창조주께 무릎 꿇읍시다!(시편 95편)

1. 본문 읽기(*lectio*)

찬양의 부름

1 자,' 야훼께 환호합시다!

　　우리 구원의 바위를 향해 외칩시다!

2 그분 앞에 감사로 나아갑시다!

　　찬송으로 그분께 외칩시다!

창조주 왕이신 야훼 하나님

3 이는 야훼는 크신 하나님이시며,

　　모든 신 위에 크신 임금이시기 때문입니다.

4 곧 그분 손안에 땅의 깊은 곳이 있고,

　　산꼭대기들도 그분의 것입니다.

5 바다도 그분의 것이며, 그분이 그것을 만드셨습니다.

　　그리고 뭍도 그분의 손이 빚으셨습니다.

경배의 부름

6 들어오십시오! 엎드리고, 몸을 굽힙시다!

　　우리를 지으신 분, 야훼 앞에 무릎을 꿇읍시다!

목자이신 하나님

7전 이는 그분이 우리 하나님이시고,

우리는 그분이 기르시는 백성이며,

그분 손의 양 떼이기 때문입니다.

제사장의 신탁

7후 오늘 여러분이 그분의 음성을 듣는다면,

8 "너희들의 마음을 므리바에서처럼,

광야의 맛사 시절처럼 굳게 하지 말아라!

9 곧 너희의 조상들은 나를 시험했다.

그들이 내가 한 일을 보았는데도, 나를 검증하려 했다.

10 사십 년 동안 내가 그 세대가 싫증 나서,

말하기를 '그들은 마음을 잡지 못하는 백성이다.

그래서 그들은 내 길을 알지 못한다'라고 하였다.

11 그래서 내가 화가 나서 맹세하기를

'그들은 절대로 내 안식에 들어가지 못한다'라고 하였다."

번역 해설

1절ㄱ. 직역. "(여러분은) 오십시오!"

2. 본문과 함께 그림 묵상(*meditatio et visio*)

우리네 교회에서는 이른바 "경배와 찬양"이 참으로 중요해졌다. 그러면
서 교회에서 중요한 문화 현상으로 자리 잡았다. 어떤 예배든지 이제는 경
배와 찬양이 빠지면 안 되는 것처럼 여겨질 정도다. 이는 심지어 우리에게
예배의 특정한 형태와 방식을 떠올리게 해주기도 한다. 그런데 당연한 질

문이고 답도 당연하지만, 우리는 이런 경배와 찬양의 본질에 대해 얼마나 깊이 고민하고 있는지를 되새겨보아야 한다.

시편 본문은 전체적으로 예배에서 드리는 찬양과 경배의 본질을 가르쳐준다. 핵심은 정말 우리의 마음속 깊은 곳에 창조주이시고 통치자이신 하나님을 향한 깊은 신앙이 있는지를 거듭 되새기는 데 있다. 그렇다면 그런 찬양과 경배의 본질을 우리는 어떻게 깨달을 수 있는가? 그것은 시편에서 거듭 드러나는 주제로, 우리가 시선을 어디에 두는가를 보면 된다. 곧 가치관이 어디에 있는지를 보면 된다는 말이다. 이 시편이 그리는 제의에서 마지막에 제의를 주관한 제사장은 회중에게 마사와 므리바의 사건을 통해 찬양과 경배의 본질에 대한 경고의 신탁을 선포한다. 곧 출애굽의 놀라운 사건을 이루신 야훼 하나님이 아니라, 고작 마실 물 때문에 그 하나님의 역사하심을 거듭 망각해버린 이스라엘 백성들의 모습을 반면교사로 삼으라고 한다. 유한한 가치 세계가 아니라 무한하신 하나님께로 시선을 맞추지 않은 채 "경배와 찬양"을 말하는 것은 말 그대로 어불성설이다. 하나님 앞에 나아가 예배드리는 오늘 우리의 모습을 점검해보아야 하겠다.

그림 212 Cod. Bibl. Fol. 23, 110 verso

그림은 본문 3-5절의 찬양을 형상화한다. 특히 바다에 초점이 맞추어져 있다. 바다에는 물고기뿐 아니라 신화의 존재들이 있다. 그러나 기도자와 공동체는 오로지 크신 하나님만을 바라본다. 찬양의 본질은 오로지 크신 하나님께 있다. 그림을 보면서 혹시 우리의 마음에 비본질적인 신화가 자리 잡고 있지 않은지 되돌아보게 된다.

3. 기도와 관상(*oratio et contemplatio*)

주님, 당신을 찬양합니다. 동시에 저의 속마음을 함께 들여다봅니다. 찬양하는 입술 너머로 당신이 정말 하나님인지를 시험하려는 마음이 없었는지, 내 안에 당신 대신 가시적 가치를 추구하는 신화와 우상이 들어앉아 있지는 않았는지 겸허하게 들여다봅니다. 오로지 당신을 향한 순전한 찬양으로 저의 속마음을 채워주십시오.

새 노래로 야훼께 노래하십시오!(시편 96편)

1. 본문 읽기(*lectio*)

새 노래로 야훼께 노래하십시오!

1 새 노래로 야훼께 노래하십시오!
   온 땅이여, 야훼께 노래하십시오!

2 야훼께 노래하십시오! 그분의 이름을 송축하십시오!
   날마다 그분의 구원을 전하십시오!

3 민족들 가운데서 그분의 영광을,
   모든 백성 가운데서 그분의 놀라운 일들을 말해주십시오!

창조주 하나님

4 이는 야훼는 크심입니다.
   그래서 그분은 아주 많이 찬양받으십니다.
   그분은 모든 신보다 더 경외 받으십니다.

5 이는 백성들의 모든 신은 우상들임입니다.
   그러나 야훼는 하늘을 지으셨습니다.

6 존귀와 위엄이 그분 앞에 있습니다.
   능력과 영예가 그분의 성소에 있습니다.

야훼께 영광을 돌리십시오!

7 야훼께 드리십시오, 만국의 족속이여!
   야훼께 영광과 능력을 드리십시오!

8   야훼께 그분 이름의 영광을 드리십시오!

     예물을 들고 그분의 성전 뜰에 들어가십시오!

9   거룩한 차림으로 야훼께 엎드리십시오!

     온 땅이여, 그분 앞에서 떠십시오!

10 민족들 가운데서 말하십시오.

     "야훼가 임금이십니다.

     정말로 세계가 굳건해서 흔들리지 않을 것입니다.

     그분이 백성들을 올곧게 재판하실 것입니다."

11 하늘은 기뻐하고, 땅은 즐거워하기 바랍니다!

     바다와 그 안에 가득한 것들은 기뻐 뛰기 바랍니다!

12 들판과 그 안에 있는 모든 것은 기뻐 춤추기 바랍니다!

     그런 다음에는 숲속의 모든 나무도 환호하기 바랍니다!

심판자 야훼

13 야훼 앞에 있으십시오!" 이는 그분이 오시기 때문입니다.

     이는 그분이 땅을 심판하러 오시기 때문입니다.

     그분이 세계를 정의로,

     백성들을 그분의 미쁘심으로 심판하실 것입니다.

번역 해설

13절ㄱ. 우리말 개역 성경 전통에서 이 구절은 12절에 들어 번역되었다. 아마도 이는 전치사구로만 이루어진 "야훼 앞에"(לִפְנֵי יהוה, 리프네 야훼)를 번역하기가 수월하지 않아서였을 것이다. 하지만 우리 번역처럼 동사가 생략된 형태의 묘사로 여기면 문제가 없다.

2. 본문과 함께 그림 묵상(*meditatio et visio*)

"여러분은 새 노래로 야훼를 찬양하십시오." 이 말씀은 노래를 새로 작곡
하라는 정도의 권고가 아니다. 세상은 유한하며, 그 안에 사는 사람들은
유한한 세상의 가치에 사로잡혀 살아간다. 그리고 목숨이 붙어 있어서 이
유한한 세상에서 살아가는 동안 좀 더 가지고, 좀 더 누리려고 안간힘을
쓴다. 그 경쟁에서 뒤처졌다고 생각되는 이들을 무시하고 함부로 대한다.
그러나 시편에서 가르쳐주는 영성은 이런 유한한 세상의 가치와 경쟁을
초월하는 시선이다. 본문에서 말하는 새 노래는 그런 차원에서 이해되어
야 한다. 야훼는 세상의 왕이시다. 그분이 세상을 창조하셨기 때문에 왕이
시며, 그 창조의 질서로 세상을 다스리시기 때문에 왕이시다. 더구나 세상
을 심판하러 오실 것이기 때문에 왕이시다. 그래서 그분의 백성들은 세상
의 유한한 가치를 초월하는 신앙의 노래를 불러야 한다. 그것이 새 노래다.
이는 창조 질서를 보는 눈, 그 가운데서 통치하시는 하나님을 보는 눈, 장
차 새 하늘과 새 땅의 새 창조를 이루실 심판자 하나님을 보는 눈으로 하
는 찬양이다. 그때 신앙인들은 이 세상의 유한한 노래들은 아무런 가치가
없음을 깨닫고, 종말론적인 새 노래로 하나님께 영광을 돌리게 될 것이다.

그림 213 Cod. Bibl. Fol. 23, 110a

이 부분에서 필사본은 이 그림만 남아 있고 본문 부분이 잘려나갔다. 아마도 빠뜨린 삽화를 나중에 덧붙인 듯하다. 여하튼 그림은 7-9절의 모습을 우리에게 보여준다. 하늘에서 내려온 하나님의 손의 지시에 따라 여러 무리가 오른쪽 성전으로 향한다. 임금이신 그분의 백성으로서 만국의 족속들이 그분의 나라로 몰려드는 종말론적인 현실을 꿈꾸게 된다.

3. 기도와 관상(*oratio et contemplatio*)

주님, 당신은 임금이십니다. 당신은 저와 저의 공동체, 제가 사는 이 땅, 그리고 온 세상을 다스리십니다. 제가 당신의 다스림을 볼 수 있도록 세심하게 살피는 눈을 열어주십시오. 그래서 매 순간 당신의 다스림 때문에 즐거워하며 새 노래로 당신을 찬양하게 해주십시오.

시온의 기쁨(시편 97편)

1. 본문 읽기(*lectio*)

임금이신 야훼

1 야훼가 임금이십니다.
   땅은 즐거워하기 바랍니다.
   수많은 섬은 기뻐하기 바랍니다.

자연 세계에 나타나시는 야훼

2 구름과 어둠이 그분 둘레에 있습니다.
   정의와 공평이 그분 보좌의 기초입니다.

3 불이 그분 앞으로 나아가서,
   둘레에 그분의 대적들을 불사릅니다.

4 그분의 번개가 세상을 비춥니다.
   땅이 보고 두려워 떱니다.

5 산들이 밀랍처럼 야훼 앞에서,
   온 땅의 주인 앞에서 녹았습니다.

6 하늘이 그분의 정의를 전하였고,
   온 백성들이 그분의 영광을 보았습니다.

우상 숭배자들

7 조각상을 섬기는 모든 이들,
   우상을 칭송하는 이들은 부끄러워질 것입니다.

그분 앞에 엎드려라, 모든 신이여!

시온의 기쁨

8 시온이 듣고 기뻐하였고, 유다의 딸들이 즐거워하였습니다.

당신의 심판 때문입니다, 야훼여!

9 참으로 당신 야훼는 온 땅 위에 지존자이십니다.

당신은 모든 신 위에 매우 높으십니다.

약속과 권면

10 야훼를 사랑하는 이들이여, 악을 미워하십시오!

그분은 자기에게 경건한 이들을 지키는 분입니다.

악인들의 손에서 그들을 건져주십니다.

11 빛이 의인들을 위해,

마음이 올곧은 이들을 위해 기쁨이 흩뿌려집니다.

12 의인들이여, 야훼 때문에 기뻐하고,

그분의 거룩한 이름에 감사하십시오!

2. 본문과 함께 그림 묵상(*meditatio et visio*)

신앙인들은 "왕이신 나의 하나님"이라는 찬양을 부른다. 그런데 과연 어떤 의미에서 하나님이 임금이신가? 그분의 통치는 어떻게 알아볼 수 있는가? 사실 이 세상이 돌아가는 것을 보면 하나님께서 임금이라는 고백이 무색할 정도로 혼란스럽다. 의롭고 선하게 살려고 안간힘을 쓰는 이들이 고난을 받는 경우를 우리는 어렵지 않게 찾아볼 수 있다. 그리고 탐욕스럽게 재산과 권력을 모으려고 온갖 불법을 가리지 않고 저지르는 이들이 의기 양양하게 세력을 과시하며 살아가는 모습도 어렵지 않게 본다. 도대체 하나님은 어디서 임금이신가?

이때 우리는 질문 자체를 처음부터 다시 해야 한다. 하나님의 통치의 본질이 무엇인가? 마치 경찰처럼 권선징악을 우리 눈앞에서 그때그때 실행하고, 눈에 보이게 인생 역전을 해주시는 것이 통치인가? 만약 그렇게 생각한다면 그 신앙인의 눈은 여전히 유한한 가치 세계를 벗어나지 못하고 있다.

하나님의 통치는 이 유한한 세계에 제한되지 않는다. 신앙인은 이 세상의 창조 질서를 보면서 태초부터 영원까지 온 세상을 다스리시는 하나님의 무한성으로 눈길을 돌려야 한다. 거기에 진정한 하나님의 통치가 있다. 물론 이런 시선의 전환은 쉽지 않다. 그러나 신앙생활 가운데서 끊임없이 이를 지향점으로 삼아야 할 것이다. 그렇게 무한한 하나님의 통치를 향해 갈 때, 하나님의 임재의 빛과 그 가운데서 누리는 심판의 기쁨을 경험하게 될 것이다.

그림 214 Cod. Bibl. Fol. 23, 111 recto

그림은 본문 2-6절에서 그리는 신현현의 모습을 심판주 예수 그리스도로 형상화한다. 천사로 표현된 주님의 공평과 정의, 그 둘레의 어둠은 2절을 직관적으로 그려준다. 그리고 3-5절에서 그리는 신현현의 모습을 인상적인 방식으로 묘사하는데, 특히 불의 심상과 산들이 밀랍처럼 녹는다는 본문의 직관적 표현은 심판주의 나타나심을 그리는 데 효과적이다.

3. 기도와 관상(*oratio et contemplatio*)

주님, 당신은 심판주이심을 고백합니다. 장차 세상의 모든 불의와 악은 당신 앞에서 떨며 무너질 것을 믿습니다. 더불어 제가 알게 모르게 당신의 자리를 차지하려는 교만에 빠져 있었음을 고백합니다. 불의와 악을 보며 당신의 부재를 속마음에서라도 불평했다면 그것이 제 교만이었음을 고백하며 용서를 구합니다.

야훼의 오른손과 거룩한 팔(시편 98편)

1. 본문 읽기(*lectio*)

[찬송.]

새 노래로 야훼께 노래하십시오!

1 　새 노래로 야훼께 노래하십시오!

　　이는 그분이 놀라운 일들을 이루셨기 때문입니다.

　　자신을 위해서 그분의 오른손과 거룩한 팔로 구원하셨습니다.

2 　야훼는 자기 구원을 알리셨습니다.

　　민족들의 눈앞에서 그분의 정의를 드러내셨습니다.

3 　그분은 이스라엘 집안을 위한 그분의 인자하심과 미쁘심을 기억하셨

　　습니다.

　　모든 땅끝이 우리 하나님의 구원을 보았습니다.'

온 땅이여 야훼를 찬양하라!

4 　온 땅이여, 야훼를 향해 외치고, 기뻐하며, 환호하고, 찬송하여라!

5 　야훼를 향해 수금으로,

　　수금과 현악에 맞춘 소리로 찬송하여라!

6 　금관 나팔과 양각 나팔 소리로

　　임금이신 야훼 앞에서 외쳐라!

7 　바다와 그 안에 가득한 것들,

　　세계와 그 안에 사는 이들은 기뻐 뛰기 바랍니다!

8   강들은 손뼉치기 바랍니다!

     산들은 함께 환호하기 바랍니다!

9   야훼 앞에 있으십시오!ᄂ 이는 그분이 오시기 때문입니다.

     이는 그분이 땅을 심판하러 오시기 때문입니다.

     그분이 세계를 정의로,

     백성들을 그분의 올곧으심으로 심판하실 것입니다.

번역 해설

3절ㄱ. 히브리어 성경 읽기의 절 나누기(아트나흐)는 "모든 땅끝이 보았습니다"를 전반절에 드는 것으로 나누지만, 문장은 우리의 번역으로 이해하는 것이 맞다.

9절ㄴ. 위의 시편 96:13의 번역 해설을 보라.

2. 본문과 함께 그림 묵상(*meditatio et visio*)

이 시편은 야훼의 통치를 가시적으로 깨닫는 방법을 가르쳐준다. 곧 지난 날 그분이 베풀어주신 구원을 보라는 것이다. 야훼의 구원은 정의롭고 인자와 자비가 풍성한 현실이다. 하나님의 백성에게 그렇다. 신앙인은 이 구원을 어떻게 경험하는가? 첫째, 말씀을 통해 경험할 수 있다. 성경에는 이스라엘의 역사 가운데서 베푸신 야훼의 구원이 가득하다. 더욱이 예수 그리스도가 오심으로써 그 구원은 세상 만방으로 확장되었으며, 오늘 우리 신앙인에게까지 미친다. 둘째, 개인의 삶을 통해 경험한다. 과거를 딛고 일어선 현재는 언제나 기적이다. 개인의 삶에 얼마나 많은 위기가 있는가? 그런 위기를 딛고 일어선 현재는 하나님의 구원의 결과다. 셋째, 우리는 하나님이 지으신 이 세계의 질서를 보며 구원을 깨닫는다. 사람들의 기술이 아무리 뛰어나다 하더라도 하나님께서 지으신 이 세상이 돌아가는 질서를 뛰어넘을 수는 없다. 그것은 곧 구원의 확실성을 드러내는 하나님의 계시의 통로이기도 하다.

그림 215 Cod. Bibl. Fol. 23, 111 verso

이 삽화는 1-3절 본문을 형상화한다. 사람들이 말씀이 적힌 두루마리를 들고 하늘을 바라본다. 그들이 발 딛고 선 땅은 거칠지만, 그들의 눈빛은 또렷하다. 이는 하나님이 베푸신 구원을 모든 땅끝이 보았다는 고백, 그 구원을 말씀 가운데서 발견했다는 메시지를 더불어 전해준다.

왕이신 야훼께서 이미 베푸셨고, 앞으로 베푸실 구원의 확실성에 눈을 뜨고 나면, 본문 후반부에서 강조하듯 오로지 찬양만 넘치는 삶으로 바뀌게 될 것이다. 우리는 아침 햇살을 보며, 주룩주룩 내리는 빗줄기를 보며, 새 싹이나 낙엽을 보며, 그것들이 구원의 왕이신 야훼를 향해 드리는 찬양 소리를 들을 수 있어야 한다. 그리고 우리 자신의 삶도 찬양으로 가득하게끔 변화시켜갈 수 있어야 한다.

그림 216 Cod. Bibl. Fol. 23, 112 recto

본문 4-9절이 이 삽화에서 표현된다. 현악기와 관악기를 연주하는 사람들이 있고, 가운데 다윗 임금이 있다. 이 시편에서 다윗이 등장하는 까닭은 "찬송"(מִזְמוֹר, 미즈모르)만 있는 히브리어 성경과 달리 다윗에게 저작권을 돌리는 70인역(Ψαλμὸς τῷ Δαυιδ, 프살모스 토 다위드) 전통을 따르는 라틴어 본문의 표제(psalmus David)를 생각한다면 이해할 수 있다. 그렇다고 해서 이 악대가 다윗을 찬양하는 것은 아니다. 이들의 시선은 다윗에게 가 있는 것이 아니라 하늘을 향하기 때문이다. 여기서 다윗은 역대기가 그리는 대로 하나님을 향한 찬양을 명령하고 조직하는 역할로 그려진다.

3. 기도와 관상(*oratio et contemplatio*)

오늘 제 눈으로 당신의 구원을 봅니다. 아침에 눈을 뜨면 창가로 넘어 드는 햇살에서, 땅을 적시는 빗줄기에서, 대지를 스쳐 가는 바람 소리에서 당신의 통치를 봅니다. 그리고 밤새 잠들어 있게 하시고, 아침에 어김없이 눈을 뜨게 하신 당신의 구원을 봅니다. 그 일상의 구원에서 세상의 구원으로 시선을 넓히는 삶이 되게 해주십시오.

임금이신 야훼는 거룩하십니다(시편 99편)

1. 본문 읽기(*lectio*)

임금이신 야훼

1 야훼가 임금이십니다. 민족들은 떨어야 합니다.
  그룹 사이에 앉으신 분의 땅은 흔들려야 합니다.

2 시온에 계시는 야훼는 위대하시고,
  그분은 모든 민족보다 높으십니다.

3 위대하고 두려운 당신의 이름을 그들이 찬송해야 합니다!
  "거룩하십니다, 그분!"

야훼의 공평과 정의

4 그리고 임금의 능력은 그가 사랑하는' 공평입니다.
  당신은 올곧음을 굳히셨습니다.
  야곱 가운데서 공평과 정의를 당신이 이루셨습니다.

5 야훼, 우리 하나님을 높이고,
  그분의 발등상에 엎드리십시오!
  "거룩하십니다, 그분!"

중보자들을 통한 야훼의 응답하심

6 그들의 제사장들 가운데는 모세와 아론이 있고,
  그분의 이름을 부르는 이들 가운데는 사무엘이 있습니다.
  그들이 하나님께 부르짖었더니,

그분이 그들에게 응답하셨습니다.

7   그분은 구름 기둥 가운데서 그들에게 말씀하셨습니다.

    그들은 그들을 위해 주신 그분의 증거들과 율례를 지켰습니다.

8   야훼, 저희 하나님이여!

    당신은 그들에게 응답하셨습니다.

    당신은 그들에게 용서하는 하나님이십니다.

    하지만 그들의 행위대로 갚는 분이기도 하십니다.

9   야훼, 우리 하나님을 높이고,

    그분의 거룩한 산에 엎드리십시오!

    "참으로 거룩하십니다, 야훼, 우리 하나님!"

번역 해설

4절ㄱ. 여기서 쓰인 동사 완료형(אָהֵב, 아헤브)은 문맥상 바로 앞에 있는 "공평"(מִשְׁפָּט)을 수식하는 구실을 하며, 관계사가 생략된 형태로 보아야 한다(참조. Hossfeld/Zenger, *Psalms 2*, 483).

2. 본문과 함께 그림 묵상(*meditatio et visio*)

임금이신 야훼 하나님은 공의롭고 정의로우시다. 그분의 심판은 치우침이 없으며, 겉으로 드러난 것으로 판단하지 않는다. 그리고 그분은 올바르시며 그릇됨이 없다. 더불어 그분은 소외되고 억눌린 이들을 불쌍히 여기는 정의로움도 보여주신다. 그것이 그분의 구원이며, 그분의 거룩하심이다. 그분의 크고 두려운 이름이다. 이 시편에서는 이런 임금이신 야훼가 어떤 분인지를 가르쳐준다. 그리고 임금이신 야훼의 백성들도 그렇게 살라고 넌지시 권한다. 그분의 이름을 높여드리고, 그분께 찬양하며, 그분을 경배하고, 스스로 어떻게 살아야 할지를 다짐하라는 것이다. 이 세상에는 불의와 부정이 판을 친다. 그 모든 것이 유한한 세상의 가치에 함몰된 이들의 모습이다. 신앙인은 거듭 그런 세상의 유한성을 초월하여 하나님의 공의와 정의를 지향해야 한다.

더불어 이 시편에서는 임금이신 야훼가 이 세상에서 어떻게 역사하시는지를 그분의 일꾼들의 이름을 들며 가르쳐준다. 비록 그 일꾼들이 한계가 있고 잘못을 저지르기도 하지만, 하나님께서는 그런 그들의 한계와 잘못을 품어 훈육하고 용서해가며 하나님의 구원 역사를 이루신다. 여기서도 우리는 시선의 이동을 배운다. 지도자가 중요하지만, 그들에게 초점을 맞출 것이 아니라 그들을 통해 일하시는 하나님의 "증거와 율례", 곧 말씀을 통한 계시에 초점을 맞추어야 한다.

그림 217 Cod. Bibl. Fol. 23, 112 verso

이 삽화는 시편 전체의 모습을 형상화한다. 먼저 예수 그리스도께서 한가운데 말씀 두루마리를 펼쳐 들고 앉아 계시며, 그 옆에는 천사로 표현된 그룹이 있다. 왼쪽에는 후광을 두른 두 명이 있는데, 코덱스를 들고 있는 인물은 모세일 것이다. 그리고 두루마리를 든 인물은 아론 혹은 사무엘일 텐데, 평범한 복장으로 봐서 사무엘일 가능성이 크다. 그리고 그 아래에는 공동체가 엎드려 있다.

3. 기도와 관상(*oratio et contemplatio*)

거룩하신 주님, 당신 앞에 엎드립니다. 당신은 높고 높으신 분, 이 땅 위에 공평과 정의를 이루시는 분입니다. 당신의 거룩하심 앞에 제가 엎드려 부르짖습니다. 저의 마음속 깊은 곳에 있는 죄까지도 용서하시고 응답해주실 것을 믿습니다.

감사와 찬양으로(시편 100편)

1. 본문 읽기(*lectio*)

[감사의 찬송.]

찬송하며 경배하십시오(ㄱ)

1   온 땅이여, 야훼를 향해서 환호하십시오!

2   기쁨으로 야훼를 섬기십시오!
    즐거이 소리치며 그분 앞으로 들어가십시오!

여러분은 아십시오(ㄴ)

3   야훼, 그분이 하나님이심을 아십시오!
    그분이 우리를 지으셨지, 우리가 아닙니다.'
    그래서 그분의 백성이고 그분이 기르시는 양 떼입니다.

감사와 찬양으로(ㄱ')

4   감사로 그분의 문에,
    찬양으로 그분의 뜰에 들어오십시오!
    그분께 감사하십시오!
    그분의 이름을 송축하십시오!

야훼의 선하심, 인자하심과 성실하심

5   참으로 야훼는 좋으십니다. 그분의 인자하심은 영원하시고,

그의 미쁘심은 대대로 있을 것입니다.

번역 해설

3절ㄱ. 히브리어 본문의 쓰기 전통(Ketib)은 "그리고 우리가 아니다"(אֲנַחְנוּ
וְלֹא, 블로 아나흐누)라고 쓰는 반면에, 읽기 전통(Qere)에서는 "그리고 우리
는 그에게 속한다"(אֲנַחְנוּ וְלוֹ, 블로 아나흐누)로 쓴다. 70인역은 여기서 쓰기
전통에 따른다(καὶ οὐχ ἡμεῖς, 카이 우크 헤메이스). 그러니 이 전통은 단순한
필사 오류가 아니라 읽기 전통과는 구분되는 오랜 본문 전통을 반영한다
고 볼 수 있다. 우리말 성경은 문맥에 따라 읽기 전통을 따라 옮겼다. 하지
만 우리는 읽기 전통 본문과 70인역 본문의 고대성을 인정하여 옮긴다.

2. 본문과 함께 그림 묵상(*meditatio et visio*)

감사는 하나님을 향한 내면적 반응이요, 찬양은 외연적 반응이다. 이 세상
의 모든 일이 그러하듯, 신앙도 내용과 형식이 조화를 이루어야 한다. 내용
없는 형식적 신앙은 공허하며, 형식이 갖추어지지 않은 신앙은 정체성 혼
란의 위험이 있다.

　신앙인들은 대부분 신앙의 본질적 내용을 잘 알고 있다. 그래서 본문
의 5절처럼 그것이 숱하게 입에 오르내려서 거의 습관처럼 익숙해졌다. 그
러나 그러다 보면 본질적인 내용의 소중함이 흐려질 수 있다. 그저 입에
서 흘러나오는 주문처럼 무의미하게 내뱉는 말이 되어버릴 수 있다. 그래
서 신앙의 본질이 되는 내용은 거듭 곱씹으며 되새겨야 한다. 본문은 창조
주요 통치자이시며, 구원자요 심판자이신 야훼의 본성을 다시금 선포한다.
이 말씀 앞에서 신앙인은 스스로 얼마나 이 사실을 가슴 깊이 감격하며 고

백하는지를 되돌아보아야 할 것이다.

또한 하나님께 드리는 고귀한 내용의 신앙이라면 정성스러운 형식의 그릇에 담아야 하지 않을까? 특히 개신교에서 신앙의 형식을 대수롭지 않게 여기는 경향을 보인다. 신앙의 내용을 담을 그릇인 형식을 생략하다 보면, 자칫 우리의 존재 전체가 드려야 할 예배에서 타성에 젖거나 함부로 하나님 앞에 나아가는 잘못에 빠질 수도 있다. 몸가짐은 마음가짐에서 나온다. 그러므로 신앙의 올바른 마음가짐을 가지고 하나님께 나아가기 위해서는 진심 어린 몸가짐과 올바른 형식의 예배를 지키려고 노력해야 할 것이다.

그림 218 Cod. Bibl. Fol. 23, 113 recto

그림은 본문 4절을 생각나게 해준다. 오른쪽에 예수 그리스도께서 임재해 계신다. 예수 그리스도 앞에는 성전으로 들어가는 문이 상징적으로 그려져 있다. 세 사람이 성전 문으로 들어가는데, 맨 앞에는 사제로 보이는 이가 향로를 들고 분향하며 들어간다. 그 뒤로는 두 사람이 초를 들고 가는데, 교회 전통에서 초는 빛이신 예수의 임재, 성도의 기쁨, 헌신 등을 뜻한다. 이로써 예배의 형식과 내용을 아울러 묵상할 수 있다.

3. 기도와 관상(*oratio et contemplatio*)

주님, 당신께 예배드리는 저 자신을 봅니다. 찬양하는 저의 입술을 봅니다. 말씀을 듣는 제 귀를 봅니다. 주님 앞에 점점 더 부끄러워지는 저 자신을 봅니다. 용서해주십시오. 저의 모든 존재를 다 드려 예배하지 못했습니다. 때로는 형식에 빠져 있었고, 때로는 형식을 무시했습니다. 형식 때문에 내용을 잊었고, 내용 때문에 형식을 등한시했습니다. 당신의 좋으심, 인자하심, 미쁘심을 순전한 저의 존재를 드려 언제 어디서나 찬양하기를 원합니다.

어느 때 당신은 제게 오시겠습니까?(시편 101편)

1. 본문 읽기(*lectio*)

[다윗의 찬송.]

어느 때 당신은 제게 오시겠습니까?

1   인자하심과 공평하심을 제가 노래하겠습니다!
    당신께, 야훼여, 제가 찬송하겠습니다!

2   제가 온전한 길을 눈여겨보겠습니다!
    어느 때 당신은 제게 오시겠습니까?
    제가 온전한 마음으로 제집 안에서 살아가겠습니다!

자기 자신을 향한 다짐 1(ㄱ)

3   저는 제 눈앞에 쓸모없는 것을 두지 않을 것입니다.
    저는 배반하는 사람들˘을 미워합니다.
    아무도˘ 제게 들러붙지 못할 것입니다.

4   그릇된 마음은 제게서 물러날 것입니다.
    악을 저는 알지 못할 것입니다.

5   남몰래 제 이웃을 헐뜯는 이, 그를 제가 없앨 것입니다.
    눈이 높고, 거만한 이,˘ 그를 저는 용납하지 않을 것입니다.

자기 다짐이 미칠 영향(ㄴ)

6   제 눈은 이 땅의 신실한 이들에게 있습니다.

그들이 저와 함께 살도록 하기 위함입니다.

온전한 길을 걷는 이, 그가 저를 따를 것입니다.

7   거짓을 일삼는 이는 저의 집 안에 살지 못할 것입니다.

그는 제 눈앞에서 굳건히 자리 잡지 못할 것입니다.

자기 자신을 향한 다짐 2(ㄱ´)

8   아침마다 저는 이 땅의 모든 악인을 없앨 것입니다.

야훼의 성읍에서 악을 행하는 모든 이를 끊어버리기 위함입니다.

번역 해설

3절ㄱ. 히브리어 "עֲשֹׂה־סֵטִים"(아소-세팀)은 두 낱말을 다 이해하기가 수월하지 않다. 먼저 모음으로 보아 부정사 연계형으로 보이는 "עֲשֹׂה"(아소)는 사실 자음으로 봐서는 70인역의 이해(ποιοῦντας, 포이운타스; '행하는 사람들')처럼 남성 분사 복수 연계형 "עֹשֵׂי"(오세)로 보는 것이 합당하다. 둘째 낱말 "סֵטִים"(세팀)은 구약성경에서 여기에만 나오는 낱말(*hapax legomenon*)이다. 일반적으로 발음이 비슷한 "שֵׂטִים"(세팀)으로 본다(참조. 게제니우스, 『히브리어 아람어 사전』, 538).

3절ㄴ. 여기서 쓰인 동사(יִדְבַּק, 이드바크)는 3인칭 단수형으로서 비인칭 주어를 전제하는 것으로 보아야 한다.

5절ㄷ. 직역. "마음이 넓은 이"(רְחַב לֵבָב, 르하브 레바브).

2. 본문과 함께 그림 묵상(*meditatio et visio*)

신앙과 삶이 어떻게 조화를 이루는지의 문제는 쉬우면서도 참으로 실행하기 어렵다. 누구나 하나님의 통치를 인정하고 살아가는 삶이 완전해야 함은 인정할 것이다. 그러나 과연 현실이 그런지는 두고 봐야 할 문제다. 익명성이 보장된 상황에서 얼마나 완전한 삶의 길과 마음을 지키는가? 앞선 100편에서는 하나님 앞에 예배를 드리면서 외연과 내면의 조화 차원에서 감사와 찬송을 강조했다. 이 시편은 일상의 삶에서 하나님의 인자하심과 공정하심을 이루는 삶을 분명히 가르쳐준다. 본문의 짜임새에서 파악할 수 있듯, 이런 삶은 끊임없는 성찰과 다짐을 통해 이룰 수 있다. 더구나 6절에서 말하듯, 완전한 삶의 길을 걸어가는 이들이 어우러져 서로에게 선한 영향력을 미쳐야 더욱 수월하게 이룰 수 있다.

그런 완전한 삶의 길이 지향해야 할 목적은 무엇인가? 본문의 8절은 이 땅에서 하나님의 인자하심과 공정하심에 어긋난 삶의 길을 가는 사람이 없어지는 현실을 말해준다. 곧 하나님의 통치가 이루어지는 하나님 나라다. 한 사람 한 사람, 한 무리 한 무리의 삶이 합쳐지고 퍼져나가다 보면, 어느새 하나님 나라의 현실이 우리 눈앞에 이루어질 것이다. 그 한 걸음을 내딛는 것이 중요하다. 이는 "아침마다" 다짐하고, 매 순간 그 다짐을 삶에서 실천하며, 하나님 나라의 현실을 거듭 꿈꾸는 데서 시작할 것이다.

그림 219 Cod. Bibl. Fol. 23, 113 verso

가장 먼저 이 그림에서 눈에 들어오는 것은 후경에 있는 스케치(?)다. 이 흐릿한 그림 흔적이 그리려다 만 것인지, 나중에 덧그리려다 만 것인지, 원래 삽화가의 흔적인지, 또 다른 인물이 했는지도 분명하지 않다. 어쨌거나 그림이 8절을 형상화한 것은 분명해 보인다. 다만 "없애다, 근절시키다" 등의 뜻을 가진 히브리어 동사 "צמת"(차마트)의 사역형(Hiphil)을 라틴어에서 *"interficiebam"*(내가 죽일 것이다)으로 옮긴 데서 오른쪽에 있는 기도자가 가운데 있는 악인을 칼로 내려치는 것으로 그린다. 왼쪽에 지팡이를 짚고 있는 인물은 기도자의 신앙에 함께하는 신실한 이를 상징할 것이다.

3. 기도와 관상(*oratio et contemplatio*)

주님, 과연 저는 무엇을 바라보고 있는지요? 제 마음속 깊은 곳에 있는 제 마음의 눈은 무엇을 바라보고 있는지요? 저의 겉모습과 속마음이 과연 당신 앞에서 한결같은지 되돌아봅니다. 아침마다 되돌아봅니다.

괴로운 날, 부르짖는 날(시편 102편)

1. 본문 읽기(*lectio*)

[고난 겪는 이의 기도. 그가 쇠약해져서 자기 근심을 야훼 앞에 쏟아낼 때.]

"하나님" 탄원 1

1   야훼여, 들어주십시오, 제 기도를!
     그리고 저의 부르짖음이 당신께 가기를 바랍니다!

2   당신의 얼굴을 제게서 숨기지 마십시오, 제게 괴로운 날에!
     당신의 귀를 제게로 기울여주십시오!
     제가 부르짖는 날에 서둘러 제게 대답해주십시오!

"나" 탄원

3   참으로 저의 날들이 연기처럼 끝장나버렸고,
     제 뼈는 숯처럼^ᵃ 타버렸습니다.

4   제 마음은 풀처럼 시들어^ᵇ 말라버렸습니다.
     이는 제가 빵 먹는 것도 잊었기 때문입니다.

5   제 한숨 소리 때문에 제 뼈와 살이 붙어버렸습니다.

6   저는 광야의 갈까마귀^ᶜ 같습니다.
     저는 황무지의 부엉이 같습니다.

7   저는 깨어 있어서,
     지붕 위의 외로운 새 같아졌습니다.

"원수" 탄원

8 온종일 제 원수들이 저를 조롱하였습니다.
   미쳐 날뛰는 이들이 저를 걸고 맹세하였습니다.

9 참으로 저는 재를 빵처럼 먹었고,
   마실 것은 제 눈물로 뒤섞였습니다.

"하나님" 탄원 2

10 당신의 분노와 노여움에서부터
    참으로 당신은 저를 들어 내던지셨습니다.

11 제 날들은 기울어가는 그림자 같고,
    저는 풀처럼 시들어갑니다.

영원한 하나님의 임재

12 그러나 당신, 야훼는 영원토록 계시고,
    당신의 이름˝은 대대에 있을 것입니다.

13 당신이 일어나셔서 시온을 불쌍히 여기실 것입니다.
    이는 그것에 은혜를 베풀 때이기 때문입니다.
    이는 정한 때가 다가왔기 때문입니다.

14 참으로 당신의 종들이 그곳의 돌들을 좋아하고,
    그곳의 티끌을 불쌍히 여길 것입니다.

하나님의 임재의 공간적 확장

15 그래서 민족들이 야훼의 이름을,
    땅의 모든 왕이 당신의 영광을 경외할 것입니다.

16 이는 야훼가 시온을 지으시고,

그분의 영광 가운데 나타나셨기 때문입니다.

17 그분이 헐벗은 이의 기도를 돌아보시고,

그들의 기도를 업신여기지 않으셨습니다.

하나님의 임재의 시간적 확장

18 이것이 다음 세대를 위해 기록되고,

창조될 백성이 야훼를 찬양할 것입니다.

19 참으로 그분이 성소의 높은 데서 내려다보셨습니다.

야훼가 하늘에서 땅을 살펴보셨습니다.

20 갇힌 이의 신음을 듣기 위해서,

죽음에 몰린 이들"을 풀어주기 위해서,

21 야훼의 이름을 시온에서,

그분의 명성을 예루살렘에서 전하기 위해서.

22 백성들과 나라들이 함께 야훼를 섬기기 위해 모여들 때!

기도자의 성찰

23 그분이 도중에 저의 힘을" 약하게 하셨습니다.

그분이 제 날들을 짧게 하셨습니다.

24 제가 제게 말하였습니다.

"제 날들의 한가운데 저를 데려가지 마십시오!

당신의 연대는 대대로 있습니다.

25 옛적에 당신이 땅의 기초를 세우셨고,

하늘도 당신 손의 작품입니다.

26 그것들은 없어질 것이지만, 당신은 그대로 계실 것입니다.

그리고 그것들 모두는 의복처럼 헤질 것이어서,

옷처럼 당신은 그것들을 바꾸실 것입니다.

그러면 그것들은 바뀔 것입니다.

27 그러나 당신은 바로 그분이어서,

당신의 연대는 그지없을 것입니다.

28 당신 종들의 자손이 자리 잡을 것이고,

그들의 후손은 당신 앞에서 굳건할 것입니다.

번역 해설

3절ㄱ. 우리가 보는 히브리어 성경 본문의 바탕을 이루는 레닌그라드 사본(Codex Leningradensis, 기원후 1008년 필사)에는 "כְּמוֹ־קֵד"(크모-케드; '케드[?]처럼')로 필사되어 있는데, 이는 이해하기 어려운 본문이다. 70인역(ὡσεί φρύγιον, 호세이 프뤼기온; '숯나무처럼')이나 중세에 필사된 본문들에서는 "כְּמוֹקֵד"(크모케드; '숯처럼')로 기록되어 있다.

4절ㄴ. 직역. "(햇볕과 바람을) 맞아서"(הוּכָּה, 후카).

6절ㄷ. 여기서 쓰인 "קָאַת"(카아트)는 정확히 어떤 새인지 밝혀지지 않았다. 다만 이 낱말이 새소리를 본뜬 의성어에서 나왔을 것으로 추정할 뿐이며(Kraus, *Psalmen 60-150*, 864), 후반절과 평행관계를 고려해서 광야에 서식하는 새의 일종으로 여길 수 있겠다.

12절ㄹ. 개역개정의 직역에서 보듯 기억과 관련이 있는 "זֵכֶר"(제케르)는 히브리어 성경에서 종종 하나님의 이름을 가리키는 뜻으로 쓰인다(참조. 출 3:15; 사 26:8; 호 12:6; 시 135:13).

20절ㅁ. 직역. "죽음의 아들들"(בְּנֵי תְמוּתָה, 브네 트무타).

23절ㅂ. 히브리어 본문의 쓰기 전통(Ketib)은 "그의 힘"(כֹּחוֹ, 코호)이다. 하지만 이는 아마도 자음 혼동에서 온 오래된 필사 오류일 것이다. 우리는 이어지는 구문과 이루는 평행과 읽기 전통(Qere)에 따라 "저의 힘"(כֹּחִי, 코히)으로 새긴다.

2. 본문과 함께 그림 묵상(*meditatio et visio*)

1) 고난 가운데 경험하는 변화

본문의 기도자는 지독한 고난의 상황에 놓여 있다. 그 가운데서 그는 침묵하시는 하나님을 향해 부르짖는다. 아니, 그분이 침묵하시는 듯한 상황에 대해 절규한다. 그리고 그 고난 때문에 자신이 얼마나 쇠약해져 가는지를 한탄한다. 더욱이 시도 때도 가리지 않고 대적하는 원수들의 의기양양한 모습에 소침해진다. 그런데 고난 가운데서 고뇌하는 이런 모습에서 우리는 큰 교훈 하나를 얻는다. 기도자의 고뇌는 좌절이 아니다. 절망도 아니다. 그는 고난 가운데 하나님을 향해 눈을 들고 기도한다. 거기에 벌써 변화의 시작이 있다. 이는 시편의 모든 탄원 시편이 첫머리에서 우리에게 가르쳐주는 교훈이다. 우리는 하나님의 통치 아래 있으므로, 우리가 겪는 고난도 그분의 통제 아래 있음을 기억해야 한다. 유한한 고난 자체에 초점을 맞추면 좌절할 수밖에 없지만, 그 너머에 계시는 무한한 하나님의 세계로 시선을 돌리면 고난은 상대화될 수밖에 없다. 그리고 새로운 가치 세계를 경험한다.

이 시편은 이런 보편적인 탄원 시편의 교훈과 더불어 고유한 메시지를 전해준다. 곧 고난을 겪는 이는 언제나 옳은가 하는 문제다. 요나처럼 자기가 옳으며 잘못이 없다고 스스로 우겨대는 것은 고난의 상황을 더 악화시킬 뿐이다. 누구나 잘못을 저지를 수 있다. 고난이 때로는 그 잘못에 대한 하나님의 훈육일 수도 있다. 더욱 중요한 것은 고난의 상황에서 하나

님 앞에 자기 자신을 세우고 성찰하는 일이다. 고난이 징벌이기만 한 것도
아니지만, 우리가 겪는 것이 늘 의인의 고난인 것도 아니라는 점을 인정해
야 새로운 세계를 볼 수 있다.

그림 220 Cod. Bibl. Fol. 23, 114 recto

이 삽화는 6절을 소재로 탄원의 분위기를 그려준다. 그림 좌우에 새가 두 마리 있다. 여
기서 흥미로운 점은 두 새가 앉아 있는 자리다. 왼쪽의 새는 성문 위에 앉아 있고, 오
른쪽의 새는 황무지에 앉아 있다. 히브리어 본문에서는 둘 다 "광야"와 "황무지"다.
그런데 70인역은 여기서 "황무지"(חֳרָבוֹת, 호라보트)를 명확하지 않은 이유에서 "ἐν
οἰκοπέδῳ"(엔 오이코페도; "건물 안에")로 옮긴다. 추측건대 전반절과 대조를 위한 의역
으로 보인다. 이 필사본의 라틴어 역본은 70인역의 이 전통에 따르니(in domicilio), 삽
화는 그 본문을 그대로 재구성했다. 이 본문과 삽화는 고립무원의 기도자가 부닥친 고
난의 현실이 더 강조되어 있다. 그 가운데서 눈을 부릅뜨고 하늘을 향해 간구하는 기도
자의 굳은 신앙의 의지가 돋보인다.

2) 기도의 목적

고난의 상황에서는 누구나 기도한다. 그런데 무엇을 기대하며 기도하
는가? 이 문제는 신앙의 근원적인 인식과 잇닿아 있다. 고난 가운데 하는
기도가 그 고난이나 고난의 원인을 제공하는 대적의 제거가 목적이라면,
여전히 이 시편의 앞부분의 마지막 10-11절에서 반성했던 어리석고 유한

한 수준의 신앙에 머무르는 것이다.

진정한 기도는 하나님을 만나는 것을 목적으로 해야 한다. 이 시편의 기도자는 마지막 단락에서 보듯, 결국 현실에서는 아무런 변화를 경험하지 못한다. 그럼에도 그는 끊임없이 하나님의 임재의 현실을 눈앞에 보듯 그리고 있다. 그리고 마지막 기도에서 보듯, 유한한 자신의 존재와 무한하신 하나님의 본성을 견주며, 그 앞에서 겸손해지고 완전히 그분을 의지하는 신앙의 성장 과정을 보여준다.

더불어 그는 자신이 경험했거나 경험하고자 하는 야훼의 임재의 현실이 공간적으로나 시간적으로나 확장되어가기를 소망한다. 기독교는 흘러가는 종교다. 스스로 깨닫고 혼자서 구원받고 마는 종교가 아니다. 신앙인은 언제나 공동체의 한 구성원이다. 개인의 영성은 곧 공동체의 영성으로 이어져 확장되어가야 하고, 개인의 신앙 성장도 공동체의 신앙 성장으로 확장되어야 한다. 더욱이 자신의 신앙 성장의 모습을 잘 다스려 다음 세대에 물려주어야 한다. 그것이 이 시편의 마지막에서 고백하듯, "주 앞에서 굳게 서는" 비결이다.

3. 기도와 관상(*oratio et contemplatio*)

주님, 저의 삶은 고난의 연속으로 보이기까지 합니다. 어떤 상황에서도 당신을 향한 제 시선을 옮기지 않도록 저를 붙들어주십시오. 당신은 창조주시며 통치자이심을 제가 믿습니다. 당신의 나라의 굳센 백성으로 성장해나가도록 저를 도와주십시오.

야훼를 송축하십시오!(시편 103편)

1. 본문 읽기(*lectio*)

[다윗.]

자기 찬양 명령

1 "내 영혼이여, 야훼를,
그리고 내 속에 있는 모든 것이여,
그분의 거룩한 이름을 송축하여라!

2 내 영혼이여, 야훼를 송축하고,
그분이 하신 모든 일을 잊지 말아라!

"나" 차원의 송축 근거

3 그분은 네 모든 죄를 지우신 분!
그분은 네 모든 병을 고치신 분!

4 그분은 네 목숨을 구덩이에서 되찾으신 분!
그분은 인자와 긍휼로 네게 관 씌우신 분!

5 그분은 네 시간'을 좋은 것으로 만족시키시는 분!
네 젊은 시절이 독수리처럼 새로워질 것이다."

야훼의 성품

6 야훼는 모든 억눌린 이에게 정의로움과 공정함을 베푸시는 분!

7 그분은 모세에게 자기 길을,

이스라엘 자손에게 자기 행하심을 알리신 분!

8 야훼는 자비롭고 은혜로우시며,

화내기를 더디 하시고, 인자하심이 풍부하십니다.

9 그분은 언제까지나 책임을 묻지 않으시고,

영원토록 앙심을 품지 않으십니다.

"우리" 차원의 송축 근거

10 그분은 우리의 잘못에 따라 대하지 않으셨고,

우리의 죄악에 따라 우리에게 갚지 않으셨습니다.

11 이는 하늘이 땅보다 높음같이

그분의 인자하심이 그분을 경외하는 이들에게 강하기 때문입니다.

12 동쪽이 서쪽에서 먼 것같이

우리의 죄를 우리에게서부터 멀리 옮기셨습니다.

13 아버지가 아들들을 불쌍히 여김같이

야훼는 그분을 경외하는 이들을 불쌍히 여기십니다.

14 이는 그분이 우리의 생각을 아시며,

우리가 먼지뿐임을 기억하시기 때문입니다.

인생의 유한함

15 인간의 날들은 풀과 같습니다.

들풀처럼 그렇게 꽃필 뿐입니다.

16 참으로 바람이 그 위로 지나가면 없어져 버리고,

그 있던 자리를 다시는 알아볼 수 없습니다.

야훼의 무한하심

17 그러나 야훼의 인자하심은 영원부터 영원까지
  그분을 경외하는 이들 위에 있고,
  그분의 정의로우심은 자손의 자손에게,

18 그분의 언약을 지키는 이들에게,
  그리고 그분의 법도를 기억하여
  그것들을 실천하는 이들에게 있습니다.

임금이신 야훼를 향한 우주적 찬양 명령

19 야훼는 하늘에 그분의 보좌를 세우시고,
  그분의 왕권은 모든 것을 다스리십니다.

20 야훼를 송축하십시오, 그분의 사자들이여,
  힘센 용사들이여, 그분의 말씀을 실천하는 이들이여!
  그분 말씀의 소리를 듣도록 그리하십시오.

21 야훼를 송축하십시오, 그분의 모든 군대여,
  그분의 시종들이여, 그분의 뜻을 실천하는 이들이여!

22 야훼를 송축하십시오, 그분이 지으신 모든 이여,
  그분이 다스리시는 모든 곳에서!
  내 영혼이여, 야훼를 송축하여라!

번역 해설

5절ㄱ. 히브리어 본문의 "עֶדְיֵךְ"(에드예크; '너의 장식품'[?])는 이해하기 어렵다. 70인역은 "너의 바람"(τὴν ἐπιθυμίαν σου, 텐 에피튀미안 수)으로 옮겼는데, 이것이 또 다른 히브리어 전통을 반영하는지는 몇몇 제안에도 불구하고 명확히 알 수 없다. 우리는 히브리어 본문이 "עֹדֵךְ"(오데키; '너의 시간,

삶, 존재': 참조. 시 104:33; 146:2)에서 음위전환(metathesis)의 필사 오류를 겪었을 것이라는 제안(참조. Kraus, *Psalmen 60-150*, 871; Hossfeld/Zenger, *Psalms 3*, 31; Allen, *Psalms 101-150*, 26 등)을 받아들여 번역한다.

2. 본문과 함께 그림 묵상(*meditatio et visio*)

1) 복-송축-축복

하나님을 송축한다는 것은 우리말에서 뜻하는 것보다 더 깊은 의미가 있다. 히브리어에서 송축(בְּרָכָה, 브라카)은 응답의 개념이다. 하나님께서 인정해주시는 올바른 신앙인의 삶 가운데서 그분이 베푸시는 올바른 관계의 복(בְּרָכָה, 브라카)에 응답하는 것이다. 그런 응답은 공동체 차원에서 서로를 향하는 축복(בְּרָכָה, 브라카)으로 이어지고 확장되어야 하는 개념이다.

그런 점에서 우리는 본문에서 이 낱말의 참된 의미가 구체화된 모습을 본다. 단수의 예배자는 자신의 영혼, 곧 존재의 근원을 향해 야훼를 향한 찬양을 명령하는데, 그 근거가 하나님과의 올바른 관계가 회복되는 경험을 했기 때문이라고 고백한다. 그 바탕에는 은혜와 긍휼을 한없이 베푸시는 하나님의 품성이 있다. 이 고백과 명령은 공동체 차원으로 확장된다. 공동체의 모든 구성원이 하나님의 인자하심과 긍휼하심으로 죄 사함을 경험하고, 그분이 베푸시는 관계의 복을 경험했다고 고백하는 것이다.

신앙생활이나 예배의 이상적인 모습은 바로 이런 것이 아니겠는가? 하나님과 올바른 관계를 맺어 복된 삶을 누리고, 한 사람 한 사람의 그런 삶이 모여 공동체의 변화를 일구어나가는 것, 그것이 참된 "브라카"일 것이다. 그것이 복이요 송축이요 축복이다.

그림 221 Cod. Bibl. Fol. 23, 115 verso

그림은 본문 5후반절을 직관적으로 형상화한다. 왼쪽에 기도자가 있고, 오른쪽에는 본
문 그대로 독수리가 있다. 문제는 가운데 있는 여성이다. 아마도 이 여성은 히브리어에
서처럼 라틴어로도 여성 명사인 "영혼"(anima)을 상징할 것이다. 그리하여 그림에서
기도자는 여성으로 형상화된 자신의 영혼을 향해 송축 받으실 하나님 앞에서 존재의 활
기를 찾는다는 메시지를 역설하는 듯하다.

2) 인간의 유한함과 하나님의 무한하심

인간으로서 우리의 존재는 언제나 유한성의 굴레를 벗어날 수 없다. 우
리가 그런 존재이기 때문에 우리의 시각이나 가치 판단도 유한성이 기준
이 되는 경우가 숱하다. 그러나 누구나 알고 있고 변하지 않는 진리는 인
간은 모두 숨이 끊어지는 순간 바람처럼 사라져버릴 유한한 존재라는 사
실이다. 그래서 유한한 세계에 가치 판단의 기준을 두고 그곳만 바라보고
사는 인생은 허무할 뿐이다.

그러나 신앙인들이 분명히 새겨야 하는 하나님의 근본적인 품성은 그
분이 무한하신 분이라는 사실이다. 그분은 하늘의 하늘도 지으시고, 이 세
상 모든 존재를 다스리시는 분이다. 그런데 더욱 놀라운 사실은 하나님은
그분을 경외하는 모든 이들에게 변함없는 사랑을 끝없이 베푸신다는 것
이다. 그러므로 무한하신 그분을 만나고 아는 존재들은 모두 그분 앞에 조
아려 송축하지 않을 수 없다.

유한한 인간의 한계 너머에 계신 하나님을 만나는 비결, 또 그분의 변함없는 사랑을 깨닫고 누리는 비결은 그분을 경외하는 것이다. 유한성의 한계와 굴레에 갇혀 있다 보면 무한하신 하나님이 두렵지 않을 수 있다. 왜냐하면 무한하신 하나님의 역사하심은 유한한 세계에서는 볼 수 없는 경우가 많기 때문이다. 그 한계를 극복하고 무한한 하나님의 세계에 들어가 그분을 경외하며 그분의 인자와 긍휼을 누리는 길은 계시된 그분의 말씀 한 구절 한 구절을 소중히 여기고 되새기며 삶으로 실천하는 것이다. 작은 말씀 하나에서부터 그런 훈련을 하다 보면, 끝없이 펼쳐진 하나님 나라의 백성이 되어 감격스러운 송축에 동참하게 될 것이다.

3. 기도와 관상(*oratio et contemplatio*)

무한하신 주님, 당신 앞에서 저는 풀이나 꽃처럼 유한하고 보잘것없는 존재임을 고백합니다. 오로지 당신 앞에서만 제 존재의 활기가 독수리 날갯짓처럼 새로워짐도 고백합니다. 제 존재의 근원이신 당신을 송축합니다.

초월하시는 창조주 야훼(시편 104편)

1. 본문 읽기(*lectio*)

서론적 찬양

1 내 영혼이여, 야훼를 송축하여라!

　야훼, 나의 하나님! 당신은 매우 위대하십니다.

　존귀와 위엄으로 당신은 옷 입으셨습니다.

2 빛을 겉옷처럼 두르신 분!

　하늘을 휘장처럼 펼치신 분!

3 물에 누각 지붕을 이으신 분!

　구름을 자기 수레 삼으신 분!

　바람 날개 위로 다니시는 분!

4 바람을 자기 심부름꾼으로,

　훨훨 타는 불을 자기 시종으로 삼으신 분!

질서를 세우신 창조주 야훼

5 그분은 땅을 그 기초 위에 세우셨습니다.

　그것은 영원토록 흔들리지 않을 것입니다.

6 당신은 깊은 바다를 옷으로 하듯 덮으시니

　산들 위로 물이 솟았습니다.

7 당신의 꾸짖음에 그것이 도망쳤습니다.

　당신의 우렛소리에 그것이 서둘러 달아났습니다.

8 산들이 솟아오르고, 골짜기들은 꺼졌습니다.

당신이 그들을 위해서 마련하신˺ 곳을 향해.

9　경계를 당신이 두셔서 그것들이 넘어오지 못합니다.

　　땅을 덮으러 되돌아오지도 못합니다.

피조물에 물을 공급하시는 야훼

10　마른 시내에서 샘들을 솟게 하신 분!

　　그것들은 산들 사이에서 흘러갑니다.

11　그분의 모든 들짐승이 마시게 하셨습니다.

　　들나귀들이 자기네 목마름을 해결합니다.˻

12　거기에 하늘의 새도 깃듭니다.

　　나뭇가지 사이에서 소리가 흘러나옵니다.

13　자기 누각에서부터 산들이 마시게 하시는 분!

　　그분이 이루신 일의 열매로 땅이 배를 불립니다.

14　가축을 위한 풀과 사람의 노동을 위한 채소를 움트게 하시는 분!

　　그리하여 땅에서 빵을 내십니다.

15　또 인간의 마음을 즐겁게 하는 포도주도 그리하십니다.

　　그분은 기름으로 얼굴을 윤기 나도록 하십니다.

　　또 인간의 마음을 떠받쳐줄 빵도 그리하십니다.

16　야훼의 나무들이 배를 불릴 것입니다.

　　그분이 심으신 레바논의 백향목들입니다.

17　그리하여 거기에 새들이 둥지를 틉니다.

　　황새는 잣나무를 제집 삼습니다.

18　높은 산들은 야생 염소들을 위하여 있습니다.

　　바위들은 오소리들을 위한 피난처입니다.

낮과 밤을 주관하시는 야훼

19 그분이 달을 절기들을 위해 마련하셨습니다.

　　해는 지는 때를 압니다.

20 당신이 어둠을 두셔서 밤이 되게 하셨습니다.

　　그때 숲의 모든 짐승이 기어 나옵니다.

21 어린 사자들은 먹잇감을 찾아 울부짖고,

　　하나님께 제 먹이를 구합니다.

22 해가 돋으면 모여들어서 제 소굴에 눕습니다.

23 사람은 제각각 일을 하러 나오고,

　　저녁이 되기까지 자기 노동을 합니다.

24 야훼여, 당신이 지으신 것들이 얼마나 많은지요?

　　당신은 그 모든 것을 지혜로 지으셨습니다.

　　당신의 피조물이 땅에 가득합니다.

바다 생물들의 창조 질서

25 이것은 크고 너른ᴰ 바다입니다.

　　거기에는 무리 지어 다니는 물고기들ᴿ이 있는데,

　　셀 수도 없습니다.

　　크고 작은 동물들도 있습니다.

26 거기에는 배들이 다닙니다.

　　당신이 만드신 리워야단ᴾ은 그 속에서 노닙니다.

창조주를 향한 피조물들의 의존성

27 그것들 모두는 당신께,

　　제때에 자기네 먹을 것 주시기를 바랍니다.

28 당신이 그들에게 주시면, 그들이 낚아챕니다.

　당신 손을 열어주시면, 그들은 좋은 것으로 배를 불립니다.

29 당신이 얼굴을 숨기시면, 그것들은 깜짝 놀랍니다.

　당신이 숨을 거두어가시면, 그것들은 죽어버립니다.

30 당신이 당신 영을 보내시면, 그것들이 창조되고,

　당신은 지면을 새롭게 하십니다.

야훼의 영광을 향한 송축

31 야훼의 영광이 영원토록 이어지기를 바랍니다!

　야훼께서 그 지으신 것들 때문에 기뻐하시기를 바랍니다!

32 그분은 땅을 들여다보시는 분! 그러면 그것이 뒤흔들립니다.

　그분이 산들을 만지시면, 그것들이 연기를 뿜습니다.

33 제가 사는 동안 저는 야훼께 노래하겠습니다!

　평생토록 저는 제 하나님께 찬송하겠습니다!

34 제 묵상이 그분 마음에 들기를 바랍니다!

　저는 야훼 때문에 기뻐하겠습니다!

35 그분이 죄인들을 땅에서 끝장내버리시고,

　악인들이 더는 없도록 하실 것입니다!

　내 영혼이여, 야훼를 송축하여라!

　할렐루야!

번역 해설

8절ㄱ. 여기서 쓰인 지시대명사 "זֶה"(제)를 히브리어 성경의 모음을 만든 이들은 바로 앞에 있는 "장소로"(אֶל-מְקוֹם, 엘-므콤; 연계형 명사)와 연관되는 것으로 읽었다. 하지만 이 낱말이 구약성경의 시문에서 관계사 구실을 하는 점을 고려해볼 때(참조. 시 74:2; 78:54; 사 25:9; 잠 23:22 등; 게제니우스,『히브리어 아람어 사전』, 193), 이어지는 문장과 앞선 낱말을 이어주는 것으로 보인다.

11절ㄴ. 직역. "목마름을 깨뜨립니다."

25절ㄷ. 이 표현은 히브리어에서 "넓다"는 뜻의 "רְחַב"(라하브)와 "두 손"을 뜻하는 "יָדַיִם"(야다임)이 합쳐진 꼴이다. 구약성경에서는 이렇게 하여 두 팔을 벌려 가리키는 너비의 광활함을 나타내는 데 쓰인다(참조. 창 34:21; 사 22:18; 33:21; 게제니우스,『히브리어 아람어 사전』, 287).

25절ㄹ. 여기서 쓰인 낱말은 "רֶמֶשׂ"(레메스)인데, 이 낱말은 원래 "기는 동물"을 뜻하지만, 여기서는 떼 지어 몰려다니는 크고 작은 물고기의 무리를 가리키는 듯하다(참조. Kraus, *Psalmen 60-150*, 885).

26절ㅁ. 히브리어 "리브야탄"(לִוְיָתָן)은 신화적인 피조물을 일컬으며(사 27:1; 시 74:14; 욥 3:8), 악어를 빗대어 일컫기도 한다(욥 40:25).

2. 본문과 함께 그림 묵상(*meditatio et visio*)

1) 창조주 하나님

옛 이스라엘에서 본문의 저자는 아마도 고대 창조 설화를 숱하게 접했던 듯하다. 그리고 작심한 듯, 그 본보기로 이 전반부에서는 고대 근동의 물과 관련한 설화들을 빌려서 보란 듯이 야훼 하나님이 창조주이심을 선포한다. 고대 메소포타미아 창조 설화의 배경에서 "깊은 바다"(테홈/티아마트)는 대적이었으며, 마르두크가 그것을 제압했다고 믿어왔지만, 본문은 그 모든 것은 야훼의 창조 질서 아래 제압된 자연 현상에 지나지 않는다고 상대화한다. 그리고 고대 이집트의 배경에서 태양신 아톤이 물을 통한 풍요를 가져다준다고 믿었다면, 이 시편에서는 그것이 야훼의 피조물일 뿐이라고 말한다.

오늘날에는 과연 이런 미신이 없는가? 고대 사회에서 제어할 수 없었던 자연 현상이 신격화되고 우상화되었다면, 오늘날에는 과학 기술이나 지식에 대한 과신이 신격화되고 우상화되어 하나님의 자리를 넘보고 있다. 인간들은 대상이 다를 뿐 또 다른 바벨탑을 쌓고 있다. 과학 지상주의 혹은 과학으로 하나님의 섭리를 풀고 제어할 수 있다고 여기는 것을 보며 본문의 저자는 어쩌면 또다시 104편을 저작하고 싶을지 모르겠다.

우리 자신과 우리의 문명은 모두 하나님의 창조 질서 안에서 이루어지고 있을 뿐이다. 그런 뜻에서 우리는 하나님의 창조 앞에 다시금 겸손해질 필요가 있다. 하늘, 산, 바다, 동물, 식물, 모든 자연 세계의 질서를 보며 창조주 하나님의 놀라운 은총을 다시금 송축할 수 있어야 하겠다.

그림 222 Cod. Bibl. Fol. 23, 116 verso

이 삽화는 중세 이콘 가운데 가장 흥미롭다고 해도 지나치지 않을 것이다. 이 그림은 본문 5-9절에서 창조주 하나님이 물을 제어하시고 질서를 잡으시는 장면을 그린다. 무엇보다 가장 눈에 띄는 것은 하나님의 뒷모습이다. 하나님의 뒷모습을 그린 것은 어쩌면 시내산의 모세 전통이 반영되었을 수 있다(참조. 출 33:23). 두 팔을 벌리고 물의 경계를 정하시는 장면이 간결하면서도 장엄하게 표현되었다. 그림을 보는 이는 하나님과 그 너머의 혼돈에서 질서를 향해 일사분란하게 움직이는 물을 함께 본다. 이것은 자연을 바라보는 우리의 시선에 중요한 메시지를 전해준다. "자연"은 말뜻과 달리 "스스로 그렇게 된 것"이 절대 아님을 역설한다. 이는 신앙인으로서 우리가 피조물을 보며 창조주를 기억해야 함을 되새겨준다.

2) 한 차원 높은 시선의 신앙

신앙은 시선이다. 고대 이집트 사람들은 아침에 떠오르는 태양을 보며 그것이 신이라고 믿었다. 그리고 아크헤나텐은 이집트 사람들이 믿고 있던 숱한 신들 가운데 그 아톤 신이 최고라고 믿었다. 그런데 문제는 밤이었다. 밤이 되니 아톤 신은 없고 암흑천지다. 밝을 때는 숨어 있던 맹수들이 나와 어둠을 장악하고, 도둑이 들어도 어둠에 묻혀버리기 일쑤다. 아크헤나텐과 이집트 사람들에게 밤은 아톤 신이 없는 시간이었다. 그래서 어서 빨리 아침이 되어 아톤 신이 다시 돌아오기만 바라며 공포에 떨어야 했다.

그림 223 Cod. Bibl. Fol. 23, 117 recto

본문 19-24절이 이 그림에서 형상화되었다. 왼쪽에 올빼미가 깨어 있고, 오른쪽에 맹수들이 깨어 있는 것으로 봐서 배경은 밤이다. 다들 서로 다른 곳을 향하고 있지만, 그림을 보는 이는 분명한 질서를 느낄 수 있다. 본문을 읽은 삽화가는 분명히 창조 질서 아래 있는 자연 세계를 보여주고 싶었을 것이다. 피조물들은 모두 창조주 하나님이 마련하신 질서 아래 한 치의 오차도 없이 굴러간다. 그 앞에서 우리는 피조물인 인간으로서 자신을 돌아보게 된다.

이 시편의 저자는 이런 이집트 사람들을 비웃는다. 그는 이집트 사람들과 고대 사회의 사람들 대부분이 신이라고 믿었던 태양이 하나님의 피조물이라고 선포한다. 그리고 아톤이 아니라 하나님께서 태양을 뜨게 하시고 운행하게 하시며, 세상의 모든 만물이 살아가게 하신다고 선포한다. 그것도 모두가 너무 잘 알고 있던 아톤 찬송시를 인용해서 말이다. 그리고 이집트 사람들이 두려움에 떨던 밤도 하나님의 통치 아래 있는 창조 질서에 따른다고 선포한다. 이집트 사람들에게 밤은 신이 없는 시간이었지만, 이 시편의 시인은 창조주 야훼 아래서 "신이 없는 시간과 공간"이란 없음을 분명히 한다. 이는 신앙의 시선을 넓히고 높여준다.

그림 224 Cod. Bibl. Fol. 23, 117 verso

그림은 본문 26절을 직관적으로 보여준다. 반인반수의 바다 괴물로 그려진 리워야단이 배의 닻을 뺏어들고 노를 잡아끌며 항해를 방해한다. 아마도 중세 시대 리워야단에 대한 이해를 반영할 것이다. 본문 묵상의 관점에서 흥미로운 점은 사공들이다. 정작 항해는 리워야단으로 형상화된 폭풍으로 어려워졌지만, 하나 같이 그 폭풍이 아니라 하늘을 바라본다. 여기서 자연을 우상화한 고대의 다른 종교들과, 모든 것을 하나님의 피조물로 인식하는 성경의 세계관 사이에 근본적인 차이점을 다시금 깨닫는다.

시편 저자의 이런 선포를 통해 오늘 우리의 신앙을 돌아보게 된다. 우리의 신앙은 무엇을 바라보고 있는가? 가시적이지만 유한한 이 세상의 가치는 오늘 우리에게 때론 아톤 신 노릇을 한다. 과연 우리는 그것을 넘어서는 신앙의 시선을 가지고 있는가?

3. 기도와 관상(*oratio et contemplatio*)

주님, 사람들은 어둠 속에 빛이신 당신이 없다고 여깁니다. 하지만 저는 빛도 어둠도 당신의 피조물임을 압니다. 어떤 상황과 어떤 장소에서도 창조주이시고 통치자이시며 심판주이신 당신을 바라볼 수 있기를 바랍니다.

역사를 통해 함께하신 야훼(시편 105편)

1. 본문 읽기(*lectio*)

서론적 찬양

1 야훼께 감사하십시오! 그분의 이름을 부르십시오!
   백성들 가운데서 그분이 하시는 일을 알리십시오!

2 그분께 노래하십시오! 그분께 찬송하십시오!
   그분의 모든 기이한 일을 묵상하십시오!

3 그분의 거룩한 이름을 자랑하십시오!
   야훼를 찾는 이들의 마음이 즐겁기를 바랍니다!

4 야훼와 그분의 힘을 좇으십시오!
   그분의 얼굴을 언제까지나 찾으십시오!

5 그분이 이루신 놀라운 일들,
   그분의 이적과 그분 입의 판결들을 기억하십시오!

6 그분의 종, 아브라함의 후손이여,
   그분이 선택하신 이, 야곱의 자손들이여!

족장들을 향한 언약

7 그분은 야훼, 우리 하나님이십니다.
   온 땅에 그분의 판결들이 있습니다.

8 그분은 자기 언약을,
   천 대에 걸쳐서 하신 명령의 말씀을 영원히 기억하셨습니다.

9 그것은 아브라함과 맺으셨습니다.

그리고 이삭에게 하신 그분의 맹세입니다.

10 그리고 그분은 그것을 야곱에게 율례로,
   이스라엘에게 영원한 언약으로 세우셨습니다.

11 말씀하시기를
   "너에게 내가 가나안 땅을 줄 것이다.
   너희의 소유로 할당된 것이다"라고 하셨습니다.

족장들의 여정에 함께하신 야훼

12 그들이 있을 때, 수가 적었습니다.
   소수로 그곳에서 나그네였습니다.

13 그래서 이 민족에서 저 민족으로,
   이 왕국에서 다른 백성에게로 떠돌아다녔습니다.

14 그분은 사람이 그들을 억누르도록 내버려 두지 않으셨고,
   그들 때문에 임금들을 꾸짖으셨습니다.

15 "너희는 나의 기름 부은 이들에게 손대지 말고,
   나의 예언자들을 해치지 말아라"라고 하셨습니다.

요셉 이야기

16 그리고 그분은 그 땅에 기근을 불러들이셔서,
   모든 빵 막대기를' 부수셨습니다.

17 그분은 그들 앞서 한 사람을 보내셨습니다.
   그리하여 요셉은 종으로 팔려갔습니다.

18 사람들이 차꼬로 그의 발을 묶었습니다.
   그의 목에는' 쇠사슬이 채워졌습니다.

19 그분의 말씀이 올 때까지 그리되었습니다.

그분의 말씀이 그를 정련하였습니다.

20 임금이 사람을 보내어 그를 석방했습니다.
백성들의 통치자가 그를 풀어주었습니다.

21 그가 그를 자기 왕궁의 주관자,
그의 모든 소유물을 다스리는 사람으로 삼았습니다.

22 그리고 그는 자기의 뜻대로 임금의 신하들을 거느리고,ᵉ
그의 장로들을 지혜로워지도록 했습니다.

23 그리하여 이스라엘이 이집트로 들어가고,
야곱이 함의 땅에서 나그네가 되었습니다.

이집트에서 압제 받은 이스라엘 백성들

24 그리고 그분은 자기 백성을 매우 번성하게 하셨으며,
그들의 대적보다 강하게 하셨습니다.

25 그분은 그들의 마음을 바꾸어 자기 백성을 미워하게 하시고,
자기 종들에게 수를 속이게 하셨습니다.

이집트에 내린 재앙 이야기

26 그분은 자기 종 모세,
그분이 택하신 아론을 보내셨습니다.

27 그들은 사람들 가운데서 그분의 표적이 되는 말씀과
징조들을 함의 땅에 보여주었습니다.ᶠ

28 그분이 어둠을 보내셔서 어두워지게 하셨고,
그들은 그분의 말씀을 거역하지 않았습니다.ᵍ

29 그분이 그들의 물을 피로 바꾸셔서,
그들의 물고기를 죽이셨습니다.

30 개구리가 그들의 땅에,

　　그들 임금의 궁궐에 우글거렸습니다.

31 그분이 말씀하시자 체체파리"가,

　　이가 그들 온 영토에 왔습니다.

32 그분이 그들에게 내리던 비 대신 우박을,

　　그들의 땅에 불덩이를 주셨습니다.

33 그래서 그들의 포도나무와 무화과나무를 치시고,

　　그들의 국경에 있던 나무를 꺾으셨습니다.

34 그분이 말씀하시자 누리와 메뚜기가

　　수도 없이 왔습니다.

35 그리하여 그들 땅에 있는 모든 채소를 먹어치우고,

　　그들 경작지에 있는 열매를 먹어치웠습니다.

36 그리고 그분이 그들 땅의 모든 맏이,

　　곧 그들 힘의 시작을 치셨습니다.

출애굽 사건

37 그리하여 그분은 그들을 은과 금과 더불어 나오게 하셔서,

　　그들 지파 가운데 누구도 지친 이가 없었습니다.

38 이집트는 그들이 나갈 때 기뻐했습니다.

　　이는 그들이 이 사람들 때문에 두려워했기 때문입니다.

광야 전통

39 그분이 구름을 휘장 삼아

　　밤을 밝히도록 불을 펼치셨습니다.

40 그들이 요구하니ᐞ 그분이 메추라기를 보내시고,

하늘의 빵으로 그들을 배 불리셨습니다.

41 그분이 바위를 여시니 물이 흘러나왔습니다.
마른 땅에 시내가 흘렀습니다.

언약의 목적

42 이는 그분이 자신의 거룩한 말씀을,
자기 종 아브라함을 기억하셨기 때문입니다.

43 그리고 그분은 자기 백성이 즐거움 가운데,
자기가 택한 이가 환호하는 가운데 나오게 하셨습니다.

44 그리고 그분은 민족들의 땅을 그들에게 주셨고,
그들은 족속들의 수고를 차지하였습니다.

45 그들이 그분의 율례를 지키고,
그분의 율법을 따르게 하려 하심입니다.
할렐루야!

번역 해설

16절ㄱ. 여기서 말하는 "빵 막대기"(מַטֵּה־לָחֶם, 마테-레헴)는 두 가지 가능성이 있다(참조. Allen, *Psalms 101-150*, 58). 곧 실제로 빵을 매달아두었던 막대기를 가리키거나, 상징적으로 막대기를 삶을 지탱하는 것에 빗댄다는 것이다. 어느 쪽이든 심상은 명확하다.

18절ㄴ. "נֶפֶשׁ"(네페쉬)는 기본적으로 "숨, 입김, 호흡"을 뜻하며, 여기서 "목숨", "영혼"으로 뜻이 확장된다. 본문에서는 목숨을 위협하는 쇠사슬이 목에 채워졌다는 뜻으로 새길 수 있다.

22절ㄷ. 개역개정에서 "교훈하게 하였도다"는 히브리어 본문 "לֶאְסֹר"(레에소르; '얽어매도록')를 "לִיַסֵּר"(르야세르)로 고쳐서 읽은 듯한 70인역의 전통

(τοῦ παιδεῦσαι, 투 파이데우사이; '훈육하도록')에 서 있다.

27절ㄹ. 히브리어 본문에서 구절 첫머리에 있는 복수형 동사 "שָׂמוּ"(사무)를 70인역에서는 단수형으로 옮겨서(ἔθετο, 에테토) 주어를 야훼로 두었다. 하지만 이는 앞뒤 구절과 평행을 이루게 하려는 수정으로 여길 수 있으며, 히브리어 본문은 그대로 두어도 의미가 통한다.

28절ㅁ. 후반절 첫 부분에서 히브리어 본문은 우리가 옮긴 그대로다(מָרוּ-וְלֹא, 블로-마루). 이에 따르면, 동사의 주어는 모세와 아론이 되고, 이 두 사람이 하나님의 말씀에 충실히 순종한 모습이 돋보인다. 반면에 70인역은 부정어 "לֹא"(로)를 빼고 옮긴다(καὶ παρεπίκραναν, 카이 파르에피크라난). 그렇게 되면 이 동사의 주어는 이집트 사람들이 되어, 하나님의 권능과 이집트 사람들의 저항을 강조하는 결과가 되는데, 이 또한 후대의 수정으로 보인다.

31절ㅂ. "체체파리"(עָרֹב, 아로브)는 가축이나 사람의 피를 빨아먹는 아프리카의 흡혈 파리를 일컫는다.

40절ㅅ. 히브리어 본문에는 첫 동사가 3인칭 남성 단수형(שָׁאַל, 샤알)이다. 백성들을 단수로 취급했다고 볼 수도 있지만, 이어지는 자음과 같았던 3인칭 남성 복수형 인칭어미의 자음 "וֹ"(바브)가 빠졌을 가능성(haplography)도 고려할 만하다.

2. 본문과 함께 그림 묵상(*meditatio et visio*)

1) 영원한 언약

이 시편 전체는 이스라엘의 역사를 되짚는 서사시다. 역사란 언제나 동시대인들을 위한 기록일 수밖에 없다. 서사시도 예외는 아니다. 그래서 이 시편은 이 서사시를 읽을 동시대의 독자들을 향해 역사의 주인이신 야훼 하나님을 향한 올바른 신앙의 자세를 다짐하는 데서 시작한다. 신앙이란 겉모습으로 판단할 수 없을 뿐 아니라 내면의 모습으로만 완성되는 것도 아니다. 따라서 이 시편의 첫 단락에서 강조하는 것처럼 신앙의 내면과 겉모습을 거듭 되새기고, 지난날의 역사를 되돌아보며, 현재의 모습을 점검하고, 앞날을 다짐해야 할 것이다.

이 시편의 서사시 두 단락은 족장들의 이야기를 다룬다. 특히 야훼 하나님께서 그들과 맺은 "영원한 언약"을 강조한다. 이로써 족장들과 이 서사시를 처음 읽었던 공동체, 그리고 오늘에 이르기까지 수많은 독자들로 하여금 자신과 본문의 언약을 동일시하도록 해준다. 하나님의 언약은 어제나 오늘이나 영원토록 변함없다(참조. 히 13:8). 그러므로 족장들을 보호하신 하나님의 이야기를 통해 오늘 우리를 보호하시겠다고 약속하는 하나님의 언약을 바라볼 수 있어야 할 것이다.

그림 225 Cod. Bibl. Fol. 23, 117 verso

그림은 본문에서 서론적 찬양인 1-6절의 모습을 보여준다. 사제와 부제, 평신도가 함께 성전으로 예배를 위해 들어간다. 여기서 본문을 읽고 그림을 보는 이는 교회와 신앙의 본질을 다시금 새기게 된다. 교회는 무엇을 하는 곳인가? 교회는 성경을 통해 계시하시는 하나님의 영원한 언약을 깨닫고, 그 가운데서 치열한 삶을 살아가며, 그분의 언약의 성취를 찾았던 사람들의 이야기를 되새기면서 그분의 백성으로서 삶을 다지는 곳이다. 우리는 교회의 구성원으로서 그 본질을 얼마나 깊이 새기며 살았는지 되돌아볼 필요가 있다.

2) 무한하신 하나님 앞에서 겸손함

본문이 언급하는 두 주제를 눈여겨볼 필요가 있다. 이 둘은 흥미롭게도 제각각 우리네 인생에서 일어나는 양극단의 경험과 잇닿아 있으며, 그때 우리가 어떻게 대처하고 이해해야 하는지를 가르쳐주는 것으로 보인다.

먼저, 요셉 이야기에서는 고난의 의미를 배울 수 있다. 고난은 우리의 의지와 상관없이 닥쳐온다. 요셉도 그러했다. 이집트로 팔려 간 것, 보디발의 집에서 종살이한 것, 그리고 누명을 쓰고 감옥에 갇히게 된 것까지 이해할 수 없는 고난투성이였다. 그렇지만 그 너머에는 하나님의 이끄심이 있었다. 본문 17절에서 고백하듯, 그것은 앞서 보냄의 의미가 있었다. 요셉의 고난에는 기근에서 이스라엘을 건지시려는 하나님의 뜻이 있었다. 물론 고난이 견디기 어려운 상황인 것은 맞으나, 우리는 유한한 고난 자체에 초점을 맞추기보다는 그 너머에 계시는 무한한 하나님의 계획으로 눈길을 돌려야 함을 배운다.

그림 226 Cod. Bibl. Fol. 23, 119 recto

그림은 본문 17절에서 요셉이 이집트로 팔려 가는 장면을 그린다. 본문 19절은 요셉의 이 고난을 정련의 시기로 규정하고, 그런 고난의 정련 끝에 하나님의 말씀이 오고, 마침내 가족을 위한 하나님의 일을 대신하는 자리에 앉게 된다고 노래한다. 정련의 과정은 성숙의 과정이라고도 말할 수 있다. 정련되지 않은 연장은 제대로 그 기능을 발휘할 수 없다. 우리의 신앙도 정련 과정을 끊임없이 필요로 한다. 하나님의 일꾼은 그런 정련을 통해 굳건해진 사람이다. 과연 우리는 그런가 되돌아보게 된다.

둘째, 출애굽 때 열 재앙의 이야기는 놀라운 하나님의 구원사다. 고난 가운데 하나님의 가시적 구원을 경험하는 것은 정말 대단한 일이다. 그것도 모세와 아론의 손을 통해 그 구원의 경험이 이루어졌다. 이럴 때 자칫 사람들은 교만해질 수 있다. 그래서 본문은 동시대 공동체를 향해 열 재앙의 이야기를 고백하며, 모든 기적의 주체를 하나님께 돌렸다. 출애굽기와 차이 나는 이 고백을 통해 우리는 하나님 앞에서 겸손해야 함을 배운다. 우리가 아무리 대단한 일을 하는 것으로 보여도 여전히 우리는 연약하고 유한한 존재일 뿐이다. 겸손만이 하나님의 구원을 제대로 경험하는 길이다.

그림 227 Cod. Bibl. Fol. 23, 119 verso

이 그림에는 26-36절에서 그리는 재앙 이야기가 포괄적으로 들어 있다. 오른쪽에는 하나님이 지팡이를 주시며 모세와 아론을 불러 지도자로 세우시고 이집트로 보내시는 장면이 있다. 오른쪽 아래의 나무는 본문에는 나오지 않지만 출애굽기 3장에서 그리는 떨기나무로 여겨도 되겠다. 그리고 그림 왼쪽은 몇몇 재앙의 이야기가 표현된다. 개구리가 있고, 우박이 있으며, 피로 변할 강물도 있다. 그리고 앉아 있는 한 사람은 맏이가 죽은 마지막 재앙을 상징할 것이다. 이 모든 일이 오른쪽 위 하늘에서 내려온 하나님의 손에서 비롯했음을 그림을 보는 이들은 뚜렷이 깨달을 수 있다.

3) 하나님의 인도와 보호

이 시편은 일관되게 이스라엘의 역사, 특히 족장 전통과 출애굽 전통에서 보여주신 야훼 하나님의 인도와 보호를 강조한다. 그래서 출애굽기에서 서술한 내용도 취사 선택하여 진술한다. 본문은 먼저 출애굽 전통에서 이스라엘 백성들이 이집트를 나올 때 빈손으로 나오지 않도록 하나님께서 인도하셨다고 진술하고, 광야에서도 구름과 불, 만나와 메추라기, 반석에서 나오는 물을 공급해주셨음을 강조한다. 이런 역사를 되돌아보며 이 서사시를 읽는 사람들과 오늘 우리는 가치 기준이 오로지 하나님께 있음을 다시금 배운다. 그러면서 유한한 세상의 가치들을 어떻게든 스스로 얻어 내려고 안간힘을 쓰던 자신의 모습을 하나님의 인도와 보호에 비추어보고 반성하게 된다.

서사시를 마무리하면서 우리는 다시 하나님의 영원한 언약을 되새기고, 그분이 그 언약을 잊지 않고 기억하신다는 선포를 듣는다. 언약은 쌍무적 성격이 있다. 그래서 언약을 강조하는 이 서사시의 결론에서 말씀 순종을 강조하는 것은 놀랄 일이 아니다. 하나님의 인도하심과 보호하심을 경험한 이들이라면 당연히 그분의 말씀에 순종해야 한다. 말씀 순종이란 결국 무한한 하나님의 세계를 지향하는 삶이 아니겠는가.

3. 기도와 관상(*oratio et contemplatio*)

주님, 오늘과 내일은 어제를 올바르게 보는 데서 시작함을 고백합니다. 족장들을 불러 이끄신 당신, 출애굽을 이루고 광야의 삶을 이끄신 당신을 말씀 가운데서 다시 만납니다. 당신의 변함없고 영원한 언약을 되새깁니다. 그리고 올바른 당신의 백성으로 정련되기를 소망하며 내일을 위한 오늘을 살아갑니다.

역사를 통한 성찰의 신앙(시편 106편)

1. 본문 읽기(*lectio*)

1) 서론적인 찬양(1-5절)

감사 찬양

1   할렐루야!

  야훼께 감사하십시오!

  이는 그분은 좋으시기 때문입니다.

  이는 그분의 인자하심은 영원하기 때문입니다.

2   누가 야훼의 권능을 이루 말할 수 있으며,

  그분을 향한 모든 찬양을 다 들려줄 수 있겠습니까?

3   행복합니다!

  공정함을 지키는 이들,

  어느 때나 정의를 실천하는 이!

간구

4   야훼여, 당신 백성을 향한 은총으로 저를¯ 기억해주십시오!

  당신의 구원으로 저를 찾아와주십시오!

5   그리하여 당신이 택하신 이의 좋은 일을 보게 하시고,

  당신 민족의 기쁨 때문에 기뻐하며,

  당신이 주시는 몫과 더불어 자랑하게 해주십시오!

2) 홍해에서 이스라엘의 잘못(6-12절)

6 저희가 저희 조상처럼 죄를 지었습니다.

   저희가 잘못을 저질렀고, 악행을 일삼았습니다.

7 저희 조상은 이집트에서 당신의 놀라운 일들을 이해하지 못했습니다.

   그들은 당신의 인자하심의 풍부함을 기억하지 않고,

   바다에서, 홍해에서 거역했습니다.

8 그러나 그분은 자기 이름을 위해서 그들을 구원하셔서

   그분의 권능을 알게 하셨습니다.

9 그리하여 그분은 홍해를 꾸짖으시고,

   그것은 이내 말라버렸습니다.

   그리고 그분은 그들이 그 깊은 데를 광야처럼 지나가게 하셨습니다.

10 또 그들을 미워하는 이의 손에서 그들을 구원하시고,

   원수의 손에서 그들을 되찾으셨습니다.

11 그리고는 그들의 대적들을 물로 덮어버리셨습니다.

   그들 가운데 한 명도 남아나지 않았습니다.

12 그래서 그들이 그분의 말씀을 믿고

   그분을 향한 찬양을 노래합니다.

3) 광야에서 저지른 이스라엘 백성들의 잘못(13-33절)

이스라엘 백성들의 탐욕

13 그들은 그분이 이루신 일들을 이내 잊어버렸습니다.

   그분의 조언을 기다리지 않았습니다.

14 그리고 광야에서 욕심을 내었고,

사막에서 하나님을 시험했습니다.

15 그래서 그분은 그들의 바람대로 그들에게 주셨지만,
그들의 영혼은 쇠약해지도록 만드셨습니다.

다단과 아비람의 반역

16 그러다가 그들은 진영 가운데서 모세,
야훼의 거룩한 이 아론을 질투하였습니다.

17 땅이 열려서 다단을 삼키고,
아비람의 무리를 덮었습니다.

18 또 불이 그들의 무리를 태웠습니다.
불꽃이 악인들을 살랐습니다.

호렙산에 세운 송아지 우상

19 그들은 호렙에서 송아지를 만들고,
주조 우상을 숭배했습니다.

20 그리하여 그들의 영광을
풀 뜯는 소의 형상과 바꿔버렸습니다.

21 그들은 자기네 구원자 하나님을 잊어버렸습니다.
이집트에서 큰일을 이루신 분,

22 놀라운 일들을 함의 땅에서,
놀라운 일들을 홍해에 이루신 분인데도 말입니다.

23 그래서 그분은 그들을 뿌리 뽑아버리겠다고 말씀하셨습니다.
다만 그분이 선택하신 이 모세가 그 틈에 그분 앞에 서서
그분의 노여움을 돌이켜 파멸시키지 않으시도록 했습니다.

이스라엘 백성들의 불평

24 그러나 그들은 바라던 땅을 업신여기고,
   그분의 말씀을 믿지 않았으며,

25 자기네 장막에서 투덜거렸습니다.
   야훼의 말씀을 듣지도 않았습니다.

26 그래서 그분이 그들에게 손을 드셔서,
   그들을 광야에서 엎드러뜨리셨습니다.

27 또 그들의 자손을 민족들 가운데서 엎드러뜨리시고,
   여러 땅에 흩으셨습니다.

바알브올 사건

28 그들은 바알브올을 섬기고,
   죽은 이들을 위한 희생제물을 먹어서

29 자기들의 행동 때문에 그분의˘ 화를 돋우고,
   그들 가운데 재앙이 퍼졌습니다.

30 하지만 비느하스가 일어나 기도하여서,
   그 재앙이 멈추었습니다.

31 그리하여 그것이 그의 정의로움으로 여겨졌습니다.
   대대로 영원토록 그럴 것입니다.

므리바의 사건

32 그들은 므리바 물에서 그분을˘ 분노하시게 하였고,
   그들 때문에 모세에게 재난이 닥쳤습니다.

33 이는 그들이 그분의 영을 거역하여서
   그가 자기 입술로 함부로 말했기 때문입니다.

4) 이스라엘의 역사 요약(34-47절)

이스라엘 백성들의 우상숭배

34 그들은 야훼가 그들에게 말씀하신
　　백성들을 뿌리 뽑지 않았습니다.

35 그들은 민족들 가운데 뒤섞여서
　　그들의 행위를 배웠습니다.

36 그들이 자기네 우상들을 섬겨서
　　그것들이 그들에게 올무가 되었습니다.

37 또 그들은 자기네 아들들과 딸들을
　　귀신들에게 희생제물로 바쳤습니다.

38 그들은 죄 없는 피,
　　자기네 아들들과 딸들의 피를 흘려서
　　가나안 우상들에게 희생제물로 바쳤습니다.
　　그래서 그 땅이 그 피로 더러워졌습니다.

39 그들은 자기네 행동으로 부정해지고,
　　자기네 행위로 매춘하였습니다.

바빌로니아 유배와 해방

40 야훼가 그분의 백성에게 분노하시고,
　　그분의 소유를 혐오하셨습니다.

41 그래서 그분은 그들을 민족들의 손에 내주셔서,
　　그들을 미워하는 이들이 그들을 다스렸습니다.

42 원수들이 그들을 짓눌러서,
　　그 손 아래 굴복하게 되었습니다.

43 그분이 여러 번 그들을 건지셨지만,

　　그들은 자기네 꾀로 거역하고,

　　자기네 죄로 주저앉아버렸습니다.

44 그러나 그분은 그들의 외침을 들으실 때,

　　그들의 고난을 보셨습니다.

45 그리고 그분은 그들을 위하여 자기 언약을 기억하시고,

　　그분의 큰 인자하심에 따라 그들을 위로하셨습니다.

46 그분은 그들을 사로잡은 모든 이 앞에서

　　그들에게 긍휼을 베푸셨습니다.

찬송

47 저희를 구원해주십시오, 야훼 저희 하나님이여!

　　그래서 저희를 민족들에게서부터 모으셔서,

　　당신의 거룩한 이름에 감사하고

　　당신을 향한 찬양을 올려드리게 해주십시오.

5) 송영(48절)

48 송축 받으십시오, 야훼, 이스라엘의 하나님이여,

　　영원부터 영원에 이르기까지!

　　모든 백성은 '아멘'이라고 말하기 바랍니다!

　　할렐루야!

번역 해설

4절ㄱ. 1인칭 단수 목적어를 쓰는 히브리어 본문(זָכְרֵנִי, 자크레니)과 달리 70인역은 1인칭 복수 목적어를 쓴다(μνήσθητι ἡμῶν, 므네스테티 헤몬; '저희를 기억해주십시오'). 이 본문은 다른 히브리어 본문(זָכְרֵנוּ, 자크레누)을 전제하기 보다는(참조. Kraus, *Psalmen 60-150*, 898) 6, 7절의 복수 목적어의 진술과 맞추 려 했던 흔적으로 보인다(참조. Hossfeld/Zenger, *Psalms 3*, 81; Allen, *Psalms 101-150*, 65). 히브리어 본문은 단수 목적어를 통해 공동체 구성원의 감정이입 을 얻는 효과를 낼 수 있다.

29, 32절ㄴ. 두 곳 모두 히브리어 본문에는 사역형(Hiphil) 동사의 목적 어가 없다. 그런데도 문맥에서는 그 목적어가 야훼임이 분명해 보인다. 반 면에 70인역은 두 곳 모두 "그분을"(αὐτὸν, 아우톤)이라는 목적어를 분명히 제시하는데, 이는 문맥을 고려한 의역으로 보인다.

2. 본문과 함께 그림 묵상(*meditatio et visio*)

1) 신앙 공동체의 정체성

바빌로니아 포로기를 거친 유다 공동체는 스스로 정체성을 찾아가는 일이 가장 중요한 과제였다. 이때 유다 공동체는 이 과제를 여러 각도에서 수행 했다. 어떤 이들은 신앙 공동체로서, 그리고 혈연 공동체로서 정체성을 다 지기 위해 역사서를 서술했고(역대기 등), 어떤 이들은 개혁을 주도했다(에 스라, 느헤미야). 성전을 재건하고 예루살렘 성벽을 다시 쌓는 등의 가시적 사업으로 이 과제를 차근차근 수행하기도 했다. 이 시편에서 제의 공동체 는 제의와 그 가운데서 낭송하는 역사 서사시를 통해 또 다른 측면에서 정체성 규명의 과제를 수행한 것으로 보인다. 이 일에는 과거에 대한 반성이 주된 주제가 되었다. 하나님의 선하심과 인자하심에 기대어 자신들의 정의와 공의를 통해 형통함과 기쁨을 누리고자 하는 것이 목표다.

신앙 공동체로서 자기 정체성을 규명하는 일은 정말 중요하다. 특히 자신들이 지난날 저지른 잘못을 하나님 앞에서 진솔하게 털어놓고 용서를 구하는 일은 온고지신의 신앙으로 새롭게 출발하기 위한 중요한 첫걸음이다.

홍해에서 이스라엘 백성들은 모세와 하나님을 원망했다. 열 재앙을 통한 놀라운 출애굽 경험의 감격이 아직 채 식지도 않은 때였다. 그만큼 우리는 연약한 존재다. 유한한 세계의 변화와 제한에 민감하여 거듭 무한한 하나님의 세계를 잊어버린다. 그리고 쉽사리 좌절해버린다. 본문은 그런 우리의 한계를 깨닫고 반성하게 해준다.

그림 228 Cod. Bibl. Fol. 23, 120 verso

이 삽화는 본문 1-3절의 서론적 감사 찬양을 형상화한다. 신앙 공동체가 하나가 되어 하나님을 향해 감사의 찬양을 올려드린다. 이 찬양은 스스로 신앙의 정체성을 확립한 것을 전제한다. 우리는 그림을 보면서 제각각 속해 있는 신앙 공동체를 되돌아보게 된다.

2) 성찰을 통한 영적 성숙

인간은 유한하고 제한된 세상에서 살아가기 때문에 그 한계를 벗어나는 가치나 관점을 가지기가 매우 어려운 것이 사실이다. 그래서 이스라엘 백성들이 먹을 것과 마실 것 때문에 출애굽의 놀라운 구원을 이내 잊은 것은 여전히 의미심장하다. 더욱이 사람들은 종종 유한한 세상에서의 권력 구조에 모든 것을 다 건다. 출애굽 공동체의 몇몇 사람이 모세와 아론의 권위에 도전했던 것은 그런 인간 세상의 모습을 반영한다.

그래서 인간은 종종 유한한 세상의 가치를 보장해주는 존재나 세력으로 쉽사리 기울어진다. 이스라엘 백성들에게 그것은 송아지, 바알브올, 가나안의 바알 등으로 드러났다. 이스라엘 백성들은 거듭 이런 풍요제의에 빠졌고, 하나님께서는 거듭 그런 불신앙을 지적하고 질책하시며 징계하셨다. 이 서사시의 독자였던 포로기 이후 공동체는 이런 반성을 통해 유한한 가치를 벗어나 거듭 무한한 하나님의 세계를 바라보고자 했을 것이다.

이런 신앙의 노력은 오늘 우리에게도 적용된다. 언제나 다시금 옛 이스라엘의 잘못을 되새기고 현재를 반성하여 올바른 신앙의 미래를 도모해야 할 것이다. 그런 뜻에서 이 시편이 이야기하는 이스라엘 역사의 여러 사건은 오늘 다시금 그 뜻을 새겨볼 만한 가치가 있다.

그림 229 Cod. Bibl. Fol. 23, 121 recto

본문 19-23절의 송아지 우상숭배 사건이 이 그림에서 포괄적으로 표현되어 있다. 먼저 왼쪽 위에는 시내산에서 법궤를 받는 모세가 있다. 그 아래는 왼쪽부터 순서대로 이스라엘 백성들이 금은붙이들을 녹여서 우상을 만드는 작업이 그려졌다. 다만 히브리어 본문에서는 주조 우상이지만, 70인역(τῷ γλυπτῷ)과 라틴어 역본(*sculptile*)에서는 새긴 우상으로 표현되어, 이 그림에는 망치로 달군 쇠를 연마하는 장면이 그려져 있다. 오른쪽으로는 이스라엘 백성들이 송아지 우상을 숭배하는 장면이 이어진다. 그리고 나서 다시 모세 쪽으로 오면, 이 우상숭배 때문에 법궤가 깨지는 장면이 그려졌다. 이로써 모세의 모습은 법궤를 받는 장면인 동시에 법궤를 깨뜨리기 직전의 모습으로 보이기도 한다.

그림 230 Cod. Bibl. Fol. 23, 121 verso

이 그림은 28-31절의 바알브올 사건을 그린다. 흥미롭게도 이스라엘 백성들이 바알브

올에서 풍요제의의 매춘에 빠진 것을 창세기 3장에서 뱀의 유혹에 넘어간 것과 동일시
해서 상징화했다. 이 필사본의 삽화들이 전반적으로 본문을 직관적으로 표현하는 것을
고려한다면, 이 그림은 이례적이다. 오른쪽에는 비느하스가 하나님께 안수받는 장면이
그려져 있는데, 이는 비느하스의 중보기도가 영원토록 그의 정의로움으로 여겨졌다는
31절을 표현한 것이겠다.

그림 231 Cod. Bibl. Fol. 23, 122 recto

이 삽화는 34-39절에 묘사된 이스라엘 백성의 또 다른 죄를 직설적으로 보여준다. 곧
우상들에게 자녀들을 희생제물로 드리는 죄다. 그림 가운데는 우상이 둘 세워져 있다.
그리고 그 양쪽에 제각각 사탄의 지배를 받는 두 사람이 아들과 딸로 보이는 아이들을
살육한다. 이 끔찍한 장면을 통해 우리 마음속 깊숙이 자리 잡은 더러운 죄의 본성을 들
여다보고 뼈저리게 반성할 수 있다.

3) 신앙 공동체의 존재 이유

이스라엘의 역사를 되돌아보며 4권을 마무리하는 105-106편은 하나님을
향한 이스라엘 백성의 존재 이유로 마무리한다. 그것은 곧 하나님의 이름
을 감사하고 그분의 영예를 찬양하기 위함이다. 이런 존재 이유를 깨닫게
하려고 이 서사시는 이스라엘 역사에서 하나님께서 보여주신 구원의 역사
를 하나하나 나열해준다. 그리고 그런 구원 역사 가운데서 이스라엘 백성
이 얼마나 연약하게 잘못을 저질렀는지도 보여준다. 이로써 무한하신 하

나님의 권능과 유한한 인간의 한계가 뚜렷이 대조된다.

하나님의 백성으로서 우리 자신과 우리 공동체의 삶을 되돌아볼 필요가 있는 대목이다. 그리고 하나님께서 지난날에 우리를 위해 어떻게 역사하셨는지를 하나하나 꼽아보아야 하겠다. 과거를 딛고 선 현재는 언제나 기적이다. 그 가운데서 하나님의 역사하심을 보는 것은 신앙의 눈으로만 가능하다. 그것이 역사 서사시의 목적이기도 하다. 열 재앙이나 홍해 사건, 만나와 메추라기 등 출애굽 당시 경험했던 모든 구원의 기적은 우연의 일치로 볼 수도 있다. 그러나 신앙의 눈으로 볼 때, 그것은 무한하신 하나님께서 그분의 백성과 맺으신 언약을 기억하여 베푸신 구원이다. 우리는 어떤 구원을 경험했던가?

그리고 역사 서사시는 과거의 경험에 대한 신앙적 인식을 통해 현재를 재해석하고 미래의 삶을 결단하는 데 목적이 있다. 이는 포로기 이후 여전히 페르시아에 종속되어 있었던 유다 공동체와 오늘 우리도 마찬가지다. 역사 서사시를 통해 우리는 오늘의 우리를 새로운 눈으로 볼 수 있게 된다.

3. 기도와 관상(*oratio et contemplatio*)

주님, 이스라엘 백성들의 역사는 반역과 거역으로 얼룩져 있습니다. 과연 저는 그들과 다를까요? 겉으로 드러나게 죄짓지 않았다고 저희가 깨끗한 것일까요? 당신 앞에서 깊이 반성해봅니다. 그리고 새로운 마음으로 위대하신 당신의 인자하심을 향해 찬송과 경배를 드립니다.

05

시편 5권

(107–150편)

읽기

감사와 찬송(시편 107편)

1. 본문 읽기(*lectio*)

야훼의 되찾으심

1　"야훼께 감사하십시오!

　　이는 그분은 좋으시기 때문입니다.

　　이는 그분의 인자하심은 영원토록 있기 때문입니다."

2　야훼께서 대적의 손에서 되찾으신 이들이 말하기 바랍니다!

3　여러 땅에서부터 그들을 그분이 모으셨습니다.

　　동쪽과 남쪽, 북쪽과 서쪽에서부터 그리하셨습니다.

광야 사막 길

4　그들은 광야에서, 사막에서 길을 헤맸습니다.

　　머무를 성읍을 찾지도 못했습니다.

5　굶주리고 또 목말라서

　　그들의 영혼이 그들 안에서부터 지쳐갔습니다.

바른길로 이끄심

6　그들이 자기들의 근심 가운데 야훼께 부르짖었습니다.

　　그분은 그들을 그 고통에서 건지실 것입니다.

7　그리고 그들이 바른길로 들어가도록 하셔서

머무를 성읍으로 가게 하셨습니다.

8   야훼의 인자하심과
     사람의 아들들을 위한 그분의 놀라운 일들을 찬송하십시오!

9   이는 그분이 목마른 영혼을 만족시키시고,
     굶주린 영혼을 좋은 것으로 채우시기 때문입니다.

어둠과 죽음의 그늘에 앉아

10   그들은 어둠과 죽음의 그늘˝에 앉아 있고,
     고통과 쇠사슬에 얽매여 있습니다.

11   이는 그들이 하나님의 말씀을 거역하고,
     지존하신 분의 조언을 멸시했기 때문입니다.

12   그래서 그분이 고생으로 그들의 마음을 굴복시키셨습니다.
     그들은 엎드러졌고, 돕는 이가 없습니다.

어둠과 죽음의 그늘에서 끌어내시고

13   그들이 자기들의 근심 가운데 야훼께 부르짖었습니다.
     그분은 그들을 그 고통에서 구원하실 것입니다.

14   그분은 그들을 어둠과 죽음의 그늘˝에서 끌어내시고,
     그들을 얽어맨 줄을 끊으셨습니다.

15   야훼의 인자하심과
     사람의 아들들을 위한 그분의 놀라운 일들을 찬송하십시오!

16   참으로 그분은 청동 문들을 깨뜨리시고,
     쇠 빗장들을 꺾으셨습니다.

미련한 이들

17 미련한 이들은 자기네 잘못된 길 때문에,

자기네 죄악 때문에 괴로움을 겪을 것입니다.

18 그들의 영혼은 모든 음식을 싫어하여,

그들은 죽음의 문턱에 이를 것입니다.

그들을 고치시고

19 그들이 자기들의 근심 가운데 야훼께 부르짖었습니다.

그분은 그들을 그 고통에서 구원하실 것입니다.

20 그분이 자기 말씀을 보내셔서 그들을 고치시고,

그들을 구덩이에서 빼내실 것입니다.

21 야훼의 인자하심과

사람의 아들들을 위한 그분의 놀라운 일들을 찬송하십시오!

22 그리고 그들은 감사의 희생제물로 희생제사를 드리고,

그분이 이루신 일을 환호하며 알리기 바랍니다!

광풍과 바다 물결

23 배로 바다를 내려가는 이들,

큰물에서 일하는 이들,

24 그들은 야훼께서 이루신 일들과

그분의 놀라운 일들을 바다 깊은 곳에서 보았습니다.

25 그분이 말씀하시면

폭풍이 일어나서 물결이 높아질 것입니다.

26 그것은 하늘로 솟구쳤다가 바다 깊은 곳으로 내려갈 것입니다.

사람들의 영혼은 재난으로 녹아버릴 것입니다.

27 그들은 흔들리며 취한 사람처럼 비틀거릴 것입니다.

그리고 그들의 모든 지혜는 혼란스러워질 것입니다.

항구로 이끄심

28 그들이 자기들의 근심 가운데 야훼께 부르짖었습니다.

그분은 그들을 그 고통에서 끌어내실 것입니다.

29 그분이 폭풍을 잠잠하게 하시고,

바다의 물결˙도 잦아들게 하십니다.

30 그러면 그들은 기뻐합니다.

이는 그들이 평온해졌기 때문입니다.

그분께서는 그들을 그들의 기쁨인 항구로 이끄십니다.

31 야훼의 인자하심과

사람의 아들들을 위한 그분의 놀라운 일들을 찬송하십시오!

32 그리고 백성의 모임에서 그분을 높이고,

장로들이 모인 자리에서 그분을 찬양하기 바랍니다!

야훼의 심판

33 그분은 강들이 광야가,

샘들이 메마른 곳이 되게 하실 것입니다.

34 열매 맺는 땅이 소금땅이 되게 하실 것입니다.

그곳에 사는 이들의 죄악 때문입니다.

야훼의 구원

35 그분은 광야가 물웅덩이가,

그리고 마른 땅이 샘들이 되게 하실 것입니다.

36 그리고 굶주린 이들이 거기 살게 하셔서,
　　머무를 성읍을 마련하게 하십니다.
37 그러면 그들은 밭에 씨를 뿌리고, 포도원을 가꾸어서,
　　풍성한 열매를 거둡니다.
38 또 그분이 그들에게 복을 주셔서, 그들은 아주 번성하고,
　　그들의 가축은 줄어들지 않습니다.

야훼의 심판과 구원

39 그렇지만 줄어들고 낮아지기도 하는데,
　　압제와 재난과 걱정 때문입니다.
40 그분은 고관들 위에 치욕을 쏟아부으십니다.
　　그리고 그들이 길도 없는 데서 혼돈 가운데 방황하게 하십니다.
41 하지만 그분은 궁핍한 이를 고난에서 끌어내 높이시고,
　　그 가족들을 양 떼같이 되게 하십니다.

야훼의 인자하심을 깨닫는 지혜

42 올곧은 이들은 보고 기뻐할 것이고,
　　모든 죄인은 그 입을 닫을 것입니다.
43 지혜로워서 이것을 지키는 사람은
　　야훼의 인자하심을 깨닫게 될 것입니다.

번역 해설

10, 14절ㄱ. 여기서 쓰인 히브리어 "צַלְמָוֶת"(찰마베트)는 글자 그대로는 "암흑"으로, 상징적으로는 "곤궁, 불행, 비참" 등의 뜻으로 자주 쓰인다(참조. 게제니우스, 『히브리어 아람어 사전』, 685). 그런데 그 어원을 밝히기는 쉽지

않다. 그래서 70인역은 이 낱말을 둘로 이해해서 "σκιᾷ θανάτου"(스키아 타나투; '죽음의 그늘' = צַל מָוֶת, 첼 마베트)로 옮긴다. 대부분의 역본이 이 이해를 따르며, 우리의 번역도 마찬가지다.

29절ㄴ. 히브리어 본문(גַּלֵּיהֶם, 갈레헴; '그들의 물결')에서 "그들"이 누구를 가리키는지는 어렵다. 이를 두고 바다에 있던 사람들로 보려는 해석이 있지만(Allen, *Psalms 101-150*, 84), 이해하기 어렵기는 마찬가지다. 70인역(τὰ κύματα αὐτῆς, 타 퀴마타 아우테스)은 아마도 같은 히브리어 본문을 두고 복수형 어미를 단수로 바꿔서 전반절의 폭풍으로 해석한 듯하다. 그런데 흥미롭게도 쿰란 네 번째 동굴에서 발견된 시편 필사본(4QPsᶠ)에서는 "יָם נַלֵּי"(갈레 얌; '바다의 물결')의 전통을 보여준다. 이는 지금 우리가 보는 히브리어나 70인역 본문과 조금 다른 "נַלֵּי הַיָּם"(갈레 하얌; '그 바다의 물결')이 있었을 것을 추측하게 해준다. 히브리어 본문과 70인역, 쿰란 성경 본문 둘 가운데 어느 것이 원래의 것이었을지 판가름하기는 어렵다. 여기서 우리는 쿰란 성경 본문을 바탕으로 옮긴다.

2. 본문과 함께 그림 묵상(*meditatio et visio*)

1) 우리의 기도

우리는 하루하루 신앙생활을 하며 많은 기도를 한다. 그런데 우리의 기도는 어떠한가? 그리고 우리는 무엇을 기도의 응답으로 여기는가? 또한 기도는 어떻게 해야 하며, 하나님께서는 어떻게 기도에 응답해주시는가?

시편 107편의 기도 공동체는 이 문제에 정답을 제시해주듯 연을 거듭해가며 우리에게 가르쳐준다. 가장 먼저 올바른 기도를 위해서는 하나님 앞에서 스스로 어떤 모습인지를 올바르게 볼 수 있어야 한다. 이 시편은 그것을 "방황"이라는 모습으로 압축해준다. 방황은 올바른 목적지를 잃어 버렸을 때 보이는 모습이다. 방황에서 오는 모든 고난과 고통은 그 문제가 해결되어야 근본적으로 사라진다. 하나님의 응답은 그래서 "바른길"을 보여주시는 것이었다.

그림 232 Cod. Bibl. Fol. 23, 123 recto

이 삽화는 본문 7절 다음에 그려져 있어서 그 구절의 말씀을 형상화한 것임을 알 수 있다. 즉 야훼가 바른길을 걷도록 하셔서 머무를 성읍으로 인도하신다는 구절이다. 그림에서 한 사람이 인도자의 안내를 받아 견고해 보이는 성읍을 향하고 있다. 이는 방황과 목적지를 향한 순례를 되새기게 해준다.

수많은 기도 가운데서 우리는 하나님께서 우리의 욕심이나 바람을 채워주시기를 간구한다. 물론 그 또한 우리의 적나라한 모습이기 때문에 잘못이라고 말할 수는 없다. 하지만 참된 기도는 하나님의 인자하심, 곧 그분의 변함없으심에 기대는 데서 시작해야 한다. 그런 기도에 하나님께서는 기도자에게 가장 좋은 것으로 채워주실 것이다.

　　본문에서 우리는 오늘도 "광야 사막 길"에서 정처 없이 방황하는 우리의 모습을 볼 수 있어야 한다. 그리고 우리가 걸어가야 할 바른 신앙의 길, 그리고 우리가 진정으로 거주해야 할 곳을 하나님께서 보여주시고 이끌어달라고 부르짖어야 하겠다.

2) 하나님의 인도하심과 구원하심

빠르게 돌아가고 복잡하게 얽힌 삶을 살아가다 보면 종종 관계에서 오는 갈등이나 불이익, 그 때문에 겪는 내면의 고통을 경험한다. 이럴 때 죽을 것 같은 지경에 이르는 경험을 하곤 한다. 실제로 그런 상황에서 최악의 선택을 하는 이들도 볼 수 있다. 그런데 본문을 통해 우리가 새길 수 있는 하나님의 교훈은 두 가지다.

먼저, 하나님께서는 분명히 부르짖는 이들을 이끌어주시고 구원해주시는 분이라는 사실이다. 하나님의 말씀을 거역하거나 그분의 뜻을 멸시하는 이들이든, 그분을 경외하지 않는 이들이든 간에 그분께 부르짖으면 언제든지 손을 내밀어주신다. 그분은 언제나 변함없이 인자하시기 때문이다.

둘째, 그분의 구원을 경험하기 위해서는 그분 앞에 겸허하게 자신을 내놓고, 그분의 전능하심과 무한하심에 존재를 내맡겨야 한다. 지존하신 분 앞에서 겸손하고, 그분의 말씀 가운데서 인간의 나약함과 한계를 인정할 때 그분의 구원은 시작된다. 쇠사슬에 매여 있는 듯한 상황이라면 그분은 바로 그 쇠사슬을 끊어주신다. 그리고 사망의 문턱에 있는 듯한 지경이라면 거기서 그 존재의 모든 상황을 고쳐주신다.

문제의 근원에는 우리 자신의 교만과 어리석음이 있다. 그것을 해결할 때에만 하나님의 인도하심과 구원하심을 경험할 수 있다.

3) 인생의 풍랑 앞에서

본문에서는 삼킬 듯 거센 풍랑에서 구원받은 이들의 고백과 찬송을 들을 수 있다. 인생의 바다에서 우리는 언제든 예기치 않은 풍랑에 맞닥뜨릴 수 있다. 이는 바로 앞 단락에서 하나님의 꾸지람을 받았던 미련한 이들처럼 하나님의 말씀을 거역하고 그분의 뜻을 멸시했기 때문일 수도 있다. 그런 풍랑은 요나가 겪은 것과 같은 훈육과 깨달음의 풍랑이다. 하지만 예수의 제자들처럼 모든 것을 버리고 오로지 예수를 따르다가 그분과 함께 있으면서도 겪는 풍랑이 있다. 사실 잘못을 해서 겪는 풍랑이라면 이해하고 반성하며 깨닫고 잘못된 길에서 돌이킬 수 있다. 그러나 본문에서 풍랑의 까닭을 밝히지 않듯, 우리에게는 까닭 모를 인생의 풍랑이 닥쳐오는 때가 있다. 이때 어떻게 해야 하는가?

본문은 그런 까닭 모를 인생의 풍랑 앞에서 먼저 그 풍랑이 하나님에게서 비롯했음을 인정하라고 가르쳐준다. 그것은 창조주요 통치자이시며 심판주이신 그분의 전능하심과 무한하심 앞에 겸손해지라는 가르침과 다르지 않다. 그때 그분은 요나뿐만 아니라 제자들에게도 그러하셨듯 아무렇지도 않게 풍랑을 잠재우실 것이다. 이는 사람들로서는 감당할 수 없는 문제가 그분께는 아무런 문제가 아니라는 말이다. 풍랑 가운데서 아무렇지도 않게 주무셨던 예수의 모습을 생각해보라. 그분의 잠은 모든 것을 잊어버리려는 요나의 잠과 뚜렷이 대조된다. 문제는 우리의 믿음이다. 곧 유한하고 가시적인 가치 세계를 넘어 무한하신 그분을 향해 눈을 뜨는 믿음이다. 그런 뜻에서 예수께서 풍랑을 잠재우신 뒤 제자들에게 하셨던 말씀이 귀를 울린다. "어찌하여 무서워하느냐? 믿음이 작은 자들아!"(마 8:26 일부)

그림 233 Cod. Bibl. Fol. 23, 124 recto

그림은 본문 28-30절을 흥미롭게도 위에서 인용한 대로 예수가 갈릴리의 폭풍을 잠재우는 모습으로 그린다. 바다의 폭풍을 일으키는 신적 존재들이 가득한 가운데 예수는 그들을 꾸짖어 폭풍을 잠재우신다. 그리고 제자들은 그 모습을 경외감을 가지고 바라본다. 기적은 예수의 능력에 달린 것이 아니라 그 능력을 신뢰하는 이의 마음가짐에서 시작한다.

4) 올곧은 소수를 지향하며

세상은 부조리하다. 올곧은 이들이 고난을 겪고, 악을 저지르는 이들이 세력을 얻는다. 또 많은 사람이 그게 세상살이라며 체념한다. 그런 유한한 세상의 가치관으로 세상을 체념하거나, 아니면 적극적으로 그 가치관의 세계에 깊이 빠져 살아가는 이들이 다수인 이 세상에서 과연 우리는 올곧은 소수가 될 용기가 있는가? 없다면 우리는 무엇이 두려운가?

　우리에게는 직접 악인의 심판을 눈앞에서 보고 싶은 욕망이 있다. 극악무도한 무뢰배들이 버젓이 이 땅에 발붙이고 사는 꼴을 보는 것은 그 자체만으로도 고통스럽다. 하나님께서 지금 당장이라도 그들을 끝장내버리셨으면 좋겠다는 마음이다. 그렇지만 쉽사리 그렇게 되지 않는 것이 현실이다. 이런 부조리를 보며 우리는 올곧은 소수가 되려는 용기를 내는 데 망설인다.

하지만 하나님께서는 분명히 의로운 사람들에게, 또한 악인들의 압제 아래 있는 약자들에게 인자하시다. 분명히 무한한 하나님의 세계로 그들을 이끄신다. 그리고 악인들에게는 분명히 하나님의 심판이 기다리고 있다. 다만 그것이 우리의 때에 이루어지지 않고 우리가 원하는 방식이 아닐 수 있을 뿐이다. 하나님께서는 의인들의 목소리에 귀 기울이시고 반드시 응답하신다.

그림 234 Cod. Bibl. Fol. 23, 124 verso

본문 35-38절 말씀대로 그림에서는 농부가 두 겨리 소로 밭을 갈고 있다. 그리고 그의 뒤에는 밭에 뿌릴 씨앗을 담은 통이 있다. 구원의 하나님은 메마른 땅을 경작지로, 불모지를 정착지로 만드시고, 상상할 수조차 없던 풍작을 이룰 수 있는 분이시다. 그분은 창조주이시고, 통치자이시며, 심판주이시기 때문이다. 농사가 결실에 대한 기대와 신뢰로 시작하듯, 신앙 역시 하나님의 구원을 향한 믿음에서 시작한다.

3. 기도와 관상(*oratio et contemplatio*)

주님, 제가 방황하지 않게 도와주십시오. 당신의 통치를 향한 굳은 마음으로 하루하루 바른길을 걸어가게 도와주십시오. 당신의 구원을 모든 순간마다 경험하게 해주십시오. 당신의 구원으로 기뻐하며 살게 해주십시오.

하나님, 제 마음은 굳건합니다 (시편 108편)

1. 본문 읽기(*lectio*)

[노래. 다윗의 찬송.]

1 제 마음은 굳건합니다, 하나님!

　제가 찬송하고 노래하겠습니다, 제 영광도 그리하겠습니다!

2 "깨어나라, 비파야, 수금아!

　내가 새벽을 깨우겠다!"

3 제가 백성들 가운데서 감사합니다, 야훼여!

　주님, 제가 민족들 가운데서˘ 당신을 찬송합니다.

4 참으로 하늘에 이르도록 큽니다, 당신의 인자하심은!

　구름에 이르도록 그렇습니다, 당신의 한결같으심은!

5 하늘 위에 높으십니다, 하나님께서는!

　온 땅 위에 당신의 영광이 있습니다.

전능하신 하나님

6 당신이 사랑하시는 이들을 구해내도록

　당신의 오른손으로 구원하시고,

　저희에게 응답해주십시오!

7 하나님이 그분의 거룩하심으로 말씀하셨습니다.

　"내가 즐거이 세겜을 나누고,

　숙곳 골짜기를 측량하겠다.

8 길르앗이 내 것이며, 므낫세도 내 것이다.

그리고 에브라임은 내 머리의 투구이며,

유다는 내 지휘봉이다.

9 모압은 내 목욕통이다.

에돔 위에는 내가 내 신발을 던질 것이다.

블레셋 위로 내가 소리 지르겠다!"

하나님이여 우리 군대와 함께

10 "누가 나를 요새 성으로 이끌어줄까?

누가 나를 에돔에까지 인도해줄까?"

11 당신 하나님께서는 저희를 뿌리치지 않으셨습니까?

그래서 하나님, 당신은 우리 군대와 함께 나가지 않으십니다.

12 제발 저희에게 대적을 물리치는 도움이 되어주십시오!

이는 사람의 구원은 헛됨입니다.

13 하나님과 더불어 저희는 힘을 낼 수 있습니다.

그러면 그분께서 저희 대적을 짓밟으실 것입니다.

번역 해설

3절ㄱ. 히브리어 성경 전통에서 "민족들이 아님"(בַּל־אֻמִּים, 발-우밈; ?)으로 읽는 것은 의미가 없다. 이런 형태가 히브리어 본문의 대본 구실을 한 레닌그라드 사본(Codex Leningradensis; 기원후 1008년)에서는 시편 44:15[14]과 57:9에도 나오지만, 이 모든 경우에 달리 끊어서 "בַּלְאֻמִּים"(발르우밈; '민족들 가운데' = 70인역, ἐν ἔθνεσιν)으로 읽는 것이 옳겠다.

2. 본문과 함께 그림 묵상(*meditatio et visio*)

본문의 두 부분은 원래 있던 자리에서 떨어져 나와 새롭게 조합된 형태다. 그래서 제각각 원래 자리에서와는 또 다른 의미를 얻게 되었다. 앞부분은 깊은 신뢰를 바탕으로 한 찬송이고, 뒷부분은 전투를 앞두고 하나님께 드리는 승전 기원이다. 그런데 이 두 부분이 합쳐지면서 독자들은 뒷부분의 승전 기원이 추상화되는 것을 느끼게 된다. 그리하여 하나님을 향한 깊은 신뢰를 바탕으로 그분과 함께하는 삶의 승리를 기대하는 내용을 새기게 된다.

그림 235 Cod. Bibl. Fol. 23, 125 recto

이 삽화는 57편에서 온 본문의 전반부를 형상화한다. 그런데 57편의 삽화는 6절을 소재로 하여 구덩이를 팠지만 되레 거기 빠지는 대적들을 보며 노래하는 시인의 모습을 강조했다면, 108편의 삽화는 3절에 나오는 세상의 많은 사람 앞에서 선포의 찬양을 강조해서 그렸다. 그런데 흥미로운 점은 다윗으로 형상화된 기도자의 시선이다. 기도자는 하늘도 사람들도 보지 않고 뒤를 본다. 왜 그럴까? 가만히 보면 57편 삽화에서 찬양하는 기도자와 거의 같은 자세다. 그렇다면 이 부분이 57편과 연관됨을 드러내려고 한 의도가 아니었을까 짐작해볼 수 있겠다.

우리는 어떨 때 하나님을 찬양하는가? 사실 신앙은 기억과 기대의 변증법이라 해도 지나친 말이 아니다. 하나님께서는 성경을 통해 지난 역사 가운데 이루신 일들을 우리에게 계시하신다. 그러면서 우리로 하여금 하나님께서 어떤 분이신지를 기억하게 하신다. 그리고 앞으로 다가올 날들과 세상의 끝날까지 하나님께서 통치자이심을 기대하게 하신다. 말씀을 통한 하나님의 계시는 우리의 삶으로 이어진다. 우리의 현재 삶은 과거를 딛고 선 결과다. 말씀의 거울에 우리의 삶을 비추어보면 지나온 날들이 분명 하나님의 인도 속에 있었음을 되새기게 해준다. 그런 되새김은 현재의 삶을 이어갈 힘이 되며, 앞으로 맞이할 삶을 기대하게 한다. 그런 뜻에서 신뢰를 바탕으로 한 찬송과, 찬송을 바탕으로 한 승전 기원은 우리의 신앙의 모습을 다시금 되돌아보고 새롭게 다짐하게 해준다.

3. 기도와 관상(*oratio et contemplatio*)

주님, 당신은 어제나 오늘이나 영원토록 변함없이 전능하신 분입니다. 신앙의 눈을 뜨기만 하면 어디서나 그런 당신의 모습을 볼 수 있습니다. 제 신앙의 눈을 또렷하게 뜨도록 도와주십시오. 그래서 언제 어디서나 전능하신 당신을 찬양하는 삶이 되기를 바랍니다.

하나님, 잠잠하지 마십시오(시편 109편)

1. 본문 읽기(*lectio*)

[예배 음악을 위하여. 다윗의 찬송.]

하나님을 향한 탄원

1 내 찬양의 하나님, 잠잠하지 마십시오!

2 이는 악한의 입과 거짓된 입이 제게 맞서 열렸기 때문입니다.

　　그것들이 제게 속이는 혀로 말했기 때문입니다.

3 미워하는 말들이 저를 에워싸고,

　　까닭 없이 저와 싸웠기 때문입니다.

4 저는 사랑하는데도, 그들은 저를 대적하니,

　　저는 기도할 뿐입니다.

5 그들은 제게 선 대신에 악을,

　　제 사랑 대신에 미움을 베풉니다.

대적을 향한 저주 탄원

6 악인이 그에게 맞서게 해주시고,

　　고소자'가 그의 오른쪽에 서게 해주십시오!

7 그가 판결을 받을 때, 죄인으로 나오기를 바랍니다!

　　그리고 그의 기도는 죄악이 되기를 바랍니다!

8 그의 날수가 짧아지기를 바랍니다!

　　그의 직책은 다른 이가 가져가 버리기를 바랍니다!

9   그들의 아들들은 고아가 되고,

그들의 아내는 과부가 되기를 바랍니다!

10   그들의 아들들은 이리저리 떠돌며 구걸하고,

자기네 폐허를 떠나서 이것저것 찾아다니기를 바랍니다!

11   빚쟁이가 그가 가진 모든 것에 올가미 씌우고,

그가 수고한 것을 낯선 이들이 빼앗아가기 바랍니다!

12   그에게 인애를 이어가는 이가 없으며,

그의 고아들에게 자비를 베푸는 이가 없기를 바랍니다!

13   그의 다음 세대가 끊어지게 하시기를 바랍니다!

후대에 그들의 이름이 지워지기를 바랍니다!

14   그의 조상들의 죄가 야훼께 기억되고,

그의 어머니의 죄악이 지워지지 않기를 바랍니다!

15   그것들이 야훼 앞에 언제까지나 있고,

그들의 기억이 땅에서 끊어지기를 바랍니다!

대적의 잘못 고발

16   그가 인애 베풀기를 기억하지 않고,

가난하고 궁핍한 사람과 마음이 상한 이를 뒤쫓아서

죽이려고 했기 때문입니다.

대적을 향한 저주 탄원

17   그가 저주를 사랑하더니 그것이 그에게 들이닥치고,

축복을 기뻐하지 않더니 그것이 그에게서 멀어졌습니다.

18   그가 저주를 외투처럼 걸치더니,

그것이 물처럼 그의 속으로,

기름처럼 그의 뼛속으로 들어갔습니다.

19 그것이 그가 입은 옷처럼 되고,

그가 언제나 띠는 허리띠처럼 되기를 바랍니다!

20 이것은 저의 고소자와

제 영혼에 맞서 악담하는 이들이 야훼께 받을 삯입니다.

구원 간구

21 그러나 당신, 야훼, 내 주님이여!

당신의 이름을 위해서 제게 행하십시오!

참으로 당신의 인자하심이 좋으시니, 저를 구해주십시오!

자기 탄원

22 참으로 저는 가난하고 궁핍하고,

제 마음은 제 속에서 꿰뚫렸습니다.

23 길어져 가는 그늘처럼 제가 사라져갑니다.

메뚜기처럼 흔들려 떨어집니다.

24 제 무릎은 금식 때문에 휘청이고,

제 몸은 기름기가 빠져나갔습니다.

25 그리고 저는 그들에게 조롱거리가 되었습니다.

구원 간구

26 저를 도와주십시오, 야훼 나의 하나님이여!

당신의 인자하심대로 저를 구원해주십시오!

그들이 저를 보고 자기네 머리를 흔들었습니다.

자기 성찰

27 이것이 당신 손임을 그들이 알기 바랍니다!

　당신 야훼께서 그것을 행하셨습니다.

28 그들은 저주할 테지만,

　당신은 복 내려주시기를 바랍니다!

　그들은 일어나서 수치를 겪었지만,

　당신의 종은 기뻐하기를 바랍니다!

29 저의 고소자들은 치욕을 옷 입고,

　자기네 수치를 겉옷처럼 걸치기를 바랍니다!

감사와 찬송

30 저는 야훼께 제 입으로 크게 감사하고,

　많은 이 가운데서 그분을 찬양하겠습니다!

31 이는 그분이 오른쪽에 궁핍한 이를 세우셔서,

　그의 영혼을 재판하려는 이들에게서 구원하실 것이기 때문입니다.

번역 해설

6절ㄱ. 히브리어 "שָׂטָן"(사탄)은 전쟁 배경에서는 적이라는 뜻으로 쓰이고 (삼상 29:4; 왕상 5:18; 11:14, 23, 25), 법정 배경에서는 소송 상대라는 뜻으로 쓰인다(슥 3:1, 2). 이것이 나중에 가면 하나님께 인간을 탄핵하는 초인간적 존재(욥 1:6-8 등), 인간으로 하여금 죄짓도록 부추기는 존재(대상 21:1)라는 뜻으로도 쓰인다. 본문은 "오른쪽"이라는 말, 이어지는 7절 등에서 법정 배경을 추측하게 해준다.

2. 본문과 함께 그림 묵상(*meditatio et visio*)

1) 속마음 들여다보기

저주 시편은 무엇보다 그리스도인에게 저주를 허용하느냐의 문제로 거듭 논쟁의 대상이 된다. 예수께서는 원수를 사랑하라고 가르치셨다. 그것은 당연히 구약성경의 가르침에서 시작한 것이다. 그런데 시편에는 버젓이 저주 시편이 등장한다. 이를 어떻게 보아야 하는가? 그렇다고 우리 마음속에 우리를 부당하게 대하거나 악을 행하는 이들을 향해 저주의 마음이 없느냐 하면 그렇지도 않다. 그래서 저주 시편을 읽을 때면 늘 불편한 것이 사실이다.

저주 시편은 바로 그래서 중요한 의미가 있다. 삶 가운데서 우리를 대적하는 사람들이 생기고, 그들 때문에, 특히 그들의 입에서 나오는 말 때문에 우리가 고통을 당한다면, 우리는 어떻게 할 것인가? 무한한 가치 세계로 이끄시는 하나님께 대한 믿음이 없는 사람들은 좌절과 절망, 또는 실제 보복으로 이어질 수밖에 없다. 하지만 신앙인은 곧바로 하나님을 향해 눈을 들고 속마음을 다 털어놓을 수 있다. 그분께 모든 것을 내놓고 빈 마음을 가질 때, 비로소 그분 앞에 선 우리의 참된 모습을 볼 수 있고, 대적들의 모든 세력을 넘어서는 무한한 하나님의 권능을 바라볼 눈을 뜰 수 있다. 특히 우리 안에 있는 상처와 그 속에 깊이 도사리고 있는 적개심과 저주를 올바로 보지 않는 한 새로운 가치 세계로 들어가는 것은 불가능하다. 그런 뜻에서 저주 시편 기도자의 솔직한 고백은 우리 자신을 들여다보게 해주는 거울인 셈이다.

그림 236 Cod. Bibl. Fol. 23, 126 recto

본문 1-5절에서 기도자는 자신의 선한 의도와 상관없이 온통 대적으로 둘러싸인 현실을 탄원한다. 삽화는 바로 이 모습을 보여준다. 가운데 서 있는 기도자의 양쪽 귀를 향해 공격이 들어온다. 흥미롭게도 대적과 마귀가 구분되지 않는다. 이는 고통스러운 기도자의 마음을 잘 표현해준다. 이런 절체절명의 상황에서 속마음을 제대로 들여다보려고 노력하는 것이 영적 성숙의 시작이다.

2) 저주를 통한 자기 성찰

남을 손가락질할 때, 남을 향한 손가락은 하나지만 나머지 셋은 나를 향한다. 본문에서 드러나는 매서운 저주는 바로 그 점을 역설한다. 기도자는 자신이 대적을 사랑하며 그를 위해 기도한다고 했다. 그러나 정작 기도가 시작되자 나온 것은 온통 자신을 모함하고 공격한 대적을 향한 적개심과 저주였다. 그러고도 기도자는 여전히 대적이 저주를 일삼았기 때문에 저주가 그에게 되돌아갔으면 좋겠다고 하나님께 부르짖는다. 정상적인 독자라면 그전까지는 기도자의 날 선 저주에 공감하고 이해했더라도 이 대목에서는 모순을 느낄 것이다.

기도의 효과가 그것이 아니겠는가? 기도는 바닥까지 하나님 앞에 자신을 내어놓는 과정이다. 그리고 그 자리에 하나님의 진정한 사랑과 인자하심을 채우는 일이다. 그것이 영적 성숙이다. 기도자의 영적 모순이 곧 우리 자신의 모습이 아닌지 되돌아보아야 한다.

　　하나님은 구원하시는 분이다. 하나님이 우리를 구원하시는 이유는 우리의 바탕이 선하기 때문이 아니라 하나님의 인자하심이 선하기 때문이다. 하나님은 그분의 뜻대로 그분의 때에 구원을 베푸신다. 더불어 악인의 심판도 내 뜻과 내가 원하는 때를 따르는 것이 아니라 그분의 계획하심에 따른다. 우리는 다만 기도자처럼 오로지 주님께 내맡기고 겸손히 그분 앞에서 나를 바라보고 그분의 구원을 기다리면 된다. 이는 무기력이나 자포자기가 아니라 초월하는 신앙이다.

그림 237 Cod. Bibl. Fol. 23, 126 verso

그림은 본문 17-20절을 직관적으로 그렸다. 본문은 기도자를 괴롭히는 대적이 저주를 사랑하여 그것을 외투처럼 걸치고 다녀서 그의 존재와 구분되지 않는다고 했다. 이 그림은 바로 대적의 그 옷을 표현했다. 마귀가 옆에 붙어 있는 옷은 대적의 저주일 것이다. 그리고 그 옆에 있는 사람이 들고 있는 것은 본문 19절에서 언급된 허리띠일 것이다. 대적의 저주를 저주하는 기도자의 모습에서 과연 우리의 겉모습과 속마음은 어떤지 돌아보게 된다.

3) 참된 감사와 찬송

그리스도인은 감사와 찬송이라는 말을 자주 그리고 쉽게 쓰는 경향이 있다. 그런데 참된 감사와 찬송의 경지를 경험한 이들이 얼마나 될까? 기쁠 때, 모든 일이 순조로울 때 감사와 찬송을 드리는 것은 그리 어렵지 않다. 그런데 본문의 기도자처럼 대적자들의 모욕과 음모의 말 한가운데서 모진 세월을 보내는 이가 야훼 하나님께 감사와 찬송을 드리는 길은 참으로 멀고도 험하다.

무엇보다 먼저 자기 자신 안에 있는 흠집과 상처, 그리고 그 안에 도사리고 있는 적개심을 볼 수 있어야 한다. 그리고 그것들이 아무리 추하고 날이 서 있다고 하더라도 하나님 앞에 꺼내놓고 직면해야 한다. 그렇지 않으면 그 상처와 적개심이 사라지지 않은 채 겉으로 드리는 감사와 찬송이 거듭 괴로움을 더할 것이기 때문이다. 비우지 않으면 채울 수 없다.

더불어 우리의 시선을 하나님께 고정해야 한다. 본문 28절에서 기도자가 깨달았듯, 우리의 시선을 무한하신 하나님의 세계에 집중할 때, 대적들의 저주와 그들의 말로는 사람들의 몫이 아님을 알게 된다. 그것은 하나님의 영역이다. 하나님의 영역을 자기가 원하는 때에 자기가 원하는 방식에 맞추려 하다 보면 대적의 공격보다 더한 고통을 맛볼 수 있다.

이 모든 과정을 거칠 때, 비로소 마음속 깊은 곳에서 솟아나는 감사와 찬송을 경험할 것이다. 그러나 본문 29절에서 보았듯, 우리는 거듭 실족할 수 있음을 인정하고 늘 하나님 앞에 자신을 내어놓고 하나님의 가치로 내면을 채우는 일을 게을리하지 말아야 할 것이다.

그림 238 Cod. Bibl. Fol. 23, 127 recto

본문 21절과 26절에서 기도자는 야훼께 자신을 구원해달라고 간구한다. 이 삽화는 그 모습을 그려준다. 기도자는 사실 대적의 저주에 시달리면서, 정작 자신도 똑같은 저주를 토해냈다. 그렇다면 기도자가 대적과 무엇이 다른가? 바로 이 그림이 그 점을 잘 드러내준다. 대적이 다른 사람을 향해 저주를 내뱉었다면, 기도자는 그런 저주의 마음을 하나님 앞에서 겸허하게 들여다보았다. 그 과정에서 그는 구원이 자신의 의로움이 아니라 하나님의 인자하심에 달려 있음을 깨닫고 감사와 찬양을 드리게 되었다. 이것이 진정한 영적 성숙이다.

3. 기도와 관상(*oratio et contemplatio*)

주님, 제 안에 그 모든 저주가 들어 있었습니다. 제가 받은 모든 저주가 고스란히 똬리를 틀고 공격의 날을 세우고 있었습니다. 당신 앞에서 그 모든 것을 들여다보고 내어놓게 해주시니 감사합니다. 그 모든 것을 비워냈으니 당신의 인자하심으로 저를 구원해주시고 기쁨이 넘치게 해주십시오.

임금을 향한 신탁과 기원(시편 110편)

1. 본문 읽기(*lectio*)

[다윗의 찬송.]

야훼의 오른쪽에 앉은 임금(신탁 1)

1   내 주인에게 하신 야훼의 말씀.
    "너는 내 오른쪽에 앉아라,
    내가 제 원수들을 네 발판으로 삼기까지!"

영토와 백성 확장(기원 1)

2   당신 힘의 지팡이를 야훼께서 시온에서부터 보내실 것입니다.
    당신의 원수들 가운데서 다스리십시오!

3   당신 권능의 날에 당신 백성들은' 자발적인 예물이 되어"
    거룩한 옷을 입고 새벽의 자궁에서부터 나올 것입니다.
    당신 것입니다, 당신 젊은 시절의 이슬!"

영원한 제사장인 임금(신탁 2)

4   야훼는 맹세하시고 후회하지 않으실 것입니다.
    "너는 영원한 제사장이다,
    멜기세덱의 서열에 따라."

승리의 기원(기원 2)

5 당신의 오른쪽에 있는 내 주인이
   분노하는 날에 임금들을 쳐부숩니다.

6 그가 민족들을 심판하여 시체들로 가득합니다.
   수많은 땅에서 우두머리를 쳐부숩니다.

7 길가의 시냇물을 그가 마십니다.
   그리하여 그가 머리를 듭니다.

번역 해설

3절ㄱ. 히브리어 본문(עַמְּךָ, 암카)과 달리 70인역은 "μετὰ σοῦ"(메타 수; '당신과 함께')로 옮겨서 같은 자음 본문을 다르게 읽은 것으로 보인다(עִמְּךָ, 임카).

3절ㄴ. 히브리어 본문(נְדָבֹת, 느다보트)과 달리 70인역은 "ἡ ἀρχή"(헤 아르케; '군주')로 옮겨서 같은 자음 본문을 다르게 읽은 것으로 보인다(נָדִיב, 나디보트).

3절ㄷ. 히브리어 본문(יַלְדֻתֶיךָ, 얄두테카)과 달리 70인역은 "ἐξεγέννησά σε"(엑스에겐네사 세; '내가 너를 낳았다')로 옮겨서 같은 자음 본문을 다르게 읽은 것으로 보인다(יְלִדְתִּיךָ, 옐리드티카; '내가 너를 낳았다').

2. 본문과 함께 그림 묵상(*meditatio et visio*)

우리가 살펴본 대로 시편 110편의 기원과 형성을 되짚어 재구성하기란 매우 어렵다. 그러나 이 시편의 영향사는 분명하다. 기독론의 관점에서 두 신탁은 신약성경에서 예수 그리스도에게 적용되어 거듭 영향을 발휘했다. 그래서 이 시편은 특히 기원과 형성보다는 영향에 집중하는 것이 중요하다. 실제로 거의 모든 주석이 그렇게 하고 있다. 여기서 우리는 쳉어(Zenger)의 분석을 눈여겨볼 수 있다(참조. Hossfeld/Zenger, *Psalms 3*, 153-154).

1절의 신탁은 세 가지 관점에서 인용이 된다. 첫째, 마가복음 12:36과 사도행전 2:34에서는 신탁 자체가 글자 그대로 인용되었다. 제각각 서기관들과의 논쟁, 예수 그리스도의 부활 변증의 문맥에서 화자를 메시아인 예수의 권위를 전하는 다윗으로 언급한다. 둘째, 하나님의 오른쪽에 앉아 계신다는 모티프는 하나님의 아들로서 예수의 권위와 부활의 근거 구절로 인용된다(참조. 막 14:62; 16:19; 행 5:31; 7:55-56; 롬 8:34; 엡 1:20; 골 3:1; 히 1:3; 8:1; 10:12; 12:2; 벧전 3:22). 셋째, 원수의 굴복과 관련하여 마태복음 26:64의 예수의 법정 재판 장면에서는 다니엘 7:13과 연결되어 인용되고, 고린도전서 15:25, 27에서는 시편 8:6과 연결되어 인용된다. 4절의 신탁은 히브리서에서 대제사장적 기독론의 근거로 인용된다(히 5:6, 10; 6:20; 7:3, 11, 15, 24, 28). 따라서 시편 110편은 시편 모음집 안에서의 의미보다는 수용사의 의미가 더 크다고 하겠다.

위에서 언급한 대로 이 시편의 삽화도 기독론 관점의 모형론으로 해석한다. 그런데 무슨 까닭에서인지 예수 그리스도의 오른쪽에 앉은 사람이 지워져 있다. 다윗 임금을 그렸을 것으로 추정할 수 있겠다.

3. 기도와 관상(*oratio et contemplatio*)

세상의 주인이신 주님, 저는 당신의 군대입니다. 당신 나라의 승리에 충실한 도구가 되게 해주십시오. 제 삶이 당신께 드리는 자발적인 예물이 되기를 바랍니다.

야훼를 향한 감사(시편 111편)

1. 본문 읽기(*lectio*)

감사의 선포

1   할렐루야!

    [알레프] 제가 야훼께 온 마음으로 감사하겠습니다!

    [베트] 올곧은 이들의 모임과 회중에서 그리하겠습니다!

역사를 통해 일하시는 야훼

2   [김멜] 야훼가 이루신 일들은 큽니다.

    [달레트] 그것을 기뻐하는 모든 이에게는 탐구할 만합니다.

3   [헤] 그분이 행하신 일은 존귀하고 위엄이 있습니다.

    [바브] 그리고 그분의 정의는 언제까지나 서 있습니다.

4   [자인] 그분은 자신의 놀라운 일들을 기억하게 만드셨습니다.

    [헤트] 야훼는 은혜로우시고 자비로우십니다.

5   [테트] 그분은 자기를 경외하는 이들에게 먹을거리를 주셨습니다.

    [요드] 영원토록 자기 언약을 기억하실 것입니다.

6   [카프] 자신이 이루신 일들의 힘을 자기 백성에게 알리실 것입니다.

    [라메드] 그리하여 그들에게 민족들의 몫을 주셨습니다.

야훼의 성품

7   [멤] 그분 손이 이루신 일들은 한결같음과 공평입니다.

    [눈] 그분의 모든 법도는 미쁩니다.

8 [사메크] 그것은 언제까지나 영원토록 확고합니다.

[아인] 한결같음과 올곧음으로 이루어졌습니다.

9 [페] 속량하심을 자기 백성에게 베푸셨습니다.

[차데] 그분의 언약을 영원토록 명령하셨습니다.

[코프] 그분의 이름은 거룩하고 두려우십니다.

야훼 경외의 지혜

10 [레쉬] 지혜의 첫머리는 야훼 경외입니다.

[신] 그것들을 실천하는 모든 이에게 좋은 깨달음입니다.

[타브] 그분의 명성은 언제까지나 서 있습니다.

2. 본문과 함께 그림 묵상(*meditatio et visio*)

신앙생활의 가장 근본이 되는 요소는 하나님을 제대로 알고 그분과 만나는 일이다. 우리는 하나님을 어떻게 알 수 있는가? 이 시편을 통해 역사를 되돌아보는 것이 하나님을 아는 데 얼마나 중요한지를 새삼 배우게 된다. 성경은 이스라엘 백성들의 이야기, 곧 창조에서부터 시작하여 족장들의 이야기, 출애굽과 언약 체결, 가나안 땅에 진입하는 이야기 등에서 하나님이 어떤 분이시며 어떻게 역사하셨는지를 가르쳐준다. 그 이야기들은 진실하시고 정의로우시며 미쁘신 하나님의 모습을 우리에게 그려준다. 성경 본문을 읽는 이는 본문 가운데서 그 하나님을 보는 눈이 열려야 한다. 이는 성령의 조명이 당연히 필요하다. 그리하여 성경 본문을 통해 계시하시는 하나님을 만나고 그분의 무한하신 세계를 경험한 뒤 그분을 경외하는 데 이르면, 바로 그것이 하나님의 지혜요 다른 모든 지혜를 시작하는 근본이 된다. 하나님이 처음에 사람을 창조하시고 "보시기에 좋았더라"고 하신 그 "좋음"(טוב, 토브; 10절)이 그런 지혜에 이르는 영성이다. 진정한 찬양과 감사는 거기서 시작하여 영원토록 이어질 것이다.

그림 240 Cod. Bibl. Fol. 23, 128 recto

이 삽화는 본문 2절을 형상화한 것으로 보인다. 하나님이 이루신 일들을 기뻐하는 이들이 그분의 위엄 앞에 엎드려 있다. 그림은 본문 2절에 나오는 "탐구"의 자세를 어떻게 이해하는 것이 올바른지를 잘 보여준다. 이는 곧 10절 말씀대로 그분의 거룩하고 두려운 이름 앞에서 경외하는 자세다. 하나님이 이 땅에서 이루신 일들은 교만한 눈에는 절대로 드러나지 않는다. 우리가 피조물로서 겸손히 바라볼 때 비로소 그분의 한결같은 공평과 정의가 눈에 들어올 것이다.

3. 기도와 관상(*oratio et contemplatio*)

주님, 제가 당신이 이루신 일들을 탐구하려고 합니다. 당신이 계시하신 말씀 앞에서 당신의 한결같은 공평과 정의를 볼 수 있도록 제 눈을 열어주십시오. 그러면 모든 이 앞에서 당신을 향해 소리 높여 감사하겠습니다.

야훼 경외의 행복(시편 112편)

1. 본문 읽기(*lectio*)

행복 선포

1   할렐루야!

   [알레프] 행복하여라, 야훼를 경외하는 사람!

   [베트] 그는 그분의 계명들로 매우 즐거워합니다.

후손과 재물의 복

2   [김멜] 그의 후손은 이 땅에서 강해질 것입니다.

   [달레트] 올바른 이들의 다음 세대는 복 받을 것입니다.

3   [헤] 재산과 부가 그의 집에 있을 것입니다.

   [바브] 그리고 그의 정의는 언제까지나 서 있습니다.

올곧은 이들의 복

4   [자인] 어둠 속에서 빛이 올곧은 이들에게 비췄습니다.

   [헤트] 그들은 은혜롭고 자비롭고 정의롭습니다.

5   [테트] 은혜로워서 잘 꾸어주는 이는 잘됩니다.

   [요드] 그는 자기 일들을 공평하게 돌볼 것입니다.

6   [카프] 참으로 영원토록 그는 흔들리지 않을 것입니다.

   [라메드] 의인은 영원토록 남을 기억이 될 것입니다.

7   [멤] 그는 나쁜 소문 때문에 두려워하지 않을 것입니다.

   [눈] 그의 마음은 굳건해서 야훼를 의지합니다.

8　[사메크] 그의 마음은 확고해서 두려워하지 않을 것입니다.

　　[아인] 자기 대적들을 마주하여 보기까지 그리할 것입니다.

9　[페] 그는 흩어 궁핍한 이들에게 나누어주었습니다.

　　[차데] 그의 정의는 언제까지나 서 있습니다.

　　[코프] 그의 뿔이 영광 가운데 들릴 것입니다.

악인들의 운명

10　[레쉬] 악인은 보고 분하게 여길 것입니다.

　　[쉰] 이를 갈며 녹아버릴 것입니다.

　　[타브] 악인들의 바람은 사라져버릴 것입니다.

2. 본문과 함께 그림 묵상(*meditatio et visio*)

무엇이 행복인가? 본문에서는 야훼를 경외하며 그의 계명을 크게 즐거워하는 사람이 행복하다고 선언한다. 첫머리부터 "행복"의 개념이 유한한 가치 세계의 그것과 다르다. 아니나 다를까 본문에서 말하는 행복은 거의 다 하나님과의 관계에 초점이 맞추어져 있다. 가시적이고 유한한 가치는 부수적으로 언급될 뿐이다. 마치 선물을 주시는 아버지를 바라보는 아이에게 선물과 아버지 가운데 어느 것이 더 중요한지를 가르쳐주는 것 같다.

　　그런 행복을 맘껏 누리고 하나님께 인정받는 복된 삶을 사는 비결은 지금 당장은 보이지 않지만 늘 우리와 함께하시고 우리를 다스리시며 마지막 날에 우리를 맞아주실 그분을 의지하는 데 있다(7후). 그리고 그 의지 신앙으로 마음을 굳게 먹을 때(7후, 8전), 아무것도 우리에게 두려움을 주지 못한다(7전, 8전). 신앙의 성장, 영성의 성숙, 이 모든 것은 바로 이런 경지

를 지향한다. 그 경지에 이를 때, 진정한 "행복"을 경험할 수 있다. 그런 뜻
에서 예수께서도 마음이 가난한 이가 행복하다고 선포하셨다(마 5:3).

그림 241 Cod. Bibl. Fol. 23, 129 recto

이 그림은 본문 4-9절에서 묘사하는 올곧은 이의 모습을 표현한다. 그림은 그를 임금으
로 묘사한다. 특히 이 그림은 5절에서 자기 일을 공평하게 처리한다는 구절을 떠올리게
한다. 송사를 위해 온 사람이 임금에게 호소하고, 임금은 그의 사건을 왼손에 들고 있는
성경 말씀대로 공평하게 처리하는 것으로 보인다. 임금의 단호한 표정에서 굳건하고 확
고한 야훼 의지 신앙을 묵상해볼 수 있겠다.

3. 기도와 관상(*oratio et contemplatio*)

주님, 당신을 만난 경험이 제 삶에서 이루어지기를 바랍니다. 제가 당신의
공평과 정의와 올곧음의 빛을 받아 그 빛을 이 세상의 어둠 가운데서 비추
게 해주십시오. 그것이 저의 행복이 되기를 소망합니다.

높은 데서 낮은 곳을 보시는 야훼(시편 113편)

1. 본문 읽기(*lectio*)

찬양하십시오

1   할렐루야!

  찬양하십시오, 야훼의 종들이여!

  찬양하십시오, 야훼의 이름을!

송축 받으소서

2   야훼의 이름은 송축 받으소서,

  지금부터 영원토록!

3   해 뜨는 데서부터 그 지는 데까지 찬양받으소서,

  야훼의 이름이!

높은 데서 낮은 곳을 보시는 야훼

4   모든 민족보다 크십니다, 야훼께서는,

  하늘보다 (크십니다), 그분의 영광은!

5   누가 야훼 우리 하나님 같겠습니까?

  자리를 높은 데 두신 분,

6   시선을 낮추신 분, 하늘과 땅에서 그리하신 분!

약자를 보살피시는 야훼

7   그분은 먼지 속에서 가난한 이를 일으키십니다.

거름더미에서 궁핍한 이를 높이십니다.

8   귀족들과 함께 세우시기 위해 그리하십니다.
     그분 백성의 귀족들과 함께 말입니다.

9   집에서 아이 못 낳는 이를 자기 집에 살게 하셔서
     아들들의 어미가 되어 즐겁게 하실 것입니다.
     할렐루야!

2. 본문과 함께 그림 묵상(*meditatio et visio*)

이 시편이 가난한 자들을 귀족과 같게 하시며 아이를 낳지 못하던 여성으
로 하여금 아이를 낳게 해주시는 야훼를 찬양한다고 해서 그 가치 기준이
물질주의라고 할 수 있을까? 그렇지 않다. 이 시편에서 초점은 친히 낮아
지셔서 소외당하는 이들을 위로하시는 하나님을 강조하는 데 있다. 즉 높
으신 하나님의 가치 기준이 낮은 데 있다는 말이다. 그래서 야훼 하나님은
시간과 공간을 초월하여 찬양받아 마땅하다는 것이 이 시편의 주제다. 이
것은 신약성경에서 마리아의 찬가(눅 1:46-55)로 이어졌는데, 이는 이방인
과 소외된 이들에게 관심을 두었던 누가복음의 저술 목적에도 부합했다
(참조. 눅 4:18-19).

시편 113편에서 "자리를 높은 데 두신 분, 시선을 낮추신 분"이라는
고백은 바로 이런 그리스도인의 삶으로 초대하는 말씀이 아니겠는가? 높
고 높으신 하나님이 시선을 낮추시어 "가난한 이", "궁핍한 이", "아이 못
낳는 이"를 보살피신다. 그들을 높여주신다. "귀족들"과 "아이들의 어머
니"로 상징되는 사람들이 기득권자들에게 빼앗긴 권리를 회복시켜주신다.
더군다나 하나님의 아들 예수 그리스도께서 낮아지고 낮아지셔서 십자가

에 죽기까지 하셨다. 모든 이들의 종이 되어 가난하고 소외된 이들에게 복권의 복음을 전하셨다. 특히 이 시편이 들어 있는 작은 모음집(113-118편)이 유월절을 배경으로 거듭 읽혔던 전통을 고려한다면, 이 점은 출애굽을 매개로 더욱 선명하게 드러난다고 하겠다.

그림 242 Cod. Bibl. Fol. 23, 129 recto

제의를 배경으로 하여 희생제물을 드리는 듯한 이 장면은 얼핏 본문과 관련이 없어 보인다. 필사본에서 이 삽화는 3절 아래 그려져 있다. 이는 찬양의 부름을 배경으로 한다. 더욱이 이 시편을 유월절에 읽었던 전통을 고려한다면, '할렐 시편'(시 113-118편; 2권 시편 해설 참조)의 첫머리에 유월절의 어린양을 기념하는 희생제물이 온 것은 충분히 이해할 만하다. 더욱이 자리를 높은 데 두시면서도 낮은 곳을 보시고, 약자들을 돌보시는 하나님의 본성을 찬양하는 이 시편과 삽화는 예수 그리스도의 성육신(成肉身, incarnation)과, 하나님의 어린양으로서 십자가를 지신 예수 그리스도를 떠올리게 한다.

3. 기도와 관상(*oratio et contemplatio*)

주님, 저는 높은 곳만 보려고 했습니다. 높아지려고만 했습니다. 그러다 낮은 곳에 있는 사람들을 보지 못했고, 그들의 고통을 생각하지 못했습니다. 당신이 보시는 곳, 당신이 관심을 두시는 곳, 당신이 친히 돌보시는 사람들과 함께하기를 원합니다.

야곱의 하나님 앞에서 춤추어라(시편 114편)

1. 본문 읽기(*lectio*)

출애굽과 가나안 진입(ㄱ)

1 이스라엘이 이집트에서,

　　야곱 집안이 말 안 통하는 백성에게서 나올 때,

2 유다는 그분의 성소가,

　　이스라엘은 그분의 영토가 되었습니다.

홍해와 요단강을 건넘(ㄴ//ㄴ′)

3 바다가 보고 도망쳤습니다.

　　요단강은 뒤로 돌아갔습니다.

4 산들이 숫양들처럼,

　　작은 산들이 어린 양들처럼 껑충껑충 뛰었습니다.

5 너 바다야, 무엇 때문에 그렇게 도망치느냐?

　　요단아, 너는 왜 뒤로 돌아가느냐?

6 산들아, 너희는 왜 숫양들처럼,

　　작은 산들아, 너희는 왜 어린 양들처럼 껑충껑충 뛰느냐?

야곱의 하나님 앞에서 춤추어라(ㄱ′)

7 주인 앞에서, 땅이여,

　　야곱의 하나님 앞에서 떨어라!

8 그분은 바위를 물웅덩이로,

부싯돌을 물 샘으로 바꾸신 분!

2. 본문과 함께 그림 묵상(*meditatio et visio*)

우리는 하나님의 역사하심을 어디서 체험하는가? 우리가 성경에 나오는
헤아릴 수 없이 많은 기적을 삶의 현장에서 글자 그대로 다시 보는 경우는
거의 없다. 오히려 우리네 삶은 시편 저자들이 거듭 절규하는 대로 하나님
이 계시지 않는 듯, 멀리 떨어져서 관여하지 않으시는 듯하다. 그래서 우리
는 좌절하는 때도 많고, 하나님의 임재하심을 경험하기 어렵다. 과연 하나
님의 임재하심을 매 순간 경험하는 방법은 무엇일까?

　　이 시편으로 제의를 드렸을 성경 시대의 공동체는 유월절을 지키며
출애굽 때를 되새긴다. 바다가 갈라지고 강물이 멈추었던 그 놀라운 일을
되새긴다. 그리고 그 놀라운 광경의 목격자였던 바다와 강물, 산들과 온 땅
을 향해 질문한다. "그대들은 왜 하나님 앞에서 물러서고, 또 하나님 앞에
서 기뻐 뛰었던가?" 물론 바다도 강물도 산과 평지도 아무런 대답을 하지
않지만, 창조주요 통치자이시며 심판자이신 야훼 앞에 순종하며 기뻐했던
그 피조세계는 오늘도 하나님의 질서 안에서 제 몫을 묵묵히 다하고 있다.
그러니 하나님의 임재는 바로 거기서 드러난다. 일상의 매 순간 우리가 호
흡하고, 매일 아침에 잠에서 깨어 눈을 뜨며, 우리 눈으로 보는 모든 일이
하나님의 창조와 통치 질서 안에 있다. 그래서 시편 저자는 오늘 우리에게
도 권면한다. "그분 앞에서 기뻐하십시오!"

그림 243 Cod. Bibl. Fol. 23, 129 verso

삽화는 본문 8절에서 언급하는 사건, 즉 광야 바위에서 물이 나왔던 사건을 보여준다. 이 기적의 사건 앞에서 우리의 눈길을 끄는 것은 이상하리만치 담담한 이스라엘 백성들에 대한 묘사다. 그들의 모습은 마치 늘 있던 사건을 보는 듯하다. 이 그림은 거꾸로 오늘 우리가 아무렇지도 않게 여기고 스쳐 지나는 일상의 창조 질서가 얼마나 기적적인지를 되돌아보게 한다.

3. 기도와 관상(*oratio et contemplatio*)

주님, 당신은 오늘 아침에도 어둠을 끝내시고 밝음을 우리에게 주셨습니다. 그때에 맞춰 우리의 눈을 뜨게 하셨습니다. 그래서 우리는 일어나서 숨을 내쉬고, 물을 마시고, 밥을 먹었습니다. 당신은 우리의 몸을 움직이게 해주셨습니다. 그리고 어느 계절이든 의심하거나 놀라지 않고 맞이하게 해주셨습니다. 그것이 기적임을 깨닫게 해주시니 감사합니다. 당신 앞에서는 기적이 일상이고, 일상이 기적입니다.

전능하신 야훼를 향한 탄원(시편 115편)

1. 본문 읽기(*lectio*)

전능하신 야훼를 향한 탄원

1 저희에게는 아닙니다, 야훼여! 저희에게는 아닙니다.

오로지 당신의 이름에 영광을 돌리십시오!

당신의 인자하심과 당신의 한결같으심 때문입니다.

2 무엇 때문에 민족들이 말하기를,

"도대체 그들의 하나님은 어디 있는가?"라고 합니까?

3 그러나 우리 하나님은 하늘에 계십니다.

그분이 기뻐하시는 것은 무엇이든 이루셨습니다.

열방 우상들의 무력함

4 그들의 우상들은 은과 금입니다.

사람의 손으로 만든 것입니다.

5 그것들에 입은 있지만, 말하지 못합니다.

그것들에 눈은 있지만, 보지 못합니다.

6 그것들에 귀는 있지만, 듣지 못합니다.

그것들에 코는 있지만, 냄새 맡지 못합니다.

7 그것들의 손은 있지만, 만지지 못합니다.

그것들의 발은 있지만, 걸어가지 못합니다.

그것들의 목구멍으로 소리를 내지도 못합니다.

8 그것들을 만든 이들,

그것들에 의지하는 모든 이는 그것들과 같습니다.

의지 신앙 찬양

9 이스라엘이여, 야훼를 의지하십시오!

　우리의˘ 도움이시고 우리의˘ 방패이십니다, 그분은!

10 아론 집안이여, 야훼를 의지하십시오!

　우리의˘ 도움이시고 우리의˘ 방패이십니다, 그분은!

11 야훼를 경외하는 이들이여, 야훼를 의지하십시오!

　우리의˘ 도움이시고 우리의˘ 방패이십니다, 그분은!

회중을 향한 축복

12 야훼는 우리를 기억하셨습니다. 그분이 복 내리시기를 바랍니다!

　그분이 이스라엘의 집안에 복 내리시기를 바랍니다!

　그분이 아론의 집안에 복 내리시기를 바랍니다!

13 그분이 야훼를 경외하는 이들에게,

　작은 이들과 큰 이들에게 복 내리시기를 바랍니다!

14 야훼께서 여러분을,

　여러분과 여러분의 자손들을 번성케 하시기를 바랍니다!

15 여러분은 야훼께 복 받은 이들입니다.

　그분은 하늘과 땅을 지으신 분입니다!

찬양 요청

16 하늘은 야훼를 위한 하늘입니다.

　그러나 땅은 그분이 사람의 아들들을 위해 주셨습니다.

17 죽은 이들은 야훼˘를 찬양하지 못하고,

침묵으로 내려가는 모든 이도 그리하지 못합니다.

18 그러나 우리는 야훼˚를

지금부터 영원토록 송축할 것입니다.

할렐루야!

번역 해설

9-11절 ㄱ. 우리의 번역은 히브리어 본문을 수정하여 "וּמָגִנֵּנוּ הוּא עֶזְרֵנוּ"(에즈레누 우마기네누 후)로 읽은 것이다. 여기서 히브리어 본문과 70인역은 두 명사에 붙은 인칭대명접미어가 "그들의"(ㅁ-; αὐτῶν)다. 그런데 우리말 개역개정은 "너희의"(כ-)로 고쳐 읽었으며, 새번역이나 가톨릭 성경은 접미어 없이 옮겼다. 이와 같은 구절이 시편 33:20후반절에도 등장하는데, 거기서는 "우리의"(נ-)다. 본문비평의 관점에서 꼬리형 "멤"(ㅁ)과 "눈-바브"(וּ)의 조합은 쉽사리 필사 오류를 겪을 수 있다. 따라서 우리는 시편 115편의 본문이 전승의 이른 단계에서 필사 오류를 겪었다고 본다.

17, 18절 ㄴ. 여기서는 "야훼"(יהוה)의 단축된 형태(יָהּ, 야흐)가 쓰였다. 이 형태는 구약성경에서 46번 나오는데, 출애굽기에 두 번(15:2; 17:16), 이사야서에 두 번(12:2; 38:11), 그리고 나머지는 모두 시편에서 나온다 (68:19; 77:12; 89:9; 94:7, 12; 102:19; 104:35; 105:45; 106:48; 111:1; 112:1; 113:1, 9; 115:17f; 116:19; 117:2; 118:5, 14, 17ff; 122:4; 130:3; 135:1, 3f, 21; 146:1, 10; 147:1, 20; 148:1, 14; 149:1, 9; 150:1, 6).

2. 본문과 함께 그림 묵상(*meditatio et visio*)

1) 하나님과 우상

이 시편에서는 하나님의 전능하심과 우상들의 무력함이 선명하게 대조된다. 더불어 하나님의 비가시성과 우상의 가시성도 분명하게 드러난다. 합쳐서 말하자면, 비가시적 전능함과 가시적 무력함 사이의 대결인 셈이다. 신앙은 가시적이지만 무력한 우상의 유혹을 벗어나서 비가시적이지만 전능하신 하나님의 무한하심을 지향해가는 과정이다. 그러나 이 과정이 생각만큼 수월하지는 않다. 우리는 모두 가시적 세계를 벗어날 수 없기 때문이다. 이 가시적 세계의 유한성은 그 나름의 가치 세계에 지배를 받는다. 그래서 사람들은 유한한 세상에 있는 동안 가능한 한 그 가치 세계에서 우위를 차지하려고 안간힘을 쓴다. 모든 죄는 거기서 비롯한다. 상대적이고 유한한 가치 세계에서 우위를 차지하기 위해서는 다른 이들을 눌러야 하기 때문이다. 그 수단은 대개 공격적인 경우가 많다. 한편 그 가치세계에서 밀려난 이들은 상대적 상실감에 빠져 좌절하기 일쑤다. 그러나이 시편은 그 모든 것이 결국에는 무력한 우상에 지나지 않으며, 그것을 추구하는 것은 우상처럼 무력해지는 결과로 이어짐을 분명히 고백한다.

　　신앙의 신비는 보이지 않는 것을 추구하는 데 있다. 즉 가시적이고 유한한 가치 세계를 벗어나 무한한 하나님의 가치 세계에 들어가는 것이다. 그때 비로소 너그러움, 사랑, 여유 등 새로운 가치에 눈뜨게 되고, 다른 이들을 해치면서까지 유한한 가치를 추구하려는 조바심에서 벗어날 수 있다. 그 자유로움 가운데 들어가야 하나님의 자유로운 세계가 갖는 신비를 맘껏 누릴 수 있다.

2) 복-축복-송축

본문의 제의에서 인도자와 회중은 동사 "베레크"(בָּרַךְ)의 관점에서 세 가지 중요한 모습을 보여준다. 먼저, 그들은 하나님을 "송축한다"(בָּרַךְ). 이 시편의 처음부터 제의 공동체는 실패했던 과거의 경험을 바탕으로 비가시적인 하나님의 전능하심과 가시적 우상의 무력함 문제를 놓고 제의 차원에서 성찰을 이어왔다. 그들은 하나님이 그들의 "도움"이시며 "방패"이심을 깨달았다. 지나온 역사를 돌이켜보니 실패와 좌절은 유한한 가치 세계의 관점일 뿐이었다. 여기서 둘째 개념이 등장한다. 즉 하나님은 그분께 시선을 맞추는 이에게 언제나 "복을 내려주신다"(בָּרַךְ)는 것이다. 이 복은 가시적이고 유한한 차원이 아니라 하나님과 맺는 관계가 본질이다. 창조주이시고 통치자이시며 심판주이신 그분의 백성으로서 그분의 가치 세계를 지향하며 그분께만 초점을 맞추는 삶, 그 과정이 곧 복이다. 마지막으로 그런 복을 누리는 하나님의 백성들은 서로를 "축복한다"(בָּרַךְ). 수직적 차원에서 하나님과 올바른 관계를 맺는 이들은 수평적 차원에서 언제 어디서나 하나님의 복이 넘치는 공동체를 맛보도록 서로를 축복한다. 이것이 올바른 제의의 목적이며, 오늘 우리가 드리는 예배의 지향점이기도 하다.

(이 시편에는 필사본의 삽화가 없다.)

3. 기도와 관상(*oratio et contemplatio*)

주님, 당신이 만드신 제 눈, 코, 귀, 입, 손, 발을 만져봅니다. 이것들이 경험하고 관찰할 수 있는 것들이 당신의 자리를 차지하지 않도록 제 속마음을 다스려주십시오. 그런 복을 내려주십시오.

구원의 잔을 들고(시편 116편)

1. 본문 읽기(*lectio*)

신뢰 고백 1

1 제가 사랑합니다.

　　이는 야훼가 제 목소리, 제 간구를 들으셨기 때문입니다.

2 이는 그분이 제게 귀를 기울이셨기 때문입니다.

　　그래서 제 평생에 부르짖을 것입니다.

구원의 경험 1

3 저를 죽음의 줄이 두르고,

　　스올의 고통이 저와 맞닥뜨렸습니다.

　　환난과 슬픔에 제가 맞닥뜨립니다.

4 그러나 제가 야훼의 이름을 부릅니다.

　　제발 야훼여, 제 영혼을 구해주십시오!

5 은혜로우십니다, 야훼는, 또 정의로우십니다.

　　우리 하나님은 불쌍히 여기십니다.

6 야훼는 어리석은 이들을 지키시는 분!

　　제가 어려워졌을 때, 그분이 저를 구원하셨습니다.

신뢰 다짐

7 내 영혼아, 네 평안함으로 되돌아가거라!

　　이는 야훼가 너를 잘 대해주셨기 때문입니다.

8 참으로 당신이 제 영혼을 죽음에서부터,

　　제 눈을 눈물에서부터,

　　제 발을 넘어짐에서부터 건지셨기 때문입니다.

9 제가 야훼 앞에서,

　　살아 있는 이들의 땅 가운데 거닐 것입니다.

신뢰 고백 2

10 제가 믿습니다. 그래서˚ 저는 이제 말할 것입니다.

　　"저는 매우 괴롭습니다."

11 저는 놀라서 말했습니다.

　　"모든 사람은 거짓말쟁이입니다."

기도자의 자기 성찰

12 무엇으로 제가 야훼께 되돌려드릴까요?

　　저를 향한 그분의 모든 호의에!

감사제의 행위 1

13 구원의 잔을 제가 들고,

　　야훼의 이름을 부를 것입니다.

14 제 서원을 야훼께 갚을 것입니다,

　　그분의 모든 백성이 보는 앞에서 말입니다.

구원의 경험 2

15 야훼의 눈에 귀중합니다,

　　그분께 경건한 이들의 죽음.

16 오, 야훼여!

참으로 저는 당신의 종입니다.

저는 당신의 종, 당신 여종의 아들입니다.

당신은 저의 굴레를 풀어주셨습니다.

감사제의 행위 2

17 당신께 제가 감사의 희생제물을 드리고,

야훼의 이름을 부를 것입니다.

18 제 서원을 야훼께 갚을 것입니다,

그분의 모든 백성이 보는 앞에서 말입니다.

19 야훼의 성전 뜰에서,

그대 한가운데서, 예루살렘이여!

할렐루야!

번역 해설

10절ㄱ. 히브리어 불변화사 "כִּי"(키)는 여기서 "이는/왜냐하면"으로 옮기기보다는 70인역의 번역처럼(διὸ) 결과적으로 번역해도 된다(참조. Kraus, *Psalmen 60-150*, 969).

2. 본문과 함께 그림 묵상(*meditatio et visio*)

1) 평안함의 구원

이 시편에서 기도자는 하나님을 향한 신앙을 "사랑"(1절)과 "믿음"(10절)으로 요약한다. 그 근거는 야훼가 자신의 목소리를 들으시고 건져주셨다는 경험과 그러하시리라는 확신이다. 사람들은 죽을 것 같은 고난을 겪을 때, 좌절하고 눈물에 빠져 넘어지기 십상이다. 그러나 기도자는 그렇지 않다고 힘주어 말한다. 이는 그가 고난의 때에 곧바로 하나님을 향해 눈을 들어 부르짖었고, 또 하나님이 자신을 건져주심을 경험했기 때문이다. 우리는 그분의 건져주심을 기도자가 "평안함"(7절)이라고 말한 대목을 눈여겨보아야 한다. 하나님의 구원을 가시적이고 극적인 상황의 역전으로만 생각하기 쉬운데, 평안함은 그보다 한 차원 높은 구원의 경험이다. 고난의 상황이 전혀 달라지지 않아도, 대적이 아무런 대가를 치르지 않아도, 심지어 자신이 더 깊은 수렁에 빠져드는 듯 상황이 나빠져도 평안함을 경험하는 것이다. 그 비결은 언제나 하나님이 동행하셔서 우리의 음성에 귀를 기울이시며, 영원하고 무한한 그분의 품으로 이끄신다는 믿음과 그분을 향한 사랑에 있다.

2) 하나님께 돌려드릴 것

우리는 하나님께 무엇을 드릴 수 있을까? 본문의 기도자도 하나님이 베푸신 구원의 은총에 감격하여 그분을 사랑하는 마음으로 무엇이든 돌려드리고 싶어 한다(אָשִׁיב, 아슈브; 12절). 그래서 그는 구원을 기념하는 잔을 높이 들고, 하나님의 이름을 부르며, 그분이 베푸신 구원을 기념하는 감사의 희생제사를 드린다. 그리고 구원을 기대하며 하나님께 했던 서원을 모든 사람이 보는 앞에서 갚았다. 과연 그것이 전부일까? 구원을 베푸시는 하나님이 사람들에게 바라시는 것이 그런 제사와 가시적 보답일까? 문득 기원전 8세기 형식적인 제사와 무의미한 서원 갚음을 바라보며, 그러면서도 죄짓기를 거듭하는 사람들을 보면서 예언자 미가가 했던 강력한 질문과 인상 깊은 대답이 떠오른다.

"내가 무엇을 가지고 여호와 앞에 나아가며 높으신 하나님께 경배할까? 내가 번제물로 일 년 된 송아지를 가지고 그 앞에 나아갈까? 여호와께서 천천의 숫양이나 만만의 강물 같은 기름을 기뻐하실까? 내 허물을 위하여 내 맏아들을, 내 영혼의 죄로 말미암아 내 몸의 열매를 드릴까? 사람아, 주께서 선한 것이 무엇임을 네게 보이셨나니, 여호와께서 네게 구하시는 것은 오직 정의를 행하며 인자를 사랑하며 겸손하게 네 하나님과 함께 행하는 것이 아니냐?"(미 6:6-8)

본문의 기도자도 마찬가지로 같은 동사를 써서 은혜로우시고 의로우시며 긍휼이 많으신 야훼를 바라보고 그분의 구원을 기대하며 평안함으로 돌아가자(שׁוּבִי, 슈비; 7절)고 다짐한다. 창조주이시고 통치자이시며 심판주이신 그분께 무슨 제물이 빛이 나겠는가? 오로지 그분께 시선을 맞추고 그분과 동행하는 것만이 그분의 구원에 대한 올바른 보답이 아니겠는가?

그림은 본문 13-14절을 형상화한다. 기도자는 하나님의 성전 제대 앞에서 잔을 든다. 이 잔은 구원을 상징한다. 그림에는 떡과 잔이 놓여 있다. 예수 그리스도의 십자가를 통한 구원을 기억나게 한다. 이 시편에서 기도자는 하나님을 향한 사랑과 믿음을 바탕으로 평안함의 구원을 경험했다. 이 시편을 읽고 그림을 보면서 "나의 평안을 너희에게 주노라"(요 14:27)라고 하신 예수 그리스도의 말씀을 기억하게 된다.

3. 기도와 관상(*oratio et contemplatio*)

주님, 제게도 평안을 주십시오. 당신을 사랑하고 믿는 제가 몹시 괴롭습니다. 제 삶은 괴로움투성이입니다. 당신이 주시는 평안의 구원을 경험하고 당신께 감사의 노래를 부르고 싶습니다.

야훼를 찬양하십시오(시편 117편)

1. 본문 읽기(*lectio*)

야훼를 찬양하십시오!

1   야훼를 찬양하십시오, 모든 민족이여!
     야훼를 찬송하십시오, 모든 백성이여!
2   이는 그분의 인자하심이 우리에게 강하시고,
     야훼의 한결같으심이 영원하기 때문입니다.
     할렐루야!

2. 본문과 함께 그림 묵상(*meditatio et visio*)

신앙 공동체가 찬양할 까닭은 그분의 인자하심과 한결같으심에 있다. 그분은 창조주시요, 통치자이시며, 심판주로서 피조물인 우리를 변함없이 사랑하신다. 세상도 사람들도 변하지만, 그분은 영원부터 영원까지 한결같으시다. 그러니 그분의 피조물인 우리는 누구도 그분을 향한 찬양에서 제외될 수 없다. 달리 말하자면, 그분을 향한 찬양은 세상 끝까지 퍼져야 한다. 이것이 피조물인 우리에게 주어진 임무다. 더불어 찬양은 언제나 이어져야 한다. 하나님의 한결같으심이 영원하기 때문이다.

삽화에서 먼저 오른쪽에 햇빛으로 표현된 하나님의 인자하심과 한결같으심이 눈길을 끈다. 피조물인 해가 뜨고 지는 것이 한결같고, 햇빛을 자양분으로 삼아 온 세상이 생기를 찾는 데서 창조주시요 통치자이신 하나님의 무한하심을 새길 수 있다. 더불어 그분을 향해 찬양하는 무리의 모습을 보면 임금에서부터 관리, 평민까지 다양한 계층이 포함되어 있음을 알 수 있다. 하나님 앞에서는 누구라도 평등하게 그분의 인자하심을 누리며, 그분을 찬양할 수 있음을 새긴다.

3. 기도와 관상(*oratio et contemplatio*)

주님, 당신을 찬양합니다. 저 혼자 찬양하고 마는 것이 아니라 세상 모든 이가 그 찬양의 대열에 함께할 수 있기를 바랍니다. 그리고 제 삶이 끝날 때까지, 제 다음 세대에도 계속 그 찬양이 이어지기를 바랍니다. 그 일에 제가 한몫할 수 있기를 바랍니다.

야훼께 감사하십시오!(시편 118편)

1. 본문 읽기(*lectio*)

제사장 성가대 합창

1   야훼께 감사드리십시오!

    이는 그분이 좋으시기 때문입니다.

    이는 영원토록 그분의 인자하심이 있을 것이기 때문입니다.

제의 회중의 연장

2   이스라엘은 말하기 바랍니다.

    "영원토록 그분의 사랑이 있을 것입니다."

3   아론의 집은 말하기 바랍니다.

    "영원토록 그분의 사랑이 있을 것입니다."

4   야훼를 경외하는 이들은 말하기 바랍니다.

    "영원토록 그분의 사랑이 있을 것입니다."

인도자 독창

5   고통 가운데서 제가 야훼께' 부르짖었습니다.

    야훼께서는' 제게 넓은 곳에서 응답하셨습니다.

6   야훼께서 저를 위하시니 저는 두려워하지 않습니다.

    사람이 제게 무엇을 할 수 있겠습니까?

7   야훼께서 저를 위하십니다. 저를 돕는 이들 가운데서 그리하십니다.

    그러니 저는 저를 미워하는 이들을 지켜보겠습니다.

8 좋습니다, 야훼께 피하는 것.

　사람들을 의지하는 것보다 더 그러합니다.

9 좋습니다, 야훼께 피하는 것.

　귀족들을 의지하는 것보다 더 그러합니다.

제의 회중의 연장

10 모든 민족이 저를 에워쌌습니다.

　하지만 저는 야훼의 이름으로 반드시 그들을 물리칠 것입니다.‘

11 그들이 저를 에워싸고 또 에워쌌습니다.

　하지만 저는 야훼의 이름으로 반드시 그들을 물리칠 것입니다.‘

12 그들이 저를 벌 떼들처럼 에워쌌습니다.

　그러나 그들은 가시덤불의 불처럼 꺼집니다.

　저는 야훼의 이름으로 반드시 그들을 물리칠 것입니다.‘

인도자 독창

13 "그대는 나를 쓰러뜨리려 세차게 밀쳤소.

　그러나 야훼께서 나를 도우셨소."

14 나의 힘이시고 나의 노래이십니다, 야훼께서는.‘

　그리고 그분께서는 제게 구원이 되어주셨습니다.

제의 회중의 합창

15 기쁨과 구원의 환호성이 나올 것입니다, 의인들의 천막에서.

　"야훼의 오른손이 힘을 발휘하십니다.

16 야훼의 오른손이 올려주십니다.

　야훼의 오른손이 힘을 발휘하십니다."

인도자 독창

17 저는 죽지 않을 것입니다. 저는 분명히 살아 있을 것입니다.

그리하여 제가 야훼께서 ̄ 하신 일들을 알릴 것입니다.

18 분명히 저를 야훼께서 ̄ 벌주셨습니다.

그러나 그분은 제게 죽음을 내리시지는 않으셨습니다.

제의 회중의 연창

19 제게 의의 문들을 열어주십시오!

그러면 제가 그리로 들어가서 야훼께 ̄ 감사드리겠습니다.

20 이것은 야훼의 문입니다.

의인들이 그리로 들어갈 것입니다.

인도자 독창

21 제가 당신께 감사드립니다.

이는 당신께서 제게 응답하셨기 때문입니다.

그리하여 당신께서는 제게 구원이 되어주셨습니다.

제의 회중의 합창

22 집 짓는 이들은 돌을 버렸습니다.

그것이 성벽의 머릿돌이 되었습니다.

23 야훼에게서 이것이 비롯하였습니다.

그것이 저희 눈에 놀랍습니다.

24 이날은 야훼가 지으셨습니다.

우리가 그것을 기뻐하고 즐거워합니다.

25 아! 야훼여, 구원해주십시오!

아! 야훼여, 구원해주십시오!

제사장 성가대의 합창

26 복 받기를, 야훼의 이름으로 오는 이!

　　우리가 야훼의 집에서 여러분을 축복합니다.

27 하나님이십니다, 야훼께서는!

　　그래서 그분이 우리를 비추십니다.

　　절기 제물을ᵗ 밧줄로 묶어두십시오.

　　제단 뿔에 이르기까지 그리하십시오.

인도자 독창

28 당신은 나의 하나님이십니다.

　　나의 하나님이시여, 당신을 높여드립니다.

제사장 성가대의 합창

29 야훼께 감사드리십시오!

　　이는 그분이 좋으시기 때문입니다.

　　이는 영원토록 그분의 인자하심이 있을 것이기 때문입니다.

번역 해설

5, 14, 17, 18, 19절ㄱ. 여기서는 신성4문자 야훼(יהוה)의 줄임꼴인 "야"(יָה, 야흐)가 쓰였다. 이 형태는 구약성경에서 46번 나오는데, 출애굽기에 두 번(15:2; 17:16), 이사야서에 두 번(12:2; 38:11), 그리고 나머지는 모두 시편에서 나온다(68:19; 77:12; 89:9; 94:7, 12; 102:19; 104:35; 105:45; 106:48; 111:1; 112:1; 113:1, 9; 115:17f; 116:19; 117:2; 118:5, 14, 17ff; 122:4; 130:3; 135:1,

3f, 21; 146:1, 10; 147:1, 20; 148:1, 14; 149:1, 9; 150:1, 6).

10, 11, 12절ㄴ. 히브리어 "מול"(물)은 보통 '할례하다'라는 뜻으로 쓴다. 여기 쓰인 이 낱말의 사역형(Hiphil)은 뜻이 분명하지 않다. 70인역은 여기서 '되갚다'(ἀμύνομαι, 아뮈노마이)로 옮겼는데, 이는 불분명한 이 낱말을 문맥에 따라 옮긴 듯하다. 여기서는 '잘라내다'는 히브리어 낱말의 일차적 의미와 할례의 이차적 의미를 고려하여 옮겼다.

27절ㄷ. '절기'를 뜻하는 "하그"(חג)가 '절기 제물'의 뜻으로 쓰인 예는 출애굽기 23:18을 참조해보라.

2. 본문과 함께 그림 묵상(*meditatio et visio*)

1) "넓은 곳"

본문에서 제의 공동체는 하나님께 감사의 예배를 드린다. 여기서는 그분의 "인자하심", 곧 하나님께서 그분의 백성에게 베푸시는 사랑이 핵심이다. 이 감사 예배의 배경에는 고통에서 구원받은 경험이 깔려 있다. 본문에 따르면 고통은 사방에서 개인과 공동체를 옥죄어오는 듯한 세력이다. 그것은 가시적인 공격일 수도 있고, 심리적인 압박감일 수도 있다. 우리는 왜 그런 고통에 빠지는가? 그것은 야훼가 내 편이시라는 확신이 없을 때 생긴다. 하나님이 멀리 계시고, 나를 잊으신 듯하며, 도무지 아무 희망도 보이지 않는 상황 말이다. 그러나 분명한 것은 그분이 언제나 우리 편이라는 사실이다. 그분은 우리를 위하신다. 이 시편은 보이지 않는 그분의 임재를 다름 아닌 공동체 가운데서 경험할 수 있다고 고백한다. 교회 공동체가 바로 그런 곳이다. 그래서 교회는 소중하다. 이는 다시 말하면 공동체의 한 구성원으로서 우리가 다른 구성원들에게 그런 존재가 되어야 한다는 뜻이 기도 하다. 하나님은 사람들을 통해 일하시기 때문이다. 그런 경험을 할 수 있는 넉넉하고 평온한 "넓은 곳"이 우리의 교회 공동체임을 다시 되새기 게 된다.

그림 246 Cod. Bibl. Fol. 23, 131 verso

그림은 본문 12절을 직관적으로 표현한다. 기도자는 지금 넘어질 듯하다. 벌 떼가 그를 완전히 에워싸서 공격하려고 한다. 그리고 그가 넘어지면, 본문에 있는 대로 가시나무에 몸이 상할 것이다. 기도자는 간절한 눈빛으로 하늘을 바라보고, 15-16절 말씀대로 하늘에서 하나님의 손이 내려와 그가 넘어지지 않도록 일으켜준다. 12절에서 표현하는 대로 기도자 바로 뒤에 있는 가시나무는 불에 탄 듯 쓰러져가고 있다. 고난의 현실과 하나님의 구원을 생생하게 묵상하도록 해주는 그림이다.

2) 고난을 통한 훈육

신앙은 어디서 더 굳건해지는가? 신앙은 지난 세월 동안 우리 자신이나 타인을 통해 하나님께서 이루신 역사에 대한 인식을 바탕으로 그분이 이루실 일을 신뢰하는 것이 아니겠는가? 그런 뜻에서 본문에서 인도자와 회중이 현재 겪고 있는 고난과 지난날 출애굽의 놀라운 사건을 되새기는 것은 의미가 있다. 과거에 하나님이 이루신 구원이 현재의 고난을 이기는 힘이 되고, 그분이 이루실 구원을 기리는 노래가 되고, 그런 신앙이 구원의 시작이 된다.

더불어 본문에서 인도자는 공동체를 향해 현재 겪는 고난 가운데서도 자신을 스스로 돌아보라고 권한다. 곧 하나님의 훈육하심을 되새기라는 것이다. 때로 고난은 잘못을 바로잡으시려는 하나님의 훈육일 수 있기 때문이다. 우리는 고난을 겪을 때 이를 쉽게 외부의 탓으로 돌린다. 하지만 자신을 하나님 앞에 세우고 성찰할 때 우리는 새로운 구원을 경험하는 영성의 경지에 이를 수 있을 것이다.

그림 247 Cod. Bibl. Fol. 23, 132 recto

이 삽화를 보고 있으면 창세기 28장에 나오는 벧엘에서 있었던 야곱의 꿈 이야기가 생각난다. 이는 아마도 그림을 구성한 의도 가운데 하나로 볼 수 있을 것이다. 그림은 분명히 본문 17-20절을 표현한다. 후광을 두른 의인이 사다리를 타고 하늘의 문을 향한다. 오른쪽 아래 수의를 두른 사람은 17-18절을 표현했을 것이다. 본문은 고난을 겪지만 죽지 않을 것이라는 확신을 표현하는데, 이 그림은 부활을 떠올리게 한다. 이는 자연스레 부활의 첫 열매가 되신 예수 그리스도를 생각나게 하며, 더불어 이어지는 단락 22절에서는 신약의 수용까지 묵상하게 한다.

3) 집 짓는 이들이 버린 돌

시편 113-118편이 유대 전통에서 "파사흐-할렐"로 유월절 절기와 연관하여 읽혔다는 점을 고려할 때, 이 작은 시편 모음집을 마무리하는 118편을 다시 돌아볼 필요가 있다. 더욱이 이 시편의 마지막 부분에서 "집 짓는 이들은 돌을 버렸습니다. 그것이 성벽의 머릿돌이 되었습니다"(22절)라는 고백은 성전 파괴를 경험한 구약 시대의 독자들, 또 한 번의 성전 파괴를 경험한 신약 시대의 독자들, 그리고 이 구절을 예수 그리스도로 해석한 그리스도인들에게도 유월절과 관련한 새로운 의미일 수 있다. 유월절은 야훼 하나님이 종살이하던 이스라엘 백성을 구원해내신 결정적인 사건을 기리는 절기다. 이것은 유대인들에게나 그리스도인들에게나 하나님의 좋으심과 인자하심을 되새기는 결정적인 계기다. 비록 현실은 건축자가 버린 돌 같은 처지지만, 하나님의 좋으심과 인자하심은 그런 처지를 집 모퉁이의 머릿돌로 바꿔주시리라는 신앙을 새롭게 다지도록 해준다. 더욱이 예수 그리스도의 십자가 사건과 부활은 하나님의 선하심과 인자하심을 온 인류를 위한 것으로 확장하도록 해주었다. 감사 제의에서 시작하여 유대인들의 유월절 전통으로 이어졌으며 예수 그리스도의 부활로 확장된 이 시편은 오늘 우리에게도 소망의 빛을 밝혀준다.

3. 기도와 관상(*oratio et contemplatio*)

주님, 당신을 의지합니다. 비록 저희의 삶은 몸을 돌리기도 어렵게 비좁은 고난이 이어지지만, 당신은 저를 위해 값없이 넓은 은총을 준비해주심을 믿습니다. 그래서 용기를 내어 당신의 구원의 문을 향해 나아갑니다.

말씀으로 행복한 삶(시편 119편)

1. [알레프] 말씀을 따르는 이가 누리는 행복

1) 본문 읽기(*lectio*)

1   행복하여라, 그 길이 완전한 이들!

　　그들은 야훼의 율법에 따라 걷습니다.

2   행복하여라, 그분의 증거들을 간직하는 이들!

　　그들은 온 마음으로 그것을 구합니다.

3   정말로 그들은 부정을 저지르지 않습니다.

　　그분의 길을 따라 걷습니다.

4   당신은 당신의 법도들을 명령하셨습니다.

　　그리하여 그것을 잘 지키도록 하셨습니다.

5   아, 제 길이 굳건해져서 당신의 율례들을 지키게 된다면,

6   그러면 제가 부끄러워지지 않을 것입니다.

　　제가 당신의 모든 계명을 주의했기 때문입니다.

7   제가 올곧은 마음으로 당신께 감사할 것입니다.

　　제가 당신의 의로운 판단들을 배웠기 때문입니다.

8   제가 당신의 율례들을 지킬 것입니다.

　　저를 완전히 저버리지 마십시오!

2) 본문과 함께 그림 묵상(*meditatio et visio*)

시편을 처음 읽는 이들이 가장 놀라는 시편이 바로 119편일 것이다. 다른 시편들과 견주어 월등하게 길고, 주제 또한 일관되며, 히브리어 본문을 본다면 형식마저 따라하기 어려울 정도로 완벽하기 때문이다. 얼핏 읽어보기만 해도 이 시편을 지은 이가 야훼의 말씀 가운데서 얼마나 깊은 행복을 경험했는지(1, 2절), 또한 그 말씀이 보여주는 현실을 얼마나 애타게 그렸는지를 대번에 알 수 있다. 또 이 시편을 지을 때 얼마나 고심하고 습작을 거듭하며 묵상하고 완성해갔는지도 엿볼 수 있다. 그리고 말씀에 비추어 자신의 삶을 얼마나 철저하게 성찰해나갔는지도 충분히 알 수 있다. 더욱이 시인은 히브리어 동사형을 완료와 미완료로 다 써가며 지난날 자신의 모습과 앞날의 다짐을 자신감 있게 진술한다.

시편 119편을 오늘날 다시 읽으며, 그 시인의 모습에 우리 자신을 대입해보면 어떨까? 오늘 우리는 얼마나 진지하고 깊이 있게 말씀을 대하고 있는가? 그야말로 말씀이 홍수처럼 넘쳐나는 이 시대에 우리 개인은 끝없이 오묘한 말씀의 세계 속으로 들어가 관상(contemplation)하는 경험을 얼마나 자주 하는가? 우리는 말씀만으로 행복하다고 선언하는 이 시편의 시인과 같은 선언을 자신감 있게 할 수 있는가? 말씀의 대서사시 입구에서 오늘 우리의 모습을 되돌아보아야 하겠다.

그림 248 Cod. Bibl. Fol. 23, 133 recto

본문 1-2절 다음에 들어가 있는 이 삽화는 두 구절의 본문을 직관적으로 표현한다. 세 사람이 성경 말씀을 들고 한 줄로 걸어간다. 그 길 끝에는 하늘에서 하나님이 내려주시는 말씀이 있다. 이 세 사람의 시선은 오로지 말씀을 통해 계시하시는 하나님을 향한다. 이는 그것이 참된 행복이라고 역설해준다.

3) 기도와 관상(*oratio et contemplatio*)

주님, 저의 행복은 당신이 계시하시는 말씀에 있습니다. 말씀의 든든한 길 위에 있는 삶은 흔들리지 않을 것입니다. 그 길에서 벗어나지 않도록 도와 주십시오.

2. [베트] 말씀 안에서 삶을 깨끗하게

1) 본문 읽기(*lectio*)

9   무엇으로 젊은이가 자기 길을 깨끗이 하겠습니까?
    당신의 말씀대로 지키는 것입니다.
10 저는 온 마음으로 당신을 구하였습니다.

저를 당신 계명들에서 그릇된 데로 가게 하지 마십시오!

11 제 마음에 당신의 말씀을 간직하였습니다.

당신께 죄짓지 않으려 함입니다.

12 송축 받으십시오, 당신, 야훼여!

제게 당신의 율례들을 가르쳐주십시오!

13 제 입술로 전하였습니다, 당신 입의 모든 규례를.

14 당신 증거들의 길에서 제가 즐거워했습니다,

모든 재산에 대해서처럼.

15 당신의 법도들을 제가 읊조리고,

당신의 길을 눈여겨보겠습니다.

16 당신의 율례들을 스스로 즐길 것입니다.

제가 당신의 말씀을 잊지 않을 것입니다.

2) 본문과 함께 그림 묵상(meditatio et visio)

말씀을 따르는 삶의 신앙은 겉모습과 속마음이 다르지 않기를 지향해야 한다. 달리 말하자면, 신앙의 형식과 내용 모두에 충실할 필요가 있다. 한국의 기독교는 개신교회나 가톨릭교회나 모두 이 점을 유의해야 한다. 개신교회는 아무래도 신앙의 형식보다는 내용에 집중하는 경향이 있고, 가톨릭교회는 그 반대의 경향이 있다. 그러니 자칫 개신교회는 신앙의 형식을 무시할 우려가 있고, 가톨릭교회는 내용을 소홀히 할 수 있다.

본문에서 기도자는 거듭 신앙의 내면과 외연의 조화를 강조하며 추구한다. 이 세상에 존재하는 어떤 것도 형식과 내용 중 어느 하나만으로 이루어질 수는 없다. 따라서 말씀에서 행복을 찾는 삶을 제대로 살기 위해서는 균형 잡힌 신앙을 추구해야 할 것이다.

그림 249 Cod. Bibl. Fol. 23, 133 recto

그림 한가운데 한 젊은이가 길을 걸어간다. 그 뒤로 나이 지긋한 사람이 젊은이에게 갈 길을 알려준다. 그리고 그 길 끝에는 하나님이 직접 계시하시는 말씀이 있다. 고대 사회에서 젊은이는 경험의 부족, 따라서 지혜의 부족을 상징한다. 따라서 젊은이를 향한 말씀은 성장을 촉구한다는 의미가 있겠다. 말씀을 향해 올바르게 가는 삶의 길은 신앙의 겉모습과 속마음이 균형을 이루는 데서 참된 성취를 맛보게 될 것이다.

3) 기도와 관상(*oratio et contemplatio*)

주님, 제 모습을 당신의 말씀 앞에서 들여다봅니다. 겉모습을 치장하다가 속마음을 챙기지 못하고, 속마음을 들여다보다가 주님을 아무렇게나 대하는 잘못을 저질렀습니다. 언제나 다시금 당신의 말씀으로 제 삶의 길이 깨끗해지기를 바라며 당신 앞에 무릎 꿇습니다.

3. [김멜] 오직 말씀만이

1) 본문 읽기(*lectio*)

17 당신의 종에게 잘 대해주십시오!
    제가 살아서 당신의 말씀을 지키겠습니다!

18 제 눈을 열어주십시오!

　　그러면 제가 당신의 율법에서 놀라운 것들을 보겠습니다!

19 저는 땅에서 나그네입니다.

　　제게서 당신의 계명들을 숨기지 마십시오!

20 제 영혼이 지치도록 당신의 규례들을 어느 때나 사모합니다.ᄀ

21 당신은 저주받을 교만한 이들을 꾸짖으셨습니다.

　　그들은 당신의 계명에서부터 그릇된 데로 갔습니다.

22 제게서 조롱과 업신여김을 굴려주십시오!

　　이는 당신의 증거들을 제가 지켰기 때문입니다.

23 고관들이 앉아서 저를 거슬러 서로 말하지만,

　　당신의 종은 당신의 율례들을 읊조리겠습니다.

24 또한 당신의 증거들은 제 즐거움,

　　제게 조언하는 이들입니다.

번역 해설

20절ㄱ. 직역. "제 영혼이 당신 규례들을 향한 열망으로 어느 때나 지쳤습니다."

2) 본문과 함께 그림 묵상(*meditatio et visio*)

시편을 읽어보면 언제나 깨닫게 되는 것은 그 말씀에 바탕을 둔 신앙이 현실에서 성공과 안녕을 보장하지는 않는다는 점이다. 오히려 현실에서는 그 반대인 경우가 훨씬 많다. 말씀에 따라 살려고 애쓰는 이들이 고통을 겪고, 오히려 말씀과는 거리가 먼 사람들이 세력을 누리는 모습을 흔히 본다는 말이다. 그럴 때 신앙인의 고뇌는 깊어진다. 시편은 전체적으로 그런 상황이 유한한 가치에 빠져들었을 때 생기는 고뇌임을 분명히 말하고, 그런 가치는 유한한 이 세계에서만 유효함을 역설한다. 그리고 하나님의 임재와 그분의 통치 및 가치 세계는 그 유한성 너머에 있음을 가르쳐준다. 무한한 하나님의 가치 세계를 맛볼 때 우리는 비로소 모든 유한한 가치들을 상대화하고 초월하여, 말씀 가운데 임재하시고 계시하시는 하나님의 무한한 평화의 세계를 경험할 수 있다.

그림 250 Cod. Bibl. Fol. 23, 134 recto

그림 왼쪽에서 고관들이 오른쪽 끝에 있는 기도자를 조롱하고 업신여기며 비방한다. 그런데 기도자와 그를 대적하는 고관들 사이에 예수 그리스도께서 계신다. 그분은 기도자 대신 대적들에게 맞서신다. 이 그림은 말씀이 육신이 되신 분의 은혜와 진리를 새기게 해준다(요 1:14).

3) 기도와 관상(*oratio et contemplatio*)

주님, 당신의 말씀 안에 놀라운 것들이 있습니다. 다만 제가 그것을 보지 못할 뿐입니다. 주님, 당신은 제가 어떤 상황에 있든 언제나 저와 함께 계십니다. 다만 제가 당신을 보지 못할 뿐입니다.

4. [달레트] 한결같이

1) 본문 읽기(*lectio*)

25 제 영혼이 먼지에 들러붙어 있습니다.
   당신의 말씀대로 저를 살려주십시오!

26 제 길들을 알려드렸더니 당신이 제게 응답하셨습니다.
   제게 당신의 율례들을 가르쳐주십시오!

27 당신 법도들의 길을 제게 깨우쳐주십시오!
   그러면 제가 당신의 놀라운 일들을 읊조리겠습니다!

28 제 영혼이 걱정으로 방울져 떨어집니다.
   당신의 말씀대로 저를 일으켜주십시오!

29 거짓된 길을 제게서 돌이켜주시고,
   당신의 율법으로 제게 은혜 베풀어주십시오!

30 미쁜 길을 제가 택하였습니다.
   당신의 규례들을 제 앞에 두었습니다.

31 제가 당신의 증거들에 들러붙어 있습니다.
   야훼여, 제게 부끄러움을 주지 마십시오!

32 당신 계명들의 길을 제가 달려갈 것입니다.
   이는 당신이 제 마음을 넓혀주실 것이기 때문입니다.

2) 본문과 함께 그림 묵상(*meditatio et visio*)

본문에서 기도자는 흙먼지 가득한 땅바닥에 드러누워서 눈물을 흘리며 고통스러워한다. 이 사람이 어떤 상황에 부닥쳤는지는 정확히 알 수 없다. 하지만 "거짓된 길"을 매우 경계하면서 하나님의 말씀에 맞는 올바른 길을 깨닫게 해달라는 그의 간구는 분명히 드러난다. 이렇게 볼 때, 그는 아마도 자신의 속마음을 들여다보며 하나님 앞에서 한 치의 부끄러움도 없는 삶을 살고자 안간힘을 쓰는 인물로 보인다. 그리고 하나님 앞에서 한결같은 삶의 길을 걸어가고자 노력하려는 다짐을 엿보인다. 그만큼 그는 모든 순간마다 자신의 삶에서 말과 행동, 생각까지도 거듭 하나님 앞에 세우고 성찰한다.

여기서 우리는 신앙인으로서 삶의 길을 걸어가는 참자세를 배울 수 있다. 신앙은 특정한 순간이 아니라 모든 순간마다 하나님 앞에서 자신을 들여다보며, 부끄러움 없이 참되고 올곧으며 한결같은 삶을 살려는 노력의 연속이어야 한다.

그림 251 Cod. Bibl. Fol. 23, 134 recto

그림은 성찰하는 기도자의 다양한 모습을 보여준다. 왼쪽에서는 바닥에 누워 눈물을 흘리는 기도자의 고뇌를 볼 수 있다. 그리고 가운데서는 하나님을 향해 간절히 간구하는 모습을, 오른쪽에서는 엎드려 괴로워하며 기도하는 모습을 본다. 우리는 끊임없이 스스로를 돌아보며 하나님 앞에 자신을 세우는 신앙인의 모습을 떠올릴 수 있다.

3) 기도와 관상(oratio et contemplatio)

주님, 오늘도 당신 앞에 섭니다. 제 안에 도사리고 있는 거짓을 들여다봅니다. 당신과 사람들을 향했던 거짓과 기만을 발견합니다. 이것들을 당신 앞에 내어놓습니다. 말씀 가운데서 당신의 한결같으심을 보고, 그것으로 제 마음을 채우게 해주십시오.

5. [헤] 말씀과 함께하는 삶의 길

1) 본문 읽기(*lectio*)

33 야훼여, 당신 율례들의 길을 제게 가르쳐주십시오!
　　그러면 제가 끝까지 간직하겠습니다!

34 저를 깨우쳐주십시오!
　　그러면 제가 당신의 율법을 간직하고,
　　온 마음으로 지키겠습니다!

35 제가 당신의 계명들의 좁은 길로 걸어가게 해주십시오!
　　이는 거기에 제 기쁨이 있기 때문입니다.

36 제 마음이 당신의 증거들을 향하고,
　　부당한 이익을 향하지 않게 해주십시오!

37 제 눈을 쓸데없는 것을 보는 데서 옮겨주십시오!
　　당신의 길에서 제가 살게 해주십시오!

38 당신의 종에게 당신의 말씀을 세워주십시오!
　　당신을 경외하도록 말입니다.

39 제가 무서워하는 비난을 옮겨주십시오!
　　이는 당신의 규례들이 좋기 때문입니다.

40 보십시오! 저는 당신의 법도들을 사모했습니다.
　　당신의 정의로 저를 살려주십시오!

2) 본문과 함께 그림 묵상(*meditatio et visio*)

사람은 무엇으로 사는가? 신앙인이라면 예수께서 사탄에게 시험당할 때 들고나오셨던 신명기 8:3을 떠올릴 것이다. 곧 "사람이 떡으로만 사는 것이 아니요, 여호와의 입에서 나오는 모든 말씀으로 사는 줄을 네가 알게 하려 하심이니라." 하지만 말씀으로 산다는 말의 뜻은 알 듯 말 듯하다. 이와 관련하여 이 단락에서는 무엇보다 37절과 40절에서 되풀이되는 "제가 살게 하소서"라는 간구를 눈여겨보게 된다. 즉 삶의 문제를 들고나온 것이다. 말씀을 찬송하는 이 시편에서 삶의 문제를 다룬다는 것이 말씀으로 산다는 말의 뜻에 대한 깨달음으로 이어질 수 있겠다는 생각을 하게 된다.

시인은 33절에서 "가르쳐주십시오"라고 간구한다. 34절에서는 "깨우쳐주십시오"라고 기도한 뒤에 35절에서 "계명들의 좁은 길로 걸어가게 해주십시오"라고 기도한다. 이것이 우리가 말씀을 읽는 단계가 되어야 하지 않을까? 즉 말씀을 머리로 배우고, 가슴으로 깨닫고, 손과 발로 실천하는 것이다. 우리는 과연 이런 균형 잡힌 말씀의 삶을 살고 있는지 반성해야 한다.

그림 252 Cod. Bibl. Fol. 23, 134 verso

이 단락의 주제는 삶의 길이다. 그에 걸맞게 이 삽화에서 기도자는 길을 걸어간다. 이 삽화는 그가 걸어가는 길이 하나님의 말씀에 따라 걷는 길임을 하늘에서 하나님의 손이 말씀을 보여주는 것으로 표현했다. 본문이 거듭 강조하듯 그 길은 하나님께서 기도자를 살리시는 삶이다. 잎이 무성한 나무는 바로 이 점을 상징한다. 흥미로운 것은 기도자가 떠나온 견고한 성과 그가 걸어가는 좁고 삭막한 길이 대비된다는 점이다. 35절에서 히브리어가 표현한 좁은 길을 라틴어 본문도 그 뜻을 살려서 "semita"로 옮겼고, 삽화는 바로 그 점을 강조한다. 비록 가시적으로는 성에 머무르는 것이 안전하고 풍요로워 보이지만, 때로 그것을 버리고 말씀에 따라 좁은 길로 떠나야 할 때가 있다.

3) 기도와 관상(oratio et contemplatio)

주님, 당신의 말씀을 따라 삶의 길을 걸어가도록 저를 이끌어주십시오. 제가 보기에 좁고 험해 보이는 길이지만, 그 끝에 당신의 생명이 기다리고 있음을 보게 해주십시오.

6. [바브] 말씀에서 만난 하나님

1) 본문 읽기(lectio)

41 그리고 야훼여, 당신의 인자하심과 당신의 구원이
    당신의 말씀대로 제게 오기를 바랍니다!

42 그러면 저를 조롱하는 이에게 제가 말로 대답하겠습니다!
    이는 제가 당신의 말씀에 의지했기 때문입니다.

43 그러니 제 입에서 한결같은 말씀을 절대로 빼앗지 마십시오!
    이는 당신의 규례들을 제가 바랐기 때문입니다.

44 그러면 제가 당신의 율법을 한결같이 영원토록 지키겠습니다!

45 그리고 제가 드넓은 데로 다니겠습니다.

이는 당신의 법도들을 제가 탐구했기 때문입니다.

46 또 제가 당신의 증거들을 임금들 앞에서 말하고,

부끄러워하지 않겠습니다!

47 그리고 저는 당신의 계명들을 스스로 즐기겠습니다!

그것들을 제가 사랑합니다.

48 또 제 손을 당신 계명들을 향해 들겠습니다!

그것들을 제가 사랑합니다.

그리고 당신의 율례들을 읊조리겠습니다.

2) 본문과 함께 그림 묵상(meditatio et visio)

이 단락에서 기도자는 어느덧 모든 어려움을 이기는 무언가를 깨달은 듯하다. 42절과 46절을 보면 시인은 자신을 어렵게 만든 이들 앞에서 당당한 모습을 보일 수 있다는 자신감을 감추지 않는다. 그리고 44절에서는 말씀에 대한 영원한 사랑을 거듭 다짐한다. 그 까닭이 무엇일까? 아마도 기도자가 말씀 안에서 찾은 하나님의 세 가지 본성 때문일 것이다. 41절 첫머리에 있는 "말씀대로"가 그것을 말해준다. 첫째는 41절의 "인자하심"이다. 이것은 하나님의 끝없는 사랑과 마땅한 도리를 표현한다. 둘째는 41절의 "구원"이다. 마지막은 43절의 "한결같으심"이다. 결국 기도자는 언제나 말씀 안에서 자신을 사랑하시고 구원해주시는 하나님을 만났다.

그림 253 Cod. Bibl. Fol. 23, 135 recto

이 삽화는 이 단락의 첫 구절인 41절 바로 다음에 그려져 있다. 그러므로 41절의 간구를 형상화했다고 말할 수 있겠다. 임금으로 그려진 기도자가 하나님의 인자하심과 구원을 간구한다. 이에 대한 응답의 상징으로 수호천사가 그려졌다. 이는 추상명사인 하나님의 인자하심과 구원을 표현하기 위한 수단인 것으로 보인다.

3) 기도와 관상(oratio et contemplatio)

주님, 당신은 말씀 안에서 당신의 인자하심과 구원, 한결같으심을 드러내 보이십니다. 그래서 당신은 말씀 안에서 만날 수 있는 분이십니다. 그런 당신의 말씀을 제가 즐거워하고 사랑합니다.

7. [자인] 기억

1) 본문 읽기(lectio)

49 당신 종을 향한 말씀을 기억해주십시오!
    제가 기대하도록 하신 것입니다.
50 이것은 제 고난 가운데 위로입니다.

이는 당신의 말씀이 저를 살렸기 때문입니다.

51 교만한 이들이 저를 몹시 조롱했지만,

저는 당신의 율법에서 벗어나지 않았습니다.

52 야훼여, 제가 예부터 전해오는 당신의 규례들을 기억하고,

<u>스스로</u> 위안 삼았습니다.

53 악인들 때문에 분노가 저를 사로잡았습니다.

그들은 당신의 율법을 저버린 이들입니다.

54 제가 나그네로 머무는 집에서

당신의 율례들이 찬송이 되었습니다.

55 야훼여, 제가 밤에 당신의 이름을 기억하고,

당신의 율법을 지켰습니다.

56 제게 속한 것은

당신의 법도들을 제가 간직했다는 사실입니다.

2) 본문과 함께 그림 묵상(meditatio et visio)

앞서 기도자가 부닥쳤던 어려운 상황은 여전히 49-56절 단락의 배경이 된다. 기도자의 고백 역시 앞서 고백한 것들과 일맥상통한다. 그런데 여기서 새로운 낱말이 주요 개념으로 떠오른다. 그것은 49절과 52절에서 찾아볼 수 있는 "기억하다"(자카르)다. 49절에서 기도자는 하나님께 자신이 읽은 말씀을 기억해주시기를 간구한다. 그리고 52절에서는 기도자 자신도 예부터 내려오는 말씀을 기억하고 위로를 받았다고 고백한다. 말씀에 대한 기억, 곧 말씀을 늘 마음에 두는 것이 기도자와 하나님을 이어주는 고리가 된다. 이것이 간구의 근거이자 신앙의 원동력이다.

그림 254 Cod. Bibl. Fol. 23, 135 verso

이 그림에서는 두 부류의 인물들이 대조된다. 오른쪽에 하늘을 향해 기도하는 사람은 본문의 화자일 것이다. 그는 하나님의 말씀을 기억하며, 비록 하나님의 임재가 보이지 않지만, 하나님이 자신을 기억하고 살게 해주시기를 간절히 구한다. 반면에 왼쪽에 서로 껴안고 있는 남녀는 본문에서는 명확히 드러나지 않지만 기도자와 대조되는 악인들일 것이다. 삽화가는 하나님의 율법을 저버린 악인들을 부정한 남녀 관계로 묘사한 듯하다.

3) 기도와 관상(oratio et contemplatio)

주님, 당신을 기억합니다. 당신이 선조들에게 하셨던 말씀과 이루신 일들을 기억합니다. 그리고 다시금 당신의 말씀에서 위로를 찾습니다. 저를 기억해주십시오!

8. [헤트] 야훼는 나의 몫

1) 본문 읽기(lectio)

57　야훼는 나의 몫이십니다.
　　저는 당신의 말씀을 지키겠다고 말했습니다.

58 제가 온 마음으로 당신 앞에 은혜를 간구하였습니다.

당신의 말씀대로 제게 호의를 베풀어주십시오!

59 제가 제 길들을 생각하고,

제 발을 당신의 증거들로 돌이켰습니다.

60 서둘러 머뭇거리지 않고 당신의 계명들을 지켰습니다.

61 악인들의 줄이 저를 휘감았지만,

저는 당신의 율법을 잊지 않았습니다.

62 한밤중에 제가 일어나 당신께 감사드릴 것입니다.

당신의 정의로운 규례들 때문입니다.

63 저는 당신을 경외하는 모든 이,

당신의 법도들을 지키는 이들의 친구입니다.

64 야훼여, 당신의 인자하심이 땅에 가득합니다.

당신의 율례들을 제게 가르쳐주십시오!

2) 본문과 함께 그림 묵상(*meditatio et visio*)

"야훼는 나의 몫"이라는 말은 원래 레위 사람들에게 쓰던 말이다. 레위 사람들은 가나안 땅에서 영토를 분배받지 못하고 각 지파에 흩어져서 하나님을 섬기는 일을 업으로 삼았다. 그런 뜻에서 "야훼가 몫이시다"는 표현을 레위인들에게 썼다. 그렇다고 시편 119편의 시인이 반드시 레위 사람이라고 말할 수는 없다. 다만 눈에 보이는 무언가가 아니라 살아 계신 하나님을 말씀을 통해 만난 감격을 이렇게 표현한 것이라고 말할 수 있겠다. 이는 말씀이 눈에 보이는 성공에 대한 부적이 아니라는 뜻이기도 하다. 달리 말하자면 우리는 오로지 하나님을 위한 일에만 전념했던 레위 사람들처럼 말씀을 향한 열정을 불태우라는 메시지를 듣는다.

그림 255 Cod. Bibl. Fol. 23, 136 recto

이 삽화는 61절의 모습을 보여준다. 창을 든 악인이 기도자를 여러 줄로 묶어 끌고 간다. 실제로 이렇게 직설적이지는 않았을 수 있지만, 그만큼 절박한 상황에서 기도자는 하나님의 말씀을 잊지 않았다고 고백한다. 그리고 그분이 자신이 받을 몫이라고 고백한다. 이런 기도자의 상황을 눈으로 보면서 그의 고백을 다시 읽으면, 그 신앙의 깊이를 더욱 또렷이 되새기게 된다.

3) 기도와 관상(oratio et contemplatio)

주님, 이 세상에 있는 것은 아무것도 제가 영원히 누릴 몫이 아닙니다. 오로지 당신만이 제가 영원히 누릴 몫이 되십니다. 제 눈에 보이는 상황이 아득하고 절망적일지라도 좌절하지 말아야 할 까닭이 거기 있음을 깨닫습니다. 감사합니다.

9. [테트] 고난을 겪은 것이 제게 좋습니다

1) 본문 읽기(lectio)

65 좋은 것을 당신의 종에게 베푸셨습니다.

야훼여, 당신의 말씀대로입니다.

66 명철과 지식의 좋은 것을 제게 가르쳐주십시오!
　　당신의 계명들을 제가 믿었습니다.

67 고난을 겪기 전에 저는 그릇된 짓을 했습니다.
　　그러나 지금 저는 당신의 말씀을 지킵니다.

68 좋으십니다, 당신은! 그래서 좋은 일을 이루셨습니다.
　　당신의 율례들을 제게 가르쳐주십시오!

69 교만한 이들이 제게 대해서 거짓을 덧붙였지만,
　　저는 온 마음으로 당신의 법도들을 간직할 것입니다.

70 그들의 마음은 비계 덩이처럼 아둔하지만,
　　저는 당신의 율법을 즐겼습니다.

71 고난을 겪은 것이 제게 좋습니다.
　　제가 당신의 율례들을 배우게 합니다.

72 당신 입의 율법이 천천의 금과 은보다 제게 더 좋습니다.

2) 본문과 함께 그림 묵상(*meditatio et visio*)

학생들은 학교에서 시험을 치른다. 그 시험은 단지 점수를 받기 위해서만이 아니라 스스로를 점검하기 위한 것이기도 하다. 기도자는 자신이 당한 고난을 그런 식으로 이해한 듯하다. 시편 118:18에는 이런 고백이 있다. "분명히 저를 야훼께서 벌주셨습니다. 그러나 그분은 죽음을 제게 내리시지는 않으셨습니다." 그런 뜻에서 우리는 66절 첫 부분에서 말씀을 믿었다는 시인의 고백을 이해할 수 있을 것이다. 말씀에 대한 믿음이란 달리 말하면 우리가 앞서 본 대로 하나님을 향한 절대적인 믿음이라고 할 수 있겠다. 즉 고난의 시험을 당하고 보니 그 믿음이 맞았음이 입증되었다는 것이다. 그런 뜻에서 시인은 고난의 유익을 말하고 있을 것이다.

그림 256 Cod. Bibl. Fol. 23, 136 verso

이 삽화는 본문 68절과 69절 사이에 그려져 있다. 그래서 이 두 구절과 함께 그림을 보면 이해하기가 더 수월하다. 기도자는 엎드려 하나님께 간절히 기도한다. 기도자의 자세는 매우 겸손하다. 아마도 67절에서 말하는 것처럼 고난을 통해 겸손해진 듯하다. 반면에 기도자 뒤에서 하나님께 무언가를 말하는 사람은 68절에서 언급하는 교만한 이들 가운데 한 사람으로 볼 수 있겠다. 본문에 따르면 그는 기도자에 대해 거짓을 하나님께 덧붙여 말한다. 두 사람을 따로 볼 수도 있겠지만, 기도자의 변화를 보여준다고 이해할 수도 있겠다. 그렇게 보면 독자는 이를 자신의 변화를 묵상하는 계기로 삼을 수 있다.

3) 기도와 관상(oratio et contemplatio)

주님, 저는 다른 이들의 잘못을 보는 데 익숙했습니다. 그래서 제게 닥치는 고난이 제 잘못이라고 생각해본 적이 별로 없습니다. 하지만 고난 가운데서 제 속마음을 들여다보니 저를 공격하던 이들의 거짓과 교만이 다름 아닌 제 모습이었음을 깨닫습니다. 용서해주십시오. 그래서 당신 앞에서는 고난도 제게 좋습니다.

10. [요드] 주님의 미쁘심

1) 본문 읽기(lectio)

73 당신의 손이 저를 지으셨고, 저를 굳히셨으니
    저를 깨우쳐주십시오!
    그러면 제가 당신의 계명들을 배우겠습니다!

74 당신을 경외하는 이들이 저를 보고 기뻐할 것입니다.
    이는 제가 당신의 말씀을 바라기 때문입니다.

75 야훼여, 저는 당신의 규례들이 정의고,
    당신이 미쁘심으로 저를 낮추셨음을 압니다.

76 당신의 인자하심이 당신의 종에게
    당신의 말씀대로 위안이 되기를 바랍니다!

77 당신의 자비가 제게로 오기를 바랍니다! 그러면 제가 살 것입니다.
    이는 당신의 율법이 저의 즐거움이기 때문입니다.

78 교만한 이들은 부끄러워질 것입니다.
    이는 그들이 거짓말로 저를 불공평하게 다뤘기 때문입니다.
    저는 당신의 법도들을 읊조릴 것입니다.

79 당신을 경외하는 이들과
    당신의 증거들을 아는 이들¨이 제게 돌아오기를 바랍니다!

80 제 마음이 당신의 율례들 안에서 완전해지기를 바랍니다!
    제가 부끄러워지지 않도록 말입니다.

79절ㄱ. 히브리어 자음 본문의 쓰기 전통(Ketib)은 미완료 3인칭 복수 동사형이다(וידעו). 하지만 읽기 전통(Qere)은 능동 분사 연계형(וידעי)을 제안한다. 우리는 읽기 전통에 따라 번역한다.

2) 본문과 함께 그림 묵상(meditatio et visio)

우리는 75절에서 쓰인 "미쁘심"을 앞서 30절에서도 보았다. 차이점이 있다면 30절에서 시인은 자신이 하나님 보시기에 "미쁜 길", 곧 믿음직한 삶의 모습을 보여주었다고 말했다면, 여기서는 그 "미쁘심"이 하나님께 쓰였다는 것이다. 하나님이 믿음직하다면 무슨 뜻일까? 그 믿음직함 때문에 시인에게 낮추신다는 것은 무슨 뜻일까? 여기서 "미쁘심"은 아마도 양면의 성격을 모두 담고 있을 것이다. 하나님이 말씀 가운데 변함없으시고, 그 말씀을 믿는 시인의 믿음도 변함없으니 고난이 아무런 장애가 되지 않는다는 뜻이 아닐까? 그런 두터운 믿음의 관계를 "미쁘심"으로 표현한 것이 아닐까? 그 모든 관계가 오로지 말씀 안에서 이루어지고 있다는 점에서 새길 것이 많다.

그림 257 Cod. Bibl. Fol. 23, 137 recto

본문 75절에서는 하나님의 "규례들"이 "정의"라고 고백한다. 그런데 이 본문을 라틴어 역본은 하나님의 "판결들"(*iudicia*)이 "공평하다"(*aequitas*)고 옮긴다. 이는 78절에서 교만한 이들이 기도자를 불공평하게 다뤘다는 말씀과 대조를 이룬다. 그래서 그림은 하나님의 공평하심을 기울지 않는 저울로 표현했다.

3) 기도와 관상(*oratio et contemplatio*)

주님, 세상도 사람들도 변합니다. 하지만 당신은 태초부터 영원까지 변함없으십니다. 그래서 저는 지금 잠깐 고통스러운 상황에 부닥쳤다고 해서 좌절하지 않습니다. 저를 향한 당신의 인자하심과 공정하심이 당신의 말씀대로 변함없으실 것을 믿기 때문입니다.

11. [카프] 연기 속의 가죽 부대

1) 본문 읽기(*lectio*)

81 당신의 구원을 바라다 제 영혼이 지쳤습니다.
    당신의 말씀을 제가 기다립니다.

82 당신의 말씀을 바라다 제 눈이 지쳤습니다.
    말하기를 "언제쯤에나 당신이 저를 위로하실까요?" 하였습니다.

83 참으로 제가 연기 속의 가죽 부대 같아졌지만,
    당신의 율례들을 잊지 않았습니다.

84 당신 종의 날들이 얼마나 됩니까?
    언제쯤에나 당신은 저를 쫓는 이들에게 심판을 베푸시렵니까?

85 교만한 이들이 저를 위해 구덩이들을 팠습니다.

　　그들은 당신의 율법에 따르지 않는 사람들입니다.

86 당신의 모든 계명은 미쁩니다.

　　거짓말로 그들이 저를 쫓습니다.

　　저를 도와주십시오!

87 그들이 저를 땅에서 거의 끝장내버렸습니다.

　　그러나 저는 당신의 법도들을 저버리지 않았습니다.

88 당신의 인자하심에 따라 저를 살려주십시오!

　　그러면 제가 당신 입의 증거를 지키겠습니다.

2) 본문과 함께 그림 묵상(*meditatio et visio*)

우리네 삶에서 잊을 만하면 찾아오는 것이 바로 고난이다. 시인도 마찬가
지다. 앞에서 말씀을 통해 겨우 어려움을 이겨냈는데, 83절의 흥미로운 표
현대로 "연기 속의 가죽 부대"처럼 될 정도의 고난이 다시 찾아왔다. 모
든 사람에게, 심지어 하나님께도 잊힌 것 같다. 더욱이 "저를 위해 구덩이
들을 팠습니다"라는 85절 말씀에서 우리는 악의적인 세력의 음모에 억울
하게 빠진 시인의 모습을 떠올릴 수 있다. 그들은 86절 말씀대로 거짓말로
시인을 괴롭혔고, 87절에서 시인의 존재는 거의 끝장날 정도가 되었다. 이
고통이 얼마나 심한지 84절에서는 그동안 구절마다 "말씀"을 찬양하던 일
까지 흔들린다. "미쉬파트"가 지금까지는 "말씀"과 동격으로 쓰였지만, 여
기서 시인은 그것에 악인을 향한 "심판"의 의미를 덧붙여 절규한다. 그런
데도 그는 88절에서 말씀 안에 올곧게 서 있고자 하는 의지를 저버리지 않
으려고 안간힘을 쓴다. 출구가 없어 보이는 절박한 상황에서도 말씀을 놓
지 않으려는 시인의 모습이 큰 울림을 주는 대목이다.

그림 258 Cod. Bibl. Fol. 23, 137 verso

이 삽화는 83절의 본문을 직관적으로 그린다. 그런데 그림을 아무리 봐도 "연기"가 보이지 않는다. 그 대신 배경은 차가운 푸른색이다. 이것은 본문 전승의 역사 관점에서 흥미롭다. "연기 속의"가 히브리어로는 "קיטור"(키토르)다. 그런데 70인역(ἐν πάχνῃ, 엔 파크네)과 라틴어 역본(in pruina)은 모두 "서리 가운데"로 옮긴다. 라틴어 역본은 70인역에 기대고 있는 것으로 보이므로, 70인역이 왜 이렇게 옮겼는지를 생각해보면 된다. 70인역에서 "πάχνῃ"(파크네)는 욥기 38:29에서 히브리어 "כפור"(크포르, '서리')의 번역어로 쓰인다. 이를 바탕으로 추측해보면, 구두 전승 과정에서 "키토르"와 "크포르"의 발음을 혼동해서 생겨난 본문 이형일 수도 있겠다. 가죽 부대가 서리 가운데 있으면 수축해서 제구실을 못할 수도 있다는 심상이 생긴다. 어쨌든 가죽 부대가 연기 속에 있으나 서리 가운데 있으나 심상의 변화는 없다(2권 본문 해설 참조).

그림 259 Cod. Bibl. Fol. 23, 137 verso

그림은 본문 87절에서 기도자가 호소하는 고난을 매우 직설적으로 표현한다. 대적이 기도자를 짓밟고 창으로 죽이려 한다. 대적은 뒤를 돌아보지만, 아무도 없다. 기도자는 이제 곧 죽을 것이다. 그런데도 그는 본문에서 말씀을 끝내 저버리지 않겠다는 굳은 결의를 드러낸다. 그 비결은 유한한 세상을 초월하여 창조주 하나님의 무한하심으로 시선을 옮기는 데 있다.

3) 기도와 관상(oratio et contemplatio)

주님, 저는 자주 연기 속에 버려져서 찾지 못할 가죽 부대 같은 암울한 상황에 부닥칩니다. 어디를 둘러보아도 탈출구가 없어 보입니다. 그저 좌절과 절망만이 저를 기다리고 있는 듯합니다. 그런 때도 제가 당신을 바라보는 눈을 돌리지 않게 도와주십시오!

12. [라메드] 끝없이 넓은 말씀

1) 본문 읽기(lectio)

89　영원토록, 야훼여!

　　당신의 말씀은 하늘에 굳게 서 있습니다.

90　대대로 당신의 미쁘심이 있습니다.

　　당신이 땅을 굳히셨으니, 그것이 그대로 있습니다.

91　당신의 규례들대로 그것들이 오늘도 그대로 있습니다.

　　이는 모든 것이 당신의 종이기 때문입니다.

92　만약 당신의 율법이 제 즐거움이 아니었더라면,

그러면 저는 제 고난 가운데 멸망해버렸을 것입니다.

93 영원토록 제가 당신의 법도들을 잊지 않을 것입니다.

이는 그것들로 당신이 저를 살게 하시기 때문입니다.

94 저는 당신의 것입니다. 저를 구원해주십시오!

이는 당신의 법도들을 제가 탐구했기 때문입니다.

95 저를 향해서 악인들이 멸망시키려고 노리지만,

저는 당신의 증거들에 집중할 것입니다.

96 모든 완전한 것이 제가 보니 끝이 있지만,

당신의 계명들은 매우 넓습니다.

2) 본문과 함께 그림 묵상(meditatio et visio)

사람들은 원리를 모르면 모든 일에서 이내 지친다. 삶도 마찬가지다. 삶의 시작과 끝, 그리고 그 너머를 알지 못하면, 순간순간 느닷없이 들이닥치는 고난과 고통을 견디기 어렵다. 하나님은 말씀 가운데서 거듭 그 점을 우리에게 가르쳐주신다. 그것이 말씀을 통한 계시다. 본문에서는 그것을 창조주이신 하나님의 본성과, 물질세계의 유한함과 대조되는 그분의 무한하심으로 가르쳐준다. 하나님이 창조주이심을 제대로 깨달으면 유한한 삶의 모든 가치가 본질이 아님을 깨닫게 된다. 왜냐하면 유한한 세상의 모든 것은 스스로 존재 자체를 통제할 수 없기 때문이다. 또한 창조주에 대한 인식은 유한한 삶의 모든 가치를 상대화하고 초월하여 피조물로서 참된 삶의 즐거움에 이르는 길을 열어준다.

그림 260 Cod. Bibl. Fol. 23, 138 recto

이 그림은 본문 95절에서 악인들이 멸망시키려고 노리지만, 기도자가 하나님의 말씀에 집중하겠다고 다짐하는 부분을 형상화한 것으로 보인다. 기도자는 비무장 상태에서 엎드려 오로지 하나님께 간구하는 데만 집중한다. 반면에 무장한 사람으로 형상화된 원수는 그 모습을 보며 호시탐탐 공격의 기회를 노리는 듯하다. 이 대조를 통해 무엇을 진정으로 의지하는 것이 옳은지를 생각하게 된다.

3) 기도와 관상(oratio et contemplatio)

주님, 제 눈에는 보이지 않습니다. 당신의 구원도, 당신의 임재도 보이지 않습니다. 그러나 창조주이신 당신 안에 제가 있음을 믿습니다. 그래서 저의 존재는 결국 당신 안에서 살게 될 것을 알고, 고난 가운데서도 당신의 무한한 세계를 그리며 즐거워합니다.

13. [멤] 입술에 꿀보다 더!

1) 본문 읽기(lectio)

97   얼마나 제가 당신의 율법을 사랑하는지요?

제가 온종일 그것을 읊조립니다.

98　당신의 계명들이 원수들보다 저를 더 지혜롭게 합니다.

　　이는 그것이 영원토록 제게 있기 때문입니다.

99　제 모든 스승보다 제가 더 깨달음을 얻었습니다.

　　이는 당신의 증거들이 저의 읊조림이기 때문입니다.

100　노인들보다 제가 더 깨달음을 얻을 것입니다.

　　이는 당신의 법도들을 제가 간직했기 때문입니다.

101　모든 악한 길로부터 제가 제 발을 잡아두었습니다.

　　그리하여 제가 당신의 말씀을 지키려 함입니다.

102　당신의 규례들에서부터 제가 벗어나지 않았습니다.

　　이는 당신이 저를 가르치셨기 때문입니다.

103　얼마나 당신의 말씀이 제 입맛에 매끈한지요ㄱ?

　　제 입에 꿀보다 더 그렇습니다.

104　당신의 법도들에서부터 제가 깨달음을 얻었습니다.

　　그러므로 제가 모든 거짓된 길을 미워했습니다.

번역 해설

103절ㄱ. 여기서 "달다"고 번역한 낱말(מלץ, 말라츠)은 구약성경에서 이 곳에서만 쓰이며, "달다"는 뜻으로 흔히 쓰이는 낱말의 어근은 "마타크"(מתק)다(동사 "מתק", 형용사 "מָתוֹק"[마토크], 명사 "מֶתֶק,"[메테크]의 형태, 이 낱말의 뜻과 구체적 용례는 게제니우스, 『히브리어 아람어 사전』, 477-478 참조). 번역 성경이 "달다"고 옮긴 데는 70인역의 번역 "γλυκύς"(글뤼퀴스)가 한몫을 하는 듯하다. 하지만 70인역의 번역어도 여기 말고는 모두 "마타크"의 번역어로 쓰인다(HR, 271). 그러므로 70인역은 의역으로 보인다. 본문에서 쓰인 "말라츠"는 인근 셈어인 아랍어나 에티오피아어, 그리고 비슷한 어근의 낱말인 "말라트"(מלט) 등에 비추어 "매끈하다"는 뜻으로 새길 수 있다. 그러면 꿀의 맛보다는 질감에 더 초점이 맞추어지며, 달콤함보다는 어떤 문제든 어려움 없이 풀 수 있는 명철과 더 잘 어울린다.

2) 본문과 함께 그림 묵상(meditatio et visio)

인생길을 걸어가면서 풀어야 할 숙제들 가운데 가장 어려운 것은 꼬여서 갈등하는 인간관계의 매듭을 푸는 일일 수 있다. 그리고 사람들 사이의 관계에서 받은 상처가 어쩌면 가장 치유하기 어려울 수 있다. 시편의 기도자는 거듭 말씀을 향한 사랑과 그 말씀 안에 머무름, 그리고 그 말씀에서 벗어나지 않는 삶에서 해법을 찾는다. 특히 본문에서 눈길을 끄는 대목은 말씀이 꿀보다 더 "달다"고 한 부분이다. 번역 해설에서 살펴본 것처럼 우리는 이 낱말을 70인역 이후로 줄곧 맛으로만 여겨왔다. 그래서 말씀을 향한 사랑은 말씀의 맛을 알고 그 안에서 깨닫는 것으로만 알았다. 그런데 정작 히브리어 낱말은 "달다"는 뜻으로 새기기 어렵다. 대신 꿀의 질감을 견주는 것이 더 가까워 보인다. 어쩌면 꿀은 고대 사회에서 가장 단맛을 내는 동시에 매끄러움의 상징으로 쓰였을 수 있다. 매끄러움으로 새긴다면, 말씀의 영향력을 개인에서 관계 차원으로 확장하여 새길 수 있다. 곧 말씀이 얽힌 관계를 꿀처럼 매끄럽게 풀도록 개인들의 마음을 풀어주는 효과가 있다는 말이다. 말씀 안에서라야 거짓된 길로부터 올곧은 길로 돌아올 수 있고, 그때 비로소 얽힌 관계가 풀릴 수 있다. 그래서 말씀을 묵상하는 이는 단순히 깨달음의 차원이 아니라 관계로 흘러나가는 복음의 차원에서 그 말씀을 대해야 할 것이다.

그림 261 Cod. Bibl. Fol. 23, 138 verso

그림의 오른쪽에는 통치자로 형상화된 기도자가 있다. 그는 왼손에 성경책을 움켜쥐고 있다. 그의 왼쪽에는 두 사람이 손에 제각각 두루마리 문서를 들고 서 있다. 이들은 본문 100절에서 말하는 노인을 상징할 것이다. 그에 비해 기도자는 상대적으로 젊다. 노인들이 들고 있는 두루마리는 자신들의 경험을 바탕으로 한 이른바 '지혜'일 것이다. 하지만 기도자는 그것보다 말씀을 붙들고 하나님께 시선을 둔다.

3) 기도와 관상(oratio et contemplatio)

주님, 당신의 말씀은 꿀 같습니다. 맛도 달고 질감도 매끄러운 꿀처럼 제 존재의 쓰라리고 모난 데를 감싸 풀어주십니다. 그 말씀 안에서 언제나 다시금 참된 지혜를 얻고 싶습니다.

14. [눈] 말씀 앞에 선 발과 입과 마음

1) 본문 읽기(lectio)

105 제 발의 등불입니다, 당신의 말씀은.

그리고 제 길의 빛입니다.

106 당신의 정의로운 규례들 지키기를

제가 맹세하고, 이루었습니다.

107 제가 매우 괴로움을 겪었습니다.

야훼여, 당신 말씀대로 저를 살려주십시오!

108 야훼여, 제 입이 드리는 자원 예물을 제발 기뻐해주시고,

당신의 규례들을 가르쳐주십시오!

109 제 목숨이 언제나 위험 가운데 있지만,ㄱ

당신의 율법을 제가 잊지 않았습니다.

110 악인들이 저를 위해 올무를 놓았지만,

당신의 법도들을 제가 벗어나지 않았습니다.

111 당신의 증거들을 영원토록 제가 소유 삼았습니다.

이는 그것들이 제 마음의 즐거움이기 때문입니다.

112 제 마음을 당신의 율례들을 영원토록 끝까지 실천하는 데 기울였습니다.

번역 해설

109절ㄱ. 직역. "제 목숨이 언제나 제 손바닥 안에 있습니다." 이런 뜻으로 쓰인 보기는 사사기 12:3, 사무엘상 19:5, 28:21, 욥기 13:14 등을 보라(참조. Hossfeld/Zenger, *Psalms 3*, 255-256).

2) 본문과 함께 그림 묵상(meditatio et visio)

107, 109, 110절에서 보듯 시인은 다시금 어려움에 부닥쳤다. 그런 상황에서 그는 말씀에 비추어 자신의 존재를 되돌아본다. 105절에서 시인은 자

신이 어디로 가고 있는지 말씀에 비추어본다. 108절에서는 자신이 무슨 말을 입에 담고 있는지를 "내 입이 드리는 자원 예물"이라는 표현으로 돌이켜본다. 그리고 111절과 112절에서는 자기 자신의 내면 깊은 곳에 말씀이 자리 잡고 있는지를 들여다본다. 시인은 어려운 상황에서 남을 탓하기 전에 말씀 앞에 자기 자신을 세운 것이다. 이 모습에서 우리 자신의 발, 입, 마음을 돌아보게 된다.

그림 262 Cod. Bibl. Fol. 23, 139 recto

이 삽화는 명백히 105절을 표현한다. 그런데 기도자는 병상에 누워 있는 것처럼 보인다. 아마도 이 그림은 107절과 109절에서 기도자가 고통을 겪고 있다는 고백을 해석했을 것이다. 가만히 생각해보면 말씀이 등불이라는 오른쪽 그림의 표현과 병상에 누워서 탄원하는 왼쪽 그림의 표현은 역설적이다. 하지만 이것이 현실이다. 이 역설적인 현실 가운데서 기도자의 시선이 보여주듯 하나님의 실존적인 임재를 경험하는 것이 신앙의 신비다.

3) 기도와 관상(oratio et contemplatio)

주님, 어둡습니다. 사방 어디를 둘러보아도 빛이 보이지 않습니다. 하지만 곰곰이 살피니 제 손에 들고 있는 당신의 말씀에서 빛이 흘러나옵니다. 그리고 그 빛을 따라가니 길이 조금씩 보입니다.

15. [사메크] 두 마음 품은 이들

1) 본문 읽기 (lectio)

113 두 마음 품은 이들'을 제가 미워하고,
　　당신의 율법을 사랑합니다.
114 제 은신처이시고 제 방패이십니다, 당신은!
　　당신의 말씀을 제가 바랍니다.
115 악한 짓 하는 이들이여, 내게서 물러나시오!
　　그러나 나는 내 하나님의 계명들을 간직하겠소.
116 당신 말씀대로 저를 떠받쳐주십시오!
　　그러면 제가 살아날 것입니다.
　　그리고 제 소망 때문에 제가 부끄러워지지 않게 해주십시오!
117 저를 뒷받침해주십시오!
　　그러면 제가 구원받고, 당신의 율례들을 언제나 눈여겨보겠습니다.
118 당신의 율례들에서 벗어나는 모든 이는 당신이 거절하셨습니다.
　　이는 그들의 속임수가 다 거짓이기 때문입니다.
119 땅의 모든 악인을 당신은 찌꺼기로 버리셨습니다.
　　그러므로 제가 당신의 증거들을 사랑합니다.
120 당신에 대한 두려움 때문에 제 몸이 떨리고,
　　당신의 규례들 때문에 제가 경외합니다.

113절ㄱ. 직역. "나뉜 사람들."

2) 본문과 함께 그림 묵상(*meditatio et visio*)

본문에서 말씀을 사랑하는 시인과 대조되는 부류를 115절에서는 "행악자들"(프레임), "악인들"(르샤임)로 규정한다. 이들의 행위는 118절에서 "거짓된 속임수"라고 규정된다. 속인다는 것은 겉과 속이 다르다는 뜻이다. 그런 뜻에서 113절은 그들이 "두 마음 품은 이들"이라고 말하는 것이다. 그러니 말씀을 두려워하고 사랑하며 지키는 사람은 겉과 속이 다르지 않은 순수함을 지키는 사람이다.

그림 263 Cod. Bibl. Fol. 23, 138 verso

본문에서 뚜렷이 대조되듯, 후광이 있어서 엘리야 또는 예수의 모습을 떠올리게 하는 기도자의 모습과 그를 노려보는 많은 군중, 곧 두 마음을 품은 이들이 표현된다. 이 두 무리 사이에는 넘기 어려운 산 또는 바위가 가로놓여 있는데, 이는 114절에서 말하는 '은신처'와 '방패'를 표현할 것이다. 파멸로 내리닫는 다수(*massa perditiones*) 가운데 고고하게 하나님의 말씀에 초점을 맞추는 소수를 떠올리게 하는 대목이다.

3) 기도와 관상(*oratio et contemplatio*)

주님, 제 눈에 너무도 많은 이들이 두 마음을 품고 있는 것이 보입니다. 그래서 괴롭습니다. 그들은 모두 저를 향해 공격하는 것으로 보입니다. 그런데 주님, 과연 제가 공격당하는 것인지, 아니면 저도 그쪽에 있으면서 안 그런 척하는지 두렵습니다.

16. [아인] 눈으로 만나는 말씀

1) 본문 읽기(*lectio*)

121 제가 공평과 정의를 실천했습니다.

　　그러니 저를 짓누르는 이들에게 저를 넘기지 마십시오!

122 당신의 종을 좋은 것으로 보증해주십시오!

　　교만한 이들이 저를 짓누르지 않기를 바랍니다!

123 제 눈이 당신의 구원과

　　당신의 정의로운 말씀을 바라다 지쳤습니다.

124 당신의 종에게 당신 인자하심대로 이루어주시고,

　　당신의 율례들을 제게 가르쳐주십시오!

125 당신의 종입니다, 저는. 저를 깨우쳐주십시오!

　　그러면 제가 당신의 증거들을 알겠습니다!

126 야훼가 이루실 때입니다.

　　그들은 당신의 율법을 깨뜨렸습니다.

127 그러므로 제가 당신의 계명들을 사랑합니다.

금보다도 순금보다도 더 그렇습니다.

128 그러므로 제가 당신의 모든 법도를 향해˥ 곧장 갑니다.

모든 거짓된 길을 제가 미워합니다.

번역 해설

128절ㄱ. 70인역(πρὸς πάσας τὰς ἐντολὰς σου, 프로스 파사스 타스 엔톨라스 수)을 바탕으로 하는 주석자 대부분은, 히브리어 본문 편집자의 추측대로 우리가 보는 히브리어 본문(כָּל־פִּקּוּדֵי כֹל, 콜-피쿠데 콜: '모든 것의 모든 법도?')을 필사 오류가 난 것으로 보고, "לְכָל־פִּקּוּדֶיךָ"(르콜-피쿠데카)로 고친 본문을 번역한다.

2) 본문과 함께 그림 묵상(meditatio et visio)

123절의 "제 눈이 당신의 구원과 당신의 정의로운 말씀을 바라다 지쳤습니다"라는 말씀이 무슨 뜻일까? 문득 욥이 생각난다. 욥은 참 의로운 사람이었다. 그런데 정작 모진 고난이 다가오자 자신의 의로움과 억울함을 주장하는 데 온 힘을 기울였다. 욥기의 막바지에 가서 하나님은 그런 욥에게 왜 그가 고난을 겪었는지 그 까닭을 직접 가르쳐주시기보다는 피조세계를 보는 눈을 열어주셨다. 그러자 욥이 끝내 42:5-6에서 "내가 주께 대하여 귀로 듣기만 하였사오나 이제는 눈으로 주를 뵈옵나이다. 그러므로 내가 스스로 거두어들이고 티끌과 재 가운데서 회개하나이다"라고 고백한다. 말씀에서, 자연에서, 옆 사람에게서, 그야말로 모든 것에서 하나님을 만나는 눈이 열렸다. 우리 역시 신앙의 시야를 넓힐 필요가 있겠다.

그림 264 Cod. Bibl. Fol. 23, 140 recto

그림은 126절을 매우 직설적으로 표현한다. "그들이 당신의 율법을 깨뜨렸습니다"라는 구절을 실제로 말씀 두루마리를 훼손하는 모습으로 그렸다. 그리고 오른쪽에 떨기나무를 생각나게 하는 나무와 반석에서 물이 나오는 모습으로 볼 때 모세를 상징하는 것으로 보이는 기도자가 말씀을 들고 그 모습을 탄원한다. 굳이 여기서 모세를 등장시킨 까닭은 그가 율법 수여자요, 또 말씀의 능력을 직접 체험한 인물을 대표할 수 있기 때문일 것이다. 기도자의 얼굴을 가만히 보면 말씀이 훼손되는 모습에 매우 안타까워하는 표정이 그대로 드러난다. 127절의 말씀대로 기도자는 말씀을 유한한 가치와는 견줄 수 없을 정도로 소중하게 여기기 때문이다. 직설적인 삽화의 표현으로 이 대조는 한층 더 분명해졌다.

3) 기도와 관상(oratio et contemplatio)

주님, 이 세상 사람들은 당신의 말씀이 보잘것없다고 말합니다. 그러면서 당신의 말씀의 깊이를 헤아리기는커녕 아무렇게나 훼손합니다. 하지만 주님, 제 눈은 당신의 말씀의 무한한 깊이와 능력을 보게 해주십시오.

17. [페] 말씀 새기기

1) 본문 읽기(lectio)

129 당신의 증거들은 놀랍습니다.

그러므로 제 영혼이 그것들을 간직합니다.

130 당신의 말씀의 계시ㄱ는 우둔한 이들이 깨우치도록 빛을 비춥니다.

131 제 입을 벌려 헐떡입니다.

이는 당신의 계명들을 제가 갈망하기 때문입니다.

132 제게 돌이켜 은혜를 베풀어주십시오!

당신의 이름을 사랑하는 이들에게 하는 규례대로 그리하십시오!

133 제 발걸음을 당신의 말씀대로 굳게 해주십시오!

그리고 어떤 죄도 저를 다스리지 못하기를 바랍니다!

134 사람의 억누름에서 저를 되찾아주십시오!

그러면 제가 당신의 법도들을 지키겠습니다!

135 당신의 얼굴을 당신의 종에게 비춰주시고,

저를 당신의 율례들로 가르쳐주십시오!

136 제 눈에서 시냇물이 흘러내립니다.

왜냐하면 그들이 당신의 율법을 지키지 않았기 때문입니다.

번역 해설

130절ㄱ. 직역. "열림."

2) 본문과 함께 그림 묵상(*meditatio et visio*)

131절에 말씀이 열리고 빛이 비춰어 깨달음을 준다는 표현이 있다. 그리고 135절에도 하나님이 얼굴을 비추셔서 말씀으로 가르치신다는 표현이 있다. 사람들은 이 표현을 종종 말씀의 계시라는 차원에서 이해한다. 맞는 이해다. 과연 오늘 우리는 말씀을 어떻게 대하고 있는가? 구약성경을 주석 (exegesis)할 때 쓰는 개념 가운데 하나가 생각난다. 주석이나 말씀 묵상은 "엑스-에게시스"(ex-egesis), 곧 말씀에서 의미를 끌어내야지, "에이스-에게시스"(eis-egesis), 곧 내가 뜻하는 바를 말씀에 집어넣어서는 안 된다는 것이다. 이는 빛이 비춰면 밝아지듯, 말씀의 빛으로 나를 조명해야 한다는 말이다. 이것이 말씀을 대하는 가장 기본적인 자세다. 곧 "주여! 말씀하옵소서. 종이 듣겠나이다"라는 자세가 아니겠는가?

그림 265 Cod. Bibl. Fol. 23, 140 verso

이 단락에 전반적으로 흐르는 분위기가 그림에서 잘 묘사되었다. 이 그림은 특히 133-134절의 상황에 초점을 맞춘다. 곧 기도자는 하나님의 말씀을 향해 곧장 나아가려고 한다. 하지만 "사람의 억누름"은 그림에서 보듯 생명의 위협으로 그 길을 방해한다. 더욱이 기도자의 애절한 눈빛과 손짓에도 불구하고 사방은 어둡고 빛이 보이지 않는다. 그러나 신앙의 경험, 즉 말씀을 통해 하나님의 임재를 체험하여 얻은 신앙의 열정은 그런 어둠 속에서도 꺾이지 않는다.

3) 기도와 관상(oratio et contemplatio)

주님, 사방이 어둡습니다. 한 줄기 빛도 보이지 않습니다. 제 마음은 오로지 당신만을 향하고, 당신의 말씀이 제 유일한 희망인데, 온통 저를 억누르고 짓누르는 고난과 좌절만 보입니다. 당신의 말씀의 빛을 제게 비춰주십시오.

18. [차데] 제 열정이 저를 삼켰습니다

1) 본문 읽기(lectio)

137 당신은 의로우십니다, 야훼여!
　　그리고 당신의 규례들은 올곧습니다.
138 당신은 당신의 증거들의 정의를,
　　지극히 미쁨을 명령하셨습니다.
139 제 열정이 저를 삼켰습니다.
　　이는 제 대적들이 당신의 말씀을 잊었기 때문입니다.
140 당신의 말씀은 매우 순수합니다.
　　그래서 당신의 종이 그것을 사랑합니다.
141 저는 보잘것없어서 무시당하지만,

당신의 법도들을 잊지 않았습니다.

142 당신의 정의는 영원한 정의이고,

당신의 율법은 한결같습니다.

143 환난과 고난이 저를 맞닥뜨렸지만,

당신의 계명들은 저의 즐거움입니다.

144 당신의 증거들의 정의는 영원합니다.

저를 깨우쳐주십시오! 그러면 제가 살아가겠습니다!

2) 본문과 함께 그림 묵상(*meditatio et visio*)

우리는 본문에서 특히 137-139절을 눈여겨볼 필요가 있다. 이는 새롭게 등장한 표현이기 때문이다. 137절과 138절은 옳고 한결같은 하나님의 말씀에 대한 시인의 고백이다. 이 고백은 140절 이하에서 계속된다. 그런데 139절은 시인의 고백과 반대되는 상황을 그려준다. 이런 상황은 141, 143절에서도 찾아볼 수 있다. 말씀을 잊어버린 사람들, 즉 말씀을 떠난 삶을 사는 사람들에 대한 시인의 태도가 그려진다. 말씀을 향한 열정이 시인을 삼켰다는 것은 그릇된 현실을 향한 과감한 태도를 회화적으로 표현한 것이다. 이것은 마치 며칠을 굶은 사람이 배가 고파 입을 벌리고 헐떡이듯, 상황이 어떠하든지 오로지 말씀을 향한 열정을 불태우겠다는 시인의 고백이다. 이는 141절과 143절에서 보듯 시인 자신에게 어떤 어려움이 닥치더라도 말씀에서 어긋난 현실은 그냥 보아 넘기지 않고 목소리를 내겠다는 뜻일 것이다.

삶을 살아가다 보면 고난이 마치 우리의 삶의 전제조건인 것처럼 거듭해서 더욱이 느닷없이 닥쳐온다. 그럴 때마다 우리는 어떻게 해야 하는가? 시인처럼 하나님의 말씀을 향한 열정과, 그 말씀을 통해 우리에게 계시되고 약속된 무한한 세계를 향한 바람으로 유한한 가치 세계의 상황을 초월하여 영원한 그분의 말씀 가운데서 즐거움을 되찾고자 노력해야 할 것이다.

그림 266 Cod. Bibl. Fol. 23, 141 recto

본문에서 기도자는 무시당하고 고난에 빠진 인물이다. 삽화는 그를 견고하고 화려한 집에서 쫓겨나서 보잘것없는 처지에 떨어진 인물로 그린다. 흙더미에 올라앉은 기도자의 얼굴은 수심이 가득하다. 이런 상황에서 말씀이 즐거움이 된다는 고백은 역설적으로 그의 신앙을 더욱 돋보이게 해준다.

3) 기도와 관상(oratio et contemplatio)

주님, 당신의 말씀은 제게 즐거움입니다. 당신의 말씀대로 이루어져 제가 즐거울 때도 그렇고, 당신의 말씀과 달리 제게 느닷없는 고난이 닥쳐올 때도 그렇습니다. 유한한 가치는 당신이 주시는 즐거움과 견줄 수 없기 때문입니다.

19. [코프] 악이 가까운 곳에 주님께서도 가까우심

1) 본문 읽기(*lectio*)

145 제가 온 마음으로 부르짖었습니다.

　제게 대답해주십시오, 야훼여!

　당신의 율례들을 제가 지키겠습니다.

146 제가 당신께 부르짖었습니다.

　저를 구원해주십시오!

　그러면 제가 당신의 증거들을 지키겠습니다!

147 제가 새벽에 먼저 외쳤습니다.

　당신의 말씀을 제가 바랐습니다.

148 제 눈이 동틀 녘에 먼저 당신의 말씀을 읊조렸습니다.

149 제 목소리를 당신의 인자하심에 따라 들어주십시오!

　야훼여, 당신의 규례들에 따라 저를 살려주십시오!

150 악을 따르는 이들이 다가왔습니다.

　그들은 당신의 율법에서부터 멀어져 있습니다.

151 당신은 가까우십니다, 야훼여!

　그리고 당신의 모든 계명은 한결같습니다.

152 예전부터 저는 당신의 증거들에서부터

　당신이 그것들을 영원토록 세우셨음을 알았습니다.

2) 본문과 함께 그림 묵상(*meditatio et visio*)

이 단락에서 우리는 두 가지를 새길 수 있다. 먼저 145-149절에서 우리는 부르짖음과 응답의 대구를 본다. 시인은 절박하게 부르짖으며 기도한다. 당연히 그는 하나님의 응답을 기대할 것이다. 그런데 그의 기대는 말씀의 깨달음과 실천에 있다. 우리가 무엇을 기도의 응답으로 생각하고 있는지를 반성하게 하는 대목이다. 둘째로 150절과 151절은 아주 흥미로운 대구를 보여준다. 악을 따르는 사람들이 시인 가까이에 왔는데, 말씀을 삶의 기준으로 삼아 살아가는 시인의 눈은 그들로부터 시인을 지켜주시려는 하나님이 가까이 계심을 본다. 그는 진리의 말씀 가운데서 그것을 깨닫는다. 응답받지 못하는 것 같은 위기의 고난 가운데서 하나님이 가까이 계심을 깨닫는 것은 대단한 신앙의 경지인데, 더구나 그것이 말씀을 향한 열정에서 나온다는 고백은 더더욱 의미가 깊다.

그림 267 Cod. Bibl. Fol. 23, 141 verso

본문에서 기도자는 말씀과는 거리가 먼 악을 따르는 이가 자기에게 가까이 있다고 말한다. 그리고 하나님 역시 가까이 계신다고 고백한다. 그런데 그림에서는 무방비 상태의 기도자를 해치러 온 사람만 보이고 하나님은 보이지 않는다. 역설이다. 말씀과 다르다. 하지만 그것이 현실이 아닌가? 신앙이란 그런 것이다. 보이는 대적보다 보이지 않는 하나님의 무한한 능력에 기대며, 그것으로 기뻐하는 것이 바로 신앙이다.

3) 기도와 관상(*oratio et contemplatio*)

주님, 제 주위를 둘러봅니다. 거기에 당신은 보이지 않습니다. 온갖 군상들이 잘난 체하고, 저를 조롱하며, 심지어 해치려고 하는데, 거기에 당신은 보이지 않습니다. 하지만 당신은 바로 제 눈앞에 있는 말씀을 통해 변함없이 자신을 드러내십니다.

20. [레쉬] 슬픔과 역겨움 사이

1) 본문 읽기(*lectio*)

153 저의 고난을 보시고, 저를 건져주십시오!

　　이는 당신의 율법을 제가 잊지 않았기 때문입니다.

154 저를 변호해주시고, 저를 되찾아주십시오!

　　당신의 말씀대로 저를 살려주십시오!

155 구원은 악인에게서부터 멀리 있습니다.

　　이는 당신의 율례들을 그들이 뒤따르지 않았기 때문입니다.

156 당신의 자비가 풍부하십니다, 야훼여!

　　당신의 규례들대로 저를 살려주십시오!

157 저를 뒤쫓는 이들과 저의 대적들이 많지만,

　　당신의 증거들에서부터 저는 벗어나지 않았습니다.

158 제가 배신하는 이들을 보고, 역겨워했습니다.

　　그들은 당신의 말씀을 지키지 않았습니다.

159 당신의 법도들을 제가 사랑하는 것을 보십시오!

야훼여, 당신의 인자하심대로 저를 살려주십시오!
160 당신의 말씀의 으뜸은 한결같음이고,
　　당신의 의로운 모든 규례는 영원토록 있습니다.

2) 본문과 함께 그림 묵상(*meditatio et visio*)

앞선 단락들에서도 여러 번 나왔듯이, 153-160절은 고난 가운데서 하나
님께 부르짖는 탄원이다. 이 가운데서 우리가 주목할 표현은 158절이다.
시인은 말씀을 지키지 않는 사람들을 보고 개역개정의 번역으로 말하자
면 "슬퍼했다." 그런데 표준새번역이나 가톨릭 성경은 위에서 언급했듯
"역겨워하다"로 옮긴다. 여기서 쓰인 히브리어의 일차적인 뜻은 "역겨워
하다"가 맞다. 개역개정의 번역은 KJV의 "be grieved"라는 표현의 영향을
받은 것으로 보인다. 그런데 여기서 쓰인 히브리어에서 동사 "쿠트"는 "쿠
츠"와 같은 기원을 갖는다고 알려져 있다(참조. 게제니우스, 『히브리어 아람어
사전』, 707). 이 동사 "쿠츠"는 민수기 21:5에서 이스라엘 백성이 광야에서
만나와 메추라기를 먹으면서 이집트에서 자신들이 먹었던 음식을 생각하
며 느끼는 마음을 표현한 데서 쓰였다. 바로 그런 심정이라는 것이다. 이는
역겹도록 싫지만, 버리기에는 미련이 남는 복잡한 심경을 표현한다. 시인
도 이 구절에서 그런 심정을 느낀 것은 아닐까? 말씀을 지키지 않는 사람
들이 싫지만, 불쌍해 보여서 어쩐지 슬픔이 느껴지는 그런 연민이 아닐까?
거기서 원수 사랑이 시작될 수 있지 않을까?

그림 268 Cod. Bibl. Fol. 23, 141 verso

삽화에서는 배경이 선명하게 보여주듯, 두 부류의 인물들이 또렷이 구분된다. 오른쪽에 두루마리를 들고, 거리를 두며 손가락 셋을 펴서 말하는 듯한 인물은 기도자로 볼 수 있다. 반면에 왼쪽에서 서로 쥐어뜯으며 싸우는 두 사람은 본문에서 말하는 악인들일 것이다. 의로운 소수로 남는 일은 생각만큼 쉽지 않지만 반드시 이루어야 할 일이다. 이 그림은 그 점을 다시금 새기게 한다.

3) 기도와 관상(*oratio et contemplatio*)

주님, 제가 과연 당신의 말씀대로 사는 의인인지 되돌아봅니다. 제가 경계하고 거리를 두려고 하는 악인들과 대적들의 모습이 과연 제게는 한 점도 없는지 돌아봅니다. 그리고 당신 앞에 제 마음속에 있는 모든 것을 내어놓고 회개합니다.

21. [신/쉰] 전리품보다 말씀

1) 본문 읽기(*lectio*)

161 관리들이 까닭 없이 저를 뒤쫓았습니다.

그러나 당신의 말씀을 제 마음이 두려워하였습니다.

162 저는 당신의 말씀으로 즐거워합니다.

　마치 많은 전리품을 찾은 사람처럼 말입니다.

163 거짓을 제가 미워하고 역겨워하지만,

　당신의 율법은 제가 사랑합니다.

164 하루에 일곱 번씩 제가 당신을 찬양하였습니다.

　당신의 정의로운 규례들 때문입니다.

165 당신의 율법을 사랑하는 이들에게는 큰 평화가 있고,

　그들에게는 걸림돌이 없습니다.

166 제가 당신의 구원을 바랐습니다, 야훼여!

　그리고 당신의 계명들을 실천했습니다.

167 제 영혼이 당신의 증거들을 지켰고,

　저는 그것들을 매우 사랑합니다.

168 제가 당신의 법도들과 당신의 증거들을 지켰습니다.

　참으로 저의 모든 길이 당신 앞에 있습니다.

2) 본문과 함께 그림 묵상(meditatio et visio)

161-168절도 전체적으로 탄원의 분위기와 신뢰의 고백을 이어간다. 그 가운데 162절의 표현이 흥미롭다. 마치 사람들이 전쟁에서 전리품을 많이 거두고 기뻐하듯, 시인은 말씀에서 기쁨을 찾는다는 것이다. 사실 이 표현은 시편 전체에서 많은 시인과 기도자들이 했던 고백을 요약하고 있으며, 119편의 첫머리에서 말한 행복을 아주 선명하게 보여준다고 할 수 있다. 우리에게는 무엇이 행복이고, 우리는 무엇을 즐거워하는가? 시인은 "말씀"이라고 대답한다. 우리는 무엇이라고 대답하는가?

그림 269 Cod. Bibl. Fol. 23, 142 recto

이 삽화는 161절에서 기도자가 까닭 없이 권력자들에게 박해받는 상황을 서술하는 데서 시작한다. 그림은 흥미롭게도 박해받는 이를 말씀을 든 예수 그리스도로 형상화했다. 그리하여 본문을 읽는 이들은 예수 그리스도의 수난을 떠올리며 그분의 순종과 자신을 견주게 된다. 그리고 스스로 얼마나 말씀을 사랑하는지, 그 말씀에 예수 그리스도처럼 죽음에 이르기까지 순종할 수 있는지를 되돌아보게 된다.

3) 기도와 관상(oratio et contemplatio)

주님, 제 삶에는 평화가 잘 보이지 않습니다. 온통 까닭 없이 저를 괴롭히려는 이들만 보입니다. 곰곰이 생각해보니, 제가 그런 것만 보고 있는 듯합니다. 당신이 제게 베푸신 끝없는 사랑은 잘 보지 못했습니다. 그래서 당신의 말씀을 실천하기보다는 저를 향한 공격에만 눈이 가 있었습니다. 용서해주십시오!

22. [타브] 평범한 마무리

1) 본문 읽기 (*lectio*)

169 저의 부르짖음이 당신 앞에 다다르기를 바랍니다, 야훼여!
    당신의 말씀대로 저를 깨우쳐주십시오!
170 저의 탄원이 당신 앞에 이르기를 바랍니다!
    당신의 말씀대로 저를 구원해주십시오!
171 제 입술에 찬양이 흘러넘칩니다.
    이는 당신의 율례들이 저를 가르치기 때문입니다.
172 제 혀가 당신의 말씀을 노래합니다.
    이는 당신의 모든 계명이 정의롭기 때문입니다.
173 당신의 손이 제 도움이 되기를 바랍니다!
    이는 당신의 법도들을 제가 선택했기 때문입니다.
174 제가 당신의 구원을 갈망했습니다, 야훼여!
    그리고 당신의 율법은 제 즐거움입니다.
175 제 영혼이 살아서 당신을 찬양하기 바랍니다!
    그리고 당신의 규례들이 저를 돕기를 바랍니다.
176 저는 헤매는 양처럼 길을 잃었습니다.
    당신의 종을 찾아주십시오!
    이는 당신의 계명들을 제가 잊지 않았기 때문입니다.

2) 본문과 함께 그림 묵상(*meditatio et visio*)

176절의 대장정을 마무리하는 이 단락은 다소 평범하다. 마지막 단락에서 기대되는 거창한 마무리 구절은 사실상 찾아볼 수 없다. 이 평범한 결론에서 우리는 시인의 초대를 찾아본다. 말씀을 사랑하고 지키는 데서 행복을 찾은 시인은 이제 이어지는 말씀 사랑의 단락을 우리가 삶으로 이어가기를 바라는 것은 아닐까? 그런 뜻에서 23단락부터는 우리의 몫이라고 말해도 될 것이다. 우리는 계속해서 말씀을 사랑하고, 말씀을 읽고 지키며 사는 삶으로 시편 119편의 속편을 이어가야 하겠다.

그림 270 Cod. Bibl. Fol. 23, 142 verso

119편의 마지막 삽화는 173절에서 기도자가 하나님의 손이 자신의 도움이 되어주시기를 간구하는 장면을 형상화했다. 그림 속에서 기도자가 딛고 선 땅은 매우 척박하다. 이는 이 시편 전반에 그림자가 드리운 고난의 상황을 떠올리게 한다. 그 가운데서 기도자는 오로지 하나님의 돕는 손길에만 시선을 둔다. 시편 전반에서 배울 수 있는 신앙의 본질은 이처럼 유한한 세상의 가치를 초월하여 무한한 하나님의 가치 세계를 경험하려는 노력이다.

3) 기도와 관상(*oratio et contemplatio*)

주님, 당신의 말씀대로 기도합니다. 말씀대로 당신이 제 기도를 들으실 것을 믿습니다. 당신이 이렇게 척박한 제 삶을 이어갈 힘과 도움이 되실 것도 믿습니다. 그래서 하루하루 매 순간 당신의 말씀에 제 시선을 고정하겠습니다.

속마음 들여다보기(시편 120편)

1. 본문 읽기(*lectio*)

[순례'의 노래.]

믿음 되새김질

1 제게 고난이 닥쳐왔을 때, 야훼를 향해 제가 부르짖었고,
  그분은 제게 응답하셨습니다.

속마음 들여다보기 — 생채기

2 야훼여, 제 목숨을 건져내 주십시오!
  속이는 입술에서, 사기 치는 혀에서.

속마음 들여다보기 — 가시

3 그대에게 무엇이 돌아오며, 그대에게 무엇이 더해지겠소?
  사기 치는 혀여!
4 용사의 날카로운 화살과 더불어
  시뻘건 로뎀 나무 숯덩이일밖에.

나그네살이 인생

5 아, 슬픕니다, 제 나그네살이가 길어져서,'
  케다르의 천막에까지 머무르게 되었습니다.

'샬롬'을 향한 순례

6 오래도록 제 영혼이
 평화를 미워하는 이들과 더불어 머물러왔습니다.

7 저는 평화를 바라고, 또 그렇게 말하지만
 그들은 전쟁을 준비합니다.

번역 해설

표제 ㄱ. 여기서 쓰인 "마알로트"(מַעֲלוֹת)는 여러 뜻으로 새길 수 있는 데다 그 구체적인 쓰임새를 시편 제목에서 밝히지 않았기 때문에 무엇을 가리키는지 분명히 말하기 어렵다. 이 명사는 우선 "올라가다"라는 뜻을 가진 동사 "알라"(עָלָה)에서 나온 "마알라"(מַעֲלָה)의 복수형이어서, 우선 물리적으로 올라가는 것을 뜻할 수 있다(참조. 스 7:9; 느 3:15; 12:37; 겔 40:6, 22, 26, 31, 34, 37 등). 한편 70인역은 표제 "쉬르 하마알로트"를 "계단들의 노래"(ᾠδὴ τῶν ἀναβαθμῶν, 오데 톤 아나바트몬)로 옮겼는데, 이 낱말을 예루살렘 성전이나 제단의 계단으로 이해한 듯하다. 여하튼 시편 120-134편의 작은 모음집을 묶어주는 제목인 "쉬르 하마알로트"를 어떻게 번역해야 할지는 여전히 논란거리다(참조. Hossfeld/Zenger, *Psalms*, 287-299; Kraus, *Psalmen 1-59*, 17-18). 하지만 시편 120-134편을 아우르는 "쉬르 하마알로트"가 예루살렘을 중심으로 한 성전 예배와 관련이 있다는 점은 틀림없어 보인다. 하지만 성전에서만 불렀던 노래가 아니라는 점도 분명하다. 그래서 우리는 성전을 향한 "순례길"에 부른 노래로 여긴다(비교. Seybold, *Wallfahrtspsalmen*; Crow, *Songs of Ascents*). 곧 여기에 들어 있는 시편에는 순례길을 가는 도중 부르기에 적합한 노래들이 많다는 것이다. 그리고 보면 순례 시편 모음집은 예루살렘만 겨냥하는 것이 아니라 그곳으로 향해 가는 여정의 모든 순간을 "순례"로 보는 듯하다. 그런 뜻에서 우리는 "쉬르 하마알로트"를 "순례의 노래"로 옮긴다.

5절ㄴ. 전통적으로 이 본문은 우리말 성경의 번역에서 보듯 "내가 메섹에서 나그네살이 했다"로 옮긴다(참조. 창 10:2; 겔 38:2; Dahood, *AB 17A*, 197). 한편 하반절에 등장하는 "케다르"(קֵדָר)는 창세기 25:13에서 이스마엘의 둘째 아들로 언급되는데, 그 이후 요단 동편 북부 아라비아 지역의 유목민들을 일컫는 데 쓰인다(참조. 사 42:11; 60:7; 겔 27:21 등). 이렇게 두 낱말이 지역을 일컫는다면 두 낱말의 조합은 이해하기 어렵다. 그래서 "메섹"을 창세기 25:14에서 이스마엘의 아들로 "케데르"와 함께 등장하는 "마사"(מַשָּׂא)로 고쳐서 읽을 것을 제안하기도 한다(참조. Kraus, *Psalmen 60-150*, 1009). 하지만 우리는 70인역의 번역에 주의를 기울인다(ἡ παροικία μου ἐμακρύνθη). 먼저 번역자는 마소라 본문에서 동사로 읽은 "גַּרְתִּי"(가르티)를 아마도 변형된 1인칭 단수 접미어(תִ- ?)가 붙은 분사의 형태로 읽은 듯하다. 하지만 히브리어 자음 "משך"을 명사가 아닌 동사로 읽었다는 사실은 분명하다. 70인역에서 쓴 동사 "마크뤼노"(멀어지다)는 주로 히브리어 "라하크"(רחק)의 대응어로 쓰인다. 하지만 히브리어 동사 "משך"가 "길게 끌다"라는 뜻이 있다는 점을 보면(참조. Ges, 468), 70인역의 번역은 충분히 수긍할 수 있다. 더욱이 이 본문을 헬레니즘 시대에 유대인들도 지명으로 보지 않았음은 아퀼라나 심마쿠스의 번역에서도 찾아볼 수 있다(참조. LXX.D-Er II, 1841).

2. 본문과 함께 그림 묵상(*meditatio et visio*)

믿음의 경험은 절대로 한 번에 완성될 수 없다. 사람들은 아무리 대단한 경험을 하더라도 이내 그 감격을 잊어버리고 거듭 실망하고 좌절하기 십상이기 때문이다. 매번 스스로 실망하고 좌절해서야 어떻게 살아갈 수 있겠는가? 옛 이스라엘 사람들이 신앙의 경험을 되새기기 위해 매년 예루살렘을 향한 순례를 이어갔듯, 믿음의 경험이란 거듭되어야 단단해진다.

과연 우리는 "거짓된 입술"과 "속이는 혀"에서 자유로운가? 우리 마음에 뚜껑이 있어 열어본다면 정말 볼 만하지 않겠는가? 그런데도 우리는 정작 우리 안에 무엇이 있는지 들여다보는 데 서투르다. 우리는 마음속에 온갖 생채기를 가득 채우고서도 그것을 비우기보다는 다른 사람들에게 내뱉는 데 더 익숙하다. 우리의 순례는 우리 안에 무엇이 도사리고 있는지를 들여다보는 데서 시작할 필요가 있다. 야훼의 임재를 향한 순례를 떠나기 전에 순례자는 스스로 매우 솔직하게 깊이 자신을 들여다본다. 우리는 거룩한 존재 앞에서 나 자신에게 얼마나 솔직한가? 이 시편은 말을 내뱉기에 익숙한 우리에게 가장 먼저 해야 할 일을 가르쳐준다.

깨어진 관계라면 오늘을 살아가는 우리 역시 예외일 수 없다. 그러니 우리도 순례자를 뒤따라 평화를 향한 순례의 여정을 시작해야 할 충분한 이유가 있다.

그림 271 Cod. Bibl. Fol. 23, 143 recto

그림에서 왼쪽에 있는 인물이 아마도 순례자인 듯하다. 그림은 사실 3절과 4절을 형상화했다. 이 그림은 순례자의 기도를 하늘을 바라보는 눈길과 세 손가락을 하늘을 향해 펴는 것으로 표현했다. 1절 마지막에서 "그분은 제게 응답하셨습니다"라는 구절은 하늘에서 펴진 채 내려온 손바닥으로 그려졌다. 2절부터 이어지는 고난의 상황은 순례자가 발 딛고 서 있는 거친 바닥과 암울한 보라색의 배경으로 짐작할 수 있다. 순례자가 들고 있는 화살과 오른편에 있는 사람들 가운데 하나가 들고 있는 숯 더미는 분명히 4절을 그린 것이다. 이들이 화살과 숯 더미를 들고 있는 것은 삽화가 역시 이들의 고난이 가시적인 것이 아니라 내면에 있는 문제들을 하나님께 내놓은 것으로 읽었음을 짐작하게 한다. 삽화가는 본문의 상징을 그대로 형상화한 것이다. 그러고 보면 순례자 맞은편에 서 있는 사람들도 순례자와 함께 순례를 나선 동행이 아닐까? 오른편에 있는 사람들의 간절한 눈빛에서 "속이는 입술"과 "사기 치는 혀"에 시달린 순례자(들)의 "평화"를 향한 바람을 읽어낼 수 있다.

3. 기도와 관상(*oratio et contemplatio*)

주님, 저는 평화를 바라는 사람입니다. 정말 그렇습니다. 그런데 왜 제 삶에는 이토록 평화가 찾아오기 어렵습니까? 왜 저를 공격하는 사람들이 이렇게 많습니까? 그 답을 구하며 오늘도 다시 저는 당신의 임재를 바라고 당신 앞에 나아갑니다.

뜻하지 않은 소중한 만남(시편 121편)

1. 본문 읽기(*lectio*)

[순례를 위한 노래.⁷]

순례자—산을 바라보며

1   산들을 향해 제 눈을 듭니다.

     어디서 제 도움이 올까요?

2   제 도움은 야훼, 하늘과 땅을 지으신 분에게서 오겠지요.

동행자—뜻하지 않은 소중한 만남

3   그분이 그대의 발걸음이 비틀거리게 내버려두시지 않고,

     그대를 지키시는 분은 졸지도 않으시기를 바랍니다!

순례자—그분의 동행

4   참으로, 졸지도 않으시고 주무시지도 않습니다,

     이스라엘을 지키시는 분께서는 말이지요.

동행자—야훼가 그대를 지키십니다

5   야훼는 그대를 지키시는 분,

     야훼는 그대의 그늘이 되시는 분,

     그대의 오른쪽에 계십니다.

6   낮이면 해가 그대를 해치지 못하고,

밤이면 달도 그리 못할 것입니다.

7 야훼는 그대를 온갖 불행에서 지켜주실 것입니다.
   그분은 그대의 목숨을 지켜주실 것입니다.

8 야훼는 그대가 들어가고 나가는 것을 지켜주실 것입니다.
   지금부터 영원까지.

번역 해설

표제ㄱ. 표제의 차이에 대해서는 2권 본문 해설을 보라.

2. 본문과 함께 그림 묵상(*meditatio et visio*)

우리는 이 시편에서 순례자가 순례의 길을 함께 걸어가는 누군가에게서 이 중요한 깨달음을 얻었다는 사실을 눈여겨볼 필요가 있다. 이 목소리의 주인공이 3절에서 쓴 말투는 민수기 6:24-26에 나오는 아론의 축복 구절과 닮아 있다. 그래서 제사장이나 종교 지도자가 아닐까 생각해볼 수도 있다. 그런데도 이 목소리는 순례자에게 무엇을 가르치려 들지도 않고, 강요하지도 않는다. 다만 기원문의 형식으로 격려하고 다독여주고 있을 뿐이다. 여기서 우리는 120편에서 순례자가 원하던 "평화"가 사람들 사이의 관계에서 무엇을 뜻하는지를 새겨볼 수 있다. 우리는 얼마나 자주 다른 이들에게 자기 생각을 강요하고 있는지를 돌이켜봐야 한다. 순례의 길, 즉 삶의 여정에서 하나님과 만나는 것뿐만 아니라 사람들과 만나면서 올바른 관계를 찾아가는 것도 중요하지 않을까?

우리는 물론 이 시편에서 주고받는 말들이 전해주는 내용에도 집중해야 한다. 하지만 순례를 나선 이가 도중에 이런 따뜻한 격려와 축복을 해주는 사람을 만났다는 사실도 우리에게 매우 큰 의미를 전해준다. 120편에서 순례자는 사람들에게 받은 생채기와 사람들을 향해 돋아 있는 가시를 자기 안에서 발견했다. 그런데 121편에서는 생채기를 감싸주고 가시를 어루만져주는 귀한 사람을 만났다. 사람에게 받은 상처는 사람을 통해 치유받아야 한다. 나 자신이 그런 사람을 만나는 것은 굉장한 복이다. 그러나 더 큰 복은 나 자신이 그런 사람이 되는 것이다.

그림 272 Cod. Bibl. Fol. 23, 143 verso

이 시편이 순례 여정을 시작하며 부른 노래라는 점은 삽화에서도 분명히 드러난다. 순례자가 산을 향해, 그 너머 하늘을 바라보며 창조주 하나님의 도우심을 바라는데(1-2절), 그림에서 오른쪽에 있는 순례자의 눈길과 손짓에서 그 마음을 읽을 수 있다. 순례자를 향한 도움이 내려올 하늘을 가운데 두고 오른쪽에는 해, 왼쪽에는 달이 그려져 있는데, 이는 순례자를 위협하는 세력으로, 6절을 형상화한 것이다. 흥미롭게도 이 그림의 왼쪽에는 성모 마리아를 그려놓았다. 아마도 삽화가는 이 시편에서 들리는 동행자의 목소리를 가톨릭교회의 전통에 따라 마리아로 이해한 듯하다.

3. 기도와 관상(*oratio et contemplatio*)

주님, 오늘 제 가장 가까운 사람을 다시 돌아봅니다. 그 사람이 제게, 아니 그 전에 제가 그 사람에게 얼마나 축복을 전해주는 소중한 사람이었는지를 생각해봅니다. 제게 공격자만 있지 않고 서로 축복해주는 사람이 있음을 깨닫게 해주시니 감사합니다.

내가 가는 그곳, 기억과 기대(시편 122편)

1. 본문 읽기(*lectio*)

[순례의 노래. 다윗.]

기대와 기억

1   제게 "우리는 야훼의 집에 갈 겁니다"라고들 말할 때,
      저는 기뻤습니다.

2   예루살렘이여, 우리 발이 그대의 성문 안에 서 있습니다.

성전을 떠받치는 예루살렘

3   예루살렘은 성읍으로 세워져서
      제각각 한데 어우러져 있습니다.

4   그리로 지파들이 올라갑니다.
      야훼의 지파들,
      이스라엘의 회중이,
      야훼의 이름을 찬양하기 위해.

5   정말로 거기에 재판할 왕좌가 펴져 있습니다.
      다윗의 집안을 위한 왕좌가.

예루살렘—평화의 성읍

6   여러분은 예루살렘에 평화가 깃들기를 바라십시오!
      "그대를 사랑하는 이는 평안하기를 바랍니다.

7   그대의 성곽에 평화가,

    그대의 왕궁에 평안이 깃들기를 바랍니다!"

순례의 인사

8   내 형제들과 내 이웃들을 위해 제가 말하렵니다.

    "그대에게 평화가 깃들기를!"

9   야훼, 우리 하나님의 집을 위해 제가 간청하렵니다.

    "그대에게 좋은 일이 있기를!"

번역 해설

1절ㄱ. 우리말 성경 역본들을 보면 "여호와의 집에 올라가자"(개역개정)/"주님의 집으로 올라가자"(새번역)/"주님의 집으로 가세"(가톨릭)로 옮겨서 동사를 화자의 의지를 담은 청유형(cohortative)으로 새겼다. 이렇게 새기려면 엄격히 말해서 마소라 본문의 단순 미완료형(imperfect)인 "넬레크"(נֵלֵךְ)가 아니라 "넬르카"(נֵלְכָה)여야 한다. 그래서 70인역도 히브리어 청유형의 번역으로 합당한(참조. *BDR* §364) 접속법(Konjunktiv; subjunctive; πορευώμεθα)이 아니라 직설법 미래형(πορευσόμεθα)을 쓰고 있다. 물론 히브리어 단순 미완료형만으로도 문맥에 따라 청유형으로 새길 수 있지만, 굳이 무리해서 청유형으로 옮길 필요는 없다. 단순 미완료형을 그대로 반영한 역본으로는 독일어 공동번역(Einheitsübersetzung)의 "Zum Haus des Herrn wollen wir pilgern", 엘버펠트 성경(Elberfelder Bibel)과 취리히 성경(Züricher Bibel)의 "Wir gehen zum Haus des HERRN" 등을 들 수 있다.

4절ㄴ. 여기서 히브리어 본문의 읽기 전통은 "이스라엘을 위한 법령"(עֵדוּת לְיִשְׂרָאֵל, 에두트 르이스라엘)으로 전한다. 이러면 한 절을 반으로 구분하는 기호인 "아트나흐"(ֽ)가 이 낱말 아래 있는 것이 이해되지 않는다.

그래서 히브리어 성경(*BHS*)을 편집한 바르트케(H. Bardtke)는 뒤이은 낱말인 "찬양하기 위해"로 "아트나흐"를 옮기면 좋겠다고 제안한다. 이 제안에 따르면 가톨릭 성경이 번역한 것처럼 "[주님]의 이름을 찬송함이 이스라엘을 위한 법이로다"에 가깝다. 그런데 쿰란 성경(11Q5 3:10; עדת, 에다트)은 또 다른 제안을 한다. 곧 "법령"이 아니라 "회중"이라는 것이다. 70인역의 경우 쿰란 전통과 같은 자음을 다른 뜻으로 새겨서 "증거"(마르튀리온; μαρτύριον)라고 옮겼다. 어쨌거나 이렇게 보면 시구(詩句)가 교차대칭형(chiasmus)으로 짜여 있음을 알 수 있다(그리로 지파들이 올라간다[ㄱ]/야훼의 지파들[ㄴ]/이스라엘의 회중이[ㄴ´]/야훼의 이름을 찬양하기 위해[ㄱ´]). 마소라 본문은 원래의 읽기 전통과 자음이 하나 더 추가된 형태의 나중 본문이 충돌하고 있는 꼴이 되었다.

2. 본문과 함께 그림 묵상(*meditatio et visio*)

기억은 우리에게 정말 소중하다. 특히 신앙의 경험에 대한 기억, 하나님의 임재를 경험한 기억은 삶의 무게를 이겨내는 놀라운 힘을 발휘하기도 한다. 그런 뜻에서 구약성경은 더러 하나님의 이름을 일컬을 때도 "기억하다"라는 뜻의 동사 "자카르"(זכר)에서 비롯한 "제케르"(זֵכֶר; 참조. 출 3:15; 사 26:8; 호 12:6; 시 102:13[12]; 135:13)라고 하는 것 아니겠는가?

순례의 여정에 있는 순례자는 예전에 예루살렘에서 다른 순례자들과 나누었던 이 인사말을 기억하며 자신의 삶을 짓누르는 모든 생채기와 가시를 이겨낼 평화의 힘을 느끼지 않았을까? 그리고 온 땅과 모든 계층에 하나님의 평화가 깃들기를 간절히 바라면서 순례 여정을 이어가지 않았을까?

신앙인이 일상의 삶에서 이어가며 맛볼 순례의 길은 벅찬 신앙의 경험에 대한 기억과 또다시 거듭 경험할 하나님의 임재에 대한 기대가 서로 맞닿는 데서 펼쳐질 것이다. 이는 유한한 현재의 상황과 가치에 함몰되어서는 절대로 보이지 않는 길이다. 이렇게 뚜렷한 목표와 목적지를 향해 더불어 갈 때 제 의미를 맛볼 수 있지 않겠는가?

그림 273 Cod. Bibl. Fol. 23, 144 recto

3-5절을 그린 것으로 보이는 삽화에서는 표제를 반영하듯 후광을 두른 노년의 다윗과 예루살렘 성벽과 성전을 형상화한 성당 건물을 그려놓았다. 우리는 삽화가의 시선에서 그림을 볼 필요가 있다. 다시 말해서 이 그림에는 순례자가 없다. 그러므로 이 그림은 순례자의 시선에서 바라보고 있다고 여겨야 할 것이다. 이로써 성벽으로 대변되는 백성들과 다윗이 대표하는 권력층 모두가 "야훼의 이름을 찬양하기 위해" 존재함을 잘 보여주고 있다. 이런 대표성의 비유는 7절에서 "성곽"과 "왕궁"으로 다시금 표현된다. 그러니 이 시편은 권력층과 백성의 구분 없이 오로지 야훼 하나님의 이름만 찬양하며 "평화"를 누리는 모습을 그리고 있다고 말할 수 있다.

3. 기도와 관상(*oratio et contemplatio*)

주님, 오늘 다시금 제가 무엇을 바라보고 있는지 돌아봅니다. 저의 신앙은 얼마나 순수한지 돌아봅니다. 유한한 세상의 이익과 당신을 향한 신앙이 뒤섞여 있는 흉물은 아닌지 당신 앞에서 겸손히 들여다봅니다. 그것이 당신을 만나고 한없는 평화를 누리는 전제임을 깨닫습니다.

저희에게 은혜 베푸실 때까지(시편 123편)

1. 본문 읽기(*lectio*)

[순례의 노래.]

하늘을 향해

1   당신께 제 눈을 듭니다,

      하늘에 계시는 분이여!

간절한 마음으로

2   보소서! 제 주인의 손을 향하는 사내종들의 눈처럼,

      제 안주인의 손을 향하는 몸종의 눈처럼,

      그렇게 저희 눈이 저희 하나님 야훼를 향합니다.

      그분께서 저희에게 은혜 베푸실 때까지!

저희에게 은혜 베푸소서

3   저희에게 은혜 베풀어주십시오, 야훼여,

      저희에게 은혜 베풀어주십시오!

      이는 저희가 너무도 많은 업신여김으로 배불렀기 때문입니다.

4   너무도 많이 저희 영혼은

      걱정거리 없는 사람들의 비웃음으로 배불렀기 때문입니다.

      거만한 사람들의 업신여김으로 그리하였기 때문입니다.

2. 본문과 함께 그림 묵상(*meditatio et visio*)

시인은 하나님의 임재를 통한 평화를 찾기 위해 길을 나섰지만, 불현듯 다시 떠오른 생채기와 가시를 보고 질겁한 순례자들의 마음이 종이 제 주인을 보는 눈빛과 같은 심정이라고 고백한다. 이는 전적 의존성과 귀속성을 말해주는 것이다. 눈을 절망에 두지 않고 존재 전체를 야훼 하나님께 둔다는 것 자체에서 이미 희망의 씨앗이 보인다. 이 세상 사람들은 남들보다 좀 더 많은 권력을 쥐고 있다고, 좀 더 지식을 가지고 있다고, 돈을 더 많이 가지고 있다고 뻐긴다. 그러나 지금 순례 여정을 이어가는 이 순례자들의 눈은 다행히도 그런 사람들에게 가 있지 않다. 그들은 자신들 주변에서 비웃고 업신여기는 그런 기득권자들, 또는 자신의 마음속에 도사리고 있는 상대적 박탈감, 그 너머로 하늘에 계신 하나님을 바라보고 있다. 그들은 그분이 차별 없이 은혜를 베푸실 것임을 알고 있다.

그림 274 Cod. Bibl. Fol. 23, 144 verso

그림에서 순례 시편 모음집의 주인공으로 등장하는 인물은 뒤에 있는 젊은이로 볼 수 있겠다. 먼저 배경을 보면 120편에서 보았던 것과 같이 보라색 바탕에 거친 바닥 배경과 두 인물의 간절한 눈빛, 그리고 하늘을 향해 내뻗은 손은 3절에서 "저희에게 은혜 베풀어주십시오"라는 간구가 두 번 되풀이되는 것을 형상화했다. 그림에서 보듯 두 인물의 눈이 강조되어 있는데, 이는 1절에서 "당신께 제 눈을 듭니다, 하늘에 계신 분이여!"라는 표현을 강조한 것으로 보인다. 두 인물의 복장으로 보아 순례 여정 중에 있는 여행자임을 대번에 알아볼 수 있는데, 이는 삽화가가 순례 시편 모음집을 하나의 순례 여정으로 생각했음을 알 수 있게 해주는 대목이다.

3. 기도와 관상(*oratio et contemplatio*)

주님, 저는 당신의 은혜가 절실한 존재입니다. 저는 당신의 종입니다. 오로지 당신만 바라봅니다. 제게 누가 있겠습니까? 끝까지 당신을 향하는 제 시선을 딴 데로 돌리지 않겠습니다. 그만큼 제 삶은 힘겹고 고달픕니다. 제게 평화의 은혜를 베풀어주십시오!

하마터면(시편 124편)

1. 본문 읽기(*lectio*)

[순례의 노래. 다윗.]

야훼가 아니었더라면…, 하마터면!

1   만약 우리와 함께 계신 야훼가 아니었더라면,
     –이스라엘은 말해야 됩니다–

2   만약 우리와 함께 계신 야훼가 아니었더라면,
     사람들이 우리를 대항해 일어났을 때,

3   그때 그들이 우리를 산 채로 삼켜버렸을 것입니다,
     우리에게 그들의 분노가 들끓을 때.

한겨울 와디(wadi)에서

4   그때 물이 우리를 덮쳐버렸을 것입니다.
     마른 시내로 흘러가는 물"이 우리 목숨을 끊고 지나가버렸을 것입니다.

5   그때 우리 목구멍 위로 지나가버렸을 것입니다.
     물거품 이는 물이 말이지요.

산지에서 맹수의 사냥을 보며

6   송축 받으소서, 야훼여!
     그분께서는 우리를 그들의 이빨이 찢어발기도록 내어주시지 않으셨

습니다.

숲속에서 "날아가는 새를 바라보며"

7   우리 목숨은 새처럼 벗어났습니다.

사냥꾼의 덫에서 말이지요.

덫이 부서졌습니다.

그러니 우리는 벗어나게 되었습니다.

8   우리의 도움은 야훼의 이름에 있습니다.

하늘과 땅을 지으신 분!

번역 해설

4절ㄱ. 여기서 쓰인 히브리어 "나흘라"(נַחְלָה)는 쉽사리 이해할 수 있는 형태가 아니다. 지금 있는 형태를 그대로 보자면 강물과는 상관없는 "유산"이라는 뜻으로 새겨야 하기 때문이다. 우기에만 물이 흐르는 마른 시내 와디(wadi)를 뜻하는 낱말은 마지막 자음이 없는 "나할"(נַחַל)이다. 문맥상 "유산"이 아닌 것은 분명해 보인다. 그래서 일반적으로 마지막 자음은 성경 히브리어 후대에 아람어 영향을 받았거나(Seybold, *Wallfahrtspsalmen*, 40), 시적 운율을 위해 삽입되었다고(GK §90 f; JM §93 i) 본다. 어쨌거나 이것이 와디를 뜻하는 것만은 틀림없다. 여기서는 우리말 이해를 위해 문맥에 맞춰서 풀어 옮겼다.

2. 본문과 함께 그림 묵상(*meditatio et visio*)

누구든 미래를 분명히 내다보기란 정말 어렵다. 하나님의 현존(*deus praesens*)
은 지나온 길을 되돌아보는 데서 시작할 수 있다. 어쩌면 순례자들이 찾던
"평화" 역시 여기서부터 시작될지도 모른다. 본문에서 순례자들은 순례의
길에서 맞닥뜨렸던 이런저런 경험들을 가지고 121편에서 고백했던 야훼
의 도우심을 다시금 되새기며 어쩌면 순례 여정 자체의 중요성을 깨닫고
있다. 오늘 우리의 신앙 순례 역시 일상의 소소한 일 가운데서 경험한 야
훼 하나님의 역사하심을 세세하게 되새기고 고백하며 감사하는 데서 본격
화할 수 있을 것이다.

그림 275 Cod. Bibl. Fol. 23, 145 recto

삽화에서 왼쪽에 있는 순례자는 6절에 있는 "송축 받으소서, 야훼여!"라는 말을 하고 있
는 듯, 카타콤의 벽화에서 찾아볼 수 있는 전통적인 "오란테"(*orante*) 자세로 기도하고
있다(참조. 그라바, 『기독교 도상학의 이해』, 61; 임영방, 『중세 미술과 도상』, 45; 박성
은, 『기독교 미술사』, 19). 여기에는 4-5절에서 묘사하는 대로 황토색 짙은 메마른 바
닥과 오른쪽 앞에서 흙탕물 거품을 일으키며 몰아치는 거센 물결이 그려져 있다. 흥미
로운 것은 그 앞에서 새를 날려주고 있는 사람의 모습이다. 덫에 걸린 새는 혼자서는 절
대로 덫에서 빠져나올 수 없다. 따라서 본문은 누군가가 덫에 걸린 새를 구해주었음을

전제한다. 그렇게 "우리 목숨은 새처럼 벗어났다"(7절 일부)고 노래한다. 이는 오로지 야훼의 임재로 인해 과거를 딛고 선 순례자가 현재에 대한 감사를 극적으로 표현한 것인데, 삽화가는 바로 그 심상을 포착하여 그렸다.

3. 기도와 관상(*oratio et contemplatio*)

주님, 제 삶에 느닷없이 닥쳐오는 고난의 덫은 저의 힘으로는 도무지 어찌할 도리가 없습니다. 하지만 지금 당신 앞에서 기도하는 저는 그 덫에서 벗어났습니다. 어떻게 벗어났는지 모를 때가 많습니다. 저는 당신의 능력을 도저히 가늠할 수 없습니다. 그래서 지금 또 다른 덫에 걸려 있더라도 걱정하지 않겠습니다.

산속에서(시편 125편)

1. 본문 읽기(*lectio*)

[순례의 노래.]

산을 바라보며 깨달음

1   야훼께 의지하는 사람들은 흔들리지 않는 시온산 같아서

     언제까지나 머무를 것입니다.

2   예루살렘 둘레를 산들이 에워싸고 있는데,

     야훼도 그분의 백성을 에워싸십니다.

     지금부터 언제까지나.

현실과 바람

3   참으로 악인의 지휘봉이 의인들 몫의 땅에 있어서는 안 됩니다.

     그래야 의인들이 불의에 손을 내뻗지 않게 될 것입니다.

4   야훼여, 선한 이들과 마음이 올곧은 이들에게 선을 베풀어주십시오.

5   어그러진 데로 내닫는 이들은 야훼께서 죄짓는 이들과 함께 걷게 하

     실 것입니다.

     이스라엘에 평화가 깃들기를!

2. 본문과 함께 그림 묵상(*meditatio et visio*)

흔들리지 않는 신앙은 누구나 바라는 상태다. 그러나 현실은 그리 녹록지 않다. 아무리 올곧고 바르게 살려고 노력해도, 아무리 하나님의 말씀을 붙들고 살려고 해도 현실에서는 연거푸 실패를 겪는 일이 흔하다. 반면에 누가 보아도 하나님과는 아주 멀리 떨어진 삶을 살아가는 이들이 현실에서는 거듭 성공하는 일마저 어렵지 않게 본다. 이런 때 신앙인은 어떻게 이해하고 무엇을 새기며 살아야 하는가?

본문은 산들의 모습에서 해답을 던져준다. 산들은 움직이지 않는다. 꽃이 만발할 때도, 푸른 잎이 우거질 때도, 단풍이 들고 나뭇잎이 다 떨어질 때도 그 모습을 그대로 지켜본다. 폭풍우와 눈보라가 몰아쳐도, 심지어 불이 나 나무들이 모두 타들어 가도 그 자리를 지킨다. 말 없이 그 모습을 바라보며 모든 것을 받아준다. 우리의 신앙은 바로 이런 모습이어야 한다. 그렇다면 비결은 무엇일까? 그것은 유한한 이 세상이 전부가 아니라는 믿음, 즉 세상의 모습이 어떠할지라도 창조주요 통치자이시며 심판주이신 하나님이 언제나 우리와 함께하시며 그분의 무한한 세계로 우리의 시선을 맞추길 기다리심을 깨닫는 것이 아닐까?

이 삽화는 한가운데 후광을 두른 성인(聖人) 두 명을 그렸는데, 이 둘은 "의인들"(3절)
과 "선한 이들과 마음이 올곧은 이들"(4절)을 뜻할 것이다. 더불어 양쪽에 막대기를 들
고 있는 두 사람은 3절을 그린 것이다. 이 시편의 삽화도 122편처럼 주인공이 등장하지
않으며 그의 눈으로 바라보는 현실을 반영하고 있다.

3. 기도와 관상(*oratio et contemplatio*)

주님, 당신의 품 안에서 흔들리지 않는 삶을 살고 싶습니다. 저 산처럼 한
결같은 삶을 살고 싶습니다. 저를 붙들어 흔들리지 않게 해주십시오.

회복을 꿈꾸며(시편 126편)

1. 본문 읽기(*lectio*)

[순례의 노래.]

해방의 꿈

1 야훼께서 시온의 사로잡힘*을 되돌리실 때,
   -우리는 꿈꾸는 듯합니다.-

2 그때 우리의 입술에는 웃음이, 우리 혀에는 환호성이 가득할 것입니다.
   그때 민족들 사이에서는 말할 것입니다.
   "야훼께서 이들과 더불어 위대한 일을 해내셨습니다.

3 야훼께서 우리와 더불어 위대한 일을 해내셨습니다.
   우리가 기뻐합니다."

4 야훼여, 우리의 사로잡힘*을 되돌려주십시오.
   네게브의 강처럼 말입니다.

농부들을 보며

5 눈물로 씨 뿌리는 이들은 환호성으로 거둘 것입니다.

6 언제나* 울며 씨앗을 들고 나가겠지만,
   언제나* 환호성으로 자기 곡식단을 들고 돌아올 것입니다.

1, 4절ㄱ. "사로잡힘을 되돌리다"(שׁוּב שְׁבוּת, 슈브 쉐부트; 개역개정, '포로를 돌려보내실')라는 표현에서 개역개정이 "포로"로 번역한 낱말의 마소라 자음 본문은 '쉐부트'(שְׁבוּת)와는 차이가 나는 자음 본문(שִׁיבַת, 쉬바트)이 쓰였다. 하지만 이런 낱말은 구약성경 히브리어에서 쓰인 적이 없다. 쿰란 시편 본문(4Q87 f26i:6)에서 '쉐부트'가 쓰인 점이나 70인역의 그리스어 번역에서 '쉐부트'의 번역어로 쓰이는 '텐 아이크말로시안'(τὴν αἰχμαλωσίαν)이 쓰인 점, 4절의 마소라 본문에서 다시 '쉐부트'를 찾을 수 있는 점 등으로 미루어볼 때, 마소라 본문의 자음은 필사 오류(scribal error)에서 비롯한 듯하다. 그래서 마소라 본문은 일반적인 표현으로 고쳐 읽어야 한다.

6절ㄴ. 히브리어 원문의 어순에 따라 6절을 직역하면 "언제나 그는 나갈 것입니다/그리고 그는 울며 들고 있습니다, 씨앗을// 언제나 그는 돌아올 것입니다, 환호성으로/ 그가 들고 있습니다, 자기 곡식 단을"정도가 될 것이다. 참고로 여기서 "언제나"라고 번역한 낱말이 이어지는 동사와 같은 어근으로 뜻을 강조하며 동시성이나 지속성을 나타내는 부정사 절대형(*infinitivum abstructum*)이 쓰였다(참조. GK §113 p, u; JM §123 i, m).

2. 본문과 함께 그림 묵상(*meditatio et visio*)

현실은 네게브 사막의 땅이 쩍쩍 갈라져 있는 듯 메마르다. 그리고 언제 비가 오려는지 알 수 없는 건기에 씨를 뿌려야 하는 농부의 마음처럼 초조하다. 그런데도 순례자는 우리에게 꿈을 전해준다. 네게브 같이 메마른 땅에 빗물이 넘쳐흐르는 현실, 그리고 농부가 제 몫의 곡식단을 들고 흥겹게 집으로 되돌아가는 현실을 말이다.

무엇이 평화인가? 구약성경이 가르쳐주는 평화(샬롬)는 모두가 제각각 제 몫을 누리는 현실이다(레 26:3-6). 아무도 다른 이의 것을 빼앗지 않는 온전한 현실이다. 그런 뜻에서 히브리어의 "전쟁"(מִלְחָמָה, 밀하마)의 어원에 "빵"(לֶחֶם, 레헴)이 있는 것과 그것이 평화의 반대 개념인 것이 이해된다(참조. 시 120:7).

일상의 순례 역시 이런 목적의식을 가져야 할 것이다. 순례자가 대자연의 이치를 보고 그 너머에 있는 하나님의 평화를 깨달으며 그것을 향해 순례를 이어가듯, 우리의 일상에서도 세심하게 하나님의 평화를 깨닫고 바라며 삶을 이어가야 할 것이다.

그림 277 Cod. Bibl. Fol. 23, 146 recto

이 시편은 전체적으로 현실과 바람의 대조를 상징적 표현을 통해 매우 분명히 보여준다. 먼저 무엇엔가 사로잡혀 있는 서글픈 현실과 해방의 바람을 4절에서 네게브의 마른 강바닥과 우기에 흐를 물에 대한 기대로 그림 그리듯 보여준다. 삽화에서는 이 장면이 오른쪽의 황토색 흙더미로 표현되었다. 그런가 하면 5-6절에서는 마른 땅에 파종하는 농부의 절박한 현실과, 하나님이 이루어주실 만족할 만한 추수에 대한 기대를 생생하게 표현한다. 이런 신뢰의 바람은 이 필사본 삽화에서 언제나 그렇듯 하나님을 형상화한 손가락으로 표현되었다. 그림은 순례자를 약속을 경험하며 하나님 앞에 곡식단을 들고 가는 사람으로 그렸다.

3. 기도와 관상(*oratio et contemplatio*)

주님, 타들어 가는 목마름으로 당신을 향합니다. 저는 현실에 사로잡혀 있습니다. 유한한 가치들이 저를 지배합니다. 저의 이 메마른 영혼을 당신의 무한한 말씀으로 적셔주십시오. 당신이 주시는 평화의 곡식단을 바라며, 오늘 소망과 믿음의 씨앗을 제 삶에 뿌립니다.

고향 생각(시편 127편)

1. 본문 읽기(*lectio*)

[순례의 노래. 솔로몬.]

헛됨과 잠에 대한 명상

1   만약 야훼가 집을 지어주지 않으시면,

     그것을 짓는 이는 부질없이 애쓰는 것입니다.

     만약 야훼가 성읍을 지켜주지 않으시면,

     파수꾼은 부질없이 깨어 있는 것입니다.

2   아침 일찍 일어나고 늦게 앉는 것이 여러분에게 부질없습니다.

     노동하여 빵을 먹는 것도 그렇습니다.

     그분이 그 사랑하는 이에게 잠"을 주시는 것이 그렇습니다.

자식 생각

3   보십시오. 자식들은 야훼가 주신 몫입니다.

     모태의 열매는 삯입니다.

4   용사의 손에 있는 화살 같습니다.

     젊은 시절의 자식들이 그렇습니다.

5   행복하여라, 그 사내!

     그의 화살통에는 그것들로 가득 차 있습니다.

     그러니 그는 성문에서 대적들과 다툴 때 부끄러워지지 않을 것입니다.

2절ㄱ. 여기서 쓰인 히브리어의 형태(שֵׁנָא, 쉐나)는 일반적이지 않다. 보통은 동사 "잠들다"(야산; יָשֵׁן)에 여성형 어미 '헤'(ה)가 붙은 "שֵׁנָה"이어야 한다. 그런데도 여성형 어미 대신에 자음 '알레프'(א)가 붙은 명사형은 구약성경에서 여기서만 쓰인다. 그 까닭을 두고 더러는 아람어의 영향을 받았다고 설명하기도 한다(Crow, *The Songs of Ascents*, 67; JM §7b; §89k). 하지만 우리는 1절과 2절 시형의 대조에도 주의를 기울인다. 1절과 2절 전반부에는 "부질없이"(샤브; שָׁוְא)라는 말이 세 번 되풀이된다. 이 낱말은 내용으로 봐도 야훼께서 주시는 "잠"(שֵׁנָא, 쉐나)과 대조를 이루는 개념이다. 매우 비슷한 형태의 두 낱말은 저자의 의도 여부와는 상관없이 읽는 이들의 눈길을 끄는 효과를 낸다.

2. 본문과 함께 그림 묵상(*meditatio et visio*)

120편부터 이어온 순례 시편 모음집에서 독자들은 피조세계를 통해 창조주이신 야훼 하나님의 임재를 느낄 수 있다. 그러면서 자신이 피조물에 지나지 않음을 깨달을 수 있다. 그런 경험을 바탕으로 삶을 되돌아보면 삶의 본질을 깨닫게 된다. 힘겹게 하루하루를 살아오면서 "일"만 중요하다고 여기지 않았는지, "일" 때문에 정말 소중한 것을 놓치고 살지는 않았는지 되돌아보게 된다. 집 짓는 일, 성읍을 지키는 일, 매일 해야 하는 농사일만 생각하다 보니 조급해지고 불안해지지는 않았는지 생각할 수 있다. 우리의 마음에서 평화를 빼앗아간 것이 그런 조급함과 불안은 아니었던가?

야훼가 함께하시는 평화로운 삶이란 결국 "일" 자체보다는 그 일의 본질을 깨닫는 것이다. 애써서 집을 짓고, 밤을 새워 성읍을 지키는 것은 그 일 자체가 목적이 아니다. 그것은 그 안에 사는 사람을 위한 일이다. 아침 일찍 나가서 저녁 늦게야 집으로 되돌아오며 노동하는 것도 결국 그 일을 통해 사람들에게 먹을 것을 주기 위함이다. 이 본질을 깨닫지 못하고 일 자체에 함몰되어 버린다면 얼마나 부질없는 인생이겠는가?

더불어 3-5절에서는 가족 관계의 본질을 찾아볼 수 있다. 부모가 자식들을 볼 때, 자식들이 부모를 대할 때, 그리고 서로를 대할 때, 누가 누구에게 소유권이나 독립권을 주장하기 십상이다. 하지만 올바른 사회생활이 "일"의 본질에 대한 올바른 생각에서 이루어지듯, 올바른 가족 관계도 그에 대한 올바른 생각에서 비롯한다. 그 올바른 생각이란 "몫"이요 "삯"이라는 말에 담겨 있는 기본적인 뜻으로서의 존중을 들 수 있겠다.

그림 278 Cod. Bibl. Fol. 23, 146 verso

1-2절은 건축과 노동을 소재로 일상의 본질을 이야기한다. 야훼가 함께하시지 않으면 건축이나 노동과 같은 일상의 모든 일이 부질없다고 말한다. 또한 비슷하게 생긴 낱말의 대조를 통해 오로지 야훼와 함께하는 이에게 야훼께서 잠을 주신다는 지혜 격언을 말한다. 위의 삽화에서 이 부분은 왼쪽에 하나님을 뜻하는 손가락과 함께 표현되어 있다. 3-5절에서는 자녀의 복에 대해 말하는데, 특히 자녀는 하나님께서 주시는 몫이요 삯이라는 표현을 통해 자녀들의 소유권은 하나님께 있다고 한다. 이로써 가족 관계의 본질도 하나님이 중심임을 강조하며, 화살의 비유를 통해 그것을 바탕으로 한 올바른 가족 관계를 묘사한다. 위의 삽화도 이 상징 언어를 직설적으로 표현하여 본문을 형상화했다.

3. 기도와 관상(*oratio et contemplatio*)

주님, 당신이 주시는 평화는 일상에서 아주 사소한 부분에서 출발하는 것
이었습니다. 그것을 몰랐습니다. 제 삶의 자리, 제 가족, 모든 일상 가운데
서 당신의 세심한 손길을 느끼게 해주십시오!

행복-복-평화(시편 128편)

1. 본문 읽기(*lectio*)

[순례의 노래.]

행복과 복

1   행복하여라, 야훼를 경외하는 모든 이들,
    그분의 길을 따라 걷는 이들!

2   당신 손이 수고한 것을 반드시 당신이 먹을 것입니다.
    그런 당신은 행복합니다.
    그리고 그것이 당신에게 좋은 일입니다.

3   당신의 집 안방에 있는 당신의 아내는
    열매 맺은 포도나무 같습니다.
    당신의 식탁 둘레에 있는 당신의 자식들은
    올리브나무 새싹 같습니다.

4   보십시오, 정말로 그렇게 야훼를 경외하는 사람은 복 받습니다.

복과 평화

5   야훼가 시온에서 당신에게 복 주실 것입니다.
    그러니 당신이 사는 날 내내 예루살렘의 좋은 일을 보십시오!

6   그러니 당신의 자식들의 자식들을 보십시오.
    이스라엘에 평화가 깃들기를!

2. 본문과 함께 그림 묵상(*meditatio et visio*)

사람들은 누구나 행복을 바란다. 그런데 과연 행복이 무엇인지 묻는다면 선뜻 대답하지 못하는 것도 사실이다. 더구나 제각각 주관적인 관점에서 행복을 정의하기도 한다. 이 시편 저자는 야훼를 경외하고 그분의 길을 따라 걷는 삶이 행복하다고 힘주어 말한다. 그런 삶의 길에는 제 몫을 누리는 행복, 제 몫을 다하는 구성원으로 이루어진 가정이 있다. 그런 삶은 하나님과 맺는 관계, 가족, 이웃, 세상과 맺는 관계가 올바른 복을 맛본다.

하나님의 임재를 경험하는 그런 복을 누리며 사는 사람은 공동체로 그 복을 퍼뜨릴 수 있으며, 대대로 그 복을 이어줄 수 있다. 평화란 그런 현실이며, 이 시편은 그런 현실을 바라는 간절함으로 끝맺는다. 행복은 복을, 복은 평화를 맛볼 수 있게 해주는 열쇠다. 본문을 묵상하며 그런 경험을 바라고 누린다면, 오늘 우리가 사는 세상도 하나님 나라로 한층 더 가까이 다가서게 될 것이다.

그림 279 Cod. Bibl. Fol. 23, 146 verso

이 시편은 1절 첫머리에서 127:5이 언급한 "행복"을 이어받아 시작한다. 이 구절은 삽화 맨 왼쪽의 인물로 형상화되었는데, 십자가를 들고 있는 모습으로 보아 야훼 경외와 말씀 실천을 통해 행복한 이의 모습을 표현했다. 그다음으로 3절은 삽화에서 매우 직설적으로 표현되었다. 식탁에 둘러앉은 가족들을 그렸는데, 아내가 포도나무 같다는 것을 그녀가 포도나무 가지를 들고 있는 모습으로 표현했고, 자녀들이 올리브나무 햇순과 같다는 것은 아이들이 올리브나무 가지를 들고 있는 모습으로 그렸다. 5절의 "야훼가 시온에서 당신에게 복 주실 것입니다"라는 표현은 오른쪽 위의 하늘에서 내려오는 손가락으로 형상화했다. 더불어 오른쪽 아래의 장면 역시 6절을 있는 그대로 그렸는데, "그러니 당신의 자식들의 자식들을 보십시오"라는 표현을 벌거벗은 어린아이들이 물놀이하며 평화롭게 놀고 있는 모습으로 그렸다. 흥미로운 것은 이 삽화에도 주인공이 등장하지 않는다는 점이다. 아마도 이 시편의 마지막 구절 "이스라엘에 평화가 깃들기를"을 통해 삽화가는 순례자의 바람을 그의 시선에서 본 그림으로 표현한 것이 아닐까?

3. 기도와 관상(*oratio et contemplatio*)

주님, 당신의 말씀에 행복이 있음을 압니다. 그것을 통해 복을 누리게 해주십시오! 제 삶의 모든 순간과 공간이 그 안에서 평화를 되찾게 해주십시오!

지붕에 난 풀(시편 129편)

1. 본문 읽기(*lectio*)

[순례의 노래.]

그들의 괴롭힘

1   너무도 많이 그들은 제 젊은 시절부터 저를 괴롭혔습니다.
     -이스라엘은 말해야 합니다-

2   너무도 많이 그들은 제 젊은 시절부터 저를 괴롭혔습니다.
     그런데도 그들은 저를 이길 수 없었습니다.

등 위에 밭 갈기

3   제 등 위에서 밭 가는 이들이 밭 갈아서
     자기네 밭고랑을 길게 냈습니다만,

4   정의로우신 야훼, 그분은 악인들의 밧줄을 끊어버리셨습니다.

지붕에 난 풀

5   수치를 당하여 뒤로 물러나게 될 겁니다,
     시온을 미워하는 모든 이들은 말이지요.

6   그들은 지붕에 난 풀 같습니다.
     뽑기도 전에 말라버려서,

7   그것을 베는 이의 손에도,
     거두는 이의 품에도 차지 않습니다.

8 그리고 지나가는 이들이

"야훼의 복이 당신들에게 깃들기를!"이라고 말하지도 않습니다만,

우리는 당신들을 야훼의 이름으로 축복합니다.

2. 본문과 함께 그림 묵상(*meditatio et visio*)

이 시편에서 기도자는 자신이 느끼기에 사회에 발을 내딛는 그 순간부터 고난의 연속이었다고 고백한다. 그런데도 기도자는 지금 하나님을 향한 순례의 여정 가운데 있다. 그는 그들이 지금까지 자신을 괴롭혔지만, 결국 자신을 이길 수 없었다고 말한다.

본문에서 기도자는 어떻게 이런 확신에 이를 수 있었을까? 사실 이런 확신은 어느 한순간에 오는 것은 아니다. 이는 여러 차례 하나님의 임재를 향한 순례 여정에 걸쳐 매 순간 민감한 눈으로 그분의 임재를 확인한 결과에서 오는 확신이다. 그래서 지금 다시 하는 순례 여정이 중요하다. 우리는 자신의 인생을 순례 여정으로 삼아 매 순간 야훼의 임재를 경험하려고 노력해야 한다. 그 임재의 경험이란 앞선 시편이 노래했듯 "평화"(샬롬)의 경험이다. 야훼는 모든 것을 제자리에 돌려놓는 분이며, 그런 야훼를 눈으로, 몸으로, 마음으로 경험하는 것이 곧 평화의 경험이다. 더욱이 그 제자리는 사람들이 원하는 자리가 아니라 야훼가 원하시는 자리다. 악인들을 저주하고 그들의 멸망을 기도하는 것이 아니라, 악인들의 제자리를 야훼가 되돌려주실 것이라는 믿음으로 그분께 내맡기는 것이 순례자가 경험해야 할 샬롬이다. 그리고 그런 샬롬의 경험이 악인들의 신세는 지붕 위에 난 풀이라고 확신할 수 있는 비결이다.

그림 280 Cod. Bibl. Fol. 23, 147 recto

본문 전통의 관점에서 이 삽화는 흥미롭다. 위의 그림 왼쪽 부분에서 의로운 삶의 표시
로 후광을 두르고 있는 순례자의 등 위에 악인의 표시로 칼을 든 두 사람이 벽돌을 쌓
고 있다. 이 그림은 3절을 형상화한 것인데, 이는 밭을 간다는 히브리어 본문과 다르다.
70인역에 영향을 받은 이 필사본 라틴어 본문은 다음과 같다. "*Supra dorsum meum
fabricabantur peccatores. prolongaverunt iniquitatem suam*"(내 등 위에 악인들
이 [집을] 짓습니다. 그들이 그들의 불법을 늘여갑니다). 이렇듯 필사본의 삽화는 마
소라 본문과는 다른 본문을 전제한다. 그런데 4절을 표현한 삽화 오른쪽의 장면도 마
소라 본문과는 다른 그림을 보여준다. 마소라 본문은 "정의로우신 야훼, 그분은 악인들
의 밧줄을 끊어버리셨습니다"인데 반해, 위의 그림은 하나님의 손에 쥐어진 칼이 악인
들의 "목"을 자르는 것으로 그렸다. 이 차이 역시 본문의 차이에서 비롯했고, 그 기원은
70인역이다. 70인역이 "밧줄"(עבות)을 "목"(αὐχένας)으로 번역했는데, 어쩌면 이 번역
은 "목, 목덜미"를 뜻하는 "עֹרֶף"(오레프)를 전제할 수도 있다(참조. 수 7:8, 12; 대하
29:6; 렘 19:15). 이 삽화의 본문도 70인역과 마찬가지로 "*cervices*"(목)로 옮겼다.
그래서 위와 같은 그림이 나왔다.

3. 기도와 관상(*oratio et contemplatio*)

주님, 살아오는 내내 저는 참 힘겨웠습니다. 사람들과 맺는 관계에서 저는
무던히도 상처를 받았습니다. 그러나 그것은 끝이 있습니다. 제게 상처를
준 사람들은 영원히 살지 않습니다. 상처를 받고 있는 저 역시 영원히 살
지 않습니다. 오로지 당신만이 영원하십니다.

당신께 용서함이 있기에 (시편 130편)

1. 본문 읽기 (*lectio*)

[순례의 노래.]

깊은 데서

1 깊은 데서 제가 당신께 소리쳤습니다, 야훼여!

2 주님, 제 목소리를 들어주십시오!
당신의 귀가 제 간청에 기울기를 바랍니다!

다시 한번 속 들여다보기

3 만약 당신께서 죄를 지켜보신다면, 야훼"여!
주님, 누가 일어설 수나 있겠습니까?

4 하지만 당신께 용서함이 있기에,
당신께서는 경외함을 받으십니다.

기대와 바람

5 제가 야훼를 기다립니다. 제 영혼이 기대합니다.
그리고 제가 그분의 말씀을 바랍니다.

6 제 영혼이 주님을 바람은 파수꾼들이 아침을 바람보다 더합니다.
파수꾼들이 아침을 바람보다!

속량(贖良)함

7　이스라엘은 야훼를 바라기 바랍니다!

　　이는 야훼께 인자함이 있고,

　　그분께 속량(贖良)함이 풍부하기 때문입니다.

8　그러니 그분께서 이스라엘을 그 모든 죄에서부터 속량하실 것입니다.

번역 해설

3절ㄱ. 여기서는 신성4문자 야훼(יהוה)의 줄임꼴인 "야"(יָהּ, 야흐)가 쓰였다. 이 형태는 구약성경에서 46번 나오는데, 출애굽기에 두 번(15:2; 17:16), 이사야서에 두 번(12:2; 38:11), 그리고 나머지는 모두 시편에서 나온다(68:19; 77:12; 89:9; 94:7, 12; 102:19; 104:35; 105:45; 106:48; 111:1; 112:1; 113:1, 9; 115:17f; 116:19; 117:2; 118:5, 14, 17ff; 122:4; 130:3; 135:1, 3f, 21; 146:1, 10; 147:1, 20; 148:1, 14; 149:1, 9; 150:1, 6).

2. 본문과 함께 그림 묵상(*meditatio et visio*)

130편에서 기도자는 자기 마음속 깊숙이 자리 잡은 죄의 문제를 두고 신학적으로 깊이 통찰했다. 한 낱말 한 낱말을 허투루 쓰지 않고, 말씀의 전통에 깊이 들어서서 곱씹어 하나님의 용서하심을 깨달았다. 그래서 5절에서 야훼의 임재를 말씀과 동일시하는 것 아니겠는가?

　　결국 기도자가 처음에 기도의 목소리를 높였던 "깊은 데"는 자신을 옭아매고 있던 죄였다. 즉 자신은 잘못이 없고 바깥의 적대 세력에게 공격받고 있다고 여기는 자만이었다. 거기서 스스로 벗어나는 것은 불가능하다. 그러나 야훼는 그분과 올바른 "헤세드"의 관계를 되찾은 이를 그 깊은 죄의식에서 건져주신다. 야훼와의 올바른 관계는 "헤세드"를 베푸시는 야훼 앞에 경외의 "헤세드"로 스스로 겸허하게 서서 제대로 보는 것이다. 곧 문제의 원인을 성급하게 바깥으로 돌리기 전에 먼저 자신을 돌아보고, 자신도 잘못될 수 있다는 사실을 인정하는 것이다.

그림 281 Cod. Bibl. Fol. 23, 147 verso

삽화는 얼핏 보기에 시편과 상관없이 다소 당혹스러운 장면을 보여주는 듯하다. 배경은 바다로 보이고, 거대한 괴물이 사람을 삼키거나 토해내는 장면이다. 그리고 가운데 윗부분에는 사탄으로 보이는 존재가 붉은 고리를 들고 날아간다. 아마도 사람을 떠나는 것 같다. 그리고 보면 바다 괴물이 사람을 토해내고 있다고 보는 것이 옳겠다. 이 장면은 요나서 2장을 형상화한 것이 분명하다. 그리고 사탄이 들고 있는 고리는 죽음을 상징할 것이다. 삽화가는 이 시편의 첫 구절 *De profundis clamavi ad te Domini*(깊은 데서 내가 주님께 부르짖었습니다)에서 요나서 2:3[2]후반절의 "제가 스올의 뱃속에서 부르짖었더니 당신께서 제 목소리를 들으셨습니다"라는 구절을 떠올린 듯하다. 그리고 죄 용서를 간절히 구하는 이 시편의 삽화로 요나서의 한 장면을 그렸을 것이다. 순례 시편을 순례 여정으로 새겼을 때, 앞선 시편들에서 순례자는 순례 여정 가운데 자신의 모습과 환경을 여러 피조물 가운데서 사색하며 깨달았다. 그 절정이 이 시편의 죄 고백이라고 할 수 있다. 곧 다른 이들 때문에 힘겨워할 줄만 알았지, 자신의 잘못을 돌아보는 데 서툴렀던 자신의 모습을 깨달았다는 말이다. 따라서 이 그림은 거듭남의 상징으로 괴물의 뱃속에서 나오는 요나의 모습과, 그를 떠나는 죽음의 그림자를 형상화했다고 볼 수 있다.

3. 기도와 관상(*oratio et contemplatio*)

주님, 저는 저 자신을 상처받은 의인으로 여겼습니다. 그래서 제가 옳다고 우겨대기만 했습니다. 그러나 정작 제가 다른 이들에게 준 상처와, 제가 저지른 잘못된 행동들은 보지 못했습니다. 주님, 당신이 그런 저의 모습을 통해 저를 보신다면, 저는 도저히 당신 앞에 서지 못할 것입니다. 그러나 당신은 저의 모든 죄를 싹 다 지워 기억하지 않으신다고 하셨습니다. 그것이 은혜임을 깨닫습니다.

젖 뗀 아이(시편 131편)

1. 본문 읽기(*lectio*)

[순례의 노래. 다윗.]

1   야훼여, 제 마음이 오만하지 않으며,
     제 눈도 거만하지 않습니다.
     그리고 제가 감당하기에 큰 일들이나
     놀라운 일을 하려 들지 않을 것입니다.

2   오히려 제 영혼이 평안하고 고요하기를
     젖 뗀 아이가 제 어미 품에 있는 듯합니다.
     그 젖 뗀 아이 같습니다, 제게 제 영혼이.

3   이스라엘은 야훼를 바라기 바랍니다.
     지금부터 영원까지!

2. 본문과 함께 그림 묵상(*meditatio et visio*)

야훼의 임재를 통해 평화를 찾는 기도자의 여정이 여기까지 왔다. 이제 그 평화를 경험하는 길은 겸손히 야훼의 품에 안기는 것이라는 사실을 깨닫는다. 야훼는 어머니가 젖 뗀 아이에게 밥을 마련해주듯 순례자의 필요를 채워주실 것이다. 어머니가 젖 뗀 아이의 손을 잡고 길을 가며 걸음마를 가르쳐주듯, 하나님이 순례자의 삶을 이끌어주실 것이다. 자신이 여전히 야훼 앞에서 젖 뗀 아이라는 인식은 자신 역시 젖 뗀 아이처럼 잘못 판단하고 실수할 수 있는 존재임을 인정하는 것이다. 우리의 삶이 그렇게 팍팍하고 힘겨우며 불안했던 것이 자신을 잘못하면 안 되는 존재, 실수가 없어야 하는 존재로 인식했기 때문은 아닐까? 그런 교만을 비우고 나면 야훼가 주시는 평안과 고요함이 마음속에 넘쳐날 것이다. 이것이 두 시편에서 배우는 귀한 교훈이다.

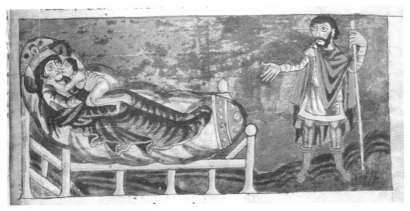

그림 282 Cod. Bibl. Fol. 23, 148 recto

순례자는 미숙한 자신의 모습을 2절에서 상징적 비유로 표현하는데, 위의 삽화 역시 그대로 젖 뗀 아이가 어머니 품에 있는 모습을 그린다. 젖 뗀 아이는 이제 기어다닐 수 있으며 말도 배우기 시작한다. 그래서 곧잘 어머니 품을 벗어나려고 한다. 그러나 아직 그는 어머니 품에 있어야 생명이 보장되는 존재일 뿐이다. 교만을 경계하는 순례자의 이런 깨달음을 삽화가는 가감 없이 담백하게 그려냈다.

3. 기도와 관상(*oratio et contemplatio*)

주님, 저는 제가 대단한 줄 알고 착각하며 살아왔습니다. 말을 할 줄 안다고, 제가 당신처럼 말하는 줄 알았습니다. 걸을 줄 안다고, 제가 당신처럼 걷는 줄 알았습니다. 뭘 좀 경험했다고, 제가 당신과 같은 줄 알았습니다. 그 착각을 깨닫게 하시고 품어주시는 당신 앞에 무릎 꿇습니다.

마침내 시온에서(시편 132편)

1. 본문 읽기(*lectio*)

[순례의 노래.]

다윗 전통

1 "야훼여, 다윗을, 그의 모든 겸허함을 기억하십시오!

2 그는 야훼께 맹세하였고,

   야곱의 전능하신 분께 서약하였습니다.

3 '저는 절대로 제 집 장막에 들어가지 않겠습니다.

   저는 절대로 제 잠자리의 침상에 올라가지 않겠습니다.

4 저는 절대로 제 눈이 잠들게 두지 않겠습니다.

   제 눈꺼풀이 졸게 두지도 않겠습니다.

5 제가 야훼를 위한 장소를 찾기까지,

   야곱의 전능하신 분을 위한 거처를 찾기까지 그리하겠습니다.'"

솔로몬 전통

6 "보십시오, 우리가 그것이 에프라타에 있다고 들었습니다.

   우리가 그것을 야아르 들판에서 찾았습니다.

7 그분의 거처로 갑시다!

   그분의 발등상에 엎드립시다!"

8 "일어나십시오, 야훼여, 당신의 쉴 곳을 향해!

   당신과 당신의 힘 있는 언약궤가 함께 그리하십시오.

9   당신의 제사장들은 정의를 둘러 입을 것입니다.

그리고 당신의 경건한 이들은 환호할 것입니다.

10 당신의 종 다윗 때문에라도

당신의 기름 부음 받은 이의 얼굴을 물리치지 마십시오!"

다윗 언약과 시온 전통

11 "야훼가 다윗에게 맹세하셨습니다.

정말입니다. 그분은 절대로 돌이키실 일이 없습니다.

'네 태의 열매에서 내가 네 왕좌를 잇겠다.

12 만약 네 자손이 내 언약을 지키고

나의 이 법령을 그들에게 가르치면,

그들의 자손들도 언제까지나 네 왕좌에 이어 앉을 것이다.'"

13 "분명히 야훼가 시온을 선택하시고,

자신을 위한 처소로 원하셨습니다.

14 '이곳은 내가 언제까지나 쉴 곳이다.

여기에 내가 머물겠다. 내가 그곳을 원하기 때문이다.

15 그곳의 양식에 내가 반드시 복 내리겠다.

그곳의 가난한 이들을 내가 빵으로 배불리겠다.

16 그리고 그곳의 제사장들에게 내가 구원으로 옷 입히겠다.

그러면 그곳의 경건한 이들이 분명히 환호할 것이다.

다윗 전통과 시온 전통의 접점

17 거기서 내가 다윗에게 뿔이 돋아나게 하겠다.

내가 내 기름 부음 받은 이를 위해 등불을 마련하겠다.

18 그의 원수들을 내가 수치로 옷 입히겠다.

그러면 그가 쓴 왕관이 빛날 것이다.'"

2. 본문과 함께 그림 묵상(*meditatio et visio*)

순례 시편의 절정을 어디에서 찾느냐는 여전히 논란거리다(참조. Crow, *The Songs of Ascents*, 129-158; Zenger, *Die Komposition*, 173-190; 김정우, 『시편주석 III』, 502-510). 우리는 시편 120-134편 전체를 순례 여정으로 본다. 순례자는 순례를 시작하면서부터 순례 여정의 매 순간 부닥치는 여러 환경과 사색 가운데서 순례의 목적을 되새기고 깨달았다. 결국 130편과 131편에서 자신의 잘못을 반성하고 교만을 경계하는 데까지 이르렀다. 순례자는 이제야 비로소 성소로 나아갈 수 있게 정결해졌다. 그런 뜻에서 시편 132편은 순례 시편의 절정이라고 할 수 있다. 이 시편은 예루살렘 성소를 마련했던 다윗의 간절함을 매개(1-10절)로 순례의 목적지, 곧 야훼의 임재를 통해 평화를 되찾을 수 있는 시온을 노래한다(10-18절). 이 목적지에서는 야훼의 임재를 체험할 수 있을 뿐만 아니라, 가난하고 소외되었던 사람들에게도 평화의 보살핌과 기쁨이 회복된다(15-16절). 그야말로 종교적·정치적·사회적 평화를 넘치게 경험하는 곳이다. 이런 뜻에서 시편 132편은 순례 시편 모음집의 절정이라고 할 만하다.

순례 시편 모음집의 이어 읽기 관점에서 볼 때, 이 시편은 마침내 순례자가 성전에 이르러 초막절과 성전 봉헌을 겸한 예식에 참여하는 순간을 떠올리게 한다. 야훼가 임재하시는 언약궤 앞에 엎드려 경배하는 감격스러운 이 순간은 여정과 뗄 수 없는 연속선상에 있다. 곧 이 목적점이 없었다면 순례는 방랑이 되어버렸을 것이며, 순례의 여정을 통한 깨달음이 없었다면 이 순간은 공허했을 것이다. 달리 말하자면, 일상의 영성과 예배의 영성은 절대로 분리될 수 없는 관계라는 말이다. 예배 없이는 일상이 거룩해질 수 없으며, 일상의 거룩 없이는 예배가 거룩하다고 말할 수 없다.

그림 283 Cod. Bibl. Fol. 23, 148 verso

삽화가 역시 이 시편을 절정으로 생각했는지 순례 시편 모음집에서는 이례적으로 두 장의 그림을 그렸다. 첫 번째 그림은 7절을 형상화했다. 본문을 직관적으로 재구성했는데, 성전에 엎드려 들어가는 이들이 인상 깊다. 하나님의 임재 앞에서 한없이 겸손해지는 순례자들의 깨달음을 엿볼 수 있다.

더불어 이 시편에서 야훼의 임재를 통한 평화를 만끽하려는 순례자에게 들려오는 공동체성의 중요성에 귀를 기울일 필요가 있다. 곧 야훼의 임재가 있는 그곳, 시온에서 사람들이 먹을 양식에 야훼의 복이 내린다는 말이다(15절). 야훼의 임재만으로도 순례자는 충분한 평화를 누릴 수 있다. 하지만 순례자에게 들리는 이 말씀은 선물이다. 자신의 문제로 떠나온 이 자리에서 가난 때문에 소외된 이들에게 관심과 애정을 두시는 야훼의 모습을 보았기 때문이다. 야훼의 관심은 이제 이것을 깨달은 순례자를 통해 이루어져야 할 것이다(출 23:6, 11; 신 15:7, 11). 우리는 자신의 주변을 돌아볼 겨를이 없다. 그런데 생각해보면 우리가 예언자들이 매섭게 비판하는 것처럼 가난한 이들을 학대하지는 않았다 하더라도(암 2:6; 4:1; 5:12; 8:4, 6),

그들에게 관심을 두지 않는 것 자체가 반성해야 할 큰 잘못임을 깨닫는다. 야훼의 임재를 통한 평화는 혼자 누리고 마는 것이 아니라 다른 이들을 향한 관심과 사랑으로 흘러가야 함을 다시금 깨달으며 그렇게 실천하려는 결심을 굳게 해야 할 것이다.

그림 284 Cod. Bibl. Fol. 23, 149 recto

이 그림은 17절의 모습을 보여준다. 히브리어 시문에서 "뿔"은 하나님이 인정하시는 권위를 나타내는 것이 보통이다(참조. 출 34:29, 34; 삼상 2:2:10 등). 삽화가는 권위를 뿔 대신에 같은 뜻을 가지고 있는 후광으로 표현했다. 그리고 흥미롭게도 이 그림에서 순례자는 다윗에게 등불을 가져다주는 역할을 한다. 이는 순례자에게 더할 나위 없는 영예가 될 것이다. 삽화가는 순례의 목적지까지 성찰과 깨달음의 여정을 무사히 마친 순례자에게 이런 영예로운 상을 주고 싶었던 듯하다.

3. 기도와 관상(*oratio et contemplatio*)

주님, 마침내 당신을 만나는 곳은 여전히 당신의 성전입니다. 저의 일상에서 아무리 깨달음을 많이 얻더라도 당신은 당신의 집에서 저를 기다리십니다. 그래서 저는 다시금 당신의 교회로 발걸음을 옮깁니다.

한데 어울려 사는 것(시편 133편)

1. 본문 읽기(*lectio*)

[순례의 노래. 다윗.]

1 보십시오, 얼마나 좋고, 얼마나 기쁜지요?

　　형제들이 한데 어울려 사는 것.

2 머리 위에 부은 좋은 기름 같습니다. 그것은 수염 위로 흘러내립니다.

　　아론의 수염.

　　그것은 그의 옷깃까지 흘러내립니다.

3 헤르몬의 이슬 같습니다. 그것은 시온의 산들 위로 흘러내립니다.

　　이는 거기서 야훼께서

　　복을 지시하셨기 때문입니다.

　　영원토록 이어갈 삶을 말입니다.

　　(이스라엘에 평화가 깃들기를 바랍니다.)ᄀ

번역 해설

3절ᄀ. 이 본문은 히브리어 본문이나 그리스어 역본에는 없다. 그 대신 쿰란 전통의 한 본문(11Q3 23:11)에서 이 본문을 찾아볼 수 있는데(עַל־יִשְׂרָאֵל שָׁלוֹם; 샬롬 알-이스라엘), 이 본문이 원래 있다가 없어졌는지, 쿰란 본문에서 덧붙었는지는 확실하지 않다. 하지만 문맥에서 볼 때 이 본문이 있는 것이 이어 읽기에 적절하여 괄호 안에 넣어 소개한다(2권 본문 해설 참조).

2. 본문과 함께 그림 묵상(*meditatio et visio*)

133편은 야훼의 임재를 경험하고 개인적인 평화를 회복한 사람이라면, 앞선 시편에서 야훼의 관심이 소외된 사람들과 억눌린 사람들에게 가 있듯, 다른 이들과 맺는 올바른 관계의 회복, 곧 공동체 차원에서 샬롬의 회복을 지향해야 함을 가르쳐준다. 그렇지 않을 경우, 결국 "평화"라는 것도 이기적인 차원의 반쪽짜리 자위요 자기만족에 지나지 않을 것이다. 달리 말하면, 여기서의 "평화"는 개인적 차원에서 확장하여 공동체 차원에서 경험하는 샬롬의 영속성이라 하겠다. 결국 "삶"이다. 샬롬을 통한 행복의 복은 하루하루 이어가는 삶이다. 뭐 그리 대단한 경험도 아니고, 뭐 그리 대단한 혁명도 아니다. 아침에 일어나서 가족들과 아침 식사를 하고, 사회생활을 하고, 저녁에 잠드는 순간까지 모든 일상의 삶이 곧 샬롬을 통한 행복의 복을 경험하는 귀중한 통로다.

그림 285 Cod. Bibl. Fol. 23, 149 verso

이 시편은 1절에서 먼저 순례 공동체의 아름다움을 노래한다. 2절에서는 아름다운 순례 공동체를 향한 하나님의 인증을 기름 부음으로 표현하는데, 이는 제사장 임직식을 떠올리게 할 정도로 엄숙한 그림이다(참조. 민 35:25). 3절에서는 아름다운 순례 공동체의 확산을 기름이 흘러 시온에서부터 북쪽 끝 헤르몬산까지 이어진다는 상징적 비유로 선명하게 보여준다. 삽화가는 나이 든 순례자의 모습을 그리고 싶었던 것일까? 시편을 직설적으로 재구성하여 백발의 순례자를 보여준다.

3. 기도와 관상(*oratio et contemplatio*)

주님, 당신이 주시는 평화는 확장되어야 함을 깨닫습니다. 당신을 만나고 당신 앞에서 저를 올바르게 만난 경험 안에서 누린 평화를 공동체와 다음 세대에 이르기까지 나누게 해주십시오!

이제 다시 삶 속으로(시편 134편)

1. 본문 읽기(*lectio*)

[순례의 노래.]

1   보십시오. 야훼를 송축하십시오, 야훼의 모든 종이여!
    한밤에 야훼의 집에 서 있는 이들이여!
2   성소로 그대들의 손을 들고,
    야훼를 송축하십시오!
3   야훼께서 시온에서 그대에게 복 주실 것입니다.
    하늘과 땅을 지으신 분께서 말입니다.

2. 본문과 함께 그림 묵상(*meditatio et visio*)

문득 앞선 시편 123편에서 힘에 겨워 주인을 바라보는 종 같은 간절함으
로 야훼를 향했던 순례자의 모습이 떠오른다. 하지만 순례 시편 모음집을
마무리하는 지금은 "야훼의 종"이라는 말이 야훼가 관심을 두시는 일을
대신 할 수 있는 특권으로 느껴진다. 순례자 자신이 경험한 샬롬을 주변으
로 흘러넘치게 하는 일이 이제 야훼의 종으로서 그가 해야 할 가장 중요한
임무다. 이제부터 순례자는 형제들, 이웃들과 한데 어울려 샬롬을 누리며
살아가야 할 것이다. 또한 소외되고 억눌린 이들이 샬롬을 누리도록 힘쓰
는 일이라면 무엇이든지 자신 있게 몸을 던질 것을 다짐하며 삶의 자리로

되돌아가 그곳에서 야훼의 임재를 경험해야 할 것이다.

그림 286 Cod. Bibl. Fol. 23, 149 verso

삽화가는 떠나는 순례자들을 향한 일종의 파송 예식으로 볼 수 있는 이 시편을 담담히
그려낸다. 가운데 가림막이 쳐진 곳은 "성소"를 나타낸다. 그 좌우로 순례자들과 레위
인들이 도열해 있다. 이 그림은 이제 순례자들이 문을 나와 되돌아갈 길을 기대하게 해준
다. 그리고 균형 잡힌 구도에서 순례자들이 그토록 찾던 "평화"의 안정감을 느낄 수 있다.

3. 기도와 관상(*oratio et contemplatio*)

주님, 저의 일상이 당신을 만나면서 경험한 무한한 평화로 다시 이어지게
해주십시오! 저는 아주 약한 사람이라서 또다시 당신을 찾아와야 하겠지
만, 저의 이런 일상이 당신이 주신 복의 통로임을 고백합니다.

야훼를 송축하십시오!(시편 135편)

1. 본문 읽기(*lectio*)

송영 1

1   할렐루야!

    야훼의 이름을 찬양하십시오!

    야훼의 종들이여, 찬양하십시오!

2   곧 야훼의 집, 우리 하나님의 성전 뜰에 서 있는 이들이여!

3   야훼를 찬양하십시오!¹

    이는 야훼는 좋으시기 때문입니다.

    그분의 이름을 찬송하십시오!

    이는 그분이 아름다우시기 때문입니다.

4   이는 야곱을 야훼가² 자기를 위해서 선택하셨기 때문입니다.

    이스라엘은 그분의 특별한 소유입니다.

창조 전통

5   참으로 저는, 야훼는 위대하시고,

    우리 주님은 모든 신보다 그러하시다는 것을 압니다.

6   야훼는 그분이 기뻐하시는 모든 것을

    하늘과 땅에서,

    바다와 모든 깊음 가운데서 행하셨습니다.

7   안개를 땅끝에서부터 일으키시는 분!

    그분은 비를 위하여 번개를 만드셨습니다.

바람을 그 곳간에서부터 끌어내시는 분!

출애굽 전통

8   그분은 이집트의 맏이들을
    사람에서부터 짐승에 이르기까지 치셨습니다.

9   그분은 표적들과 징조들을 네 가운데, 이집트여,
    파라오와 그의 모든 신하 가운데 보내셨습니다!

땅 차지 전통

10   그분은 많은 민족을 치시고,
    강력한 임금들을 죽이셨습니다.

11   아모리 임금 시혼과 바산 임금 옥에게와
    가나안의 모든 왕국에 그리하셨습니다.

12   그리하여 그들의 땅을 몫으로,
    자기 백성 이스라엘의 몫으로 주셨습니다.

야훼의 이름 찬송

13   야훼여, 당신의 이름은 영원토록 있습니다!
    야훼여, 당신을 기억함이 대대로 있습니다!

14   참으로 야훼는 자기 백성을 심판하시고,
    자기 종들을 불쌍히 여기십니다.

우상의 헛됨

15   민족들의 우상들은 은과 금이며,
    사람의 손이 만든 것일 뿐입니다.

16 그것들에 입이 있지만, 말하지 못합니다.

   그것들에 눈이 있지만, 보지 못합니다.

17 그것들에 귀가 있지만, 듣지 못합니다.

   정말로 그것들의 입에는 숨이 없습니다.

18 그것을 만든 이들은 그것들과 같을 것입니다.

   그것들에 의지하는 모든 이도 그럴 것입니다.

송영 2

19 이스라엘의 집안이여, 야훼를 송축하십시오!

   아론의 집안이여, 야훼를 송축하십시오!

20 레위 집안이여, 야훼를 송축하십시오!

   야훼를 경외하는 이들이여, 야훼를 송축하십시오!

21 야훼는 시온에서 송축 받으십시오!

   예루살렘에 거주하시는 분이여!

   할렐루야!

번역 해설

3절ㄱ. 히. "할렐루야"(הַלְלוּ־יָהּ).

4절ㄴ. 여기서는 신성4문자 야훼(יהוה)의 줄임꼴인 "야"(יָהּ, 야흐)가 쓰였다. 이 형태는 구약성경에서 46번 나오는데, 출애굽기에 두 번(15:2; 17:16), 이사야서에 두 번(12:2; 38:11), 그리고 나머지는 모두 시편에서 나온다(68:19; 77:12; 89:9; 94:7, 12; 102:19; 104:35; 105:45; 106:48; 111:1; 112:1; 113:1, 9; 115:17f; 116:19; 117:2; 118:5, 14, 17ff; 122:4; 130:3; 135:1, 3f, 21; 146:1, 10; 147:1, 20; 148:1, 14; 149:1, 9; 150:1, 6).

2. 본문과 함께 그림 묵상(*meditatio et visio*)

하나님의 전능하심은 우상과 견주었을 때 더욱 도드라진다. 고대 사회에서 신의 가시성은 매우 중요한 개념이었다. 그러나 야훼 신앙은 바로 그 개념을 정면으로 부정한다. 신의 가시성은 가시적인 세계의 가치와 잇닿아 있다. 따라서 대부분 하등 종교, 특히 풍요와 관련한 종교에서 그런 가치를 최우선으로 둔다. 그러나 그런 가치들의 유한성은 누구나 알고 있다. 야훼 신앙은 그것을 초월한다. 유한한 가치를 초월할 때 비로소 본질적 가치의 무한성을 인식할 수 있다. 사랑, 희생, 포용, 섬김 등의 본질적 가치는 가시적이고 유한한 세계에서는 결코 얻을 수 없는 것들이다. 가시적 세계의 온갖 유한한 가치가 판을 치는 오늘날 더욱 깊이 묵상해야 할 대목이다.

그림 287 Cod. Bibl. Fol. 23, 150 verso

삽화는 본문 10절을 형상화한 것으로 보인다. 이방 군인이 죽어 있고, 그 앞에 이스라엘 군사로 보이는 사람이 서 있다. 사실 이방 군인을 죽인 것은 그림에서 보기에 이스라엘 군사가 아니라 여전히 칼을 치켜든 천사다. 구약성경에서 전쟁은 종종 이스라엘을 대신

해서 하나님이 싸우는 것으로 나온다. 고대의 배경에서 그렇듯이, 전쟁은 하나님께 속하며, 따라서 승리는 언제나 하나님의 것임을 분명히 하는 대목이다.

그림 288 Cod. Bibl. Fol. 23, 150 verso

이 그림은 우상의 헛됨을 묘사한 15-18절을 보여준다. 신전으로 보이는 구조물 안에 두 우상이 서 있다. 마치 사람을 보는 듯 생생하다. 그 아래 한 사람이 엎드려 경배한다. 이 장면과 거리를 두고 기도자가 서서 그들을 비웃고 있다. 구조물 안에 있는 우상이 아무리 생생해 보여도, 가시적 우상은 사람들의 삶에 아무런 영향을 미치지 못한다. 다만 사람들이 유한한 가치 세계에 빠져 있는 탓에 눈이 멀어서 보지 못할 뿐이다.

하나님을 향한 송축은 교회 공동체의 본질이다. 그러나 교회 공동체가 돌리는 송축이 종종 건물과 시간에 얽매이는 모습을 본다. 달리 말해서 교회의 예배를 벗어났을 때, 하나님을 향한 송축이 그리스도인의 삶에서 사라지기 쉽다. 전능하신 하나님을 향한 찬양을 마무리하면서 온 이스라엘을 송축에 초대하는 이 시편에서 우리는 언제 어디서나 삶의 모든 측면에서 하나님을 높여드리는 모습이 드러나야 함을 되새기게 된다.

3. 기도와 관상(*oratio et contemplatio*)

주님, 제가 헛된 우상에 빠지지 않도록 붙들어주십시오. 제 욕심을 우상에 투영해서 거기에 매달리지 않도록 제 눈을 뜨게 해주십시오. 오로지 당신의 무한한 세계만 바라보게 해주십시오.

야훼께 감사하십시오!(시편 136편)

1. 본문 읽기(*lectio*)

찬양의 부름

1   야훼께 감사하십시오!

       참으로 그분은 좋으십니다.

       참으로 그분의 인자하심은 영원합니다.

2   신들의 하나님께 감사하십시오!

       참으로 그분의 인자하심은 영원합니다.

3   주인들의 주인께 감사하십시오!

       참으로 그분의 인자하심은 영원합니다.

창조주 야훼

4   큰 놀라운 일들을 홀로 이루신 분께!

       참으로 그분의 인자하심은 영원합니다.

5   슬기로 하늘을 지으신 분께!

       참으로 그분의 인자하심은 영원합니다.

6   땅을 물 위에 펴신 분께!

       참으로 그분의 인자하심은 영원합니다.

7   큰 빛들을 지으신 분께!

       참으로 그분의 인자하심은 영원합니다.

8   해가 낮을 다스리도록 하신 분께!

       참으로 그분의 인자하심은 영원합니다.

9 달이 밤을 다스리도록 하신 분께!
   참으로 그분의 인자하심은 영원합니다.

출애굽의 야훼

10 이집트 사람들의 맏이를 치신 분께!
    참으로 그분의 인자하심은 영원합니다.

11 그리고 이스라엘을 그들 가운데서부터 이끄신 분께!
    참으로 그분의 인자하심은 영원합니다.

12 강한 손과 편 팔로!
    참으로 그분의 인자하심은 영원합니다.

13 홍해를 조각내 가르신 분께!
    참으로 그분의 인자하심은 영원합니다.

14 그리고 그분은 이스라엘을 그 가운데로 건너게 하셨습니다.
    참으로 그분의 인자하심은 영원합니다.

15 그리고 그분은 파라오와 그의 군대를 홍해에 몰아넣으셨습니다.
    참으로 그분의 인자하심은 영원합니다.

땅을 몫으로 주신 야훼

16 자기 백성을 광야로 가게 하신 분께!
    참으로 그분의 인자하심은 영원합니다.

17 큰 임금들을 치신 분께!
    참으로 그분의 인자하심은 영원합니다.

18 그리하여 그분은 강력한 임금들을 죽이셨습니다.
    참으로 그분의 인자하심은 영원합니다.

19 아모리 임금 시혼을!

참으로 그분의 인자하심은 영원합니다.

20 바산 임금 옥을!

참으로 그분의 인자하심은 영원합니다.

21 그리고 그분은 그들의 땅을 몫으로 주셨습니다.

참으로 그분의 인자하심은 영원합니다.

22 자기 종 이스라엘에게 몫으로!

참으로 그분의 인자하심은 영원합니다.

우리를 건지신 야훼

23 우리의 비천함 가운데서 그분은 우리를 기억하셨습니다.

참으로 그분의 인자하심은 영원합니다.

24 그리고 그분은 우리를 우리의 대적들로부터 구출하셨습니다.

참으로 그분의 인자하심은 영원합니다.

25 모든 육체에 빵을 주신 분!

참으로 그분의 인자하심은 영원합니다.

26 하늘의 하나님께 감사하십시오!

참으로 그분의 인자하심은 영원합니다.

2. 본문과 함께 그림 묵상(*meditatio et visio*)

신앙은 본질에서 기억과 기대가 바탕을 이룬다. 사람들은 누구나 매 순간 현재를 살아간다. 아무도 앞으로 다가올 일들을 알지 못하기 때문에, 삶에는 언제나 미래에 대한 불안이 도사리고 있다. 그래서 사람들은 보통 현재를 누릴 수 있는 가치를 추구하고, 지금 눈에 보이는 가시적인 것들을 선호한다. 그러나 그런 가시적인 가치들이 미래에도 지속할 것이라고는 아무도 장담하지 못한다. 그래서 현재를 충분히 누리고 있다는 사람들도 마음속 깊숙이 자리 잡은 미래에 대한 불안감을 완전히 지우지 못한다. 더구나 아무도 삶의 마지막 순간인 죽음에서 벗어날 수 없다. 그렇다면 가시적인 가치는 절대로 근본적인 불안 해소에 도움을 주지 못하는 것이 분명하다.

바로 이 점에서 기억이 중요하다. 특히 비가시적이지만 절대적이고 본질적인 가치는 기억에서 기대로 이어진다. 신앙이 그렇다. 이 시편에서 제의 공동체는 기억에 기대어 현재를 극복하는 신앙의 기대로 나아간다. 이스라엘 공동체에서 대대로 가장 소중한 신앙의 기억들을 우리는 '전통'(Tradition)이라는 용어로 부른다. 창조, 출애굽, 광야, 땅 차지 등의 전통에서 가장 중요한 것은 하나님의 전능하심과, 하나님이 세심하게 이스라엘을 보살피심이다. 이런 공동체의 기억은 공동체뿐만 아니라 공동체 구성원 개인의 현재와 미래에 비가시적이지만 본질적인 하나님 나라의 가치를 되새기는 바탕이 된다.

그림 289 Cod. Bibl. Fol. 23, 151 verso

이 삽화에는 본문의 주된 전통들이 직관적인 상징으로 들어가 있다. 먼저 왼쪽과 오른쪽 위에는 해와 달이 의인화되어 그려져 있다. 그리고 그 배경의 파란 줄기는 홍해를 그렸을 것이다. 이 그림에서 흥미로운 점은 한가운데 예수 그리스도가 그려져 있다는 것이다. 예수의 입에서는 열매들이 맺어져 나오고, 후광에는 풀이 자란다. 그는 오른손에는 곡식단을, 왼손에는 채소를 잡고 있다. 이 모든 것은 풍요를 상징한다. 이는 창조와 구원, 풍요의 근원은 예수 그리스도이며, 그 이면에는 삼위일체 하나님이 있음을 깨닫게 해준다.

3. 기도와 관상(*oratio et contemplatio*)

주님, 감사합니다. 당신은 지난날 믿음의 선조들과 함께하셔서 놀랍고 기이한 일을 보여주셨습니다. 당신의 나라의 무한한 가치를 보여주셨습니다. 사람들이 만든 유한한 가치의 우상에서 벗어나 오늘 다시금 제가 그 나라를 바라보게 해주십시오!

잊을 수 없는 예루살렘(시편 137편)

1. 본문 읽기(*lectio*)

시온을 기억하는 탄원

1 바빌로니아 강가 거기서 저희가 머물러 있었습니다.

　저희는 울기도 했습니다.

　저희가 시온을 기억했기 때문입니다.

2 그 가운데 버드나무에 저희의 수금들을 걸어두었습니다.

3 이는 거기서 저희를 사로잡은 이들이 저희에게 노랫말을,

　저희를 괴롭히는 이들이 기쁨을 요구했기 때문입니다.

　"우리를 위해서 시온의 노래 가운데서 노래하라!"고 했습니다.

4 어떻게 저희가 야훼의 노래를 부르겠습니까?

　낯선 땅 위에서 말입니다.

잊을 수 없는 예루살렘

5 만약 내가 그대를 잊는다면, 예루살렘이여!

　내 오른손도 잊을 것이다.

6 내 혀가 입천장에 붙을 것이다.

　만약 내가 그대를 기억하지 않는다면,

　만약 내 기쁨의 으뜸 위에 예루살렘을 올려두지 않는다면!

에돔과 바빌로니아를 향한 저주

7 야훼여, 에돔 자손들을,

예루살렘의 날을 기억해주십시오!

그들은 "쓸어버려라, 쓸어버려라! 그 기초까지"라고 말하던 이들입니다.

8   파괴될 바빌로니아의 딸아!

행복하여라, 네게 갚는 이!

네가 우리에게 저지른 것을 네게 행하는 것!

9   행복하여라, 너의 젖먹이들을 잡아서 바위에 내려치는 이!

2. 본문과 함께 그림 묵상(*meditatio et visio*)

우리나라 개신교는 19세기 말부터 본격적으로 서양에서 선교를 통해 들어왔다. 그리고 세계 어디에서도 찾아볼 수 없는 급속한 성장을 맛보았다. 그런데도 개별 교인들이 내보이는 신앙과 영성의 깊이가 교회의 성장만큼이냐고 묻는다면 선뜻 대답하기 어렵다. 그 까닭이 무엇일까? 신앙과 영성이란 무엇인가? 이 질문에 대해 이 시편은 실존적인 대답을 내놓는다. 그것은 한마디로 성찰하며 성장해가는 영성이다.

유다 백성들은 기원전 587년에 바빌로니아에 의해 멸망한 뒤 한동안 나라 없이 유배민 신세로 살았다. 기원전 539년 페르시아의 고레스가 바빌로니아를 점령하고 유배민들의 귀환을 명령함으로써 그들은 그리던 고국으로 되돌아왔다. 하지만 여전히 성전은 파괴된 채 폐허로 있었다. 우리는 바로 이 시점을 이 시편의 첫 독자 공동체로 본다. 이때 그들의 심정이 어떠했겠는가? 좌절과 슬픔, 원망과 분노 등의 온갖 감정들이 솟구쳐올랐을 것이다. 본문의 1-4절과 7-9절은 그 과정을 고스란히 보여준다. 하지만 본문은 거기서 멈추지 않는다. 5-6절에서는 그런 성찰의 깊은 곳에서 하나님의 임재를 향한 열망과 신뢰를 찾아낸다. 그리고 유다 백성들은 다시 성전을 재건하여 꿈에도 그리던 예배를 회복할 수 있었다.

오늘 우리의 공동체와 개인 역시 이런 깊은 성찰이 필요하지 않겠는가? 우리나라 기독교와 그리스도인의 영적 성장은 이런 성찰을 통해 자신의 모습을 스스로 겸허하게 들여다보고, 그 안에서 하나님을 향한 뿌리 깊은 신앙을 찾아내는 과정이 필요하다. 그것이 깊은 신앙과 영성을 갖춘 교회와 그리스도인으로 성장해가는 길이다.

그림 290 Cod. Bibl. Fol. 23, 152 recto

이 삽화는 본문의 첫 장면을 매우 직관적으로 그린다. 왼쪽에 바빌로니아 성이 있고 거기서 강물이 흘러나온다. 유배 온 이스라엘 백성들은 강가에 앉았고, 버드나무에 수금을 걸어두었다. 오른쪽에서 바빌로니아 점령군들이 이들을 향해 노래를 강요한다. 이런 상황과 대조되게 강가에는 오리들이 유유자적하고 있는데, 이는 본문의 서글픔을 더 짙게 해준다.

그림 291 Cod. Bibl. Fol. 23, 152 verso

둘째 그림은 8-9절을 직관적으로 그린다. 왼쪽에 여성으로 표현된 바빌로니아 성이 있다. 그리고 그 앞에 바위가 있고, 사람들이 아이들을 끌고 와서 바위에 내려쳐 죽이기 직전이다. 이 그림을 보면서 스스로 마음속을 들여다보게 된다. 우리 마음속에 도사리고 있는 이런 끔찍한 분노와 저주를 하나님 앞에서 끄집어내면 대적들이 저지르는 악보다 훨씬 악랄한 마음을 보게 될지도 모른다. 그래도 하나님 앞에서 그렇게 해야 비워진 저주와 분노의 자리를 하나님의 말씀과 인자하심으로 채울 수 있을 것이다.

3. 기도와 관상(*oratio et contemplatio*)

주님, 제 안에는 억울함과 슬픔, 분노와 저주가 가득합니다. 그럼에도 당신을 향한 송축의 순수함을 잃지 않도록 저를 붙들어주십시오! 저의 부족함을 그 영성으로 채우게 해주십시오. 어떤 상황에도 연주자가 몸에 익은 연주법을 잊지 않듯이, 제게 신앙이 그렇기를 바랍니다.

높이 계셔도 낮은 이를 굽어보십니다(시편 138편)

1. 본문 읽기(*lectio*)

[다윗.]

감사의 선포

1 제가 온 마음으로 당신께 감사하겠습니다!
    신들' 앞에서 제가 당신을 찬송하겠습니다!

2 제가 당신의 거룩한 성전을 향해 경배하고,
    당신의 인자하심과 한결같으심에 대해
    당신의 이름에 감사하겠습니다!
    이는 당신이 당신의 모든 이름 위에
    당신의 말씀을 더 크게 하셨기 때문입니다.

3 제가 부르짖던 날에 당신이 응답하셨습니다.
    당신은 제 영혼의 힘으로 저를 자랑스럽게 하셨습니다.

감사의 확장

4 야훼여, 땅의 모든 임금이 당신께 감사해야 합니다!
    이는 그들이 당신 입의 말씀을 들었기 때문입니다.

5 그리고 그들은 당신의 길들을 노래해야 합니다!
    이는 야훼의 영광이 크시기 때문입니다.

6 참으로 야훼는 높이 계셔도 낮은 이를 굽어보십니다.
    그리고 멀리서도 교만한 이를 아십니다.'

7   제가 환난 가운데로 걸어가면,

당신이 저를 살려주실 것입니다.

제 원수들의 분노에 당신의 손을 뻗으실 것입니다.

그리고 당신의 오른손으로 저를 구원하실 것입니다.

8   야훼가 저를 위하여 이루실 것입니다.

야훼여, 당신의 인자하심은 영원히 있습니다.

당신의 손이 지으신 것을 버리지 마십시오!

번역 해설

1절ㄱ. 직역. "하나님"(אֱלֹהִים, 엘로힘). 참조. 2권 본문 해설.

6절ㄴ. 여기서 쓰인 동사 형태의 읽기 전통 "יָדַע"(여예다)는 문법상 낯설다. 그래서 일반적으로 히브리어 성경(*Biblia Hebraica Stuttgartensia*; *BHS*) 편집자의 제안처럼 모음 문자(*mater lectionis*)와 함께 쓰인 형태의 읽기 "יָדַע"(예다=יָדַע)가 대안으로 제시된다(참조. GK § 69b, 각주 1).

2. 본문과 함께 그림 묵상(*meditatio et visio*)

감사는 그리스도인이 마땅히 하나님께 돌려드려야 할 덕목이다. 그런데 과연 그리스도인들, 특히 한국의 그리스도인들은 언제 무엇을 하나님께 감사하는가? 병에 걸렸을 때 하나님께 낫게 해달라고 기도하는 것은 당연하다. 또 무슨 걱정거리가 있을 때 그것을 덜어주십사고 기도하는 것도 절대로 잘못된 일이 아니다. 다윗도 밧세바와 부적절한 동침의 결과로 태어난 아기가 병들자 금식하며 기도했다(삼하 12:15후-17). 하지만 그다음이 문제다. 다윗의 이야기처럼 그렇게 기도했는데도 아기가 죽었다면 어떻게 할 것인가? 물론 이 경우 다윗이 다시 일상으로 돌아온 것은 충분히 이해할 수 있다. 그러나 그 반대로, 기도한 뒤에 다행히 아기의 병이 나았다면 그 자체가 감사의 조건인가? 이 문제는 심각하게 고민해보아야 한다. 자칫 유한한 가치가 하나님의 역사하심을 증명하는 근거로 전락할 수 있기 때문이다.

그런 점에서 하나님께 감사하는 근거가 영혼에 힘을 주셨기 때문이라는 이 시편의 고백은 새겨볼 만하다. 감사의 근거와 조건은 결코 유한한 가치 세계의 가시적인 것이 아님을 분명히 하는 대목이다. 또한 세상의 모든 왕에게 높이 계신 하나님께서 "낮은 이"를 굽어살피신다고 선포하는 것은 감사를 위해 진정으로 관심을 두어야 할 곳이 어디인지를 분명히 해준다.

그림 292 Cod. Bibl. Fol. 23, 153 recto

두 사람이 있는데, 한 사람은 감사를 드리고 있고, 다른 한 사람은 하늘을 향해 손을 뻗고 간절하게 기도하고 있다. 하지만 눈에 보이는 응답이 없다. 본문에서는 분명히 응답하셨다고 고백한다. 그렇다면 이 그림은 누구의 시선인지 생각해볼 필요가 있겠다. 어쩌면 이 그림은 하나님의 시선이 아닐까? 높이 계시지만 낮은 이를 굽어보시는, 멀리 계시는 듯하지만 내주하시는 그분의 시선이 아닐까? 하나님은 잠시도 우리를 떠나신 적이 없는데, 우리는 과연 그분의 말씀과 얼마나 가까이 있는지를 돌아보게 된다.

3. 기도와 관상(*oratio et contemplatio*)

주님, 당신은 어디 계십니까? 제가 당신께 감사드리고 간절하게 기도할 때
당신은 어디 계십니까? 주님, 당신이 제 안에 계심을 깨닫게 해주십시오!
말씀 가운데서 제 눈을 뜨게 해주십시오!

사람의 생각, 하나님의 생각(시편 139편)

1. 본문 읽기(*lectio*)

[예배 음악을 위하여.* 다윗의 찬송.]

나의 생각을 아시는 주님

1 야훼여, 당신이 저를 조사하셨고, 아십니다.

2 당신은 저의 앉고 일어섬을 아십니다.
  당신은 제 생각을 멀리서도 분간하십니다.

3 제가 거닐고 눕는 것을 당신이 살펴보셨고,
  제 모든 길을 당신이 속속들이 아십니다.

4 참으로 제 혀에 더는 할 말이 없습니다.
  보십시오, 야훼여! 당신이 그 모두를 아십니다.

5 앞뒤로 당신이 저를 에워싸시고,
  제게 당신의 손바닥을 얹으셨습니다.

6 이 지식이 제게 놀랍습니다.
  그것이 높아서 제가 다다를 수 없습니다.

어디나 계시는 하나님

7 제가 당신의 영을 떠나 어디로 가고,
  당신 앞을 떠나 어디로 도망치겠습니까?

8 제가 하늘로 올라가더라도, 거기 당신이 계시고,
  제가 스올에 자리 잡더라도, 보십시오, 당신이 계십니다.

9 제가 새벽의 날개를 들어 올리고,

바다 저편에 머무를 수 있습니다.

10 거기서도 당신의 손이 저를 이끄시고,

당신의 오른손이 저를 붙드실 것입니다.

11 그리고 제가 말하기를,

"그렇지만 어둠이 저를 짓누르고,

제 둘레의 빛은 밤이 될 것입니다"라고 할 수 있습니다.

12 어둠조차도 당신에게서는 어두워지지 못하고,

밤도 낮처럼 밝힐 것입니다.

어둠이나 빛이나 매한가지입니다.

기묘하신 하나님

13 참으로 당신이 제 내장을 지으셨습니다.

당신이 제 어머니 뱃속에서 저를 엮으셨습니다.

14 제가 당신께 감사합니다.

이는 제가 놀랍도록 훌륭하기 때문입니다.

당신이 이루신 일은 기묘합니다.

그리고 제 영혼은 그것을 잘 압니다.

15 제 뼈는 당신에게서 숨겨지지 않았습니다.

제가 은밀하게 만들어질 때,

땅속에서 제가 모습을 갖추어갈 때도 말입니다.

16 제 태아 모습을 당신 눈이 보았고,

당신의 책에 그 모든 것이 기록되었습니다.

날들도 정해졌지만,

그 가운데 한 날도 지나지 않았습니다.'

17 그러니 제게 당신의 생각이 얼마나 값진지요, 하나님이여!

그 모두가 얼마나 강력한지요!

18 제가 그것들을 세어보려 하지만 모래보다 많습니다.

제가 깨어나 보니 여전히 저는 당신과 함께 있습니다.

저를 살펴주십시오

19 하나님이여, 당신이 악인을 죽이시면 좋겠습니다.

그러니 피 흘리게 하는 이들이여, 내게서 물러가시오!

20 나쁜 뜻으로 당신을 들먹거리고,

헛되게 당신의 적들이 쳐들었습니다.

21 야훼여, 당신을 미워하는 이들을 제가 미워하지 않았으며,

당신께 맞서 일어난 이들을 제가 혐오하지 않았습니까?

22 제가 그들을 몹시 미워합니다.

그들이 제 원수가 되었습니다.

23 하나님이여, 저를 조사하시고, 제 마음을 알아주십시오!

저를 시험하셔서, 제 생각을 알아주십시오!

24 그리고 제게 우상의 길이 있는지 살펴보시고,

저를 영원한 길로 이끌어주십시오!

번역 해설

표제ㄱ. 히브리어. "לַמְנַצֵּחַ"(라므나체아흐). 자세한 설명은 위의 1부를 보라.

16절ㄴ. 원문에는 "지나지 않았습니다"에 해당하는 말이 없다.

2. 본문과 함께 그림 묵상(*meditatio et visio*)

1) 어디나 계시는 하나님

시편 14:1(=53:1)은 어리석은 자들은 하나님이 없다고 말한다며 한탄한다. 실제로 유한한 세상 가운데서 하나님의 임재와 역사는 드러나지 않는 것으로 보이기도 한다. 불신자들은 거기서 끝난다. 하지만 그들의 세상도 거기서 끝나고 만다. 불신자들에게 죽음은 자기 존재는 물론 세상의 끝이다. 하지만 하나님의 임재와 역사, 그 너머 창조와 심판을 믿음의 눈으로 보는 이들에게 죽음은 새로운 시작이며, 하나님의 백성으로서 더 넓고 높은 차원으로 들어가는 길이기도 하다.

이런 신앙에 이르는 길을 시편 139편 전반부에서는 하나님의 편재와 동행에 대한 인식에 이르는 과정으로 힘주어 말한다. 하나님은 우리를 속속들이 다 아신다. 심지어 우리가 말을 입 밖으로 내뱉기도 전에 머릿속에 있는 생각까지도 다 아신다. 그래서 우리는 하나님이 없는 곳에서 하나님 몰래 무슨 일을 행하거나 말하거나 생각할 수 없다. 그렇다고 그것을 속박으로만 여길 수 있는가? 하나님의 목적은 우리가 유한한 세상에서 살아가는 데 힘을 얻을 수 있도록 동행하시고 우리의 영혼을 보호하시는 데 있다. 그 깨달음에 이르는 순간 우리 존재의 근본은 새롭게 열릴 것이다.

2) 생각

하나님은 어디에 계신가? 신앙인이라면 이 질문을 자주 하게 된다. 우리네 삶이 그렇다. 부조리하고 불합리해 보이는 때가 너무 많다. 의롭게 사는 이들이 성공하고, 생명뿐만 아니라 하나님까지도 가벼이 여기는 이들은 벌을 받았으면 좋겠는데 실상은 그렇지 않은 경우가 더 많아 보인다. 이는 사람들의 "생각"으로는 해결할 수 없는 문제다.

시편 저자는 이런 현실을 가지고 하나님 앞에 당당히 나선다. 그리고 하나님은 창조주이시기 때문에 사람들을 가장 잘 알고 있지 않으시냐고 소리를 높인다. 시편 저자는 지나온 삶의 경험을 바탕으로, 또 선조들의 역사를 통해 시간과 공간을 초월하여 하나님이 편재하시고 동행하심을 알고 고백한다. 그리고 이런 부조리하고 불합리한 상황의 해답을 주십사고 간구한다. 과연 하나님께서는 어떻게 응답하시는가? 그 해답은 이미 시편 저자의 법정 송영 자체에 있다. 다만 사람들의 "생각"이 유한성에 갇혀서 무한하신 하나님의 "생각"을 볼 눈이 가려져 있을 뿐이다. 시편 저자는 자신의 문제를 가지고 하나님 앞에 나와서 자신의 생명에 대한 하나님의 지식과 그 오묘함에 대해 깊이 묵상했다. 그랬더니 자기 생명의 처음부터 마지막까지 창조주 하나님밖에 없었음을 깨달았다. 마치 어머니 뱃속에 있는 아기가 어머니의 존재에 대해 고민하는 것과 같음을 깨달았다고 할까? 우리의 생명을 존재하도록 하신 분이 언제 어디서나 함께하시고, 끝날에 우리를 맞아주시리라는 것은 의심의 대상이 될 수 없다. 그러므로 생명이 이어지는 매 순간은 언제나 소중하고, 의분(義憤)을 가지고서라도 끝까지 지켜내야 할 하나님의 소유다. 그것이 하나님의 "생각"이다.

그림 293 Cod. Bibl. Fol. 23, 153 verso

그림에서 왼쪽의 기도자는 하나님의 손의 보호와 이끄심을 경험한다. 그리고 오른쪽에는 철없이 뛰노는 아이들이 있는데, 이는 아마도 기도자가 지난날 자신의 어리석음을 되돌아보는 것을 상징할 것이다.

3. 기도와 관상(*oratio et contemplatio*)

주님, 당신은 어디든 계십니다. 하지만 아무 데서도 눈에 보이지 않으십니다. 그래서 당신은 무한하고 전능하십니다. 하지만 저의 어리석음은 그런 당신을 끊임없이 의심하기도 하고, 당신의 존재를 무시하기도 합니다. 저를 당신의 길로 올바르게 이끌어주십시오!

당신 앞에서 살겠습니다(시편 140편)

1. 본문 읽기(*lectio*)

[예배 음악을 위하여.⁻ 다윗의 찬송.]

저를 건져주십시오

1   저를 건져주십시오, 야훼여, 악한 사람에게서부터!
      폭력을 일삼는 이에게서 저를 보호해주십시오!

2   그들은 마음속으로 악을 꾀합니다.
      온종일 그들은 전투를 일으킵니다.⁻

3   그들은 뱀처럼 자기네 혀를 날카롭게 합니다.
      독사의 독이 그들 혀 아래 있습니다. [셀라]⁻

저를 지켜주십시오

4   저를 지켜주십시오, 야훼여, 악인의 손으로부터!
      폭력을 일삼는 이에게서부터 저를 보호해주십시오!
      그들은 제 걸음을 밀치려 합니다.

5   교만한 이들이 저를 위해 올무와 줄을 숨겼고,
      길 곁에 그물을 펼쳐두었습니다.
      그들은 저를 위해 덫을 놓았습니다. [셀라]⁻

귀를 기울여주십시오

6   제가 야훼께 말하였습니다.

"당신은 제 하나님이십니다.

야훼여, 저의 간구하는 목소리에 귀 기울여주십시오!

7 야훼, 제 주님, 제 구원의 능력이시여!

당신은 무장한 날에 제 머리를 덮어주셨습니다.

8 야훼여, 악인의 소원들을 내어주지 마십시오!

그의 음모를 실행하게 하지 마십시오!

그들이 뽐낼 것입니다. [셀라]ᵉ

저주합니다

9 저를 에워싼 머리!

그들 입술의 재난이 그들을 덮기 바랍니다!

10 그들 위로 불타는 숯덩이들이 떨어지기 바랍니다!

구덩이들에 그들을 빠뜨려서,

그들이 일어나지 못하기를 바랍니다!

11 혀를 놀리는 이가 땅에서 굳건하지 못하기를 바랍니다!

폭력을 일삼는 이를 재앙이 잽싸게 낚아채기 바랍니다!

당신 앞에서 살겠습니다

12 저는 야훼가 가난한 이의 소송을,

궁핍한 이의 재판을 도맡으심을 압니다."

13 정말로 의인들은 당신의 이름에 감사하기 바랍니다!

올곧은 이들이 당신 앞에서 살기 바랍니다!

번역 해설

표제ㄱ. 히브리어. "לַמְנַצֵּחַ"(라므나체아흐). 자세한 설명은 위의 1부를 보라.

2절 ㄴ. 여기서 개역개정은 이 동사의 첫째 어근 "머물다"를 옮겼다(יָגוּרוּ מִלְחָמוֹת, 야구루 밀하모트; 개역개정, '싸우기 위하여 모이오며'). 그러나 이 번역은 이어지는 "전쟁들"과 어울리지 않아서 의역해야 했다. 하지만 게제니우스(『히브리어 아람어 사전』, 131)는 피엘형으로 쓰여서 '싸움을 걸다'(참조. 잠 15:18; 28:25; 29:22)라는 뜻을 가진 동사 "גָּרָה"(가라)가 원문이었을 것으로 제안한다. 그래서 우리는 "יְגָרוּ מִלְחָמוֹת"(예가루 밀하모트)로 수정하여 옮긴다.

3, 5, 8절 ㄷ. "셀라"에 대해서는 위의 3편 번역 해설을 보라.

2. 본문과 함께 그림 묵상(*meditatio et visio*)

우리는 언제나 까닭 모를 고난에 빠질 수 있다. 고난은 밭에 곡식과 더불어 잡초가 함께 자라듯, 우리 삶에 잠재해 있는 현상이다. 문제는 곡식을 거두기 위해 잡초를 뽑아야 하듯이 삶을 제대로 누리기 위해서는 그 고난의 문제를 해결해야 한다는 것이다. 물론 고난의 제거가 문제의 해결은 아니다. 개별 고난을 제거한다고 해서 고난 자체가 우리 삶에서 사라지지는 않기 때문이다. 근본적인 해결은 하나님 앞에서 고난 자체를 상대화하고 인식의 시선을 새롭게 하는 것이다. 이 시편에서 기도자 역시 대적들의 까닭 모를 험담으로 고난을 겪는다. 그러나 그는 고난 가운데서 하나님께 애절한 간구를 드리며 자신을 성찰한다. 그리고 고난의 문제뿐만 아니라 자신의 마음속 깊이 도사리고 있던 적개심과 저주의 말들을 찾아내고 그것을 하나님 앞에 내어놓는다. 심판은 하나님께 전권이 있다. 그러므로 심판을 하나님께 맡겨드리고 그분이 의로운 삶을 살아가는 이를 위해 올곧게 판결을 내리시리라는 믿음을 지키는 것, 그리고 고난 가운데서도 신실하신 하나님의 동행에 감사하는 법을 배워가는 것이 건강한 신앙을 지키고 영적 성숙을 다지는 길일 것이다.

그림 294 Cod. Bibl. Fol. 23, 155 recto

이 그림은 본문 1–3절을 형상화했다. 악인은 창과 칼로 무장하고 기도자를 강제로 끌고 간다. 아마도 폭력을 행사하고 죽일 작정인 듯하다. 그런 상황에서도 기도자는 자신과 동행하는 하나님을 향한다. 그의 시선은 고난이 아니라 하나님의 임재와 동행에 고정되어 있다. 까닭 모를 고난을 이겨내는 첫걸음은 유한한 것이 아니라 무한하신 하나님의 임재에 시선을 고정하는 것이다.

둘째 그림은 4-5절의 본문을 그려준다. 후광을 두른 기도자는 지금 악인들이 숨겨둔 줄에 걸렸다. 그는 이제 곧 그들에게 끌려갈 것이다. 그의 발에 줄이 감겨 있는 것으로 보아 그도 이 사실을 알고 있다. 그런데도 그의 얼굴은 한없이 평안해 보이며, 그는 하나님을 향한 기도를 멈추지 않는다. 영적 성숙은 하나님을 향해 시선을 고정하는 데서 시작해서, 유한한 모든 상황과 가치를 상대화하고 초월하는 데로 나아가는 것이다.

3. 기도와 관상(*oratio et contemplatio*)

주님, 오늘도 저는 억울한 사정을 당신께 아룁니다. 저는 사방에서 공격당합니다. 어느 한 군데서도 평안을 찾아보기 어렵습니다. 저의 삶은 곧 죽을 듯 팍팍합니다. 그래서 제 마음속에는 날카로운 저주들이 날을 세우고 있습니다. 당신 앞에 그 모든 것을 내어놓습니다. 그리고 순전한 마음으로 당신 앞에 엎드립니다. 저의 가난하고 궁핍한 영혼을 받아주시고, 저와 동행해주십시오!

겸허하게 받아들이는 지혜 간구(시편 141편)

1. 본문 읽기(*lectio*)

[다윗의 찬송.]

제의의 기도

1 야훼여, 제가 당신께 외쳤습니다. 제게로 서둘러주십시오!

   제가 당신께 외칠 때, 제 목소리에 귀 기울여주십시오!

2 제 기도가 분향단의 연기로 당신 앞에,

   제 손을 드는 것이 저녁 제사로 마련되기를 바랍니다!

지혜의 기도

3 야훼여, 제 입에 파수꾼을 두십시오!

   제 입술의 문을 지켜주십시오!

4 제 마음이 악한 일에 치우치게 하지 마십시오!

   그리하여 죄짓는 사람들과 더불어

   악한 행동을 저지르지 않도록 말입니다.

   그리고 그들의 진수성찬을 먹지 않게 해주십시오!

5 의인이 신의로 저를 징계하고, 저를 나무랄 것입니다.

   그것은 머리의 기름입니다.

   저의 머리가 거절해서는 안 됩니다.

   그들이 재난을 겪는 때에, 저는 여전히 기도할 것입니다.

대적들의 운명

6 그들의 재판관들이 바위 곁에서 밀쳐 떨어졌고,

    그들은 "보기 좋습니다"라는 제 말을 들었습니다.

7 "고랑을 내고 땅을 뒤집는 것처럼

    우리의 뼈가 스올의 입구에 흩어졌구나!"

마지막 탄원

8 참으로 제 눈이 당신을 향합니다, 야훼, 저의 주님이시여!

    제가 당신께 숨었습니다.

    제 영혼을 쏟아버리지 마십시오!

9 저를 올무에서부터 지켜주십시오!

    그들이 저를 노리고 놓아두었습니다.

    죄짓는 이들의 덫에서 그리해주십시오!

10 악인들은 자기네 그물에 떨어지기 바랍니다!

    오로지` 저만은 마침내 지나가기를 바랍니다!

번역 해설

6절ㄱ. 여기서 쓰인 동사 "נָעֵמוּ"(나에무)를 직역하면 "그들은 사랑스럽다, 그들이 마음에 든다" 정도가 될 것이다. 이 낱말의 주어를 개역개정에서처럼 앞에 있는 "나의 말들"로 보기도 한다. 그리고 둘 사이에 있는 불변화사 "כִּי"(키)를 부사로 보아 "내 말이 참 아름답다"로 여기기도 한다. 하지만 이렇게 새기면 심판의 문맥이 어색하여 무슨 뜻인지 알아보기 어렵다. 그래서 우리는 이 낱말을 일반적으로 사람이나 사물의 겉모습을 칭찬하는 데 쓰이는 용례들(겔 32:19; 아 7:7[6]; 삼하 1:26; 창 49:15)을 바탕으로, 심판받은 대적들의 모습을 역설적으로 비꼬는 장면으로 새겨 옮긴다.

10절ㄴ. 히브리어 성경의 자음 본문 "יחד"(야하드)는 "함께"라는 뜻이다. 후반절에서 이 낱말은 문맥에 맞지 않는다. 하지만 70인역은 "κατὰ μόνας"(카타 모나스)로 하여 "오로지"로 번역했는데, 이런 번역은 시편 33:15에서도 찾아볼 수 있다. 이 구절에 대한 히브리어 성경 편집자의 추측대로 70인역 번역자는 분명 본문을 이런 뜻의 "יחיד"(야히드)로 읽었을 것이다. 히브리어 자음 본문도 원래 그런 뜻의 낱말이었을 것이다.

2. 본문과 함께 그림 묵상(*meditatio et visio*)

우리는 분노와 억울함, 적개심을 어떻게 처리하는가? 기도자는 그 모든 감정을 가슴에 품고 제의의 자리로 나아간다. 그리고 크게 두 가지의 진솔한 간구를 드린다. 첫째는 자신이 겪고 있는 고난의 상황에서 오로지 야훼만 바라봄으로써 자신의 부르짖음을 들어주십사는 간구다. 시편의 기도자들은 고차원적인 기도를 하기보다 가슴속 깊은 곳에서 우러나오는 원초적인 부르짖음으로 하나님 앞에 나아간다. 까닭 모를 고난에서 외치는 가장 절박한 부르짖음은 매우 고통스러우니 그 고난에서 벗어나게 해달라는 것이다. 하지만 시편의 기도자들은 그 기도의 응답 차원을 열어둔다. 왜냐하면 그 간구의 직접적인 응답이 하나님의 임재와 도우심 혹은 이끄심의 증거 전부가 아니며, 그 전권은 오로지 하나님께 있음을 알기 때문이다. 둘째는 진솔한 간구로 나아가는 것이다. 그것이 자기 성찰이다. 이 시편에서는 자신의 입과 마음을 지켜달라는 간구로 표현된다. 마음속에 가시적이고 유한한 가치만을 가득 채우고서는 무한하신 하나님의 뜻을 제대로 깨달을 수 없다. 또한 마음속에 도사리고 있는 상처와 적개심을 보지 못하고서는 올바른 영적 성숙을 기대할 수 없다. 그래서 이 시편에서 적나라하게 고백하듯, 우리 마음속에 있는 것 하나하나를 "하나님 앞에" 내어놓고 들여다 볼 수 있어야 한다. 그때 하나님은 다른 이들 앞에서 우리의 마음과 입을 지켜주실 것이며, 그제야 우리는 무한하신 하나님의 임재 속으로 들어갈 수 있을 것이다.

그림 296 Cod. Bibl. Fol. 23, 155 verso

탄원 시편의 본문에서 악기를 연주하는 임금을 삽화로 그린 것은 의외다. 아마도 표제에서 "다윗의 찬송"이라고 표기된 점을 강조하려고 그린 듯하다. 이 그림은 1–2절의 탄원 외침에 이어 그려져 있다. 본문의 독자가 이 그림을 본다면 다윗의 생애와 그를 대적했던 사람들, 그리고 다윗의 모습을 여러모로 떠올릴 것이다. 수많은 질곡을 겪은 다윗이 찬양하는 모습으로 그려진 데서 독자들은 신앙의 지향점을 다시금 돌아볼 수 있을 것이다.

그림 297 Cod. Bibl. Fol. 23, 156 recto

그림은 9절을 매우 직설적으로 그렸다. 기도자의 대적들이 기도자를 잡으려고 그물을 던진다. 그러나 그 그물은 비어 있다. 이 그림은 어쩌면 기도자의 시선일 수 있겠다. 하나님의 보호하심, 즉 그분의 그늘에 피한 기도자에게 유한한 세상에서 서로 해치려고 악다구니를 쓰는 사람들의 모습은 이 그림처럼 우스꽝스럽기까지 할 것이다.

3. 기도와 관상(*oratio et contemplatio*)

주님, 오늘도 저는 당신을 바라봅니다. 사람들은 서로를 향해 올무와 덫을 놓아 해치려 합니다. 주님, 저희를 불쌍히 여겨주십시오! 모든 악에서 저희를 지켜주십시오!

사고무친(四顧無親)(시편 142편)

1. 본문 읽기(*lectio*)

[다윗의 마스킬.¯ 그가 굴속에 있을 때. 기도.]

야훼께 부르짖음

1   내 목소리로 야훼를 향해 내가 부르짖습니다.
  내 목소리로 야훼를 향해 내가 불쌍히 여겨주시기를 구합니다.
2   내가 쏟아놓습니다, 그분 앞에 내 근심을.
  내 고난을 그분 앞에 제가 털어놓습니다.

고난 묘사

3   제 영이 제 안에서 지쳐 있을 때도
  당신은 제 길을 아셨습니다.
  제가 걸어가는 길에서
  사람들은 저를 노리고 올무를 숨겼습니다.
4   오른쪽을 살펴보십시오!
  제게는 아는 이가 없습니다.
  피난처도 제게서 사라져버렸습니다.
  제 영혼을 돌보는 이도 없습니다.

신뢰 표현

5   제가 당신께 부르짖었습니다, 야훼여!

제가 말하였습니다.

"당신은 제 피난처이십니다.

살아 있는 사람들의 땅에서 제 몫이 되십니다."

탄원의 간구

6 제 외침에 귀 기울여주십시오!

참으로 저는 매우 비천합니다.

저를 뒤쫓는 이들에게서 저를 건져주십시오!

참으로 그들은 저보다 강합니다.

7 감옥에서 제 영혼을 끌어내어

당신의 이름을 감사하게 해주십시오!

저를 의인들이 에워쌀 것입니다.

이는 당신이 제게 잘 대해주셨기 때문입니다.

번역 해설

표제ㄱ. 직역. "교훈."

2. 본문과 함께 그림 묵상(*meditatio et visio*)

하나님은 우리의 피난처이시다(5절). 이 고백은 쉽사리 할 수 있는 것이 아니다. 살아가다 보면 이 세상에 홀로 남겨진 듯한 고독과 소외, 고난의 순간을 숱하게 맞닥뜨린다. 그때마다 우리는 무엇을 그리며 하나님이 피난처라고 고백할 것인가? 유한한 가치 세계를 창조하신 하나님 앞에서 그분을 거기에 가두며 피난처가 되어달라고 생떼를 쓸 것인가? 마치 하나님이 경호원이라도 되는 것처럼 이기적으로 자기만 고난이 비껴가게 해달라고 구할 것인가? 피난처이신 하나님은 우리에게 오신다. 그리고 고난의 때에 우리와 함께 계시고, 그분의 은총의 날개로 우리를 위로해주신다. 더불어 유한한 가치 세계 너머 무한하신 하나님의 새로운 가치를 보게 해주신다. 그런 뜻에서 그분은 우리의 피난처이시다.

하나님은 우리가 받을 몫이시다(5절). 이 또한 쉽사리 내뱉을 수 있는 고백이 아니다. 하나님께 우리는 어떤 몫을 기대하는가? 이 시편의 기도자도 시편이 끝나도록 고난의 상황에서 벗어나지 못했다. 그리고 야훼가 이 세상에서 받을 자신의 분깃이시라고 고백한다. 이 고백은 하나님이 피난처라는 고백과 잇닿아 있다. 어떤 상황에서든 하나님이 동행하시며, 그분이 창조주이시고 통치자이시며 심판주라는 믿음이 전제될 때에만, 그분이 가시적인 어떤 가치보다 소중하다고 고백할 수 있을 것이다.

이런 신앙의 고백은 시편 전반에서 깨달을 수 있듯, 한 번에 완성되지 않는다. 이는 삶 가운데 끊임없이 고민하고 탐구하며 쌓아가야 할 과정이다. 그러므로 우리는 절대로 하나님을 향한 우리의 신앙에 대해 교만해서는 안 될 것이다.

이 시편 전반에 걸쳐서 기도자는 강력한 대적들에게 쫓기며 고난을 겪는다. 그림에서도 중무장한 사람들이 비무장인 기도자를 뒤쫓는다. 기도자는 그들을 보지 않고, 눈을 들어 물리적으로는 필사된 본문, 곧 하나님의 말씀을 바라본다. 그것은 약속을 향한 깊은 신뢰를 엿볼 수 있는 대목이다.

3. 기도와 관상(*oratio et contemplatio*)

주님, 고난과 극한의 고통 가운데서도 저는 늘 당신을 향해 시선을 맞추고 싶습니다. 하지만 그것이 참 어렵습니다. 당신의 구원은 눈에 잘 보이지 않기 때문입니다. 제가 참된 눈을 떠서 무한하신 당신을 알아보도록 도와주십시오!

주님을 향해 손을 펴고 (시편 143편)

1. 본문 읽기 (*lectio*)

[다윗의 찬송.]

탄원 1

1   야훼여, 제 기도를 들어주십시오!

     제 간청에 귀 기울여주십시오!

     당신의 미쁘심으로 제게 응답해주십시오, 당신의 의로우심으로!

2   그리고 심판으로 당신의 종에게 오지 마십시오!

     이는 당신 앞에서 모든 인생이 의롭지 않기 때문입니다.

탄원 2

3   참으로 원수가 제 영혼을 뒤쫓았습니다.

     제 생명을 땅에 짓밟았습니다.

     저를 오래전에 죽은 사람들처럼 어둠 속에 앉아 있게 했습니다.

4   그래서 제 영이 제 안에서 지쳤습니다.

     제 속에서 제 마음이 황폐해졌습니다.

신뢰의 간구

5   제가 옛 나날들을 기억했습니다.

     당신이 행하신 모든 것을 읊조렸습니다.

     당신의 손이 하신 일을 제가 곰곰이 생각하였습니다.

6　제가 제 손을 당신을 향해 폈습니다.

　　제 영혼이 메마른 땅처럼 당신을 향합니다. [셀라]¯

탄원 3

7　어서 제게 응답해주십시오, 야훼여!

　　제 영이 끝장났습니다.

　　당신의 얼굴을 제게서 숨기지 마십시오!

　　그렇지 않으면¯ 저는 무덤에 내려가는 이들 같을 것입니다.

신뢰의 간구

8　아침에 당신의 인자하심을 제게 들려주십시오!

　　이는 당신께 제가 의지하기 때문입니다.

　　제가 갈 길을 제게 알려주십시오!

　　이는 당신께 제가 제 영혼을 들어 올렸기 때문입니다.

9　제 원수들에게서 저를 건져주십시오, 야훼여!

　　제가 당신께 숨었습니다.

10　당신의 뜻을 실천하도록 저를 가르쳐주십시오!

　　이는 당신이 제 하나님이시기 때문입니다.

　　당신의 영은 좋으십니다.

　　저를 올곧은 땅으로 이끌어주십시오!

탄원 4

11　당신의 이름을 위해서, 야훼여, 저를 살려주십시오!

　　당신의 정의로우심으로 고난에서 제 영혼을 끌어내주십시오!

12　그리고 당신의 인자하심으로 제 원수들을 끊어주시고,

제 영혼을 괴롭히는 모든 이를 멸망시켜주십시오!

이는 제가 당신의 종이기 때문입니다.

번역 해설

6절ㄱ. "셀라"에 대해서는 위의 3편 번역 해설을 보라.

7절ㄴ. 직역. "그리고 또는 그러나."

2. 본문과 함께 그림 묵상(*meditatio et visio*)

고난을 겪을 때 어떤 마음으로 기도하는가? 겪고 있는 고난을 제거해달라는 기도는 자연스러운 비명일 수 있다. 이럴 때 어떤 마음인가? 과연 우리는 하나님의 능력을 얼마나 확신하며 기도하는가? 사실 우리는 자신의 기도가 그대로 이루어지는 경험도 하지만, 그렇지 않을 때도 있다. 우리는 이런 경우에 어떻게 해석하는가? 이 질문은 모두 서로 연관되어 있다. 우리가 기도하면서 하나님이 우리의 기도에 꼭 응답하셔야 한다고 생각한다면, 그것은 교만이다. 이는 하나님을 내 바람을 이루어주는 수하로 두려는 것과 다를 바 없다. 반대로 하나님이 이루어주실지 확신은 없지만 어쨌거나 기도해본다고 생각한다면, 그것은 불신이다. 이는 하나님의 능력을 믿지 않는 것이다.

기도의 응답은 오로지 하나님께 달려 있다. 하나님께 우리의 기도를 들어주십사고 외칠 때, 과연 우리는 이 시편의 기도자처럼 하나님의 가르치심과 인도하심도 함께 구하는가? 자신을 성찰하며 기도하는가? 내 입에서 나오는 간구를 하나님 앞에서 들여다보고 하나님의 눈으로 나를 성찰하는가? 내가 어떻게 기도하든 그 응답은 하나님의 뜻대로 이루어질 것이다. 그래서 참된 기도는 하나님 앞에서 하나님의 뜻을 깨달아가는 과정이다. 기도는 절대로 나의 욕심을 쏟아내는 행위가 아니다. 고통 가운데서 절규하는 것은 인지상정이다. 하지만 거기서 그쳐버린다면, 하나님의 참된 응답을 경험할 기회를 놓치고 이기적인 신앙에서 벗어나지 못할 것이다. 기도는 하나님 앞에서 먼저 나를 보고, 하나님의 뜻을 깨달아가는 영적 성장의 과정이다.

그림 299 Cod. Bibl. Fol. 23, 157 recto

이 삽화의 묘사는 매우 흥미롭다. 예수 그리스도께서 무덤에서 일어나 부활하시는 장면을 그렸다. 예수 그리스도의 오른손 세 손가락은 부활하신 그분이 하시는 말씀을 상징한다. 이는 어쩌면 "그러나 이제 그리스도께서 죽은 자 가운데서 다시 살아나사 잠자는 자들의 첫 열매가 되셨도다"(고전 15:20)라는 말씀을 떠올려줄 수도 있겠다. 그러면 이 시편과 그림이 무슨 상관이 있는가? 이 시편에서는 줄곧 기도자에게 죽음의 그림자가 드리워져 있다. 그리고 기도자는 그런 죽음 같은 상황을 두려워하며, 하나님께 구원을 간구한다. 삽화를 보며 독자들은 그 죽음마저 이기신 주님의 복음을 새삼 떠올릴 수 있을 것이다.

3. 기도와 관상(*oratio et contemplatio*)

주님, 죽을 것 같습니다. 제가 사는 것은 죽어가는 과정인 듯 괴롭기만 합니다. 온통 저를 대적하는 사람투성이인 것으로 보입니다. 이런 삶에서 당신의 구원을 깨닫고, 당신의 부활을 소망하여 기쁨을 되찾게 도와주십시오!

승전의 용사 야훼(시편 144편)

1. 본문 읽기(*lectio*)

[다윗.]

1) 임금의 기도(1-11절)

승전의 송축

1   송축 받으소서, 야훼, 저의 반석이시여!
     제 손을 전투하도록,
     제 손가락을 전쟁하도록 가르치신 분이시여!
2   "그분은 저의 사랑, 저의 요새, 저의 산성이시고,
     저의 구원자, 저의 방패이십니다.
     그래서 그분께 제가 숨었습니다.
     그분은 제 백성을 제 아래 굴복시켜주신 분이십니다."

유한한 인간

3   야훼여, 사람이 무엇이기에 그를 알아주십니까?
     사람의 아들이 무엇이기에 그를 생각하십니까?
4   사람은 숨결 같습니다.
     그의 날은 지나가는 그림자 같습니다.

승전의 용사 야훼

5 야훼여, 당신의 하늘을 펼치시고 내려오십시오!
   산들을 만져주십시오!
   그러면 그것들이 연기를 내뿜을 것입니다.

6 번개로 번쩍이셔서 그들을 흩으십시오!
   당신의 화살을 쏘아 그들을 어지럽히십시오!

7 당신의 손을 높은 데서 뻗어 저를 끌어내주시고,
   큰물과 이방인의 손에서 저를 건져주십시오!

8 왜냐하면 그들의 입은 쓸데없는 것을 말하고,
   그들의 오른손은 거짓의 오른손이기 때문입니다.

구원의 하나님 찬양

9 하나님이여, 새 노래로 제가 당신께 노래하겠습니다!
   열 줄 비파로 당신께 찬송하겠습니다!

10 임금들에게 구원을 베푸시는 분!
   그의 종 다윗을 악한 칼에서 끌어내시는 분!

11 저를 끌어내 이방인의 손에서 건져주십시오!
   왜냐하면 그들의 입은 쓸데없는 것을 말하고,
   그들의 오른손은 거짓의 오른손이기 때문입니다.

2) 백성들의 화답(12-15절)

장래의 번영 기원

12 정말로ᄀ 저희의 아들들은 그들의 젊은 시절에 다 자란 나무 같습니다.
   저희의 딸들은 궁궐 양식대로 다듬은 모퉁잇돌 같습니다.

13 저희의 곳간은 가득 차서, 여러 곡식을 내어줍니다.

　저희의 양 떼는 저희의 들에 수천수만이 있습니다.

14 저희의 소들은 짐을 실었습니다.

　재난도 없고, 유산도 없으며,

　저희의 광장에는 부르짖음도 없습니다.

축복

15 행복하여라, 이와 같은 백성!

　행복하여라, 야훼가 그 하나님이신 백성!

번역 해설

12절ㄱ. 여기서 히브리어 본문에는 관계사 "אֲשֶׁר"(아쉐르)가 쓰였다. 이 낱말은 원래 영어의 관계대명사처럼 선행사를 설명해주는 구실을 한다. 이렇게 보면 직관적으로 이 문맥에 들어맞지 않는다. 그래서 이런저런 본문 수정 제안들이 나왔다. 하지만 70인역은 우리가 보는 히브리어 본문 그대로 관계대명사를 써서 직역했다(ὧν, 혼). 그러니 이 히브리어 본문은 수정해야 할 훼손된 본문은 아니라고 여길 수 있다. 그렇다고 관계사로 보자니 선행사가 무엇인지 애매하다. 우리는 사무엘상 15:20에서 이 낱말이 단언적 용법으로 쓰인 점 등을 고려하여 부사적으로 번역한다.

2. 본문과 함께 그림 묵상(*meditatio et visio*)

이 시편은 야훼를 향한 송축에서 시작하여 백성들을 향한 축복으로 끝맺는다. 하나님을 향한 송축은 하나님의 백성이 받을 복의 선수 요건이라고 할 수 있다. 창조주 하나님의 피조물이자 통치자 하나님의 백성으로서 인간이란 존재는 마땅히 하나님을 송축하는 삶을 살아야 한다. 송축은 하나님이 하나님 되심을 인정하는 마음가짐에서 시작한다. 승전한 임금이 그 승전을 오로지 하나님께 돌리듯, 인간은 모든 순간 하나님과의 올바른 관계에서 그분께 영광을 돌려야 한다.

그림 300 Cod. Bibl. Fol. 23, 158 recto

이 삽화는 표제에서 이 시편을 다윗에게 돌린 것을 따라서 다윗 임금을 한가운데 둔다. 그리고 시편의 분위기가 승전가라는 데서 무기를 든 백성들을 양쪽에 그렸다. 다윗은 이 시편의 말씀으로 승전을 하나님께 돌린다. 그리고 하늘에서 내려온 손으로 표현된 하나님은 그의 송축을 받으신다.

하나님의 백성에게 패한 이방인은 "악한 칼"(חֶרֶב רָעָה, 헤레브 라아)을 가진 사람들이며(10절), 그들의 입은 "헛되이 말하며"(דִּבֶּר־שָׁוְא, 디베르 샤브), 그들이 주로 사용하는 오른손도 모두 "거짓"(שֶׁקֶר, 쉐케르)투성이다(11절). 이 말은 하나님 편에서 하나님께 영광을 돌리며 송축하지 않는 삶은 거짓투성이일 수밖에 없다는 뜻이다. 자신이 피조물이면서도 조물주인 줄로 착각하기 때문이다. 이것은 오늘날도 마찬가지 아니겠는가?

그림 301 Cod. Bibl. Fol. 23, 158 verso

본문 5-11절에서는 대적과 치른 전투와 그때 드린 기도가 서술된다. 그림은 바로 그 전투를 표현한다. 대적은 하나님의 백성보다 거대하고 훨씬 더 뛰어난 무기와 갑옷으로 중무장했다. 그에 비해 하나님의 백성은 고작 막대기와 몽둥이, 그것도 아니면 맨손이다. 하지만 대적은 하나님의 보호하심과 지키심 아래 있는 백성을 당할 수 없다. 오히려 제 칼에 죽어 나간다. 하나님의 권능은 진리다. 문제는 우리가 그 무한함의 세계를 보느냐 그렇지 않느냐.

송축하는 삶으로 하나님과 올바른 관계를 맺은 백성은 지위의 높고 낮음과 상관없이 하나님이 주시는 "복"을 누리게 된다. 이 개념은 가시적인 것과 크게 상관이 없다. 물론 이 시편의 배경은 임금의 승전이지만, 그것은 하나님의 임재와 동행에 대한 감격에서 오는 "복"에 따른 선물일 뿐이다. 중요한 것은 하나님과 맺는 올바른 관계이며, 그때 삶의 모든 상황은 복되다. 그것을 깨닫는 것이 이 제의의 목적이며, 신앙의 궁극적인 목적일 수 있다.

3. 기도와 관상(*oratio et contemplatio*)

주님, 당신은 승리 그 자체이십니다. 당신에게 실패나 패배는 없습니다. 저는 당신의 백성이니 당신의 말씀에 순종할 때, 오로지 당신의 말씀에 의지할 때, 그 승리를 맛볼 수 있음을 믿습니다.

붙들어 일으키시고 지키시는 야훼(시편 145편)

1. 본문 읽기(*lectio*)

[다윗의 찬양.]

찬양의 서원

1 [알레프] 제가 당신을 높여드립니다, 나의 하나님, 임금이시여!
   그리고 제가 당신의 이름을 송축합니다, 영원무궁히!

2 [베트] 온종일 제가 당신을 송축하고,
   제가 당신의 이름을 영원무궁히 찬양하겠습니다!

야훼의 위대하심 선포

3 [김멜] 야훼는 위대하시고, 크게 찬양받으실 분!
   그리고 그분의 위대하심은 탐구할 수 없습니다.

찬양의 권고와 서원

4 [달레트] 대대로 사람들이 당신이 이루신 일을 찬양하고,
   그리고 당신의 권능을 전하기 바랍니다!

5 [헤] 당신의 영광과 존귀의 위엄,
   그리고 당신이 이루신 놀라운 일들을 제가 읊조리겠습니다!

6 [바브] 그리고 당신이 이루신 두려운 일들의 권세를
   사람들이 말할 것이고,
   저는 당신의 위대하심을 전하겠습니다!

7   [자인] 당신의 좋으심의 위대한 기억을 사람들이 전파하고,
당신의 정의로우심에 환호할 것입니다.

야훼의 은혜롭고 자비하심 선포

8   [헤트] 은혜롭고 자비로우십니다, 야훼는!
화를 더디 내시고,` 인자함이 크십니다.

9   [테트] 야훼는 모든 것에 대해 좋으시고,
그분이 지으신 모든 것에 대해 자비로우십니다.

찬양의 권고

10   [요드] 야훼여, 당신이 지으신 모든 것이 당신께 감사하고,
당신의 신실한 이들이 당신을 송축하기 바랍니다!

11   [카프] 그들이 당신 나라의 영광을 말하고,
당신의 권세를 그들이 이르기 바랍니다!

12   [라메드] 그리하여 사람의 아들들이 당신의` 권세와
당신 나라의 위엄 있는 영광을 알도록 하십니다.

야훼의 영원한 통치 선포

13   [멤] 당신의 나라는 언제까지나 있는 나라이고,
당신의 다스림은 모든 세대에 있을 것입니다.
{[눈] 야훼의 말씀은 미쁘시고 그분의 모든 일은 신실하십니다.}`

붙들어 일으키시는 야훼

14   [사메크] 야훼는 모든 넘어지는 이들을 떠받치시는 분!
그리고 모든 거꾸러진 이들을 곧추세우시는 분!

15 [아인] 모든 이의 눈이 당신을 바라고,

당신은 그들에게 제때에 먹을거리를 주시는 분이십니다!

손을 펴서 만족하게 하시는 야훼

16 [페] 당신은ᵉ 당신의 손을 펴시는 분!

그래서 모든 살아 있는 이에게 만족함으로 배 불리시는 분!

17 [차데] 야훼는 그 모든 길에서 정의로우시고,

그 모든 이루시는 일에서 은혜로우십니다.

18 [코프] 야훼는 그분께 외치는 모든 이,

한결같이 그분께 외치는 모든 이에게 가까이 계십니다.

19 [레쉬] 그분을 경외하는 이의 만족함을 그분이 이루시고,

그들의 부르짖음을 듣고, 그들을 구원하십니다.

지키시는 야훼

20 [쉰] 야훼는 그분을 사랑하는 모든 이를 지키시는 분!

그리고 모든 악인은 그분이 뿌리 뽑으십니다.

찬양과 송축

21 [타브] 야훼의 영예를 제 입이 말하고,

모든 육체가 그분의 거룩한 이름을 영원히 송축하기 바랍니다!

번역 해설

8절ㄱ. 직역. "코가 길다"(אֶרֶךְ אַפַּיִם, 에레크 아파임).

12절ㄴ. 히브리어 본문에는 "그분의 권세"(גְבוּרֹתָיו, 그부로타브)로 쓰였다. 하지만 70인역은 2인칭 접미어를 쓴다(τήν δυναστείαν σου, 텐 뒤나스테이안

수). 아마도 히브리어 본문은 필사자의 부주의로 잘못 베껴 쓴 것으로 보인다.

13절ㄷ. 히브리어 본문에는 이 부분이 없다. 하지만 쿰란 성경 본문과 70인역에는 있어서, 거듭 필사되는 과정의 어느 순간에 빠진 듯하다. 이에 대한 자세한 설명은 2권 본문 살피기를 보라.

2. 본문과 함께 그림 묵상(*meditatio et visio*)

1) 하나님은 어떤 분이신가?

이 시편은 하나님의 위대하심과 은혜롭고 자비하심을 찬양하는 것이 주된 내용이다. 여기서 그 하나님의 본성을 신앙의 관점에서 되돌아볼 필요가 있다.

하나님은 위대하시다. 그분은 세상을 창조하셨고, 지금까지 다스리시며, 장차 심판하실 것이다. 이것은 기독교 신앙의 뿌리를 이루는 고백이다. 이 고백 없이 기독교 신앙은 존재할 수 없다. 하나님이 창조주, 통치자, 심판주라는 것은 인간 존재의 인식과 관련이 있다. 욥기의 욥이나 전도서의 코헬렛은 이런 점에서 그 인식에 이르는 것이 얼마나 힘겨운지를 잘 보여 주는 예다. 우리는 스스로 옳다고 우기며 사는 데 인생을 많이 허비한다. 그러나 이 세상의 누구도 전적으로 옳기만 한 사람은 없다. 피조물로서 자신의 한계를 분명히 인식하는 것은 무한하고 위대하신 하나님을 바라보는 매우 중요한 출발점이 된다. 그렇지 않으면, 끝끝내 유한한 가치 세계의 가시성에 갇혀서 비극적인 삶을 죽음으로 마무리할 수밖에 없을 것이다.

하나님은 은혜롭고 자비로우시다. 그러나 하나님이 위대하신 분이라고 해도 저 멀리 하늘 위에만 계신다면 인간들에게 무슨 희망이 있겠는가? 고대 근동의 수많은 종교가 사람들을 얽어매었듯이 결국 인간은 신에게 예속되어 굴종하는 존재일 수밖에 없다. 그것은 고대 근동에서 신의 대변 자요 신이 될 사람이라고 주장했던 권력에 예속되고 굴종하는 결과를 낳았다. 그러나 하나님은 그렇게 멀리만 계시지 않는다. 그분의 시선은 낮고 비천한 인간에게 가 있다. 그분은 인간의 유한성을 아시기에 공감하시고, 불쌍히 여기시며, 오래 참으신다. 이것은 인간에게 복음이다. 그런 하나님은 결국 친히 인간이 되셔서 유한한 인간을 대신해 십자가까지 지셨다.

이 시편이 높이 찬양하는 하나님은 그런 분이시다. 그런 하나님을 향한 인식에서 참된 찬양이 나올 것이다.

2) 신앙은 무엇인가?

신앙은 하나님이 어떤 분이신지를 존재의 근본에서부터 인식할 때 이루어진다. 본문에서 기도자는 우리에게 하나님이 어떤 분이신지를 시편에서 익숙한 분사찬양문을 중심으로 전해준다.

첫째, 하나님은 유한한 가치 세계에서 소외되어 쓰러지는 사람들을 떠받쳐 일으키시는 분이다. 이 세상은 가시적 가치로 사람들의 등급을 매기고 높이고 낮추기를 되풀이한다. 그러나 하나님의 가치는 그런 매김과는 상관없으며, 그분은 소외된 이들의 아픔에 초점을 맞추신다. 둘째, 하나님은 그분 곧 야훼를 경외하는 이들의 소원을 들어 만족하게 하시는 분이다. 그것이 구원이다. 여기서 야훼를 경외함은 하나님이 창조주이심을 인정하는 것, 곧 그분께만 가치의 근원을 두는 것이 전제된다는 뜻이다. 셋째, 하나님은 그분을 사랑하는 이들을 지켜주시는 분이다. 사랑은 전적인 신뢰와 순종으로 표현된다. 그런 이들에게 하나님은 수호자가 되어주신다.

곧 언제 어디서나 동행해주신다.

　이 본문은 이처럼 신앙의 대상이신 하나님이 사람들과 어떤 관계를 맺으려고 하시는지, 또 사람들은 어떤 마음가짐과 행동으로 그런 하나님 앞에 서야 하는지를 보여준다. 이로써 진정한 신앙이 무엇인지를 가르쳐 준다.

그림 302 Cod. Bibl. Fol. 23, 159 verso

이 삽화를 보면 대번에 16절에서 고백하는, 손을 펴시는 하나님이 생각난다. 하나님은 척박한 땅에 서서 오로지 하나님을 향해 간구하는 이들에게 손을 펴 응답하신다. 비록 가시적인 변화가 없더라도 이런 관계 자체가 신앙의 본질이다.

3. 기도와 관상(*oratio et contemplatio*)

주님, 당신은 저의 임금이십니다. 당신은 저를 다스리시고, 저는 당신께 순종합니다. 그래서 저는 오늘도 든든하게 하루를 살아갈 수 있습니다.

야훼 하나님을 도움과 소망으로(시편 146편)

1. 본문 읽기(*lectio*)

여는 찬양

1 할렐루야!

   찬양하여라, 내 영혼이여, 야훼를!

2 제가 사는 동안 야훼를 찬양하겠습니다!

   제가 있는 동안 제 하나님을 찬송하겠습니다!

사람을 의지하지 마십시오

3 여러분은 귀족들을,

   스스로 돕지 못하는᾿ 사람의 아들을 의지하지 마십시오!

4 호흡이 나가버리면 그는 자기 흙으로 돌아갑니다.

   그날에 그의 계획들도 사라져버립니다.

축복문

5 행복하여라, 야곱의 하나님을 자기 도움 삼는 이!

   야훼, 자기 하나님께 자기 소망을 두는 이!

소외된 이를 위하시는 야훼

6 그분은 하늘과 땅, 바다와 그 안에 있는 모든 것을 지으신 분!

   한결같으심을 영원토록 지키시는 분!

7 억눌린 이들을 위해 공정함을 이루시는 분!

굶주린 이들에게 빵을 주시는 분!

야훼는 묶인 이들을 풀어주시는 분!

8   야훼는 시각장애인의 눈을 뜨게 하시는 분!

야훼는 구부러진 이를 바로 세우시는 분!

야훼는 정의로운 이들을 사랑하시는 분!

9   야훼는 나그네를 지키시는 분!

그분은 고아와 과부를 일으키시고,

악인들의 길을 어그러뜨리십니다.

맺는 찬양. 임금이신 야훼

10   야훼가 영원토록,

시온이여, 그대의 하나님이 대대로 임금으로 다스리십니다.

할렐루야!

번역 해설

3절ㄱ. 직역. "자신에게 도움을 두지 않는"(שֶׁאֵין לוֹ תְשׁוּעָה, 쉐엔 로 트슈아).

2. 본문과 함께 그림 묵상(*meditatio et visio*)

시편 모음집은 하나님의 말씀과 역사하심에 대한 사람들의 반응을 보여준다. 그들은 때로 고통과 좌절에 빠지기도 하고, 때로는 흥겨움에 취하기도 한다. 하지만 시편 모음집에 들어 있는 모든 시는 창조주요 통치자이시며 심판주이신 하나님을 향한다. 그런 시편 모음집의 대단원을 마무리하는 작은 모음집(시 146-150편)의 첫 시편은 그분의 시선을 따라가며 찬양한다.

　높고 위대하신 하나님의 시선은 높은 데를 향하지 않는다. 결국 그분은 예배자들의 공동체를 보신다. 그 공동체 가운데서도 가장 약하고 소외된 이들을 보신다. 유한한 인간들의 가치에서 소외되어 부조리한 취급을 당하는 사람들, 비장애인들을 중심으로 구성된 사회에서 불편함에 고통받는 장애인, 그리고 사회 제도와 활동의 부조리함에서 생겨난 약자들을 향하신다. 그리하여 그들의 권리를 세워주시고 불편함을 해소해주신다. 그리고 제의 공동체를 향해 그런 시선을 공유하고 그 사역에 동참하라고 초대하신다.

　참된 예배는 소외된 이들을 외면하는 데서 이루어질 수 없다. 하나님의 시선은 그런 데서 예배하려는 사람들이 아니라 거기서 배제된 약자들을 향하고 있기 때문이다. 과연 우리는 하나님의 시선을 따라가고 있는지를 되돌아보아야 한다.

그림 303 Cod. Bibl. Fol. 23, 160 verso

이 시편에서는 하나님께 소망을 두는 사람, 유한한 세상에서 높은 지위를 누리지만 궁극적인 도움이 되지 않는 사람들, 그리고 소외되고 억눌린 이들을 돌보시는 하나님이 선명하게 대조된다. 삽화는 여기서 죽음의 문제를 들고나온다. 본문과 정확히 일치하지 않는 그림이라 본문 독자의 관점에서 읽을 수밖에 없겠다. 한 사람이 죽어 관에 들어가려는 순간이다. 그런데 죽은 이를 둘러싼 사람들의 표정은 슬픔보다는 분노에 가깝다. 왜 그럴까? 그것을 지켜보는 기도자는 하나님께 호소한다. 본문을 바탕으로 보면 죽은 이는 아마도 보잘것없는 과부였을 것이다. 사람들은 성대하게 그의 장례를 치르는 데 불만을 표현하는 것으로 보인다. 하지만 하나님의 관심은 보잘것없는 삶을 살다가 죽은 그 과부에게 있다. 이 그림에서 죽음의 문제를 넘어서지 못하는 존재로서 우리는 무한하신 하나님의 참된 관심을 본다.

3. 기도와 관상(*oratio et contemplatio*)

주님, 세상을 지은 당신이 어떤 분이신지, 당신이 다스리시는 세상이 어떠해야 하는지, 당신이 정말 어떤 이를 귀하게 여기시는지, 제가 그것을 제대로 보지 못했습니다. 용서해주십시오!

고치시고 싸매시는 하나님(시편 147편)

1. 본문 읽기(*lectio*)

1) 고치시고 싸매시는 하나님(1-11절)

할렐루야

1   할렐루야!

     우리 하나님을 향한 찬송은 참으로 좋습니다.

     찬양은 참으로 아름답고 마땅합니다.

고치시고 싸매시는 하나님

2   야훼는 예루살렘을 지으신 분!

     그분이 이스라엘의 흩어진 이들을 모으십니다.

3   마음이 상한 이들을 고치시고,

     그들의 상처를 싸매시는 분!

4   별들의 수를 세시는 분!

     그분은 그 모두의 이름을 부르십니다.

5   우리 주님은 위대하시고, 능력이 많으십니다.

     그분의 슬기는 헤아릴 수 없습니다.

6   야훼는 가난한 이들을 일으키시는 분!

     악인들은 땅바닥에 엎드러뜨리시는 분!

감사로 찬양하십시오

7 야훼께 감사로 노래하십시오!

   우리 하나님께 수금으로 찬송하십시오!

야훼가 기뻐하시는 것

8 그분은 하늘을 구름으로 덮으시는 분!

   땅을 위해 비를 마련하시는 분!

   산에 풀이 자라게 하시는 분!

9 가축에게,

   재잘대는 까마귀 새끼에게 그 먹을 것을 주시는 분!

10 그분은 말의 세력을 즐거워하지 않으십니다.

   사람의 허벅지를 기뻐하지 않으십니다.

11 야훼는 그분을 경외하는 이들을,

   그분의 인자하심을 바라는 이들을 기뻐하시는 분!

2) 말씀의 능력(12-20절)

예루살렘아 찬송하여라

12 예루살렘이여, 야훼를 찬송하여라!

   시온이여, 그대의 하나님을 찬양하여라!

예루살렘의 복

13 이는 그분이 그대의 성문의 빗장을 견고히 하셨기 때문입니다.

   그대 한가운데 있는 그대의 자녀들에게 복을 주셨기 때문입니다.

14 그분은 그대의 영역에 평화를 두신 분!

그분이 기름진 밀로 그대를 배 불리십니다.

자연에 임하는 말씀의 능력

15 자기 명령을 땅에 보내시는 분!

그리하여 그 말씀이 빠르게 달립니다.

16 눈을 양털처럼 내리시는 분!

그분은 서리를 재처럼 흩으십니다.

17 자기 얼음을 떡 조각처럼 던지시는 분!

그분의 추위 앞에 누가 서겠습니까?

18 그분은 자기 말씀을 보내서 그것들을 녹이십니다.

자기 바람을 불게 하시니 물이 흐릅니다.

선택한 백성들에게 임하는 말씀의 능력

19 그분은 자기 말씀을 야곱에게,

자기 율례와 규례를 이스라엘에 전하신 분!

20 그분은 어느 민족에게도 이렇게 하지 않으셨고,

그분의 법도들을 그들에게 알려주지 않으셨습니다.

할렐루야!

2. 본문과 함께 그림 묵상(*meditatio et visio*)

1) 고치시고 싸매시는 하나님

이 시편의 전반부에서는 하나님은 위대하시며 능력이 많다고 분명하게 고백한다. 하나님은 하늘의 별들도 하나하나 다 세시고, 이름을 부르시며, 창조주요 통치자로서 피조세계의 모든 질서를 세심하게 돌보신다. 찬양의 출발점은 이렇게 창조주요 통치자이신 하나님의 권능을 인정하는 데서 시작해야 한다. 이 고백은 가시적 세계에 사는 인간들의 한계 안에서 쉽사리 할 수 있는 것이 아니다. 본문에서 고백하듯, 피조세계에 어려 있는 창조주 하나님의 질서와 섭리를 실존적으로 깨닫지 않는 이상 그 고백과 찬양의 무게는 실리기 어렵다. 그러므로 일상에서 신앙의 감수성을 기르려는 경건의 훈련에 매진해야 할 것이다.

　본문에서 고백하고 찬양하는 하나님은 창조주요 통치자로서 높고 멀리 계시기만 한 분이 절대로 아니다. 그분은 이 세상의 가시적 가치에서 밀려나 흩어진 채 상하고 상처 난 마음을 부여잡고 있는 사람들에게 관심을 두시고 그들을 모으셔서 고치시고 싸매주시며 일으켜 세워 그분의 나라의 잔치에 초대하신다. 특히 그 잔치에 초대되는 사람들은 유한한 가치 세계의 권력을 점유하고 있거나 거기에 이르려고 안간힘을 쓰는 사람들이 절대로 아니다. 그 대신 하나님을 창조주요 통치자로서 두려워하며, 오로지 그분만 바라는 사람들이다. 하나님은 그런 겸손한 사람들을 기뻐하신다. 그러므로 한계를 가진 인간으로서 우리는 하나님 앞에서 늘 거듭 겸손하며 그분의 가치를 가장 우선에 두는 삶을 살아야 할 것이다.

그림 304 Cod. Bibl. Fol. 23, 161 recto

이 그림은 본문의 전반부를 요약한다. 마음이 상하고 가난한 기도자는 그런 상황에서도 꼿꼿이 서서 하나님을 찬양한다. 하나님의 한 손이 그를 보호하신다. 반면에 악인은 땅 바닥에 엎드러져 있다. 그것도 하나님의 손이 하신 일이다.

2) 하나님 임재의 경험

하나님의 임재를 찬양하는 것은 신앙인의 의무다. 그러나 하나님의 임재는 언제나 그렇듯 명시적으로 확인하기 어렵다. 그런 점에서 본문은 세 가지 귀한 가르침을 준다. 첫째, 복과 평화의 현실이다. 앞서 언급했듯이 구약성경에서 말하는 복은 어느 한쪽에서 일방적으로 주는 것이 아니다. 하나님이 주시는 복을 누리려면 그에 걸맞은 관계를 하나님과 맺어야 한다. 그것이 본문에서는 평화로 구체화되었다. 모든 이들이 제각각 제자리에서 제 몫을 누리는 현실, 그 현실을 사람들 사이에서 구현할 때, 야훼의 임재는 가시화된다. 둘째, 자연 세계에서 볼 수 있는 정연한 창조 질서다. 자연은 한 치의 흐트러짐도 없이 태고부터 지금까지 창조주 하나님의 질서 안에서 조화를 이루며 이어져왔다. 겨울이 가면 어김없이 봄이 오듯, 하나님의 다스리심은 한 치의 오차도 없다. 우리는 하나님의 임재를 자연 세계에서 매일 볼 수 있다. 셋째, 하나님이 이스라엘에, 그리고 오늘 우리에게 주시는 말씀이다. 하나님의 임재를 가시적 체험에 제한하려는 신앙인들이 더러 있다. 그리고 그런 체험이 표준이 되어 다른 신앙인들을 얕잡아보는 교만으로 이어지기도 한다. 하지만 그런 가시적 체험은 말씀 가운데서 변함없이 임재하시고 계시하시는 하나님과의 인격적 만남으로 반드시 이어져야 다른 종교의 체험과 차별성을 얻을 수 있다. 이런 임재의 경험을 매일 추구하고 경험하는 신앙인은 하나님을 찬양하지 않고는 견딜 수 없을 것이다.

그림 305 Cod. Bibl. Fol. 23, 161 verso

본문 후반부를 형상화한 이 그림은 견고한 예루살렘 성에서 하나님의 선택을 받은 백성들을 그린다. 세상은 보랏빛으로 차갑고 고되지만, 하나님과 백성들 사이의 관계는 어느 때보다 돈독하다.

3. 기도와 관상(*oratio et contemplatio*)

주님, 저의 상한 마음을 그대로 당신 앞에 내어놓습니다. 상했을 뿐만 아니라 증오와 적개심으로 변해버린 상처도 당신 앞에 내어놓습니다. 치유자이신 주님, 이 모든 것을 말끔히 씻어주시고, 능력의 말씀으로 저를 선택하사 당신의 백성으로 삼아주십시오!

홀로 높으시며, 백성을 높이시는 창조주 야훼(시편 148편)

1. 본문 읽기(*lectio*)

하늘이여 찬양하여라(ㄱ)

1 할렐루야!

    하늘에서 야훼를 찬양하십시오!

    높은 데서 그분을 찬양하십시오!

2 그분의 모든 천사여, 그분을 찬양하십시오!

    그분의 모든 군대여, 그분을 찬양하십시오!

3 해와 달이여, 그분을 찬양하여라!

    빛나는 모든 별이여, 그분을 찬양하여라!

4 하늘의 하늘들이여,

    그리고 하늘 위에 있는 물들이여, 그분을 찬양하여라!

창조주이시기에(ㄴ)

5 야훼의 이름을 찬양하기 바랍니다!

    이는 그분이 명령하셔서,

    그것들이 창조되었고,

6 그분이 그것들을 영원무궁토록 세우셨으며,

    규례를 주셔서 어기지 못하게 하셨기 때문입니다.

온 땅이여 찬양하여라(ㄱ′)

7 땅에서부터 야훼를 찬양하십시오,

용들이여, 그리고 모든 깊은 바다여,

8 불과 우박, 눈과 안개,

그분의 말씀을 이루는 광풍이여,

9 산들과 언덕들, 과실수와 모든 백향목이여,

10 짐승과 모든 가축, 기는 짐승과 날짐승이여,

11 세상의 왕들과 모든 백성이여,

관리들과 세상의 모든 재판관이여,

12 총각은 물론 처녀들이여,

노인들과 아이들이여!

홀로 높으시며, 백성을 높이시는 분이기에(ㄴ′)

13 야훼의 이름을 찬양하기 바랍니다!

이는 그분의 이름이 홀로,

그분의 영예가 땅과 하늘 위에 높으시기 때문입니다.

14 그리고 그분은 자기 백성의 뿔,

곧 자기의 모든 경건한 이들, 이스라엘 자손들,

그분을 가까이하는 백성들의 기도를 높이셨기 때문입니다.

할렐루야!

2. 본문과 함께 그림 묵상(*meditatio et visio*)

시편 모음집의 막바지로 가면서 이 시편은 창조주 하나님을 다시금 찬양한다. 이 시편의 기도자는 피조세계를 찬찬히 살피면서 하나하나 하나님의 찬양에 초대한다. 하나님이 그 모든 것의 창조주이시기 때문이다. 그런데 가만히 생각해보면, 무생물인 피조세계를 찬양에 초대하는 까닭이 궁금하다. 더욱이 다신교였던 이방 세계의 세계관까지 끌어들이는 까닭이 무엇인가? 5-6절과 13-14절의 지시형에 그 답이 있다. 사실 무생물들을 찬양에 초대하는 것은 이 찬송 시편을 듣고 있는 사람들을 향한 것이다. 즉 오로지 야훼만이 창조주이시며 온 세상은 그분의 명령으로 생겨나서 오늘까지 질서정연하게 움직이고 있다는 선언이다.

이방의 모든 종교는 생겨났다 사라지기를 되풀이했다. 이 시편은 그 이유가 진정한 창조주를 알아보지 못했기 때문이라고 힘주어 말한다. 더불어 이 시편의 마지막 결론에서 그 창조주께서 자기 백성의 뿔을 높이시는 분임을 분명히 한다. 이는 이 찬송 시편을 함께 불렀을 동족들뿐만 아니라 그분께 가까이 가려는 영적인 이스라엘 모두를 아우르는 것이 아니겠는가? 오늘 다시금 이 찬송 시편을 읽는 모든 이들도 이 찬양에 초대받는다. 생겼다 사라지기를 되풀이하는, 유한한 인간이 만들어낸 헛된 신과 가치를 여전히 신봉할 것인가, 아니면 참된 창조주요 통치자이시며 심판주이신 야훼 하나님을 따를 것인가? 오늘도 피조세계는 창조의 첫날과 똑같이 야훼를 찬양하며 질서정연하게 돌아가고 있는데 말이다.

그림 306 Cod. Bibl. Fol. 23, 162 recto

이 삽화는 본문 전체를 매우 직관적으로 표현한다. 그림 위쪽 한가운데 창조주, 통치자, 심판주이신 예수 그리스도가 계시고, 그 양쪽에 해와 달과 별들이 그분을 모시고 서 있다. 그리고 아래에는 갖가지 피조물들이 그려져 있다. 이 모든 피조물이 삼위일체 하나님의 다스림 아래 질서정연하게 있다. 심지어 맨 아래쪽에는 에덴동산 이야기에서 사람을 타락시켰던 뱀도 있다. 여기서 본문과 달리 사람이 등장하지 않는 점은 흥미롭다. 가만히 생각해보니 이 그림을 보는 것이 바로 "사람"이다. 이는 피조세계의 창조 질서를 보면서 스스로 피조물임을 다시 깨닫고 하나님을 향한 찬양에 동참하라고 이끄는 그림이다.

3. 기도와 관상(*oratio et contemplatio*)

주님, 아침에 눈을 떠서 창문을 넘어 들어오는 햇살을 보며 당신의 임재를 깨닫습니다. 창밖에서 재잘대는 새소리가 당신을 향한 찬양임을 깨닫습니다. 오늘도 그 안에 있는 제가 당신을 찬양합니다.

승리하신 임금 야훼(시편 149편)

1. 본문 읽기(*lectio*)

이스라엘은 찬양하라(ㄱ)

1 할렐루야!
  야훼께 새 노래로,
  성도들의 모임 가운데서 그분을 향한 찬양으로 노래하십시오!

2 이스라엘은 자기를 지으신 이 때문에 즐거워하기 바랍니다!
  시온의 아들들은 그들의 임금 때문에 기뻐하기 바랍니다!

3 춤추며 그분의 이름을 찬양하십시오!
  소고와 수금으로 그분을 찬송하십시오!

구원주이시기에(ㄴ)

4 이는 야훼는 자기 백성을 기뻐하시는 분이기 때문입니다.
  그분은 겸손한 이들을 구원으로 아름답게 하십니다.

성도들은 찬양하십시오(ㄱ′)

5 성도들은 영광 가운데 즐거워하기 바랍니다!
  그들의 침상에서 환호하기 바랍니다.

6 하나님을 향한 찬송이 그들의 목구멍에 있고,
  양날의 칼이 그들의 손에 있습니다.

판결대로 시행하시도록(ㄴ´)

7   그리하여˘ 민족들에게 보복을,
     사람들에게˘ 벌을 내리실 것입니다.

8   그들의 임금들은 족쇄로,
     그들의 귀족들은 쇠고랑으로 채우실 것입니다.

9   기록된 판결을 그들에게 행하실 것입니다.
     그것이 그분의 성도들에게 명예입니다.
     할렐루야!

번역 해설

7절ㄱ. 이 단락의 동사들은 히브리어 본문에서 "~하기 위해서"(전치사 '르'[לְ] + 부정사 연계형)라는 구문으로 이루어져 있다.

7절ㄴ. 히브리어 본문의 바탕을 이루는 레닌그라드 사본(Codex Leningradensis)은 "בַּל־אֻמִּים"(발-우밈; '종족들은 아니다')으로 끊어 읽는다. 하지만 이것은 문맥에 맞지 않는 읽기다. 이런 읽기는 시편 44:14[15]에도 나오는데, 전치사 "בְּ"(브)와 함께 쓰인 "בַלְאֻמִּים"(빌르우밈)으로 읽는 것이 맞겠다(참조. 70인역. ἐν τοῖς λαοῖς 엔 토이스 라오이스).

2. 본문과 함께 그림 묵상(*meditatio et visio*)

구약성경에서 이스라엘의 역사는 결과만 놓고 보자면 비극으로 끝나고 말았다. 아시리아, 바빌로니아 제국에 나라를 빼앗기는 경험을 했기 때문이다. 그런 이스라엘 백성들이 어떻게 신앙을 지킬 수 있었나? 시편은 전체적으로 그들이 국가적 트라우마를 신앙으로 극복해가는 과정을 보여준다. 곧 보복과 징벌은 야훼 하나님께 달려 있다는 깨달음에 이르는 과정이다. 이 시편에서는 종말론적인 야훼의 최후 승리를 앞당겨 기뻐하고 마음속에서부터 승리의 야훼를 맞이하며 현재의 슬픔과 고통을 초월하는 공동체의 모습을 뚜렷이 보여준다.

누구에게나 견디기 어려운 고난과 억울함, 치욕의 순간은 느닷없이 닥쳐온다. 그럴 때 본문에 비추어 두 가지를 마음속에 새겨둘 필요가 있겠다. 첫째, 최후의 승리는 하나님의 것임을 깨닫는 것이다. 이런 신앙이 없다면 바울의 고백대로(고전 15:19) 그리스도인은 이 세상에서 가장 불쌍한 존재다. 유한한 세계가 전부가 아니라는 것, 창조주요 통치자이자 심판주이신 하나님의 최후 승리와 심판이 있으며, 무한한 하나님의 나라가 있다는 것, 그것이 기독교 신앙의 근본이다. 둘째, 보복과 징벌의 주체는 절대로 사람이 아니라는 것이다. 억울하고 예기치 못한 고난을 겪을 때는 누구나 눈앞에서 역전의 순간이 벌어지기를 바란다. 유한한 인간이기에 이런 감정은 피할 수 없다. 그러나 거기에 머무른다면 범죄로 이어지거나 좌절의 늪에 빠져버릴 것이다. 시편 모음집에 있는 탄원과 저주의 간구는 모두 이 단계를 뛰어넘는 과정을 보여준다. 우리가 하나님 앞에서 원초적인 감정을 모두 내어놓을 때, 무한하신 그분이 약속하신 승리로 우리를 초대하실 것이다.

그림 307 Cod. Bibl. Fol. 23, 163 recto

이 그림은 본문 가운데 특히 7-9절의 모습을 표현한다. 하나님의 심판이 왼쪽 위에 있는 성도들과 아래쪽에서 족쇄가 채워지는 이방 민족들의 모습을 통해 대조된다. 그리고 그 모든 것이 기록된 판결대로라는 사실은 위쪽 가운데 있는 책과 오른쪽에서 판결을 기록하는 사람의 모습에서 분명해진다. 이로써 삽화가는 앞선 시편의 심판주 예수 그리스도의 그림과 이어지는 최후의 심판 이야기를 전해준다.

3. 기도와 관상(*oratio et contemplatio*)

주님, 모든 보복은 오로지 당신 손에 있음을 고백합니다. 저는 당신이 제 뜻대로 제가 바라는 때 보복해주시기를 기대했습니다. 하지만 그것이 교만이었습니다. 제가 무엇이기에 심판하려고 한다는 말입니까? 당신 손에 모든 것을 맡겨드리고, 저는 오로지 당신을 찬양하겠습니다.

할렐루야!(시편 150편)

1. 본문 읽기(*lectio*)

하나님을 찬양하십시오

1 할렐루야!

  하나님을 그분의 성소에서 찬양하십시오!

  그분 권능의 궁창에서 그분을 찬양하십시오!

2 그분의 권세 때문에 그분을 찬양하십시오!

  그분 위대함의 크심 때문에 그분을 찬양하십시오!

악기로 찬양하십시오

3 뿔 나팔 소리로 그분을 찬양하십시오!

  비파와 수금으로 그분을 찬양하십시오!

4 소고와 춤으로 그분을 찬양하십시오!

  현악과 관악으로 그분을 찬양하십시오!

5 밝은 소리 나는 자바라로 그분을 찬양하십시오!

  크게 울리는 자바라로 그분을 찬양하십시오!

찬양으로 초대함

6 호흡이 있는 모든 이는 야훼"를 찬양하기 바랍니다!

  할렐루야!

6절 ㄱ. 여기서는 신성4문자 야훼(יהוה)의 줄임꼴인 "야"(יה, 야흐)가 쓰였다. 이 형태는 구약성경에서 46번 나오는데, 출애굽기에 두 번(15:2; 17:16), 이사야서에 두 번(12:2; 38:11), 그리고 나머지는 모두 시편에서 나온다(68:19; 77:12; 89:9; 94:7, 12; 102:19; 104:35; 105:45; 106:48; 111:1; 112:1; 113:1, 9; 115:17f; 116:19; 117:2; 118:5, 14, 17ff; 122:4; 130:3; 135:1, 3f, 21; 146:1, 10; 147:1, 20; 148:1, 14; 149:1, 9; 150:1, 6).

2. 본문과 함께 그림 묵상(*meditatio et visio*)

시편 모음집은 창조주요 통치자이며 심판주이신 야훼 하나님 앞에서 그분의 통치와 돌보심 아래 살아가는 인간 존재의 궁극적인 도리로서 찬양을 역설하며 마무리한다. 여기서 본문은 마치 따져 묻듯이 구체적으로 찬양을 분석해서 전해준다.

첫째, 누구를 찬양해야 하는가? 이 질문에 저자는 "엘"(אל)이라고 대답한다. 이는 지금까지 "야훼"(יהוה)라는 신명을 주로 썼던 것과 비교하면 매우 두드러진다. 이 신명을 통해 저자는 아마도 인간과 구분되는 하나님의 위엄을 강조하고 싶었을 수 있다. 그러니 그분을 찬양하는 사람은 교만을 버리고 그분 앞에서 겸손함으로 무릎 꿇어야 한다. 둘째, 언제 어디서 찬양하는가? 당연한 대답일 테지만, 언제 어디서나 찬양해야 한다. 이 시편은 그것을 성소와 궁창 개념으로 상징한다. 신앙과 일상의 일치는 모든 신앙인이 지향해야 할 삶의 태도다. 셋째, 무엇을 왜 찬양해야 하는가? 사실 시편 전체가 이 질문에 대한 대답이다. 이 시편에서는 하나님의 권세와 위대하심을 들었는데, 시편 전체에서 우리가 만나는 하나님은 무엇과도 견줄 수 없을 정도로 위대하시며, 자기 백성에게는 한없고 변함없는 사랑을 베푸시는 분이다. 바로 그분을 찬양해야 한다. 넷째, 어떻게 찬양해야 하는가? 이 시편은 목소리와 몸짓, 모든 악기를 동원해서 찬양하라고 역설한다. 이 모든 것은 어느 것 하나도 즉흥적으로 할 수 없다. 준비하고, 연습하고, 함께 맞추는 과정을 거쳐야 한다. 신앙은 즉흥적인 감정의 봇물에서 터져서 완성되는 것이 절대 아니다. 올바른 신앙, 성숙한 영성은 거듭 준비하고, 연습하고, 공동체 안에서 맞추어가면서 성장하는 것이다. 마지막으로 누가 찬양해야 하는가? 이 시편의 마지막 구절에서 말하듯, 하나님이 창조하신 이 땅에 발붙이고 숨 쉬는 존재라면 당연히 찬양의 대열에 참여해야 하며, 신앙인이라면 그 현실을 위해 헌신할 수 있어야 한다.

　시편 모음집 전체의 마무리로서 이 시편은 하나님의 임재를 경험하고 그분을 찬양하며 일상을 기쁘게 살아가려는 이들의 이정표를 명시적으로 제시한다.

그림 308 Cod. Bibl. Fol. 23, 163 verso

그림은 본문에 있는 요소들을 직관적으로 보여준다. 왼쪽 위에서부터 찬송집을 들고 노래하는 이, 나팔을 부는 이, 현악기를 연주하는 이, 소고를 치는 이가 있다. 그 가운데 성소도 있다. 아래쪽에는 춤을 추는 이들이 있고, 오른쪽 아래는 발로 바람을 넣어서 소리를 내는 중세 관악기가 있다. 시편을 읽어온 이들은 하나님은 창조주요 통치자이시며 심판주이심을 분명히 깨닫는다. 그리고 인간이 그분의 피조물임도 깨닫는다. 따라서 인간으로서 유한한 세상에 살면서 해야 할 가장 중요한 일이 하나님을 찬양하는 것임을 또렷이 깨닫는다. (필사본은 라틴어 본문에 따라 히브리어와 우리말 시편에는 없는 151편에 대한 그림이 두 장 더 있다. 151편은 다윗이 골리앗을 이긴 때를 그리는 시편으로 쿰란 시편 필사본[11Q5]에서도 발견되어 이 전통이 얼마나 오래되었는지를 가늠할 수 있다. 하지만 어느 순간에 정경 시편에서는 빠지게 되었다.)

3. 기도와 관상(*oratio et contemplatio*)

주님, 당신을 찬양합니다. 당신은 저를 지으시고, 유한한 삶 내내 이끄시며, 무한한 당신의 세계로 초대하십니다. 제 온몸과 온 마음, 정성을 다해 오로지 당신만을 섬기며 찬양하겠습니다.

참고문헌

1. 성경 편집본과 역본

K. Elliger and W. Rudolph, eds., *Biblia Hebraica Stuttgartensia* (Stuttgart: Deutsche
   Bibelgesellschaft, 1967-1977; ⁵1997) = 『슈투트가르트 히브리어 구약성서:
   한국어 서문판』 (서울: 대한성서공회, 2008)[*BHS*].

Rahlfs A.(ed.), *Septuaginta Id est vetus testamentum Graece iuxta LXX interpretes*
   (Würtemberg: Würtembergische Bibelanstalt, 1935); Rahlfs-Hanhart,
   Septuaginta. Editio altera (Stuttgart: Deutsche Bibelgesellschaft, 2006)[LXX-
   Ra].

Septuaginta Vetus Testamentum Graecum. Auctoritate Academiae Scientiarum
   Gottingensis editum (Göttingen: Vandenhoeck & Ruprecht)[LXX-Gö].
   X Psalmi cum Odis (Rahlfs, ³1979).

Karrer, M./W. Kraus (eds.), *Septuaginta Deutsch. Bd. 1: Das griechische alte Testament*
   in deutscher Übersetzung; Bd. 2: Erläuterungen zum griechischen Alten Testament
   in deutscher Übersetzung (Stuttgart: Deutsche Bibelgesellschaft, 2009, 2011)
   [LXX.D].

Ulrich, E., *The Biblical Scrolls. Transcription and Textual Variants* (Leiden: Brill, 2010).

대한성서공회 편, 『성경전서 개역 한글판』 (서울: 대한성서공회, 1956).

대한성서공회 편, 『공동번역 성서』 (서울: 대한성서공회, 1977, ²1999).

대한성서공회 편,『성경전서 표준새번역』(서울: 대한성서공회, 1993, ²2001).

대한성서공회 편,『성경전서 개역개정판』(서울: 대한성서공회, 1998, ⁴2005).

천주교중앙협의회 편,『성경』(서울: 천주교중앙협의회, 2005).

임승필 옮김,『시편』(구약성서 새번역1; 서울: 한국천주교중앙협의회, 1992).

슈투트가르트 채색필사본 열람:

http://digital.wlb-stuttgart.de/sammlungen/sammlungsliste/werksansicht/?no_
    cache=1&tx_dlf%5Bid%5D=1343&tx_dlf%5Bpage%5D=1

참조: https://en.wikipedia.org/wiki/Stuttgart_Psalter

2. 사전류

1) 성경 언어 사전 및 성구 사전

Hatch, E./H. A. Redpath, *A Concordance to the Septuagint* (Grand Rapids: Baker
    Books, ²1998)[HR].

Bauer, W., *Wörterbuch zum Neuen Testament* (Berlin/New York: Walter de Gruyter,
    ⁶1988) = 이정의 옮김,『바우어 헬라어 사전』(서울: 생명의 말씀사, 2017).

Brown, F./S. R. Driver/C. A. Briggs, *A Hebrew Lexicon of the Old Testament with an
    appendix containing the Biblical Aramaic* (Oxford: Clarandon Press, 1906)
    [BDB].

Gesenius, W./F. Buhl (ed.), *Hebräisches Aramäisches Handwörterbuch über das Alte
    Testament* (Leipzig: F. C. W. Vogel, ¹⁷1921) = 이정의 옮김,『게제니우스 히브
    리어 아람어 사전』(서울: 생명의 말씀사, 2007).

Gesenius, W./H. Donner (ed.), *Hebräisches Aramäisches Handwörterbuch über das Alte*

Testament (Berlin: Springer, [18]2013).

Koehler, L./W. Baugartner, *Hebräisches und Aramäisches Lexikon zum Alten Testament* (5 Bände; Leiden: Brill, 1967-1995 = 2004년에 2권으로 묶여 나옴; [HALAT]) = trans. and ed. M. E. J. Richardson, *Hebrew Aramaic Lexicon of the Old Testament* (2 vols.; Leiden: Brill, 2001; [HALOT]).

Muraoka, T., *A Greek-English Lexicon of the Septuagint* (Leuven et al.: Peeters, 2009).

————, *A Greek//Hebrew/Aramaic Two-way Index to the Septuagint* (Leuven et al.: Peeters, 2010).

2) 성경·신학사전

Betz, O. et al. (hg.), *Calwer Bibellexikon* (2 Bde.; Stuttgart: Calwer Verlag, 2003).

Botterweck, G. J./H. Ringgren/H.-J. Fabry (hg.), *Theologisches Wörterbuch zum Alten Testament* (9 Bde.; Stuttgart: Kohlhammer, 1973-1996)[ThWAT] = Willis, J. T. et al. (trans.), *Theological Dictionary of the Old Testament* (15 vols.; Grand Rapids: Eerdmans, 1974-2006)[TDOT].

Freedman, D. N. (ed.), *Anchor Bible Dictionary* (6 vols.; New Haven: Yale University Press, 2008)[ABD].

van der Toorn, K. et al. (eds.), *Dictionary of Deity and Demons in the Bible* (Leiden et al.: Brill, 1999)[DDD].

VanGemeren, W. A. (ed.), *New International Dictionary of Old Testament Theology & Exegesis* (5 vols.; Grand Rapids: Zondervan, 1997)[NIDOTTE].

3. 시편 주석 및 관련 연구서

Allen, Leslie C., *Psalms 101-150* (WBC 21; Waco: Word Books, 1983/²2002).

Brown, William P. (ed.), *The Oxford Handbook of the Psalms* (Oxford/New York: Oxford University Press, 2014).

Brueggemann, Walter/William H. Bellinger, Jr., *Psalms* (New Cambridge Bible Commentary; New York: Cambridge University Press, 2014).

Craigie, Peter C./Marvin E. Tate, *Psalms 1-50* (WBC 19; Grand Rapids: Zondervan, ²2004).

Crow, L. D., *The Songs of Ascents (Psalms 120-134): Their Place in Israelite History and Religion* (Atlanta: Scholars Press, 1996).

Dahood, *M., Psalms I* (AYB 16; New Haven/London: Yale University Press, 2008).

_____, *Psalms III 101-150* (AB 17A; Garden City: Doublday & Company, Inc, 1970).

deClaissé-Walford, Nancy, *Introduction to the Psalms. A Song from Ancient Israel* (Danvers: Chalice Press, 2004).

_____ /Rolf A. Jacobson/Beth Laneel Tanner, *The Book of Psalms* (NICOT; Grand Rapids/Cambridge: Eerdmans, 2014).

Delekat, L., "Probleme der Psalmenüberschriften," *ZAW 35* (1964), 280-297.

Delitsch, F., *Biblischer Commentar über die Psalmen* (Biblischer Commentar über das Alte Textament 4,1; Leipzig: Dörfling und Franke, 1867).

Goldingay, John, *Psalms. Volume 1: Psalms 1-41* (Baker Commentary on the Old Testament Wisdom and Psalms; Grand Rapids: Baker Academic, 2006).

_____, *Psalms. Volume 2: Psalms 42-89* (Baker Commentary on the Old Testament Wisdom and Psalms; Grand Rapids: Baker Academic, 2007).

_____, *Psalms. Volume 3: Psalms 90-150* (Baker Commentary on the Old Testament Wisdom and Psalms; Grand Rapids: Baker Academic, 2008).

Goulder, M. D., "The Songs of Ascents and Nehemiah," *JSOT 75* (1997), 43-58.

Grogan, G. W., *Psalms* (Grand Rapids: Eerdmans Publishing Co., 2008).

Hossfeld, Frank-Lothar/Erich Zenger, *Die Psalmen I. Psalm 1-50* (Würzburg: Echter Verlag, 1993).

_____, *Psalms 2. A Commentary on Psalms 51-100* (Hermeneia; Minneapolis: Fortress Press, 2005).

_____, *Psalms 3. A Commentary on Psalms 101-151* (Hermeneia; Minneapolis: Fortress Press, 2011).

Kaminka, A., "Altarmenische Psalmenüberschriften," *ZAW 22* (1902), 121-128.

Keet, C. C., *A Study of the Psalms of Ascents. A Critical and Exegetical Commentary upon Psalms CXX to CXXXIV* (London: The Mitre Press, 1969).

Kraus, H.-J., *Psalmen 1-59* (BK XV1; Neukirchen: Neukirchener Verlag, ⁷2003).

_____, *Psalmen 60-150* (BK XV2; Neukirchen: Neukirchener Verlag, ⁷2003).

_____, *Theologie der Psalmen* (BK XV3; Neukirchen: Neukirchener Verlag, ⁷2003) = H. J. 크라우스/신윤수 옮김, 『시편의 신학』 (서울: 비블리카 아카데미아, 2007).

Liebreich, L. J., "The Songs of Ascents and the Priestly Blessing," *JBL 74* (1955), 33-36.

Mitschell, D., *The Message of the Psalter* (JSOTSup 252; Sheffield: Sheffield Academic Press, 1997).

Preß, R., "Der zeitgeschichtliche Hintergrund der Wallfahrtspsalmen," *ThZ 14* (1958), 401-415.

Preuß, H. D., "Die Psalmenüberschriften in Targum und Midrash," *ZAW 30* (1959),

44-54.

Rösel, M., "Die Psalmen-überschriften des Septuaginta-Psalters," in: E. Zenger
(ed.), *Der Srptuaginta-Psalter. Sprachliche und theologische Aspekte* (HBS 32,
Freiburg: Herder Verlag, 2001), 125-148.

Ross, Allen P., *A Commentary on the Psalms. Volume 1 (1-41)* (Grand Rapids: Kregel,
2011).

_____, *A Commentary on the Psalms. Volume 2 (42-89)* (Grand Rapids: Kregel,
2013).

_____, *A Commentary on the Psalms. Volume 3 (90-150)* (Grand Rapids: Kregel,
2016).

Schaefer, K., *Psalms* (Collegeville: The Liturgical Press, 2001).

Seybold, K., *Die Psalmen* (HAT I/15; Tübingen: Mohr, 1996).

_____, *Die Wallfahrtspsalmen. Studien zur Entstehungsgeschichte von Ps 120-134*
(Neukirchen-Vluyn: Neukirchener Verlag, 1978).

_____, "Die Redaktion der Wallfahrtspsalmen," *ZAW 91* (1979), 247-268=*Studien
zur Psalmenauslegung* (Stuttgart: Kohlhammer Verlag, 1998), 208-230.

Staerk, W., "Zur Kritik der Psalmenüberschriften," *ZAW 12* (1892), 91-151.

Tate, Marvin E., *Psalms 51-100* (WBC 20; Grand Rapids: Zondervan, 1991).

Waltke, Bruce K./James M. Houston, *The Psalms as Christian Praise. A Historical
Commentary* (Grand Rapids: Eerdmans, 2019).

Watson, W. G. E., *Classical Hebrew Poetry. A Guide to its Techniques* (Sheffield:
Sheffield Academic Press, ²1995).

Weiser, A., *Die Psalmen II* (ATD 15; Göttingen: Vandenhoeck & Ruprecht, 1959)=H.
Hartwell (trans.), *The Psalms II* (OTL; London: SCM Press Ltd) = 김이곤 옮
김, 『시편 (II)』 (국제성서주석 16₂; 천안: 한국신학연구소, 1992).

Westermann, C., *Ausgewählte Psalmen* (Göttingen: Vandenhoeck & Ruprecht, 1984).

Willi, Th., "Das שיר מעלות. Zion und der Sitz im Leben der 'Aufstiegslieder' Psalm 120-134", in: B. Huwyler et al. (eds.), *Prophetie und Psalmen*. FS K. Seybold (AOAT 280; Münster: Ugarit Verlag, 2001), 154-162.

Willis, J. T., "Psalm 121 as a Wisdom Poem," *HAR 11* (1987), 435-451.

Zenger, E., "Die Komposition der Wallfahrtspsalmen Ps 120-134. Zum Programm der Psalterexegese," in: M. Hebner/B. Heininger (eds.), *Paradigmen auf dem Prüfstand. Exegese wider den Strich*. FS Karlheinz Müller (Münster: Aschendorf Verlag, 2004), 173-190.

_____, "Der Zion als Ort der Gottesnähe. Beobachtung zum Weltbild des Wallfahrtspsalters Ps 120-134," in: G. Eberhardt/K. Liess (eds.), *Gottes Nähe im Alten Testament* (Stuttgarter Biblestudien 202; Stuttgart: Verlag Katholisches Bibelwerk, 2004), 84-114.

_____, *Psalmen Auslegungen. Band I*, Freiburg et al.: Herder, 2011.

_____, *Psalmen Auslegungen. Band II*, Freiburg et al.: Herder, 2011.

김영일 외 17인, 『시편. 우리 영혼의 해부학』 (서울: 한들, 2006).

김이곤, 『시편: 노여움은 잠깐 은총은 평생-설교를 위한 시편연구』 (서울: 한국성서학연구소, 1999).

김정우, 『시편주석 I 』 (서울: 총신대학교출판부, 2005).

_____, 『시편주석 II 』 (서울: 총신대학교출판부, 2005).

_____, 『시편주석 III 』 (서울: 총신대학교출판부, 2010).

_____, 『히브리 신학』 (서울: 기혼, 2013).

김정준, 『시편명상』 (서울: 한국신학연구소, 1987).

김정훈, 『시편 묵상』 (서울: 기독교문서선교회, 2012).

_____, 『순례, 사진 이야기와 함께 하는 순례시편 풀이』 (서울: 기독교문서선교회,

2014).

_____, 『미술관에서 읽는 창세기』 (서울: 기독교문서선교회, 2014).

_____, 『구약주석 어떻게 할 것인가?: 구약 본문의 이해와 주석을 위한 길잡이』 (서울: 새물결플러스, 2018).

김창대, 『한 권으로 꿰뚫는 시편』 (서울: 한국기독학생회출판부, 2015).

박동현, 『아쉬레 하이쉬 - 히브리어 시편 읽기』 (서울: 비블리카 아카데미아, 2008).

왕대일, 『시편사색, 시편 한 권으로 읽기』 (서울: 대한기독교서회, 2013).

유행열, 『오늘을 사는 시인의 생각』 (서울: 한들, 1994).

_____, 『이 땅을 사는 시인의 마음』 (서울: 한들, 1994).

전봉순, 『시편 1-41편』 (서울: 바오로딸, 2014).

_____, 『시편 42-89편』 (서울: 바오로딸, 2016).

차준희, 『시편 신앙과의 만남』 (서울: 대한기독교서회, 2004).

트램퍼 롱맨 3세/유창걸 옮김, 『지혜신학 개론』 (베이커 지혜문헌·시편 주석 시리즈 8; 서울: 기독교문서선교회, 2020).

C. S. 루이스/이종태 옮김, 『시편사색』 (서울: 홍성사, 2004).

어니스트 루카스/박대영 옮김, 『시편과 지혜서』 (서울: 한국성서유니온선교회, 2008).

J. 클린턴 맥캔 주니어·제임스 C. 하우엘/김윤규 옮김, 『시편 설교-예배·신학·실제』 (서울: 동연, 2012).

크레이그 G. 바솔로뮤/김정훈 옮김, 『전도서 주석』 (베이커 지혜문헌·시편 주석 시리즈 6; 서울: 기독교문서선교회, 2020).

클라우스 베스터만/노희원 옮김, 『시편해설-구조, 주제, 그리고 메시지』 (서울: 도서출판 은성, 1996).

월터 브루그만/박형국·김상윤 옮김, 『시편적 인간』 (서울: 한국장로교출판사 2017).

C. 하젤 불럭/류근상 옮김, 『시편의 문학적 신학적 개론』 (고양: 크리스찬출판사, 2011).

K. 사이볼트/이군호 옮김,『시편 입문』(서울: 대한기독교서회, 1995).

크리스토퍼 애쉬/김진선 옮김,『시편 119: 내가 주의 법을 어찌 그리 사랑하는지요』
　　　(서울: 성서유니온, 2011).

고든 웬함/방정열 옮김,『토라로서의 시편-윤리적 차원에서 시편 읽기』(서울: 도서
　　　출판 대서, 2017).

롤프 A. 제이콥슨·칼 N. 제이콥슨/류호준·방정열 옮김,『시편으로의 초대』(서울: 도
　　　서출판 대서, 2014).

엘머 타운스/이상훈 옮김,『시편으로 기도하기』(서울: 쉐키나 출판사, 2010).

마크 푸타토·데이빗 하워드/류근상·류호준 옮김,『시편을 어떻게 해석할 것인가?』
　　　(고양: 크리스챤출판사, 2008).

4. 렉시오 디비나 연구서

서인석,『말씀으로 기도하기: 거룩한 독서를 위한 길잡이』(서울: 성서와함께, 2002).

이연학,『성경은 읽는 이와 함께 자란다: 거룩한 독서의 원리와 실천』(서울: 성서와
　　　함께, 2006).

허성준,『수도 전통에 따른 렉시오 디비나 I. 독서와 묵상』(왜관: 분도출판사,
　　　2003/2014).

＿＿＿,『수도 전통에 따른 렉시오 디비나 II. 기도와 관상』(왜관: 분도출판사,
　　　2011).

M. 로버트 멀홀랜드/최대형 옮김,『영성 형성을 위한 거룩한 독서』(서울: 은성출판
　　　사, 2004/2015).

엔조 비앙키/이연학 옮김,『말씀에서 샘솟는 기도: 거룩한 독서로 들어가기』(왜관:
　　　분도출판사, 2001).

스티브 J. 빈즈/전경훈 옮김, 『거룩한 독서 수업』(서울: 생활성서사. 2017).

루이스 알론소 셰켈/박요한 영식 옮김, 『시편과 영신수련: 주님을 바라보아라, 기쁨에 넘치리라』(서울: 가톨릭출판사, 2003).

토니 존스/김일우 옮김, 『하나님을 읽는 연습: 하나님의 음성을 듣는 성경 읽기』(고양: 도서출판 예수전도단, 2006).

제임스 윌호이트·에반 하워드/홍병룡 옮김, 『렉시오 디비나: 거룩한 독서의 모든 것』(서울: 아바서원, 2016).

마이클 케이시/강창헌 옮김, 『거룩한 책읽기: 고대 그리스도인들은 어떻게 성경을 읽었을까?』(서울: 성서와함께, 2007).

델마 홀/최상미 옮김, 『깊이깊이 말씀 속으로』(서울: SoHP, 2014).

5. 서양미술 및 기독교미술 연구서

H. Schwebel (ed.), *Die Bibel in der Kunst. Das Hochmittelalter* (Stuttgart: Deutsche Bibelgesellschaft, 1995).

_____, *Die Bibel in der Kunst. Die Renaissance* (Stuttgart: Deutsche Bibelgesellschaft, 1996).

_____, *Die Bibel in der Kunst. Das 19. Jahrhundert* (Stuttgart: Deutsche Bibelgesellschaft, 1993).

_____, *Die Bibel in der Kunst. Das 20. Jahrhundert* (Stuttgart: Deutsche Bibelgesellschaft, 1994).

김현화, 『성서, 미술을 만나다』(서울: 한길사, 2008).

박성은, 『기독교 미술사: 중세 시대의 건축·조각·회화』(서울: 대한기독교서회, 2008).

배철현, 『창세기, 샤갈이 그림으로 말한다』(서울: 코바나컨텐츠, 2011).

신준형, 『천상의 미술과 지상의 투쟁: 카톨릭개혁의 시각문화』(서울: ㈜사회평론, 2007).

임영방, 『중세 미술과 도상』(서울: 서울대학교출판문화원, ²2011).

고종희, 『명화로 읽는 성서』(서울: 한길아트, 2005).

하타 고헤이/이원두 옮김, 『미술로 읽는 성경: 구약성서 편』(서울: 홍익출판사, 2007).

E. H. 곰브리치/백승길·이종승 옮김, 『서양미술사』(서울: 예경, 2009).

앙드레 그라바/박성은 옮김, 『기독교 도상학의 이해』(서울: 이화여자대학교출판부, 2007).

토머스 F. 매튜스/김이순 옮김, 『비잔틴 미술』(서울: 예경, 2006).

W. 본 엮음/신성림 옮김, 『화가로 보는 서양미술사: 비잔틴에서 팝아트까지, 치마부에에서 앤디 워홀까지』(서울: 북로드, 2011).

H.W. 잰슨 외/최기득 옮김, 『서양미술사』(서울: 미진사, 2001).

A. A. 조그라포스/예레미야 조진경 외 옮김, 『비잔틴 성화: 영성 예술』(서울: 정교회출판사, 2004).

키아라 데 카포아/김숙 옮김, 『구약성서, 명화를 만나다』(서울: 예경, 2006).

D. 파이퍼 편/손효주 외 옮김, 『미술사의 이해』(서울: 시공사, 1995).

카레아 수도원/요한 박용범 옮김, 『이콘을 아십니까?』(서울: 정교회출판사, 2011).

DK 편집부/김숙 외 옮김, 『ART 세계 미술의 역사: 동굴 벽화에서 뉴 미디어까지』(서울: 시공아트, 2009).

시편 렉시오 디비나 1

슈투트가르트 라틴어 시편 채색필사본(Cod. Bibl. Fol. 23)
삽화와 함께 하는 본문과 그림 묵상

Copyright ⓒ 김정훈 2021

1쇄 발행 2021년 2월 24일

지은이   김정훈
펴낸이   김요한
펴낸곳   새물결플러스

편 집   왕희광 정인철 노재현 한바울 정혜인
            이형일 나유영 노동래 최호연
디자인   윤민주 황진주 박인미 이지윤
마케팅   박성민 이원혁
총 무   김명화 이성순
영 상   최정호 곽상원
아카데미 차상희

홈페이지 www.holywaveplus.com
이메일   hwpbooks@hwpbooks.com
출판등록 2008년 8월 21일 제2008-24호
주 소   (우) 04118 서울시 마포구 마포대로19길 33
전 화   02) 2652-3161
팩 스   02) 2652-3191

ISBN 979-11-6129-192-5 94230
     979-11-6129-191-8 94230 (세트)

책값은 뒤표지에 있습니다.